김태영 논문선집 3

실학, 그 역사상의 재인식

김태영 논문선집 3

실학,
그 역사상의 재인식

김태영 지음

경희대학교 출판문화원

목 차

책을 펴내며

작년 1월 11일 우석(于石) 김태영 선생께서 85세를 일기로 돌아가셨을 때, 그 황망한 이별에 모두들 가슴 한 켠 응어리가 남아있는 느낌을 지울 수 없었다. 갑작스러운 부음도 그렇고 제대로 격식도 차리지 못한 채 영결해야 하는 당시의 상황도 못내 편치 않았던 탓이다.

그리하여 선생을 존경하고 따랐던 후학과 제자들은 그 가르침을 되새기고 기리는 사업을 추진하기로 이심전심 뜻을 모으게 되었다. 우선 선생께서 여러 지면에 발표하였으나 미처 책으로 엮지 못한 글들을 모아 논문선집을 발간하기로 하고, 선생께서 30여 년간 재직하셨던 경희대학교 사학과와 상임자문위원으로 지도하셨던 경희총민주동문회, 그리고 창립 때부터 고문을 맡아 인연을 이어온 민족문제연구소가 공동으로 사업을 추진하게 되었다.

두루 알고 있듯이 선생께서는 방대한 저작과 논문을 집필하고 민주화운동과 역사문화운동에 관여하는 등 학술연구와 현실참여 양 측면에서 커다란 족적을 남기셨다. 선생의 학문세계에 관해서는 두말할 필요 없으리라 본다. 그 폭과 깊이를 가늠하기 어렵지만, 그중에서도 조선 시대의 토지제도를 비롯한 사회경제사와 성리학과 실학 등 사상사에서 선구적인 업적을 쌓으셨다. 돌아가시기 직전까지도 치열하게 연찬에 몰두하셨으며, 시퍼렇게 살아 꿈틀거리는 논문을 발표해 진정한 학자의 면모를 후진들에게 몸소 깨우쳐 주셨다.

선생께서는 수많은 논저들을 남기셨지만, 특히 연력(硏歷) 초두의 『조선전기 토지제도사연구』는 해방 이후 명저 100권의 하나로 꼽힐 정도로 주목을 받았다. 사회경제사 연구에 일가를 이룬 뒤 천착한 분야는 사상사였다. 『실학의 국가개혁론』이나 『조선 성리학의 역사상』이 두드러진 사례들로, 선생의 학문적 관심이 국가와 사회의 제도에서 그 운영원리와 체제개혁을 뒷받침하는 사상으로 옮아갔음을 알 수 있다.

『김태영 논문선집』은 모두 4권으로, 대체적인 흐름은 선생께서 착목하고 중점을 두어 연구하셨던 학문적 관심사의 변천과 궤를 같이한다고 할 수 있다. 편제는 제1권 『조선 전기 과전법 연구』, 제2권 『조선 전기 사회와 사상』, 제3권 『실학, 그 역사상의 재인식』, 제4권 『다산 정약용의 국가개혁론』으로 구성하였다.

이 논문선집을 내는 까닭은 고 김태영 선생의 학문적 업적을 빠트림 없이 수습해 온전하게 알리고자 하는 데 있다. 이 선집이 평생 연구에 매진해 한국사 이해의 폭과 깊이를 확장하고자 했던 선생의 학문적 지향과 문제의식을 확인하는 데 보탬이 되길 기대한다. 그리하여 선생께서 혼신의 열의를 다해 추구한 그 궁극의 목표가 '법고창신(法古創新)'으로서 국가와 사회의 개혁에 있었음을 함께 깨닫게 된다면 후학과 제자들로서는 더할 나위 없는 보람이 아닐까 한다. '제대로 된 나라', '제대로 된 사회'. 고금(古今)을 막론하고 궁리하였던, 그러나 쉬이 해결하지 못했던 이 지난한 문제가 다시 초미의 현실적 과제로 다가온 이 시대, 다소 난해하긴 하나 많은 이들이 이 글들을 열독하고 지혜의 단서를 얻었으면 하는 바람이 있다. 다만 편집위원회가 나름의 주의를 기울였으나, 혹 체제나 내용 정리에서 선생께서 당초 구상하셨던 바가 명쾌히 드러나지 못할까 걱정이 앞서기도 한다.

논문선집을 기획하고 출간하기까지 많은 분들의 도움이 있었다. 역사학계의 동료와 후학, 경희대학교의 동문과 교수 여러분의 정성 어린 지원에 감사드린다. 여러 가지 편의를 흔쾌히 제공해준 경희대학교 출판문화원의 관계자 여러분, 제자로서 교열 등 실무를 꼼꼼하게 챙긴 민족문제연구소 박광종·임무성 연구원에게도 고마운 마음을 전하고 싶다. 유족들은 원고 수집 등 번다한 일들을 처리해주시고 성원을 보내오셨다. 감사와 함께 다시 위로의 말씀을 드린다.

2023년 4월

김태영 논문선집 편집위원회

구만옥, 김민철, 박도식, 조세열, 조인성

제1부

실학 연구사

제1장

실학 연구의 어제와 오늘

1. 머리말

해방 이후 한국사학에서 실학은 가장 많이 연구된 분야 중 하나이다. 최근에는 실학의 범위라든가 내용을 두고 이설(異說)도 더러 나오기에 이르렀다. 이 장에서는 실학 발흥 당시 실학자들끼리의 상호 관심부터 고찰하여 실학의 독자성이 당시부터 확인되고 있었음을 밝히고자 한다. 이후 그 같은 관심의 전개와 연구의 확대, 그리고 현재의 실황을 고찰하기로 한다.

지금까지 실학 연구의 회고와 전망을 비교적 착실하게 써둔 글로는 김영현의 「'실학' 연구의 반성과 전망」, 조성을의 「'조선후기실학' 연구의 현황과 과제」, 두 편이 참고할 만하다.[1] 이 장에서 인용한 문헌들의 서지학적 주기는 최소한으로 그치기로 한다.

2. 실학 발흥 당시의 상호 관심

조선 후기에 일어난 새로운 학술사상 가운데 오늘날 '실학'이라고 지칭하는 학풍은 먼저 재야의 사림이 독자적으로 개발하면서 체계화하기

1 김현영, 1987, 「'실학' 연구의 반성과 전망」, 근대사연구회 편, 『한국 중세사회 해체기의 제문제(상)』, 한울 ; 조성을, 2006, 「'조선후기실학' 연구의 현황과 과제」, 한국사상사학회 편, 『한국사상사입문』, 서문문화사.

시작했다. 가령 『반계수록』을 저술함으로써 조선 후기 실학을 처음으로 체계화한 반계 유형원(1622~1673)의 경우가 그러하였다.

물론 유형원의 실학도 이전의 여러 선배 학인들의 개혁론들을 수용하면서 비로소 체계화할 수 있었다. 가령 『반계수록』이 율곡 이이(1536~1584)의 사회개혁론을 다수 인용하여 자신의 논지를 보강하고 있었다는 사실이 그것을 말해준다. 실상 성리학적 사회개혁론으로서는 율곡의 경우가 가장 절실하였던 것이다.

그런데 주자 성리학 일변도의 풍조에 머물지 않고 선진(先秦) 고경(古經)의 연구를 통해 독자적 왕정(王政)의 이념을 모색함으로써 실학의 선구를 달리던 미수 허목(1595~1682)은 율곡보다는 반계의 학술에 더 주목하였다. 즉 "유 모(某)는 군주를 도와 왕정을 이룩할 인재[王佐才]이다. 쇠미한 세상에 이와 같은 인물이 나올 줄은 예상치 못하였다"라고 탄상하였다는 사실이 그것을 증언한다(『반계연보』). 이는 곧 17세기의 조선 지배체제가 의존하는 양대 통치기준인 '조종의 법제'와 '주자 성리학'에 구애되지 않는, 현 실태의 근원적 개혁에 관한 이념을 양자가 공감하고 있었던 것으로 해석된다.

18세기의 실학자 성호 이익(1681~1763)은 반계의 실학을 더 구체적으로 이해하였다. "선왕(先王)의 법제를 취하여 그 연혁을 고찰하고 우리 국전(國典)을 참작하여 책 한 권을 저술하였는데, 그 규모가 크고 넓으며 절목(節目)이 상밀하다. 인간의 실정에 징험(徵驗)하고 천리(天理)에 부합도록 하였으므로 근맥(筋脈)이 서로 이어지고 기혈(氣血)이 유통한다. 이름하여 『반계수록』이라 하니, 요컨대 오늘날 시행할 수 있는 내용들이다. … 대체로 국초 이래 경세(經世)의 인재를 논한다면 모두 다 선생을 으뜸으로 칭한다"(『성호전집』 중 「반계유선생전」).

그리고 북학론자 담헌 홍대용(1731~1783)의 경우, "우리나라 사람의 저서 중에서는 『성학집요』와 『반계수록』이 경세에 유용한 학술로 삼을 만하다"라고 하였다(『담헌서』 부록 「담헌선생유사」). 연암 박지원(1737~1805) 또한 「과농소초」를 초하면서 『반계수록』의 농정론(農政論)을 여러 차례 원용하였다. 그러고는 허생(許生)의 말을 빌려, 전쟁과 같은 유사시에 군량을 책임지고 맡길 만한 인재로서 반계를 지목하였다는 것은 다 아는 이야기다. 북학론자인 담헌이라든가 연암 또한 반계 실학의 경세론을 추중하고 있었던 것이다.

다산 정약용(1762~1836)이 국가개혁론을 저술하면서 유형원의 경우를 선례로 삼았다는 사실은 『경세유표』의 서문에서 말해둔 그대로다. 다산은 성호 이익을 사숙하면서 실학 공부에 매진하였다. "스스로 생각해보면 우리가 천지의 위대함과 일월의 광명함을 알 수 있게 된 것은 모두 이 선생님(성호)의 힘이었습니다"(「중씨에게 올림」, 신미 겨울). 다산이 성호학의 바탕 위에 당시 중국을 통해 들어온 서학(西學)을 섭렵하고, 다시 연암 박지원·초정 박제가(1750~1805) 등의 이용후생학을 직접 독파하고 널리 수용함으로써 실학을 집대성하기에 이르렀다는 사실 또한 다 아는 그대로이다.

나아가 실학자 이규경(1788~1856) 역시 실학자인 자신의 조부 이덕무(1741~1793)의 '책 상자 속에 기록해둔 자료'를 바탕으로 '동국 제일의 인물'들을 다방면에 걸쳐 선별한 바 있는데, '퇴계의 덕(德), 반계 유형원의 경륜, 충무공 이순신의 도략(韜略)' 등을 예시하였다(『오주연문장전산고』 중 「동국제일인물변증설」).

무엇이 이들 실학자에게 다른 이의 실학을 높이 평가하고 수용하게 하였던 것일까. 유파가 다르더라도 그들은 무릇 실학이라는 독자적 학풍에 공감하고 있었으며, 특히 실학이야말로 당시 압도적 정치이념으로 행세하는 성리학보다 현실적 의미를 지닌 학술이라는 인식을 상호 소통하고 있었기 때문으로 이해할 수 있다.

3. 실학에 대한 현실적 관심의 태동(구한말)

'실학'의 현실성에 대한 새로운 관심은 19세기 말엽에 다시 대두하였다. 근대 자본주의의 침략이라는 국가적 위기를 맞으면서 이에 대응하려고 할 때 먼저 떠오른 것이 '실학'적 부국강병론이었던 것이다. 이를테면 이 시기 경향(京鄉) 각지의 견문을 알차게 집약해둔 황현의 『매천야록』에는 다음과 같은 기록이 있다. "고종 임금이 부국강병에 애써 뜻을 두어 분분히 제도를 변경하고자 할 즈음, 여러 신료들 가운데 믿고 의지할 만한 자가 없음을 한스러워하더니, 을유·병술년간(1885~1886)에 『여유당집』을 들여오라는 명을 내리고는 개연히 (정약용과) 시대를 함께하지 못함을 한탄하였다."

여기서 을유·병술년간이라면 갑신정변(1884) 직후에 해당한다. 외세의 강요로 마지못해 개항(1876)을 단행한 후 임오군란(1882)이라든가 갑신정변이 연달아 터지고 청나라 군대가 대거 서울에 주둔하자, 조선왕국은 쇠망의 위구감을 떨칠 수가 없게 되었다. 그 쇠망의 위기에서 이제 구래의 통치책이나 신료들은 '믿고 의지할' 수조차 없게 되고, 이에 애써 모색해본 것이 다산의 '실학'이었던 것이다.

그러나 국왕이 실학에 관심을 가졌다 하여 국가의 위난이 극복될 수 있는 것은 아니었다. 위난은 이미 세계체제적인 것이었다. 청일전쟁, 러일전쟁은 한국이 직접 당사국은 아니었지만, 한반도를 배경으로 전개된 것이었다. 조선은 세계체제의 이해에 따라 주체적 국정 운영의 힘을 상실하면서 더욱 쇠망의 길로 접어들었다.

이에 국내에서는 척사위정운동이 일어나는가 하면, 또 한편에서는 애국계몽운동이 크게 고조되었다. 또한 정약용, 박지원 등 실학자들의 경세론적 저술들을 널리 간행하는 사업이 일어나기에 이르렀다. 예를 들면 1902년 광문사에서 『목민심서』를 간행함에 즈음하여 『황성신문』은 특별히 논설로써 이를 격려하였다. "우리나라는 중고(中古) 이래로" 잠곡 김육, 반계 유형원, 다산 정약용, 연암 박지원 등 "네다섯 명의 선배가 있어 경제정치학으로 모두 표표하여 뚜렷하게 일컬어지는데, 그중에서도 입언(立言) 저서(著書)로 가장 풍부하기는 오직 다산이 으뜸"이라는 논지였다(1902년 5월 19일 자).

나라가 쇠망하는 과정에서 이들 실학자의 저술을 간행하여 널리 읽히고자 하는 까닭은, 이미 때늦은 감이 있긴 하지만 그래도 실학을 통해서 현실을 타개하고자 하는 의도가 작용한 것으로 이해된다. 실학은 아직도 현실에 대응할 수 있는 '경제정치학'으로 추구되고 있었다.

가령 구한말 뜻있는 인사들이 회사를 설립하고 『경세유표』를 간행하려는 운동을 벌이자 1908년 이건방이 쓴 서문 「방례초본서(邦禮草本序)」의 요지는 다음과 같다.

> 선생(정약용)의 글이 상자 속에 담긴 채 먼지와 그을음이 앉고 좀벌레만 배부르게 한 지가 벌써 100년이나 되었다. … 일찍이 들으니, 서양 사람 몽테스키외는 『만법정리(萬法精理)』(『법의 정신』)를 지었고, 루소는 『민약론(民約

論)』(『사회계약론』)을 저술했는데, … 그들 학설이 한번 나오자 바람이 일 듯, 우레가 움직이듯 하여 세상 사람들의 보고 들음을 불끈 한번 새롭게 하였고, 또한 그에 따라서 더욱 깊이 연구하고 더욱 정밀하게 강론하였으니, 지금 유럽 여러 나라가 나날이 부강하게 되는 것은 모두 학술의 공이다. … 근래에 여러 동지들이 회사를 세우고 국조의 문헌과 산림에 숨어 살던 숙유(宿儒)의 저술을 수집하면서 이 글(『경세유표』)을 첫째로 간행키로 하였다. 선생의 글이 끝내 묻혀버리지 않을 줄은 내가 진실로 알고 있었거니와, … 오직 그것이 널리 전해지지 않은 까닭에 사람들이 강론할 수 없었고, 오직 강론하지 못했으므로 또한 시행될 수가 없었다. 진실로 널리 유포하고 강론하는 자가 많아진다면, 취하여 정사에 시행할 자가 없을는지 어찌 알겠는가. 무릇 선생의 글이 정사에 시행되어서 질서와 전례의 근본을 밝히게 된다면, 그것이 겨우 한 나라의 법이 될 뿐 아니라 천하 후세의 법이 될 것임도 의심할 바 없다.

『경세유표』가 과연 망해가는 국가를 '나날이 부강하게' 하는 학술의 원천일 수 있는지는 여기서 문제 삼을 것이 아니다. 우리가 정작 여기서 눈여겨보아야 할 것은, 역사적으로 위대한 학술·사상이라도 그것을 '더욱 깊이 연구하고 더욱 정밀하게 강론'해야만 근대적 '부강'도 구현할 수 있다는 지적이다. 그리고 근대적 '부강'을 실현하기 위하여 나라가 멸망해가는 어려운 여건에서도 자국의 고전 가운데 『경세유표』와 같은 실학의 진수를 선별하여 '널리 유포하고 강론하는' 운동을 벌였다는 사실 그것이다.

객관적으로 이 당시는 서양식 문명·진보운동이 시대적 요청으로 일어나고 있었다. 또한 실학을 '널리 유포하고 강론'하고자 하는 운동이 그러한 시대적 요청을 거부하고자 하는 것도 아니었다. 이미 갑신정변의 주역 중 한 사람인 박영효가, 연암 박지원의 실학을 강론하는 과정에서 문명·진보의 개화(開化)사상을 터득하였다는 사실을 말했다고 하지 않는가.

그러나 물론, 그 같은 주체적 '부강'의 길을 추구하여도 이미 제국주의 세계체제의 침탈을 저지할 수는 없었다. 말하자면 '실학'의 현실 대응력은 이미 쇠잔하였던 것이다.

이윽고 강제된 일제의 식민지배는 가혹했으며, 식민지 상태에서는 독자적 '부강'의 길은 고사하고 독자적 정체성까지도 보존하기 어려운 처지로 떨어질 수밖에 없었다. 1927년부터 시작한 좌·우 합작의 신간회 운동이 정치·경제적 예속상태에서 벗어나기를 기도하면서 타협주의를 배격하고, 언론·집회·결사·출판의 자유를 쟁취하면서 '민족혼'을 되찾는 일이 우리의 나아갈 길임을 강령으로 내세운 것도 그 같은 주체적 정신의 회복을 천명해본 것이었다.

4. 조선학 운동의 전개와 실학의 재인식(1930년대)

그런데 신간회 운동 또한 결국은 정치적 민족운동이었다. 일제는 신간회에 대하여 집회를 불허하고 임원을 검거하는 등 집요한 탄압으로 민족운동을 말살하고자 하였다. 게다가 일제의 만주 침략도 노골적으로 자행하고 있었다. 이에 신간회는 현실의 한계를 통감하고 결국 전국대회도 한 번 열지 못한 채 4년 만인 1931년에 해산할 수밖에 없었다.

그러는 사이에도 1929년에는 문광서림에서 이익의 『성호사설』을 간행하면서 정인보의 서문을 실었는데, 이 「성호사설서」는 성호의 실학이야말로 소위 '조선학(朝鮮學)'을 주창한 본원이 되는 것이라고 밝혀놓았다. 즉 조선의 학문은 "조국을 멸시하여 버리고 민족을 비루하다고 업신여기는 오류를 답습"해왔는데, 성호 이익의 실학에 이르러서야 "사실에 의거하여 독자성을 추구하는 학술[依實求獨之學]"이 일어나, "조선의 역사는 조선을 위주로 삼게 되었다"는 사실을 밝혀놓았다. 그는 성호 실학의 독자성에 대해서도 밝혀두었다. "선생이 평생토록 고심한 것은 오로지 우리 민족에 대해서이니, 오직 선생의 저서를 깊이 연구한 자라야 이를 알 것이다. 그 본원(本原)이 독자적(獨自的)인 경지에 나아간 것도 본연의 충심(衷心)을 다함으로써 성취된 것이라, 선생을 아는 자가 대체로 드물다. 그러나 이곳(성호가 밝혀낸 우리 민족의 독자성)이야말로 진실로 선생의 학술이 근본하는 곳이니, 분명하게 밝힌 효력이 뭇 유자(儒者)들보다 뛰어난 것도 오직 그 때문이다."

"사실에 의거하여 독자성을 추구하는" 성호학에 이르러서야 비로소 이른바 '조선학'이라는 것의 성립 근거가 마련될 수 있었다고 이해하는 것이 정인보의 견지였다. 그래서 천관우는 일찍이 이 「성호사설서」를 두고, "조선 후기의 신학풍을 실학(實學)으로 부르는 경향을 구체적으로 유도한 대표적인 문헌의 하나"라고 이해하였다.[2]

실상, 신간회의 해산 이후로 정치적 민족운동은 자취를 드러낼 수 없었으나, 또한 그같이 암담한 시공간일수록 자아의 정체성을 깨치고 보존해야 한다는 각성이 이제 '조선학' 운동으로 널리 전개되었다. 그 대표적인 사례가 다산 정약용 서거 100주년(1936)에 즈음하여 전개한 『여유당

2 천관우, 1974, 「조선후기 실학의 개념 재론」, 『한국사의 재발견』, 일조각.

전서』 간행사업이었다. 이 『전서』 간행사업을 추진한 신조선사는 1934년 9월에 기념 강연회를 개최하였다. 이때 정인보는 "조선학에서 다산 선생의 지위"라는 제목의 강연을 통해 다산 실학을 '조선학'의 핵심이라고 말하였다.

이때 '조선학'을 거론한 이들은 정인보, 안재홍, 문일평, 현상윤, 백남운, 최익한 등으로, 많은 학자가 참여하였고 논의 또한 다양하였다. 그런데 이처럼 조선의 독자적 학술을 추구하다 보니 그 한가운데에 자연스레 실학이 거론되지 않을 수 없었다. 말하자면 실학을 중심으로 하는 조선학이 논의되고 정립되었던 것이다.[3] 그 가운데 정인보가 『동아일보』(1934년 9월 10일~15일 자)에 정약용의 실학을 조선학의 핵심으로 정립하면서 말한 「서론(叙論)」의 요지는 다음과 같다.

> 선생의 저술의 종지(宗旨)는 '우리의 낡은 나라를 새롭게 한다[新我舊邦]'의 네 글자가 그 두뇌이다. … 선생은 학(學)이면 실학(實學), 행(行)이면 실행(實行), 정(政)이면 실정(實政), 사(事)이면 실사(實事), … 모두 그 실(實)을 궁구하였다. … 총괄하여 말하면 선생의 학은 실학이요, 실학의 귀요(歸要)는 '신아구방'이 그 골자이다. … 선생은 아무리 100년 고인이라 할지라도 그 연원을 받은 마음과 그 저술을 남긴 마음은 조선에서 고금(古今)이 없을 것이다(「유일한 政法家 정다산 선생 서론」, 『담원국학산고』).

여기서 '신아구방' 네 자는 『경세유표』의 취지라고 다산 자신이 묘지

3 실학을 중심으로 하고서 조선학이 정립되었다는 논지는 이미 앞선 연구에서도 대체로 피력되어 있다. 천관우, 앞의 글 ; 임형택, 2000, 「국학의 성립과정과 실학에 대한 인식」, 『실사구시의 한국학』, 창작과비평사.

명에 밝혀둔 말이다. 그런데 정인보는 다산의 저술 전체의 취지를 이 네 자로 요약할 수 있다고 이해하였다. 즉 구래의 '부실(不實)'을 '실(實)'로 대신함으로써 궁극적으로 "국가와 민생의 실리, 실익을 도모"하고, 그로써 "우리의 낡은 나라를 새롭게 한다"는 것이 다산 실학의 요체라고 이해하였던 것이다.

정인보는 다산 서거 100주년을 맞아 조선 후기 실학의 계보를 정리하였다. "조선 근고(近古)의 학술사를 종합해보면 반계가 1조(祖)요, 성호가 2조요, 다산이 3조이다"(「다산 선생의 일생」, 『담원국학산고』).

여러 실학자 가운데서도 이들이야말로 그 학술의 사숙 관계가 명백하고, 더욱이 실학 가운데서도 '우리의 낡은 나라를 새롭게' 하려는 변법적 제도개혁론을 계승해가면서 주창하였다는 사실을 바탕으로 그러한 단안을 내린 것이 아닌가 한다.

그런데 이미 이 시기의 실학 연구는 현실에 대응할 실행력을 양성하고자 하는 취지에서 전개되는 것이 아니었다. 그보다는 실학을 핵심으로 하는 '조선학'의 연구와 보급을 통해서 '조선인'으로서의 정체성을 정립하고 이를 '마음' 속에서나마 굳세게 지켜가고자 하는 의미에서의 학술운동이었다. 이는 암담한 현실을 견디면서 살아가기 위한 민족운동의 일환이었던 것으로 이해된다.

그런데 1937년 일제의 중국 침략으로 전시동원체제가 더욱 거세게 펼쳐지면서, 그 같은 형태의 민족운동마저 더더욱 위축되지 않을 수 없었다.

5. 실학 연구의 심화와 체계화(1950~1980년대)

해방 이후의 실학 연구는 원칙적으로 종래의 연구를 계승하면서, 무엇보다도 일제의 식민사관을 극복하고자 하는 방향으로 출발하였다. 먼저 천관우는 6.25전쟁이 진행 중인 1952~1953년에 「반계 유형원 연구」(『역사학보』 2~3)를 발표하였다. 그는 조선 후기 사회의 실상을 배경으로 하고서 『반계수록』의 실증적 고찰을 통해 유형원의 사회개혁론을 분석하였다. 그래서 반계 실학의 역사적 성격이 자유성·현실성·과학성을 띤 것이라고 해명함으로써 식민사관의 정체성론을 극복하고자 하였다. 또한 그는 1970년대에 실학의 개념에 관한 자신의 이론을 더 진전시켜, 실학은 "근대 지향의식과 민족의식의 두 척도를 아울러 충족시키는 경우가 전형적이라 할 수 있다"는 주장을 펴기에 이르렀다(「조선후기 실학의 개념 재론」).

1950년대에는 다시 홍이섭, 한우근, 김용덕 등이 각기 다산 정약용, 성호 이익, 초정 박제가의 실학에 관한 연구를 진행하였다. 그 과정에서 한우근은 '실학'이라는 용어가 시기마다 현실에 절실한 학술을 가리켜 말하는 것이었다는 용례를 고찰하여, '실학'을 꼭 조선 후기의 새로운 학술사조로만 국한하여 지칭할 것이 아니라고 주장하였다(1958, 「이조 '실학'의 개념에 대하여」, 『진단학보』 19).

1960년대에 들어와서는 김용섭, 유원동, 강만길 등이 조선 후기의 농업·수공업·상업 등에서 내재적 발전이 크게 일어났다는 사실을 논증하였다. 그러한 내재적 발전은 자본주의적 생산양식의 맹아로 연결될 수 있다는 함의의 연구도 잇따랐다. 그래서 조선 후기의 실학은 그 같은 내재적 발전 현실을 직시하는 진보적인 사회 개혁으로 고찰해야 한다는 주장이 펼쳐졌다(김용섭, 1976, 「조선후기의 농업문제와 실학」, 『동방학지』 17).

한편 실학의 철학적 성격에 관한 논의도 진행되었다. 먼저 유물론적 역사인식을 주장하는 쪽에서는 성리학의 '기(氣)'를 중시하는 주기론에서 실학이 진화하였다는 주장을 제기하였다(정진석 외, 1962, 『조선철학사』, 과학원출판사). 뒤이어 비슷한 주장이 일어났다. 즉, 성리학의 '이기론' 가운데서 물질·현상의 원천인 '기'를 중시하는 주기론적 입장과 현실·실질을 중시하는 실학의 경우를 단순 연결하여 인식하는 견지였다. 그러나 이는 모두 사이비 유물론에 가까운 것이어서, 객관적 명징성이 근본적으로 문제시되는 편이었다.

1970년대로 들어서면서 실학 연구는 더욱 크게 심화되고, 체계적으로 이해하려는 시도가 늘어났다. 먼저 역사학회는 이제까지의 사회경제사적 연구성과를 수용하는 바탕 위에서 1973년에 『실학연구입문』을 기획해 간행하였다. 이우성의 「실학연구 서설」을 첫머리에 실은 다음, 젊은 학자들이 유형원, 이익, 이중환, 유수원, 박지원, 우하영, 박제가, 정약용, 최한기 등 주요 실학자들의 생애와 사상을 나누어 소개하였다. 여러 실학자에 관한 연구를 기획적으로 집약해보는 이 같은 시도는 실학에 대한 관심이 그만큼 깊어지고 있음을 반영함과 동시에 그 관심을 촉진하는 역할도 수행하는 의미 있는 일이었다.

또 1974년에는 유물론적 견지에서 실학을 새로 해석한 정성철의 『실학파의 철학사상과 사회정치적 견해』라는 책이 나왔다. 실학사상이 진보적 지식인들의 견지를 대변하여 서민층에 대한 배려를 나타내고는 있지만, 아직도 양반층의 봉건적 특권을 옹호하는 한계에 머물렀다는 비판이 실려 있다.

농업경제사를 줄기차게 연구해온 김용섭은 "실학파 사회경제론의 특징"이 "대토지 소유·지주전호제를 개혁함으로써 소농경제를 안정시키고, 이를 통해서 국가재정도 충실케 하려는 것"이라고 이해하였다(1988, 「조선후기의 사회변동과 실학」, 『동방학지』 58).

나아가 실학과 개화사상의 연관성을 구명하려는 연구도 이어졌다. 김영호는 「실학과 개화사상의 연관문제」라는 논문을 발표하였다(1972). 재일교포 학자인 강재언은 『한국의 개화사상』이라는 저술을 냈는데(1984), 북학파 실학사상이 19세기 후기에 개화사상으로 전환하고 개화운동으로 발전한다는 구체적 사안들을 고찰하였다.

실학의 역사적 성격에 관한 더 깊은 검토가 이루어진 것도 이 시기였다. 먼저 이우성은 「실학연구 서설」에서, 조선 후기의 정치적·사회경제적 변동에 따라 지식인으로서의 사(士) 계층 역시 분화되고 있었다는 사실에 주목하였다. 그래서 '주자학적 세계주의'의 강고한 기치 아래 벌열이 독점적으로 지배하는 중세 해체기의 정치풍토에서, 사회경제적 변동에 따라 양심적 사(士) 계층의 '자아의 자각'이 일어나고, 이들에 의해 자국의 '실지 실정에 입각한 실제적 사고'를 위주로 하는, 독자적 성격의 실학이 전개되었다고 강조하였다. 즉 실학은 중세 해체기에 중세적 보편주의를 극복하고자 하는, 그래서 자아의 각성과 그 새로운 정립이라는 현실적 과제를 추구한 독자적 학풍이라고 이해하였다. 그리고 실학에는 토지제도 등 제도개혁에 주안점을 둔 '경세치용학파'와 상공업·유통구조 등 기구·기술의 발전에 주안점을 둔 '이용후생학파', 그리고 고증학에 중점을 둔 '실사구시학파'의 유형이 있었다고 해석하였다.

이우성은 또 반계 유형원의 이기론에 관한 자료를 새로 발굴해, '기(氣)보다도 이(理)가 우선한다'는 유형원의 실리론(實理論)에서 그의 변법론적 실학이 탄생했다는 사실을 논증하였다.[4] 이 새로운 연구에 따라 주기론(主氣論)에서 실학이 나왔다고 하는 견지는 입지를 상실한 것으로 평가된다.

6. 실학 연구의 확대와 분화(1990년대 이후)

실학 연구가 확대되면서 1991년에는 한국실학학회가 창립되고, 한·중·일 3국의 실학 연구자들이 2년마다 번갈아 자국에서 국제 실학대회를 개최하면서 현재에 이르렀다. 이 학회는 1999년부터 『한국실학연구』를 학회지로 계속 간행하고 있다.

그리고 2000년에는 다산학술문화재단이 창립되어 학술지 『다산학』을 간행하면서 『여유당전서』의 정본화사업을 시작하였다. 또 다산학술상을 제정하여 실학 연구를 장려하는 한편, 『다산학사전』의 편찬도 진행하고 있다.

한편 2009년 10월에는 경기문화재단이 다산의 유적지에 실학박물관을 개관하여, 실학 관련 유물들을 전시하면서 실학의 연구에 매진하는 동시에, 널리 청중을 모집하여 실학사상을 교육하고 보급하는 사업도 벌이고 있다.

개인이 운영하는 실학 연구의 산실로서는 이우성 교수의 '실시학사(實是學舍)'가 1990년부터 문을 열었다. 젊은 학자들이 경학반과 문학반으로 나뉘어 매주 연구와 토의를 계속하면서, 주요한 연구 결과물들을 다

---

4 이우성, 1988, 「초기 실학과 성리학과의 관계」, 『동방학지』 58.

수 출판하고 있다. 이 연구실은 2010년 10월 '재단법인실시학사'로 확대 개편되었고, 매년 몇 가지 과제를 선정하여 연구비를 책정하면서 실학 연구를 촉진하는 길로 들어섰다.

1990년대 이래 연구를 거치면서 실학의 범위와 계보의 윤곽에 관한 논의 또한 크게 진전되었다. 이를 요약하면, 실학의 선구를 이룬 학자로 구암 한백겸(1552~1615), 지봉 이수광(1553~1628), 미수 허목 등을 들었다. 이들의 영향을 받은 반계 유형원에 와서 실학이 자체의 이론과 영역을 갖춘 학술로 체계화한 것으로 보았다. 그리고 18세기에는 성호 이익이 근기(近畿) 지역에서 일어나 서학(西學)까지를 일부 수용하여 기수(器數)의 학술은 진보한다는 확신하에 화이론적 역사관을 지양하면서 경세치용의 학풍을 크게 일으켰다.

또 한편으로는 서울을 중심으로 이용후생의 학풍을 개발하는 학자들이 속출하였는데, 담헌 홍대용, 연암 박지원, 영재 유득공(1749~?), 초정 박제가(1750~1805) 등이 대표적이었다.

이윽고 다산 정약용은 성호학을 사숙하여 경세치용학을 본령으로 하면서도 서학을 일부 수용하고 다시 이용후생학까지를 포용하여 실학을 집대성하기에 이르렀다. 그리고 19세기에는 혜강 최한기(1803~1877)가 실학적 사유를 계승하면서 서양식 자본주의 문명을 서적으로 독파하고, 실학과 근대의 연결을 시도하는 많은 저술을 남겼다.

이상과 같은 실학 연구의 성과 위에서 특히 2000년대에는 동아시아 혹은 세계적인 학술 풍조와 연관하여 실학을 고찰해야 한다는, 국제적 관심의 확대 현상이 일어났다. 가령 2009년도 한국실학학회가 주관하여 서울에서 개최한 국제실학대회는 "동아시아 실학-그 의미와 발전"이라는 주제를 특집으로 마련하였다. 새로운 국제화 시대를 맞아 실학 연구는 앞으로 계속 더 넓은 국제적 안목을 필요로 하게 될 것이다.

그런데 1980, 1990년대 이래 실학의 개념을 두고 특별히 새로운 해석을 내놓은 경우가 더러 나왔다. 먼저 성호학파까지는 실학자가 아니라 성리학자요, '홍대용, 박지원, 박제가, 정약용, 김정희, 최한기 등'은 '성즉 리라는 것을 부정하여 탈성리학적 입장을 가지는' '북학사상가들'이라고 하여, 이들을 실학자로 규정하는 경우가 있다.[5] 그러나 이들 모두를 '탈성리학적'인 경우로 인식한 사실부터가 정확하지 않다는 사실을 주의해야 할 것이다.

그리고 실학과 근대와의 연관을 문제 삼는 시각 또한 반복적으로 제기되는 주제 중 하나이다. 심지어는 어느 외국인의 경우처럼 서양의 근대 합리주의를 기준으로 전제해놓고, 조선 후기의 실학이 그 기준에 맞는지를 다각도로 평가하는 수고를 아끼지 않은 연구도 있다.[6] 한국의 근대도 물론 자본주의적 근대가 되었다. 그러나 그 근대의 연원을 조선 후기의 실학에서 찾거나 혹은 실학을 서양 자본주의 내지 합리주의와 단순 비교 평가하는 것은 그 기준부터 전혀 타당하지 않다. 그런 연관에서는 실학의 독자성이 결코 긍정될 수 없고, 이른바 실학 부재론(不在論)으로 귀결되기 십상이다. 실학은 유학에서 나온 것이지만, 중세 해체기 현실의 장벽에 부딪혀 유학 경전의 원리를 독자적으로 해석하면서 현실을 개혁하려는 논리와 이론을 독자적으로 개발한 학풍이었던 것이다.

---

5 지두환, 1987, 「조선후기 실학연구의 문제점과 방향」, 『태동고전연구』 3.

6 Palais, James B., *Confucian Statecraft and Korean Institutions*, University of Washington Press, 1996. 이 연구는 반계 유형원의 실학을 중심으로 다루었다. 그러나 실학사상 전체를 두고서도 그 발상이 근대적·합리주의적인 것이 아니어서 국책으로 실용된 적이 거의 없으며, 또 실학사상의 원천이 중국 고전에서 나온 것이므로 창의성을 결여하였다고 평가한다. 그렇다면 서양의 중세·근대사상은 모두 그 각국이 창안해낸 고유사상이었는지의 문제부터 따져볼 일이다.

나아가 실학은 "주로 18세기에 조선 사회의 주도층으로 대두한 경화사족(京華士族)"이 담당한 학풍이라는 주장도 있다. 즉 "전통 주자학의 내재적 발전과정에서 등장하여 현실의 변화에 부응하는 실용적 학풍을 특징으로 한" 것이라는 주장이다.[7]

실학이 과연 18세기 '전통 주자학의 내재적 발전과정에서 등장'한 것인지에 대한 논란은 끝이 없을 것이다. 그런데 실학자들이 주자학—성리학—을 전면 거부한 것은 결코 아니지만, 심성론 위주의 성리학적 경세론에는 결코 동의하지도 않는다는 면에서는 소위 '탈성리학적' 성격을 띠고 있었다. 그래서 국가와 사회의 구조적 현 실태에 관한 독자적 개혁안을 제시할 수 있었다는 사실을 직시해야 할 것이다.

그리고 17, 18세기는 "중세사회의 해체기라기보다 중세 후기로서 소농(小農)사회의 고양기"요, "18세기 말에 이르러 조선 성리학이 그 자신의 절정기에 도달"했다는 이해 아래, "결국 실학이란 16세기에 토착화한 조선 성리학이 18세기 소농사회의 성숙이라는 사회경제적 변동을 맞아 그에 작용하거나 규정되면서 이상적인 사회 관계와 국가 형태를 모색한 일련의 성리학적 합리주의의 고양 형태"라고 하는 주장도 나왔다.[8]

그런데 조선 후기 농업경제의 최대 현안은 지주·전호제의 확대 현상이요, 전소농(田少農)·무전농(無田農)의 해소 문제였다. 홍대용, 박지원 같은 북학론자조차 한전론(限田論)·정전론(井田論)을 절실하게 생각지 않을 수 없는 까닭이 거기 있었다. 예시한 대로 당시가 '소농사회의 고양기'라면 '성리학적 합리주의의 고양 형태'로서의 '이상적인 사회 관계와 국가 형

---

7 유봉학, 2007, 「조선후기 경화사족의 대두와 실학」, 『다시, 실학이란 무엇인가』, 푸른역사.

8 이영훈, 2002, 「18~19세기 소농사회와 실학」, 『한국실학연구』 4.

태를 모색'하는 실학을 추구한 독자적 동기가 그다지 절실할 것 같지는 않다. 그래서 실학을 두고 '성리학적 합리주의의 고양 형태'라고 간주하는 것인가.

그런데 위 논문의 다산 실학에 대한 평가는 특출하다. "성리학적 사유체계 내에서도 작위(作爲)의 주체는 태어날 수 있다"는 전제 아래, "19세기 다산의 사유체계에서 발견되는 작위의 왕정(王政)은 조선 성리학만의 순수한 혈통이 아니라 서학 및 일본 유학과의 교배 속에서 탄생한 혼혈종이다. 그렇게 서구의 근대는 이미 조선의 근대로 내재화하고 있었던 것"이라 하였다. 그렇게 형성된 "다산 실학에서 전통 성리학이 보장하는 인간관계와 자연현상을 관류하는 자연주의적 조화와 질서는 없다. 모든 인간관계는 작위적으로 구축된 제도와 도덕 규범에 통합될 수밖에 없다. 다산 실학의 기본 줄기는 이렇게 '자연에서 작위로'라는 기본 명제로 요약된다. 바로 그 점에서 다산의 사유체계는 명확히 인간 사유의 발달사에서 근대를 지향하고 있다." "다산의 사유체계에 있어서 도덕·윤리와 정치·법령은, 나아가 사회와 국가는 분리되고 있었다. 바로 이 점이야말로 우리가 인간 사유의 발달사에서 보편적으로 발견할 수 있는 근대성의 핵심적 요소이다."

여기서 '자연에서 작위로'라는 명제라든가 혹은 도덕과 정치의 분리, 국가와 사회의 분리 현상이란 것은 모두가 중세에서 근대로 전환하는 지표가 되는 것이라고 하는, 서양식(일본식) 표현방식이다. 물론 비슷한 지표를 다산에서도 발견할 수는 있다. 그런데 농민은 자기 군현 안에서만 농사지을 수 있고, 상·공인은 주거 군현의 읍성(邑城) 안에서만 영업하도록 한다는 다산 실학에서, 과연 '사회와 국가는 분리되고 있었다' 할 수 있는가. 더구나 '도덕과 정치의 분리'와 같은 이른바 '근대성'을 기준 삼아 말한다면, 다산은 그보다 200년 전에 살았던 마키아벨리에도 까마득히 못 미치는, 치명적으로 낙후한 '실학' 탐구에 애쓰고 있었던 셈이 된다.

또한 '근대를 지향'하는 다산 실학의 사유체계는 이미 '조선 성리학만의 순수한 혈통이 아니라', 서학 등 외래사상을 통해 '서구의 근대'가 '조선의 근대로 내재화'하기에 이른 것이라는 해석도 특이하다. 이렇듯 '조선 성리학'과 서학 등이 만나 다산 실학을 이루었다면, 젊은 시절부터 착수하고 산출한 다산 실학의 독자적 입지는 전혀 긍정할 수 없다는 것인가. 혹 유배 이전의 다산은 '순수한' '조선성리학'자였다는 뜻인가.

서학이라는 것이 다산의 사유체계 형성에 중요한 인자로 작용한 것은 사실인 듯하다. 서학을 수용하면서 그의 실학은 더욱 독자성을 띠게 되었다. 그래서 "수없이 남에게 배척을 받아 더욱 위태롭게 되고, 벼슬길에 오른 지 11년 동안 일찍이 하루도 조정에서 마음 편한 날이 없는"(「형조참의 사직 상소」) 상태에서도, 그는 줄기차게 독자적 실학론을 제시하였다. 그 연장선에서, 그는 유배생활의 한가로움을 통해 우선 경학 연구의 도저한 신경지를 개척하고, 그 바탕 위에서 더욱 체계적인 경세론을 고안할 수 있었던 것이다.

7. 맺음말

실학은 유파에 따라 주장 또한 다양하지만 그 기본은 제도와 기술의 개혁·개발을 통해 권력과 재부(財富)의 편중에서 야기되는 비리(非理)와 인습을 극복하고, 모든 주민이 각기의 자영적(自營的) 직임을 분업적으로 맡아 재능을 키우고 발휘하게 함으로써 인간다운 삶을 살도록 하며, 그래서 결국 조화롭고 부강한 국가를 실현할 길을 모색한 학풍으로 집약할 수 있다. 실학은 개혁론도 중요하지만, 그 개혁론의 객관적 실현성을 증빙하기 위해 당시의 현실을 더없이 객관적으로 분석한 자료들의 고전적 가치 또한 더없이 귀중하다.

실학은 발흥 당시부터 이미 자체의 독자성을 상호 간에 긍정적으로 인식하고 있었다. 근래의 연구로는 실학이 특히 중세 해체기의 변법적 개혁론으로서의 독자적 의미를 갖는다는 데 크게 공감하고 있다. 인습적으로 적체된 지리멸렬한 현 실태의 비리를 근본적으로 극복하기 위해 실학은, 소위 '조종의 법제'와 '주자학 이데올로기'라는 양대 통치기준에 얽매이지 않고, 실로 다양한 개혁론들을 제기하지 않을 수 없었다. 그래서 실학의 독자적인 성격이 구현될 수 있었던 것이다. 그 가운데에는 유교문화권인 중국과 우리나라 전근대의 국가정책 논의 및 그 집행과 관련된 온갖 인간들의 다양한 삶의 굴곡이 어떻게 전개되는가 하는 역사적 원형(原型)들을 곡진하게 해석해두고 있다.

그런데 최근에는 그 같은 실학의 독자성에 이의를 제기하는 연구가 더러 나왔다. 별도의 돌파구를 찾아 새로운 해석을 내려보고자 하는 학술적 시도는 긍정적이다. 그러면서도 지금까지 논의되어 온 실학의 독자성 자체를 부정하는 일은 더욱 신중한 검토를 요하는 문제일 것이라고 판단된다. 그 독자성을 포용하면서도 더 깊고 높은 연구를 추진하는 일이야말로 더없이 널리 열려있는 바람직한 길이 아닌가 하고 생각해본다.

(『**한국사 시민강좌**』 48, **일조각**, 2011)

제2부

실학의 성격

제2장

실학의 진보성과 보수성 음미

1. 머리말

아마도 자본주의 문명의 세계적 확산과 함께 주로 부와 권력 같은 세속적 욕망 추구의 방법을 포함하는 부국강병의 길이 더 편리해지는 것을 일컬어 문명, 혹은 역사의 진보라고 하는 관념 또한 전 세계로 확산된 것으로 이해된다. 가령 20세기 초, 이른바 사회진화론의 영향 아래서 진행된 우리의 애국계몽운동이 아마도 그러한 '진보'를 부르짖은 가장 전형적 사례가 아니었나 한다. 거기서 심지어 어느 단체는 "마음 다해 진보하자[一心進步]"는 기치 아래 한일합병을 선도하는 역할까지 수행하지 않았는가. 21세기 초에도 소위 최선진국일수록 더 노골적으로 세속적 영화와 패권의 추구에 범람스레 몰두하는 현상을 보게 된다. 역사에서 과연 '진보'라는 것은 긍정할 만한 현상인가.

그러나 긴 역사를 돌이켜 본다면 그런 '진보적' 문명 현상도, 역사의 진보와 함께 언젠가는 인간들의 건전한 이성에 의해 교정되고 결국에는 건전한 발전의 길로 들어서리라는 기대를 하면서 이 주제에 접근해보기로 한다.

진보와 보수는 어디까지나 상대적인 개념이다. 실학의 진보성과 보수성을 검토하고자 하는 경우, 반드시 그 검토의 비교 기준이 되는 상대적인 사상 형태가 무엇인가를 먼저 설정할 필요가 있다. 실학의 기본 텍스트가 유학이라고 하여, 가령 공자의 본원 유학과 실학을 비교·대조하여 그 진보성과 보수성을 검토한다는 것은 객관적으로 타당하지 못한 일이다. 대체로 역사 현상이라는 것은 반드시 계기적으로 전개되며, 가까이 선행하는 다른 현상과 우선적으로 큰 연관이 있다는 사실을 전제해야 할 것이다. 그러므로 실학적인 것은 바로 그에 선행하는 성리학적인 것과 비교·대조함으로써 그 진보성과 보수성의 역사적 의미를 더욱더 객관적으로 확인할 수 있으리라고 생각한다.

실학은 '탈성리학적'인 학풍이라고들 흔히 말한다. 아마도 '탈성리학적'이라는 개념 자체가 상대적으로 실학의 진보성을 가리키는 의미로 쓰이고 있는 것이 아닌가 한다. 그것은 아마도 인간관과 세계관, 그리고 경세론을 포괄하는 양자의 이론구조를 대비해볼 때 그렇다는 의미로 이해된다.

성리학과 실학은 모두 유교의 경전이 기본 텍스트이다. 성리학이 신유학(新儒學)이라고도 일컬어지고 실학이 개신유학(改新儒學)이라고도 일컬어지는 것처럼, 크게 보아 양자는 다 함께 유교·유학의 새로운 형태이지만 시대적 요청에 따라 각기 학풍의 내용을 달리하게 되었던 것으로 이해된다. 그런데 다 아는 바와 같이 유교·유학은 본원적으로 치자(治者)의 통치 교학으로 정립된 것이었다. 그것은 이상적 통치 형태라고 하는 이른바 왕도(王道)·왕정(王政)의 실현을 최고의 목표로 하는 것으로, 성리학과 실학 또한 마찬가지였다. 그래서 이 글에서는 왕정론(王政論)을 주요 지표 개념으로 설정하되, 주로 인간관·가치론과 통치체제론의 두 가지에 국한해서 성리학에 대한 실학의 진보적 성격을 검토하고, 마지막으로 실학이 본래 지니고 있는 보수성을 음미하기로 한다.

실학은 특히 경세론의 측면에서 성리학보다는 좀 더 근본적이며 구체적이어서 국가체제 자체의 개혁을 부르짖기도 한다. 아마도 성리학적 관념으로 짙게 물든 중세적 현 실태를 극복하기 위한 현실적 요청의 반영인 것으로 해석된다. 물론 그러한 측면이 양자의 사상적 이론구조와 밀접하게 연관된 것임은 더 말할 필요가 없다. 그런데 조선 성리학은 곧 '주자 성리학'으로 일컬어지는 것처럼 그 이론이 거의 주자 단일식인 형태로 비교적 정연한 편이다. 그에 비해 실학은 성리학과 어느 정도의 차별성을 갖고 있는지에 대한 문제에서부터 학자마다 학풍이 다르고 개혁론 또한 각기 상이한 편이다. 여기서는 실학을 '집대성'했다고 일컬어지는 다산 정약용의 경우를 중심으로 고찰하기로 한다.

2. '탈성리학'과 실학

성리학은 조선왕국 정치체제의 고질적인 문제였던 훈척의 발호에 따라 야기된 연속하는 사화의 시대를 끝내고, 이윽고 사림정치의 시대를 열어젖히는 데 큰 역할을 했다. 그런데 곧 사림 사이에 당쟁이 일어나고, 왜·호의 양란을 겪으면서 당쟁은 더욱 격화되었다. 이에 성리학은 당쟁에서 이겨 길이 집권하는 방편으로 주자를 더욱 강고하게 원용하기에 이르렀다. 17세기에는 드디어 이른바 '주자 유일주의'가 등장하였다.

> 주자 이후로는 어떤 이치도 밝혀지지 않은 것이 없고 어떤 말씀도 해석되지 않은 것이 없으니, 비록 주자와 같은 사람이 다시 태어난다 하더라도 다시는 스스로 내세울 말이 없고 다만 주자의 말씀을 고수(固守)할 뿐인 것이다. 만약 이같이 하지 않는다면 단연코 주자와 같은 사람이 아니요, 육상산이나 왕양명 같은 무리일 뿐인 것이다(『송자대전』).

주자 성리학 이외의 다른 학풍은 모두 '이단'으로 배격하는 이데올로기하에서 조선왕국의 정치적 현실은 잘 운용되고 있었는가. 잘 알려져 있듯이 주자 성리학을 유일의 지배이념으로 삼고서도, 특히 그것을 고집하는 당파가 오래 정권을 전횡하는데도 원래 이념인 '왕정'을 실현하기는 매우 어렵다는 현실이 그대로 드러났다.

> 지금 글을 읽고 도(道)를 논하는 선비들이 문구의 사이에 분쟁을 일으키고 호리(毫釐)의 차이를 분석할 즈음에도 정자(程子)를 존경하고 주자를 사모하지 않음이 없으니, 언어나 동작에 사소한 과실이 있더라도 이단(異端)에 미혹됨은 조금도 찾아볼 수 없다. 이로 좇아 공경대부(公卿大夫)의 반열에 올라 어려서 배운 바를 장성하여 실행하는데도 백성은 소생하지 않고 나라는 다스려지지 않는다. 도(道)의 밝고 밝지 않음이 이단과 무슨 관계가 있다는 말인가(『성호사설』 이단).

실학 또한 성리학의 영향 아래서 형성된 것이지만 성리학보다도 더 본원적인 유학 왕정론으로서의 새로운 통치체제론을 주창하는 학풍이었다. 그러니 그것이 주자 성리학을 벗어나, 즉 '탈성리학'의 독자적인 사유를 바탕으로 제3의 시각을 확립하려 하였다는 것은 바로 실학 자체의 정체성과 관련된 주요 지표로 해석된다.

그러나 실학이 '탈성리학'의 학풍으로 그친 것이 아니라는 사실 또한 여기서 특히 주의하지 않으면 안 된다. 실학은 '성리학으로부터 벗어난다'는 문자 그대로의 소극적인 면만이 아니라 그 자체가 새로운 국가체제 개혁론이라는 하나의 거대한 통치사상을 구현한 학풍으로 전개되었던 것이다. 즉 실학은 성리학을 지양하고자 하면서 그에 대신하는 자체의 독자적 왕정론을 전개하고 있었으니, 이 적극적·독자적 학풍이야말로 실학의 본질로 해석된다.

1) 도덕 인간과 사회적 인간

성리학에 따르면 인간과 자연을 포함하는 모든 존재가 천리(天理)를 부여받음으로써 각기의 본질을 이루게 된다. 천리는 인간에 와서는 인성(人性)을 이루고 사물에서는 물리(物理)를 이룬다. 곧 '성(性) 즉 이(理)'이다. 인간과 인간은 물론이고 인간과 자연 또한 연속된 존재이다.

인성은 인(仁)·의(義)·예(禮)·지(智)와 같은 도덕률을 원천적으로 부여받은 '본연지성'과 동시에 육신을 지님으로 인해서 부여받은, 그리고 인간을 악으로 유도하기 십상인 '기질지성'을 포괄한다. 그러므로 인간의 과업 가운데 가장 중요한 것은 타고난 각자의 '본연지성'을 잘 함양하여 인·의·예·지를 가장 잘 발휘하는 도덕군자가 되는 일이다. 그 최고의 모범이 곧 성현(聖賢)이다. 그런데 구체적 현실에서 인간은, 가령 고수(瞽瞍)와 같이 고약한 자의 아들로 순(舜)이 태어나듯이, 선천적으로 타고나는 '기질지성'이 그 인간 존재의 질을 거의 결정한다. 도덕결정론에 매우 가까운 인간관이라 할 것이다.

그런데 실학의 경우, 초기에는 아직도 성리학 인성론의 영향 아래서 출발하지만 그래도 인간이 가진 심(心)의 적극적 능력을 크게 인식한다. 이미 반계 유형원부터 인간의 심(心)이 지닌 이(理)의 영명한 능력을 강조하는 편이요, 성호 이익에서는 더욱 그러한 편이었다. 한편으로는 조선 후기 오랜 집권당인 노론의 학인들 사이에서도 인간의 심(心)이 타고난 이(理)의 측면을 특히 강조하는 소위 낙론(洛論)에서 북학이 태동하였다는 사실도 주목할 만하다. 그리고 다산 정약용 단계에 가면 드디어 인성보다도 심(心)이야말로 인간의 본체라고 단언한다.

다산에 따르면, 인간의 성(性)은 그가 타고난 심(心) 가운데의 속성으로서, 주로 선(善)을 기호(嗜好)의 성품으로 지칭하는 것이다. 그런데 "인간의 심(心)은 천(天)의 영명함을 직통으로 품부해 있으므로 아무리 은미한 것이라도 살피고 밝혀내지 못하는 것이 없다"(『중용자잠』). 그러므로 인간의 정신활동을 총괄하는 심(心)이야말로 인간의 본체요, 그 속성의 일부인 인성(人性)이 인간의 본질일 수는 없는 것이다.

> 형체가 없는 심(心)이 인간의 본체인데, … 이 본체는 모든 형상을 포괄하고 모든 이치를 깨달을 수 있으며 능히 사랑하고 능히 미워하기도 하는 것이니, 인간이 생겨날 때 천(天)이 인간에게 부여한 것이다(『대학강의』).

> 인간은 정신과 육신이 묘합하여 혼연히 하나가 된 존재이다. 그래서 그가 발동하는 심(心)으로 말하자면 도의(道義)로 인하여 발동하는 경우가 있는데 이를 일러 도심(道心)이라 하고, 육신으로 인하여 발동하는 경우가 있는데 이를 인심(人心)이라 한다. 인간은 도심을 갖고 있으므로 선악을 명백히 구별하고 또한 덕(德)을 좋아하고 악을 부끄러이 여기며 마침내 살신성인하는 데에도 이르게 된다. … 인간은 인심을 갖고 있으므로 재물을 탐내고 색(色)을 좋아하며 안일함을 추구하고 존귀함을 좇는다(『논어고금주』).

> 우리 인간의 영명한 심체(心體) 안에는 본래 한 가닥 원욕(願欲)이 있는데, 만약 이 욕심이 없다면 천하만사 어느 하나도 도무지 추구할 수가 없다. 오직 이익에 밝은 자는 욕구가 이록(利祿)으로 치닫고, 오직 의(義)에 밝은 자는 욕구가 도의로 달려간다. 욕구가 극진함에 이르러서는 양쪽이 모

> 두 살신성인하여도 후회가 없으니, 탐학한 자는 재물에 목숨을 바치고 열사(烈士)는 명성에 목숨을 바친다. 나는 일찍이 일종의 색다른 사람을 보았는데, 그 심(心)에 담백히 욕구가 없어 능히 선을 할 수도 악을 할 수도 없고 능히 문학이나 산업도 할 수가 없으니, 곧 천지 사이의 하나 버려진 물건이었던 것이다. 인간이라면 욕구가 없어서야 되겠는가(『심경밀험』).

다산에게 있어서 인간의 심(心)이란 것은 그의 의식과 지각, 이성과 감성작용을 통괄하는 실체[虛靈知覺者]로 이해된다. '심'은 그만큼 다양하고도 독자적인 능력을 갖는다는 해석이다.

인간의 영명한 심체(心體) 가운데 본원적으로 한 가닥 욕심이 있다는 것은 그 욕심의 근원이 곧 천(天)과 직결된다는 이론이요, 그래서 정당한 욕구라면 사회적으로 긍정되어야 한다는 것이다. 다산은 모든 인간이 희구하는 부귀(富貴)에 대한 욕구를 그 대표적 사례로 든다. 도덕이든 부귀이든 그것을 추구하는 원동력은 인간 본유의 욕구, 욕심에서 우러나는 것이다. 인간은 어디까지나 그 정당한 욕구를 발동함으로써 자신과 세계를 적극적으로 개조할 수 있다는 이론을 그는 정립하고 있었다.

다산은 그만큼 인간의 심(心)의 자율성을 긍정한다. 즉 인간의 심이 도심(道心) 쪽으로 향하는가 혹은 인심(人心) 쪽으로 발동하는가의 결단은 자신의 주체적 판단 여하에 따라 자주적으로 행사할 수 있는 것이라고 단안(斷案)한다.

> 천(天)은 인간에게 자주권(自主權)을 부여하였다. 그가 선을 행하고자 하면 선을 행하게 하고, 그가 악을 행하고자 하면 악을 행하도록 해두었다. 정해진 방향이 없고 그 권한이 자기 자신에게 있는 것이어서, 금수(禽獸)

가 정심(定心)을 가진 것과는 다르다. 그러므로 그가 선을 행하면 실로 그 자신의 공이 되고, 그가 악을 행하면 실로 자신의 죄가 된다. 이는 인간의 심(心)의 권능(權能)이요 이른바 성(性)이 아니다(『맹자요의』).

최고의 가치를 지닌 진선진미한 일에서부터 극악무도한 만행에 이르기까지를 자신의 주체적 판단에 따라 자기의 심력을 기울여 수행할 수 있는 것이 인간 존재이다. 그러니 자기 자신은 물론이요 자신이 처한 환경조건, 즉 사회와 국가까지도 개혁하고 개선할 수 있는 것이 인간 존재이다. 그래서 그는 인간이야말로 사회생활을 통해 선행을 쌓으면서 이 우주의 주인 노릇을 다해야 하는 존재임을 강조한다. "우러러 하늘을 보면 해와 달과 뭇별들이 삼연하게 저기 벌여 있고, 구부려 땅을 살펴보면 초목금수가 정연히 여기 있는데, 그 모두는 다 인간을 비추어 주고 따뜻하게 해주며 길러주고 섬겨주는 것들이다. 그러니 이 세상의 주인 노릇을 하는 자는 인간이 아니고 누구인가. 천(天)은 인간으로 하여금 이 세상을 집으로 삼아 선을 행하도록 했으며, 일월성신과 초목금수는 모두 이 집을 위해 이바지하는 사물이 되도록 해두었다"(『논어고금주』).

그런데 그와 같은 인간이 이 세상의 주인이 되어 만물을 향용하면서 선행을 행하고 사회와 국가를 개조하는 사업은 어떻게 성취되는 것인가. 다산에 따르면 이 세상의 어떠한 가치 있는 일이라도 인간의 적극적 '실행[行事]'을 통하지 않고는 결코 성취되지 않는다. 가령 인·의·예·지와 같은 인간 도덕도 인간이 자신의 판단에 따라 주체적으로 '실행'할 때 비로소 창출되는 사회적 가치라고 그는 단언한다.

인·의·예·지의 이름은 본래 우리 인간이 그 일을 실행한 결과로 얻어지는 것이다. 결코 그 모두는 심(心)에 부여되어 있는 현묘한 이(理)가 아니다. 인간이 천(天)으로부터 받은 것은 다만 여기서 인자할 수도, 의로울 수도, 예의 바를 수도, 지혜로울 수도 있는 영명(靈明)함이다. 만약 천이 인·의·예·지 네 가지 알갱이를 인간의 성품 가운데에 부여해놓았다고 한다면, 그것은 사실이 아니다(『중용강의보』).

인간이 자기의 심의 영명한 능력을 자주적으로 행사하고 주체적으로 '실행'함으로써 도덕과 선을 성취할 수 있다는 것은 곧 개별 인간의 사회적 능력과 책임·의무가 그만큼 크다는 해석이다. 성리학의 도덕결정론적 인간관으로부터 크게 탈피함으로써 인간의 사회적 주체성을 그만큼 크게 확보하기에 이른 것이다.

성리학에서 인간 존재에 대한 이해는 선악을 기준으로 하여 그 도덕적 의미를 논하는 것이 가장 우선하는 과제였다. 무엇보다도 기질지성을 누르고 본연지성을 함양하는 일이야말로 인생 일대의 최대 과제가 된다. 주자에 따르면 교육과 학문의 주된 내용은 인간 사회의 기본 윤리인 오륜(五倫)을 공부하고 그 의리(義理)를 강명하는 일이었다(「백록동서원게시」). 가령 율곡 이이는 "도(道)는 높고 먼 곳에 있지 않은데도 인간 스스로가 행하지 않는다. 모든 선(善)이 나에게 다 갖추어져 있으니 다른 데서 구할 것이 없다"고 단언한다(「학교모범」).

실학 또한 인간의 도덕적 선행의 의미를 부정하지는 않는다. 그러나 실학은 품성의 함양보다는 인간이 타고나는 심체의 영명한 능력 개발을 강조한다. 그래서 산업의 개발이라든가 훌륭한 정치사업의 구현 등 부귀와 같은 사회적 가치의 구체적 실현을 기준으로 하는 인간의 사회적 의미를 논한다. 실학에서의 인간은, 각자가 이미 타고난 일심(一心)의 독자적이고 자율적인 판단에 따라 자기의 정당한 욕구를 추구함으로써 부귀스러운 사회적 가치를 실현하는 새로운 사회적 존재로 진화한 존재이다.

그래서 개별 인간의 존재 또한 구체적이며 가치 실현적인 교육을 통해서 사회적으로 성장하고 정립된다는 견지에 선다. "인간은 자연 상태 그대로 선해질 수는 없다. 반드시 가르침을 받고 난 후에야 선해질 수 있다"는 것이다(「악론」). 실학은 분야별로 중앙·지방의 모든 주민에게 각자의 직임에 걸맞은 교육을 실시하며, 일상의 공동체 생활을 통해서도 공동체 윤리와 법을 수련하게 하는 과정을 둔다. 가령 산업기술의 학습은 각 분야의 생산 현장에서 당해 기술이 숙련되도록 조직한다. 사(士)의 경우는 분야에 따라 내용을 달리하는 전문 교육을 받으며, 특히 관직으로 선임하는 과정은 천거를 통해서 선발한 인원을 상대로 다시 과거(科擧)를 시행해서 채용한다는 고안이다.

2) 도학과 물질문명

그렇다면 성리학과 실학은 각기 인간 문명이 어떻게 발전한다고 생각하는가. 성리학에서는 천도를 체현한 성인(聖人)의 도(道)야말로 곧 왕도(王道)요, 그것의 정치적 실현 형태가 곧 왕정(王政)이다. 그리고 왕도야말로 문명의 최고 실현 형태이다. 주자에 따르면 성인이 말한 왕정의 핵심이 곧 『대학』에 집록되어 있으므로 후세의 군주는 모두 이를 공부하여 자신의 심성(心性)을 함양하고 교화(敎化)를 확충하는 일이야말로 왕정을 실현하는 요체이다. 조선 사림정치 시기의 율곡 또한 마찬가지 생각이다. "선정(先正: 주자)이 『대학』을 드러내어 밝힘으로써 (왕정의) 규범과 모범을 세워두었다. 성현의 천, 만 가지 가르침이 모두 다 이 밖에 있는 것이 아니다”(『성학집요』, 서). 그는 주자학이 곧 성리학이며 도학(道學)이요, 주자학에 의해서 ‘왕도’가 찬연히 밝혀졌음을 확신한다.

> 대저 도학이란 것은 ‘격물치지(格物致知)’하여 선(善)을 환히 깨치고 ‘성의정심(誠意正心)’하여 그 몸을 닦는 것인데, 이를 자기 자신에 간직한즉 천덕(天德)이 되고 정사(政事)에 베풀면 왕도가 되는 것이다. … 도학하는 선비를 진유(眞儒)라고 하는데 맹자 이후로는 진유가 일어나지 않더니, 천년 후에 비로소 염계(濂溪) 주자(周子)가 일어나 은미하고 오묘한 이치를 드러내 밝히었고 그것을 정자(程子)·주자(朱子)가 계승한 연후에 이 도(道)가 세상에 크게 밝혀져 마치 태양이 중천에 떠 있음과 같이 되었다(「동호문답」).
>
> 생각건대 제왕(帝王)의 도는 심술(心術)의 미묘함에 근본을 둔 것이며 문자에 실리어 드러나 있는 것입니다. 성현이 대대로 일어나 그때마다 말씀을 내려 반복해 밝혀두어 전적(典籍)이 점점 더 많아졌습니다. … 금후로는 성현이 다시 태어나더라도 다시 미진한 말씀은 없을 것입니다. 다만 기왕의 남긴 말씀을 따라 그 이치를 고찰하며 그 이치를 밝게 알아 실행에 옮김으로써 자기를 성취하고 만물을 실현하는 공력을 다할 따름입니다(『성학집요』, 진차).

주자학에 이르러 왕정을 실현할 ‘도가 세상에 크게 밝혀져’ 있으므로, 이제는 오직 그 길을 따라 힘써 실행하는 일이 남았을 뿐이라는 것이 그의 확신이다. 주자학을 태양에 비유하고 특히 ‘태양이 중천에 떠 있음’과 같은 것으로 말한 것은, 그것이 왕정을 실현하는 가장 근본이 되는 빛이며 길인 것으로 영구히 밝혀져 있는 유일한 기준이라는 표현이다. 드디어 율곡의 학통을 이어받아 17세기 노론당을 대표하는 산림이자 정치가로서 확고한 지위를 차지한 우암 송시열의 확신은 더욱 그러하였다. 그것이야말로 조선 성리학의 일대 특색을 이루는 주자 유일주의적 문명론이다.

> (동춘)공이 이어서 말하였다. "격물(格物)·물격(物格)의 설은 주자가 이미 극력 해석해두었는데 그 후로도 논란이 이같이 분분하니, … 어느 것을 취하고 버리기가 가장 어렵습니다." 내가 말하였다. "퇴계라든가 율곡을 불문하고 주자와 동일한 경우는 따를 것이요, 주자와 동일하지 않은 경우는 따르지 않을 뿐입니다"(『송자대전』, 동춘송공유사).
>
> (누가 선생에게) 묻기를 "주자의 학설을 따르지 않는 경우는 모두 다 이단(異端)임을 면치 못하는 것입니까"라고 하자, 선생이 답하기를 "그렇다"고 하였다(『송자대전』, 어록).

조선 성리학에서 확신하는 문명의 구현은, 이제 오직 주자의 말씀들을 현실에 적용하여 시행하는 길이 있을 뿐이라는 확신에 차 있다. 더구나 그와 같은 주자 유일주의적 사유가 당쟁의 와중에서 더욱 경화되어 집권당의 확고한 당론이 되고, 이후 오래도록 행세하게 되었다는 사실에 주목할 필요가 있다. 그것은 중세사회 해체기라고 하는 조선 후기의 다양하고도 급변하는 현실 문제를 처리함에 있어서도 일률적으로 주자학이라는 500년 전의 옛 기준을 적용하여 해결하려는, 매우 복고적인 대처방식이라 할 것이다.

그렇다면 인간이 타고난 심력의 영명성과 주체성을 긍정하는 실학의 경우는 어떠하였는가. 실학은 드디어 아무리 성현이라 할지라도 인간 문명의 모든 것을 다 이룩하거나 해석해낼 수는 없는 것이라는 소신을 피력한다. 다산은 예의도덕과 물질문명을 나누어 설명한다.

대저 효도와 우애는 천성(天性)에 근본하는 것이며, 성현의 글에 밝혀져 있다. 진실로 이를 확대해서 충실히 하고 닦아서 밝힌다면 이에 예의의 풍속을 이루게 될 것이다. 이는 실로 밖[外]으로부터 기대할 필요가 없는 것이요, 또한 뒷날 개발된 방법에 힘입을 필요도 없는 것이다. 그런데 이용후생에 필요한 자료와 백공(百工) 기예의 재능은 뒤에 개발된 제도를 가서 배우지 않는다면 그 몽매하고 고루함을 타파하고 이익과 은택을 일으킬 수 없는 것이다. 이는 국가를 도모하는 사람으로서 마땅히 강구해야 할 일이다(「기예론」 3).

'성현의 글에 밝혀져' 있는 내용 그대로 따르기만 하면, 가령 '효도와 우애' 같은 선행은 실현되는 것인가. 실학은 자기 심력을 자율적 결단에 따라 추진하여 그 선한 속성이 지향하는 선행을 구체적으로 '실행'함으로써 '효도와 우애'라는 사회적 도덕가치가 실현된다고 하는 점에서 성리학의 경우와는 다르다. 자기 자신의 심력을 동원한 구체적 결단과 '실행' 여부가 모든 예의도덕을 실현하는 관건이다. 결코 성현이 밝혀놓은 그대로 자신의 천성을 함양만 하면 되는 것이 아님에 주목할 필요가 있다.

더구나 그 같은 도덕이라든가 선행의 경우와는 달리, 이용후생하는 자료라든가 그것을 생산하는 기술은 경험적으로 축적되므로, 뒷날에 개발되는 것이 이전의 경우보다도 반드시 진보하는 것이라고 하는 소신은 여기서 특히 주목해야 하는 개념이다.

천(天)은 … (인간에게) 지려(知慮)와 교사(巧思)를 갖게 하고 그것을 익혀 기예(技藝)를 습득함으로써 스스로 생활을 영위하도록 하였다. 그러나 지려를 미루어 운용하는 데에도 한계가 있고, 교사로써 사리를 연구해내는

> 것도 순서가 있다. 그러므로 아무리 성인(聖人)이라 하더라도 천 사람, 만 사람이 함께 의논한 것을 당해낼 수는 없고, 아무리 성인이라 하더라도 하루아침에 그 아름다움을 모두 갖출 수는 없다. 그렇기 때문에 사람이 많이 모일수록 그 기예는 더욱 정교하게 되고, 세대가 내려올수록 그 기예는 더욱 교묘하게 된다. 이는 형세상 그렇게 되지 않을 수가 없는 것이다(「기예론」 1).
>
> 농업의 기예가 정교하면 점유한 전지(田地)는 적어도 생산된 곡식이 많을 것이요, 힘은 적게 들이고도 곡식은 아름답고 충실할 것이다. 무릇 묵은 땅을 개간하고 땅을 갈고 곡식의 씨앗을 뿌리고 김매고 곡식을 베어 거두고 곡식의 껍질을 벗겨서 키로 까불고 절구에 찧고 물에 반죽하고 불을 때서 밥을 짓는 일에 이르기까지 모두 그 편리함을 돕고 그 수고로움을 덜게 될 것이다. … 백공(百工)의 기예가 정교하게 되면 무릇 궁실(宮室)과 기구(器具)의 제조에서부터 성곽과 배[舟]와 수레의 제도에 이르기까지 모두 견고하고 편리하게 될 것이다. 진실로 그 법을 다 터득해서 힘써 실행한다면 나라가 부유해지고 군대가 강해지며, 백성들이 유족해져 오래 살 수 있게 될 것이다(「기예론」 2).

다수 인간의 사회적 숙련을 통해서 경험적으로 개발되고 축적되기 마련인 물질생산과 그 기술은 결코 인간 내부의 천성이라든가 심력만을 동원해서 획득되는 것이 아니다. 인간의 내부가 아니라 그들 공동체에 산술적·경험적으로 축적되는 사회적 현상이다. 그래서 이 분야에는 '진보'라고 하는 역사적 사실이 성취되는 것이다. 그 같은 진보는 아무리 성현이라도 결코 혼자서, 혹은 단기간 안에 다 실현해낼 수는 없다.

> 백공(百工)의 교묘한 기술은 모두가 수리(數理)에 근본을 둔 것이다. 반드시 구고현(句股弦)과 예각(銳角)·둔각(鈍角)이 서로 맞먹어 들고 서로 차이 나는 근본 이치에 밝은 연후에야 이에 그 법식을 깨칠 수 있다. 진실로 스승에게 배우고 익혀 오랜 세월 노력을 들이지 않고서는 끝내 그 교묘한 기술을 꿰뚫어낼 수가 없는 것이다(「이용감」).

수리(數理)에 근본을 두고 갖가지 형태로 응용되는 기술은 실로 성현의 가르침에 나타난 도덕 위주의 것이 아니요, 그 자체로 독특한 체계를 갖추고서 전개되는 독자적 분야이다. 그러한 생산기술의 의미에 대한 이해야 일찍부터 있어 온 터이지만, 그 기술체계의 독자성을 긍정하고 이를 국가정치의 중요한 분야로 수용해야 한다는 인식은 조선 후기의 실학에 와서야 비로소 구체화한 것이다. 그래서 전통적인 교육과 학문 이외에 물질문명을 생산하고 국방을 담당하는 등 기술에 대한 학습과 교육이라는 관심이 새로 일어났다. 가령 다산 실학에서 모든 주민을 9직(職) 가운데 한 분야씩 전담하도록 분업적으로 배치하고, 이용감(利用監)을 세워 군사기술을 비롯한 외국의 선진 과학기술을 배워오도록 한다든가, 혹은 국내의 우수한 생산기술자를 관직으로 등용하는 유인(誘引)제도를 설치하는 등의 산업 개발정책이 설정된 것은 바야흐로 그러한 관심을 제도적으로 정립한다는 의미를 지녔다.

요순(堯舜) 삼대(三代)에서만 이상적인 문명으로서의 왕도·왕정이 실현되었다고 인식하는 유학은 일반적으로 매우 복고적인 사유를 기초로 하고 있다. 조선 후기의 실학 또한 유학 본연의 복고적인 사유를 지양하지 못하고 있음이 사실이다. 그러므로 여기서 물질생산이라든가 그 생산기술 분야에 경험의 축적을 통한 '진보'가 일어난다는 사유를 전개한 것은 실학이 이룩해낸 특이한 성과라 하지 않을 수 없다.

결국 한국사에서는 조선 후기의 실학에 이르러서야 드디어, 물질생산이라든가 그 생산방식으로서의 기술 분야에 '진보'가 일어난다고 하는 개념이 비로소 정립되기에 이른 것으로 이해된다.

3. 대신위임통치론과 왕권론

주자학에서 왕정을 실현하는 가장 핵심이 되는 요체는 '천하의 대본(大本)'인 군주의 일심이었다. 조선 성리학은 주자학이야말로 '태양이 중천에 떠 있음'과 같은 것으로 숭신한다. 그래서 가장 우선시해야 하는 정치사업 또한 '군주의 치심(治心)' 그것이었다. 16세기 조선 사림은 그 사업을 위한 교재로서 제왕학(帝王學)의 저술을 중시하였다. 회재의 『중용구경연의』라든가 퇴계의 『성학십도』가 그 선구적 저술이다. 그리고 율곡의 『성학집요』는 제목 그대로 군주가 심성을 함양하고 기질을 변화시킴으로써 왕정을 실현할 제왕학을 '집요'한 회심의 저술이다.

성리학 통치론에서 임금의 직무는 그 일심을 바로잡음으로써 대신(大臣)으로서의 적임자를 엄선하여 보임하고, 그에게 국정을 위임(委任)하는 것이 가장 중요한 일이라고 이해된다. 이른바 대신위임통치론이라는 것이다. 실상 왕권이 대대로 세습되는 현실에서, 계승하는 왕마다 반드시 현능할 수는 없는 일이었다. 그러므로 오랜 선별을 거쳐 현능한 자격을 인정받은 대신을 선발하여 그에게 국정을 통솔하도록 위임하는 이 제도는, 확실히 전제군주 1인의 자의에 맡겨 통치하는 경우보다는 오히려 더 진보된 것이라 할 수 있다.

> 예로부터 밝고 훌륭한 임금이라 하더라도 홀로 통치할 수는 없고 반드시 현자(賢者)를 얻어 나라를 함께하는 것입니다. 그러므로 위대한 요(堯) 임금도 오히려 순(舜)을 얻지 못할까 근심하였으며, 군주다운 순임금도 오히려 우(禹)와 고요(皐陶)를 얻지 못할까 근심하였습니다. 임금이 신하에게 위임하는 것이 천지의 도입니다(『율곡전서』, 진시폐소).
>
> 임금의 도는 그 몸을 스스로 닦는 일 말고는 오직 재상(으로 합당한 자)을 논하는 것이 가장 크고 또 급한 일입니다. 대체 임금 한 사람을 보필하면서 백관을 통솔하는 것이 재상입니다. 임금의 덕이 잘되고 잘못됨과 인물의 사특하고 올바름을 헤아려 대처하지 않음이 없으니, 재상은 불가불 가려서 논해야 하는 것이며 또한 그 자리를 비워 두어서도 안 됩니다(『송자대전』, 승배좌의정후인죄결체소).

성리학에서 말하는 대신위임통치론의 대표적 사례는 순임금의 '무위이치(無爲而治)' 이론이다. 『논어』에는 "'무위이치' 한 이는 순임금일 거다"라고 공자가 말한 대목이 나온다. 이를 두고 주자는, "(공자가) '무위이치'라고 말한 것은, (순임금 같은) 성인은 덕이 융성하여 백성이 저절로 교화되므로, 성인의 작위(作爲)를 기다리지 않고도 치세가 이루어졌음을 말한 것이다"라고 해석하였다. 조선 성리학이 이 해석을 따르고 있음은 더 말할 것이 없다.

그런데 다산 실학은 그와는 전혀 다르게 해석한다. 적극적 통치행위가 없어도 치세가 이루어졌다고 함은 '무위이치'라는 명제에 대한 잘못된 해석이라는 것이 그의 주장이다. 오히려 "천하에 요·순보다 부지런한 이가 없었으며", "천하에 요·순보다 치밀한 이가 없었다"고 그는 확신한다.

> 순이 (요임금의 직무를) 섭정할 때에 사공(事功)에 분발하였다는 사실은 『상서』의 전[堯典·舜典]에 갖추어 실려 있다. 그가 (즉위하여) 스스로 관직을 임명하고 난 이후 『상서』에 그런 기록이 없는 것은 그의 통치가 이룩되고 제도가 안정되어 법제를 따라 운용되기 때문에 다시 기록하지 않은 것이다. 어찌 '무위'하면서도 그렇게 되었을 것인가. 3년마다 (백관을) 1차씩 고적(考績)하고 3차 고적에 1차 출척(黜陟)을 단행하며, 5년마다 한 번씩 순수(巡狩)를 나가고 해마다 사시로 뭇 제후들의 조회를 받는데, 그들의 일을 살피고 아뢰는 말을 들으며 공적을 시험해야 한다. 그러기를 해마다 해야 하고 법제를 따라 집행해야 하니 이미 분분하게 일이 많지 않은가. 뭇 신하들과 백관은 모두 그 직무를 맡아 분주한데 순임금만이 홀로 '무위'하고 있었을 것인가. 고적하는 일은 반드시 친히 하고 순수 나가는 일도 반드시 친히 하며 형륙(刑戮)은 반드시 보고를 받고 교훈은 반드시 먼저 내리는데, 순임금이 어떻게 '무위'할 수 있었겠는가. … 지금 통치의 도리를 논하는 자들은 모두 임금을 이끌어 단정히 손을 접고 침묵을 지키면서 아무 일도 하는 것이 없도록 하니, 온갖 법도가 무너져도 이를 정비할 수 없으며 만 가지 기틀이 허물어져도 이를 골라 다스릴 수가 없다. 10년이 지나지 않아 온 천하가 부패하고 화란이 잇달으며 조잔(凋殘)하고 피폐해져 떨치지 못하더라도 마침내 이를 깨닫지 못한다. 이는 모두 '무위'의 설 때문에 그르쳐지는 것이다(『논어고금주』).

그러므로 다산 실학은 소위 대신위임통치론을 반대한다. 훌륭한 대신의 보필이야 있을수록 더 좋은 일이지만, 그래도 왕정 실현의 중심이며 주체가 되는 것은 왕권 그 자체라고 그는 확신한다. "『주역』에 '천(天)의 운행은 굳건하다'고 하였다. 밝고 밝은 요·순이 천으로 더불어 함께 굳건하여 일찍이 잠깐의 휴식도 갖지 못하였고, 우·직·설·익·고요 등의 대신도 맹렬하게 분발하여 왕의 팔다리와 눈, 귀 노릇을 다하였다. 그런데 지금 대신의 직위에 있는 자들은 바야흐로 '대체를 유지한다[持大體]'는 세 글자를 지키는 일로써 천하만사를 다하는 것처럼 여긴다"[『경세유표』, 인(引)]는 것이 다산의 해석이다. 그처럼 훌륭한 대신들의 보필을 받으면서도, 그 모든 신·민을 이끌고 마치 하늘의 운행처럼 '잠깐의 휴식'도 없이 맹렬하게 분발하여 왕정의 실현에 노력한 이가 요·순·삼왕(三王)과 같은 지치(至治)를 실현한 성왕이라는 것이다.

그런데 성리학의 대신위임통치론 또한 당시의 현실로서는 매우 타당한 이론임에도 불구하고 다산은 왜 굳이 왕권 직접통치론을 주장하는 것인가. 그것은 조선 후기의 오랜 당쟁 끝에 노론 1당의 전횡이 계속되고, 더구나 집정 대신들이 이른바 '명철보신(明哲保身)'을 일삼아 정권의 연장만을 꾀하면서 무위도식으로 일관하고 있는 현실을 감안한 데서 유래한 것으로 이해된다.

다산에 따르면, 삼대의 법제 이후에 제정된 통치법제는 모두가 어지러운 말세의 폐단을 많이 지닌 법을 근본적으로 개혁하지 못하고 그대로 답습해온 것들이어서, 결코 왕정을 실현할 좋은 법제가 되지 못한다. 더구나 다산 자신이 살고 있는 19세기 초 조선왕국의 현실은 "터럭 한끝에 이르기까지 병들지 않은 것이 없는" 상태라고 관찰한다.

> 우리나라의 법제란 것은 대개가 고려의 옛 법을 그대로 따른 것이요, 세종 임금 때 이르러 다소 손익(損益)을 가하였으나, 한 번 임진왜란을 겪은

후로는 백 가지 법도가 무너져 모든 일이 어지럽게 되었다. 군문(軍門)을 자꾸 증설하여 국가 재정이 탕진되고, 전제(田制)가 문란해져서 부세의 징수가 편중되기에 이르렀다. … 관직이 정비되지 않아서 정규 관원에게 봉록이 없고, 탐학한 풍습이 크게 일어나 생민이 초췌해졌다. 가만히 생각건대 터럭 한끝에 이르기까지 병들지 않은 것이 없으니, 지금에 와서 (법제를) 개혁하지 않는다면 반드시 나라가 망하고 말 것이다(『경세유표』, 인).

다산 실학의 경세론은 그 같은 통치법제의 근본적 개혁이라는 과제를 안고서 출발한다. 실학 일반이 대체로 그러하거니와 특히 다산의 실학이 국가체제의 근본적 개혁을 통한 왕정의 실현에 그 목표를 두게 된 것은 그 같은 역사적 과제의 해법으로 고안된 것이기 때문이다. 그런데 현실적으로 이른바 '조종의 법제'는 그 편린이라도 개혁하는 일이 혹 가능하며, 기대할 수 있는 것인가.

혹 하나라도 깨달은 견해가 있어 경장(更張)하기를 시험해보고자 하면, 원로 대신으로서 침중하여 덕이 있는 듯한 자가 반드시 한마디 말로써 천천히 억압하되, "조종의 법제는 반드시 경장할 것이 아니다"라고 한다. 그러면 호강(豪强)하여 권세를 업고 사(私)만 알지 공(公)은 모르는 자가 반드시 따라 되뇌이기를, "노야의 태산 교악 같은 덕망이 국가를 진정할 만하다"라고 한다. 그러나 실상 향원(鄕愿)의 거짓 덕이요, 선을 좋아하는 마음은 한 점도 없는 것이다(『경세유표』).

지금의 군자(君子)란 자들로 말하자면, 아랫결에 있는 자들은 권세를 즐겨 탐하다가 스스로 멸망의 길을 걷는데, 이는 거론할 필요가 없다. 그런데 몸을 닦고 단속하여 자못 예의를 안다는 자도 '명철보신' 네 글자를 가지고서 일신을 온전히 하고 손해를 멀리하는 제일의 요결로 삼아, 말하지 않는 가운데 남에게 잘 보이도록 하면서 무리 지어 나고 들며, 가문(家門)을 먼저 하고 나라는 뒤로하여 사(私)를 위해 공(公)을 죽인다(『여유당전서』, 답김덕수).

'명철보신'이라는 요결을 통해서 흔들림 없는 전횡을 꾀하는 현실 집권당의 행태는 실상 가장 큰 중간 농단의 형태였다. 그 농단에 참여하는 집권당의 핵심은 이른바 '벌열 수십 집'뿐이라는 것이었다. 그런데 그와 같은 중앙권력의 농단은 반드시 그 촉수가 말단 군현의 실무자와 연결되기 마련이었다. "먼 시골 군현의 향리로서 중앙의 재상(宰相)과 체결하지 않은 자가 없다"(「여김공후」)는 말에서 보이는 대로, 중앙의 벌열 대신으로부터 지방 군현의 말단 향리층에 이르기까지 거의 모든 관·리들이 할거적 중간 농단으로 날을 지새고 있었다. '나라가 망하고 말 것'이라는 우려는 그냥 해보는 말이 아니었다.

그래서 다산 실학은, 중앙의 벌열 대신에서부터 지방 향리들에 이르기까지 무릇 모든 지배계층에 의해 자행되는 중층적·다극적 중간 농단의 구조를 극복하기 위해서는 국가통치권을 왕권의 한 극(極)에 집중해야 한다는 이론을 제시한다. 그래야만 소수 지배계층에만 얹혀진 존재가 아니라, 이제는 만백성을 고루 상대하여 이끌고서 왕정을 실현할 수 있는 '황극(皇極)'으로서의 국왕(國王)으로 다시 탄생할 수 있다는 이론이다. 그런데 이는 중세라는, 본질적으로 계층제 사회의 다극적 할거성을 극복하는 데는 역사적 의의를 충분히 지니는 진보적인 고안으로 해석된다. 세계사적 안목에서 살피자면 서양의 절대주의를 유사한 사례로 이해할 수 있을 것이다.

4. 실학의 본질적 보수성

실학은 천(天)의 영명함을 직통으로 품부한 인간의 심(心)의 능력을 크게 강조한다. "심(心)으로 말하자면 그 활동이 신묘하여 만물의 이치를 모두 궁구하고 추리해낼 수 있다. 일·월·성·신의 운행이라든가 하늘과 땅과 물과 불의 변화, 멀리는 만 리 밖으로, 위로는 천고 이전의 일이라도 모두 이 심(心)을 내보내어 그 모두를 끝까지 궁구하게 할 수 있다"(『심경밀험』). 실학에서의 '심'은 영명하기 짝이 없는 만큼 도덕결정론적인 속성에서 벗어난 듯한 견해가 피력되기도 한다. 앞에서 살펴본 대로 "인간의 영명한 심체 안에는 본래 한 가닥 원욕이 있는데, 만약 이 욕심이 없다면 천하만사 어느 하나도 도무지 추구할 수가 없다. 오직 이익에 밝은 자는 욕구가 이록(利祿)으로 치닫고," 욕구가 극진한 경우 "탐학한 자가 재물에 목숨을 바치는" 일도 있다는 관찰이 그것이다. 목숨을 바쳐가면서 재물을 탐내는 자라면 아마도 도덕으로부터는 '해방'된 인간이기 십상이다.

> 인간의 죄악은 모두 식색안일(食色安逸)의 욕심에서 일어나는데 이는 실로 형기(形氣)의 욕구에서 발원하는 것이다. 그러나 또한 식색안일과 전혀 상관없는 거대한 악과 사특한 욕구가 자심(自心)에서 일어나는 경우도 있으니, 이 같은 것은 어디서 발원한다 할 것인가. 장패(張霸)와 매색(梅賾)이 『상서(尚書)』를 위조하여 옛 성인을 무함하고 아래로 천년을 속였지만 그 마음이 먹을 것을 구하고자 함은 아니었다. 모기령(毛奇齡)은 주자를 질투하여 거리낌 없는 말과 글을 꾸며 자기 스스로를 모함의 악으로 빠뜨렸으되 그 마음이 여색을 바라고 한 짓은 아니었다. … 지금 사람들이 혹 경전의 의리를 논하거나 혹 도리를 판별하면서 기를 세우고 성을 내어

서로 욕을 해대거나 혹은 문장을 서로 시기하여 서로 해꼬지를 하다가 이 때문에 몸을 망치고 화를 당하여도 돌이킬 줄을 모르는데, 그 마음이 형기의 무슨 이로움을 바라서 하는 짓은 아니다(『심경밀험』).

인간은 식색안일과 같은 형이하(形而下)의 욕심뿐 아니라 그것을 넘어선 고등한 정신적 욕심을 동시에 가진 존재이다. '몸을 망치고 화를 당하여도 돌이킬 줄 모르는' 정도에 이르기까지 그 정신적 욕구를 충족시키고자 하는 경우라면 그 또한 도덕으로부터 해방되고자 하는 인간이기 십상인 것으로 이해된다.

그렇다면 다산에게서 인간의 심(心)은 과연 도덕률로부터 해방된 가치중립적인 것으로 정립되고 있었는가. 다산의 인간관은 그 자체로 도덕과는 다른 독자적 가치기준을 새로 창출하는 방향으로 정립되고 있었는가.

인간이 이 세상에 태어나 땅에 떨어지는 때부터 관 뚜껑을 덮는 날까지 그가 더불어 함께하는 것은 인간일 따름이다. 가까이는 부자 형제요, 멀리는 붕우 향인(鄕人)이다. 낮은 자로는 신하와 하인과 어린애가 있고 높은 이로는 임금과 스승과 어른이 있다. 무릇 나와 함께 둥근 머리통과 모난 발꿈치로 하늘을 이고 땅을 밟는 자는 모두가 나로 더불어 서로 필요로 하고 서로 이바지하며 서로 사귀고 서로 접하며 서로 바로잡아 주면서 살아가는 자이다. 나 한 사람 저 한 사람, 이 두 사람 사이에 교제가 일어난다. … 우리의 도[吾道]라는 것은 무엇을 하자는 것인가. 교제를 잘하자는 것에 불과하다. 이에 예법을 만들어 선으로 이끌고 악을 막으며 동·정, 어·묵과 사념에 이르기까지 모두 법식과 금계(禁戒)를 두어 그 나아가고 피할 바를 알도록 한다. 그 글인즉 『시』, 『서』, 『역』, 『춘추』

의 천, 만 가지 말씀에서부터 경례(經禮) 삼백, 곡례(曲禮) 삼천 모두의 마디마디 조각조각이 하도 많아서 이루 다 탐구해낼 수가 없는데, 그 요체는 불과 교제를 잘한다는 것이다(『논어고금주』).

인간의 도(道)라는 것은 인(仁)을 구하는 길을 벗어나지 않으며, 인을 구함은 인륜을 벗어나지 않는다(같은 책).

영명하여 만물의 이치를 궁극에 이르기까지 모두 다 추구할 수 있다는 인간의 그 심력조차, 결국은 인간 사회 도덕가치와의 관련을 벗어나 독자적 영역을 확립하는 단계에까지는 이르지 못한 것으로 판명된다. 무릇 인간의 사회적 관계라는 것이 윤리·도덕을 기준으로 하는 '교제'에 그치고 있음도 주목된다. 그런 윤리·도덕으로부터 독립해서 추구할, 더 큰 정치적·경제적 혹은 사회적 사업은 없다는 것인가. 인간은 궁극적으로 '인륜'과 같은 윤리 가치에 묶여있는 존재에 불과하다는 것인가.

인간뿐 아니라 만물의 존재론적 본원이 천(天)이라고 하는 사실 인식, 특히 그 '천'이 곧 '상제천(上帝天)'으로서 아무리 은미한 인간의 일까지도 구체적으로 강림하여 감시한다는 사실 인식에 주목하지 않으면 안 된다.

천지 귀신이 삼렬(森列)하게 소포(昭布)해 있지만 그 가운데 가장 존귀하고 큰 것은 상제(上帝)이다(『중용강의보』).

천(天)의 영명함이 인간의 심(心)에 직통해 있어, 아무리 은미한 것이라도 살피고 비추어내지 않음이 없다. 바로 이곳에 조림(照臨)하여 날마다 여기서 이 일을 내려다보고 감시하는 것이다. 진실로 그러한 사실을 알게 된다면, 비록 대담한 자라 할지라도 능히 경계하고 삼가며 두려워할 수 밖에 없을 것이다(『중용자잠』).

여기서 인간은 무엇을 혹은 누구를 상대하여 '경계하고 삼가며 두려워'해야 한다는 것인가. 그것은 곧 인간의 아무리 은미한 '선·악'의 행위라도 항상 현장에 강림하여 감시하는 '상제천'의 보편성을 '계신(戒愼)·공구(恐懼)'한다는 뜻이다. 인간을 포함하는 만물의 본원인 '천' 자체가 곧 인간 행위의 '선·악'에 대한 감시를 가장 우선적 과제로 삼고 있다는 구도인 것이다.

> 중용(中庸)의 덕은 신독(愼獨)이 아니면 이룩할 수가 없다. 신독의 공효는 귀신이 아니면 두려워함이 없게 된다. 그런즉 귀신의 덕은 곧 우리의 도(道)의 근본이 되는 것이다(『중용강의보』).

여기서 '귀신의 덕'과 '우리의 도'란 것이 무매개로 연속되어 있음이 확인된다. '귀신의 덕'이란 것은 '천'을 근원으로 해서 발원하는 선험적 도덕률이요, '우리의 도'란 것은 그 선험적인 것을 체현함으로써 인간 사회에서 구체화해야 하는 '인륜'과 같은 도덕으로 풀이된다. 우리 인간의 '도'의 근본은 곧 선험적 도덕률이다. 인간이란 것은 본질적으로, '도덕성'을 벗어나 각자 간직한 심체의 자율적 판단에 따라 독자적 사업을 전개하는 존재로 정립되기는 아직도 어려운 것이다.

결국 실학의 인간관은 성리학의 도덕결정론에서 크게 벗어나고는 있었지만, 아직도 선험적 도덕률의 제약을 온전히 떨쳐버린 자율적 자립의 존재는 아니었다. "군자의 학문은 사친(事親)에서 시작하여 사천(事天)으로 끝맺는다"(『중용강의보』)고도 한다. 그것은 곧 인간의 '본체'를 이루는 심(心)이 천(天)의 영명함을 그대로 부여받은 것이라는 존재론적 견지에 서 있기 때문으로 고찰된다.

인간관뿐 아니라 실학의 경세론 또한 귀결은 마찬가지다. 가령 다산은 "만물의 근본은 하나[萬物一本]"요, 당연히 도(道) 또한 하나일 뿐이라고 확신한다(『중용강의보』). 이는 곧 천리·천도(天道)인 것임은 다시 말할 필요가 없다. 이것이 곧 인간세상을 통치하는 '도'로 이어지는 것 또한 필연이다.

> 도는 천에서 나오는데, 군자에게서 체현되며, 만백성을 교화하고서 끝맺는다[道出乎天 中於君子 終於化民](『중용강의보』).

'도'의 본원은 '천'이지만, 천은 그 자체로 적극적 소위를 행하지 않는다. 그래서 군자로 하여금 시대와 형세를 따라 그 도를 체현하게 하고, 결국 그것이 왕정으로 구현됨으로써 만백성을 다 교화시키고서야 끝맺는다는 뜻이다. 도를 깨쳐내고 이 세상에 구현하는 주체는 군자이지만, 결국에는 만백성을 모두 다 화육(化育)시키고서야 일단락을 짓게 된다.

그런데 다산 실학에서 왕정 실현의 구체적 정치사업 가운데 가장 바탕이 되는 것이 정전제임은 다 아는 바와 같다. 다산의 정전제론은 인간을 토지에 긴박(緊縛)시킴을 위주로 하는 고안이 아니라 누구나 명백히 알 수 있는 정지(井地)라는 산업을 보장해주고 거기에다 부세(賦稅)를 부과하는 제도를 시행하고자 하는 것이었다. 그리고 노동력이 강한 농가에는 그에 상응하는 좋은 정지를 배분하되 모든 농민을 마치 군졸 동원하듯 독려함으로써 농업생산력을 극대화하고자 하는 것이었다. 농민뿐 아니라 주민 모든 가호에 각기 직역을 배분함으로써 항산(恒産)을 보장하고 그 바탕 위에서 항심(恒心)을 갖도록 하는 동시에 굳건한 산업 역군으로 양성하는 길을 제도화한다는 것이다. 그것은 곧 새로운 왕정의 시대를 열고자 하는 새로운 국가 산업경제정책의 고안이라 할 수 있다.

다산의 새로운 국가 산업정책은 행정적으로 모든 주민에게 상호 경쟁을 유발함으로써 모든 산업 분야의 개발을 극대화한다는 구상을 하고 있음이 큰 특징이다. 경쟁을 통해 가장 우수한 실적을 낸 자는 관직에 발탁한다는 고안을 두고 있다. 그것은 인간이 본래 타고난다는 정상적인 부욕(富欲)과 귀욕(貴欲)을 추구할 수 있는 통로를 열어주려는 제도로 이해할 수 있다. 그런데 모든 산업 가운데서도 가장 바탕이 되는 농업 분야에서 정전제의 시행을 두고 볼 때, 일정한 정지(井地)의 배분은 곧 인간을 그 정지에 고착하게 하는 결과를 초래할 것이 명백하다. 그뿐만 아니라 그의 국가체제 개혁론은 어디까지나 국가체제의 운용을 기준으로 하는 산업 배치를 계획하고 인간을 그 체계에 배속(配屬)시킨다는 구상이었다.

국가체제 위주, 토지 기준의 인간 배속과 같은 고안은 결국 인간이 본래 가진 부욕의 거대한 성취를 일정하게 제한하는 제도로 귀착되지는 않을 것인가. 그것은 역시 현실의 살아있는 인간의 실정을 위주로 하는 제도라기보다는 왕정을 실현하기 위한 이상주의적 제도로 고안된 것이요, 그것의 원래 기준은 천리·천도라고 하는 선험적 최고 기준을 따라 제정되었다는 『주례』 등 선왕(先王)의 법제이다. 다산 자신은 『주례』와 같은 선왕의 법제가 "천리에 비추어서도 합당하고, 세상에 시행해 보아도 인간 실정에 화협(和協)하는 것"이라고 정의한다(『경세유표』, 인). 이 경우 '인간의 실정'은 아무래도 선험적 '천리'를 기준으로 하여 해석된 것으로 이해된다. 인간은 결코 온전한 주체적·자율적 존재가 아닌 것이다.

그의 천리·천도론은 통치자의 자의적 횡포를 견제하는 강력한 이론적 근거가 되지만, 다른 한편으로는 그 천리·천도의 초월성이 인간의 자율적·주체적 판단과 결행의 여지를 매우 제한하는 쪽으로도 작용하기 마련이다.

> 천(天)이 방(方)과 원(圓)의 이치를 만들었으니, 무릇 원은 여섯으로 하나를 에워싸고, 방은 여덟으로 하나를 에워싼다. 그러므로 성인(聖人)이 이것을 본받아 관직 제도에 육관(六官)을 설치해서 한 임금을 받들고, 전제(田制)에 8부(夫)를 두어서 공전(公田)을 경치(耕治)토록 하였다. 또한 관직이 위에 있는 까닭에 그 수리(數理)에 원을 썼고, 전지는 아래에 있는 까닭에 그 수리에 방을 썼다. 이것이 천지와 음양의 바른 이치이며 신성한 제왕의 큰 법이었다. 이를 어기는 것은 천리를 거스름이 되고 이와 배치되는 것은 법이 아니니, 사의(私意)로 변통할 수가 없는 것이다(「정전의」 1).

다산 실학은 아직도 인간 중심·인간 본위의 사유라고 하기보다는, 인간이 순응하지 않으면 안 되는 '천리'를 근원적 기준으로 전제하는 사유체계에 서 있음이 드러난다. 따라서 왕정의 실현이라고 하는 현실의 정치사업 또한 '천리를 거스르는' 방향으로 나아가서는 결코 안 되는데, 그 '천리'는 어디까지나 선험적인 것이었다. 전지(田地)는 반드시 정전제를 써야 하며 관직은 반드시 육전제(六典制)를 채택하지 않으면 안 되는 것이다. 그러니 인간이 본래 타고난다는 부욕(富欲)인들 어찌 인간이 자기 위주로 추구할 수 있겠는가. 그것은 모름지기 국가 운영의 체제를 따라 규제되어야 하는 것이요, 그 국가체제는 '천지와 음양의 바른 이치'를 따라 고안되어야 하는 것이다.

다산 실학은 인간이 본유하는 주체적·자율적이고 영명한 능력을 긍정하면서도, 그의 경세론은 어디까지나 선험적인 '천리'와 국가체제라고 하는 공적인 면을 크게 우선시하고 있는 것으로 해석된다. 그것은 '천리'의 운행을 터득한 성인이 이 세상 인간 사회를 위해 문자로 결집시켜 두었다는 유학 경전(經傳)의 신성성에 대한 확고한 믿음에서 유래하는 불가피한 '보수적' 제약이었던 것으로 풀이된다.

5. 맺음말

지금까지 성리학적 사유와 그 통치론에 비추어 본 실학의 상대적 진보성과, 실학 자체에 본질적으로 내재한 보수성에 대하여 일별해 보았다. 그러한 진보와 보수성이란 것은 이제 세계사적 안목에서는 어떠한 역사적 의미가 있는 것인가.

실학을 말하는 많은 학인들이 서양의 '근대'에 비춘 실학의 '후진'성·'보수'성을 논한다. 실학은 서양식 근대적 인간의 '이성'과, 자본주의를 이끌어낸 근대적 '합리주의'를 개발해내지 못했다고 지적한다. 혹은 서양의 '근대'를 기준으로 세워두고 거기에다 실학의 '진보'적 성향들을 꿰어맞춤으로써 실학이야말로 한국 근대를 이끌어내기 위해 무척 노력한 학풍이라고 논한다. 서양 근대식 '이성'적 사유와 자본주의를 배태해낼 '합리주의'적 경영양식을 도입하고 있었다는 지적이다. 두 가지 논의 모두 일리가 있지만, 오히려 역사적 실태와 그에 내재한 여러 이치의 역사적 차이를 전제하고 논의를 진행해야 하는 것이 아닌가 하는 의아심을 떨칠 수가 없다. 사실상 단순 비교가 불가능하겠지만, 서양 정치사상사에서 정치와 도덕을 분립시킴으로써 최초의 근대적 사유를 확립하여 최초의 근대인이라고도 일컬어지는 마키아벨리의 경우와 한국 실학을 집대성한 다산의 경우를 한 예로 들어보기로 한다.

불가피한 경우 군주는 여우의 간교한 지혜와 사자의 용맹으로 자유롭게 변신해야 한다(마키아벨리, 1469~1527).

왕자(王者)가 관직을 설치하여 직사를 분담시킨 것은 천(天)의 일을 대리하는 것이다. 3공·6경과 백관 신료들은 모두 왕의 덕(德)을 보필하여 인간의 기강을 세우고 예·악·형·정, 재부(財富)·군사에 이르기까지 그 진실하고 급절(急切)한 일에 심력을 다해야 할 것이다(정약용, 1762~1836).

이미 고대 이래의 역사적 차이로 인해서 양자의 사유방식은 근본에서부터 현저하게 다른 것으로 드러남을 볼 수 있다. 다산은 전자와 300년의 세월을 두고 살았음에도 불구하고 결코 정치와 도덕을 분립시키거나 정치와 도덕을 독자적 내용을 갖춘 영역으로 전개시키지 못하였다. 이에 양자를 선진과 후진, 진보와 보수라고 하는 단일 기준을 가지고서 재단하여도 괜찮은 것인가.

다산뿐 아니라 실학의 어느 유파도 천리·천도를 체현하였다는 성인(聖人)의 경전(經傳)을 떠나서 별다른 학풍을 세우는 방향으로 나아가지는 못하였다. 가령 가장 자유분방하다는 북학파의 연암 박지원조차 다음과 같이 말한다. "유자(儒者)가 천하 국가를 다스림에는 응당 그 원칙이 성왕(聖王)과 더불어 합치하는가 합치하지 않는가를 논할 것이요, 그것을 시행할 수 있는가 없는가를 걱정함은 마땅치 않다"(「한민명전의」). 이른바 '탈성리학적'이라는 실학의 경우에도 천리·천도 및 그것을 체현한 성왕·성인의 경전은 결코 뛰어넘을 수 없는 기준이며 지표로서 항구적인 이념적 현실로 드리워져 있는 것이었다. 그래서 국가체제의 전반적 개혁론을 주창하는 실학의 학풍이 너무 고답적이고 이념적인 정책들을 정립하였기로 오히려 비현실적인 것으로 비칠 수도 있는 것이었다. 서양식 '이성'과 '합리주의'를 개발해내지 못하고 현실 정치에서 거의 채용되지도 못한 실학은 어떤 면에서 실질적 학풍이라고 할 수 있는가. 그 자체 현실보다도 이념에 충실하고자 했던 어느 한때의 '보수적' 학풍으로 그치고 마는 것은 아닐 터인가.

(『**한국사 시민강좌**』 33, 2003, **일조각**)

제3장

조선 성리학과 실학의 역사적 연관

1. 머리말

조선 성리학과 실학의 역사적 연관을 살피는 이 장에서는 양자의 경세론(經世論)을 중심으로 하여 고찰하고자 한다. 양자의 경세론은 다 함께, 요순(堯舜)·삼대(三代)의 '선왕(先王)'들이 현실 통치에서 구현하였고 공자에 와서 이론상으로 집대성하였다는, 왕도(王道)·왕정(王政)이라는 유교의 본원적 이념에 극히 충실하려는 학풍으로 일관하였다. 양자는 다 함께 육경(六經)·사서(四書)라는 유교 경전을 기본 텍스트로 하고 있었다. 그리고 경전의 학습에 매우 충실했던 나머지, 드디어 왕도·왕정이라는 이념 형태를 그대로 확신하게 되었다. 그뿐만 아니라 양자의 경세론은 다 같이 그러한 왕도·왕정을 조선왕국의 현실에서 그대로 실현할 수 있음을 굳게 확신하고, 그에 상응하는 국정 개혁론들을 온갖 열성으로 추구하며 전개하기에 이르렀다.[1] 즉 조선 성리학이나 실학이 다 함께 추구한 궁극

---

1 유교 왕정론의 경우는 金泰永, 1998, 『실학의 국가 개혁론』(서울대학교 출판부) 참조. 한국 사상사의 흐름에서 볼 때, 어떤 교학(教學)의 이념적 원형(原型) 그대로가 현실에서 구현된다는 신념을 전개한 것으로서는 불교의 경우에서도 유사한 사례가 드러난다. 가령 인도의 아소카왕[阿育王]이 깊은 염원을 모아 불상의 주성(鑄成)을 시도하였음에도 불구하고 끝내 성공할 수 없게 되자, 이에 인연 있는 땅에 가서 성취하라고 금(金)·철(鐵)을 배에다 실어 바다에 띄워 보냈는데, 그것이 크고 작은 수많은 나라들을 두루 돌아다닌 끝에 최후로 '옛 터전'을 찾아 신라 땅에 도착하고서야 드디어 장륙상(丈六像)을 조성하기에 이르렀다는 설화가 그 좋은 사례이다. 이 일을 두고 문수보살이 일부러 현신(現身)하여 뒷날 중국으로 유학 간 자장에게 다음과 같이 타일렀다고 설화는 또 전한다. "너희 나라 황룡사(皇龍寺)는 곧 석가와 가섭불이 강연하던 땅이니, 그 연좌석(宴坐石)이 지금도 남아있다. 그런 까닭에 천축(天竺)의 아소카왕[無憂王]이 황철(黃鐵) 얼마를 모아 바다에 띄웠는데, 1,300여 년이 지난 후에야 너의 나라에 도착하여 불상이 이루어지고 그 절에 안치되었으니, 대개 위덕(威德)의 인연에 따라 그렇게 된 것이다"(『삼국유사』 4, 皇龍寺丈六). 곧 신라에서 고려까지 이

적인 경세론은 유교의 본원적 이념으로서의 왕정론 그것이었다.[2] 그러한 학풍을 여기서는 일단 유교 '본원주의(本源主義)'의 추구라고 말하기로 한다.

그런데 '본원주의'적 왕정론을 추구하였다 할지라도, 조선 성리학과 실학은 각기 역사와 현실의 해석에서 많은 차이를 보인다. 조선 후기 실학은 드디어, 한·당 유학의 경우는 물론이려니와 주자학 이래 조선 성리학 또한 '경전의 해석'을 크게 잘못해왔기 때문에 역사상의 폐정(弊政)은 배태적(胚胎的)으로 생성된 것이라 단안한다.

> 삼가 살피건대, 폐단스런 법제와 탐학한 정치가 일어나게 된 것은 모두가 경전의 뜻을 밝혀 알지 못한 데에서 말미암았다. 그러므로 치국(治國)의 요체는 경전의 뜻을 밝히는 일보다 먼저 해야 할 것이 없다(『경세유표』 10-16, 地官修制 賦貢制 2).

따라서 조선 성리학과 실학이 각기 추구하는 왕정론 또한 매우 상이한 성격을 띤 형태로 구현될 수밖에 없었다. 그것의 실현 기준이라든가 방법론에서는 더더욱 많은 차이를 노정하게 되었다는 사실 또한 간과해서는 안 된다.

이 장에서 조선 성리학 경세론의 대표적 이론가로 율곡 이이(1536~1584)

땅이 불국토(佛國土)라고 하는 신념이며 사상의 형태가 길이 전승되고 있었던 것이다.

2 주지하는 대로 주자 자신, 왕정을 실현하기 위해서는 요·순·우가 상전(相傳)한 심법(心法)의 본원(本源)을 탐구해야 함을 전제하면서, "경전(經傳)의 기송(記誦)이라든가 화려한 글짓기에 힘쓰는 것은 결코 연원을 탐구하여 치도(治道)를 내는 일이 못 된다"(『주자대전』 11, 壬午應詔封事)고 강조하였다. 19세기 초 조선왕국의 다산 정약용은 정(程)·주(朱)가 "본원을 거슬러 올라가 탐구하신 일에 대하여 확고히 믿어 의심치 않게 되었다"(『여유당전서』 제1집 19-4, 答李羅州寅燮)라고 강조하였다.

를 들고자 한다. 그리고 실학의 대표적 이론가로서는 반계 유형원(1622~1673)과 다산 정약용(1762~1836)을 들 것이다.

2. 본원주의적 유교 왕정론

'군자(君子)'의 사회적 성격을 두고 공자는 우선 "경(敬)으로써 수기(修己)하는 존재"라고 한 다음, 궁극적으로는 "수기해서 백성을 편안하게 하는 존재이니, 수기해서 백성을 편안하게 함은 요순도 오히려 이를 부족하게 여겼다"고 해석해두었다.[3] 주지하듯이 여기서 '군자'란 것은 백성의 지배자를 가리킨다. 그리고 그 과업이 수기로만 그치지 않고 반드시 '안민(安民)'이라는 정치적 과제를 완수함으로써 끝난다고 한 것은 유교의 사회적 성격을 단적으로 드러내 주는 명제다. 유교는 곧 지배층의 정치 교학(教學)이라는 뜻으로 풀이된다.

군자의 사회정치적 과업이 '수기와 안민'하는 데 있다는 공자의 말씀을 놓고 뒷날의 유자들은 곧 '수기와 치인(治人)'이라고 더 간편하게 말한다. 가령 율곡 이이의 경우, "성현(聖賢)의 학(學)은 불과 수기와 치인일 따름"이라고 한다.[4] 다산 정약용 또한 "공자의 도는 수기와 치인일 따름"이라고 한다.[5] 여기서 '성현의 학' 혹은 '공자의 도'라는 것이 곧 유학·유교를 가리키는 것임은 더 말할 필요가 없다. 가령 '정치'로부터 버림받고

---

3 『논어』 憲問.

4 『율곡전서』 19-18, 聖學輯要 統說第一.

5 『여유당전서』 제1집 17-40, 爲盤山丁修七贈言.

면 변방으로 유배된 다산도 자신의 평생 과업을 두고서는 자찬묘지(自撰墓誌)에 다음과 같이 명기하였다. "육경·사서를 가지고서는 수기를 하도록 하고 일표(一表)·이서(二書)를 가지고서는 천하 국가를 다스리도록 해두었으니, 본·말을 구비해놓았다 할 것이다."[6] 현실 '정치'로부터는 영구히 버림받은 그였지만, 그 역시 유자였으므로 지배층의 정치교학으로서 수기·치인의 유학을 결코 떠날 수 없었던 것이다.

유교에서 이념으로 삼는 왕도·왕정이라는 것은 '선왕의 정(政)', '인정(仁政)' 등의 이름으로 선진(先秦) 고경(古經)에 많이 등장하는 명제이다. '성왕(聖王)의 정', '지치(至治)'라고도 일컫는다. 그리고 삼대 이후로는 왕정이 실현된 적이 없다는 사실 인식은 조선 성리학과 실학에 공통된다. 그리고 양자가 다 함께 궁극적으로 지향하는 목표가 '왕정의 회복'이었다.

> 대저 시대를 따라 변통할 수 있는 것은 법제요, 고금을 통하여 변통할 수 없는 것은 왕도요, 인정이며, 삼강(三綱)이요, 오륜(五倫)입니다. 후세에는 도술(道術)이 밝지 못하여, 변통할 수 없는 것은 때로 변개(變改)하고 변통할 수 있는 것은 때로 굳게 지켜 고치지 않으니, 그 때문에 치세(治世)는 항상 적고 난세(亂世)는 항상 많아지게 되었습니다(『율곡전서』 5-14, 萬言封事).
>
> 만약 왕정이 시행되어 모든 법도가 바로잡히며 편벽되고 고루한 습속을 씻어버리게 된다면 노비법은 반드시 혁파되고야 말 것임이 명백하다(『반계수록』 26-4, 續篇 下 奴隸).
>
> 왕정이 경계(經界)를 바로잡는 데로 귀착하지 않으면 모든 것이 구차스러울 뿐이다. 빈부가 고르지 못하고 강약의 형세가 달라가지고서야 어떻

6 『여유당전서』 제1집 16-18, 自撰墓誌銘(集中本).

게 나라를 평화롭게 다스릴 수 있겠는가. 이 사람의 것을 빼앗아 저 사람에게 줄 수 없는 것은, 각자 자기가 점유하고 있는 토지를 자기의 소유라고 여기기 때문이다. 듣고 보는 것이 이미 습관으로 되었으므로, 한번 변동하려고 하면 놀라 떠들어대고, 도무지 왕자(王者)가 천하를 안정시키려는 뜻임을 모른다(『성호사설』 7, 均田).

일찍이 말하기를, "후세에 정전(井田)을 회복할 수가 없다면 왕도는 마침내 실현할 수가 없는 것이다"라고 하였다(『담헌서』 부록, 從兄湛軒先生遺事).

유자가 천하국가를 다스림에는 응당 그 원칙이 성왕과 더불어 합치하는가 합치하지 않는가를 논할 것이요, 그것을 시행할 수 있는가 없는가를 걱정함은 마땅치 않다(『연암집』 16, 限民名田議).

경계는 왕정의 근본이다. 「요전(堯典)」을 보면, 관직을 임명하면서 먼저 직(稷)에게 명하고 다음에 사도에게 명해서 비로소 오교(五教 즉 五倫)로 베풀었다. 공자가 왕정을 논하면서 "먼저 부(富)하게 한 다음에 가르친다" 하였고, 맹자도 왕정을 논하면서 먼저 100묘(畝)를 말하고 이에 효제(孝悌)를 말하였다. 대저 오교가 급한 것이기는 하나 전정(田政)보다는 뒤로 한즉, 왕정은 경계하는 일보다 큰 것이 없다(『경세유표』 7-37, 田制 9 井田議 1).

16세기 율곡의 성리학에서나 19세기 다산의 실학에서 궁극적으로 추구하는 목표는 한결같이 요순·삼대의 왕도·왕정이라고 하는 유교적 이상정치, 이상국가의 실현이었다. 그것은 곧 유교 본원주의적 왕정론이라 일컬어야 마땅할 것으로 해석된다.

물론 조선 성리학은 주자학 일변도의 배타적 통치이데올로기로 정립되었지만, 그것이 요순 삼왕(三王)으로부터 공·맹에 이르기까지 주창하였다는 왕정론의 회복에 궁극의 목표를 두어 추구했다는 사실에는 틀림이 없다. 그 가운데서도 사림정치의 시기를 맞아 가장 확신 있게 왕정론을 주장하고 추진한 이는 선조의 두터운 신임을 얻은 율곡이었다.

> 그윽이 생각건대 제왕의 도는 심술(心術)의 미묘함에 근본을 둔 것이며 문자(文字)에 실리어 드러나 있는 것입니다. 성현이 대대로 일어나 그때마다 입언하여 반복해 밝혀두어 전적(典籍)이 점점 더 많아졌습니다. … 금후로는 성현이 다시 태어나더라도 다시 미진한 말씀은 없을 것입니다. 다만 기왕의 남긴 말씀을 따라 그 이치를 고찰하며 그 이치를 밝게 알아 실행에 옮김으로써 성기(成己) 성물(成物)의 공력(功力)을 다할 따름인 것입니다(『율곡전서』 19-2, 聖學輯要 進箚).

왕도·왕정을 실현하는 준칙이 성현의 경전과 전적에 실려있으므로, 그 성현들이 "남긴 말씀을 따라 그 이치를 고찰하며 그 이치를 밝게 알아 실행"하는 길, 곧 본원주의적이라 할 수 있는 왕정론의 추구를 촉구하는 말이다. 율곡은 그러한 역사적 과제를 자신의 소임으로 자담하고서 추구하고 있었다.[7]

율곡은 또한 자신이 개진한 경세론으로서의 폐정개혁론(弊政改革論)을 제대로만 시행한다면 왕정은 반드시 실현될 것임을 믿어 의심치 않았다. 가령 홍문관 교리 시절 34세의 젊은 나이로 올린 「동호문답(東湖問答)」(선조 2년, 1569)이라는 개혁론에서부터 이미 그러하였다. "훌륭하도다. 그대의

7 율곡은 「성학집요」의 말미에 가서, "주자 이후로는 도통(道統)의 정맥(正脈)을 얻은 자를 적실히 가리켜 말할 수가 없으니, … 전하께서 … 반드시 사도(斯道)를 크게 밝히고 크게 실행토록 해서 도통의 전승을 이으시기 바랍니다"라고 끝맺고 있다(『율곡전서』 26, 聖學輯要 8-34, 38 聖賢道統). 곧 주자의 도통을 조선왕국이 전승해야 한다는 것이요, 실상 그러한 소임을 자담하는 말이라고 해석된다.

설(說)이 만약 시행된다면 동방에서 장차 삼황(三皇)·오제(五帝)의 지치(至治)가 실현됨을 볼 수 있을 것이다."[8] 자신의 개혁설이 곧 지치론(至治論)임을 자신 있게 단정한 것이다.

더 나아가 그는 자신의 폐정개혁론을 두고서는 그것을 3년 동안만 제대로 시행한다면 반드시 왕정을 실현할 수 있을 것임을 강조해 마지않았다. 그래서 만약 선치(善治)가 실현되지 않을 경우에는 '기망죄(欺罔罪)' 혹은 '무망죄(誣罔罪)'로 주벌(誅罰)을 받겠다는 기약을 임금 앞에 거듭 다짐하기를 서슴지 않았다. 가령 선조 7년에 올린「만언봉사(萬言封事)」가 그 전형적인 예에 속한다. 그는 여기서 폐정을 개혁하여 '안민'할 여러 가지 방책을 개진한 다음, "그 뜻이 먼 듯하지만 실은 가까운 것이요, 그 방책이 오활한 듯하지만 실은 절실한 것입니다. 이것이 비록 삼대의 제도는 아니라 할지라도 실제로는 왕정의 근본이 되는 것이니, 이를 실행하여 효과를 거둔다면 왕정을 회복할 수 있습니다"라는 전제하에, 3년이라는 시행 기한과 '주벌'의 다짐을 확고히 두었다.[9] 여기서 하필 3년이라는 시한을 설정한 것은 공자의 경우를 본받고자 한 것으로도 이해된다.[10] 그런데 그보다도 개혁론의 구조를 포함하여 '3년'이라는 시한을 두고 책벌(責罰)까지 다짐해둔 것은 곧 주자의 경우를 거의 그대로 따른 것으로 이해된다.[11]

주자의 경우처럼 율곡 또한 왕정은 반드시 실현할 수 있는 것이라는

---

8 『율곡전서』 15-33, 동호문답 말미.

9 『율곡전서』 5-35, 만언봉사 말미.

10 공자는 "苟有用我者, 朞月而已, 可也. 三年有成"(『논어』 子路)이라고 말하였다.

11 주자의 3년 기약 폐정개혁론은 『주자대전』 11 무신봉사(戊申封事)에 실려 있다. 그 개혁론의 구조와 율곡의 경우를 연관하여 고찰한 것은 김태영, 1998, 앞의 책, I-1「율곡의 왕정론의 기준」 참조.

확신을 하고 있었음이 밝혀진다. 다만 주자는 한 번 그러한 다짐을 두어 본 터이지만, 율곡은 무려 3차례에 걸쳐, 그것도 만년에 갈수록 그러한 다짐을 계속하고 있었다.[12] 주자의 경우보다도 율곡은 왕도의 실현을 위해 순사할 각오가 더욱 확고한 셈이었다. 주자의 길을 따르면서도 율곡은 주자의 경우보다 더 철저한 왕정회복론자였으며, 더 본원주의적인 왕정론을 제시하고 있었던 것으로 해석된다.

그런데 조선 후기의 실학에서는 본원주의적 왕정론이 더욱 확고한 소신으로 전개되기에 이르렀다. 가령 반계 유형원의 경우는 율곡의 대표적 경장론(更張論)의 하나인 「동호문답」 가운데 소위 "안민지술(安民之術)" 및 이에 부쳐 서술해둔 "지금 당면해 있는 폐막(弊瘼)"의 내용[13]을 모두 인용하고 나서, 다음과 같이 단언한다.

> 살피건대 지금 당면해 있는 폐막은 여기서 그 개략을 볼 수가 있는데, 실로 조목조목 진술하자면 날짜가 모자랄 지경이다. 그러나 일에는 본·말이 있는 것인데, 그 본을 잘 다스리면 그 말은 스스로 바로잡히게 된다. 공전제(公田制)가 행해져서 전지(田地)를 기준으로 출병(出兵)을 하게 되면 일족절린(一族切隣)의 폐단은 제거하기를 기약하지 않아도 스스로 제거될 것이다. 온 나라에 대동법(大同法)을 균평히 쓰고 해마다 어수(御需)의 숫자를 정해둔다면 진상·공물의 폐단은 고치려 기약하지 않아도 스스로 고

12 선조 15년(47세)의 「진시폐소(陳時弊疏)」(『율곡전서』 7), 그리고 그 16년(48세)의 「진시사소(陳時事疏)」(같은 곳)가 모두 '3년'이란 시한과 '주벌'의 다짐을 두어 올린 경장론(更張論)들이다. 그는 49세로 졸하였다.

13 일족절린지폐(一族切隣之弊)·진상번중지폐(進上煩重之弊)·공물방납지폐(貢物防納之弊)·역사불균지폐(役事不均之弊)·이서주구지폐(吏胥誅求之弊)의 5가지 내용이다(『율곡전서』 15, 東湖問答 論安民之術).

> 쳐질 것이다. 직임을 헤아려 이서(吏胥)의 수를 정하고 각기 상름(常廩)을 받게 한다면 역사(役事)가 불균하거나 이서가 주구(誅求)하는 폐단은 혁파하기를 기약하지 않아도 스스로 혁파될 것이다. 민산(民産)이 균평해지고 부역이 일정해지며 과외(科外)의 횡침(橫侵)이 없어진다면 생식(生息)을 기약하지 않더라도 스스로 부유해지고 호구도 늘어날 것이다. 그렇게 된 후에야 정교(政教)를 이룩하고 지치의 성취를 기할 수 있는 것이다(『반계수록』 4-23, 田制後錄 下).

즉 반계에 따르면, 율곡이 '왕정을 회복할 수 있다'고 장담하면서 제시한 개혁론조차도, 오히려 '본·말' 가운데의 '말'에 해당하는 지엽적 성격의 것이라고 이해하고 있음을 볼 수 있다. 그러나 반계 역시 '조종(祖宗)의 법제'를 개혁하여 공전제도를 비롯한 국가통치의 '본'을 제대로 정립한다면 '지치'라고 하는 왕정은 반드시 실현할 수 있는 것임을 확신한다. 워낙 본원주의 국가체제를 정립하는 개혁론이라는 확신에서다. 『반계수록』을 다 서술하고 나서 그는 다시 말한다.

> 천하의 이치는 그 본·말과 대·소가 원래 서로 분리되어 있는 것이 아니다. 촌(寸)의 길이가 틀리면 척(尺)이 척으로 될 수가 없고, 성(星)의 무게가 틀리면 형(衡)이 형으로 될 수가 없다. 목(目)이 제대로 되지 못하고서 강(綱)이 스스로 강으로 될 수는 없는 것이다. (이 묘리를 알지 못한 채) 왕정의 시행을 시도하다가 되지 않는 경우에는, 다만 소인들이 거기에 대하여 함부로 헐뜯는 말을 해댈 뿐만 아니라 군자 또한 고금의 형세가 다르므로 옛 도는 다시금 세상에 시행할 수가 없다고 의혹을 품지 않을 수 없게 될 것이다. 이 어찌 해독이 작다고 할 것인가. 내가 이를 염려하여 참월

(僭越)한 일임을 무릅쓰고 고제(古制)의 본의를 탐구하고 현재의 사정을 참작하여 그 절목(節目)까지를 아울러 상세하게 해두었다. 대개 경전(經傳)의 원리를 추구하여 적용함으로써 왕도가 반드시 세상에 실행할 수 있음을 밝혀두고자 하는 것이다.[14]

여기서 '경전의 원리를 추구하여 적용'한다 함은 물론 유교 '경전이 지닌 본연의 원리 그대로를 추구하여 적용'한다는 뜻이다. 즉 철저하게 본원주의적 왕정론을 제시하였던 것이다.

다산 정약용의 경우는 어떠하였는가. 그의 왕정론이 정전제론을 기초로 하고 있음은 다 아는 사실이다. 정전제론의 초두에서 그는 단언한다.

정전(井田)이란 것은 성인이 마련한 경상(經常)의 법이다. 경상의 법이라면 예나 지금이나 통하는 것이다. 그런데 옛날에는 시행하기에 편리하고 지금은 불편하다는 것은 필시 법을 밝히지 못해서 그러한 것이다. 천하의 이치가 예와 지금에 다름이 있어 그러한 것이 아니다. … 아아, 천하의 이치는 하나이다. 지금 사람들이 반드시 할 수 없는 것은 요순·삼왕도 역시 할 수가 없었던 것이요, 요순·삼왕이 이미 할 수 있었던 것은 지금 사람들 역시 반드시 할 수가 있는 것이다. … 성인의 여러 경문(經文)들을 보건대, 내가 참작해서 변통코자 하는 것이 원래 선왕의 본법(本法)이었다. 다만 마땅히 경문의 내용을 드러내어 밝히고 살펴 시행할 것이요, 반드시 억지로 줄이고 늘리거나 꾸며서 말할 것이 아니다.[15]

14 『반계수록』 26-27~8, 書隨錄後.

15 『경세유표』 5-1~2, 田制 1 井田論 1.

여기서 다산이 회복하고자 하는 것은 곧 '성인의 경상 법제'로서의 정전제이다. 그가 '성인의 여러 경문'들을 두고 오래 고찰하고 탐색한 결과 요순·삼왕이 일찍이 실현하였다는 정전제 본래의 법제 즉 '선왕의 본법'을 깨달았다고 단정적으로 말한다. 다산은 철저하게 유교 본원주의에 입각한 왕정론의 회복을 선언했던 것이다.

3. 조선 성리학의 폐정 개혁론

1) 성리학의 폐정 개혁론

조선 성리학 왕정론에서 '조종(祖宗)의 법제'에 대한 경장론을 제시하고 추구한 것은 아마도 기묘사림(己卯士林)에서 처음 있었던 일로 이해된다.[16] 그러나 그것이 좀 더 진전을 보이게 된 것은 16세기 말 선조 대에 사림정치의 시대를 맞으면서부터요, 율곡의 폐정(弊政) 개혁론이 그 대표적 사

16 가령 다음의 기사를 참조할 것이다. 시강관 조광조가 아뢰기를 "삼대(三代) 이후로는 탕(湯)과 같은 임금을 얻을 수 없거니와 탕과 같은 성인(聖人)이 못 되면 그 규모(規模)와 설시(設施)가 어찌 그 요령을 죄다 얻을 수 있겠습니까. 뒤를 이은 자손 중에 유위(有爲)한 임금이 있으면 조종(祖宗)이 아직 정하지 못한 제도에 얽매여서 행하지 못해서는 안 됩니다. … 밝은 임금과 어진 신하가 서로 만나서 통치기구를 이미 경장(更張)한다면 한갓 조종의 법(法)에 얽매여서는 안 될 것입니다" 하였다. 영사 정광필이 아뢰기를 "경장하는 일이야 성왕(成王)·강왕(康王)이나 주공(周公)·소공(召公)이 아니라면 어찌 쉽게 할 수 있겠습니까" 하였다. 조광조가 아뢰기를, "금세의 대신(大臣)들이 주공·소공의 마음과 같은 마음을 갖는다면, 자질(資質)에는 차이가 있을지라도 어찌 주공·소공의 일을 하지 못하겠습니까. 아랫사람이(스스로를) 책망하면서도 주공·소공에 미치지 못한다는 마음을 가져서는 안 되고, 윗사람이(아랫사람을) 기망(期望)하면서도 주공·소공 같은 사람이 없다는 마음을 가져서는 안 됩니다" 하였다(『중종실록』 29, 중종 12년 8월 8일 신해). 즉 기묘사림의 안목으로는 주공이 이룩한 왕정을 기망하는 정치사업을 추구하고자 하는 것이다.

례인 것으로 고찰된다. 주지하듯이 폐정에 대한 구체적인 개혁론을 여러 차례 제시함으로써 율곡은 조선왕조를 대표하는 성리학 경세론자가 되었다.

율곡의 폐정개혁론의 특징은 어디서 찾을 수 있을까. 그것은 첫째 '조종의 법제' 그 자체를 일단 전제하고서 출발한다는 데 있다. 조종의 법제가 근본적으로 잘못된 것이 아니라 그것을 시행하는 과정에서 여러 가지 폐단이 생겨나 쌓여있으므로 이 폐정 부분을 경장해야 한다는 것이 그 개혁론의 본질이었다. 율곡이 제시한 개혁론의 두 번째 특징은 개혁을 통해서 왕정을 실현하는 길이 이미 주자학에 다 제시되어 있으므로 일체를 주자학적 방법을 따라야 함을 역설하고 있다는 점이다.

율곡도 물론 왕정이 실현된 것은 삼대뿐이었다고 말한다. 그러나 왕정이 실현되지 않았다고 해서 역사적으로 정립되어온 기존의 국가 통치법제가 전면적으로 부정되어야 하는 대상이라고는 생각지 않는다. 가령 조선왕조의 법제를 두고 말하더라도, "조종이 입법한 시초에는 실로 극히 주밀하고 상세하였으나, 200년의 세월이 지나면서 시사(時事)가 변역(變易)하여 폐단이 없을 수 없게 되었다"고 그는 이해한다.[17] 시대의 변천에 따라 법제가 시세와 맞지 않게 되는 폐단이 생겨나기도 하였지만, 더구나 법제 자체보다도 그것을 운용하는 자들의 사욕이 횡행함으로 말미암아 폐정이 생겨났다는 것이 그의 역사와 현실에 대한 기본 인식인 것으로 보인다.

---

17 『율곡전서』 5-16, 萬言封事. 그가 젊었을 때는 심지어 "우리 조종의 법은 진선진미하여 더할 것이 없다. 사람을 얻어 법을 시행한다면 양병(養兵)·양민(養民)이 모두 다 지극하게 될 것이다. 조종의 통치법제를 이어간다는 뜻을 어겨가면서 하필 경장(更張)을 단행할 것이 무엇 있는가"(『율곡전서』 拾遺 4-32, 軍政策)라고 하는 반경장(反更張)의 정론을 편 적도 있다.

연산군이 황란(荒亂)하여 용도(用度)가 사치스럽고 번다해지자 조종의 공납법(貢納法)을 고쳐 날로 손하익상(損下益上)하기를 일삼았습니다. 중종반정 후에 마땅히 옛 제도를 돌이켜야 하였지만, 처음에 당국한 자가 다만 공신으로서 무식한 자들뿐이었습니다. 그 후 기묘(己卯) 제현(諸賢)이 자못 유위(有爲)하였으나 참소의 칼날을 만나 참혹한 죽음을 당하였습니다. 이어서 을묘사화(乙巳士禍)는 기묘사화의 경우보다 더 참혹하였습니다. 이로부터 사림은 앞뒤로 돌아보고 움츠러들어 구차스레 살아남기를 다행으로 여기고 감히 국사를 가지고 말하는 자가 없어지게 되었습니다. 오직 이 권간(權姦)의 무리들이 마음대로 제 뜻을 펴서 자기에게 유리한 것은 구법(舊法)이라 하여 준수하고 자기에게 방해되는 것은 신법(新法)이라 하여 혁파하니, 요컨대 그 귀추는 다만 백성의 것을 할박(割剝)하여 자신을 살찌우는 일뿐이었습니다. 그래서 국세가 날로 축나고 백성의 살림살이가 날로 찌들어도 어느 누구 조금이라도 관심 쓰는 자가 없게 되었습니다(『율곡전서』 5-15, 萬言封事).

그는 조종의 법제 자체보다도, 연산군의 황란과 중종조 이래의 권간정치로 인하여 생겨난 폐법·난정이 드디어 국계(國計)와 민생을 파탄으로 몰아넣은 근본 원인이라고 인식한다. 그러므로 전통적인 조종의 법제는 그 근간을 유지시켜야 하지만,[18] 그 중간에 생겨난 폐정은 경장하지 않

18 조종의 법제를 일단 전제하고서 출발하는 율곡 경장론의 이 같은 특징 또한 주자의 경우를 크게 참작한 것으로 풀이된다. "지금의 세상에 살면서 현금의 법제를 모두 혁파하고서 옛 정사(政事)를 행하고자 하는 경우, 그 이로움은 보지 못하고 한갓 번거롭고 소란스러움이 있을 것이다. 또 사체(事體)가 중대하므로 걸리고 막히는 곳이 많아 결코 시행하기가 쉽지 않을 것이다. 요컨대 조종의 법제를 따르더라도 맡는 사람을 정(精)하게 선택한다면 또한 족히 치세(治世)를 이룰 수 있다. 사람을 선택하는 데에 요체가 있는 것이다"(『주자어류』 108, 論治道).

으면 안 된다는 것이 그의 역사적 현실에 대한 개혁론의 기본 견지이다. 그래서 율곡의 경세론에서는 토지제도라든가 노비제도와 같은 소유 관계의 제도 자체에 관한 개혁론은 전혀 언급한 대목이 없다. 다만 공물의 수취라든가 노비의 선상(選上)과 같은 수취 관계에서의 수탈적 폐정의 변통을 논하고 있음이 그의 개혁론의 본질이었던 것이다.[19]

2) 치심 위주의 개혁론

주자의 경세론에서 무엇보다도 중시하는 '천하의 대본'은 곧 '군주의 치심(治心)' 그것이었다.[20] 조선 성리학 경세론을 대표하는 율곡 이이의 경우 또한, 왕정론의 성격과 그것을 실현하는 방법론은 철저하게 주자가 제시한 길을 따른다는 견지에 서 있다. 그래서 조선왕국의 폐법·난정을

---

19 김태영, 1998, 앞의 책, I-1 「율곡의 왕정론의 기준」 참조.

20 "대개 천하의 대본은 폐하의 심(心)이요, 금일의 급선무는 태자를 보익(輔翼)하는 일, 대신(大臣)을 선임하는 일, 기강을 떨쳐 일으키는 일, 풍속을 변화시키는 일, 민력(民力)을 아껴 배양하는 일, 군정(軍政)을 수명(修明)하는 일의 육사(六事)입니다. … 무릇 이 육사도 모두 늦추어서는 안 되는 것이지만, 그 근본은 폐하의 일심(一心)에 있습니다. 일심이 바른즉 육사가 바르게 되지 않음이 없고, 조금이라도 인심(人心) 사욕(私欲)이 그사이에 개재한다면 비록 정신을 쓰고 힘을 들여서 육사를 바로잡으려 하더라도 한갓 문구(文具)가 될 뿐이요, 천하의 일들은 더욱더 어찌할 수 없게 될 것입니다. 그러므로 소위 천하의 대본(大本)이란 것은 급무 가운데의 더욱 급선무로서 더구나 조금도 늦추어서는 안 됩니다"(『주자대전』 11, 戊申封事).
"천하에는 대근본(大根本)이 되는 일도 있고 소근본(小根本)이 되는 일도 있다. 군주의 일심을 바로잡는 것이 곧 대본(大本)이다. 그 나머지 만사(萬事)에는 각기 하나씩의 근본이 있다. 이재(理財)로 말하자면 양민(養民)이 근본이 되고, 치병(治兵)에는 장수(將帥)를 선택하는 것이 근본이 된다"(『주자어류』 108, 論治道).
"저 왕안석이 … 진실로 옛날[王政]에다 뜻을 두었더라면, 군주를 바로잡는 근본과 현인(賢人)을 가까이 함에 힘쓰는 일, 양민(養民)의 정사와 선속(善俗)의 방법 등 무릇 옛날의 이른바 마땅히 먼저 하고 모름지기 급급히 해야 하는 일에는 어찌 조금도 유의하지 않고, 유독 재리(財利)·병형(兵刑)의 사업에만 급급하였단 말인가. 대본(大本)이 부정(不正)하였으므로 명(名)은 옳으나 실(實)이 그릇되고 선·후의 적의함이 또한 모두 도치되고 말았다"(『주자대전』 70, 讀兩陳諫議遺墨).

돌이켜 선치(善治)를 이룩하고 왕정을 실현하는 길을 두고서도 율곡은 또한 주자의 경우를 따라 무엇보다도 '군주의 치심'을 가장 우선적으로 중시하게 되었다. "제왕의 학으로서는 수기(修己)보다 앞서는 것이 없다"[21] 고 단언한다. 여기서 '수기'란 곧 치심을 통해서야 성취되는 것이다.

주자는 옛 성왕이 전한 심법(心法)으로서의 이른바 '유정유일(惟精惟一)'이라든가 '윤집궐중(允執厥中)'이라는 명제가 모두 구체적으로는 『대학(大學)』의 '격물치지(格物致知)'와 '성의정심(誠意正心)'을 통해서 성취되는 것이라 확신하였다. 그러므로 『대학』 공부를 통하여 군주가 심성을 함양하고 교화를 확충하는 일이야말로 왕정을 실현하는 요체라고 믿어 의심치 않았다.[22] 율곡은 주자의 그 뜻을 그대로 이어받았다. "선정(先正)이 『대학』을 드러내어 밝힘으로써 (왕정의) 규범과 모범을 세워두었다. 성현의 천 가지, 만 가지 모훈(謀訓)이 모두 다 이 밖에 있는 것이 아니다"[23]라고 함이 율곡의 소신이었던 것이다. 그는 주자학이 곧 성리학이며 도학(道學)이요, 주자학에 의해서 왕도가 찬연히 밝혀지게 되었다고 인식한다.

> 대저 도학이란 것은 격물·치지하여 선(善)을 환히 깨치고 성의·정심하여 그 몸을 닦는 것인데, 이를 자기 자신에 간직한즉 천덕(天德)이 되고 정사

---

21 『율곡전서』 20-2, 聖學輯要 修己.

22 주자는 『대학』의 8조목 가운데에서 격물치지를 통해서 성의 정심하는 '치심' 공부가 실현됨을 제왕학을 통해 특히 강조하였다. "대개 치지 격물이란 요순의 이른바 유정유일이라는 것이요, 정심 성의란 요순의 이른바 윤집궐중이라는 것입니다. 자고로 성인(聖人)이 입과 마음으로 전수한 것으로서 행사(行事)에 드러나 있는 것은 오직 이것뿐입니다. … (一心을) 지극히 유정유일한 경지에 이르도록 힘쓴다면 천하 국가를 다스리는 바가 이 범위를 벗어나지 않음을 알게 될 것입니다. 그런 연후에야 체(體)·용(用)이 일원(一源)이며 현(顯)·미(微)가 무간(無間)함을 알게 될 것이요, 홀로 요·순·우·탕·문·무·주공·공자의 전하신 바를 얻게 될 것입니다"(『주자대전』 11, 壬午應詔封事).

23 『율곡전서』 19-7, 聖學輯要 序.

에 베풀면 왕도가 되는 것이다. … 도학 하는 선비를 진유(眞儒)라고 하는 데 맹자 이후로는 진유가 일어나지 않더니 천년 후에 비로소 염계(濂溪) 주자(周子)가 일어나 미오(微奧)한 이치를 천발(闡發)하였고 그것을 정자(程子)·주자(朱子)가 계승한 연후에 이 도가 세상에 크게 밝혀져 마치 태양이 중천에 떠 있음과 같이 되었다(『율곡전서』 15-6, 東湖問答 論君臣相得之難).

곧 주자에 이르러 왕정을 실현할 "도가 세상에 크게 밝혀져" 있으므로 이제는 오직 그 길을 따라 힘써 실행하는 일이 남았을 뿐이라고 그는 확신한다. 주자학을 모든 빛의 근원으로서의 태양에다 비유하고 특히 '태양이 중천에 떠 있음'과 같은 것으로 말한 것은, 그것이 왕정을 실현하는 가장 근본이 되는 빛이며 길인 것으로, 즉 영구히 밝혀져 있는 유일한 기준임을 확신하는 표현으로 해석된다.

왕정 실현의 빛이며 길로서의 주자학 즉 도학이 그와 같이 드러나 있는 것으로 확신하는 이상, 조선 성리학이 가장 크게 우선해야 하는 정치사업은 곧 그 길을 따라 '군주의 일심'을 바로잡는 일이었다. 조선왕조에서는 그 일을 주로 경연(經筵)을 통해서 성취코자 계속 노력하였다.[24] 16세기 조선 사림의 제왕학의 저술은 더욱 '군주의 치심'을 위한 교재로 활용코자 제진(製進)한 것이었다. 회재(晦齋)의 『중용구경연의(中庸九經衍義)』라든가 퇴계의 『성학십도(聖學十圖)』가 그 선구적 저술이다. 그리고 율곡의

24 율곡 또한 경연의 중요성을 다음과 같이 지적한다. "(옛날에는 師·傅·保 3공을 두어 군주의 心德을 함양토록 했는데) 그 법이 이미 폐지되었으므로 그 책무는 오로지 경연이 맡게 되었습니다. 그러므로 정자(程子)가 말하기를 '군주의 덕성(德性)을 성취할 책무는 경연에 있다'고 하였습니다. … 경연은 군주의 의혹을 풀어서 도(道)를 밝히고자 함이요, 군주가 가르침을 받아들여 덕성을 기르고자 함이요, 정치를 논하여 치세를 이룩고자 함입니다"(『율곡전서』 5-20, 萬言封事).

『성학집요(聖學輯要)』는 표제가 가리키듯이 주로 심성을 함양하고 기질을 변화시킴으로써 왕도를 일으킬 제왕학을 '집요'한 것으로서 그의 저술 가운데 가장 크고도 핵심적인 위상을 차지함을 주의할 일이다.

성리학 왕정론에서는, 여타 구체적 법제의 정비와 같은 정치사업은 '군주의 치심'에 비하면 상대적으로 부차적일 수밖에 없는 일이었다. 가령 율곡의 경우 현재의 전지(田地)·노비법을 포함하는 '조종의 법제'라는 기본 법제를 그대로 유지하면서도, 그 운용과정에서 생겨난 폐법·난정들을 개혁함으로써 왕정을 실현할 수 있음을 확신하게 된 배경이 거기 있었던 것으로 이해된다.

4. 실학의 국가체제 개혁론

1) 실학의 국가체제 개혁론

조선 후기의 실학은 '조종의 법제'라는 것을 결코 긍정적으로 인식하지 않는다. 조종의 법제뿐 아니라 무릇 삼대의 왕정이 지난 이후로 제정되고 시행해온 모든 통치법제란 것은 모두 지배층이 사욕·사익을 우선적으로 도모하기 위해 설정해온 악법으로 이해된다. 가령 반계 유형원은 다음과 같이 말한다.

> 삼대의 법제는 모두가 천리(天理)와 인도(人道)를 따라 제도를 만든 것이므로 그 대요가 만물로 하여금 모두 각득기소(各得其所)토록 하는 것이었

으며 사령(四靈: 麟·凰·龜·龍)이 모두 나타나게 되었다. 후세의 법제는 모두가 인욕을 좇아 구차하게 편안함을 도모하는 것으로 제도를 삼았으므로 그 대요가 인류를 썩어 문드러지게 하였으며 천지가 폐색(閉塞)하게 되었다. 고제(古制)와 정(正)히 상반하는 것이다(『반계수록』 26-27, 書隨錄後).

폐법이 일어나게 된 원인을 살펴보면, 애초에 어둡고 탐욕스러운 군주와 아첨하여 잘 보이려는 신하가 우선 목전의 사욕으로 인하여 옛 법을 변란(變亂)시킨 데에서 발단하였다. 뒤이은 자들은 그대로 인순(因循)하여 세월이 오래되니, 그것이 마치 옛 법인 것처럼 여기게 되었다. 그런즉 아름다운 성품의 군주가 나오더라도 이미 옛날의 명왕(明王)처럼 심득(心得)한 학문과 고전에 통달한 공력이 없는지라, 매양 못난 사람들의 저지를 받아 폐법을 또한 고치지 못하니, 그 본·말이 전도되어 이같이 고착되기에 이르렀다. … 법제를 만든 것이 이미 그같이 되었으니, 세속이 높이고 힘써 행하는 일들이 또한 사람들을 그런 쪽으로 몰아가서 드디어 옛날과 달라지지 않을 수가 없이 되고 말았다. 그같이 다르게 되어버린 사실을 보고 사람들은 드디어 풍기(風氣)와 인정(人情)이 이미 모두 옛날과 달라져 버렸다고 여긴다(『반계수록』 12-49, 敎選攷說 下).

즉 반계에 따르면, 삼대 이후로는 지배층이 사사로운 욕심을 충족하기 위한 통치법제를 우선적으로 만들어왔으므로 인간 사회에는 비리와 인습이 만연하게 된 것이라는 견해이다. 가령 조선왕국의 노비법제와 같은 것은 "법이 아니라 오직 사람을 몰아다 천민으로 만들고 마는 것이니, 비법 가운데의 가장 비법"인 것이라고 그는 개탄한다. 그것은 "인간으로서 다른 인간을 재물로 삼는" 근원적으로 비리(非理)스러운 제도이지만, "각기 목전의 사의(私意)에 가려" 재욕을 버리지 못하기 때문에 수백 수천 년을 끈질기게 악법으로 인습되어 온 것으로 이해한다.[25] 우리나라 역사에서 노비법제의 근원적 비리성(非理性)을 지적하고 그것의 혁파를 체계적으로 제시한 개혁론은 아마도 반계 실학에 이르러 처음 제기된 것으로 보인다.

이른바 '조종의 법제'를 포함하여 무릇 삼대가 지난 이후 제정된 모든 법제란 것은 결코 준수할 만한 모범이 되지 못한다는 견지는 다산의 경우도 마찬가지다.

> 지금 일을 저지하는 자들은 문득 말하기를 "조종의 법제를 논의해서는 안 된다"고 한다. 그러나 조종의 법제란 것은 대부분 나라를 창건한 시초에 만든 것이다. 그런데 그때에는 천명을 아직 환하게 알 수가 없었고 인심도 미처 온전히 안정되지 않았으며, 큰 공을 세운 장수나 재상 중에는 거칠고 억센 무부(武夫)가 많았고 백관(百官)이나 사졸(士卒) 가운데는 변덕스런 간인(奸人)이 많았다. 각자 제 사심으로 저 스스로에 이로울 것을 구하다가 만족스럽지 못하면 반드시 무리 지어 일어나 소란을 꾸몄다. 그런 까닭에 성스러운 임금과 현명한 신하가 비밀리에 국사를 계획할 적에 좌우로 돌아보아야 하고 앞뒤로 끌리며 구애되어, 끝내는 아무 일도 하지 못하고 말았다. 대저 아무 일도 할 수가 없으면 옛 법을 따르기 마련이요, 옛 법을 따르는 것이 원망을 적게 사는 길이었다. … 그러므로 무릇 창업의 시초에는 법을 개혁하지 못하고 말세의 속습을 그대로 따라 이를 경상의 법으로 삼는다. 이것이 고금의 공통되는 근심거리이다. 그러므로 우리나라의 법이란 것도 대개가 고려의 옛것을 그대로 따른

25 『반계수록』 26-1~8, 續篇 下 奴隸.

것이다. 세종 때 이르러 다소 손익을 가하였으나, 한 번 임진왜란을 겪은 후로는 백 가지 법도가 무너져 모든 일이 어지럽게 되었다(『경세유표』 引).

그래서 다산은 자신의 역사적 현실이 드디어, "터럭 한끝에 이르기까지 병들지 않은 것이 없으니, 지금에 와서 개혁하지 않는다면 반드시 나라가 망하고 난 후에 그칠 것"이라고 단언한다.[26]

그러므로 조선 후기의 실학은 역대의 통치체제를 근원적으로 비판 검토하고, 더욱 왕정의 본원주의적 형태를 추구하게 되었다. 그래서 폐정의 경장이 아닌, 국가체제의 전반적 개혁이라는 성격을 띠게 되었던 것이다. 주류 실학이 왕정의 기초를 말하는 경우 모두가 삼대의 정전(井田) 제도를 이상으로 생각하고 그 원리를 찾아 재현하려고 노력하며, 과거제(科擧制)를 근본적으로 변혁하여 공거제(貢擧制)로 돌이키고자 하였다는 사실은 결코 우연한 일이 아니다. 실학의 진면목은 바로 그러한 근본적 개혁론에 구현되고 있는 것이라고 해석된다.

거기에는 역사의 변천과 자아의 성장에 따라 인간과 자연, 세계와 현실에 대한 조선 후기 학인(學人)들의 인식 변화, 주로 억압과 수탈의 기구로 행세해온 국가체제 자체에 대한 그들의 근본적 비판이 드러났다. 실학은 가령 종래 금기해온 왕권의 존재를 두고서도 그 인습적인 면은 개혁해야 함을 역설한다. 왕권의 위상마저 재조정해야 한다는 이론이다. 특히 역사적으로 적체되어온 자국 통치체제의 인습과 비리에 대한 근원적 개혁론을 제시하였다.

그러므로 조선 후기의 실학이란 것은 어느 시대이고 나타날 수 있는,

26 『경세유표』 引.

그때마다 현실의 실질적 문제에 중점을 두고 절실한 개혁론을 제시하는 학풍일 뿐이라고 이해하는 견지에 대해서 필자는 동의할 수가 없다. 즉 외견상 삼대의 인정(仁政)을 회복한다는 면에서는 성리학 왕정론과 실학의 취지가 비슷하다고 하여, 혹은 성리학도 때에 따라서는 현실에 투철한 문제의식과 실질적인 개혁론을 제시하고 있었다는 면에서 실학과 마찬가지라고 하는 일부 논의에는 결코 찬동할 수가 없다. 조선 후기의 실학은 그 자체의 독자적 영역과 성격을 구비한 학풍으로 전개되고 있었던 것이다.

2) 변법적 개혁론

물론 조선 후기 실학 또한 초기에는 성리학풍에서 출발하고 그 영향 아래서 성장한 것이므로, 가령 세계와 인간을 설명함에서 이기(理氣) 심성론(心性論)의 성리학을 온전히 떠난 것은 결코 아니었다. 그런 면에서는 실학 또한 처음부터 온전한 본원주의에 입각한 것이라고 말하기는 어렵다. 그러나 주지하듯이, 실학의 주류 왕정론은 성리학에서와 같은 폐정 개혁론에 그치는 것이 아니다. 그것은 조종의 법제를 포함하는 국가체제의 비리 전반을 근본적으로 개혁하여 요순·삼대의 본원주의적 왕정론을 제시한 것이었다. 뿐만 아니라 다산 실학의 단계에 가면 성리학적 이기 심성론 또한 지양하게 되었다는 사실에서, 실학의 본원주의적 성격은 더욱 두드러지게 드러난다.

정확하게 대칭되는 비유는 아니지만, 성리학에서는 군주의 치심(治心)에 '천하의 대본'이라는 비중을 두었으나, 실학은 전지(田地)야말로 천하의 대본이 되는 것이라 한다. "토지는 천하의 대본이다"[27]가 반계의 소신이다. "(井田을) 경계하는 것은 천지를 새로 이룩하는 큰일이다"[28]라는 것이 다산의 신념이다.

> 공전(公田)의 법은 지극히 순리롭고 지극히 편안하며 지극히 간략하고 지극히 요긴하다. 무엇을 꺼려 시행치 않는단 말인가. 제왕이 천하 국가를 다스림에는 이 밖에 다시 다른 법은 없다. 만약 후세에 마침내 이를 시행치 못한다면 마침내 선치(善治)를 기대할 수가 없다. 진실로 영명한 군주가 있어 이를 단행한다면 고·금, 화(華)·이(夷)를 막론하고 본래 시행하지 못할 것이 없다(『반계수록』 2-16, 田制 下 田制雜議附).
>
> 정전(井田)이란 전가(田家)의 황종척(黃鍾尺)이다. 황종척을 만들지 않으면 악음(樂音)을 바로잡을 수 없고, 정전을 만들지 않으면 전제(田制)를 정할 수 없다. 『맹자』에 "이루(離婁)의 밝은 눈으로도 규구(規矩)가 아니면 방(方)·원(圓)을 만들 수가 없고, 사광(師曠)의 귀밝음으로도 육률(六律)이 아니면 오음(五音)을 바로잡을 수 없으며, 요순의 도로써도 인정(仁政)을 행하지 않으면 천하를 평치(平治)할 수 없다" 하였다. 살피건대 맹자는 매양 정전을 가지고 인정이라 하였으니, 인정이란 것은 정전이다. 맹자가 이르기를, 요순이라도 정전을 시행치 않았더라면 천하를 다스릴 수 없었을 것이라 하였다. 이는 성문(聖門)에서 전해오는바 요체를 아는 말이었다. 정전은 규구와 같으며 율려(律呂)와 같으니, 황종에다 비유한 것은 내 말이 아니요 맹자의 말이다(『경세유표』 7-27, 田制 9 井田議1).

27 『반계수록』 1-1, 田制 上.

28 『경세유표』 7-28, 田制 9 井田議 1.

그런데 성리학이 '천하의 대본'으로 중시하는 군주의 '치심' 사업에는, 그것을 밖으로부터 규율하는 법제 따위가 필요한 것은 아니다. 그러나 전지는 외물(外物)인 것이므로 그것을 구획해서 일정하게 배분하고 경치(耕治)하며 또 부세를 내도록 하는 데는 반드시 법제에 의한 규율이 필요하다. 이미 '조종의 법제'란 것의 비리성을 적실하게 지적하는 것이 실학의 견지이다. 그러니 그 왕정론에서는 왕정을 실현할 새로운 객관적 기준으로서 법제의 정비가 필수적일 수밖에 없었다.

> 대저 법이란 것은 장인(匠人)의 승척(繩尺)과 같으며 야인(冶人)의 모범(模範)과 같다. 이른바 승척이 승척이 되지 못하고 이른바 모범이 모범이 되지 못한다면 비록 천하의 훌륭한 공장(工匠)이라 하더라도 한 칸 집이나 한 개 기구도 만들어낼 수가 없다(『반계수록』 4-23~24, 田制後錄 下).

곧 아무리 훌륭한 통치자가 나오더라도 치세를 이룩할 객관적인 법제가 없어서는 아무런 선치(善治)도 이룩할 수가 없다는 논리이다. "잘못된 법제를 변혁하지 않고서는 치세를 돌이킬 길이 없다"[29]는 것이 반계의 기본 견해이다.

> 진(秦)나라 이래 (선왕의) 법전 제도가 모두 없어져 옛 성인(聖人)들이 왕정을 행하고 가르침을 펼 절목이 하나도 세상에 남지 않게 되었다. 그래서 천하의 이목이 후세의 사의(私意)에서 만든 법제에 고착되어 다시 선왕의 법제가 있었다는 사실을 알지 못하게 되었다. … 내가 이를 염려하여 참

29 『반계수록』 26-26, 書隨錄後.

월한 일임을 무릅쓰고 고제의 본의를 탐구하고 현재의 사정을 참작하여 그 절목까지를 아울러 상세하게 해두었다. 대개 경전(經傳)의 원리를 추구하여 적용한다면 왕도는 반드시 세상에 실행할 수 있음을 밝혀두고자 하는 것이다(『반계수록』 26-27~28, 書隨錄後).

조그만 관직도 띠지 않고 한평생을 임하(林下)의 학인으로 살았던 반계였지만, 그 한평생 처절한 열성을 기울여 우리나라에서는 처음으로, 왕정을 실현할 법제로서의 『반계수록』을 초창하게 되었던 배경을 여기서 이해할 수 있을 것이다.

『반계수록』을 '정법(政法)' 즉 '정치법제'라고 지적하여 논한 것은 다산이다. 다산은 유배 중에 『경세유표』의 서문을 쓰면서 "죄에 연루된 인신(人臣)으로서 또 감히 방례(邦禮)를 논의할 수 있는 것인가"를 자문한다. 국가 법제의 개혁론을 제시할 수 있는가를 반문하는 것이다. 그러고는 "반계 유형원이 '정법'을 논의했어도 벌을 받지 않았고, 그 저술도 나라 안에 간행되었다. 다만 꼭 활용되지 않았을 뿐이요, 그가 말한 것이 죄가 되지는 않았다"고 풀이한다.

다산은 그의 왕정론으로서 『경세유표』 서문의 들머리에서 "여기서 논하는 것은 법이다. 법이면서도 이름하기를 '예(禮)'라고 한 것은 무슨 까닭인가"라고 의문을 설정한다. 다산에 따르면 "예라는 것은 일대를 다스리는 왕의 전장(典章) 법도(法度)"라는 해석이다.[30] 그러므로 "천리에 비추어서도 합당하고, 세상에 시행해 보아도 인정(人情)에 화협(和協)하는 것을

30 『논어고금주』 1-35, 子張問十世可知也.

일러서 예라 한다"고 정의해둔다.[31] 『경세유표』의 원래 이름을 『방례초본(邦禮艸本)』이라고 붙인 까닭을, 이제는 이해하게 된다. 그는 '천리'에도 맞고 '인정'에도 순한 왕정을 실현해 보려는 원대한 목표를 두고서 '나라의 전장 법도'를 초하고 있었던 것이다.

그래서 실학의 왕정론은, 구태여 현 실태에 구속당하지 않으면서, 객관적으로 보아 명명백백한 기준에 따르는 법제로서의 개혁론으로 체계화하여 구현되었다. 왕정은 과연 실현할 수 있을 것인가.

5. 조선 성리학과 실학의 왕권론

인간은 '기질지성(氣質之性)'을 선천적으로 타고난다는 조선 성리학의 인간관은 주자의 이론을 따른 것이다. 그와 같이 '악'을 저지르게 될 소지를 타고난 데다가 다시 후천적인 물욕의 유폐(誘蔽)까지 겹치게 되므로, 아무래도 인간이 인간답게 살려면 옛 성현이 제시한 치심의 기준을 따르는 것이 상책으로 보인다. 그 가운데서도 "태양이 중천에 떠 있음"과 같은 주자학이 가장 바르고 영원한 기준이라 확신한다.

그런데 실학은 성리학의 '태양'과 같다는 기준을 결코 그대로는 긍정하지 않는다. 실학에서의 인간관은 대체로 인간 본연의 이(理)-도심(道心)의 측면을 강조하는 견지에 서며, 혹은 인간 본유의 심(心)의 독자적인 영명성(靈明性)을 크게 긍정한다. 반계에서 성호 이익을 거쳐 다산으로 이어

31 『경세유표』 引.

지는 주류 실학에서 특히 그러한 경향이 눈에 띈다. 실학 또한 성리학의 영향을 크게 받고서 전개된 것이지만, 주자의 교조(敎條)를 뛰어넘어 고성인(古聖人)의 경문을 직접 검토하고 거기서 직접 독자적 왕정론을 구성해 내기에 이른 배경은 그 같은 인간 각자의 심(心)의 영명성을 확신하고 그것을 기준 삼아 판단한 데 따른 것으로 해석된다. 다산의 경우 "천(天)의 영명함이 인간의 심에 직통(直通)해 있다"고 선언한다.[32]

성리학에 따르면 천지만물의 이치가 곧 나의 이치이다. 그러나 실학은 만물의 이치가 각각 다른 것이라 한다.

> 목(木)의 이치는 금(金)의 이치와 다르고, 수(水)의 이치는 화(火)의 이치와 다르다. 또 소나무의 이치는 버드나무의 이치와 다르고, 철(鐵)의 이치는 연(鉛)의 이치와 다르다. 또 부자는 군신과 다르고, 형제는 부부와 다르다. 사물에 대하여 각기 그 이치를 변별하여 조금이라도 미진한 점이 없게 된 다음이라야 바야흐로 나의 심(心)에 나아가 논할 수 있다. 비록 이미 물리(物理)는 변별할 줄 알게 되었다 하더라도 그것을 처리할 도리를 마음속에서 알지 못한다면, 나 자신의 지(知)가 이미 극진하게 되었다고 말할 수 없는 것이다(『성호사설』 22, 格致誠正).

특히 다산에 따르면 인간 각자는 모두 영명하고도 자율적인 각기의 심(心)을 갖추고서 태어날 뿐 아니라 각기 부욕(富欲)과 귀욕(貴欲)을 본연적으로 추구하는 존재이다. 그와 같이 각기 독자성을 갖춘 인간 존재들의 '인정에 화협'하는 왕정을 실현하자면, 국가 통치권의 새로운 조정이

32 『중용자잠』 1-5, 君子戒愼乎其所不覩章.

반드시 필요하다. 그래서 실학은 그 왕정론을 현실에서 구현할 추동력으로서 왕권의 성격에 관한 논의에서도 성리학의 경우와는 매우 다른 견지에 서게 되었다.

가령 『논어』에는 공자가 "무위이치(無爲而治)한 이는 순(舜)임금일 거다"라고 말한 대목이 나온다(衛靈公). 이에 대해 주자는 "(공자가) '무위이치'라고 말한 것은, 성인은 덕이 성(盛)하여 백성이 저절로 교화되니, 성인의 작위를 기다리지 않고도 치세가 이루어짐을 말한 것이다"라고 해석해 두었다. 조선 성리학이 이 해석을 따르고 있음은 더 말할 것이 없다. 그러나 다산의 해석은 매우 다르다.

> 순임금은 3년에 한 번씩 백관(百官)을 고적(考績)하고, 3번 고적에 한 번씩 출척(黜陟)하며, 5년마다 한 번씩 순수(巡狩)를 나가고 뭇 제후들이 사시(四時)로 조회(朝會)를 오니, 일을 돌보고 말을 살피며 아뢰는 것을 들어서 그들의 공적(功績)을 시험해야 하며 해마다 법을 집행해야 하는데 어찌 번거롭고 바쁜 일이 많지 않았을 것인가. 모든 신하와 관원도 모두 다 분주히 자기 직무에 힘쓰는데 오직 순임금 혼자서 무위(無爲)하고 있었을 것인가(『논어고금주』 8-1, 子曰無爲而治).

즉 다산에서의 임금은 '무위'하고 앉아있는 존재가 결코 아니다. 임금은 어디까지나 통치의 주체로서 그 본연의 '번거롭고 바쁜' 직무를 수행해야 하는 자인 것이다. 아마도 중세 말기 호강(豪强)한 벌열(閥閱)의 할거적 농단과 지리멸렬한 인습의 통치조직을 근본적으로 통합하고 개혁하려면 반드시 굳건한 주체로서의 왕권이 필요하다는 지론으로 이해된다.

또 『논어』에는 군주의 덕치(德治)를 '북신(北辰)'의 운행에 비유해둔 대목이 있는데, 이에 대한 다산의 해석 또한 매우 이채롭다.[33] 이제 그것을 절록(節錄)해본다.

> 북신(北辰)은 곧 북극으로서 천추(天樞)이니, 성점(星占)이 없으므로 신(辰)이라 한다. 남극도 역시 천추이다. '거기소(居其所)'란 것은 북극 한 점이 바로 자오선의 중심에 당하여 진남(眞南)·진북(眞北)의 위치를 이루고 있음을 뜻한다. '공(共)'이란 '동(同)'의 뜻이다. 북신이 바르게 위치하면서 천추를 회전하고 있으니 뭇별들이 함께 따라 회전하여 북신과 함께 운행한다. 그러므로 '함께한다'라고 한 것이다. 정치란 임금이 백성을 바르게 한다는 것이다. 자신을 바르게 한 후에라야 남을 바르게 할 수 있는 것이니, 교화를 따라 함께 움직이는 것이므로 (공자가) 정치를 북신에 비유한 것이다. 북극이 자오선을 바르게 하여 천추를 돌고 있으니, 하늘에 가득 찬 여러 별들이 북극과 더불어 함께 회전하면서 한 별도 감히 거역할 수가 없고 한 별도 혹시 뒤처질 수가 없다. 이것이 이른바 "뭇별이 함께한다"라는 것이다. 임금이 바른 위상에 있으면서 정치를 덕으로 하면 백관 만민이 거기 따르고 복종하지 않는 자가 없어 모두 임금과 함께 동화할 것이다. 이는 바로 북신과 뭇별들의 경우와 부계(符契)처럼 꼭 들어맞는 것이다(『논어고금주』 1-20~21, 爲政以德).

---

33 곧 "子曰, 爲政以德, 譬如北辰居其所 而衆星共之"(『논어』 爲政)라는 글의 내용을 두고 내린 해석이다. 주자는 여기서 '북신(北辰)'을 '북극성'으로, '공(共)'을 '향(向)'으로 해석하여, "북극성이 제자리에 위치하면 중성(衆星)이 북극성을 향한다"는 뜻이라 하였다(『주자집주』). 그런데 다산은 아래의 인용문에 보이는 바와 같이, 북신을 북극성이 아닌 '북극(北極)'으로, '공(共)'을 '동(同)' 즉 '함께한다'는 뜻으로 해석하고 있다. 왕권의 운용을 북신에 비유한 이 해석은, "매양 하나의 깨달음이 일어날 적마다 마치 신명(神明)이 있어 묵묵히 깨우쳐 주는 듯하여 남에게 이야기할 수 없는 것이 많았다"는 그의 강진 시절 경전 해석의 일부분임을 주의할 것이다. 「自撰墓誌銘」(集中本) 참조.

하늘의 뭇별들이 차착 없이 운행하는 것은 북신이 천추로서의 위상을 바르게 차지하여 스스로 차착 없는 회전을 지속하기 때문이다. 왕권 또한 만민의 표준이 되는 바른 위상과 덕을 갖추고서 지공무사한 권능을 행사하여야만 이에 만민이 각기 제자리를 잡아 '동화(同和)'의 삶을 수행할 수 있다는 이론이다. 왕권은 그만큼 강력무비한 권한과 함께 그에 상응하는 막대한 책무도 동시에 담당해야 한다는 뜻이다. 강력하고도 무사(無私)한 왕권의 추진력을 중심축으로 하고서 모든 신·민의 역량을 남김없이 동원하는 새로운 국가 공동체의 실현을 추구하였던 것이다.

그러므로 실학은 결국, 성리학이 강조하는 이른바 대신위임(大臣委任)의 통치체제에는 절대 찬동하지 않는다. 훌륭한 대신의 보필이야 필수적인 것이지만, 어디까지나 왕정 실현의 개혁 주체가 되는 것은 왕권 그것이라는 해법이다.

우선 성리학의 경우, 임금의 직무는 수기를 통해 그 일심(一心)을 바로잡음으로써 대신으로서의 적임자를 밝게 알아 보임하고, 그에게 국정을 위임하는 일이 가장 중요한 것으로 이해한다.[34]

> 예로부터 밝고 훌륭한 임금이라 하더라도 홀로 통치할 수는 없고 반드시 현자를 얻어 나라를 함께하는 것입니다. 그러므로 위대한 요임금도 오히려 순을 얻지 못할까 근심하였으며, 군주다운 순임금도 오히려 우(禹)와 고요(皐陶)를 얻지 못할까 봐 근심하였습니다. 임금이 신하에게 위

34 "인주(人主)의 일심(一心)이 한번 바르게 되면 천하의 일이 바르게 되지 않음이 없고, 인주의 일심이 한번 사특(邪慝)하게 되면 천하의 일이 사특해지지 않음이 없습니다. … 인주는 재상(으로 합당한 자를) 논하는 것을 직무로 삼으며 재상은 임금 바로잡는 일을 직무로 삼습니다. 양자가 각기 그 직무를 제대로 지키는 연후에야 체통(體統)이 바르게 되며 조정(朝廷)이 존귀하게 되어 천하의 정사(政事)가 한 곳에서 나오고 여러 군데에서 거론하는 폐단이 없게 됩니다"(『주자대전』 12, 己酉擬上封事).

> 임하는 것이 천지의 도인 것입니다(『율곡전서』 7-32, 陳時弊疏).
>
> 임금의 도는 그 몸을 스스로 닦는 일 말고는 오직 재상(으로 합당한 자를) 논하는 것이 가장 크고 또 급한 일입니다. 대체 임금 한 사람을 비보(毗輔)하면서 백관을 통솔하는 것이 재상입니다. 임금의 덕이 잘되고 잘못됨과 인물의 사정(邪正)을 헤아려 대처하지 않음이 없으니, 재상은 불가불 가려서 논해야 하며 또한 그 자리를 비워 두어서도 안 되는 것입니다(『송자대전』 14-24, 陞拜左議政後引罪乞遞疏).
>
> 『역(易)』에 "천(天)의 운행은 굳건하다"고 하였다. 밝고 밝은 요·순이 천으로 더불어 함께 굳건하여 일찍이 잠깐의 휴식도 갖지 못하였고, 우·직·설·익·고요 등도 맹렬하게 분발하여 왕의 팔·다리와 눈·귀 노릇을 다하였다. 그런데 지금 대신의 직위에 있는 자들은 바야흐로 '대체를 유지한다[持大體]'는 세 글자를 지키는 일로써 천하만사를 다하는 것처럼 여긴다. … 저 요·순 시대에 (손발에) 굳은살이 박이도록 분주하게 힘쓰던 이들과 비교한다면 참으로 어떻다 할 것인가(『경세유표』, 引).

살펴 알 수 있듯이, 앞의 두 사료와 뒤의 한 사료는 왕권의 해석에서 본질적인 차이를 드러낸다. 다산의 경우, 훌륭한 대신의 '맹렬하게 분발하여' '분주하게 힘쓰던' 보필이 있기는 하지만 그것은 어디까지나 임금의 '팔·다리와 눈·귀 노릇'을 다하는 수준이었다. 대신들도 매우 큰 노력을 다하지만 통치의 주체는 어디까지나 왕 자신임을 주의할 일이다. 즉 그의 왕정론에서는 왕이 주체가 되어 모든 신하를 이끌고서 '천(天)의 운행'처럼 굳건한 통치의 운행을 '잠깐의 휴식'도 없이 계속하는 왕권을 구상하고 있음이 드러난다. 권능과 책무를 동시에 구비한 제도왕(制度王)으로서의 성격이다.

다산의 왕정론은, 왕권은 그가 통치하는 모든 관원의 직사에 대해서 반드시 그 선(善)·부(否)를 엄정하게 고과해야 한다는 '고적론(考績論)'을 별도로 세워두었다. 고적에서는 어떠한 원훈대신(元勳大臣)이라도 무릇 직사를 맡은 경우라면 결코 예외가 될 수 없다. 조금이라도 관대할 수조차 없다. 그 까닭은, "진실로 천(天)의 직사(職事)[天工]는 폐기할 수가 없는 것이며, 민생은 고달프도록 버려둘 수가 없는 것이기 때문이다."[35]

여기서 천(天)이 맡긴 직무도 중하거니와 민생(民生) 또한 옛날 그대로가 아닌 존재임을 주의할 것이다. 다산에 따르면, 모든 인간은 이미 각기 독자적인 자율성을 갖추고서 각자 '부·귀'를 추구하는 새로운 '민생'으로 진화한 존재이다. 따라서 왕권은 모든 관원이 각자 분담한 직사에 조금의 사심도 없이 충실하게 매진하도록 항상 감시 감독하고 고적을 통해서 독려하지 않으면 안 된다. 그 고적의 주체가 곧 제도왕으로서의 왕권이다.

그래서 다산 왕정론에서 왕권의 본질은, 성리학적 왕권론에서와 같이 대신에게 국정을 위임한 채 자신의 '치심'에 주력하면서 공수단좌(拱手端坐)하고서 '무위이치'하는 도덕군자로서의 존재가 결코 아니다. 스스로 분발하여 '천의 운행'과 같이 굳건하게, 모든 신민을 이끌고 왕정의 실현을 위해 간단없이 결단하고 매진하는 개혁주체로서 확고하고도 엄정한 통치권을 구현하는 존재인 것이다.[36]

35 『경세유표』 4-11, 天官修制 考績之法.

36 金泰永, 2000, 「茶山 經世論에서의 王權論」(『茶山學』 1) 참조.

6. 맺음말

조선 성리학의 경세론은 국가사회의 존립기반인 소농민의 몰락과 유망(流亡)이 조종의 법제 자체의 잘못에서 기인하기보다는 연산군의 난정(亂政)이라든가 권간(權奸)의 천단(擅斷)과 같은 폐정 탓으로 인식하고 있었다. 그래서 '조종의 법제'를 개혁하기보다는 잘못된 폐정을 경장할 것이요, 군주가 현명한 인재를 등용하여 경장정책을 추진한다면 왕정을 이룩할 수 있으리라는 믿음이 있었다. 무엇보다도 주자학 즉 도학이라는 객관적 준칙을 따라 군주의 심성을 바로 갖추도록 보필하는 일이야말로 근본인 것으로 인식하고 있었다.

그에 비해 실학은 임진·병자의 양란과 국제정세의 질적 변천을 목도하면서, 국가사회의 존립 기반인 소농의 몰락과 유망으로 대표되는 혼란스러운 현실이 결코 폐정 탓만이 아니라 근원적으로 통치법제 자체가 지닌 구조적 결함에서 기인한다고 인식하였다. 그래서 '조종의 법제'를 포함한 통치법제의 근본적 개혁을 주장하게 되었다.

조선 후기의 실학은 성리학의 풍토 속에서 그 자양(滋養)을 받으면서 양성(釀成)된 것으로 이해된다. 조선 성리학은 특히 유교 본원주의 왕정론의 실현을 확신하였는데, 실학은 그 본원주의를 더더욱 궁극화하며 자체의 독자적 학풍을 개척해나간 것으로 이해된다. 그런 면에서 실학은 성리학의 연속이라는 의미에서 성리학과 큰 연관을 지닌 것으로 해석된다.

양자의 결정적 분기는 어디서 구할 수 있는가. 성리학은 참담한 사화(士禍)의 시대를 경험하면서 그 폐정을 극복하기 위해 더욱 본원주의적 왕정론을 제시한 것으로 보인다. 사화는 소인이 군자를 해친 참화였다. 그런데 조선 성리학은 그 운용자인 사림의 정치 시대를 맞으면서 곧 당쟁의 시대로 돌입하게 되었다. 당쟁에서도 양쪽 편이 다 군자라고 하는 이해가 널리 제시되고 있었지만, 또한 반대당을 소인으로 몰기 일쑤였으며, 귀추는 더욱 그러하였다. 당쟁이 지속하는 한 소위 '왕정'이란 것은 전혀 기필할 수가 없다는 사실이 드러났다.

사림정치의 시대를 맞고서도 어째서 왕정은 실현할 수 없고, 당쟁은 더욱 치열해져 가는가. 어째서 중화문명에서조차 주자학은 국가 교학으로 숭앙받지 못하며 왕정을 실현하지 못하게 된 것인가. 게다가 임진왜란을 겪고 병자호란을 맞으면서 조선왕국은 이적의 청나라에 항복하고 마는 참담한 현실을 겪었다. 이윽고 중국에서는 중화 왕조인 명이 멸망하고 말았다. 국내외의 통치질서·사회질서가 크게 변질되었다.

성리학을 가지고 왕정의 실현을 기대하기에는 세태가 점차 변하고 있었다. 그래서 재야적 학인들 사이에서는 정치적 현실을 개선할 수 있는 길을 새로이 모색하되, 주자 성리학이 아닌 제3의 시각, 다른 기준을 모색하게 되었다. 그래서 왕정을 실현하는 궁극적 방법으로서 국가체제의 근본적 개혁을 추구하는 학인이 등장할 수 있었다. 실학은 그렇게 시작된 것으로 해석된다.[37]

실학이 자기 왕조의 '조종의 법제'까지를 포함하여 무릇 삼대가 지난 이후의 모든 통치법제를 지배자의 사욕이 발동한 폐법으로 간주함은 어떠한 의미를 지니는가. 그것은 역사적 현 실태에 대한 강한 부정을 통해서 새로운 현실을 창출하고자 하는 소신의 피력으로 해석된다. 그래서 실학은 성리학을 넘어서 다시 삼대에서 이상적인 왕정의 원형을 찾고 그것을 실현할 이상적인 통치법제를 애써 마련하였다. 그러면 그것은 복

---

37 김태영, 1998, 앞의 책, II-1 「율곡과 반계의 분기」 및 II-2 「성리학적 思惟와 실학적 사유의 분기」 참조.

고적 개혁론인가.

실학은 유교 경전의 본원적 이념을 추구함으로 인해서 어느 면으로는 복고적인 성향을 띠지 않을 수 없었다. 그러나 경전의 본원적 해석을 시도하면서 인간 정신능력의 자율적 측면을 강조한 것은 전통적 해석의 부정을 통해서 새로운 인간관을 정립하는, 창의적인 해석을 내놓은 것이다. 그런 자율적 인간들이 살아갈 공동체로서의 새로운 국가체제는 결코 복고적 성격으로 되돌려지지는 않을 것이다. 더구나 다산의 경우, 시대가 변천하고 인간의 사회적 교류가 잡다해짐에 따라 인간 사회의 모든 기예(技藝) 또한 역사적으로 발전한다는 일종의 진보사관(進步史觀)을 견지하고 있었다. 소위 '조종의 법제' 이하 역사적으로 조성되어온 지리멸렬한 현 실태를 근본적으로 부정한다는 시각 자체가 새로운 시대를 창출한다는 안목에서 설정될 수 있는 것으로 이해된다. 실학은 역사가 발전한다는 사실에 대한 신념을 일정하게 간직하고 있었던 것으로 풀이된다. 실학의 왕정론이 그대로 현실적일 수는 없되, 그 역사적 의미는 그것이 애써 구현한 새로운 시대 창출의 이념과 그 실현을 위해 제시한 명백한 객관적 기준이라든가 법제의 정립에서 찾을 수 있을 것이다.

군주의 치심(治心)을 통한 덕화(德化) 위주의 통치론을 가지고서는 변질되는 조선 후기의 현실을 통합하기란 어려운 일이었다. 치심은 개별 인간의 주관적 체험에 속하는 것이므로, 그것을 가지고 만민을 규제하기란 결코 용이한 일이 아니었다. "세도(世道)의 변천은 무상하고 왕의 일욕(逸慾)은 무한한 것"[38]이 언제나 이 현실 아닌가.

왕정을 일으키려면 만민을 통합하고 규율할 수 있는 엄정한, 명백한

38 『경세유표』 1-1, 天官 吏曹 1.

객관적 기준에 따른 새로운 법제의 왕정론이 필수적이다. 다양한 편차의 만민을 상대하여 그 항산(恒産)을 보장하고 민심을 수렴하지 않으면 안 된다. 새로운 규구(規矩)며 준승(準繩)으로서의 객관적 기준에 따른 법제의 정립을 제시한 실학의 개혁론은 그런 면에서 역사적으로 한 걸음 더 진전된 통치론으로 해석된다.

그런데 만민이 받아들일 객관적 기준이란 것은, 다산의 경우에서 살펴볼 수 있듯이, "천리(天理)에 비추어서도 합당하고, 세상에 시행해 보아도 인정(人情)에 화협(和協)한다"는 것이라 한다. 유교국가답게, 유자답게, 언제나 '천리'가 근원이며 기준이다.

여기서 '천리'라는 것은 두 가지 기능을 지닌다. 그 하나는 현 실태의 비리와 무질서를 극복하기 위한 지공무사(至公無私)하면서도 보편타당한 새로운 기준을 제시해준다는 의의, 즉 객관적으로는 중세를 지양한다는 의의를 지닌다. 다른 하나는 언제나 근원이며 기준으로 용립(聳立)해 있는 '천리' 앞에서는 인간 자신의 주체적 견해를 독자적으로 확립하기란 결코 쉽지 않은, 항구적인 장벽으로 작용한다는 것이다. 실학 또한 그 장벽을 지양하기란 결코 용이하지 않았던 것으로 이해된다.

실학의 왕권론은 또 왜 그다지도 강력한 것으로 구현되기에 이르렀는가. 조선왕국은 거의 훈척(勳戚)정치로 일관하고 있었다. 조선 후기로 갈수록 정권에 참여하는 자는 '벌열(閥閱) 수십 가(家)'뿐인 형세였다. 그런데 "하읍(下邑)의 소리(小吏)로서 재상과 체결하지 않은 자가 없다"[39]고 할 정도로 이 시기에는 중앙의 재상으로부터 지방 각 군현의 관장들과 그 아래의 관속인 말단 향리층에 이르기까지 거의 모든 관(官)·리(吏)들이 할거

---

39 『여유당전서』 제1집 19-15, 與金公厚.

적 중간 농단으로 날을 지새우고 있었다. "나라가 망하고 말 것"이라는 것은 결코 헛말이 아니었다.

실학은, 벌열 재상으로부터 향리들까지 무릇 모든 지배계층이 자행하는 중세 해체기의 중층적·다극적 농단체제를 극복하기 위해서는 국가통치권을 일극(一極)으로서의 '황극(皇極)'에 집중해야 한다는 왕권론을 제시한다. 그래야만 소수 지배층만이 아니라 이제 만민을 상대하여 이끌고 왕정을 실현할 수 있는 국왕으로 다시 태어날 수 있다는 해법이다.

(『泰東古典硏究』 19, 翰林大 泰東古典硏究所, 2003)

제3부

실학의 개혁론

제4장

반계 유형원의 변법론적 실학풍

1. 머리말

성리학[道學]에 관한 이해가 깊어지면서 조선 사림은 주자학을 마치 '태양이 중천에 떠 있음'과 같은 '왕정(王政)' 실현의 빛이라고까지 숭상하였다. 드디어 16세기 후기에 사림정치의 시대를 맞은 그들은 '왕정'의 실현을 직접 추진해보기도 했지만, 한편으로는 그들 상호 간의 정치적 출처(出處)에 관한 가치논쟁에 몰입하면서 끝없는 당쟁의 길로 들어섰다.

그런데 조선왕국은 1592년 임진왜란을 맞아 7년간이나 전란에 휩싸였다. 더구나 1636년에는 병자호란을 맞아 지금까지 '오랑캐'로 여겨온 여진족의 청(淸)나라에 무릎 꿇어 항복할 수밖에 없는 미증유의 국치를 겪었다.

중국에서는 명(明)나라가 망하고 청이 중국 천하의 주인으로 등장하는 세계사적 변동이 일어났다. 그런데 병자호란의 엄혹한 '국치'를 겪은 이후 조선의 집권당은 더더욱 주자학을 유일한 지배이념으로 삼아 의존하고 '이단'을 배격하는 강고한 정책을 추진해갔다.

그러나 한편으로, 심성론(心性論) 위주의 성리학 통치이념은 양란(兩亂)으로 크게 피폐해진 국가와 민생의 현실문제 해결에는 극히 비현실적이라는 사실 또한 너무나 객관적으로 드러났다. 이에 통치체제의 근본적 개혁을 통해 국가와 민생의 현실적 과제를 해결하고자 하는 새로운 학풍으로 '실학(實學)'이 형성되기에 이르렀다.

조선 후기의 실학은 흔히들 17세기의 반계 유형원(1622~1673)에서 하나의 학풍으로 체계화하였다고 한다. 그에 앞서 구암 한백겸(1552~1615)이라든가 지봉 이수광(1553~1628), 미수 허목(1595~1682) 등의 선구자들이 있었지만, 실학을 하나의 학풍으로 체계화한 것은 역시 반계에 와서였다는 것이 현금의 통설이다. 그래서 반계 실학에 관한 연구는 비교적 일찍부터 시작되었으며,[1] 지금으로서는 일일이 다 열거할 수 없을 정도로 다방면에 걸쳐 많이 진척되었다.

이 장에서는 첫째, 반계의 소위 '실리론(實理論)'이 그의 변법론(變法論)과 어떻게 연관되는가를 고찰함으로써 성리학에서 출발한 그의 학문이 어떻게 '실학'으로 발전하였는가를 밝히고자 한다.[2] 후술하겠지만, 처음에 주기론(主氣論)의 견지를 취한 반계는 오랜 고심 끝에 '이(理)'가 '실리(實理)'임을 스스로 '각득(覺得)'하게 되었고, '실리론'의 관점에서 역사와 현실을 전혀 새롭게 해석하기에 이르렀다. 그래서 그는 '변법'을 통해 국가를 근원적으로 개혁함으로써[3] 튼튼한 민생을 기초로 하는 치세(治世)를 실현하

---

1 본격적 연구가 이미 1950년대 초 천관우에 의해 시작되었다. 千寬宇, 1952, 「磻溪 柳馨遠 研究」(上), 『歷史學報』 2 ; 1953, 同(下), 『歷史學報』 3.

2 이에 관한 선구적 연구로는 李佑成, 1988, 「初期 實學과 性理學과의 關係」(『東方學志』 58) 참조. 이 논문은 새로운 자료를 통해 반계 실학의 철학적 기초를 처음으로 밝혔다. 즉 "반계는 주리론자(主理論者)로서, 이(理)는 실리(實理)라고 강조하고 실리로써 천하의 실사(實事)에 대처하려 하였다. 『반계수록』의 대저술도 이러한 실사 대처의 정신에서 나온 것이다"라는 사실을 논증함으로써, 이 방면 연구의 새로운 초석을 놓게 되었다. 이우성 교수는 또 반계의 이기(理氣)·심성론(心性論)을 비롯한 몇 가지 자료들을 발굴하고 『반계선생연보(磻溪先生年譜)』(曾孫 發 草錄·安鼎福 修輯·李家源 謹校)를 수재(收載)하여 『반계잡고(磻溪雜藁)』라는 책으로 편찬하였는데(1990, 麗江文化社), 이 또한 반계 연구의 기본 자료집이다.

3 金駿錫, 1992, 「柳馨遠의 變法觀과 實理論」(『東方學志』 75 ; 2003, 『朝鮮後期 政治思想史 研究-國家再造論의 擡頭와 展開-』, 지식산업사)도 반계의 '실리론'과 '변법론'의 상관성과 그 실학적 전개의 내용을 고찰한 연구이다. 그런데 이 연구는 반계의 '변법론'의 본질을 소위 '국가재조론'으로 인식한다. 즉 "(반계는) 이 시기 집권체제의 위기 … 극복의 방안 역시 폐법(廢法)의 변혁에 있다고 보고 국가재조의 방략을 '변법'의 차원에서 모색"(위의 책, 114쪽)하였다는 것이 그의 기본 논조이다. 그러나 반계는 실상, 삼대(三代) 이후의 모든 통치법제는 지배층의 사욕(私欲)으로 만들어진 것이라고 확신한다. 그러므로 반계의 변법론은 결코 국가를 '재조'하고자 함이 아니요, 삼대 왕정의 구현을 목표로 하는 국가 '개혁론'이라고

고 '왕정'을 구현할 수 있다는 새로운 사유체계를 확립하였다. 그는 이를 『반계수록』이라는 저술로 집약하였는데, 여기서 그의 실학풍이 체계화하여 드러나게 되었다.

둘째, 변법을 통해서 구현하고자 하는 그의 '왕정'론이 가지는 의미를 역사적 맥락에서 고찰함으로써 조선 후기 실학의 객관적·독자적 의의가 무엇인가를 밝히고자 한다. 물론 현재로서도, 반계의 경우를 포함한 조선 후기 실학 전체를 두고서 과연 독자적 학풍으로서의 정체성을 인정할 수 있는가에 관한 다소의 논란이 없지는 않다. 그러나 이 문제는 필자가 여기서 굳이 논평할 성질의 것은 아닌 듯하다. 이 장에서 해명하고자 하는 것은, 시대마다 절실한 구폐책(救弊策)으로 제시하는 소위 시무론(時務論), 특히 조선왕조 말기까지 행세한 성리학적 시무론 내지 경장론(更張論) 이외에 다시 무슨 독자적 성격을 띤 '실학'적 개혁론이란 것이 따로 있었는가 하는 자못 오래된 의문에 관한 해답이다. 그것이야말로 무릇 조선 후기 실학의 독자성이란 무엇인가를 탐구하는 본질적 문제의 해명에 해당하기 때문이다.

반계가 새로운 실학의 학풍을 독자적으로 형성하는 데는 그가 아주 일찍 겪게 된 가정적 참화가 큰 계기로 작용하였던 것으로 보인다. 그것은 단지 가화(家禍)인 것이 아니라 조정의 정치적 모략에서 꾸며진 무고(誣告)였다는 현실인식이 평생 그의 뇌리에서 떠나지 않았을 것으로 이해되기 때문이다.

그는 일생을 통해 두 차례 극단적으로 불운한 화란을 겪었다. 첫 번째는 그가 이 세상에 태어나자마자 바로, 문과를 거쳐 예문(藝文) 검열(檢閱)

필자는 이해한다. 金泰永, 1998, 『실학의 국가개혁론』(서울대학교 출판부) 참조.

이라는 청요직을 지낸 그의 부친이 소위 유몽인의 '역옥(逆獄)'에 연루되어 '역적'이라는 누명을 쓰고 희생된 참화였다. 유몽인은 문과에 급제하고 도승지·대사간·이조참판 등의 요직을 지낸 관인인데, 광해군 대의 폐모론(廢母論)에는 가담하지 않았기로 인조반정에서도 화를 면하였다. 북인(北人)인 그는 반정 후 은둔하였으나, 곧 "광해군의 복위 음모를 꾸민다"는 '역옥'에 걸려 처형되고 말았다. 그런데 이 '역옥'은 그가 인조정권에 협력하지 않음에 대한 무고로 일어난 사건이었다. 그래서 뒷날 복관되고 '의정(義貞)'이란 시호까지 받기에 이르렀다.[4]

실상 인조반정 이후에는 정권이 불안정하여, 훈신(勳臣)들이 소위 정치적 '기찰(譏察)'이란 것을 일삼고 있었다.[5] 그뿐 아니라 당쟁 이후로는 대체로 '역옥'이 빈번해졌다. 이와 같은 '역옥'을 두고 양식 있는 사림 사이에서는, "우리나라에는 본래 역적모의로 인해서 일어난 옥사(獄事)는 없다. 이른바 역적이라고 말한 것은 무고 아닌 것이 없다"[6]고 하는 논의를 공언하고 있었다. 반계의 경우도 물론, 그 부친이 받은 '역명(逆名)'을 결코 수긍할 수 없었다. 그는 실상 현실에서 전개되는 정치행태 자체를 일생 동안 결코 믿을 수 없었던 것으로 이해된다.

또 다른 화란은 그가 15세에 맞게 된 병자호란(1636~1637)이었다. 호란의 결과 이제 조선왕국은 소위 '군(君)'·'부(父)'로 섬겨온 명나라 대신 청

4 『정조실록』 40, 정조 18년 5월 12일 무술 ; 동 41, 정조 18년 9월 30일 갑인 ; 동 44, 정조 20년 4월 8일 계미 참조. 유몽인의 정치적 행적에 대한 연구로는 韓明基, 1992, 「柳夢寅의 經世論 연구」(『韓國學報』 67) 참조.

5 "時 元勳等初立殊勳 過慮人心不服 廣爲譏察 盛開告密之門"(『稗林』 8-15, 荷潭破寂錄 30).

6 "韓百謙與仙源有分 嘗與之同會 韓曰我國本無逆獄 所謂逆賊 無非誣也 蓋爲己丑事而發也"(『魯西遺稿』 14-37, 石室語錄). 여기서 이 말을 발설한 구암 한백겸과 그 상대인 선원 김상용, 그리고 이 말을 전한 청음 김상헌과 이를 듣고 기록으로 남긴 노서 윤선거 등이 모두 당대 일류의 사림이었음은 주지하는 바와 같다.

나라를 천자국으로 섬기지 않을 수 없게 되었다. 이어서 청국은 명나라를 멸하고 중국 천하의 주인으로 행세하였다.

'관(冠)과 신발이 도치(倒置)된' 것으로 흔히 비유하는 이 화란으로 인해 반계 또한 심각한 좌절을 겪지 않을 수 없었다. 뒷날 『반계수록』의 저술 경과를 묻는 벗에게 답한 글에서 그 같은 사유가 잘 드러난다. "폐습(弊習)을 가지고 폐습을 이어받아 온 유래가 오래되었습니다. 군자는 항시 무용지물이 되고 소인은 길이 뜻을 펴 왔으니, 그 화는 마침내 천리(天理)가 사라지고 사욕(私欲)이 넘쳐나며 생민(生民)은 썩어 문드러지고 견융(犬戎)이 주인으로 되고 말았습니다. 이는 무슨 까닭입니까. 반드시 그렇게 된 사유가 있을 것입니다."[7] 중국을 포함한 국내·외의 세계질서가 완전히 '도치'되고 말았으므로, 현실 정치와 역사에 대한 근본적 회의와 갈등을 그는 심각하게 겪고 있었던 것이다.

도대체 가정은 무엇이고 국가는 무엇이며 천하는 무엇인가에 대한 근본적 회의로 반계는 어릴 때부터 심각한 고민에 빠졌던 것으로 이해된다. 정치적 모략으로 조작된 가정의 참화는 결코 돌이킬 수 없는, 너무나 통절한 체험을 일생토록 안겨주었다. 지배층의 '사욕이 넘쳐났기' 때문에 천하가 망하고 말았다는 사실 또한 심각한 각성을 불러일으켰다. 그 같이 통절한 각성은 곧 국내·외의 정치실태에 대한 근원적 회의, 근본적 비판으로 연결되기 마련이었다. 평생을 재야의 사림으로 일관한 그로서도 소위 '존심양성(存心養性)'의 과제에만 안온히 전념할 수는 없었다. '존양'이야 물론 그만둘 수 없는 일이지만, 그는 좀 더 근원적인 과제를 결코 떨쳐버릴 수가 없었다. 즉 잘못된 역사적 현 실태를 근본적으로 성찰

---

7 『반계선생연보』 선생 50세(현종 12년 신해) 答鄭伯虞問隨錄書.

하고, 이를 지양할 '삼대 왕정'의 원리란 것은 과연 어떠한 것인가를 탐구하는 과업이었다.

반계는 원래 서울에서 자라난 북인 계열의 남인(南人)으로서, 반명(班名)이 분명한 가계였다. 스승으로는 5세 때부터 큰 외숙인 태호 이원진(1594~1665, 우참찬)과 고모부 동명 김세렴(1593~1646, 호조판서)을 모시고 5세 때부터 수학하였다. 그러나 그는 조부의 염원을 따라 소과(小科)에 나아가 진사(進士)가 되었을 뿐, 관직 같은 것을 염두에 두어본 적이 없었다. 31세에 조부의 상기(喪期)가 끝나자 아예 부안의 우반동(愚磻洞)으로 들어가 세속을 잊고 학문에만 전념하였다. 가끔 남북 여러 곳을 답사하여 견문을 넓히고 역사와 지리를 탐구하였다. 또 함경감사로 재직하는 스승이자 고모부인 김세렴을 방문하고, 그가 평안도로 전임하자 다시 그를 수행해서 그곳의 산천 지리를 탐구한 적이 있었다. 그리고 선배인 미수 허목을 두 차례 찾아가 며칠씩이나 묵으면서 학문과 경륜을 토로한 적도 있었다. 그러나 대체로는 세상과 거의 단절한 채 수십 년 고독 속에서 독서와 저술에 전념하였다. 가까운 친구도 매우 적었다. 부안으로 이거한 이후 "밤낮으로 학문에 정밀하게 전념하였으며 마음에 신묘한 깨달음이 있으면 반드시 밤중에도 일어나 기록해두었다. 그러면서도 오히려 스스로 부족하다고 느껴 날마다 날이 저물면 반드시, '오늘도 헛되이 하루를 보내었구나. 의리(義理)는 무궁하고 세월은 유한한 것인데, 고인(古人)은 무슨 정력으로 저와 같이 크게 성취할 수 있었는가'라고 하였다." 철저한 성찰과 탐구의 길로 침잠하였던 것이다.

반계는 35세에 『동국여지지』를 시작으로 『이기총론(理氣總論)』 등 다수의 책을 저술하고 『주자찬요(朱子纂要)』 이하 여러 책을 편찬했다. 그런 과정을 거치면서 31세에서 49세에 이르는 19년의 세월에 걸쳐 저술한

『반계수록』에 그의 필생의 실학을 집약하였다.[8]

2. 반계의 실리론

반계의 학문도 물론 성리학에서 출발하였으며, 초기의 이기설(理氣說)은 주기론의 견지에 서 있었다. 즉 처음에는 "천지(天地) 사이에 가득 찬 것 치고 기(氣) 아닌 것이 없다. 왕래(往來) 승강(升降) 합벽(闔闢) 취산(聚散)하는 것이 모두 기(氣)요, 왕래 승강 합벽 취산하는 소이(所以)가 이(理)이다." 그리고 "기(氣) 밖의 이(理)는 따로 없으니 요컨대 이(理)는 단지 기(氣)의 이(理)일 뿐이다"라는 견해였다. 이를 오랫동안 사물에 징험해보거나 혹은 경서를 읽어보아도 합치되지 않음이 없었다고 그는 말한다. 그런데도 "끝내 협흡(浹洽)하지는 못하다"는 느낌을 떨칠 수 없었다. 그리고 "주자의 설을 대하면 곧바로 의심스러운 곳이 많은" 상태를 오래 유지하고 있었다.[9]

"천지에 가득 찬 것 치고 기(氣) 아닌 것이 없고," "이(理)는 단지 기(氣)의 이(理)일 뿐"인 현 세계를 그는 어째서 "끝내 흡족지는 못하다"고 여겼던 것일까. 주지하듯이 인간 세상의 '악(惡)'은 모두 '기(氣)'에서 연원한다는 것이 성리학의 이기설이다. 반계는 아마도 '천지에 가득 찬 기(氣)'의 작용에 따라 현 세계에는 악이 들끓고 있는데도 이(理)는 단지 '기(氣)의 이(理)일 뿐'인 것으로 복무한다는 이론을 긍정하기가 어려웠던 것으로 보

---

8 『성호전집』 68-11, 皤溪柳先生傳 및 『반계선생연보』.

9 『반계잡고』 72~73, 與鄭文翁東稷論理氣書.

인다. 그의 현 실태에 대한 강한 거부감은 25세 때 고모부이며 스승인 동명 김세렴을 추모하여 지은 제문에서도 잘 드러난다.

> 무릇 지금 사람들은 집에서는 거리낌 없이 제멋대로 하고 백성에게는 한없는 탐욕을 부리며, 임금을 속이면서도 스스로 득의의 계책으로 삼는 자들이 도도히 넘쳐난다. 그런데도 날마다 그 부귀를 즐기고 오래 수(壽)까지 누리니, 자손들은 앞에 그득하고 집안은 날로 더욱 번성한다. 이 어찌 된 일인가. 내 어찌 천(天)이란 것은 믿기 어려우며 이(理)라는 것은 헤아리기 어렵다고 하지 않겠는가(『동명집』 부록 31, 祭東溟先生文).

반계로서는, "당대 제1의 인물"[10]이라는 그의 고모부가 "도덕의 광휘를 크게 시행해보지 못하고"[11] 비교적 일찍 작고한 반면, 방자하고 탐욕스러우며 임금 속이는 일까지 능사로 삼는 속류들은 오히려 자손 대대로 부귀 장수하고 복록을 누리는 이 세상을 결코 긍정하기가 어려웠다. 대체 기(氣)는 아무런 구애도 받지 않고 온갖 행태를 연출하는데, 이(理)는 구부려 거기 복무하기에도 바쁜 '단지 기(氣)의 이(理)일 뿐'이라면 이 세상은 무슨 의미가 있는 것인가. 도대체 '천리'라는 것은 과연 무엇 하는 존재란 말인가.

또한 그는 어째서 주자에 대해서도 '의심스러운 곳이 많은' 상태였을까. 주자에서는, "이(理)와 기(氣)는 단연코 이물(二物)이다." "기(氣)는 강하

---

10 "(金)世濂眞是當代第一人物 不獨才華出衆而已 世濂處心醇謹 操行甚高"라는 평가는 일찍이 지경연 우복 정경세가 국왕 인조 앞에서 직접 말한 것이었다[『동명집』, 부록 3 行狀(허목 찬)].

11 위의 제문의 한 구절이다.

고 이(理)는 약하다." "만약 기(氣)가 없다면 이(理)를 어디다 둘 것인가"라는 문자들이 드러난다.[12] 모두가 '이'의 독자적 의미를 부정하는 듯한 뜻으로 풀이된다. 반계는 역시 강한 거부감을 느끼지 않을 수 없었다.

그러나 오랫동안 각고의 참구(參究) 끝에, 드디어 그는 번연히 '각득'하는 체험을 스스로 얻을 수 있었다. 연보를 보면, 그가 이 '각득'의 소식을 친구인 정동직에게 써 보인 것이 37세의 일로 되어있으니, 실로 오랜 구도(求道)의 끝에 성취한 깨달음이었다.

> 사물의 이미 전개되어 있는 상태에서 보면 이(理)는 다만 기(氣)의 이(理)를 이루고 있어, 기(氣) 바깥에 따로 이(理)가 있는 것은 아니다. 그러나 그 본연(本然)의 면에서 본다면, 이(理)가 있는 까닭에 기(氣)가 있는 것이다. 기(氣)가 왕래하고 합벽(闔闢)하는 데는 반드시 그렇게 되는 까닭이 있으니, 그것이 곧 이(理)이다(『반계잡고』 76, 與鄭文翁東稷論理氣書 別紙).
>
> 이(理)·기(氣)는 혼융무간(渾融無間)한 것이다. 비록 기(氣) 밖에 따로 이(理)가 있는 것은 아니지만, 이(理)는 기(氣)로 인해서 있는 것이 아니다. (理는) 상천(上天)의 일로서 소리도 냄새도 없지만 오히려 지진지실(至眞至實)한 것이니, 그 본체(本體)의 면에서는 도(道)라 하고, 그 진(眞)·실(實)의 면에서 성(誠)이라 하며, 그 총회(總會)의 면에서 태극(太極)이라 하고, 그 조리(條理)의 면에서는 이(理)라 하는데, 그 실은 하나이다. 이 이(理)는 밝게 드러나 상하(上下)를 관철하고 모든 사물을 남김없이 체현(體現)한다. 천지(天地)가 제자리를 지키는 소이(所以)가 이 이(理)이고, 일월(日月)이 밝은 소이가 이 이(理)이며, 귀신이 그윽한 소이가 이 이(理)이고, 인(人)·물(物)이 생생(生生)하는

12 『주자대전』 46-31, 答劉叔文 ; 『주자어류』 4-64, 道夫問 ; 『주자어류』 4-40, 天命之謂性 참조.

소이가 이 이(理)이다. 성명(性命)·인의(仁義)·예악(禮樂)·형정(刑政)이 모두 이 이(理) 아닌 것이 없다(같은 책 73, 與鄭文翁東稷論理氣書).

비록 이(理)와 기(氣)가 선후 관계로 구도화해 있는 것은 아니지만, 근원적으로 '이(理)가 있는 까닭에 기(氣)가 있다'는 것은 어디까지나 이(理)가 기(氣)에 우선한다는 뜻이다. 이(理)의 근본성을 확신하는 것이다. 그뿐 아니라 천지의 위상이라든가 일월의 광명이며 인·물의 생생(生生)과 같이 기(氣)의 운동으로 구현되는 모든 현상을 꼭 그렇게 전개되도록 하는 근본 까닭이 모두 이(理)에서 근원한다는 확신이다. 심지어 예악·형정이라고 하는 인간 사회의 정치적 현상까지 체현하는 근원이야말로 이(理)라고 하는 깨달음이다.

"기(氣)를 떠나서 이(理)가 따로 있는 것은 아니지만, 이(理)는 스스로 실리(實理)이다. 기(氣)로 인해서 있는 것이 아니다"라고 반계는 확신한다.[13] 여기서 '이는 스스로 실리'라고 하는 개념은 극히 중요한 의미를 갖는다. 세상만사 만물의 변화는 기(氣)의 작용에 따라 일어나지만, "기(氣)가 능히 변화를 일으킬 수 있는 것은 이(理)가 실리이기 때문이다."[14] 즉 반계는, 비록 우주 자연과 인간의 정치현실까지 포함하는 만사 만물을 형상화하는 것은 기(氣)의 작용에 의한 것이지만, 그 같은 기(氣)의 작용을 만고에 걸쳐 조금도 차착 없이 운행토록 하는 것은 '이'가 곧 '지진·지실'한 실리이기 때문이라고 하는 명백한 견지에 서게 되었다.

성리학은 근원적으로 태극(太極)이 일동(一動)·일정(一靜)함에 따라 우주

13 『반계잡고』 76, 與鄭文翁東稷論理氣書 別紙.

14 위의 글.

만물을 포함한 현상계의 질서가 전개된다고 전제한다.

> 태극에 동(動)·정(靜)이 있는 것은 곧 천명(天命)의 유행(流行)이다. 천명이 유행하는 까닭은 무엇인가. 그것이 성(誠)하기 때문이다. 성(誠)하면 운행하는 것이니, 실로 그것이 지성(至誠)하다면 스스로 운행하지 않을 수가 없는 것이다. 무릇 조화(造化)가 조화로 전개되는 것은 모두가 실리(實理)이다. 그러므로 조화를 이룩하지 않을 수가 없는 것이니, 모두가 자연(自然)으로 그렇게 되는 것이다(『반계잡고』 76, 與鄭文翁東稷論理氣書 別紙).

태극이 일동·일정하는 것은 "천명의 유행"에 따라 운행(運行)을 멈출 수가 없기 때문이다. 여기서 '천명'이란 것은 곧 '성(性)'이며 '이(理)'이다. 즉 이(理)는 '천명'에 따라 스스로 운행을 멈출 수 없는 계기를 내부에 지닌 실리이다. 우주 자연의 '조화' 현상이 지성(至誠)한 실리의 자기 운행에 따라 '자연'으로 전개되듯이, 가령 예악·형정과 같은 인간 사회의 정치현상도 그 같은 '조화' 현상의 하나로서 모두가 실리의 운행에 따라 구현된다는 새로운 깨달음을 그는 얻게 되었다.

그것은 곧 현 세계의 모든 실태가 결코 "기(氣)의 용사(用事)"에 맡겨져 지리멸렬하게 전개되는 것이 아니라, 모두가 결국에는 이(理)를 구현하게끔 구도화해 있다는 깨달음이었다. 또한, 근원적으로는 이(理)가 "만물을 남김없이 다 체현"함에 따라 전개되는 현상이므로 현 세계를 구성하는 각자는 모두 자체의 객관적 의미를 지니는 것이요, 특히 그 가운데의 개별 인간은 모두가 각기의 독자적 실리를 타고나는 의미 있는 존재라고 하는 새로운 깨달음이었다.

나아가 반계의 심성론(心性論) 또한 그의 이기론과 상호 정합적인 구도로 되어있다.

> 인심(人心)·도심(道心)은 다만 이(理)·기(氣)인 것이다. 다만 인신상(人身上)에서 말하는 것이므로 인심·도심이라 한다. 그것은 (『詩經』의) 이른바 "사물이 있으면 곧 그 법칙이 있다"는 한마디로 요약할 수 있다. 인심·도심은 원래가 일심(一心)인데 그 (心의) 지각(知覺)에 차이가 있으니, 인심이 사물이라면 도심은 그 법칙이다(『반계잡고』 88, 又論人心道心書).
>
> 인간의 심(心)은 본래 이(理)·기(氣)를 다 갖추고 있기 때문에 사물과 그 법칙을 다 지각할 수가 있다. 심(心)이 바야흐로 발(發)할 때를 살펴보면, 가령 밥을 먹고 싶어 하는 마음이 일어날 때, 그것이 먹어도 정당한 밥인가 혹은 부당한 밥인가 하는 판별은 심(心)이 스스로 각각을 지각한다. … 그러므로 도심이 주(主)가 되면 인심은 스스로 그 명령을 듣게 되는 것이다. 결코 도심이 하나 있고 인심이 따로 하나 있어서, 도심은 여기서 주(主)가 되어있고 인심은 저기에 있다가 달려와 명령을 듣는 것이 아니다(같은 책 89, 又論人心道心書).
>
> 인심을 본래부터 욕심(欲心)이라 해서는 안 되며, 도심의 명령을 듣지 않으면 곧 욕심으로 흐르는 것이다. 인심의 선(善)한 면은 곧 도심의 소위(所爲)이다(같은 책 98, 與鄭文翁東稷論理氣書 又別紙).

인간의 심(心)은 이(理)·기(氣)를 다 갖추고 있어서 기(氣)의 소산인 사(事)·물(物)과 그 이면의 이(理)·칙(則)을 다 지각할 수 있다. 심(心)은 본래 하나인데, 스스로 이·기의 분별이 있어 도심과 인심으로 나뉘기는 하지만, 도심은 인심 가운데에서 발현하며, 도심은 항상 인심의 준칙을 이루고 있다. 인심은 악(惡)이라든가 정욕(情欲)으로 흐를 수도 있는데, 그같이 흘러 가려는 기미 자체를 도심이 자각하여 제어할 수도 있다. 즉 인간은 인심을 제어하는 준칙으로서의 도심을 선천적으로 내부에 타고난 존재라고 하는 것이 반계의 견지였다. 그러므로 인심이 곧 욕심인 것은 아니며, 도심의 통제를 벗어나는 경우에 욕심이 된다.

반계의 이기(理氣)·심성설(心性說)은 선유(先儒)의 경우와 어떤 차이를 가지는가. 이미 살펴본 대로 반계는, '기(氣)는 강하고 이(理)는 약하다'거나 '이(理)와 기(氣)는 단연코 이물(二物)'이라는 주자의 설에 대해서는 결코 수긍하려 하지 않았다. 자신의 소신과 너무 차이가 컸기 때문이다. 조선 성리학설을 정립한 퇴계·율곡의 경우에 대해서도 그는 결코 온전히 긍정하지는 않았다.[15] 주자·퇴계·율곡의 누구보다도 반계의 인심·도심설은, 이(理)·기(氣)는 결코 서로 떨어질 수 없고 또한 서로 뒤섞이지 않는 것임을 강조하는 견지에 선다. 그리고 심(心)은 하나이므로, 인심을 떠난 도심이 따로 있을 수 없으며, 도심은 항상 인심의 준칙을 이룸을 강조한다.

---

15 이 문제에 대해서는 일찍이 이우성, 1988, 앞의 논문에서도 다소 언급한 바 있지만, 여기서 좀 더 자세히 고찰하기로 한다. 반계는 퇴계의 이기(理氣)·인심도심설(人心道心說)에 대해서는, "아마도 순임금의 본지를 깨달은 것"이라 수긍하면서도, "다만 그가 '이(理)가 발(發)하면 기(氣)가 그것을 따르고, 기(氣)가 발하면 이(理)가 거기에 탄다'라고 한 것은 인심·도심이 양심(兩心)이어서 각각이 이·기를 갖춘 것으로 여겨지게 됨을 면하기 어렵다"고 지적하였다(『반계잡고』 108, 答裵公瑾). "(인심·도심이) 병립(竝立) 쌍행(雙行)하면서 각기 이·기를 갖추고 있는 듯한 폐단이 있음을 면하기 어렵다"고도 지적하였다(『반계잡고』 93, 又論人心道心書 別紙). 또 율곡의 인심(人心)·도심설(道心說)[도심(道心)을 발하는 것은 기(氣)이지만 성명(性命)이 아니면 도심이 발할 수 없고, 인심의 본원(本原)은 성(性)이지만 형기(形氣)가 아니면 인심이 발하지 못한다(『율곡전서』 10-22 答成浩原)]에 대해서는 다음과 같이 지적한다. "그의 이·기론은 가(可)하지만, 인심·도심설은 인식이 투철하지 못하다. 이·기는 원래 불상리(不相離)한 것이므로 인심·도심도 서로 떨어짐이 없으며, 도심은 다만 인심 가운데서 발현하는데, 다만 양자 사이에 스스로 분별(分別)이 있는 것이다. 그러므로 '동행이정(同行異情)'이라 한다. 그런데 (율곡은) 매양 이물(二物)인 것으로 판별하여 각립쌍행(各立雙行)하는 것으로 인식하였다. 그래서 인심에 대해서도 이(理)와 기(氣)로써 말하고 도심에 대해서도 역시 이와 기로 말하였으니, 특히 인심에 선(善)이 있음은 곧 도심에서 나온 것이며 도심이 발하는 것 역시 인심 가운데에서 떠나지 않는 것임을 살피지 못하였다. 그런즉 인심을 이·기로 본 것에는 하나의 이(理)가 더 있고, 도심을 이·기로 본 것에는 하나의 기(氣)가 더 있다"(『반계잡고』 93~94, 又論人心道心書 別紙).

그것은 한 개인으로부터 세계에 이르기까지, 선악 문제로부터 치란, 흥망 문제에 이르기까지를 이해하고 판단하는 데, 욕심 즉 사욕(私欲)을 떠난 각기의 일심(一心)의 결단과 실천이 단연코 중요하다는 인식론으로 연결된다.

반계에 따르면, 이(理)·기(氣)를 구비한 인간의 "심(心)은 허령(虛靈)하여 지각하지 못하는 것이 없다."[16] 그리고 이 '지각' 능력의 발현을 통해, 인간의 심(心)은 천명으로 타고난 성(性) 및 성(性)의 발현 형태인 정(情)을 통괄하여 '중화(中和)'의 덕을 이룩할 수도 있다.

> 심(心)은 신(身)의 주(主)가 되어 지각 능력을 가진 것이다. 성(性)은 이(理)가 심(心)에 갖추어져 있는 것이다. 정(情)은 성(性)이 발(發)하여 외부에 작용하는 것이다. 성(性)은 스스로 발할 수가 없고 심(心)이 지각함에 따라 발하는 것이다. 성(性)이 아직 발하지 않았을 때는 성리(性理)가 혼연(渾然)하니 심(心)이 그 체(體)가 되기 때문이요, 성(性)이 이미 발하여 정(情)으로 되면서 만 가지 변화에 응하니 심(心)이 그 용(用)이 되는 까닭이다. 그러므로 심(心)은 성(性)과 정(情)을 통괄한다고 한다(『中庸』에서는 "喜·怒·哀·樂이 발하지 않은 상태를 '中'이라 하고, 발하여 모두 中節한 상태를 '和'라 한다. '中'이란 것은 天下의 '大本'이요 '和'라는 것은 천하의 '達道'이다. '中·和'를 이루게 되면 天地가 제 위상에 있게 되고 만물이 생육하게 된다"고 한다: 필자 보충). 중(中)·화(和)는 성(性)·정(情)의 덕인데, 중·화를 이루게 되는 것도 심(心)이 이룩하는 것이다(『반계잡고』 105, 與鄭文翁東稷論理氣書 又別紙).

성(性)은 스스로 발(發)할 수가 없고 심(心)이 그 기미를 지각하여 성(性)

16 『반계잡고』 89, 又論人心道心書.

을 발하게 한다. 그것은 심(心)이 성(性)의 체(體)가 되기 때문이다. 또 성(性)이 발하여 정(情)으로 되면서 만 가지 변화에 응하는데, 이는 심(心)이 그 용(用)이 되는 까닭이다. 『중용』에서 말한바, 성(性)의 미발(未發) 상태인 '중(中)'과 그것이 발하여 모두 중절(中節)한 상태인 '화(和)'는 '천지를 제 위상에 있게 하고 만물을 생육하게 한다'는 것인데, 그 '중·화'를 이룩할 수 있는 것이 곧 심(心)의 능력이라고 반계는 확신한다.

천명으로 타고난 성(性)이야말로 인간의 본질이라고 하는 성리학의 일반론에 비하면, 반계는 오히려 심(心)이 성(性)·정(情)의 체(體)·용(用)으로 작용하는 활심(活心)임을 크게 중시한다. 그리고 '중·화'를 이룩한다는 이 활심은 그의 실리와 짝하는 지진(至眞)·지실(至實)한 개념으로서, 성·정의 미발(未發)과 이발(已發)을 지각하여 통괄하는, 그 자체 운행의 능력을 갖춘 것으로 그는 확신한다.

그런데 도심(道心)이 인심(人心)을 제어하는 준칙으로 작용하고 인간의 심(心)은 성(性)·정(情)을 통괄하여 중화(中和)의 덕(德)을 이룩하는 활심(活心)인데도, 현실 사회의 인간들은 어떻게 천차만별로 다양한 차등을 이루고 있으며, 혹은 지배 복종 관계로 얽혀있는가. 그는 이 문제를 두고서도 고심(苦心)의 탐색을 계속했으나 좀처럼 확신을 얻을 수가 없었다. 그러나 오랫동안 참구를 반복하는 가운데, 드디어 어느 날 "이일분수(理一分殊)"라는 명제에서 문득 "그 본말(本末)을 통견(洞見)하는" 깨달음을 얻었다.

> 인(人)·물(物)이 생겨나면서 기(氣)를 받는 시초에는 그 이(理)가 오직 하나이지만, 형체를 이룬 후에 그 분(分)이 달라진다. 그 분(分)이 달라지는 것도 자연의 이(理)에 따르지 않음이 없다. 달라진 분(分) 가운데서도 원래 하나인 그 이(理)는 항상 있으니, 이것이 성명(性命)의 오묘한 까닭이다.

이(理)가 하나인 까닭에 사람은 누구나 다 요·순이 될 수 있다. 분(分)을 달리 타고난 까닭에 "상지(上智)와 하우(下愚)는 변화하지 못한다"(『반계잡고』 120~121, 雜錄).

주지하듯이 여기서 '이일분수'라는 명제는 성리학 형성기의 송유(宋儒)가, '건(乾)·곤(坤)'을 '부모'로 해서 태어난 이 세상 모든 생명체는 각기 누구와도 다른 독자의 '분(分)'을 타고난 존재이지만, 또한 모두가 함께 더불어 살아가는 조화로운 존재라고 하는 사회조화론의 이념을 제시한 이론이었다. 주자는 이 명제야말로 이 세상 인간사 모든 것을 설명해주는 '도리'라고까지 해석하였다.[17]

반계도 물론 인간 사회의 다양한 차등성을 두고 원천적으로는 '분수(分殊)'가 아니라 '이일(理一)'을 긍정한다. 더구나 그 같은 '분수'를 규정하는 것도 '자연의 이(理)'라고 승인한다. 즉 왕이 타고나는 이(理)나 노예가 타고나는 것도 그 원천은 일리(一理)인 것, 그리고 그 일리(一理)는 실리(實理)이자 천리(天理)라고 하는 확신이다.

그런데 반계가 오랜 참구 끝에 도달한 이 명제의 사회정치적 의미는 송유의 경우와는 크게 다른 것임을 주의할 필요가 있다. 가령 현실에서 아무리 강대한 권력을 행사하는 왕권이라 할지라도 천리 즉 실리 앞에서는 '왕(王)의 분(分)'이라고 하는 제한적인 이(理)의 몫밖에 타고나지 못한 존재라고 하는 의미에서 그러하다. 그것은 그가 개별 인간이 각기 타고나는 실리의 독자적 의미를 강조하는 논리에서 기인하는 필연의 귀결이었다.[18]

---

17 "世間事雖千頭萬緒 其實只一箇道理 理一分殊之謂也"(『주자어류』 136-35).

18 그것은 이 세상의 정치적 행태를 두고 젊어서부터 근본적 회의를 품어온 반계 자신의 근저적(根柢的) 사유와도 깊은 연관이 있는 것으로 이해된다.

반계의 '이일분수'에 대한 새로운 깨달음은 특히 사회정치적 연관에서 개별 인간이 지닌 '분수리(分殊理)'의 독자적 의미를 매우 강조한다. 그래서 사회 구성원의 이상적인 배치 관계를 설명하는 '각득기소(各得其所)'라고 하는 오랜 명제가 반계에 이르러 더욱 새로운 의미를 띠고 살아남을 이해할 수 있을 것이다.

그런데 현 세계는 항상 준칙으로서의 이(理)가 실리로 살아있고, 인욕(人欲)으로 흐르기 쉬운 인심에는 항상 그 준칙으로서의 도심이 동행하고 있으며, 특히 이 세상 인간들은 모두 천리로부터 각자의 '분수리'를 타고났는데도 어째서 인간 사회에는 악이 들끓으며 비리가 창궐하고 있는 것인가.

> 선(善)한 인간에게는 선의 이(理)가, 악(惡)한 인간에게는 악의 이(理)가 있다고 하는 수도 있지만, 이(理)는 본래 그러한 것이 아니다. 물의 이(理)는 반드시 순류(順流)하는 것이요, 인간의 이(理)는 반드시 올곧은[直] 것이다. 물을 끌어다 높은 곳에 있게 하거나 인간이 악을 행하는 것은 이(理)에 반(反)하는 현상이다. 물이 끌어올려져 산(山)에 있음은 형세가 그렇게 해둔 것이다. 바야흐로 그것이 끌어올려져 산 위에 있다 하더라도 물의 성(性)인즉 항상 아래로 흘러내리는 것이다. 이에서 물의 이(理)를 볼 수 있다. 인간인들 어찌 다름이 있겠는가. 인간이 불선(不善)을 행하는 것은 욕심으로 인하여 그렇게 되는 것이다. 그 불선한 짓을 남이 볼까 봐 감추듯 얼른 숨기는 것을 보면, 인간의 타고난 이(理)가 올곧은 것임을 알 수 있다(『반계잡고』 85, 與鄭文翁東稷論理氣書 別紙).

반계에 따르면, 인간의 악은 어디까지나 그가 원래 타고난 이(理)에 '반(反)'하는 현상으로 빚어지는 것이다. 인간의 악은 인간의 본연과는 상반된 것이요, 후천적 욕구의 유폐(誘蔽)라고 하는 '형세'를 이기지 못해 인심이 도심의 통제를 벗어나 '욕심'으로 흐르기 때문에 일어나는 현상이라는 해석이다. 실제로 세상은 언제나 욕심으로 가득 찬 역사를 이루어 오지 않았는가.[19]

그렇다면 이 세상에는 비리가 들끓으며 치세보다도 난세가 항상 길이 이어져 왔다는 역사적 현 실태 또한 인심이 도심의 통제를 벗어나기 때문에 벌어지는 현상인가. 이 문제야말로 역사적 현실에 대한 반계의 실학적 인식의 근저를 이루는 핵심 의문이다. 그는 이를 일반 인간들의 '인심·도심'의 '수기(修己)' 여부의 문제로 이해하지 않고, 특히 지배층의 사욕에 따라 만들어진 '폐법(弊法)'이 인습적으로 덧쌓여 행사되어온 까닭이라고 해석한다.

> 폐법이 일어나게 된 원인을 살펴보면, 애초에 어둡고 탐욕스러운 군주와 아첨하여 잘 보이려는 신하가 우선 목전의 사욕으로 인하여 옛 법[舊章]을 변란시킨 데에서 발단한 것이다. 뒤이은 자들은 그대로 인순(因循)하여 오래되니, 그것이 마치 구법(舊法)인 것처럼 여기게 되었다. 그런즉 아름다운 성품의 군주가 나오더라도 이미 옛날의 명왕(明王)처럼 심득(心得)한 학문과 고전에 통달한 공력이 없는지라, 매양 용인(庸人)들의 저지를 받아 또한 폐법을 고치지 못하니, 그 본말이 전도되어 이같이 고착되기에 이르렀다(『반계수록』 12-49, 教選攷說 下 選擧論議附).

19 그런데 "인심은 겨우 발향(發向)하자마자 욕(欲)으로 흘러가기 쉬운데, 도심의 발향은 미오(微奧)하여 쉽사리 엄매(掩昧)되는 것"이라고 반계는 이해한다(『반계잡고』 88, 又論人心道心書). 그러기에 "인심은 위태롭고 도심은 미미하니 오직 정밀하고 오직 한결같아서 진실로 그 중정(中正)을 잡아야 한다[人心惟危 道心惟微 惟精惟一 允執厥中]"는 고경(古經)의 문자를 두고 그는, "이 16자(字)야말로 곧 만세(萬世)의 심법(心法)"이라고 말하였다(『반계잡고』 95, 與鄭文翁東稷論理氣書 別紙).

즉 삼대가 지난 이후 지배층은 사욕을 추구하기 위한 폐법을 만들어 시행해왔다. 그래서 이미 살펴본바, "군자는 항시 무용지물이 되고 소인은 길이 뜻을 펴 왔으니, 그 화는 마침내 천리가 사라지고 사욕이 넘쳐나며 생민은 썩어 문드러지고 견융(犬戎)이 주인으로 되고 말았다"는 것이 반계의 역사적 현 실태 인식이다. 그런데 "공(公)·사(私) 두 글자는 천리·인욕(人欲)이 분변(分辨)되는 갈림길이다."[20] 권력을 독점적으로 행사하는 지배층이 사욕의 추구를 위해 폐법을 만들어 시행해왔다는 것은 천리를 배반하는 길로 들어서서 다시는 돌아오지 못하였다는 사실을 뜻한다. 천리로 돌아오고자 해도 이미 주변에 포진해 있는 '소인[庸人]'들의 저지를 받으므로 결코 돌아올 수조차 없게 되어버렸다. 그래서 폐법은 더더욱 쌓이기 마련이요, 그 때문에 사리에 '반(反)'하는 난세의 현 실태가 역사적 인습으로 길이 지속될 수밖에 없다고 그는 확신하였던 것이다.

3. 반계에서 탄생한 조선 실학

반계에 따르면, 이(理)는 지진지실(至眞至實)한 실리(實理)로서 그 자체 운행의 계기를 간직하고 있다. 우주 자연의 '조화'가 실리의 자기 운행에 따라 '자연'으로 전개되듯, 예악·형정 같은 인간 사회의 정치현상도 모두가 '실리' 즉 천리(天理)를 떠나 길이 따로 전개될 수는 없다. 그렇다면 그 실리를 체득한 인간은 객관적 사(事)·물(物)의 이(理)의 운행에도 참여할

20 『반계수록』 19-16, 祿制 外方官祿磨鍊.

수 있는 것인가. 앞에서 살펴본 것처럼, "천지를 제 위상에 있게 하고 만물을 생육하게 한다"는 '중(中)·화(和)'를 이룩할 수도 있는 것이 곧 인간의 활심(活心)의 능력이라고 그는 단언하지 않았는가.

> (理는) 천지(天地) 풍운(風雲)과 같은 먼 곳에서 구할 필요가 없다. 단지 나의 신심(身心) 위에 만리(萬理)가 다 갖추어져 있으니 그 미묘함이 무궁하다. … 이(理)가 그러한 것임을 안 뒤에라야 도(道)가 넓고 넓은 것이로되 어디서 착수해야 하는 것인지를 알 수 있다. 그리고 천하의 사물이 실사(實事) 아닌 것이 없으며 소위 존심양성(存心養性)하는 일도 바야흐로 실사임을 알게 될 것이다. … 내가 실리(實理)를 체득하게 되면, 천하의 사·물은 안배를 기다리지 않고도 (나의 실리가) 부딪히는 대로 만사·만물의 이(理)를 환히 꿰뚫어 알 수가 있다. 그래서 즐거운 까닭을 모르게 즐거워진다. "물이 차오르면 배가 뜨는 것이지"[21] 또 무슨 추이(推移)가 필요하겠는가
>
> (『반계잡고』 74~75, 與鄭文翁東稷論理氣書).

객관적 사사·물물은 모두 각기 이(理)를 갖추고 있지만, 실상 허령한 지각기능을 가진 나의 심(心) 또한 이미 만리(萬理)를 다 갖추고 있다. 그러므로 여기서 실리를 체득한다는 것은 사사물물의 이(理)와 나의 심(心)이 갖추고 있는 이(理)가 상호 관통한다는 일체성을 확인하고 체득하는 일, 즉 내가 존양(存養)한 나의 실심(實心)을 가지고 객관적 실사(實事)를 관통함으로써 체득하는 일이다. 나의 심성을 함양하는 소위 '존심양성'의 일도 '바야흐로 실사'가 될 수 있다고 한 것이 곧 그 뜻이다. 그래서 이제, 내가

21 "물이 차오르면 배가 뜨는 것이지[水到船浮]"라는 구절은 주자의 글(『주자대전』 32-7, 答張敬夫)을 인용한 것이다.

체득한 실리는 부딪치는 사사·물물마다 그 이(理)를 통연(洞然)히 깨달을 수 있을 뿐 아니라 당면한 과제의 해결을 위해 적소에 착수하고 적절히 대처하는 능력을 행사할 수도 있다는 것이 반계의 소신이다.

반계가 여기서 특히 강조하는 것은, 나의 심(心)에 갖추어져 있는 실리가 만사 만물의 이(理)를 환히 꿰뚫어 깨칠 수 있다는 확신이요, 그래서 만사 만물의 이(理)를 따라 당면 과제에 착수하고 대처하는 것 또한 실리를 갖추고 있는 나의 활심(活心)이라는 확신이다. 특히 그가 여기서 인간의 심(心)이 실리를 갖춘 능동적 활심임을 강조하는 것은 인간의 심(心)이 상대적으로 주체적인 것이라는 소신을 말한 것이다. 조선 성리학의 특징 중 하나가 심학(心學)을 중시하는 데 있었다고 하거니와, 반계의 경우에도 특히 심(心)의 활성(活性)을 강조하는 특징이 드러난다.[22]

이와 같이 반계의 이기론은 주자를 비롯한 선유들의 경우보다도 이(理)의 실리성(實理性)을 더 크게 강조하고, 인심·도심설에서는 도심의 준칙성을 더 강조하며, 개별 인간의 '분수리(分殊理)'를 보다 더 크게 중시한다. 특히 실리를 갖춘 인간의 심(心)이야말로 만사만물의 이(理)를 요해(了解)하고 그에 대처할 수 있는 활심임을 격단으로 크게 긍정한다. 인간의 실천적 결단력을 매우 강조하는 편이었다.

그런데 역사적 현 실태에 대한 해석에서 반계가 체득한 실리는 매우 주체적인 것임을 주의할 필요가 있다. 살펴본바 반계는, 삼대 후로는 통치자들의 사욕에 따른 폐법의 시행이 계속되어 왔기 때문에 객관적 사리에 '반(反)'하는 비리와 인습의 현 실태가 누적적으로 조성되었다고 확신한다. 여기서 특히 간과해서는 안 될 사실이 있다. 즉 삼대 이후 폐법

---

22 심(心)의 활성을 강조하는 전통 또한 한국 실학의 특징이었다. 성호를 거쳐 다산에 이르면 드디어 心[정신]이야말로 '인간의 본체'라고 하는 확신에 도달함을 주의할 것이다.

난정이 계속됨에 따라 근원적으로 잘못되어버린 역사적 현실에서는, 조선 성리학이 숭상하는 주자학이라든가 혹은 '조종(祖宗)의 법제'나 현실의 왕권조차도 결코 예외일 수 없다는 사실의 발견이 그것이다.[23]

주자도 물론 삼대 이후로는 "도술(道術)이 숨어들고 어두워져" 왕정이 시행된 적이 없었다는 사실을 인정치 않을 수 없었다.[24] 그런데 주자는 치세의 실현을 위해 가장 '대본(大本)'이 되는 것은 곧 '군주의 일심(一心)'을 바로잡는 일이라고 단언한다.

> 대개 천하의 대본은 폐하의 심(心)이요, 금일의 급무(急務)는 태자를 보익(輔翼)하는 일, 대신을 선임하는 일, 기강을 진작하는 일, 풍속을 변화시키는 일, 민력(民力)을 아껴 배양하는 일, 군정(軍政)을 수명(修明)하는 일의 육사(六事)입니다. … 천하의 일들은 천만 가지로 변화하므로 그 단서가 무궁하지만, 어느 것 하나 인주(人主)의 심(心)에 근본하지 않음이 없습니다. 이는 자연(自然)의 이(理)입니다. 그러므로 인주의 심(心)이 바르면 천하의 일들이 바른 곳에서 나오지 않음이 없고, 인주의 심(心)이 바르지 못하면 천하의 일들이 어느 것 하나 바른 곳에서 말미암을 수가 없습니다. … 무릇 위의 육사(六事)도 모두 늦추어서는 안 되지만, 그 근본은 폐하의 일심(一心)에 달려 있습니다. 일심이 바르면 육사가 바르게 되지 않음이 없습니다(『주자대전』 11-24~42, 戊申封事).

---

23 가령 조선의 성리학 경장론(更張論)을 대표하는 율곡 이이의 다음과 같은 '조종의 법제'에 대한 긍정적 인식과 대비해보면, 반계의 경우가 얼마나 이질적인가를 알 수 있을 것이다. "아국(我國)은 조종이 입법하던 시초에는 실로 극히 주밀(周密)하고 상세했으나, 200년을 지나오는 사이 시사(時事)가 변역(變易)하였으므로 폐단이 없지 않게 되었습니다"(『율곡전서』 5-16, 萬言封事).

24 "自秦漢以來 … 道術隱晦 悠悠千載 雖明君良臣 間或一値 而卒無以復於三代之盛"(『주자대전』 13-1, 癸未垂拱奏箚 一).

'군주 일심'이야말로 천하만사의 '대본'이며 '근본'이라는 것은 주자가 누누이 제시하는, 확신에 찬 지론이다. 주자학을 '중천에 떠 있는 태양'으로 숭상하는 조선 성리학 또한 주자의 지론을 믿고 따르기 마련이었다. 가령 조선 성리학 왕정론을 가장 심도 있게 전개한 율곡 이이의 경우, "군상(君上)이 명운(命運)을 장악하여 난세를 치세로 돌이키는 것은 다만 그 일심(一心)에 달려있다"고 확신한다. "제왕의 학(學)으로서는 수기(修己)보다 앞서는 것이 없다"고도 단언한다.[25] '수기'란 곧 '존심양성'이라는 심성의 함양을 통해 성취된다. 거기에는 법제와 같은 객관적 준칙이 필요하지는 않다.

치세를 이룩하는 '대본'이며 '근본'을 '군주 일심'에서 구하는 성리학의 경우, 여타의 현실적 '급무(急務)'는 그 '대본'에 비하면 아무래도 부차적일 수밖에 없다. 따라서 시무책(時務策)은 구폐책(救弊策)이라는 형식의 변통론으로 제시된다.[26] 거기에는 현 실태를 근본적으로 개혁한다는 객관적 기준·법제의 정립과 같은 '변법'의 이론이 없다. 율곡의 경장론(更張論)이 전형적이었다.

주지하듯이 율곡은 임진왜란 전, 사림정치가 시작된 초기에 국왕의 두터운 신임을 받으면서 '왕정'의 구현을 자신의 과업으로 자임한, 조선 성리학의 최대 경장론자였다. 그는 젊어서 사환(仕宦)을 시작한 이후 49세로 작고하기까지 자기가 제시하는 시무 경장책을 제대로 시행하기만 하면 반드시 왕정 내지 치세를 실현할 수 있다는 소신을 거듭거듭 피력한

25 『율곡전서』 25-65, 聖學輯要 爲政功效 ; 같은 책 20-2, 성학집요 修己.

26 주자의 경우도 마찬가지였다. 가령 고경(古經)에서 토지를 '경계(經界)'한다는 의미는 공전론적(公田論的) '분전(分田)'을 본질로 하는 것이었으나, 주자의 구폐책에서는 토지의 사유를 전제로 한 '검전(檢田)'이라는 뜻으로 사용되기에 이르렀다는 사실을 주의할 것이다. 金泰永, 1998, 앞의 책, 22~23쪽 참조.

왕정 기필론자였다. 그런데 그의 경장론에서는 가령 전제(田制) 개혁과 같은 소유 관계의 근본적 변통론은 전혀 찾아볼 수 없다. 중요한 경장책으로 제시한 것이 공납제(貢納制)를 개선할 공안(貢案)의 개정과 같은 수취제 변통론이었다.[27]

그런데 역사적 현 실태의 인식과 그 해법에서 성리학과는 이질적 견해를 갖는 반계의 경우는 어떠한가. 그는 가령 율곡이 제시한 대표적 개혁론의 하나인 「동호문답(東湖問答)」의 '안민지술(安民之術)'과 그에 부쳐 제시한 "지금 당면해 있는 폐막(弊瘼)들"[28]을 인용하고 나서, 그것이 절실한 것이기는 하지만 본질적인 것은 아니라고 단언한다.

> 살피건대 지금 당면해 있는 폐막은 여기서 그 개략을 볼 수가 있는데, 실로 조목조목 진술하자면 날짜가 모자랄 지경이다. 그러나 일에는 본(本)·말(末)이 있는 것인데, 본을 잘 다스리면 그 말은 스스로 바로잡히게 된다. 전제(田制: 『반계수록』이 제시한 公田制)가 행해져서 전지(田地)를 기준으로 출병(出兵)하게 되면 일족절린(一族切隣)의 폐단은 제거하기를 기약하지 않아도 스스로 제거될 것이다. 온 나라에 대동법(大同法)을 균평히 쓰고 해마다 어수(御需)의 수(數)를 정해둔다면 진상(進上)·공물(貢物)의 폐단은 고치려 기약하지 않아도 스스로 고쳐질 것이다. 직임(職任)을 헤아려 이서(吏胥)의 수를 정하고 각기 상름(常廩)을 받게 한다면 역사(役事)가 불균(不均)하거나 이서가 주구(誅求)하는 폐단은 혁파하기를 기약하지 않아도 스스로 혁파

27 金泰永, 2006, 『朝鮮性理學의 歷史像』(경희대학교 출판국)의 제11장 「士林政治와 栗谷의 王政 期必論」 참조.

28 일족절린지폐(一族切隣之弊)·진상번중지폐(進上煩重之弊)·공물방납지폐(貢物防納之弊)·역사불균지폐(役事不均之弊)·이서주구지폐(吏胥誅求之弊)의 5항목으로 나누어 서술하였다(『율곡전서』 15-20~27, 東湖問答 論安民之術).

될 것이다. 민산(民産)이 균평해지고 부역(賦役)이 일정해지며 과외(科外)의 횡침(橫侵)이 없어진다면 생식(生息)을 기약하지 않더라도 스스로 부유해지고 호구도 늘어날 것이다. 그렇게 된 후에야 정교(政敎)를 이룩하고 지치(至治)의 성취를 기약할 수가 있다. 진실로 그렇게 시행하지 못한다면, 비록 인정(仁政)을 행하려 하더라도 다만 헛된 말일 따름이다(『반계수록』 4-23, 田制後錄 下 國朝名臣論弊政諸條附).

실상 율곡은, '안민지술'을 포함한 「동호문답」의 경장론을 제시하면서, 만약 그것이 실현되기만 한다면 "동방에서 장차 삼황·오제의 지치(至治)를 바라볼 수 있을 것"이라고 하는 강한 자신감을 피력하였다.

그러나 반계의 경우, 그것은 결코 '본(本)'을 다스릴 고안이 못 되는 것이라고 확단한다. 이제 그의 사유에서 '본'이란 무엇을 가리키는 것인가.

"토지(土地)는 천하의 대본(大本)"[29]이라고 함이 반계의 소신이었다. 위의 '본·말'론을 전개한 논평에서도 '전지(田地)를 기준'으로 삼아야 한다고 맨 처음에 적시하지 않았는가. 국가라는 공동체를 천리(天理)의 공도(公道)에 맞게 꾸려가기 위해서는, '토지'를 '대본'으로 삼아 이를 균평히 배분함으로써 만백성의 현실 생활을 해결해야 한다는 원리를 그는 확신하였다.

반계로서는 무릇 삼대 이후 폐법으로 누적되어 온 현 실태는 결코 시무론적 경장책을 가지고서는 해법을 삼을 수가 없었다. 그것은 모두 지배층의 시각에서 바라본 시무책이므로 결코 '본(本)'을 기준 삼아 내놓은 개혁론이 아니었다. 반계는 만백성의 삶의 현실이야말로 '본'으로 삼아야 한다고 거듭 확신한다.

29 『반계수록』 1-1, 田制 上.

> 선왕의 법제는 모두 아래[下]를 본(本)으로 삼아, 먼저 그 본을 가지런히 함으로써 말(末)을 바로잡았다. 그 본을 헤아리지 않고서 말을 가지런히 할 수는 없다. 이는 천리(天理)로도 의당하고 인사(人事)로 보아서도 그래야 하는 것이다. 대저 군주는 백성을 위해 설치한 것이다.[30]

여기서 선왕이 '본(本)'으로 삼았다는 '아래[下]'란 무엇을 가리키는가. 말할 필요도 없이 군주를 설치한 까닭으로서의 실체인 '백성' 그것이다. 고경(古經)에도 "백성은 나라의 근본[民惟邦本]"이라 하여 이른바 '민본'의 의식을 드러낸 말은 있다. 그러나 "군주는 백성을 위해 설치한 것"이라는 사유의 맥락에서 '백성이 본'이라고 하는 관점은 아마도 반계가 독자적으로 정립한 것으로 보인다.[31] 더구나 반계는 자신의 새로운 관점을 두고 "천리로도 의당하고 인사로도 그래야 하는 것"이라는 확신까지 피력하였다.

삼대 이후로는 군주를 비롯한 지배층이 자기 사욕에 따라 통치법제를 만들어왔다는 사실에 비하면, 여기서 "군주도 백성을 위해 설치한 것"이라는 명제의 의미는 곧 군주라는 것이 만백성의 삶을 안정시키는 일을 위주로 해야 하는 존재라는 뜻이다. 사욕의 충족이 아니라 공공의 직능에 복무해야 한다는 뜻이다. 획기적인 발상이다.

> 삼대의 법제는 모두 천리를 따라 제도를 만들었지만, 후세의 법제는 모두 인욕을 따라 제도를 만들었다. 인욕을 따라 만든 제도를 시행하면서

30 『반계수록보유』 1-9, 郡縣制 各邑.

31 반계는 '선왕지법(先王之法)'이 그러하였다고 말하지만, 정작 고경(古經)에는 그런 문자가 보이지 않는다.

> 국가의 치세를 실현하고자 하니, 천하에 어찌 그렇게 될 이치가 있겠는가(『반계선생연보』, 현종 12년 신해 答鄭伯虞問隨錄書).

무릇 '아래'에 있는 만백성의 일상의 현실을 '본'으로 삼는 시각에서는 '군주도 백성을 위해 설치한 것'이다. 군주뿐 아니라 "조정 자체가 본래 백성을 위해 설치한 것"이라고 그는 거듭 확인한다.[32] 군주와 조정이 모두 백성을 위해 설치한 것이라면 국가 자체가 백성을 위해 설치한 것이다. 그러므로 지배층의 사리사욕을 충족하기 위해 제정해온 종래의 폐법은 근본적으로 개혁하지 않으면 안 되는 것이었다.

그는 드디어 '조종의 법제'라든가 주자학까지도 넘어서서, 왕정을 일으킬 수 있는 근원적 통치법제를 새로 탐색해내지 않으면 안 되는 처지에 서게 되었다.

> 왕도(王道)가 폐색(廢塞)된 후로는 만사가 기강을 잃게 되었다. 처음에는 사욕(私欲)을 가지고 법제를 만들어 쓰더니 마침내는 융적(戎狄)이 중국을 멸망시키기에 이르렀다. 우리나라로 말하면, 고루한 습속을 그대로 좇아 고치지 못한 것이 많은데, 더구나 쇠약해질 일만 저질러 오다가 마침내 크나큰 치욕을 당하고 말았다. 대체 천하 국가가 이 지경에까지 이르게 되었으니, 폐법(廢法)을 변혁하지 않고서는 지치(至治)를 회복할 길이 없다(『반계수록』 26-26, 書隨錄後).

병자호란에서 자국이 항복하는 국치를 겪고, 중국의 명나라 또한 '융

32 "朝廷者 本爲民而設 若除外邑 則朝廷更有何民"(『반계수록』 19-17, 祿制 外方官祿磨鍊).

적'에게 멸망해버린 참담한 현실이야말로 반계로 하여금 시속의 정치와 법제는 구조적으로 잘못된 것이라고 하는 근원적 회의를 갖게 하였다. 온 천하 국가가 극단적인 난세로 치닫고 만 참혹한 현실이야말로 그의 역사와 인간에 대한 현실인식의 전제를 이루었다. 그래서 "왕도가 폐색된" 이후의 통치이념이나 법제를 가지고서는 결코 "지치(至治)를 회복할 수 없는" 것이라고 그는 단언한다. 물론 '조종의 법제'라든가 주자학의 경우도 여기서는 예외일 수가 없다.

그의 역사적 현 실태 인식은 종래와는 전혀 다른 새로운 획기적인 시각을 확립하였다. 무릇 정치라는 것은 만백성의 일상생활을 '본'으로 기준 삼아야 한다는 시각이었다. 그래서 다시 이 세상에 '지치'를 이룩하고 왕정을 회복하려면 '폐법의 변혁' 즉 근원적 변법(變法)을 통해 새로운 왕정의 법제를 확립함으로써만 가능하다는 것이 그의 실리(實理)가 탐색해 낸 새로운 해법이었다. 반계의 실학은 변법론으로서 출발했던 것이다.

그의 변법론의 기본 관점은, "천지의 원리는 이 세상 만물에 드러나는 것이므로 만물이 아니면 원리가 드러날 곳이 없고, 성인의 도(道)는 이 세상만사에서 실현되는 것이므로 세상만사가 아니면 도가 실현될 곳이 없다"[33]는 한마디로 요약된다. 천지의 원리와 성인의 도는 인간이 도달할 수 있는 가장 이상적인 경지이다. 그 이상적인 원리와 도가 실현되는 곳은 곧 '만사·만물'의 현상이 전개되는 이 세상 현실이다. 구체적으로는 만백성의 현실을 떠난 원리나 도의 의미는 있을 수가 없다. 그러니 그 이상적인 원리와 도를 이 세상에 구현하기 위해서는 잘못된 현 실태의 통치법제를 변혁할 수밖에 없다는 것이 그의 실학의 기초 관점이었다. 역

33 『반계수록』 26-27, 書隨錄後.

사적·인습적으로 쌓여온 현 실태의 비리(非理)는 결코 대증(對症) 요법으로 구제할 수 있는 것이 아니요, 근원으로 돌아가 근본적으로 변혁하지 않으면 안 된다는 변법론이었다.

현상적으로 17세기 당시 조선왕국의 '폐법'으로는 어떠한 사례를 들 수 있는가. 『반계수록』은 많은 사례를 거론하고 있지만, 가령 그 가운데서도 가장 비리스러운 것의 하나로 노비법을 들 수 있다. 노비제도야 물론 오래된 것이지만 그 가운데서도 조선왕국의 노비법이 가장 가혹한 악법으로 변하였음은 주지하는 사실이다. 즉 노비는 부모 한쪽이 노비이면 그 자자손손 모두를 노비 신분에서 벗어나지 못하게 하는 종천법(從賤法)과 그 자손이 대대로 사역하는 세역법(世役法)이 적용되고, 도망간 노비를 잡는 데도 국가 공권력이 뒷받침해주는 추쇄법(推刷法) 또한 마련되었다. 어째서 그런 악법이 제정되고 시행되었는가.

> 지금 우리나라는 노비를 가지고 재물로 삼는다. 대체 인간은 동류(同類)인데 어찌 인간이 인간을 재물로 삼는 도리가 있는 것인가. 옛날 (중국은) 국가의 부(富)를 물으면 말[馬]의 수로 답하였다. 이는 비록 천자·제후라도 다만 인간을 다스리는 소임을 맡을 뿐이요, 일찍이 인간을 가지고 자기의 재물로 삼지 않았기 때문이다. 지금 우리나라 습속으로는 남의 부(富)를 물으면 반드시 노비와 전지(田地)를 들어 말하니, 이에서 그 법제의 잘못과 습속의 고루함을 알 수 있다(『반계수록』 26-8, 續篇 下 奴隸).

역사적으로 보면 고려 말쯤 연작(連作) 농법이 정착하자 전지(田地)의 자산 가치가 높아짐과 동시에 경작노동력으로서 노비의 자산적 가치도 크게 증가하였다. 그래서 조선 초기에는 세조와 그 훈신들의 합작으로 노비 종천법과 세역법을 정착시키기에 이르렀다. 노비는 국가 소속의 공노비도 있었으나 대다수는 세가(勢家) 소속 사민(私民)으로서의 사노비였다. 그러고는 고조선의 소위 팔조법금에 노비가 등장한다고 하여, 노비법은 성인인 기자가 창시한 것이요, 귀천의 명분을 유지하는 데 필수적인 제도라고 강변하였다. 조선 성리학도 이 명분론을 거들었다.

그런데 종천법에 따라 '노비로 떨어지기는 해도 면제될 수는 없는 까닭'에 조선조 16~17세기에는, 천민은 급격히 늘어나고 양인은 줄어들었다.[34] "(양인의) 군역 또한 너무 부담스럽기 때문에 양인은 자녀가 있으면 많이들 사비(私婢)·사노(私奴)와 결혼시키니, 양인의 수는 점점 줄어드는" 현상이 벌어졌다.[35] 국가 공역(公役)에서 벗어난 사민(私民)이 압도적 다수로 늘어나는 것은 곧 국가의 존립 지반을 침식하는 일이었다.

노비가 주요한 재물이기는 하지만 살아있는 인간으로서 가장 열악한 대우를 받는 처지이다 보니, 도망과 추쇄, 결혼과 상속에 관련된 재산 다툼인 노비소송 또한 전국에 만연하였다. "노비 1인에 관한 소송을 10년 동안 끌면서 싸워도 결판이 나지 않고, 노(奴) 하나를 붙잡아 오기 위해 남의 구족(九族)을 침해하고 뒤흔들어 마지않는"[36] 사태가 일상적이었다.

---

34 16~17세기에는 노비의 수가 전체 주민의 압도적 비중을 차지한다는 서술이 더러 있지만, 이는 과장된 표현인 것으로 이해된다. 노비의 수가 가장 다수인 때에도 전체 주민의 절반 이상을 크게 넘지는 않았던 것으로 보인다. 조선 시대에 전국 호구(戶口)의 실세가 제대로 파악된 경우가 한 번도 없거니와, 노비의 경우는 더욱 그러하였다. 가령 인조 대에 호란에 대비하기 위해 비교적 철저히 조사한 다음의 수치가 실제 상황에 가까운 것이 아닌가 한다. "전 판서[병조판서 겸 도원수] 김시양이 차자(箚子)를 올려 말하였다. '우리나라의 사천(私賤) 제도는 천하만국에 없는 것입니다. 호패(號牌)를 시행할 때에 군역(軍役)으로 정한 자[즉 양인]는 겨우 15만여 명인데, 사천(私賤)은 40여만 명이나 되었습니다'"(『인조실록』 32, 인조 14년 4월 20일 갑오).

35 『반계수록』 26-4, 續篇 下 奴隸. 노비를 비롯한 소위 천민은 군역의 의무를 지지 않는다.

36 『반계수록』 26-5, 속편 하 노예.

반계의 실리(實理)는, 노비도 "마찬가지로 하늘이 낸 백성"[37]이라는 사실을 주목한다. 노비도 천리(天理)의 '분(分)'을 타고난 인간이다. 그리고 "현(賢)·우(愚)·귀(貴)·천(賤)이 각기 그 '분'을 차지하는 일"[38]이야말로 실리가 전개하는 이 세상 기본 질서라 함이 그의 소신이었다.

노비제도는 천리와 인정에 반(反)한다. 국가적으로도 더할 수 없는 해독을 끼치는 악법이다. "그 사리와 시비는 본래 알기 어려운 것이 아닌데도, 사람들이 각기 목전의 사의(私意)에 가려져,"[39] 사리를 도모하는 인습의 악법을 운행해가는 것에 불과하다. 그러므로 그는, 사(事)·이(理) 일체의 "왕정이 시행되어 온갖 법도가 바로잡히며 편벽되고 고루한 습속을 씻어버리게 된다면 노비법은 반드시 혁파되고야 말 것임이 명백하다"[40]고 확신해 마지않았다.

4. 반계의 현실 개혁 구상

반계에 따르면 "옛 성왕이 법제를 세우고 교령(教令)을 행한 것은 모두가 천(天)을 체현하여 만들고 천(天)을 대신하여 시행한 것 아님이 없었다. 그 도(道)는 육경(六經)에 갖추어져 있다."[41]

---

37 『반계수록』 21-38, 兵制 諸色軍士.

38 『반계수록』 26-8, 續篇 下 奴隸.

39 위의 글.

40 『반계수록』 26-5, 속편 하 노예.

41 『반계잡고』 125, 政教.

그런데 반계는 주자의 경우와는 다소 다른 '6경'을 말한다. 주자는, "제왕의 도(道)를 실어둔 육경으로서 지치(至治)를 이룩하는 성법(成法)이 되는 것은 역(易)·시(詩)·서(書)·예(禮)·악(樂)·춘추(春秋)"라 하였다.[42] 이것이 성리학의 일반 견지임은 더 말할 필요가 없다. 그런데 반계는, "육경이란 시·서·역·춘추·주례(周禮)·의례(儀禮, 禮記附)를 이른다"[43] 하여, 자기 나름의 새로운 정립을 시도하였다.

6경을 말하는 양자의 견지는 단지 경전 한두 가지의 차이에 그치는 것인가. 아마도 반계의 경우는 '군주 일심(一心)의 함양'보다도 '폐법의 변혁'을 추구하는 근거 경전으로 『주례』를 특히 중시한 것으로 이해된다. 그리고 『의례』는 『주례』와 함께 "주공(周公)이 섭정하여 태평을 이룩한 책인데, 『주례』는 말(末)이요 『의례』는 본(本)이 된다"[44]는 것이었다. 『의례』가 군신 사이의 의례라든가 지배층의 일상 처신에 관한 예(禮)의 원리를 논한 것임에 비하여 『주례』는 구체적 통치규범을 집성해둔 것이므로, 아마도 양자를 '본·말' 관계로 이해하는 듯하다.

반계는 특히 "상하(上下)가 공경(恭敬)으로 일관하는" 예속(禮俗)이 온 세상에 구현되기를 간구하였다. 예(禮)가 잘 시행되어 "온 천하가 모두 '예'를 가지고 일을 수행할 줄을 알아서, 그렇게 좇아가지 못할까 봐 부끄러워하는"[45] 세상이 실현되기를 그는 대망하였다. 그는 특히, 성인이 구체적으로 왕정을 이룩하고 오래 다스린 적이 있다는 중국의 경우에 비하여, '고루한 인습'을 지닌 자국의 현실을 쇄신하기 위해서는 예치(禮治)를

42 『주자대전』 73-39, 雜著 李公常語 下.

43 『반계수록』 10-4, 敎選之制 下 貢擧事目.

44 가공언(賈公彦), 『의례소(儀禮疏)』 序.

45 『반계잡고』 131, 政敎.

통한 예속의 실현이 급선무라고 간절히 생각하였다.[46]

가령 그는 가장 기본적 조정 의례인 '조례(朝禮)'부터가 잘못된 인습으로 운용됨을 크게 우려하였다. 즉 "지금 세상에는 원정(元正)과 동지(冬至) 및 (국왕의) 생일을 3대 명절로 삼아 백관의 조하(朝賀)를 받는" 실태를 예로 들면서, 이는 고례(古禮)에 없는 속습이므로 개혁해야 한다고 강조한다.

> 옛날의 조빙(朝聘)은 다 자기 직무에 관한 일을 보고하는 것이므로 상하가 공경하며 예(禮)를 삼가 지켰으니 경계(警戒)하는 의미가 있으며, 모두가 천(天)을 받들고 백성을 위하는 일에 직무를 다하기를 생각하였다. 후세의 임금은 무단히 축하를 받으면서 자기 지위로 낙(樂)을 삼고, 신하는 축하를 드리고 아첨하는 것으로 자기의 분(分)을 삼는다. 이는 바로 천리와 인욕이 판연히 나뉜 것이다. 만약 치세를 이루고자 하는 임금이 있다면 어찌 고제(古制)의 본뜻을 참작하여 일대의 제도를 다시 정립하지 않겠는가(『반계수록』 25-7, 續篇 上 朝禮).

반계는 자국 군신이 행하는 조례의 '고루한 인습'부터 개혁하여, 상하가 모두 '천을 받들고 백성을 위하는' 일에 자기의 '분(分)'을 다하는 예속국가가 실현되기를 간구한다. 그래서 "뒷날의 군주가 제도를 세우고자 한다면, 마땅히 '고례'를 가져다 그 뜻을 탐구해 터득한 다음, 현재에 맞

---

46 『반계수록』이 가장 많이 인용한 선배들의 논의로는 율곡의 것이 26회, 중봉 조헌의 것이 15회라고 한다(천관우, 앞의 논문). 반계가 조중봉에서 인용한 것은 『동환봉사(東還封事)』의 내용인데, 이는 중봉이 사행(使行)에서 견문한 중국의 예속을 예시하면서 특히 자국(自國)의 고루한 인습을 혁신하고자 하는 항목들임을 주의할 것이다. 그리고 왜란을 전후하면서 조선 사림의 견문 또한 그만큼 넓어지고 있음도 주목된다.

는 의례를 참작하여 한 시대의 제도로 정립해야 할 것이다"[47]라는 소신을 개진한다. 이는 물론 '연례(燕禮)'를 두고 논한 것이지만, 그 뜻인즉 무릇 새로운 법제의 정립에 보편적으로 관통하는 원칙을 말한 것으로 이해된다.

반계가 이 세상 통치법제의 기준으로 삼아야 한다고 확고히 믿은 것은 '고례'요, 특히 『주례』였다. 그것은 성인이 '천리'를 따라 제정하였으며, '태평'성세를 이룩하였다는 구체적 전거이기 때문이다. 그런데 그 같은 천리의 공도를 기준으로 삼고서 지리멸렬한 현 실태를 개혁하고자 할 때 가장 큰 표적이 되는 곳은 어디였겠는가. 말할 필요도 없이 사욕을 추구하기 위해 '폐법'을 만들고 이를 강제하면서 만백성의 삶을 억압하고 수탈해온 근원, 곧 군주를 비롯한 지배층을 떠받드는 비리의 현 실태였다. 반계의 변법론은 필연 군주를 비롯한 지배층의 사욕 추구의 삶을 길이 지탱하기 위해 만들어진 비리와 인습의 행태에 초점을 맞추지 않을 수 없었다.

소위 근대의 사회과학 이론과는 전혀 관련 없이, 반계는 국가체제라는 것이 억압과 수탈의 지배기구로 행세해왔다는 사실에 관한 체계적 인식을 스스로 갖추게 되었다. 아마도 중앙의 정치모략으로 인해 참화를 당한 자신의 가정적 배경, 그리고 험난한 난세를 맞아 평생 학술탐구에 전념한 재야의 사림으로서 키워온 '실리'의 안목으로 그 같은 객관적 인식에 도달한 것으로 이해된다.

반계의 안목에 비친 자국의 인습 가운데 가장 크게 문제 되는 것은 왕권 하나를 유지하는 데 거의 모든 국력이 총동원되는 기이한 현상이었

47 『반계수록』 25-15, 續篇 上 燕禮.

던 것으로 보인다. 그 가운데서도 특히 가장 '고루한 폐습'은 소위 '진상(進上)'이라고 하는 군주에 대한 식선(食膳) 공궤(供饋)의 인습이었다. '진상'이란 것은, 받아먹는 군주나 바치는 신하 모두가 '예의'에 어긋나는 폐습을 길이 저지르는 것이라고 그는 단호히 배격한다. "왕자의 제도에 공헌(貢獻)이란 것은 아랫사람이 의(義)로써 바치면 윗사람이 예(禮)로써 받는 것이다. 진실로 예의를 다한다면 일이 모두 사리에 합당할 터이니 어찌 폐단이 있을 것인가. 오직 예의를 잃어버린 것이므로 이루 다 말할 수 없는 폐단이 일어나는 것이다." 그의 분석은 매우 구체적이다.

> 지금 각 도에서 바치는 진상은 대체로 국왕의 식선에 속하는 것들인데 그 명색이 심히 번거로워 작디작은 것들까지 빠짐없이 다 들어있다. 매월 바치기도 하고 혹은 한 달에 2, 3차 바치기도 한다. 경기에서는 매일 바치는데 이는 국초부터 있은 일이 아니라 중엽부터 시작되었다고 한다.[48] 진상은 모두가 경상(經常)의 부세(賦稅) 이외에 받는 것으로서, 감사가 각 군현에다 배정하면 각 군현에서는 또 민간에다 분정(分定)하여 거두는데, 그 사이에 층절마다 많이 받아내고 마디마디 폐단이 늘어나는 것이 이미 이루 다 말할 수가 없다.

48 경기감사(京畿監司)의 경우 매일 진상을 바치게 된 사연은 실상 성종 말년부터 비롯되었다고 한다. "마침 중국 사신이 나오는 때를 당하자 그 사신이 오래 머무를까 걱정하여 (감사가) 경기 백성으로부터 생선과 꿩을 많이 받아들여 사신을 영접하는 데 쓰기로 하였으나, 그 사신이 빨리 귀국하자 생선이 소용없게 되었다. 이에 날마다 물목(物目)을 기록하고 헤아려 사옹원(司饔院)으로 들여보내 어선(御膳)으로 올리도록 하였다. 물건이 거의 다해가는데 감사는 교체될 날이 다가오자 이에 자기가 감사로 있는 동안에나 계속 올리리라 하고 다시 백성으로부터 거두어 바쳤다. 후임으로 온 자는 또 생각하기를, '(전임 감사도) 그러하였는데 신(臣)이 어찌 감히 폐지할 수가 있으리오' 하고 그대로 계속하여, 그것이 드디어 구규(舊規)가 되어 오늘날에 이르게 되었다"(『중봉집』 4-20, 擬上十六條疏 九曰飮食之節). 여기서 무엇보다도 주목해야 할 것은, 곧 진상에 관한 한, 일시적 사헌(私獻)이 드디어 관행으로 변하고 마침내 공헌(公獻)의 제도처럼 항구적으로 인습화하기에 이르렀다는 사실이다.

그것을 감정(鑑定)하여 올릴 때도 쓸데없이 중앙의 각사(各司)를 경유하여 바치도록 하기 때문에 당해 이서(吏胥)들이 마음대로 농간을 부리도록 맡겨두는 것으로 된다(이서들이 중대한 일이라고 빙자하여 뇌물을 토색하기로는 진상의 경우보다 심한 것이 없다. 그러므로 지금 진상물을 거둘 때에는 반드시 수수료로서 人情布를 먼저 거두고, 진상물을 실을 때에는 반드시 먼저 인정포를 싣는다. 속담에 이르기를 '진상품은 산적 꼬치로 꿰어가고 인정은 마바리로 가득 실어 간다'고 하는데, 이를 보아도 그 폐단이 어떠한가를 알 수가 있다: 原註). 이는 실로 의(義)로써 윗사람에게 바치고 예(禮)로써 아랫사람의 것을 받는 본의가 아닌 것이다.

또 그 명색이 번거로우니, 날 것·진 것을 가리지 않으며 춥고 더운 때를 불문하고 솜에다 싸고 얼음에 섞어 마바리에 실어 천리를 운반한다. 군주의 눈앞에 한 번 오르지도 못하는 아무 맛없는 한 개 물품이 천 가(千家)를 파산시키고 만민에 해를 끼치면서 이 같은 일이 자행되는 것이다(…이는 알기 어려운 일이 아니다. 임금은 깊은 궁궐 속의 비단 요 위에 앉아 '나는 임금이로다' 하고 있으니 어찌 그 폐단을 짐작이나 하겠으며, 즐거운 낯빛으로 눈앞에서 아첨하는 신하들은 이것을 가지고 자기만큼 임금을 받드는 자가 없다고 하면서, 만약 한 마디라도 그것이 나라를 병들게 하고 임금의 덕을 손상시키는 일이라고 언급하는 자가 있으면 곧 임금에게 불경한 짓이라고 지적한다. 그 때문에 해독이 온 나라에 뻗어가서 멈추지 않는 것이다: 原註).

옛날의 훌륭한 군주들은 항상 근심하는 일이 혹 나라가 잘 다스려지지 않을까 하는 것이었지 일찍이 자기의 구복(口腹) 채우는 일을 가지고 천하에 명령하지는 않았다. 그런 의미에서 진상이란 과연 어떤 것이라 할 수 있을 터인가. 그러나 이 또한 우리나라의 제도가 바로 서 있지 못했기 때문에 그러한 것이다. 중국의 제도로는 국왕에게 공궤하는 일을 맡는 전임(專任)의 기관이 있으며 국왕에게 바치는 물품도 해마다 경상비(經常費)를 배정해두고 일체를 구입해 쓰도록 하므로, 외방에서 진상한다는 말을 듣지 못하였다.

우리나라는 경상의 세입(歲入) 중에서 군주의 수용비(需用費)를 지출하는 법이 없고 군주에 대한 공궤도 그것을 전담하는 기관이 없다. 중앙에서는 각 기관이 날마다 마련해 올리며(지금 중앙 各司에서 수납하는 공물은 임금에 공궤하는 것이 3분의 2를 넘는다: 原註), 밖에서는 각 도로 하여금 매월 진상하도록 하고 있다. 그래서 인부가 젊어지고 역마(驛馬)에 실어서 운반하니 사방의 역로(驛路)도 피폐하게 되었다(우리나라는 국왕에게 공궤하는 규정에 원래 경상비의 배정이 없고 또한 그것을 전담하는 기관도 설치해두지 않았다. 그러나 날마다 마련하여 바치기 때문에 안으로 중앙의 각사로서 임금에 대한 공궤를 위해 설치해둔 것이 심히 많다. 또 달마다 진상하게 되어있으므로 밖으로 각 고을에서는 진상을 위해 분주하게 움직이는 자가 무수하다. 그래서 국가의 만사 가운데 임금에 대한 공궤와 진상에 관련되는 것이 대체 10분의 8~9나 된다. 일은 번거롭고 폐단은 극도로 심해져 백성은 견딜 수가 없이 되었다.…: 原註)(『반계수록』 3-23~24, 田制後錄 上 經費).[49]

조선왕국의 통치형태는 이전의 시대보다 매우 중앙집권적 현상을 보였는데, 그것은 역사적으로 행정체계의 발전에 따라 이전보다 왕권이 강화되었기 때문이기도 하다.[50] 그러나 또 한편으로는 훈(勳)·척(戚)정치의 만연이라든가 치열한 당쟁의 전개과정에서 모두가 정치적 실세를 길이 보존하기 위한 방편으로 왕권과 유착하는 길을 선호하기 때문이기도 하였다.

---

49 다음의 서술도 반드시 참작할 것이다. "우리나라는 관청을 설치하되 여러 시(寺)니 감(監)이니 하는 것들의 수가 중국의 3배나 되는데, 그 태반이 어공(御供)에 관련된 기관이다. 제도를 만든 것이 이러고서야 어찌 폐단이 일어나지 않겠는가"(『반계수록』 16-3, 職官之制 下).

50 지방행정의 발전에 따라 속현(屬縣) 등이 통폐합되고 전국 약 350군현의 수령과 그 위의 8도 관찰사가 모두 왕권에 의해 임면되는 왕권의 대행자로 정립되었다. 또한 중앙의 통치형태로는 훈척정치를 시작한 세조 대부터 모든 정령(政令)이 왕권으로 집중되는 육조직계제(六曹直啓制)로 정착하였다.

그러나 아무리 왕권을 충성으로 받든다 한들, '중앙 각사에서 수납하는 공물로서 임금에게 공궤하는 것이 3분의 2를 넘고,' '국가의 만사 가운데에서 임금에 대한 공궤와 진상에 관련되는 것이 10분의 8~9'에 이르는 인습이 길이 이어져 왔다는 것은 얼마나 특이한 '국가 정치적' 현상인가. 실로 왕권을 유지하는 데 국력이 거의 총동원되다시피 하였다.

비록 왕권은 초월적이라고 하지만, 만백성을 피폐하게 만들면서 자행되는 '진상'이라는 명목의 '정치적 현상'은 어떻게 설명할 수 있을 것인가. 왕권에 관한 한 어떠한 기준이나 법도도 적용되지 않는다고 하면 그만인가.

그런데 반계의 실리(實理)는, 왕권조차도 '천리(天理)'가 부여한 '왕(王)의 분(分)'을 고유하게 갖추는 것일 뿐이라고 하는 이치를 환히 비추어 본다. 앞에서 살펴본 것처럼 "현·우·귀·천이 각기 그 분을 지키는 일"이야말로 천리가 전개하는 이 세상의 기본 질서요, 그 앞에서는 왕권이라 하여 예외일 수 없다. 그런데 조선왕국의 왕권은 일정한 기준이나 법도조차 없이, 용도가 있으면 한없이 끌어다 쓰는 인습을 길이 지켜오고 있었다.[51] 설마 국왕이 사욕을 위해 전국의 식품들을 망라해서 거두어들이게 하는 인습을 창시하지는 않았을 것이다. 그러나 충성을 다하느라 그런 폐습을 조성해낸 신료들이나 거리낌 없이 그 폐습을 향유해온 임금이 모두 그 식품들을 생산해 바치는 만백성의 고통에는 생각이 거의 미치지 못하였

51 일찍이 세종은 스스로, "임금이 쓰는 것에도 한도가 있어 임의로 할 수 없는 것인데, 지금인즉 그렇지 아니하여 정렴(征斂)에 법도가 없고 용도(用度)에 한절(限節)이 없기 때문에, 혹 무슨 일이 있으면 더 많이 거두고 혹 여러 해의 공물을 미리 끌어다 쓰기도 한다"고 하여, 국왕의 용도에도 제한을 두고자 발의한 적이 있었다(『세종실록』 112, 세종 28년 4월 30일 정묘). 그 후 국가의 일반 재정은 횡간(橫看)의 제정으로 다소의 제한을 두게 되었으나, 국왕의 용도에 제한을 두는 제도는 결코 정립되지 않았다.

다는 사실만은 어김이 없다.[52]

여기서 반계가 제기하고자 하는 것은 왕권의 유지에 관한 오랜 인습을 '불경'스레 파헤쳐 논함으로써 자신의 새로운 역사적 성찰을 도전적으로 과시하고자 하는 '작위(作爲)'의 행태가 결코 아니다. "군자가 천하를 위해 선(善)을 하는 것은 유위(有爲)하고자 해서 하는 것이 아니다. 그렇게 하는 것이 천리와 합치하기 때문이다"[53]라는 것이 그의 소신이었다.

만백성을 피폐하게 만들면서 자기의 '구복(口腹)을 채우는' 인습의 정상에 앉아있는 존재가 왕권이었으니, 그 인습은 '진상'이라는 한 가지 사항에서 그치고 말았던 것일까. 혹 임금을 떠받드는 백관의 경우로 염습(染習)되는 것은 아니었을까. 실상 조선왕국에는 국왕의 용도에 한도가 없을 뿐 아니라, 중·외를 막론하고 관인층은 물론이요 그 하수인인 이(吏)·예(隷)층에 이르기까지 각기의 현실 생활을 정상으로 유지할 수 있는 기준적 늠록(廩祿)이 책정되어 있지 않았다. 그래서 상하 모두가 중층적·할거적 횡침의 사슬로 엮여 있었다.

52 16세기 사림정치기를 맞아 국왕의 총애를 받게 된 율곡 이이가 '지치(至治)'를 일으킬 소위 '안민지술(安民之術)'의 한 요목으로서 '진상이 번중한 폐단의 견제(蠲除)'를 건의한 적이 있었다. "옛 성왕(聖王)은 한 사람으로써 천하를 다스렸지 온 천하의 물산을 가지고 한 사람을 받들게는 하지 않았습니다. 비록 바치는 물산이 하나하나 모두 임금님이 드시기에 합당하더라도 역시 덜고 생략하여 백성들이 힘을 펼 수 있도록 해야 할 것이어늘, 하물며 긴요치 않은 것을 요구함으로써 백성을 잔상(殘傷)해서야 될 일입니까. 이 폐단을 개혁하자면 마땅히 대신(大臣)과 당해 관서로 하여금 진상이란 명목을 모두 취하여 그 긴요한 것과 그렇지 않은 것을 가려내어, 상공(上供)에 없어서는 안 되는 긴요한 것들만을 거두도록 할 것이요, 그 나머지 긴요치 않은 것들은 모두 털어 없앨 것이며, 비록 상공에 적합한 것이라도 그 수량과 명목이 너무 많은 것들은 역시 감해야 할 것입니다"(『율곡전서』 15-23, 東湖問答 論安民之術). 그러나 율곡의 건의는 전혀 수용되지 않았다. 그래서 진상의 폐단은 그 후 임진왜란이 일어나 나라가 거의 망할 뻔하고 다시 병자호란이 일어나 오랑캐에게 항복하는 변고를 겪으면서도 결코 고쳐지지 않은 채 길이 인습으로 운행되어 갔다.

53 『반계잡고』 201, 附錄 論學.

지금 백관의 녹봉은 극히 박하여 1품의 녹이 1년에 60석(石)이요 9품의 경우는 겨우 12석에 불과하다. 그러므로 생활을 지탱할 수가 없어 으레껏 외방으로부터 뇌물을 받는데, 이름하여 진봉(進奉)이라 한다. 그나마 청요직(淸要職)에 있는 자라야 진봉을 얻을 수 있으며 나머지는 얻을 수가 없다. 또 각 관서에서 쓰다 남은 물건을 여러 관원들이 사사로이 나누어 먹는데, 이름하여 분아(分兒)라고 한다. 이서(吏胥)들은 혹 녹봉이 있기도 하고 없기도 하여 기관마다 제각기 다르다. … 그 아래의 복예(僕隸)들은 거의 다 녹봉이 없기 때문에 모두가 남을 뜯어먹고서 사는 도리밖에 없다. 사세가 그렇게 되어 있으므로 그 폐해는 이루 다 말할 수 없는 데까지 뻗어가기 마련이다(『반계수록』 3-25, 田制後錄 上 經費).

지금 지방관들은 모두 정상적인 봉록이 없다. 수령은 과외(科外)로 백성들로부터 거두어 먹고, 감사는 각 군현으로부터 거두어 먹으며, 병사(兵使)·수사(水使)·첨사(僉使)·만호(萬戶)는 번상(番上)하는 군인을 내보내는 대신 포(布)를 받아먹고, 찰방(察訪)은 역졸(驛卒)들로부터 거두어 생활하고 있다. 이는 모두 제각기 거두어 먹는 것이므로 그 액수가 많고 적은 한도조차 없다. 이서·복예들로 말하자면 온 나라를 두고 다 정상적인 먹이가 없기 때문에 서울의 경우와 마찬가지로 자기가 소관하는 부분에서 뜯어먹고 산다. 그러므로 전국의 모든 생민들이 어느 곳에서나 피해를 입지 않는 곳이 없게 되어있다(『반계수록』 3-27, 전제후록 상 경비).

관원들로부터 이서들에 이르기까지 청렴한 자는 가난해서 살 수가 없고 탐욕한 자는 날로 부유하게 된다. 가장 청렴한 자일수록 더욱 궁핍하게 되고 가장 탐욕스러운 자일수록 점차 부유해져서 실컷 놀고먹는다(『반계수록』 3-35, 전제후록 상 경비).

도대체 정식의 녹봉은 유명무실하게 책정해두고, 현실의 기본 생활자료 자체를 뇌물 아니면 횡침과 같은 부정부패에 의존해야 하는 공직이 과연 공무를 제대로 수행하리라고 기대할 수 있겠는가. 그래서 마침내 청렴한 관원일수록 더더욱 궁핍하기 마련이요, 탐욕스러운 자일수록 더더욱 부유해지는 공직체계의 집합을 과연 국가라고 할 수 있을 것인가. 그것도 미관말직의 경우만이 아니요, 대관(大官)의 경우도 거의 예외 없이 부정부패에 의존해 살아간다면, 그 아래 실무 담당의 이·예의 부정부패를 과연 감독할 수나 있을 것인가.

반계는 가령 자신이 거주하는 부안현의 전결(田結) 행정이 실상은 이·예의 손아귀에서 조종된다는 현실을 구체적 실례로 증언한다. 즉 인조 12년(1634)에서 13년(1635)에 실시된 갑술양전(甲戌量田)에서 파악한 간전(墾田: 현재 경작지)은 3,369결(結)이었는데, 그로부터 30년가량 지난 『반계수록』의 저술 당시까지 별다른 행정적 변동은 없었다. 그런데도 그의 관찰에 따르면, "지금의 간전이 2천여 결"뿐인 것은 "관리와 서원배(書員輩)가 임의로 도적질해 탈루시키고 다만 약간만을 기록해둔 것이다. 그래서 해마다 이와 같으며, 다른 고을도 모두 그러하다."[54] 즉 각 군현마다 말단 이·예들이 전결을 축소해 기재하는 농간이 보편적으로 자행되었다.[55] 여기서도 객관적 기준이라든가 법도가 사실상 작동하지 않았던 것이다.

공직을 수행하는 중·외의 관원과 이·예가 기준도 없는 토색질을 공공

54 『반계수록』 2-4~5, 田制 下.

55 조선 후기 보편적으로 전개되는 '간전의 축소' 현상은 실제로 경작지가 축소되는 것이 아니었다. 군현마다 향리·서원(書員)들이 '은결(隱結)' 등의 방법을 통해 문서상으로는 다수의 전결을 축소 기재하는 대신, 실제로는 당해 전지(田地)의 미곡(米穀)을 옹골지게 횡령하는 현상이었다. 그래서 가령 다산 정약용은 이를 두고 '은결'이 아니라 '철결(鐵結)'이라 해야 한다고까지 말하였다(『여유당전서』 제5집 20, 牧民心書 5-7, 稅法 下 참조).

연히 자행하는 형편이고 보니, 직접 관직을 맡지 않은 양반 세가들 또한 의제적(擬制的) 행태를 자행하고 있었다. 그런데 그 같은 중층적·할거적 수탈은 필경 부세 수취의 과정을 통해서 실현되므로, 직접생산자층의 생업은 어느 곳 어느 분야에서도 심각한 침해를 받지 않을 수 없었다.

> 우리나라 산협(山峽) 지대의 땅은 백성들에 이로움이 극히 적어서 대개가 버려져 있다. 성읍(城邑)이라든가 촌락들도 대개가 산기슭에 있으므로 이런 땅을 과원(果園)으로 만들 수 있다. 여기에 만일 대추·밤·감·배, 뽕나무·닥나무·대나무 등을 토질에 맞추어 매 호(戶)마다 수십·수백 주씩 심는다면 그 이익이 전답(田畓)의 수입보다 못지않을 것이다. 그런데도 백성들이 과수를 심지 않는 것은 무슨 까닭인가. 그것은 역시 관(官)·관리들이 닥치는 대로 침해하기 때문이다. 지금 혹 어느 고을에 밤나무밭이 있으면, 농민들로 하여금 번(番)을 서서 지키게 하고는 열리는 것보다 갑절을 징렴하니, 심지어 먼 곳에 가서 사사로이 사다가 바치게도 된다. 그러므로 백성들은 밤나무밭 미워하기를 마치 원수처럼 대하는 것이다. 남방의 민가에 유자(柚子)나무가 있으면 관(官)에서는 반드시 대장(臺帳)에 등록시키고는 징납을 해대니, 자기 신역(身役) 이외에도 이 나무 지키고 열매 바쳐야 하는 노역(勞役)까지 덧붙여 수행해야 한다. 비록 유자나무가 썩어버린 뒤에도 그 징납은 자손에까지 전해 내려가고, 해독은 이웃 마을에까지 미친다. 그러므로 그 나무의 싹이 돋는 것을 보면 서로 경계하여 뽑아버린다. 심지어 벌통에 이르기까지 등록을 시키니, 산골 백성들이 양봉하기도 어렵게 되었다. 말[馬]이나 매[鷹]를 길러도 대장에 등록하게 하니 세력 없는 자는 말도 매도 사육하기가 어렵다. 무엇 한 가지 명목만 있으면 모두가 백성들에 해독이 되는데, 그사이 억지와 독

촉이며 이서들의 농간과 작폐는 또 이루 다 말할 수가 없다. … 이제 나무 심고 재배하는 이로움으로써 산골 백성들을 넉넉하게 하자면 반드시 먼저 조정에서 진상품을 덜어주고 없애야만 거기 빙자해 수탈하는 길을 끊어버릴 수 있을 것이다. 그리고 명백한 법령을 세워 한 가지라도 침해하지 못하도록 한 다음에야 백성들에 권하여 생업을 일으키고 이익을 도모하도록 할 수 있을 것이다. 그렇게 되면 무릇 사방의 산과 숲, 언덕과 습지들을 모두 목장, 양재장(養材場), 저수지로 만들어 적절하게 이용하지 않을 곳이 없게 될 것이요, 민생이 혜택을 입고 국가 또한 자연히 부유하게 될 것이다(『반계수록』 2-19, 田制 下 田制雜議附).

『경국대전』에는 서울 안의 공장(工匠)들에 대해서도 역시 세(稅)를 받는다고 되어있다. 그러나 지금인즉 서울 안의 공장들은 모두 일정한 세가 없고, 다만 관(官)에서 일 시킬 경우가 생기면 닿는 대로 잡아다 일을 시키는데, 그 대가로 주는 삯은 매우 적다. 더구나 외방의 경우는 세가 있고 없고를 막론하고 소문나는 대로 잡아다 억지 일을 시킬 뿐이다. 관부가 이미 이같이 하니 세가 양반들 또한 그 본을 받아 함부로 일을 시키고는 삯은 제대로 주지 않는다. 그러므로 공장을 업으로 하는 자는 오히려 그 재능이 소문날까 봐 두려워한다. 그 때문에 온갖 공장의 기예에 법도가 없어지고 거칠어져 모양새를 이루지 못하게 되었다. 그것이 온 나라의 습속으로 되고 말았으므로, 사람들은 거기에 마음과 눈이 익숙해져서 그것이 거칠고 조잡하다는 사실을 알지도 못하게 되었다(『반계수록』 1-59, 田制 上).

우리나라는 귀·천 두 글자만을 따져서 억지로 억누르기를 일삼는다. 명색이 양반이라면 도처에서 폐단을 일으키기 때문에, 큰 길가에 사는 사람들은 양반이 싫고 고통스러워 자기 가옥을 다투어 왜소하고 누추하게 만드느라 애쓴다. 공장(工匠)들이 기구를 조악하게 만드는 것도 관역(官役)에 동원하여 억지 일을 시키기 때문이요, 읍장(邑場)의 상인들이 관(官)의 매입에 응하지 않는 것도 (官이) 억지로 헐값에 사들이기 때문이다(『반계수록』 4-3, 田制後錄 下 錢幣).

조선왕국도 기본법전으로 『경국대전』이 갖추어져 있고, 거기에 국가의 "경비는 횡간(橫看: 지출명세)과 공안(貢案: 세입대장)을 사용한다"고 규정하였다. 전국 모든 관원에게 늠록(廩祿)을 지급한다고도 규정해두었다. 그럼에도 불구하고 국가기관과 그것을 운용하는 관원들과 그들의 하수인인 이·예층이 모두 객관적 경상(經常)의 수입을 통해 일상생활을 영위하는 경우란 거의 없고, 모두가 할거적 횡침을 통해서 생활물자를 조달하는 특이한 '국가적' 현상이 인습으로 관행되고 있었다. 그런데 현직의 관(官)·리(吏)와는 다른 양반[士族]층 또한 비슷한 특권적 인습에 편승할 수 있었다는 사실 또한 얼마나 기이한 '국가적' 현실인가.

고대 이래 지배층의 특권을 국가적으로 보호하는 내력을 이어받은 조선왕국 또한 양반 사족을 연대(連帶)세력으로 인정하고 그들과 연합하여 만백성을 지배하는 정책을 펴고 있었다. 가령 18세기 정조가 "교목(喬木)세신(世臣)의 후예로서 왕실의 기둥이 될 의리를 맡아 완연히 원기(元氣)를 이루어 우리 4백 년 종국(宗國)을 지탱해온 것이 곧 사대부이다. 고상한 풍절(風節)을 이루어 조정의 법도가 되어온 것도 사대부이다. 청의(淸議)를 유지하고 정기(正氣)를 튼튼히 붙들어 온 것도 사대부이다. 임금의 뜻과 거둥을 돕고 받들어온 것도 사대부이다. 아조(我朝)가 나라를 세우면서 오로지 사대부를 숭상했으니, 인군(人君)이 나라를 다스리면서 이 사대부를 버리고 무엇을 어찌할 것인가"라고 하여 조정의 사대부를 우대해야 한다고 말한 것은 조선 시대의 통시적인 관점을 보인 것으로 이해된다.

그런데 조정의 사대부뿐 아니라 무릇 사족층은 조선 초기부터 국가에 변란이 있더라도 의무를 다해야 하는 것은 아니었다. 성종 22년(1491)에는 야인(野人)들이 압록강을 건너와 조산보(造山堡)를 침략하여 진장(鎭將)을 죽이고 농민들을 많이 잡아간 사건이 일어났다. 이에 조정에서는 거국적으로 2만 대군을 동원하여 야인을 정벌하기로 계획을 세워 추진하였다. 이때 무재(武才) 있는 수령은 군사를 거느리고 참전케 하였는데 이에 동원되는 자들은 "사지(死地)에 나아가는 일이므로 살아서 돌아올 마음을 갖지 못할" 정도로 정세가 자못 험한 편이었다. 그러나 그 같은 정세 속에서도 '사족'은 참전 군사의 보인(保人)으로 지정되어 다소의 물력(物力)을 부담하는 일조차 맡지 않도록 보호되고 있었다. 성종은 병조에 전교하여 "근래에 듣건대 북정(北征)에 참여하는 한량인(閑良人) 등이 보인(保人)이라 칭탁하고 평민뿐 아니라 심지어 사족까지도 역시 스스로 점유하기를 도모하여 소란을 피우는데, 이미 갑(甲)을 침해하고서는 다시 을(乙)을 침해하여 모든 군장(軍裝)과 마필을 마련하도록 독촉하니, 사족들은 보인 되기를 면하려고 많이들 뇌물을 바친다고 한다. 지금부터 북정에 참여하는 한량인의 보인으로서는 사족을 제외할 것이요, 정벌에 나가 있는 기한까지 각기 평민 1인을 보인으로 지급도록 하라. 그리고 이미 사족을 보인으로 점거한 경우는 도로 제외시켜라"라고 하였던 것이다.[56]

---

56 『정조실록』 13, 정조 6년 5월 29일 을축; 『성종실록』 255, 성종 22년 7월 12일 병술; 『성종실록』 255, 성종 22년 7월 2일 병자. 물론 각색 군사(軍士)의 보인은 양민으로 구성한다는 것이 원래의 법제였다. 그러나 거국적으로 대군을 동원하여 전쟁을 수행하는 경우에도 사족은 열외의 존재로 보호되고 있었던 것이다. 가령 임진왜란과 같은 장기적·전국적 국난을 당해서도 의병(義兵)으로는 많은 사족이 자발적으로 일어나 왜적을 물리치고 순국한 경우가 있었지만, 정작 법제적으로 사족이 군역의 의무를 수행한 것은 아니었다. 그들은 워낙 군역을 면제받는 지배층으로 되어있었다. "우리나라의 이른바 사족이란 것은 실로 어떤 다른 나

우리나라 왕조마다 명맥을 그렇게 오래 끌어갈 수 있는 현상도 지배층끼리의 굳은 연대 때문에 가능한 일이었다. 실상 저 폐단스러운 노비제라는 것도 국가가 천민 신분을 규정하여 그들 지배층의 사민(私民)이며 사물(私物)로 공인해주고 자손 대대로 사역하면서 "공후(公侯)의 낙(樂)"을 누리고 살아가도록 법제화해 둔 것이었다.[57] 그러므로 왕권과 연대하는 지배층으로서의 양반 사족은 비록 관직을 띠지 않더라도 그만큼의 의제적 특권을 행사하는 관행이 굳어졌다. 더구나 그런 특권적 지배의 관행

라에도 없는 제도입니다. 그들은 농사를 짓지 않으니 농민이 그 때문에 적어지고 군역을 지지 않으므로 용사(勇士)가 그 때문에 드물어집니다. 나라가 가난하고 약해지는 까닭도 반드시 이들 사족 때문이라고 하지 않을 수 없습니다. 그러나 명분(名分)을 유지하고 국가의 명맥을 부지(扶持)하는 것은 역시 이들 사족에게 힘입고 있습니다. 사족은 없어서 안 되는 존재인 것입니다. 일반 백성들이란 사족의 그림자나 메아리인 것입니다. 그러므로 신(臣)은 일찍이 이르되 '민심(民心)을 잃을 수는 있는 것이지만 사심(士心)을 잃어서는 안 된다'고 하였습니다"(『계곡집(谿谷集)』 17, 論軍籍擬上箚). 무릇 양반 명색을 띤 사족이라면, 군역 따위에 동원되기보다는 학문이나 관직에 종사함으로써 길이 국가체제의 명맥을 유지하면서 백성들을 지배해야 하는 것으로 길이 인식되고 있었다. "지돈녕 이종성이 상서하였는데, 대략 이르기를, '…공경(公卿)의 자손인 사대부와 각 지역의 교생(校生) 이상을 양반이라고 통칭하는데, 그 수가 거의 모든 국민의 절반을 넘습니다. … 우리나라 양반은 모두 옛날의 봉건 제후와 같아서 그들이 민심(民心)을 유지함으로써 (백성으로) 하여금 감히 변란을 일으키지 못하게 하니, 국가에 도움이 되지 않는다고 할 수가 없습니다.…'라고 하였다"(『영조실록』 71, 영조 26년 6월 22일 계사).

57 『선조실록』 142, 선조 34년 10월 25일 기축(趙守翼曰). 양성지가 세조에게 상서하여 "…중국은 요임금으로부터 명나라에 이르기까지 무릇 23대 왕조인데, 우리나라는 단군으로부터 지금까지 겨우 7대 왕조입니다. 이는 단지 화(華)·이(夷)의 풍속의 순후함과 박함이 부동(不同)해서가 아닙니다. 동방(東方)에는 대가세족(大家世族)이 중외(中外)에 포열(布列)해 있으므로 비록 간웅(姦雄)이 나타나더라도 그 사이에서 틈을 엿볼 수가 없었기 때문입니다. 대체 대가세족이 대가세족으로 행세할 수 있는 것은 그가 노비를 소유하고 있기 때문입니다. 노비를 소유함으로써 내·외, 상·하의 분(分)을 지킬 수 있으며, 예의염치를 양성할 수가 있고, 기력(氣力)을 왕성하게 유지하며 명망을 드러낼 수가 있는 것입니다. 고려왕조가 원나라를 섬기던 초기에 나라를 거의 지키지 못할 뻔하였는데, 권부·이제현 등 제가(諸家)가 있어 서로 더불어 유지(維持)하였기로 드디어 종사(宗社)를 안정시킬 수가 있었습니다. 근일 함길도(咸吉道) 제군(諸郡)에도 타 도(他道)의 경우처럼 세족(世族) 수십 가가 있었더라면, 길주(吉州)의 적(賊)[이시애]이 경내(境內)의 조신(朝臣)을 다 죽이는데 어찌 한 사람도 거기 근왕(勤王)하는 자가 없었겠습니까. 이는 다른 까닭이 아닙니다. (함길도에는) 노비가 없고 따라서 세신(世臣)이 없었기 때문입니다"(『세조실록』 43, 세조 13년 8월 6일 기해)라고 하였음도 참조된다.

이 국가의 공민인 일반 양인에 대해서도 관철되는 '국가정치적' 현상이 정착되어 있었다.

그것은 국가의 지배층 전체가 연대하여 만백성을 통치하고 지배하는 국가체제를 꾸려가고 있었다는 사실의 본질을 잘 드러낸다. 거기서는 지배층이 직접생산자인 만백성에 대해서 체제적으로 침탈하고 늑사(勒使)하는 일이 일상화한다. 가령 수공업을 담당하는 공장(工匠)은 자기 기술을 개발하여 남보다 뛰어날수록 더더욱 횡침을 당하게 되어있다. 관부(官府)는 수요물을 헐값으로 횡탈하다시피 하므로 상인이 관부의 구매에는 결코 응하지 않으려 한다.[58] 그리고 양반의 횡침이 두렵고 무서우므로 여염의 가옥은 결코 누추하고 왜소한 모양새를 벗어날 길이 없었다. 그뿐 아니라 가령 각처에 있는 자원도 결코 개발될 리가 없었다.[59]

"왕자(王者)가 관(官)을 설치하고 직임을 나누어 맡긴 것은 단지 백성을 위해서이다"라는 것이 반계의 소신이다.[60] 그런데 현실은 거꾸로였다. 지배층이 사리사욕을 채우기 위해 만백성에 대한 횡침을 자행하는 행태가 체제적으로 일어나고, 그 최정상에 위치한 것이 왕권이었다. 그 같은 '국가적 현상'은 모두가 '폐법'의 누적에서 야기되는 인습이었다.

반계의 '실리'는 그러한 '자국의 폐습'의 극복방안을 무엇보다 간절히

---

58 다음의 사실도 충분히 참조할 만한 사실이다. "사복시(司僕寺) 제조(提調)가 아뢰기를, '제주 관리는 진상을 빙자하여 개인이 사육하는 말[馬]에 대해서도 매매를 불허하고 다만 세가(勢家)에게만 팔도록 허락하며, 또 헐값으로 아마(兒馬)를 억매(抑買)하니, 참으로 온당치 못합니다.…'라고 하였다"(『성종실록』 232, 성종 20년 9월 10일 을축).

59 각 지역의 우수 특산물이 적극적으로 개발되기는커녕 주구적 수탈을 피하기 위해 오히려 소문나지 않도록 다투어 사장(死藏)시켜 버리는 일이 흔히 일어나고 있었다. 가령 함경도 은산(銀産)의 예가 그러하였다. "호조가 아뢰기를, 함경도에서 내려오는 사람들은 모두 말하기를 '본군(本郡)은 채은(採銀)하는 일 때문에 다른 고을에는 없는 부역을 지게 된다. 그러므로 은맥(銀脈)이 있더라도 죽음을 무릅쓰고 은휘(隱諱)하고 만다'고 하였습니다.…"라고 하였다(『선조실록』 160, 선조 36년 3월 19일 을해).

60 『반계수록』 15-1, 職官之制 上.

추구하고 있었다. 그래서 가장 필수적인 과업이 곧 왕정을 구현할 수 있는 객관적 기준과 법도를 확립하는 일이었다. 그래서 그는 유사 이래 처음으로, 왕권과 왕실을 유지하는 경상비의 책정을 법제화한다는 개혁론을 제기하였다. 동시에 상하를 막론하고 무릇 직임을 맡는 자는 누구나 기본 생활에서 자립할 수 있는 늠록(廩祿)을 책정해두기에 이르렀다. 모든 직임자가 정당한 늠록을 받으면서 자립적 생활을 꾸려가야만 종래와 같은 중간 농단과 횡침의 인습을 끊고 '백성을 위해서' 직사를 수행할 수 있다. 또 그리되어야만 생산노동에 종사하는 만백성 또한 한도 없는 횡침을 당해온 인습의 굴레에서 벗어나, 일정한 부세만을 담당하면서 자립적으로 재생산에 전념할 수 있게 된다.

그래서 가령 저 먼 산골에 사는 주민도 이제 임금님께 바친다는 '진상'을 빙자한 관·리들의 농단과 침탈에서 벗어나고, 자기 노력으로 밤나무·대추나무 등을 자율적으로 재배하고 이를 통해 자립적인 생계를 꾸려갈 수 있게 되었다. 그래서 백성의 살림도 여유로워지고 결국에는 국가재정에도 도움이 될 것이다. 공장의 경우는 자율적 기술의 개발을 통해 제 실력을 쌓아 품질과 규격을 한 단계 높일 수 있는 길이 열릴 것이다. 품질과 규격을 향상시키는 기술의 개발이야말로 새로운 시대를 열 수 있는 지름길이다. 상인 또한 공(公)·사(私)의 거래에 적극적으로 뛰어들어 자기 활로를 개척하게 될 것이요, 그래서 모든 물화의 유통이 활발해져 만백성의 생활 또한 편리해질 것이다. 그리고 전국의 강산과 임야, 원습(原隰)과 해택(海澤)의 모든 자원이 골고루 개발되는 길이 열리고, 그 생산자와 소비자가 모두 윤택해지며 국가재정 또한 여유로워질 것이다.

드디어 국가 지배체제가 연대하여 만백성을 침탈하는 시대가 끝나고, 국가를 구성하는 왕권과 모든 지배기구와 거기 종사하는 관원과 이·예들이 국가재정으로 책정된 응분의 예산과 경비를 받아 집행하고 자족적으로 자립하면서 '백성을 위해' 복무하는 시대가 열리게 될 것이다. 그리고 국가의 모든 주민이 각기의 책임 아래 생업에 종사하면서 기술을 개발하고, 자기 사업을 자율적으로 운영하는 시대가 열릴 것이다.

무릇 상하 모든 주민이 상호 자립적인 사회경제적 관계로 정립되는 상태야말로 치세를 이룩하는 기본 바탕이다. 자립적인 가계에서 자립적인 인간 품성이 육성되고, 그 바탕 위에서 국계(國計) 또한 자족적 지반을 확보할 수 있기 때문이다. 그래야만 인간을 포함한 모든 사물이 제자리를 얻고 자기의 '분'을 지킬 줄 아는 조화로운 세상을 이룩할 수 있다.

> 옛날에는 위로 조정과 교묘(郊廟)로부터 관부(官府)라든가 여항(閭巷)에 이르기까지 정치·교화·호령과 의복·음식·연락(宴樂)의 모든 일들이 천리(天理)를 따라 제도를 만들지 않은 것이 없었다. 그러므로 사람들이 모두 그 일들에 익숙해지고 그 풍속에 안착하여, 모두가 날마다 선(善)으로 나아가고 죄로부터는 멀어져가는 줄을 알지도 못하였다.[61]

온 세상이 아름다운 사회 관계를 이룩해나갈 수 있는 객관적 기준이며 법도로서 가장 으뜸인 것은 역시 '천리'였다. 그 '천리'에 맞는 정치와 예속을 이 땅에서 실현하는 것이 곧 반계의 이상이었다. 반계의 실학에서는, '폐법을 변혁'하는 일이야말로 피할 수 없이 절박한 과제였던 것이다.

61 『반계수록』 25-29, 續篇 上 女樂優戲.

5. 반계 실학의 변법론

반계의 실학은 전반적인 국가 개혁론의 성격을 띨 수밖에 없었는데, 그 바탕에는 만백성의 삶의 사회경제적 기초가 되는 토지소유 관계의 근본적 개혁이라는 거대한 과업이 자리하고 있었다. 만백성의 삶의 현실을 '본(本)'으로 삼는 근원적 변법을 구상하고 있었기 때문이다. 그러나 물론 반계의 변법론이 '백성 위주'의 국가를 만들고자 하는 수준으로 나아간 것은 아니었다. 무엇보다도 국가를 구성하는 모든 주민이 모두 제자리를 차지하여 자기의 직분을 제대로 수행하도록 하는 것이야말로 그의 '실리(實理)'가 추구하는 현실적 과제였다.

> 천하의 원리는 애초부터 본·말, 대·소가 서로 분리되어있는 것이 아니다. 척도에서 촌(寸)이 제값을 잃으면 척(尺)이 척으로 될 수가 없고, 저울에서 성(星)이 제값을 잃으면 형(衡)이 형으로 될 수가 없다. 그물에서 그 물코[目]는 제대로 되어있지 못한데 벼리[綱]만 스스로 벼리가 될 수는 없는 것이다(『반계수록』 26-27~28, 書隨錄後).

한 국가로 말하면, 맨 아래의 복예(僕隷)로부터 최정상의 군주에 이르기까지 모든 구성원 각기가 모두 제자리를 차지하여[各得其所] 자기 직분을 지키는 것[各得其分]이야말로 '천하의 원리'라고 그는 확신한다. 앞에서 살펴봤듯이, "현·우, 귀·천이 각기 그 분(分)을 차지하는 일"이야말로 이 세상의 기본 질서라고 하지 않았는가.

그런데 '천리(天理)'가 관철되지 못하도록 이 세상의 통치법제를 구부려 놓은 결정적 계기는 지배층의 사욕이었다. 그의 개혁론은 사욕의 배제를 가장 큰 원칙으로 전제하였다.

> 무릇 법제를 만들 때 일호(一毫)라도 사의(私意)가 개재하면 곧 만사가 그 정당함을 잃는다. 대체로 공(公)·사(私) 두 글자는 천리·인욕이 분변(分辨)되는 길머리이다. 국가를 경영하고 법제를 세우는 데에는 결단코 조금의 사(私)도 용납되어서는 안 된다(『반계수록』 19-16, 祿制 外方官祿磨鍊).

원래 '천지의 원리는 세상 만물에 드러나는 것'이요, '성인의 도(道)는 모두 세상만사에서 실현되는 것'이었다. 그 원리와 도(道)는 근원적으로 개인의 사(私)가 전혀 개재하지 않은 것이므로 엄정한 객관적 기준에 따라 운행하기 마련이었다.

> 무릇 지금 시행하는 정치가 엄하지 못한 것은 즐기고 태만하며 오만한 짓이 아니면 작은 지혜 행하기를 좋아하는 행태이기 때문이다. 이는 모두가 인욕이다. 이 같은 짓이 없다면 엄하려고 하지 않아도 저절로 엄해진다. 천리와 인욕의 구분이란 일마다 그러하다. 진실로 천지의 지극히 인(仁)함을 살펴볼 때 일찍이 언제 엄하지 않은 적이 있는가. 천도(天道)에는 사(私)·위(僞) 따위의 잡스러움이 없다. 그러므로 오기(五氣)가 순조로이 펼쳐지고 만물이 생생(生生)할 수 있다. 위정자가 성실하며 무사(無私)하고 기강 법도가 정연(整然)해진 연후에야 인간을 아끼고 만물에 이로운 혜택이 시행될 수 있는 것이다(『반계잡고』 126, 政教).

무릇 위정자가 "즐기고 태만하며 오만"하다거나 "작은 지혜 행하기를 좋아한다"는 것은 결코 공도(公道)의 추구로 성취되는 보편적인 가치의 실현이 아니다.[62] 그것은 구차스러운 욕망에 작당(作黨)하여 몰두하면서 은밀히 추구하는 편사(偏私)스러운 행태에 불과하다.

반계의 변법론은 일호의 사(私)·위(僞)가 개재치 않는 '천도'처럼 엄정한 통치법제를 정립함으로써 "만물이 생생(生生)할 수 있는" 정연한 사회질서가 구현되기를 추구한다. 그것은 이제까지 흔히 강조해온, 백성을 '적자(赤子)'처럼 돌보아야 한다는 시혜적 관념을 지양한다. 이제 백성 또한 스스로 부지런히 움직여 자활(自活)의 길을 걷는 새로운 존재로 탄생하고, 그래서 국왕이 영위하는 정치의 객관적 대상으로 정립되지 않으면 안 된다. 그의 변법론은 다음의 5가지 국가개혁론으로 요약할 수 있다.

1-1) 전국의 토지는 공전(公田)으로 하고, 이를 전국 주민의 직역(職役)에 따라 비례적으로 균평하게 배분한다. 기준적 농민층은 1부(夫)가 1경(頃)[즉 100묘(畝)]의 농토를 차지한다. 군역(軍役)은 4경(頃)에서 1병(兵)을 내는 자영농끼리의 인보(隣保)조직으로 운용한다. 군역자는 군역 이외의 잡역을 부담치 않는다. 사(士) 이상의 지배층에게는 비례적으로 더 많은 농토를 배분하고 군역을 면제한다. 국가 운영의 재정적·군사적 기초가 되는 부세와 군역은 반드시 항구적 생산수단인 토지를 기준 삼아 부과·수취한다. 토지의 비옥도에 따라 실적을 달리 파악하는 종래의 결부법(結負法)은 탈루와 은닉 등의 중간 농단이 개재하기 마련이어서 전혀 실세(實勢)를 파악할 수 없으므로, 이제는 절대면적을 점검하는 경묘법(頃畝法)으로 갱신함으로써 전국 농토를 유루(遺漏) 없이 파악한다. 그리고 토지를

62 주지하듯이 전자는 『맹자』 公孫丑 上의 "국가가 한가한 때를 만나 '반락태오(般樂怠傲)'한다면 이는 스스로 화(禍)를 촉구하는 일"이라는 문맥으로, 후자는 『논어』 衛靈公 가운데 공자의 말로 "여럿이 모여 종일토록 있으면서도 말이 의리(義理)에 미치지 않고 '호행소혜(好行小慧)'한다면 환란이 있을 것이다"라는 문맥으로 나온다.

기준 삼아 호구(戶口)를 파악함으로써 역시 탈루가 무상(無常)한 전국의 호구를 유루 없이 관리한다.

1-2) 토지와 호구의 실세를 파악하는 것은 유사 이래 한 번도 성취하지 못한 어려운 과제였다. 그러나 토지를 기준으로 해서 호구를 파악하는 길만이 양자를 제일적(齊一的)으로 파악하는 유일한 길이다.[63] 그리고 공전제(公田制)에 따라 기준적 농민층을 자영적 항산자(恒産者)로 확립하고 정규의 세(稅)와 군역을 수취함으로써 왕정 운용의 경제적·군사적 지반을 튼튼히 확보할 수 있다. 1부(夫) 1경(頃)의 배분은 자영농 정립의 적정 수준이다. 그래서 종래 지주지(地主地)의 경우와 같이 노동력 부족으로 자주 발생하기 마련인 진황지(陳荒地)가 없어진다. 또한 모든 농민이 병작농이 아닌 자영농으로 정립되어 자기 농토를 힘써 경작하기 때문에 생산성이 종래의 '2배 이상'으로 극대화한다. 농토를 배분받은 항산자에게서 군역을 수취하기 때문에, 종래의 족징(族徵)·인징(隣徵)의 폐단이 근원적으로 제거된다. 공·상인에게도 자영적 항산자로 존립할 수 있도록 응분의 농토를 배분한다.

2-1) 국가재정은 반드시 경상비를 책정하여 운용하고, 국왕으로부터 하급 이(吏)·예(隷)층에 이르기까지 모든 공직 종사자에게는 일정 비례의 늠록(廩祿)을 지급하여 생활을 보장한다. 가령, "어수(御需)도 경상비를 정하여 해마다 조세(漕稅) 가운데서 획입(劃入)하도록 하되, '국군(國君)은 경록

---

63 "인간은 토지를 떠나서는 살지 못하고, 토지는 인간이 아니고는 개간되지 못한다. 그런데 토지란 것은 일정해서 옮겨가지 않는데, 인간이란 것은 존(存)·망(亡)이 무상(無常)하다. 그러므로 토지를 기본으로 하여 그 분(分)을 명확히 한다면 인간은 그 가운데 있기 마련이요, 스스로 균평치 못한 폐단도 없을 것이다. 토지를 기본으로 삼지 않고 인간을 파악하려 한다면 참치(參差)와 탈루(脫漏)를 살펴낼 도리가 없다. 이는 치(治)·난(亂)의 갈림길이 되고 만사(萬事)의 기본이 되는 것이다" ; "이는 다만 사세(事勢)가 그러한 것일 뿐 아니라 천리(天理) 역시 그러한 것이니, 유정제동(由靜制動)의 원리이다"(『반계수록』 6-8~9, 田制攷說 下).

(卿祿)의 10배'로 한다는 고제(古制)를 준정(準定)한다."[64]

그뿐 아니라 왕실의 식선(食膳)이라든가 국가기관의 수요 물종(物種)·물품(物品)은 모두 전담 기관을 통해 시가로 구입하여 사용한다. 명색과 수량이 번잡하고 과도한 징렴이 따르기 마련인 공납과 진상제도를 지양하고, 농민층에서는 세곡(稅穀)을, 공·상인에서는 세전(稅錢) 등을 받는 통일적인 부세 수취제를 확립한다.[65] 1인이 첩역(疊役)이라든가 첩세(疊稅)를 부담하는 경우가 없도록 한다.

2-2) 왕실에 대한 공납과 진상을 폐지함에 따라 종래와 같이 왕권을 유지하는 데 국력이 총동원되는 인습이 극복된다. 또 전국 각 기관의 이서(吏胥)층이 공납과 진상을 핑계 삼아 자행하던 토색질을 원천적으로 척결할 수 있다. 왕실의 식선을 비롯한 중·외 국가기관의 수요와 공직자의 생활이 모두 경상비의 책정에 따른 시장 구매를 통해 실현된다면, 종래 공납제에 따라 생산자로부터 소비자로 직결되어 있던 유통구조가 이제 '생산자-유통단계-소비자'라는 구도로 구조적 변통이 일어나기 마련이다. 즉 공납제라는 강제 규정이 지양되고, 생산자와 소비자 사이의 임의적·자율적인 유통부문이 제도적으로 창출되므로, 모든 산업의 생산기술·제조기술과 상업경제가 반드시 발전하기 마련이다. 이제 화폐의 유통이 필수적이므로 동전(銅錢)을 주조해 사용할 것이며, 농업에 폐해를 주지 않는 한도에서 상설 점포를 운영하는 등 상업을 진흥시킴으로써 민생의 편익과 국부의 증대를 도모한다.

---

64 『반계수록』 3-20, 田制後錄 上 經費.

65 이는 조선왕조 최대의 수취제 개혁사안으로서 당시 점차 시행 범위를 확대해가고 있던 대동법(大同法)과 매우 유사한 변법 항목이다. 그런데 대동법에는 아직도 별공(別貢)이라는 토산(土産) 징렴(徵斂)의 관행을 남겨두었고, 더구나 진상이라는 인습은 전혀 개혁하지 못하고 말았다.

이제 수입과 지출이 예상되는 일정 한도에서 국가재정을 획정하고, 거기서 국왕을 비롯한 모든 국가기관의 경상비를 책정하므로, 일정 한도에서 예상하는 국가재정의 운영이 가능해진다. 또 세입(歲入)의 대종이 미곡으로 통일됨에 따라 종래 수십 가지 물종의 공물을 수다한 중앙기관에 각각 상납하는 과정에서 층절마다 일어나는 횡렴이나 토색질을 원천적으로 척결할 수 있다. 왕실을 비롯하여 국가가 수요하는 모든 물종의 생산과 공급이 시장을 통한 상품경제를 일으킬 것이므로 모든 농·공·상인들이 일정한 계획을 세워 자영적 생산활동을 전개할 수 있고, 기량이 향상되어 번영을 도모할 수도 있다.

3-1) 각 군현에는 읍학(邑學), 각 도에는 영학(營學), 중앙에는 태학(太學)을 설립하여 단계별 교육을 실시한다. 읍학 이상에는 모두 학전(學田)을 설치하며 그 학생은 사(士)로 대우한다. 시(詩)·서(書)·역(易)·춘추(春秋)·주례(周禮)·의례(儀禮, 禮記附)의 육경을 기본 경전으로 삼고, 덕행과 도예(道藝) 중심의 교육을 실시한다. 지방 교육을 통해 육성한 인재는 그 현(賢)·우(愚)를 심사하여 중앙으로 천거하고, 중앙의 태학에서 덕(德)·예(藝)를 더 수련한 인재는 다시 종합 심사를 통해 관원으로 충원한다. 문벌제도·과거제도는 혁파한다.

3-2) 새로운 교육제도는 점차 교육의 기회를 널리 개방하는 것이므로, 교육열을 증대시키기 마련이다. 덕행과 도예 중심의 교육이 시행됨에 따라, 종래 사장(詞章) 따위를 숭상하는 부화(浮華)한 습속이 돈실(敦實)한 예속(禮俗)으로 변화한다. 그뿐 아니라 앞으로는 각 개인의 노력으로 수련한 결과인 현·우의 분(分)에 따라 귀·천의 사회적 지위가 제도적으로 성취되므로, 훌륭한 인재가 육성되고 공직을 맡게 된다. 가령 사(士)의 신분은 세습되는 것이 아니라 개인의 자질과 능력 여하에 따라 획득된다.

따라서 세습적 양반 사족제도 즉 문벌제도는 결국 폐지된다.[66]

교육제도가 정비되면 점차 군현의 각 향(鄕, 즉 面)에도 '향상(鄕庠)'을 설치하여 백성의 자제에게도 사(士)가 될 수 있는 교육의 길을 개방한다. 이 기초 교육과정을 반계는 크게 중시한다. "온 세상에는 교육을 받지 못하는 사람이 없어질 것이요, 또 어려서부터 보고 듣는 것이 모두 의로운 일의 실행 아님이 없을 것이다. 그렇게 되면 비단 학교를 통해 인재가 배출될 뿐 아니라 아래로 관리나 이서(里胥)들까지 어찌 간활하고 투박한 자들이 생겨나겠는가. 이를 통해 화목하고 표창할 만한 풍속이 이루어질 것이니, 지치(至治)를 이룩하는 근본 기지(基地)가 될 것이다."[67]

4-1) 노비법은 우선 종천법(從賤法)을 고쳐 종모법(從母法)으로 일원화하며, 세역법(世役法)을 고쳐 고용(雇傭)노동제로 전환하도록 유도하고, 궁극적으로는 노비제를 전면 폐지한다. 기녀(妓女) 제도 또한 혁파한다.

4-2) "지금 나라가 가난하고 군사는 적어서 스스로 떨치지 못하는 것은 노비법이 나쁘기 때문이다. 강한 자가 약한 자를 집어삼키고 송사가 번거롭고 많으며 혈육 간에 서로 시기하고 풍속이 패악하게 되는 것도 모두 노비법이 나쁘기 때문이다. 수령 된 자가 송사 처리하느라 관정(官庭)에 채찍과 매가 가득하고, 처리해야 할 문서가 구름처럼 쌓여있으므로 땀을 흘리고 정신이 피로해져 정사와 교화에 관한 일은 생각조차 해보지 못하는 것도 모두가 노비와 전지(田地)에 관한 소송 문제 때문이다. … 그러므로 이 폐단을 없앤다면 나라는 잘 다스려지고 집집마다 넉넉하게 될 것이며 백성은 안착하고 물산은 풍부해져 삼대의 지치를 이룩하기가

66 鄭求福, 1970, 「磻溪 柳馨遠의 社會改革思想」, 『歷史學報』 45에서는 이를 '세습형 사회'에서 '성취형 사회로의 변혁'이라 하였다.

67 『반계수록』 9-40, 教選之制 上 學校事目.

어렵지 않을 것이다."[68] 그것은 무릇 인간을 동물처럼 사적(私的) 천민으로 종속시켜 사역해온 고래(古來)의 악법을 철폐함으로써 인간 해방을 성취하는 길일 뿐 아니라 공공의 부(賦)·역(役)을 담당하는 자율적 공민(公民)을 대대적으로 확보하는 길이다.

5-1) 쇠잔한 군소 군현 3분의 1가량을 병합함으로써 전국 군현의 수를 대폭 줄여 행정의 효율성을 높인다. 수령의 임기를 9년으로 장기화하며 부관을 설치하여 지방행정을 강화한다. 각 군현의 향관(鄕官)인 전정(典正 즉 座首)과 전검(典檢 즉 別監)은 재지 세력을 대표하는 공직자로서 수령의 행정을 보좌하고, 하급 단위 실무자인 향정(鄕正 즉 面任) 등은 모두 공전(公田)의 분급상태를 점검하고 호구를 파악하는 등 공직자로서의 책임을 강화한다. 모든 향직자에게는 늠록을 지급하고, 승급의 기회도 부여한다. 각 군현의 향약도 더욱 활성화하여 명실상부한 자치규약으로 운용한다.

5-2) "지금 사족들은 각기 전지(田地)와 노비를 제 뜻대로 함으로써 사가(私家)에서 안일하게 살면서도 공후(公侯)의 낙(樂)을 향유하는데, 온 나라를 두고 직접 백성 상대하는 일을 맡는 이들은 모두 못나고 용렬하여 제대로 사람 축에 들지도 못하는 자[鄕任]들이다."[69] 그러나 근원적으로는, "비록 정치를 펴는 근원은 군주에서 비롯된다는 것이지만, 정치를 실현하는 요체는 향정(鄕正)에 달려있다. 이는 군주와 향정이 공치(共治)하는 것이다."[70] '사람 축에 들지도 못하는 자들'에게 지방행정의 실무를 내맡겨 두고서야 무슨 치세(治世)를 실현할 수 있겠는가. 그러므로 중·외를 일관하는 구체적 행정체계가 제도적으로 정비된 후에야 "주민의 생식(生息)

68 『반계수록』 26-7, 續篇 下 奴隸.

69 『반계수록보유』 1-20, 郡縣制 鄕正.

70 『반계수록보유』 1-19, 군현제 향정.

과 양육이 이루어질 수 있고 교화와 법령을 시행할 수 있으며 함께 아름다운 풍속을 이룩해갈 수가 있다." 만백성의 일상생활이 이루어지는 구체적 현실을 '본(本)'으로 삼아야 하는 까닭이 거기에 있다.

이상 살펴본 반계의 변법론은 이론적으로 매우 정연하고 엄정한 것으로 드러난다. 또한 구체적으로는 '역사적 현 실태'와는 너무나 거리가 있는 이상주의적 개혁안이다. 그의 변법론은 '왕정'의 구현을 추구하는 것이라 하지만, 그 같은 이상주의가 현실에서 과연 실행될 수 있으리라고 그 자신은 확신하고 있었는가.

물론 그의 변법론은 모든 '절목'을 한꺼번에 실현한다는 고안이 아니었다. 가령 노비제·문벌제 폐지 같은 사안은 오랜 시일에 걸쳐 그야말로 점진적으로 시행될 수밖에 없다. 그러나 가령 과거제도는 새로운 학교·공거(貢擧)제도를 시행하는 즉시 혁파할 수 있는 사안이다.

그러면 가장 중대한 변혁이 일어날 토지제도의 경우는 어떠한가.

> 공전제(公田制)인즉 공정하고도 균평하지만 사전제(私田制)는 사사(私邪)롭고 편벽(偏僻)된 것이다. 공전제를 시행하면 백성으로서는 항산(恒産)이 있어 교화가 이루어지고 풍속이 도타와지며 만사가 제 분(分)을 얻지 못하는 것이 없다. 사전(私田)인즉 모든 것이 이에 반(反)한다. 공전제를 시행하면 곡식이 물이나 불과 같이 흔해질 것이니, 또 어찌 지금 세상과 같은 참혹한 광경이 일어나게 되겠는가. 공자가 말하기를 "균평해지면 가난한 자가 없다[均無貧]"고 했으니, 성인의 말씀이란 어찌 굽이굽이 모두 다 의당하지 않은가(『반계수록』 2-12, 田制 下 田制雜議附).

그러므로 진실로 지치(至治)에 뜻이 있는 군주라면 어찌 이를 거부할 까닭이 있겠는가. "백성도 내 백성이요, 토지도 나의 토지이니, (공전제의 시행은) 단지 군상(君相 즉 君主와 相臣)이 거행하기에 달린 일이요, 본래 하지 못할 것이 없다"[71]고 반계는 간구하였다. 그리고 "현실의 습속을 두려워하고 꺼리는 것은 필부가 처세하는 도리이지 왕자(王者)가 정치를 운행하면서 할 말은 아니다. 현실이란 것은 군상이 운용하기 나름이요, 습속은 정치와 교화를 통해 이룩해나가는 것이다"[72]라는 소신을 펴기도 하였다.

그러나 역시 통치자들은 '천리'의 구현보다도 현실의 '사익'을 떨쳐버리기가 결코 쉽지 않은 모양이었다. 반계의 개혁론은 이윽고 당로자에 알려지고 조정의 추진으로 간행되기에 이르렀지만, 정작 그 내용의 '거행'을 추진하는 '군상(君相)'은 아무도 없었다.

아마 반계 자신도 그것의 실행을 기대하기야 하였겠지만, 어찌 기필할 수 있었겠는가. 그러나 그는 자신의 실리(實理)가 밝혀내는 한에서는 왕정의 구현을 위한 변법론을 탐구하지 않을 수 없었다. 가령 그가 소강절(邵康節)의 학문은 사리를 실천하기보다는 '물리(物理)'를 '완롱(玩弄)'함에 머무는 것이라고 비판하면서, 그것이 애초부터 '천도'를 체득한 성인의 경우와는 합치하지 않는다고 단언한 대목을 눈여겨볼 필요가 있다.

> 그의 앎이 만약 성인의 경우와 부절처럼 합치했더라면, 비록 일각인들 실천하지 않으려 해도 그러지 못했을 것이다. 성인은 곧 천도이기 때문이다(『반계잡고』 84, 與鄭文翁東稷論理氣書 別紙).

71 『반계수록』 2-16, 田制 下 田制雜議附.

72 『반계수록』 10-6, 敎選之制 下 貢擧事目.

'천도'가 '천리'의 운행을 멈출 수 없듯이 천도를 체득한 '성인' 역시 일각인들 실리의 '실천'을 멈출 수 없다는 것이 반계의 확신이다. 그렇다고, 반계 스스로가 천도의 체득을 자임하고 나섰다는 것은 물론 아니다. 그러나 '성인의 도' 곧 '천도'에 대한 그의 믿음이 그만큼 독실하였다는 사실에는 의심의 여지가 없다. 이미 살핀 대로 실리는, 모든 사리를 지각하고 대처하는 인간의 활심(活心)에 실려 운행하면서 예악·형정과 같은 인간의 정치사업까지도 이룩해내기 마련이라고, 그는 확신해 마지않았다.

6. 반계 실학의 특성과 의미

반계의 이기론(理氣論)은 이(理)의 근원성을 강조하는 주리론(主理論)의 특성을 지닌다. 즉 반계에 따르면, 자연현상은 물론 인간의 사회정치 현상까지 형상화하는 것은 기(氣)의 작용이지만, 그 기(氣)의 작용을 만고에 걸쳐 조금도 차착 없이 운행토록 하는 것은 곧 이(理)가 지진(至眞)·지실(至實)한 실리(實理)이기 때문이다.

반계의 실리론에 따르면, 세상의 만사 만물은 '기(氣)의 용사(用事)'에 내맡겨져 있는 것이 아니라, 근원적으로는 이(理)가 모든 것을 남김없이 다 체현함에 따라 전개되는 현상이다. 그러므로 세상의 만사 만물은 모두 저마다의 '이'를 지닌 의미 있는 존재요, 특히 인간이란 존재는 누구와도 다른 각기의 독자적 의미를 지니고서 태어난다.

반계에 따르면, 인간의 심(心)은 하나이지만 그 가운데 '이'·'기'의 분변이 있어 도심(道心)과 인심(人心)으로 나뉘어 작용하는데, 도심은 인심의 준칙이 된다. 그리고 심(心)이야말로 성(性)·정(情)을 통괄하여 '중(中)·화(和)'의 덕을 이룩할 수도 있는 활심(活心)이다. 만리(萬理)를 갖춘 인간의 '활심'은 그 자체 운행의 계기를 간직하고 있으므로 모든 사리를 지각하고 그에 대처할 수 있다.

그리고 기(氣)에 대한 이(理)의 근원성을 확신하는 반계는 '이일분수(理一分殊)'라는 이념의 정치사회적 의미에 크게 주목한다. 즉 어떤 강대한 왕권이라든가 혹은 어떠한 권위의 선유(先儒)라 할지라도 '천리(天理)' 앞에서는 모두 자기 '분수'의 이(理)를 지닌 상대적 존재라는 의미에서 그러하다. 이에 인간 각자가 '분(分)'은 달리하지만 모두 주체성을 지닌 존재라고 하는 의미가 성립한다. 그래서 사회구성원의 조화로운 배치 관계를 말하는 '각득기소(各得其所)'론이 반계의 실학에서 새로운 의미를 띠고서 살아나기에 이르는 것이다.

그런데 이 세상의 근원인 '이(理)'는 언제나 실리로 건재하며, 도심은 인심의 준칙으로 작용하고, 더구나 인간은 모두 '천리'로부터 각기 자신의 몫인 '분수리(分殊理)'를 타고나는 존재인데, 세상은 어째서 악으로 들끓고 비리가 창궐하며 치세보다도 난세가 길이 연속하는가.

반계에 따르면, 인간 사회의 악은 형세에 따라 조성되는 것이다. 악을 행하면서도 남이 알까 봐 굳이 감추는 것은 인간의 본성·본심·본분이 올곧다[直]는 사실을 반증한다. 그리고 치세보다도 난세가 연속되는 것은, 삼대가 지난 후로 지배층이 사리사욕을 추구하기 위해 만백성을 억압하고 수탈하는 폐단스러운 법제를 만들어 시행해왔기 때문이다.

주자도 물론 삼대 이후로는 '왕정'이 시행되지 못하였다고 말한다. 그런데 성리학을 집대성한 주자가 제시하는 왕정 회복의 지름길은, "군주의 일심(一心)이 천하의 대본(大本)"이므로, 심성의 함양을 통해 그 '일심'을 바로잡는 일이야말로 최대의 과제였다. 여기서 현실의 구폐책(救弊策)이란 것은 아무래도 부차적인 비중을 지닐 수밖에 없다. 주자학을 마치 "중천에 떠 있는 태양"처럼 숭상하는 조선 성리학이 동일 노선을 견지하였음은 더 말할 필요가 없다. 조선 성리학의 구폐책들도 시무(時務)를 변통한다는 경장론(更張論)으로 일관하였다.

그런데 반계의 경우, 무릇 삼대 이후 폐법으로 인습된 현 실태는 그 병근(病根)이 너무나 깊으므로 결코 시무적 경장론이라는 대증책(對症策)을 가지고는 해결할 수 없다고 확신한다. 주자학의 심법(心法)을 가지고는 결코 '지치'도 '왕정'도 이룩하지 못하였으며, 중국이나 조선이 결국 이적(夷狄)에게 망국의 수치를 당하고 말았다는 엄연한 역사적 현실을 그는 직시한다.

반계의 실리(實理)가 성찰하는 바로는, 지배층이 사욕에 따라 만백성을 수탈하는 인습적 현 실태를 두고서는 결코 치세를 논할 수가 없다. 국가를 공도(公道)로 꾸려가는 길은 우선 만백성의 생활 현실을 안정시킴으로써 그들이 자활(自活)하도록 하는 일이 급선무요, 그러기 위해서는 그들이 항산(恒産)을 갖도록 해야 한다. 그래서 그는 "토지야말로 천하의 대본"이라는 소신을 편다. 만백성의 현실 생활이야말로 기본으로 중시해야 한다는 "이하위본(以下爲本)"이란 새로운 깨달음도 일어났다. 그런 새로운 시각에서는 '군주라는 것도 백성을 위해 설치한 것'이라고 하는 근원적 성찰이 뒤따랐다. 사욕의 추구를 위해 폐단스러운 법을 만들고 백성을 지배해온 종래의 경우와는 달리, 이제 군주란 것은 원래 만백성의 삶을 안정시키기 위해 설치한 직능적 존재라고 하는 획기적인 역사의식의 개안(開眼)이 일어나기에 이르렀다.

이제 그는 주자의 경우를 위시한 성리학의 견지와는 다른 시각의 왕정론을 모색하지 않을 수 없었다. 그는 드디어, 소위 조종(祖宗)의 법제라는 것을 포함한 모든 "폐법을 변혁하지 않고서는 지치(至治)를 회복할 길이 없다"고 하는 근원적 변법론의 견지를 확립하기에 이르렀다. 그의 실학은 그렇게 형성되고 있었다.

재야의 사림인 반계가, 군주에 대해서도 '분(分)'을 논하고 조종의 법제라든가 주자와도 다른 시각의 왕정론을 정립할 수 있었던 것은, 현실에 대한 자신의 자각적 성찰이 그만큼 간절하고, 자신의 실리(實理)가 밝혀내는 '천리·천도'에 대한 믿음이 그만큼 독실했기 때문이다. 그의 실학은 필경 근본적인 국가 개혁론으로 구체화하기 마련이었다. '왕정'을 추구하면서 다시 군주를 비롯한 지배층 인간들의 심성(心性)에 기대할 수는 없으므로, 엄정한 객관적 기준의 변법론이 필수적이었다.

> 대저 법이란 것은 장인(匠人)의 승척(繩尺)과 같으며 야인(冶人)의 모범(模範)과 같다. 이른바 '승척'이 승척이지 못하고 이른바 '모범'이 모범이지 못한다면 비록 천하의 훌륭한 공장(工匠)이라 하더라도 한 칸 집이나 한 개 기구도 만들어낼 수가 없다. 세속 사람들은 다만 훌륭한 공장(工匠)을 들먹이면서도 그가 반드시 승척과 모범을 사용해야 한다고는 말하지 않으니, 그것은 심히 잘못 생각하는 것이다(『반계수록』 4-23~24, 田制後錄 下).

반계가 변법을 통해서 새로 정립하고자 하는 것은 이른바 '승척'·'모범'과 같이 만인에게 제일적(齊一的)으로 적용되는 객관적 규범이었다. 곧 새로운 '왕정'의 시대를 구현할 기준이 되는 법제였다. 그가 탐색한 새로운 기준 법제 가운데서도 가장 기본이 되는 것은 역시 토지제도였다. 고경(古經)이 말하는 이상적인 토지제도는 정전제(井田制)이지만, 정전제는 구체적 실상이 전해지지 않고 그 원리만이 전해올 뿐이었다. 그래서 그가 심혈을 기울여 모색해낸 것은, 전국 농토를 공전(公田)으로 하고 이를 전국 주민의 직역에 따라 균평하게 배분함으로써 정전제의 내실을 그대로 살린다는, 공전론적(公田論的) 균전제론(均田制論)이었다.

반계가 제시한 공전론적 균전제론은 한국사에서 처음 보는 강력한 개혁론이었다. 종래의 결부법은 전혀 토지의 실세(實勢)를 파악할 수 없었으므로, 이에 절대면적을 점검하는 경묘법으로 갱신함으로써 전국 농토를 유루 없이 파악도록 한다. 그리고 토지를 기준 삼아 호구를 파악함으로써 역시 탈루가 무상(無常)한 전국의 호구를 유루 없이 온전히 관리한다. 토지·호구의 실세를 제일적으로 파악하는 일이야말로 왕정 운용의 지반 확보에 해당하는 것이었다.

그런데 반계의 공전제론은 토지를 기준으로 하고서 인간을 파악한다는 제도였다. 그는 토지를 기준 삼아 인간을 파악하는 방식이야말로 "천리에 합당한" "유정제동(由靜制動)의 원리"라고 확신하였다.

주지하듯이 중세 후기에는 토지의 소유 관계를 비롯한 사회의 분화가 점차 격렬해지고, 인간의 사회 활동 또한 다양하게 분출하는 것이 일반적 현상이었다. 그런데 반계의 공전제론은 토지의 사적 소유를 부정한다. 또 토지를 기준 삼아 인간을 파악한다는 것은 인간의 자유로운 이동을 억제하기 마련인 규정이다. 그러니 그의 공전제론은 현실 역행적이라고 해야 하는 것은 아닐 터인가.

결과론적으로 살핀다면 그것은 다분히 현실 역행적인 것이었다. 현실은 오히려 그의 의도와는 상반된 과정으로 진행하고 있었다.

그런데 중세 후기는 또한 다양한 사회 실체들이 무질서하게 난립하고 분출하는 행태를 드러내는 시기였다는 사실을 간과해서는 안 된다. 앞에서 살펴본 것처럼, 끝없는 중간 농단과 횡침과 수탈의 행태들이 그것을 증언한다. 국가가 토지·호구의 실세를 전혀 파악할 수 없는 현상도 마찬가지로 중간 농단 때문이었다.

토지와 호구라고 하는 국가의 기본 실세를 모르고서야 무슨 '왕정'을 논할 수 있겠는가. 반계는 바로 왕정을 구현할 지반의 확보를 위해 토지를 기준으로 하는 인간 배치를 고안하였다. 그런데 그 역사적 의미는 따로 살필 수 있다. 그것은 중세 후기 현실 사회 실체들의 무질서하고도 지리멸렬한 난립과 분출을 제일적으로 정리 정돈함으로써 새로운 시대를 지향하는 지반을 닦는다고 하는 객관적 의미를 지닌다. 그래서 전국 모든 주민이 자립적 자영의 항산자로 정립되고, 공역(公役)과 공세(公稅)라는 일정한 몫의 부세만을 담당한다. 가령 모든 농민이 자영농으로 정립되면 농업생산이 종래의 '2갑절' 이상 증대한다는 수치도 충분히 고려되어야 할 것이다. 농업생산에서 잉여와 축적이 가능해지면 호구가 늘어나고, 결국 국부도 증대하기 마련이다. 모든 하급 관리라든가 이(吏)·예(隸) 역시 일정한 늠록을 받아 자립적 공직자로 정립된다.

국가의 세입(歲入) 또한 수십 가지 잡다한 공물(貢物) 대신에 세곡(稅穀. 일부 稅錢 포함)으로 단일화하여 징수하므로 그 수납과정의 번거로움에 편승해 기생하는 이서(吏胥)층의 부정부패가 원천적으로 제거된다. 그리고 세입에 기초하는 재정을 경상비로 책정하고 제도에 따라 지출하는 형태를 취하고, 별부(別賦)니 인납(引納)이니 하는 기타 잡부(雜賦)를 일체 혁파할 수 있다. 도대체 일정한 경상비를 세워두고 제도를 따라 국가재정을 운영한다는 것은 유사 이래 처음 있는 새로운 법제의 창립(刱立)에 해당하는 일이었다. 그래서 종래의 공납제라는 강제 징납을 통해서 국가 수요물을 충당하던 방식이 이제 생산자로부터 시장을 통해 상인들이 구입해서 국가기관에 판매하는 자율적 제도로 전환하게 된다. 국가기관은 일정한 물종(物種)을 항구적으로 사용하게 되어있으므로, 시장경제는 항구적으로 작동하기 마련이다. 생산업과 상업이 자율적으로 운영될 때는 생산기술·제조기술이 발전하고 시장경제도 번성하기 마련이다. 그에 따라 국가의 경제부문 전체가 크게 활성화하게 될 것이다. 각처 인간들의 생활정보 교환 또한 활발해질 것이다.

반계의 변법론은 '왕정'을 구현할 새로운 객관적 기준과 법도를 정립한다는 것이었다. 가령 구래의 15두(豆) 1석(石)의 양제(量制)를 고쳐 10두를 1곡(斛)으로 갱신한다는 고안도 새로운 실용적 기준의 확립에 해당했다. 극히 간단한 이 양제의 전환에서도 그 역사적 의미는 따로 살필 수 있다. 역시 새로운 시장경제 시대의 전개를 향한 필수적인 객관적 기준의 도량형제를 정립한다는 의미이다.

그런 객관적 기준의 정립 가운데는 가령 시장에서 거래될 일반 물화의 제조에 대해서도 일정한 법식을 확립하는 것이 필수의 요청이었다. 이미 살펴본 것처럼, 솜씨가 좋은 공장(工匠)일수록 관부(官府) 혹은 양반들의 침해를 크게 받기 마련인 것이 이 시기 기술자들 삶의 현주소였다. 그 때문에 기술자들이 만든 물화는 조잡하지 않은 것이 없고, 큰 길가의 집들도 양반 세가들의 횡침이 두려워 모두 왜소하게 짓는 인습의 연쇄가 지속되었다. 반계는 그 같은 폐습을 극복할 방안을 제시한다.

> 공전제를 실시하고 학교 교육제도가 법식대로 확립된다면 사민(四民 즉 士·農·工·商)이 각기 자기 직역을 차지하여 안정될 것이다. 장인(匠人)이나 상인에게 일정한 세를 정해두고 횡침하지 않으며, 관부에 속한 공장들에게는 상름(常廩)을 정해둘 것이요 그 공적과 능력을 고찰하여 실적에 따라 더

주고 덜 주도록 한다면, 권면하고 경계하는 법식이 서게 될 것이다. 그렇게 된 후에 유사(有司)로 하여금 때에 따라 금령을 발동하여 무릇 시장에서 거래하는 물화가 거칠고 견고하지 못하며 정교하지 못함이 법식에 어긋나거나 혹은 공교함이 지나쳐서 사람의 마음을 홀리게 하는 경우는 모두 다 처벌하도록 한다. 무릇 사업을 벌이면서 사람들에게 금령을 알려 미연에 방지하지 않고 그대로 두었다가 그것이 습속으로 굳어지면 변경하기가 어려운 것이니, 지금의 추포(麤布) 역시 그런 사례이다. 그러므로 옛날 선왕의 치세에서도 공장(工匠)이 제조하여 시장에서 유통되는 모든 물화에는 모두 다 법식과 금령을 두었으니, 그 의미가 심장한 것이다. 그것은 곧 인심을 바로잡으며 사업의 공적과 능력을 향상시킴으로써 온 천하로 하여금 동일한 풍속을 보존하게 하는 한 도리인 것이다(『반계수록』 25-51, 續篇 上 制造).

무릇 관부라든가 양반들의 가외의 횡침을 일체로 제거해야만 공장(工匠)들의 조잡하고 추악한 물화의 제조에 대한 책임을 묻고 처벌할 수 있다. 위의 '법식과 금령'이란 것은 그와 같은 구래의 조잡한 인습을 극복하고 새로운 시대의 새 기준을 정립한다는, '의미심장한' 조항이라 할 수 있다. 그것이 어찌 수공업 한 가지에만 해당하는 조항으로 끝나고 마는 것이겠는가.

반계는 그러한 새로운 기준을 적용할 사업으로 다시 도로의 개설이라든가 교량의 건설을 예로 들었다. "우리나라 풍속이 수레를 사용할 줄 모르기 때문에 도로를 닦을 때 철저하게 하지 않고 좁고 협착한 지형을 따라 그대로 하고 있으니, 백성의 직역이 안정되는 때에 가서 다시 평탄하게 개수(改修)하여 모두 수레[車]가 다닐 수 있도록 해야 한다." "모든 교량

은 반드시 석축(石築)으로 건설하여 영구히 견고하게 되도록 해야 한다"는 등의 고안이 그것이다.[73]

또 반계의 변법론 가운데 가령 양반이라는 문벌제도의 철폐 항목은 인재를 선발할 때 세습적 종족 기준으로부터 이제 각 개인의 자질과 능력이라는 보편적 기준을 따라 널리 개방한다는 고안이었다. 이는 물론 점진적으로 성취될 수밖에 없는 사안이지만, 국가사회 전반에 걸쳐 더없이 큰 활력을 불러일으킬 거대한 제도적 전환이 될 것이었다. 모든 주민이 자질과 능력에 따라 교육을 받고 도덕과 기예를 제대로 수련한 자들이 사(士)의 신분으로 상승할 수 있다면, 인재 육성의 통로가 이제 전체 주민을 대상으로 무한정 확대되는 것이다. 그것은 고대 이래 골품이니 귀족이니 하여 극소수만이 지배층으로 군림해온 오랜 인습을 깨뜨리고, 모든 주민을 신분제라는 굳은 폐습의 제약으로부터 해방시키는 결과를 가져온다. 누구든지 노력을 통해 자기의 능력을 발휘할 수 있는 해방의 시대가 열리게 되는 것이다.

그의 노비제 개혁안도 마찬가지 발상의 고안이었다. 동서양을 막론하고 고대 이래 다수의 인간을 노예 혹은 노비로 종속시켜 사민(私民)으로 사역하는 제도가 있었다. 우리나라의 경우 특히 강고한 신분제도를 인습한 탓도 있지만, 조선왕국에서는 노비에 대한 차등이 특히 비인간적 악법으로 고착되기에 이르렀다. 그 같은 인습이야말로 지배층이 사욕을 추구하기 위해 만든 악법 가운데서도 가장 큰 악법이었다. 근원적으로는 다 같이 '하늘이 낸 백성[天民]'인데도 전체 주민의 절반 가까이를 지배층이 우마와 같은 재산으로 소유하여 매매·상속하고, 자손 대대로 사역하

---

73 『반계수록』 25-52~53, 續篇 上 道路 橋梁.

면서 자기 사민으로 확보하여 독점적으로 지배해온 것이다.

그 같은 악법을 두고서야 무슨 '치세'를 실현할 수 있겠는가. 반계는 그렇게 심각한 고질로 오랫동안 인습이 이루어진 노비법을 일시에 개혁할 수는 없었다. 그러나 점진적인 과정을 거쳐 마침내는 노비제도라는 강제 사역의 인습을 혁파하고 고용노동이라는 자율의 임노동(賃勞動)제도를 확립한다는 고안을 제기하였다. 이제 노비 신분은 점차 해방되어 개별 인간마다 자립적 생산자 혹은 임노동자로 성장하게 될 것이다. 그것은 무릇, 인간을 사민(私民)으로 종속시켜 사역해온 고래(古來)의 악법 폐습을 철폐함으로써 모든 주민을 국가 직속의 자립적 공민(公民)으로 확보한다는 역사적 의미를 갖는다. 동시에 그들 스스로 '하늘이 낸 백성'으로서의 자율적 생생(生生)의 삶을 개척할 적극적 터전을 마련한다는 역사적 의의를 지닌다. 그 많은 자율적 주민들의 새로운 사회활동이 전개될 때 불러일으킬 국가사회 전체의 활력 또한 이루 다 헤아릴 수 없을 것이다.

문벌제도 및 노비제도의 전면적 개혁론 또한 유사 이래 반계의 실학에서 처음으로 체계화하여 제기되는 변법론이었다.

이상에서 살펴본 바와 같이 고경전(古經傳)에 남은 삼대 왕정의 원리를 탐구하여 현실에 맞게 고안한다고 하는 그의 변법론은 혹 너무나 복고적인 것은 아닐 터인가.

워낙 유학 자체가 복고적 성향을 지닌 것이므로, 반계의 실학에도 복고적인 면이 없지 않다. 그의 개혁론이 2000년 전 주공(周公)이 제정했다는 『주례』를 준거 삼은 것부터가 그것을 증언한다. 가령 「교선지제(教選之制)」의 첫머리에서부터 주자가 '증손(增損)'한 향약의 시행을 권장하면서 지역마다 사류(士類)가 주도하는 향약을 기본 교육과정으로 운용하여 교화를 펴고 선속(善俗)을 장려한다는 고안도 마찬가지다. 그 같은 복고적 성향은 시대적 제약에서 유래하는 실학의 본질적 한계로 볼 수 있다.

그런데 반계의 변법론은 『주례』를 비롯한 옛 경전의 원리를 탐구하여 비뚤어진 현 실태를 근원적으로 개혁하고자 하는 것이요, 경전의 내용을 그대로 현실에 적용하려는 것이 아니었다는 사실 또한 간과해서는 안 된다. 그 단적인 예는 교육 부문에서 잘 드러난다.

가령 『주례』에는 대사도(大司徒)가 6덕(德)·6행(行)·6예(藝)라는 "향삼물(鄕三物)로써 만민을 가르쳐 빈흥(賓興)하도록 한다"는 막연한 규정이 있을 뿐이요, 일반 서민의 교육에 관한 구체적 문제의식은 아예 등장하지 않았다. 그런데 반계 실학의 교육론은, 비록 막연하나마 신분의 상승을 열망하는 만백성의 숙원을 반영한 교육과정을 수용하였다. 즉 백성의 자제에 대한 기초교육의 중요성을 크게 강조하면서 "지치(至治)를 구현할 근본 기지(基地)"로서 향상(鄕庠: 面立 초등학교)의 설치를 고안하였다. 그리고 읍학(邑學)·영학(營學)을 거쳐 중앙의 태학(太學)에 이르기까지 모든 단계의 학교 교육을 자질과 능력 있는 자에게 개방한다는 기본 원칙을 설정해두었다. 그것은 백성의 자제에게도 덕성과 도예(道藝)를 길러 사(士)로 나아가고, 벼슬자리에 나아갈 수 있는 길을 개방해둔 것이었다. 인습의 문벌제도라는 것도 이들 '기지'를 비롯한 각급 학교의 교육 성과들이 모이고 쌓이면서 결국 점차 철폐되어 나갈 것으로 이해된다.

반계 실학의 교육론은 유사 이래 처음으로, 모든 주민이 자기의 자질과 노력에 따라 재능을 계발하면서 제자리를 찾아 자기실현을 수행할 수 있는 길을 열어두었다. 그것은 결국 구체적 민생의 현실을 바탕으로 하고서 천(天)·인(人) 합일의 이념을 추구하는 구체적 의미를 지닌다고도 할 수 있다.

소위 '조종의 법제'와 주자학적 경세 이념, 거기다 온갖 인습이 얽혀

지배하는 조선 후기의 현실 속에서 그 현실을 초극하고자 하는 새로운 경세론으로 형성된 것이 반계의 실학풍이었다. 그래서 그것은 옛 성인(聖人)이 남긴 경전의 공부를 통해 탐색한 삼대 '왕정'의 원리를 살려내어 조선 후기의 현 실태를 근원적으로 개혁함으로써 이 땅에 '왕정'의 회복을 시도한 새로운 국가체제 개혁론으로서의 성격을 띠었다. 객관적으로 그것은 중세 후기의 조선왕국에서 형성된 개혁론으로서, 지리멸렬한 역사적 현 실태를 제일적(齊一的)으로 극복하여 새로운 시대를 열어보려는 구체적 변법론으로서의 역사적 의미를 지닌다. 그러므로 그것은, 현실의 비리를 개혁하려는 의도에서 어느 시대에나 제시할 수 있는 무실론적(務實論的) 경장론과는 성격을 달리한다.

(『韓國實學硏究』 18, 韓國實學學會, 2009)

제5장

반계의 변법적 통치론

1. 머리말

반계 유형원(1622~1673)은 태어난 바로 다음 해부터 평생 잊을 수 없는 큰 참화를 두 차례 겪으면서 성장하였다. 그 첫 번째는 출생 다음 해에 부친이 소위 '유몽인의 역옥(逆獄)'에 연루되었다는 무고(誣告)를 당해 억울하게 희생된 참화였다. 이 억울한 참화에 대해서는 그가 차츰 성장하면서 자세히 알게 되었겠지만, 그로 인한 가정의 파탄은 결코 돌이킬 수 없는 치명적 환란으로 각인되지 않을 수 없었다. 이는 그의 일생에 실로 큰 영향을 미쳤다. 그는 아마도 현실의 '정치'라는 것은 결코 믿을 것이 못 된다는 통렬한 비판의식을 일평생 간직하였을 것으로 이해된다.

게다가 15세에는 또 하나의 참화인 병자호란(1636~1637)을 맞았다. 호란에서 항복한 조선왕국은 이른바 군(君)·부(父)로 섬겨오던 명(明)나라 대신 지금까지 오랑캐로 낮추어 본 여진족의 청(淸)나라를 '천자의 나라'로 받들어 섬기지 않을 수 없었다. 이어서 청국은 명나라를 멸망시키고 중국의 주인으로 걸터앉아 온 천하를 호령하는 위상을 차지하기에 이르렀다. 반계는 여기서도 또 한 번 심각한 회의와 번민을 겪지 않을 수 없었다.

아직 사려분별을 갖추지도 못한 어린 나이에 한 개인의 가정적 참화를 겪은 혼란스러운 고통 위에 또다시 약관 미만의 감수성 예민한 나이에 병자호란이라는 온 천하의 참화를 직접 겪게 되면서, 그는 실로 절망적 현실감에 빠지지 않을 수 없었다. 도대체 이 세상은 한 개인, 한 가정의 환란이라고 하는 개별적 참화로 끝나는 것이 아니라 온 천하가 모두 미쳐 날뛰는 치명적 환란으로 연속해 치닫고 있다는, 현실적 환란의 근원에 대한 근본적 회의를 스스로의 체험으로 심각하게 각인하지 않을 수 없었던 것이다.

반계는 특히 당인(黨人)들이 횡행하는 17세기 조선왕국의 정치실태에 대해서도 깊은 불신의 염(念)을 품고 있었던 것으로 밝혀졌다. 현 실태에 대한 강한 거부감은 25세 때 고모부이자 스승인 동명 김세렴(1593~1646)을 추모하여 지은 제문에서도 잘 드러난다.

> 무릇 지금 사람들은 집에서는 거리낌 없이 제멋대로 하고 백성에게는 한없는 탐욕을 부리며, 임금을 속이면서도 스스로 득의의 계책으로 삼는 자들이 도도히 넘쳐난다. 그런데도 날마다 그 부귀를 즐기고 오래 수(壽)까지 누리니, 자손들은 앞에 그득하고 집안은 날로 더욱 번성한다. 이 어찌된 일인가. 내 어찌 천(天)이란 것은 믿기 어려우며 이(理)라는 것은 헤아리기 어렵다고 하지 않겠는가.[1]

즉 "당대 제1의 인물"[2]이라는 그의 고모부는 "도덕의 광휘(光輝)를 크게 실현해보지 못하고"[3] 비교적 일찍 작고한 반면, 방자하고 탐욕스러우며 임금 속이는 일까지도 능사로 삼는 속류 당인들은 오히려 부귀 장수하고 자손 대대로 복록을 누리는 것이 세상 실태였다. 반계는 이를 결코 긍정

---

1 『동명집(東溟集)』 부록 31, 祭東溟先生文.

2 "(金)世濂眞是當代第一人物, 不獨才華出衆而已, 世濂處心醇謹, 操行甚高"라는 평가는 일찍이 지경연 우복 정경세가 국왕 인조 앞에서 직접 말한 것이었다[『동명집』 부록 3, 行狀(허목 찬)].

3 위 제문(祭文)의 한 구절이다.

하기 어려웠다. 도대체 '천리'라는 것은 어디서 찾아볼 수 있다는 말인가.[4]

무릇 인류의 역사란 것은 애초부터 그 같은 환란의 연속에 불과한 것인가. 그러나 소위 삼대(三代) 성왕(聖王)의 치세에서는 결코 그렇지 않았다. 어느 경전(經傳)을 보더라도 성왕의 왕정(王政)에서는 인간이 각자 제 자리를 얻어 제 뜻을 펴면서 의지하고 살 만한 역사적 내용으로 가득 차 있지 아니한가. 무릇 성왕들은 모두가 천리를 따라 이 세상을 통치함으로써 그 같은 왕정을 구현하지 않았는가. 그런데 삼대가 지난 이후로는 곧 환란의 시대로 치닫게 되었던 것이라고 반계는 인식한다. 대체 왜 그렇게 변질되고 말았는가.

> 삼대의 법제는 모두 '천리(天理)'를 가지고서 제도를 만들었는데, 후세의 법제는 모두 인욕(人欲)을 가지고서 제도를 만들었다. 인욕으로 만든 법제를 가지고서 국가의 치세(治世)를 실현하고자 하니 천하에 어찌 그리 될 이치가 있겠는가? … 아아, 폐습(弊習)을 가지고 폐습을 이어받아 온 유래가 오래되었다. 군자는 항시 무용지물이 되고 소인은 길이 뜻을 펴왔으니, 그 화는 마침내 천리가 사라지고 사욕(私欲)이 넘쳐나며 생민(生民)은 썩어 문드러지고 견융(犬戎)이 천하의 주인으로 되기에 이르고 말았다. 이는 무슨 까닭인가? 반드시 그렇게 된 사유가 있을 것이다.[5]

즉 삼대가 지난 이후의 역사가 근본적으로 변질된 까닭은 곧 '천리'를 벗어나 인간의 사욕(私欲)을 따라 제정한 법제를 가지고 통치함에서 기인

4 이상 반계의 현실 인식은 金泰永, 2009, 「磻溪 柳馨遠의 變法論的 實學風」(『韓國實學研究』 18 ; 본서 수록) 참조.

5 『반계선생연보』 선생 50세(현종 12년 신해), 答鄭伯虞問隨錄書.

한다. 삼대 이후로는 무릇 국가 통치라는 것이 이전부터의 폐습(弊習)을 누적적으로 인습하는 행태로 지속되어온 것이므로 화란에 화란을 거듭할 수밖에 없고, 결국은 오랑캐가 온 천하를 호령하는 참담한 현실을 맞기에 이르렀다는 통렬한 각성이 드러난다.

그런데 여기에서 당면하고 있는 더 큰 문제는 '반드시 그 같은 환란을 초래한 사유가 있을 것임'에도 불구하고 현재로서는 그 '사유'의 근원을 궁극적으로 탐구하여 제거하고자 하는 어떠한 시도조차 실종되어 버렸다는 사실 그것이다. 그것은 곧 안일한 타성에 젖어있는 현 실태 통치체제의 속성에 관한 준엄한 질문이다.

> 생각건대 폐단이 폐단스럽게 된 것은 그것이 몇백 몇천 년 동안 점점 쌓여오면서 잘못된 것을 가지고서 잘못을 인습함에 따라 그대로 옛 규정을 이루게 되었으며 서로 뒤엉겨 마치 흐트러진 실타래처럼 되고 말았다. 그 근본을 궁구하여 분란스러움을 척결하지 않고서는 그것을 바로잡을 길이 없다. 그런데 지금 관직을 띤 자들은 이미 과거(科擧)를 통해 진출했으므로 오직 습속대로 따라 하는 것이 편의한 줄을 알 뿐이요, 초야에 있는 사류(士類)는 혹 자기 수양에는 뜻을 두지만 경세(經世)의 활용에는 성의를 다하지 않는다. 그러니 이 세상은 치세를 이룰 날이 없고 생민의 화란은 끝이 없는 것이다.[6]

그렇다면 조선왕국의 통치 실태를 지탱해가는 소위 '조종(祖宗)의 법제'라든가 혹은 배타적 지배이념으로 행세하는 주자학 경세론은 그 같은

---

6 『반계수록』 26-26, 書隨錄後.

악법 폐속의 인습에 대해서 어떻게 대응하고 있는가?

(삼대의) 주(周)나라가 쇠퇴하자 비록 왕도(王道)는 실현되지 못하였지만, 오히려 그 제도와 규정으로서 온 천하에 널려있는 것들은 아직도 남아있었다. 그래서 성현의 경전은 오직 통치의 원리만을 논하여 학자들에게 전하였지만, 그 제도들 사이에 곡해가 일어나는 일은 없었다. 그러나 진(秦)나라 이래로는 옛 법전과 제도마저 모조리 없어지고 무릇 옛 성인들이 정령을 시행하고 교화를 펴던 절목들이 하나도 세상에 남은 것이 없게 되었다. 이에 온 천하의 듣고 보는 것이 후세의 사의(私意)로 만든 제도에 매달려 고착되고, 다시는 선왕의 법전과 제도[典章]가 있는 줄은 알지도 못하게 되었다. 그래서 높은 재주와 영특한 지혜를 가지고서 옛날 지식에 해박한 자라도 역시 (옛 제도의) 상세한 내용은 알 길이 없어지고 말았다.[7]

곧 조선왕국의 '조종의 법제'는 물론이려니와 주자학 지배이념이라는 것도 결코 옛 성왕들이 시행한 '왕정'의 절목들과는 결코 동질적인 것일 수가 없다는 확고한 역사 인식을 살펴볼 수 있다. 하필 조선왕국의 경우일 뿐이리오. 세계의 중심이라는 중국의 통치 실태 또한 결코 삼대 왕정의 경우와 동질적일 수가 없다는 데서는 마찬가지다. 더욱 놀라운 현상은, 수천 년 동안 누적된 그 같은 인습이 너무나 오래 지속된 결과, 이제는 삼대 왕정의 통치체제에 관한 근본적 각성조차 아득히 멀어지고 말았다는, 어디까지나 현 실태 순응적인 현실 의식만이 행세하기에 이르렀

7 『반계수록』 26-27, 書隨錄後.

다는 사실 그것이다.

반계는 드디어, 인습으로 누적된 현 실태 악법 폐정에 대한 통렬한 각성을 통해, 어려서 경험한 가정의 참화뿐만 아니라 자기의 국가인 조선왕국, 그리고 더 나아가 중국을 중심으로 하는 세계사적 환란의 역사적 근본 원인을 궁극적으로 통렬히 성찰하고 탐구하는 길로 들어서지 않을 수 없었다. 곧 개인적 환란에서 촉발된 위기감을 드디어 세계사적인 위기감으로 승화하기에 이르렀다. 그래서 삼대 성인들의 경전의 원리에 따라 인류의 보편적 가치를 구현하는 왕정을 회복하지 않으면 안 된다는 절실한 역사적 현실 인식을 체험적 소신으로 간직하기에 이르렀다.

그런데 왕정의 회복을 위한 새로운 통치법제의 정립 과제는 실로 국가체제 자체를 근본적으로 개혁하지 않으면 안 되는 변법론으로 드러날 수밖에 없었다. 그 변혁적 과제를 정면으로 담당하고자 시도한 반계의 변법적 국가 개혁론이 조선 후기 실학(實學)의 학풍을 처음으로 결실하기에 이른 것으로 해석된다.[8]

물론 중국이나 일본에서도 17, 18세기에는 각기 그들 나름의 실학을 전개하고 있었다. 그런데 반계를 비조로 하는 조선 후기의 실학은 이 시기 동아시아 어떤 나라보다 독자적이면서도 강력한 변법적 국가 개혁론의 학풍을 전개하였다는 점에서 가장 두드러진 특색을 지닌다.

반계 학문의 출발도 물론 당시의 일반적인 풍상에 따라 이기론(理氣論)이라는 성리학의 본체론에서 출발하였다. 그는 처음에 주기론(主氣論)의 견지에 서 있었으나, 실로 오랫동안 회의와 참구(參究) 끝에 드디어, '이(理)'야말로 '실리(實理)'로서 이 세상만사 만물을 작동시키는 근원이 된다

8 반계에서 실학의 학풍이 탄생하게 되는 전말에 대해서는 김태영, 2009, 앞의 논문(본서 수록) 참조.

는 '실리론(實理論)'을 확고히 깨닫기에 이르렀다. 그의 실리론에 따르면, 세상만사 만물의 존재 자체가 모두 '천리(天理)'로서의 '실리'를 구현하는 것이므로 모든 존재는 각기 독자적 의미를 지니기 마련이요, 그 가운데서도 인간이야말로 가장 의미 있는 존재이다.

그리고 '기'에 대한 '이'의 근원성을 확신하는 반계는 '이일분수(理一 分殊)'라는 성리학 이념의 정치·사회적 의미에 크게 주목한다. 가령 아무리 강대한 왕권(王權)이라든가 혹은 어떤 권위 있는 선현(先賢)이라 할지라도 '천리' 앞에서는 모두 자기 '분수(分數)의 이'를 지닌 상대적 존재요, 노예처럼 미천한 인간일지라도 각자의 '분수의 이'를 타고난 의미 있는 존재라는 뜻에서 그러하다. 이를 반계는 "각자가 제 분을 얻는다[各得其分]"고 표현한다. 그리고 이 세상의 인간 존재는 "각자가 제 위상을 차지하는[各得其所]" 상태가 이상적 인간관계라고 확인한다.[9] 더구나 "이(理)가 하나인 까닭에 인간은 누구나 요(堯)·순(舜)이 될 수 있다"고도 강조한다.[10]

무릇 인간이라면 모두가 '자기의 분과 위상'을 차지해야 한다는 명제는 곧 이 세상 인간이 모두 각기 독자적 존재라고 하는 사실을 전제한다. 그리고 인간은 각자의 자질과 노력 여하에 따라 요·순의 '분과 위상'을 두루 갖추게 될 수 있다는 것이 반계의 소신이다. 그래서 반계의 통치론은 이 세상 인간 각자가 모두 제 '분'을 얻고 제 '위상'을 차지하도록 하는 과업을 최대의 목표로 삼아 추구하는 구도로 드러났다.

한국 실학사상사의 계보에서 반계를 그 '1조(祖)'라고 지칭한 이는 정

9 반계의 이분수론(理一分殊論), 각득기분(各得其分)·각득기소론(各得其所論)에 관해서는 김태영, 2009, 앞의 논문(본서 수록) 참조.

10 『반계잡고』 121, 雜錄.

인보였다.[11] 광복 후 반계의 실학을 처음 본격적으로 연구한 이는 천관우였다.[12] 반계의 이기론에 관한 자료를 새로 발굴하고 그 실리론에서 실학이 탄생하였음을 논증함으로써 반계 실학의 철학적 근거를 처음으로 밝힌 이는 이우성이었다.[13]

필자는 '조종의 법제'와 '주자학적 지배이념'에 따르는 조선왕국의 전통 통치체제를 지양하고 국가를 근본적으로 개혁함으로써 삼대의 왕정(王政)을 이 땅에서 구현하고자 추구한 것이 반계 실학의 특징이라고 생각한다. 그래서 이 글에서는 우선 그런 특징적인 면들을 분석적으로 고찰하기로 한다. 이어서 현 실태 국가의 통치 기능을 고찰하면서, 국가의 기본 주민인 사·농·공·상 4민의 직사를 구성적으로 조직하고 양성하는 일이야말로 왕정이 추구해야 하는 주요 과제임을 밝혀보기로 한다. 그리고 반계가 달리 관심을 기울인 예속(禮俗)의 실현을 통한 문명(文明)의 추구에 관한 내용들을 살펴보기로 한다.

2. 반계 실학의 통치이념

반계 실학의 출발점은 '왕정'을 구현한 삼대의 통치법도라든가, 그 법도의 근원적 이념인 '천리(天理)'·'천도(天道)'를 궁극적 표준으로 확신하는

11 鄭寅普, 1935,「茶山先生의 一生」,『東亞日報』, 1935년 7월 18일 ; 1955,『薝園國學散藁』, 文教社.

12 千寬宇, 1952,「磻溪 柳馨遠 研究(上)」,『歷史學報』 2 ; 1953, 동(下),『歷史學報』 3.

13 李佑成, 1988,「初期 實學과 性理學과의 관계」,『東方學志』 58.

데 있었다.

> 삼대의 법제는 모두 천리(天理)를 따르고 인도(人道)에 순응하도록 제도를 만든 것이므로 그 요체는 만물로 하여금 각기 제 위상을 차지하지 못함이 없도록 하는 것이었다. … 후세의 법제는 모두 인욕(人欲)을 따라 구차스레 편의를 도모하기 위해 제도를 만들었으므로 그 귀결은 인류가 썩어 문드러지는 지경이 되고 천지(天地)도 닫히고 막히기에 이르렀다. (삼대의) 옛 법제와는 정히 상반(相反)하는 것이다.[14]

그렇다면 가령 조선왕국에서 현행하는 '조종의 법제' 가운데 삼대의 것과 '상반하는' 폐법(弊法)으로서는 특히 무엇이 대표적인 것인가? 『반계수록』은 한국사상 17세기 당시까지의 어떠한 개혁론보다도 그 같은 '폐법'들의 현 실태와 그 변혁에 관한 사안들로 가득 차 있다. 그러한 변법론 가운데서도 반계가 가장 단호히 부정하고자 하는 대표적 '폐법'의 행태를 거론하자면 역시 노비법(奴婢法)을 들 수 있을 것이다.

천리·천도라는 객관적 원리에서 본다면, 무릇 인간은 모두가 '천리'를 함께 타고난 '동류(同類)'요, 따라서 모두가 '하늘이 낸 백성[天民]'이다. 그런데 노비법은 지배층이 자기들의 사리(私利)를 추구하기 위해 다른 부류 인간들의 인신을 노비로 규정해놓고 사적 소유물로 강제하는 비리의 악법이다. 노비는 그 소유주의 사역(私役)만을 담당하도록 사민(私民)으로 규정되어 있는 까닭에, 국가 공역(公役)을 담당하는 공민(公民)이 아니었다. 노비법은 인간을 살아있는 재물로 규정하여 매매·상속·증여의 대상으로

14 『반계수록』 26-27, 書隨錄後.

취급하는 비인륜적 악법이었다. 그것은 가령 중국에서는 이미 없어진 지 오래인데도, 조선왕국에서는 가장 혹독한 인습으로 길이 지켜가는 폐법이었다.

> 지금 우리나라는 노비를 가지고 재물로 삼는다. 대체 인간은 동류(同類)인데 어찌 인간이 인간을 재물로 삼는 도리가 있을 것인가? 옛날 (중국은) 국가의 부(富)를 물으면 말[馬]의 수로 답하였다. 이는 비록 천자·제후라도 다만 인간을 다스리는 소임을 맡을 뿐이요, 일찍이 인간을 가지고 자기의 재물로 삼지 않았기 때문이다. 지금 우리나라 습속으로는 남의 부(富)를 물으면 반드시 노비와 전지(田地)를 들어 말한다. 여기서 또한 법제가 잘못되고 습속이 고루한 현실을 볼 수가 있다.[15]

무릇 한 계층이 다른 계층을 도구적 존재로 속박하는 노비법은 '천리'에 반(反)하는 악법이다. 그럼에도 불구하고 조선왕국의 노비법은 무릇 부모 한쪽이 노비이면 그 자자손손을 모두 노비 신분으로 고착시키는 종천법(從賤法)과 자손 대대로 사역하는 세역법(世役法)을 적용하고 있었다. 그리고 도망간 노비를 잡아 오는 개인의 일에도 국가 공권력이 뒷받침해주는 노비 추쇄법(推刷法)을 적용하고 있었다.[16]

그런데 종천법에 따라 노비의 수는 급격히 증가하게 마련이었다. 더구나 군역(軍役)의 부담이 고통스러워 양인(良人)은 자녀를 남의 사비(私婢)·사노(私奴)와 많이 결혼시키니, 양인의 수는 줄어들기 마련이었다. 노비법을

---

15 『반계수록』 26-8, 續篇 下 奴隷.

16 노비의 종천, 세역, 추쇄의 역사적 정착과정에 관한 고찰은 김태영, 2009, 앞의 논문(본서 수록) 참조.

그대로 둔다면 머지않아 반드시 나라에 양인이 없어질 지경이었다.[17]

국가 공역을 담당치 않는 사민(私民)이 다수로 증가하는 것은 곧 국가의 존립 지반 자체를 침식하는 일이었다. 그뿐 아니라 노비를 서로 차지하겠다고 다투는 소송 또한 극히 번다해져, 국가는 정작 다른 통치와 교화에 힘쓸 겨를조차 없었다.

노비법은 국가의 통치와 교화에 막대한 해악을 끼치는 악법일 뿐인데도, 단지 지배층이 목전의 사리(私利)만을 추구하는 악습을 자행하고 있는 것에 불과했다.

> 우리나라 노비법은 그 사리(事理) 시비(是非)가 본래 알기 어려운 것이 아닌데, 사람들은 각기 목전의 사사로운 뜻에 가려져 있으므로 모두가 개혁하기 어려운 것으로 여긴다. 임금의 경우인즉 천(天)을 대신하여 인간을 다스리니, 나라도 내 나라요 백성도 내 백성이다. 어찌 그사이에 다시 노비라는 것을 별도로 설정하여 내 백성을 해치도록 한단 말인가? 이로 말미암아 침해가 이웃과 족류(族類)에까지 미치고 그 병폐가 뭇사람들에게 퍼져가니, 이는 제 나라를 스스로 병들게 하는 것이다. 그 이해득실이야 말하지 않아도 알 수 있는 것이다. 이는 개혁하고자 한다면 개혁할 수 있는 것이요, 애초부터 어려운 일이 아니다.[18]

그래서 반계는 확고히 단언한다. "만약 왕정이 시행되어 온갖 법도가

17 "今法賤人旣爲從母, 而若父賤母良, 則又爲從父爲賤, 唯驅人入賤, 有入無出. 又軍役尤苦, 故民有子女, 嫁娶多與私賤, 而良民漸小矣. 此法不待數百年, 國必無民"(『반계수록』 26-4, 續篇 下 奴隸).

18 『반계수록』 26-8~9, 속편 하 노예.

바로잡히며 편벽되고 고루한 습속을 씻어버리게 된다면 노비법은 반드시 혁파되고야 말 것임이 명백하다."[19]

그런데 '왕정이 시행'되기까지는 우선 현재의 노비제도를 한꺼번에 철폐하거나 개혁할 수 없다. 그래서 반계는 우선 종천법을 종모법(從母法)으로 고쳐 점차 노비의 수를 줄여가는 과정을 취하고, 한편으로는 노비노동 대신 점차 고용(雇傭)노동의 제도를 확대하여 이를 보편화하기로 한다.

종천법을 고쳐 종모법을 적용한다는 방식은 조선 후기 노비법 변동의 일반 추세를 반계가 제도화하고자 하는 것이었다. 그리고 고용노동제도는 대체로 사회 신분으로서의 노비제도가 없어진 송(宋)나라 이후 중국에서 이미 오래전부터 보편적으로 시행하고 있는 고공(雇工)제도의 형태를 조선에서도 확립하고자 하는 시도였다. 반계는 고용노동제도를 두고 특히 역설한다. "노비가 점차 적어지고 고공제도가 점차 일어나면 상하 관계가 점차 두터워지고 풍속도 점차 변할 것이니, 중국의 법을 미루어 시행할 수 있을 것이다. 그래서 삼왕(三王)의 치세 또한 이룩하지 못할 것도 없을 것이다."[20]

실상 어느 시대이건 국가를 유지하기 위해서는 노동 담당 계층의 존재가 필수적이다. 다만 그 노동 담당층 자체를 노비법이라고 하는 신분제적 강제와 예속 관계로부터 풀어내어 지양하면서, 결국은 주·객의 자유의사에 따르는 계약 관계로 전환하고자 하는 것이 반계가 구상하는 고용노동제의 기본 방안이다.

노비 또한 자기의 천리를 타고난 '천민(天民)'임과 동시에 국가를 구성

19 『반계수록』 26-5, 續篇 下 奴隸.

20 『반계수록』 21-39, 兵制 諸色軍士.

하는 '공민'이다. '천민'이며 '공민'인 인간이라면 마땅히 국가적으로 담당하는 일정한 직역(職役)이 있어야 한다. 곧 그 주민의 현(賢)·우(愚)에 따라 담당하는 직역을 국가가 적정하게 배분해야 한다는 국역(國役) 편성론의 일환으로서 고용노동제를 거론하는 것이다.

> 대개 천지 사이에는 자연히 귀한 자도 있고 천한 자도 있는데, 귀한 자는 남을 부리고 천한 자는 남의 부림을 받는다. 이는 변경할 수 없는 이치요, 또한 변경할 수 없는 형세이다. 노비법을 (용역제도로) 개혁하여도 경(卿)·대부(大夫)의 집에서는 지금 노비를 부리는 경우와 그렇게 달라질 것이 없다. 다만 용역법을 확립하게 되면 현명하고 어리석거나 귀하고 천한 사람이 (각자의 자질과 노력에 따라) 각기의 분(分)을 얻게 되므로 사람들이 덕의(德義)를 권면하게 될 것이다. 세역법에서는 빈·부가 각기의 귀·천과 연계되지 않고 귀·천이 각기의 현·우와 연계되지 않으므로 사람들이 모두 쟁탈하는 길로 나서는 것이다. 이것이 (용역과 세역) 양자의 차이이다. 이는 공전제(公田制)·공거제(貢擧制)와 모두 하나로 관통하는 사리(事理)인 것이다.[21]

반계가 여기서 제시하는 용역노동제도는, 고용자와 용역자 각기의 '분(分)' 즉 독자성을 전제로 하는 계약제도이다. 그것은 수천 년 동안 오래 지속된 악법 폐습을 지양하고, 이제 고용자와 용역자가 자유의사에 따른 상호 계약을 통해 상호 독자적 인간관계를 맺는 새로운 단계로 진입해야 한다는 이론이다. 그래서 그것은 유사 이래의 엄혹한 인습으로부터

21 『반계수록』 26-8, 續篇 下 奴隷.

비로소 인간을 해방시키는 길을 마련하였다는 역사적 의의를 지닌다.

반계가 확립하고자 하는 용역노동제도에서 용역자는 인신적 속박에서 벗어나 이제 자신의 자질과 노력 여하에 따라, "현·우, 귀·천이 각기 그 분을 차지하게" 되는 새로운 인간관계 속으로 편입되기에 이르리라는 것이 반계의 전망이다. 그래서 용역노동의 사리(事理)는 반계 국가 개혁론의 핵심인 공전제·공거제의 원리와 "모두 하나로 관통한다"고 그는 확신한다.

차츰 살펴보겠지만, 반계의 공전제와 공거제는 무릇 이 세상 모든 인간이 각자의 자질과 구체적 노력을 통해 '각기 제 분을 차지할' 수 있도록 한다는 확고한 개혁론을 담고 있다. 노비제를 지양하고 용역노동제도를 확립하는 길 또한 그것과 한 가지 사리로 관통한다고 반계는 말한다. 인간 해방이라는 새로운 변법론적 이념의 법제를 반계는 초안하고 있었던 것이다.

3. 반계 실학의 변법론

삼대(三代) 성왕(聖王)의 토지제도가 정전제(井田制)로 되어있는 만큼, 성리학을 집대성한 주자 또한 정전제를 결코 외면할 수 없었다. 그러나 주자가 생존하던 남송(南宋) 당시의 형세가 겨우 중국의 동남 지역만을 보유한 채 연명하기에 급급하였으므로, 그는 정전제와 같은 근본적 개혁을 요하는 토지제도는 결코 추구할 수 없었다.

> 봉건(封建)과 정전(井田)은 곧 성왕의 제도로서 천하를 공(公)으로 삼는 법

제이니, 어찌 그렇다 하지 않을 수 있으리오. 다만 금일의 형세에서는 아마도 거기 착수하기가 어려울 것이다. 설사 억지로 시행한다 하더라도 아마도 뜻밖에 별다른 병폐가 생겨나 오히려 이전보다도 못하게 될 것인즉 수습하기조차 어려울 것이다.[22]

그래서 주자는 당시의 현실적 지주·전호제라는 소유·생산 관계를 그대로 둔 채 그 바탕 위에서 경세론을 펼 수밖에 없었다. 실상 지주 토호들이 횡행하는 당시의 현실에서는 무엇보다도 부세(賦稅)가 균평하지 못한 폐단을 개선하는 것이 더 시급한 일상의 과제였다. 그래서 그는 우선 국가대장에서 누락된 토지를 정확하게 검전(檢田)할 것을 주장하면서, 지방관 시절에 그 같은 정책을 적극적으로 추진하였다.

주자는 또한 과거(科擧)제도의 폐단에 대해서도 깊이 알고 있었다. "대저 과거 공부는 사람의 지견(知見)을 그릇되게 하고 사람의 심술(心術)을 무너뜨린다. 그 기술이 더욱 정미해질수록 그 폐해는 더욱 심해진다."[23] 그런데 주자는 과거제도를 폐지하는 대신 삼대 왕정에서 시행한 이상적인 교육·인재 등용의 제도라는 '공거제도'의 시행을 추진하는 개혁안을 제시하지는 않았다. 그 자신이 과거 출신인 주자는 그 대신, 현재의 학교제도를 통해서 덕(德)·행(行)·도(道)·예(藝)의 교육을 강화하는 한편 각 지방 선사(選士)의 정원을 재조정한다는 방안을 제시하였다.[24] 그런데 이는 과거제도를 기본으로 유지하면서 거기에 다소의 변통을 가하여 개선한다는 범위를 결코 벗어나는 것이 아니었다는 사실을 주의해야 할 것이다.

---

22 『주자어류』 108, 論治道.

23 『주자대전』 58-25, 答宋容之.

24 『주자대전』 69, 學校貢擧私議 참조.

주자의 경세론이 그와 같이 통치법제의 개혁에 중점을 두기보다 현실적 폐단을 개선하고자 하는 소위 무실론(務實論) 중심으로 전개된 까닭은 주자의 경세론 이념의 구도 자체에서 찾을 수 있다. 즉 그의 경세론은 기본적으로 공전제·공거제 같은 근본 법제의 개혁보다도 '군주의 일심(一心)'을 '큰 근본'으로 삼고서 이를 중심으로 천하만사를 해결한다는 구도로 되어있었다.

> 천하의 대본(大本)은 폐하의 심(心)입니다. … 천하의 일들은 천, 만 가지로 변화하므로 그 단서가 무궁하지만, 어느 것 하나 인주(人主)의 심(心)에 근본하지 않음이 없습니다.[25]

실로 "인주의 마음이 한번 바로잡히면 천하만사가 다 바로잡히지 않는 것이 없다"[26]라고 그는 강조해 마지않는다. 객관적 통치법제에 의거하기보다는 군주의 '일심'이야말로 세상 통치의 기본이라는 신념이다. 그래서 그의 경세론은 필연적으로, 조종의 법제를 준수하는 선에서 현능한 재상(宰相)을 선임하여 정사를 운용하되, 그 시행과정에서 일어나는 폐단을 제거하고 개선하는 무실론의 성격을 띠는 형태로 드러났다.

> 지금 세상에 살면서 지금의 법제를 모두 혁파하고 옛 정사(政事)를 시행하고자 한다면 그 이로움은 볼 수가 없고 한갓 번거롭고 요란스러운 폐단이 있을 것이다. 또한 사체(事體)가 중대하기 때문에 막히고 얽매이는

---

25 『주자대전』 11-24~42, 戊申封事.

26 『주자대전』 12-9, 己酉擬上封事.

곳이 많아, 시행하기도 어려울 것이다. 요컨대 조종의 법제를 따라 하더라도 사람을 정밀하게 선택한다면 역시 족히 치세를 이룰 수가 있다. 요체는 사람을 선택하는 데에 있는 것이다.[27]

주자의 경세론은 필연적으로, '군주의 일심을 바로잡는 일'에 비하면 가령 '삼대 왕정의 법제'를 마련하는 일 따위는 상대적으로 부차적인 비중밖에 가질 수 없는 편이었다.

조선 성리학은 주자가 집대성한 성리학 즉 '도학(道學)'이야말로 마치 '중천에 떠 있는 태양'과 같이 왕정을 실현하는 밝은 빛이며 길인 것으로 확신한다. 가령 조선 중기 사림정치의 시대를 맞아 국왕의 두터운 신임 아래 가장 본격적으로 성리학 경세론을 제시한 바 있는 율곡 이이의 경우가 그러하다.

대저 도학(道學)이란 것은 '격물 치지'하여 선(善)을 환히 깨치고 '성의 정심'하여 그 몸을 닦는 것인데, 이를 자기 자신에 간직한즉 천덕(天德)이 되고 정사(政事)에 베풀면 왕도(王道)가 되는 것이다. … 도학하는 선비를 진유(眞儒)라고 하는데 맹자 이후로는 진유가 일어나지 않더니 천 년 후에 비로소 염계(濂溪) 주자(周子)가 일어나 그 깊은 이치를 드러내었고 그것을 정자(程子)·주자(朱子)가 계승한 연후에 이 '도'가 세상에 크게 밝혀져 마치 태양이 중천에 떠 있음과 같이 되었다. 다만 한스럽게도 송(宋)나라 군주들은 도학이 무엇인지를 알지 못하여, 대현(大賢)들이 하위 관직에서 구부려 복무하도록 해두었으므로, 백성이 그 혜택을 입지 못하게

27 『주자어류』 108, 論治道.

되었다.[28]

주자학이 왕정을 실현하는 태양과 같이 밝은 빛임을 확신하는 이상, 조선 성리학의 경세론 또한 '군주의 일심'을 가장 '근본'으로 중요시할 것임은 필연의 일이었다. 율곡은 말한다. "전하께서 난세를 벗어나 치세로 돌아가고자 한다면 어찌 그 근본으로 돌아가지 않으십니까? 그리고 그 근본은 어찌 전하의 일심(一心)이 아니겠습니까?"[29]

그뿐 아니라 율곡의 시폐(時弊) 개혁론 역시 주자의 경우처럼, '조종의 법제' 자체를 개혁하기보다는 그 운용과정에서 생겨난 폐단을 바로잡고자 하는 무실론적 '경장론(更張論)'으로 제시되었다.

그런데 훈척정권의 오랜 전횡을 겪은 후 드디어 사림정치의 시대를 맞은 율곡은 '왕정'을 기필(期必)하고자 하는 경세론을 주창하였다. 그는 젊어서부터 49세로 작고하기까지 실로 여러 차례에 걸쳐 경장책을 제시하였다. 이를 그대로 시행하기만 하면 '왕정'을 기필할 수 있고, 그렇지 못하면 주벌(誅罰)까지 받겠다는 다짐을 여러 차례 두기까지 하였다. 그러면서도 그는 토지제도의 개혁과 같은 국가체제의 근본적 개혁을 추진할 계책은 결코 제시하지 않았다.[30]

실상 율곡의 시폐 개혁론 가운데는 「동호문답(東湖問答)」과 「만언봉사(萬言封事)」 두 가지가 가장 구체적인 내용의 경장론이었다. 두 가지 모두에서 율곡은 자기의 경장론이 제대로 시행된다면 반드시 왕정이 이룩될

28 『율곡전서』 15-6, 東湖問答 論君臣相得之難.

29 『율곡전서』 4-26, 代白參贊論時事疏.

30 金泰永, 2006, 『朝鮮性理學의 歷史像』(경희대학교 출판국)의 제11장 「士林정치와 栗谷의 王政期必論」 참조.

것임을 단언해두었다. 그런데 율곡이 그렇게 중요시한 「동호문답」 가운데 구체적 시폐 개혁론의 핵심이 되는 소위 '안민지술(安民之術)'이란 조목의 내용[31]을 두고서, 반계가 다음과 같이 평가했다는 사실은 반드시 주목해야 할 사안이다.

> 살피건대 지금 당면해 있는 폐막(弊瘼)들은 여기서 그 개략을 볼 수가 있는데, 실로 조목조목 진술하자면 날짜가 모자랄 지경이다. 그러나 일에는 본·말이 있는 것인데, 본을 잘 다스리면 그 말은 스스로 바로잡히게 된다. 전제(『반계수록』이 제시한 공전제)가 행해져서 토지를 기준으로 출병(出兵)을 한다면 일족절린(一族切隣)의 폐단은 제거하기를 기약하지 않아도 스스로 제거될 것이다. 온 나라에 대동법(大同法)을 고루 시행하고 해마다 어수(御需)의 액수를 일정하게 해둔다면 진상·공물의 폐단은 고치려 기약하지 않아도 스스로 고쳐질 것이다. 직임(職任)을 헤아려 이서(吏胥)의 수를 정하고 각기 상름(常廩)을 받게 한다면 역사(役事)가 불균하거나 이서가 주구(誅求)하는 폐단은 혁파하기를 기약하지 않아도 스스로 혁파될 것이다. 민산(民産)이 균평해지고 부역(賦役)이 일정해지며 과외(科外)의 횡침(橫侵)이 없어진다면 생식(生息)을 기약하지 않더라도 스스로 부유해지고 호구(戶口)도 늘어날 것이다. 그렇게 된 후에야 정치와 교화를 이룩하고 지치(至治)의 성취를 기약할 수가 있다. 진실로 그같이 못한다면, 비록 인정(仁政)을 행하고자 한들 다만 헛된 말일 따름이다.[32]

---

31 지금 당면해 있는 폐막을 '일족절린지폐(一族切隣之弊)·진상번중지폐(進上煩重之弊)·공물방납지폐(貢物防納之弊)·역사불균지폐(役事不均之弊)·이서주구지폐(吏胥誅求之弊)'의 5항목으로 나누어 구체적으로 진술하였다(『율곡전서』 15-20~27, 東湖問答 論安民之術).

32 『반계수록』 4-23, 田制後錄 下 國朝名臣論弊政諸條附.

율곡이 왕정을 실현할 수 있을 거라고 정성 들여 제시한 경장론을 두고서도, 반계는 그것이 '본·말' 가운데 '본'이 아니라 '말'을 제시한 것에 불과하다고 단언하였다. 그리고 소위 '본'에 해당하는 근본적 해결책을 따로 제시하였다.

앞에서 제시한 것처럼 공전제와 대동법을 시행할 것이며, 해마다의 세입으로써 경상비(經常費)를 책정해 국가재정을 운용하되 지금까지 아무도 언급조차 못 해온 왕실 수요의 경비까지 미리 책정하고 전체 국가재정을 모두 세입·세출의 일정한 규정에 따라 집행할 것, 모든 국가 직역자가 항산을 가질 수 있도록 제도를 정비하는 등의 근본 대책이었다. 그와 같이 국가의 통치법제를 근본적으로 개혁해야 비로소 만민이 '각득기분(各得其分)'·'각득기소(各得其所)'할 수 있는 왕정론의 기초가 마련된다고 반계는 확신하였다.

반계는 인습으로 누적되어 온 현실의 폐정(弊政)을 근본적으로 해결하기 위해서는 '공전제'라는 토지제도를 실시하는 것이 가장 절실하다는 소신에 서 있었다. 그는 "토지는 천하의 대본이다[土地 天下之大本也]"[33]라는 명제를 『반계수록』의 첫 페이지에 명기해두었다. '천하의 대본'을 어찌 개인의 사유로 귀속해서야 될 것인가. '토지의 사유제도' 또한 노비의 경우와 마찬가지로, 후세의 지배층이 자기 사익(私益)을 추구하기 위해 만든 악법을 따라 인습이 이루어진 것이다. 반계의 경우 익히 살펴본 것처럼, "군주 일심(一心)이 천하의 대본"이라고 하는 전통 성리학의 견해와는 근본적으로 입지를 달리하고 있었던 것이다.[34]

---

33 『반계수록』 1-1, 田制 上 分田定稅節目.

34 비록 적확한 유비(類比)가 되는 것은 아니지만, 성리학이 위로부터의 통치를 지향하고 있음에 반하여 반계의 실학은 아래를 기준으로 하고서 출발한다는 차이, 즉 입지(立地)의 근본

그런데 성리학이 '천하의 대본'으로 내세우는 군주의 치심(治心)에는 외부로부터 이를 규율하는 법제 따위가 필요한 것은 아니다. 궁극적으로 그것은 군주 자신의 내심 함양에 속하는 과제이다. 그러나 토지는 외물(外物)이다. 이를 구획해서 배분하고 경작도록 하며, 또한 부세를 수취하고 거기 기초하는 경상비를 책정하며 이를 집행하는 데에는 반드시 구체적 법제에 따르는 규율이 필요하다. 객관적 기준을 바탕으로 하는 통치법제를 제정하고 다시 그것을 집행하는 단계별 과정을 거쳐야 비로소 통치의 정사(政事)라는 것이 이루어진다. 더구나 수천 년 인습으로 끌어온 난세를 치세로 돌이키고 왕정을 구현하고자 한다면, 왕정의 통치법제를 정비하는 일이야말로 필수 불가결한 과제이다.

> 대저 법이란 것은 장인(匠人)의 승척(繩尺)과 같으며 야인(冶人)의 모범(模範)과 같다. 이른바 (사용하는) 승척이라는 것이 제대로 된 승척이 아니며 이른바 (사용하는) 모범이라는 것이 제대로 된 모범이 아니라면 비록 천하의 훌륭한 공장(工匠)이라 하더라도 한 칸 집이나 한 개 기구도 만들어낼 수가 없다. 세속 사람들은 다만 훌륭한 '공장'을 들먹이면서도 그가 반드시 승척과 모범을 사용해야 한다고는 말하지 않으니, 그것은 생각이 크게 모자라는 일이다.[35]

여기서 반계는 주자의 통치론과도 다시 결별한다. 앞에서 살펴봤듯이 주자는, '조종의 법제'를 두고서도 "사람을 정밀하게 선택한다면 역시 족

적 차이가 여기서도 여실하다.

35 『반계수록』 4-23~24, 田制後錄 下 國朝名臣論弊政諸條附.

히 치세를 이룰 수가 있다"는 견지였다. 그러나 반계에 따르면, '사람을 정밀하게 선택하는' 정도를 가지고서는 결코 수천 년 누적된 인습의 폐정(弊政)을 지양할 수 없다. 그래서 치세를 이룩하고 왕정을 구현하기 위해서는 옛 성왕들이 구현한 '왕정'의 통치법제를 새로이 정립하는 일이야말로 필수적인 해법이라는 견지에 서는 것이다.

그런데 반계에 따르면, 왕정을 구현할 통치법제는 이 세상 모든 사리(事理)의 근원이 되는 천리(天理)를 따라 제정하지 않으면 안 된다. '천리'는 이 세상만사 만물의 어떤 미세한 구비에서도 관철되지 않는 경우가 없다.

> 천하의 원리는 애초부터 본·말, 대·소가 서로 분리되어있는 것이 아니다. 척도(尺度)에서 촌(寸)이 제값을 잃으면 척(尺)이 척으로 될 수가 없고, 저울에서 성(星)이 제값을 잃으면 형(衡)이 형으로 될 수가 없다. 그물에서 그물눈[目]은 제대로 되어있지 못한데 벼리[綱]만 스스로 제대로 된 벼리가 될 수는 없는 것이다.[36]

무릇 '천리'는 이 세상 대·소, 본·말의 만사 만물에 이르기까지 어느 것 하나 빠뜨리지 않고 남김없이 관철한다. 인사(人事)라든가 국가 조직인들 어찌 예외일 수 있으리오. 위로는 국왕으로부터 아래로는 만민, 더 나아가서는 노예에 이르기까지 무릇 국가와 같은 공동체를 구성하는 인간이라면 모두가 상호 변증법적 연계 관계를 띠고 얽혀서 살아가는 존재들이다. 아무리 통치자의 위치에 있다 한들, 상호 의존하는 연계 관계로 얽혀 살아가는 '동류'인 백성에 대해 어찌 주구적 수탈을 일삼을 수 있겠는가.

36 『반계수록』 26-27~28, 書隨錄後.

그래서 일생을 임하(林下)의 사림으로 살았던 반계로서도, 그 한평생의 처절한 정성과 학술을 기울여 왕정을 구현할 변혁적 통치법제로서의 『반계수록』을 초하지 않을 수 없었던 것이다.

> 진(秦)나라 이래 옛 전장과 제도마저 모조리 없어지고 무릇 옛 성인들이 정령을 시행하고 교화를 펴던 절목들이 하나도 세상에 남은 것이 없게 되었다. 이에 온 천하의 듣고 보는 것이 후세의 사의(私意)로 만든 제도에 매달려 고착되고, 다시는 선왕의 법전이 있는 줄을 알지도 못하게 되었다. … 내가 이를 염려하여 참월한 일임을 무릅쓰고 옛 법제의 본의를 탐구하고 현재의 사정을 참작하여 그 절목까지를 아울러 상세하게 해 두었다. 대개 경전의 원리를 추구하여 적용한다면 왕도는 반드시 세상에 실행할 수 있음을 밝혀두고자 하는 것이다.[37]

그는 단언한다. "잘못된 법제를 변혁하지 않고서는 치세를 돌이킬 길이 없다[不變廢法 無由反治]."[38] 그의 『반계수록』은 필경 변법적 국가체제 개혁의 이념으로 일관하지 않을 수 없었던 것이다.

---

37 『반계수록』 26-27~28, 書隨錄後.

38 『반계수록』 26-26, 서수록후.

4. 반계 실학의 변법적 통치론

반계에 따르면 "옛 성왕(聖王)이 법제를 세우고 교화의 정령을 시행한 것은 모두가 천(天)을 체현하여 제정하고 천을 대신하여 시행하지 않은 것이 없다. 그 도(道)는 육경(六經)에 갖추어져 있다."[39]

여기서 반계가 말하는 육경은 전통 성리학의 경우와는 다소 차이가 있음을 주의할 필요가 있다. 가령 주자의 경우 '제왕의 도를 실어 둔 육경으로서 지치를 이룩하는 성법(成法)이 되는 것은 『역(易)』·『시(詩)』·『서(書)』·『예(禮)』·『악(樂)』·『춘추(春秋)』라 하였다.[40] 그런데 반계는 "육경이란 『시』·『서』·『역』·『춘추』·『주례(周禮)』·『의례(儀禮)』[예기(『禮記』) 포함]를 이른다"[41]고 하였다. 여기서 주자의 『예』는 『예기』를 가리키고 『악』은 진시황의 분서갱유 때 회신(灰燼)되고 말았다는 『악경(樂經)』을 일컫는다. 이 『악경』을 제외한 오경은 당(唐) 대에 주석이 갖추어지고 송나라 주자에 의해 새로운 주석이 가해졌다. 이 오경을 한·중 양국이 다 함께 과거의 주요 경전 과목으로 오래 전승해오고 있었다.

그런데 옛 성왕의 도를 따라 왕정을 실현할 통치법제를 구상하면서, 반계는 어째서 주자가 전혀 언급하지 않은 『주례』와 『의례』(『예기』 포함)를 독자적으로 맞아들여 자기 나름의 새로운 '육경'을 정립하고자 했는가?

반계의 경세론은 '군주 일심의 함양'과 같은 '마음 다스리기'에 주력하기보다는 '잘못된 법제를 변혁'함으로써 이 세상에 왕정을 구현할 수 있다는 변법론에 치중하고 있었다. 그런데 그의 경세론의 변법론적 기준은

---

39 『반계잡고』 125, 政教.

40 『주자대전』 73-39, 雜著 李公常語 下.

41 『반계수록』 10-4, 教選之制 下 貢擧事目.

곧 삼대(三代) 성왕(聖王)들의 경전 원리요, 특히 삼대의 통치법제를 전승하는 경전으로서는 『주례』가 중심이었다. 그리고 『의례』는 『주례』와 함께 "주공(周公)이 섭정하여 태평성세를 이룩한 저술인데, 『주례』는 말(末)이요 『의례』는 본(本)이 된다"라고 하여, 양자가 병립 관계에 있는 것으로 여겨져 왔다. 반계의 경세론에서는 『주례』와 『의례』 어느 것도 결코 육경의 범주에서 빠뜨릴 수 없으며, 특히 국가의 통치규범을 집성해둔 전자를 더 구체적으로 참고하였을 것으로 풀이된다.[42]

『반계수록』이 가장 크게 참조한 것은 『주례』인 것으로 판명되지만, 물론 그 이외에도 거의 모든 경전의 원리를 수용하고 있는 것으로 드러난다. 성왕(聖王)들이 남긴 경전의 원리를 통해 국가체제 전반에 관한 변법적 개혁론의 이론과 그 구현 방법론을 추구하고 있었기 때문이다.

『반계수록』은 그야말로 국가체제 전반을 변혁할 각 분야의 통치법제와 원리, 그리고 그와 관련된 구체적 절목들의 역사적 고찰을 갖추어 서술해놓았다. 반계 자신은 이를 다음과 같이 간략히 말해두었다.

> 나는 균전(均田)·정부(正賦)·양사(養士)·선현(選賢)·임관(任官)·제군(制軍)의 제도에 대해서 먼저 그 조리를 추구한 다음에 그 설명을 해두었다. 대개 천하 만세의 치(治)·란(亂)의 큰 기본이 실로 여기에 있는 것이니, 후세에서도 시행하지 못할 것은 조금도 없다. … 임금 된 자가 성심을 다하여 이 몇 가지[즉 균전 이하 여러 가지 사업]를 실행하게 된다면 민생을 제대로 살리고 교화를 성취할 수가 있을 것이다. 그리고 무릇 다른 여러 가지 법도와 기수(器數)로써 바로잡아야 할 것들을 이에 논의할 수 있을 것

42 이상 반계의 소의경전(所依經傳)에 관한 사실은 김태영, 2009, 앞의 논문(본서 수록) 참조.

이다. 진실로 이 몇 가지를 해결하지 못한다면, 비록 아무리 아름다운 정책과 계획이 있다 하더라도 한갓 빈말이 되고 말 것이다.[43]

즉 공전(公田)제도를 바탕으로 하는 올바른 양민(養民)·부세(賦稅)제도, 그리고 바른 교육제도를 통해서 훌륭한 인재를 육성하고 그 가운데 현능한 자를 선발하여 관직에 임명하는 공거(貢擧)제도야말로 왕정을 실현하는 가장 기본적인 법제라는 견해이다.

1) 국가 기능론

구래의 인습적 폐법을 근본적으로 개혁하고 '천리'에 따라 제정하는 왕정의 법제에는 국가 통치권에 의한 공공적 관리(管理) 이외의 어떠한 사적(私的) 권역(權域)도 설정하지 못한다. 가령 국가의 모든 주민이 '사민(私民)'이 아닌 '공민(公民)'으로 되어야 하는 것처럼, '천하의 대본'인 토지 또한 '사전(私田)'이 아닌 '공전(公田)'으로 전환하지 않으면 안 된다. 토지의 소유 관계·생산 관계가 공공적 관리하에 있어야만 만백성의 생활의 '본'·'말', '대'·'소'의 연계 관계를 서로 상생하는 방향으로 작동시킬 수 있다. 그래야만 주민의 절대다수를 차지하는 직접생산자 농민이 항산의 터전인 일정한 '공전'을 배분받아 자영·자활하는 한편 군역과 같은 국가의 일정한 직사를 담당하면서도 생생의 낙을 누리고 살아갈 수 있다. 반계의 통치론은 토지소유 관계의 근본적 변혁이라는 미증유의 변법론을 바탕으로 전개된다.

---

43 『반계수록』 25-1, 續篇 上 序.

토지의 사적 소유 관계와 같이 무릇 수천 년 동안 잘못되어 온 폐습을 변혁하여 새로운 공전제도를 확립하는 데는 필연 기득권층의 거센 저항이 따르기 마련이다. 그럼에도 불구하고 반드시 공전제도를 확립해야 하는 배경에는 곧 천리(天理), 천도(天道)에 근거하는 확고한 소신이 있었다.

> 『상서』에 이르기를, "밝은 군주는 천도를 받들고 좇아 나라를 세우고 도읍을 설치하며, 천자와 제후를 세우고 여러 관장(官長)과 스승으로 받들게 하는 것은 군주가 편안하고 즐기기 위해서가 아니라 오직 백성을 다스리고자 해서입니다"라고 하였다. 대저 군주가 관직을 설치하고 직사를 분담시킨 것은 다만 백성을 위해서인 것이다.[44]

즉 반계에 따르면, 국가가 대·소의 지배층을 세워 군주를 받들도록 하는 것은 자신의 안일을 추구하기보다도 백성을 잘 다스리도록 하기 위함이다. 그와 같은 『상서』의 내용을 인용하고서 그는 이를 한층 더 적극적으로 해석한다. "군주가 여러 관직을 설치하고 통치행정의 직사를 분담시킨 것은 다만 백성을 잘 다스리기 위해서 그렇게 하는 것이다." 무릇 국가의 통치라는 직사 자체가, 만백성이 각기 제자리를 얻어 자기 직분을 다하면서 생생의 낙을 누리고 살 수 있도록, '백성을 위해서' 설치되었다고 하는 견지이다. 그는 다시 말한다.

> 선왕(先王)의 법제는 모두 아래[下]를 본(本)으로 삼아, 먼저 그 본을 가지런히 함으로써 말(末)을 바로잡았다. 그 '본'을 헤아리지 않고서 '말'을 가지

44 『반계수록』 15-1, 職官之制 上 序. 『상서』의 내용은 說命(中)의 인용이다.

런히 할 수는 없다. 이는 천리로도 의당하고 인사(人事)로 보아서도 그래야 하는 것이다. 대저 군주는 백성을 위해 설치한 것이다. 군주 혼자서는 다스릴 수가 없기 때문에 지역을 나누어 수령을 설치하고서야 전체를 다스리는 것이다.[45]

무릇 국가라는 거대한 조직의 '아래[下]'를 구성하고 있는 것은 만백성의 일상의 삶의 현실 그 자체이다. 그 현실을 '기본'으로 하고서야 국가의 통치라는 '말단'이 작동한다는 원리를 반계는 여기서 역설한다. '천리'와 '인사'라는 이 세상의 궁극적 원리이자 기준에 비추어 보더라도 그 같은 '본'·'말' 관계는 명확한 것이요, 그런 원리와 기준을 따라 제정한 '선왕의 법제' 또한 반드시 그러했던 것이라고 함이 그의 소신이다.

옛 성왕들이 실현한 통치사업은 만백성의 생활 현실을 '기본'으로 삼아, 그 생활 현실이 선(善)순환하면서 전개되도록 법제를 조정하고 추진하는 일이었다. 그러므로 결국 '군주라는 것도 백성을 위해 설치한' 국가 통치의 최고 기관에 불과하다. 만백성의 생활 현실을 가장 우선시하지 않는 국가의 통치라는 것은 아예 존재 이유가 없다. 그야말로 만백성이 국가정치의 주체로 등장해야 한다는 새로운 근본적 국가론을 반계는 제시한다.

물론 옛 경전에도 '백성은 나라의 근본[民惟邦本]'이라는, 이른바 '민본'의 관념을 드러낸 문자는 있다. 그러나 그 '민본'은 어디까지나 하나의 이데올로기로 제시한 것이었다. 그런데 여기서 반계의 경우는, 무릇 삼대 이후 군주를 비롯한 지배층이 자기 사욕에 따라 통치법제를 만들어

45 『반계수록보유』 1-9, 郡縣制 各邑.

왔다는 역사적 사실을 확인하고서, 이를 극복하고 지양하기 위한 새로운 역사적 각성이었다는 사실을 주의해야 한다. 그것은 곧 국가통치라는 것이 결코 군주를 정점으로 하는 지배층의 사욕(私欲)을 충족하기 위해서가 아니라, 만백성의 삶의 현실을 최우선시하는 공공(公共)의 기능에 복무해야 한다는 새로운 통치론을 탄생시키기에 이르렀음을 의미한다.

반계에 따르면, 중앙 통치권에서 발하는 모든 정령은 각 지방행정의 구체적 현장을 통해서 집행된 것이다. 그러므로 그 구체적 현장이 잘못되어 있다면 결코 치세를 실현할 수가 없다. 그런데 구래의 통치는 각 지방 현장의 주민들을 억압과 수탈의 대상으로 여기고 심히 홀대해오고 있었다.

> 조정(朝廷)이란 것은 통치를 발하는 근본이요, 지방 군현은 통치를 받들어 집행하는 소임을 맡는다. 비록 내·외, 본(本)·지(支)의 분(分)이 다르다 하지만, 소위 통치를 발하는 근본이란 것은 불과 조정의 상신(相臣)뿐이요, 나머지 여러 기관은 모두 각기 한 가지 일씩을 분담하고 있다. 그런데 (각 군현의) 수령(守令)인즉 국왕의 백성[王民]을 분담하여 통치를 대행하는 것이다. 그런즉 수령을 선택해 맡기지 않고 수령의 직임을 중(重)하게 여기지 않으면서 치세를 이룩하고자 하는 경우, 결코 그렇게 될 수가 없다. 고인(古人)이 이르기를, "군수·현령을 경시하는 것은 곧 백성을 가벼이 여기는 것이다. 백성을 가벼이 하면 천하 국가도 가벼워진다" 하였다. 진실로 옳은 말이다. 우리나라는 외방을 경시함이 특히 심하다. 근세에 이르러서는 외관직을 바로 좌천하는 자리로 임명하거나 혹은 응당 구하면 맡게 되는 직임인 것으로 여길 따름이다.[46]

46 『반계수록』 13-17, 任官之制 外任.

당시로는 전국 각 군현의 수령을 비롯하여 최일선 현장에서 백성을 직접 상대하는 모든 직사·직역에 대한 새로운 편성과 배치가 절실한 과제였다. 그래서 반계는, 작고 쇠잔한 군현 1/3쯤을 병합해 전국 군현의 수를 현재의 2/3가량으로 대폭 줄이고, 행정의 효율성을 높이도록 한다. 현지에서 왕정의 실현을 추진하는 사명을 다하도록 수령의 임기를 9년으로 오래 맡겨 책임지고 공적을 이룩하도록 하며, 부관을 설치하여 지방 행정력을 강화한다. 왕명으로 임명하는 수령과 같은 정식 관원뿐 아니라 각 군현 단위에서 선임하는 전정(典正, 즉 이전의 座首)·전검(典檢, 즉 別監) 같은 향관(鄕官)이라든가 각 면(面)의 행정 책임자인 향정(鄕正)의 직사들을 모두 새로운 학교 교육을 받고 명망을 지닌 사류(士類)로 보임함으로써 명실상부하게 '왕정'을 추진하는 향정(鄕政)을 구현하도록 고안한다.

더 나아가, '천하의 대본'인 토지를 공공(公共)의 관리 아래 두는 공전(公田)으로 전환하는 과업도 그와 같이 '아래[下]를 기본으로 하는' 통치론의 구현에 해당한다. 그런데 하나의 국가라는 것은, 토지의 소유·생산 관계뿐 아니라 그 생산물의 징납이라든가 교환·유통을 통해서 공·사 간의 각 기관과 개인이 소비하는 최종 단계에 이르기까지 모든 분야와 단계의 '본·말', '대·소'가 모두 상호 간에 연계되어 작동하는 거대한 유기적 구성체를 이루고 있다. 그러므로 토지의 소유·생산 관계뿐 아니라 국가체제의 전 분야에 걸친 '본·말', '대·소'의 유기적 연계 관계를 '천리'에 맞는 것으로 조직하지 않으면 안 되었다. 반계는 필연적으로 국가체제 전반의 운용에 관한 구체적 절목까지를 변법적으로 고안해야 하는 처지에 서게 되었다.

반계는 우선 지배층의 현실 통치 실태에서부터 문제를 제기한다. 현실적으로 국가 통치행정을 끌어가는 중·외의 각 관부(官府)에서는 공사(公事)를 어떻게 처결하고 있는가?

지금 8도의 각 관부에서 관장(官長)이 공공 사무를 볼 때는 사사로운 손님을 접대하거나 사사로운 일에 응대하고 있으므로 공공 사무와 사사로운 일들이 잡다하게 뒤얽혀서 불편한 일들이 많다. 중앙의 여러 기관에서는 관원이 자기 집에 있으면서 관부의 공무를 보기도 하니, 더욱이 장난 놀이에 가깝다.[47]

반계는 중국의 경우와 비교 관찰한 중봉 조헌의 상소문을 인용한다.

우리나라의 6조와 같은 관부에서는 예절을 지키는 모습이 소루하고 폐단스런 풍습이 가혹하다. … 무릇 공무가 있으면 일체를 (신임 낭관인) 조사(曹司)에게 맡겨 버리는데, 조사는 그것을 다 처리할 수 없으므로, 임금의 재가를 받아 내려온 공사라 하더라도 혹 한 달을 경과한 후에도 그 결과를 보고할 생각조차 못 한다. 군(軍)·민(民)에 관한 소송 문건은 서리(書吏)에게 뇌물을 주지 않으면 결재해주지도 않는다. 아마도 이런 폐단을 혁거하지 않고서는 국사(國事)는 마침내 다스려질 날이 없을 것이다.[48]

여기서 공통으로 지적하고 있는 것은, 중·외를 막론하고 전국 8도를 통틀어 관원으로 앉아 국사를 처결하는 관원이란 자들이, 아예 공·사를 구분할 줄도 모르는 채, 마치 아이들 장난질처럼 공무를 처리하고 있다는 현상이다.[49] 국왕의 지시로 하달된 공무라 할지라도 국가 정무 행정

47 『반계수록』 25-27, 續篇 上 坐衙.

48 위의 글.

49 17세기의 최명길은 당시의 정폐(政弊)를 '관제(官制)의 폐단'이라 하면서 다음과 같이 진술하였다. "지금 비변사가 오로지 국정을 주관하고 있으므로 의정부는 한가한 관서가 되고, 승정원은 단지 왕명의 출납만 관장하므로 승지는 하나의 담당 관리로 되었으며, 별도로 여러

의 핵심 부서인 6조에서조차 한 달을 경과하고서도 아직 결과 보고를 못 하는 형편이고 보니, 일반 군·민의 소송쯤이야 뇌물을 바치지 않고서는 결코 그 판결을 받을 수조차 없다.

중·외를 막론하고 국사를 처리하는 관원들의 행정 실태가 그만큼 등한하고 방만하다는 것은 "군주도 만백성의 삶의 현실을 위해 설치한 것"이라는 반계의 통치이념과 정면으로 어긋난다.

> 무릇 관부의 좌기(坐起)는 특별한 사고가 없으면 날마다 반드시 개좌(開坐)해야 한다. … 무릇 서울과 외방의 관부에서 좌기할 때는 반드시 패(牌)를 세운다. 개좌할 때는 숙정패(肅整牌)를 대문 밖의 양쪽에 세우면 이서(吏胥)와 백성들이 모두 엄숙하게 들어가서 사무를 처리한다. 무릇 사사로이 온 손님은 모두 감히 들어가지 못한다. 개좌를 파할 때는 다시 회피패(迴避牌)를 세우면 각 방(房)의 이서와 사령들이 모두 물러간다. 관부가 한가해지면 관원인 자가 이에 여유롭게 편히 지낼 수 있으니, 혹 빈객을 응접한다든가 혹은 글을 읽거나 거문고를 타고 활을 쏠 수도 있다[듣건대 중국의 제도도 이와 같다고 한다].[50]

그런데 중·외의 관원들이 그와 같이 안일한 인습적 타성에 빠져 공무

도감(都監)을 설치하여 일을 맡게 하므로 본조(本曹)는 도리어 잉여의 관아가 되고, 관원을 자주 체직(遞職)하므로 정식 기구로서의 성(省)·시(寺)는 우사(郵舍)와 같이 되었으며, 문서를 관수(管守)하지 않으므로 이서(吏胥)들이 법을 농간할 수 있게 되고, 관직을 많이 겸임시키므로 책임을 전담하는 실상이 없고, 일을 모두 조사(曹司)에게 맡겨 버리므로 (각 관원이) 직책을 분담하는 의미가 없으며, 책임 소재가 분명하지 않으므로 자리를 비우는 것이 풍습으로 되고, 녹봉이 너무 박하므로 염치를 잃어버리기 쉽게 되어있다. 이것이 모두 관제의 폐단이다." 김태영, 2006, 앞의 책의 제12장 「遲川 崔鳴吉의 現實 變通論」 참조.

50 『반계수록』 25-26~27, 續篇 上 坐衙.

보다는 사사로운 일에 더 젖어있다 보니 "국사는 마침내 다스려질 날이 없음"은 말할 것도 없고 오히려 백성에 대한 수탈은 한없이 만연한 인습으로 구조화되었다.[51]

> 지금 백관의 녹봉은 극히 박하여 1품의 녹(祿)이 1년에 60석(石)이요, 9품의 경우는 겨우 12석에 불과하다. 그러므로 생활을 지탱할 수가 없어 으레껏 외방으로부터 뇌물을 받는데, 이름하여 진봉(進奉)이라 한다. 그나마 청요직에 있는 자라야 진봉을 얻을 수 있으며 나머지는 얻을 수가 없다. 또 각 관부에서 쓰다 남은 물건을 여러 관원들이 사사로이 나누어 먹는데, 이름하여 분아(分兒)라 한다. 이서(吏胥)들은 혹 녹봉이 있기도 하고 없기도 하여 기관마다 제각기 다르다. … 그 아래의 복예(僕隸)들은 거의 다 녹봉이 없기 때문에 모두가 남을 뜯어먹고서 사는 도리밖에 없다. 사세가 이렇게 되어있으므로 그 폐해는 이루 다 말할 수 없는 데까지 뻗어가기 마련이다.[52]
>
> 지금 외방 관원들은 거의 다 정상적 녹봉이 없다. 수령은 과외로 백성들로부터 거두어 먹고, 감사는 각 군현으로부터 거두어 먹으며, 병사·수사·첨사·만호는 번상(番上)하는 군졸을 내보내는 대신 포(布)를 받아먹고, 찰방(察訪)은 역졸들로부터 거두어 생활하고 있다. 이는 모두 제각기 거두

51 이미 16세기 율곡 이이도, 공무를 보는 관원들의 무사 안일함과 그들의 주구적 수탈을 논한 바 있다. "대관(大官)들은 어물어물 발라맞추는 데 습관이 되어있고, 소관(小官)들은 익살로 받아넘기는 데 습관이 되어있으며, 안으로 모든 관부는 안일한 타성이 습관이 되어있고, 밖으로 각 군현에서는 백성을 주구(誅求)하는 것이 습관으로 되어있습니다. 오랜 습관에 얽매여 있어서 그것을 스스로 버리지 못하고 용납하고 말하지 않는 것을 처세에 통달한 것으로 알고, 건의하고 아뢰는 것을 일을 만드는 것으로 알며, 습속을 따르는 자를 중도를 얻은 것이라 하고 특별히 홀로 곧은 사람을 어리석고 괴이하다고 하고 있습니다"(『율곡전서』 3-10, 諫院陳時事疏 丙寅).

52 『반계수록』 3-25, 田制後錄 上 經費.

> 어 먹는 것이므로 그 액수가 많고 적은 한도조차 없다. 이서·복예들로 말하자면 온 나라를 두고 다 정상적인 먹이가 없기 때문에 서울의 경우와 마찬가지로 모두 자기가 소관하는 부분에서 뜯어먹고 산다. 그러므로 전국의 모든 생민들이 어느 곳에서나 손해를 입지 않는 곳이 없게 되어있다.[53]

먼저 조선왕국의 '조종의 법제'라는 것은 국사를 담당하는 중·외의 관원들에게조차 그 생계를 거의 보장하고 있지 않은 상태였다는 사실은 얼마나 놀라운 일인가. 그래서 관원들은 모두 법제적으로 보장되지 않은, 떳떳하지 못한 비리의 징렴(徵斂)을 통해 각자의 생계를 보충하고 있음이 드러난다. 그 같은 비리의 징렴을 인습적으로 이행하다 보면, 필경 공·사를 준별하는 자의식조차 원천적으로 사라져 버리기 마련이다. 그래서 결국에는 "관원들로부터 이서들에 이르기까지 청렴한 자는 가난해서 살 수가 없게 되고 탐욕한 자는 날로 부유하게 된다. 가장 청렴한 자일수록 더욱 궁핍하게 되고 가장 탐욕한 자일수록 점차 부유해져서 실컷 놀고먹는다"[54]라고 하는 행태가 벌어졌다.

무릇 국가는 반드시 일정한 재정의 기초 위에서 운영되기 마련이다. 동아시아 유교 문화권에서도 오랜 전통을 가진 조선왕국의 경우 역시 마찬가지였다. '조종의 법제'인 『경국대전』 또한 「호전(戶典)」의 맨 앞에 '경비(經費)'라는 조항을 설정하고, "무릇 경비는 횡간(橫看)과 공안(貢案)에 의거하여 쓴다"[55]라는 규정을 두었다. 여기서 '횡간'이란 것은 "국가 예산

---

53 『반계수록』 3-27, 田制後錄 上 經費.

54 『반계수록』 3-35, 전제후록 상 경비.

55 『경국대전』 2, 戶典 經費.

가운데서 해마다 고정 지출되는 액수를 적어놓은 장부"[56]이다. 그리고 '공안'은 궁중을 포함한 중앙 각 기관의 재정 수요를 충당하기 위해 지방 각 군현별로 배정해둔 공물(貢物)의 세입(歲入) 장부를 가리킨다.[57]

여기서 중요한 것은 '공안'이다. 그런데 이는 결코 국가의 경상비(經常費) 전체를 설정해둔 것이 아니었다. 반계에 따르면 "지금 국가 법제로는 전세(田稅)는 모두 서울로 실어 가고, 별도로 공물과 진상(進上)의 부담이 있다. 또 지방관의 봉급은 경상세(經常稅)로 거두지 않고 별도로 당해 관부에서 거둔다. 무릇 어떤 일이 있으면 모두 별도로 백성에게 배정하는 까닭에, 세(稅) 이외의 징렴과 과외(科外)의 부담을 면할 수가 없다."[58]

여기서 국가재정의 주요 원천을 이루는 것은 '전세'가 아니라 '공물'인데, 이 공물의 부담이 항상 너무 과도한 상태로 되어있었다. 이미 16세기의 정암 조광조는 "우리나라의 전세는 1/30인데, 공물의 부담이 너무 과도해서 그 때문에 민생이 날로 곤궁해진다"라고 관찰하였다.[59] 반계의 관찰로도 공물을 포함한 '잡부'의 부담이 실상 너무 과도한 편이었다.

> 정세(正稅, 즉 田稅)는 1결에 4두를 넘지 않지만, 잡부(雜賦)는 명색이 심히 많아서 가벼운 경우라도 23~24두를 밑돌지 않고 무거운 경우는 70~80두에 이른다.[60]

---

56 "國計恒數之簿也"(『명종실록』 33, 명종 21년 10월 12일 기사).

57 朴道植, 2011, 『朝鮮前期 貢納制 硏究』(혜안)의 제4장 「조선전기 국가재정과 공납제의 운영」 참조.

58 『반계수록』 3-17, 田制後錄 上 經費. 즉 전세(田稅) 이외에 별도로 공물과 진상이 경상세처럼 부과되고 있으며, 지방관의 봉록은 지방마다 따로 거두고, 그 이외에도 무슨 일이 있을 때마다 국가는 백성에게 경상세 이외의 징렴을 별도로 실행하고 있다는 사실을 지적한다.

59 『정암집(靜菴集)』 3, 參贊官時啓 5.

60 『반계수록』 6-21, 田制攷說 下 國朝田制附.

그런데 공물과 함께 만백성의 삶을 피폐하게 하는 큰 요인으로 '진상'의 폐단을 들지 않을 수 없다. 여기서 진상은 공물의 일부를 이루기도 하지만, 그 자체로 별도 항목의 '잡부'를 이루고 있었다. 이미 16세기의 율곡 이이는 당시 민생을 침해하는 가장 큰 폐단 5가지 가운데 "진상이 너무 번중한 폐단"을 그 하나로 들고 있었다.[61]

그런데 '진상'이라는 것은 각 도의 감사·병사들이 국왕에게 바치는 식품(食品) 위주의 토산 공헌(貢獻)이었다. 앞에서 살펴본 것처럼 '관원들로부터 이서에 이르기까지' 무릇 국가를 담당하는 대·소의 관원과 그 실무자들이 모두 '떳떳하지 못한 비리의 징렴을 통해' 자기의 가계를 꾸려가는 행태를 벌이고 있다는 사실과 조응해본다면, '진상'이라는 행태야말로 모든 신민의 최정상에 있는 국왕이 전국의 신민으로부터 비리의 공헌을 받는다는 가장 적절한 사례가 된다. '진상'이라는 독특한 공헌은 각 도의 감사·병사들이 현지의 특산물을 내자시(內資寺)를 비롯한 궁중 관련 중앙 각 기관에 물납(物納) 형태로 바치고, 각 기관은 다시 이를 날마다 궁중에 공궤(供饋)하는 행태로 운용되었다.

그런데 '진상'은 그 재원(財源)이 전혀 책정되어 있지 않은 상태에서 오로지 제도적 관행으로 강제되는 행태였다. 즉 먼저 관행에 따라 각 도의 감사 등이 "각 군현에다 진상물을 배정하면 각 군현에서는 다시 민간에다 나누어 맡겨 거두는데, 그사이에 층절마다 더 받아내고 굽이마다 늘어나는 폐단이 이미 이루 다 말할 수가 없다. 그것을 싸서 바칠 때도 쓸데없이 중앙의 각 관서에 바치도록 하기 때문에 당해 이서들의 농간에 맡겨두는 것으로 된다. … 임금의 눈앞에 한 번 오르지도 못하는 아무 맛

61 『율곡전서』 15-20, 東湖問答.

없는 한 개 물품이 천가(千家)를 파산시키고 만백성에게 해독을 끼치면서 이 같은 일이 자행되는 것이다[…만약 한 마디라도 그것이 나라를 병들게 하고 임금의 덕을 손상시키는 일이라고 언급하는 자가 있으면, 곧 임금에게 불경(不敬)한 짓이라고 지적한다. 그 때문에 해독이 온 나라에 뻗어 가서 멈추지 않는 것이다]."[62]

> 우리나라는 국왕에게 공궤하는 (진상의) 규정에 이미 경상비를 획정해두는 것이 없고 또 이를 담당하는 전임(專任) 기관을 설치해둔 것도 없다. 그러면서도 날마다 마련해 올리기 때문에 안으로는 국가 각 기관으로서 국왕의 공궤를 위해 설치해둔 것이 심히 많다. 또 각 도(道)는 달마다 진상하기 때문에 밖으로는 각 군현에서 진상을 위해 분주히 뛰어다니는 자들이 무수히 많다. 국가의 만사 가운데 국왕을 공궤하는 진상에 관계되는 것들이 대체로 10에 8~9나 된다. 일은 번거롭고 폐단은 극도로 심해져 백성은 견딜 수가 없게 되었다.[63]

무릇 예산의 책정도 없이 강제되는 진상이라는 인습이 국가 만사 가운데 8, 9할이나 되는 비중을 점하는 행태로 자행되고, 그것을 마련해 바치는 단계별 층절마다 무수한 뇌물을 덧붙여 바쳐야 하는 부정부패가 자행된다. "(수납에 종사하는) 이서들이 막중한 일이라고 핑계 대면서 뇌물을 토색질하기로는 진상의 경우보다 심한 것이 없다. 그러므로 지금 진상물을 거둘 때는 반드시 (뇌물로 낼) 인정포(人情布)를 먼저 거두고, 진상물을 실

---

62 『반계수록』 3-23~24, 田制後錄 上 經費.

63 위의 글.

을 때도 반드시 먼저 인정포를 싣는다. 속담에 이르기를 '진상품은 산적 꼬치로 꿰어가고 인정(人情)은 마바리로 가득 실어 간다' 하는데, 이를 보더라도 그 폐단이 어떠한지를 알 수가 있다."[64]

그러니 대체 전국 만백성으로서 그같이 번거로운 폐습의 해독으로부터 벗어날 수 있는 자가 과연 있을 수 있겠는가. 가령 머나먼 시골의 산기슭에 엎드려 사는 백성이라면 혹 '진상'이라는 인습의 해독으로부터 벗어날 수 있을 터인가.

> 백성들이 과일나무를 심지 않는 것은 무슨 까닭인가? 그것은 역시 관·리들이 닥치는 대로 침해하기 때문이다. … 무엇 하나 명목만 있으면 모두 다 백성에게 해독을 끼치는데, 그사이 억지와 독촉이며 이서들의 농간과 작폐는 또 이루 다 말할 수가 없다. … 이제 나무 심고 재배하는 이로움으로써 산골 백성들을 넉넉하게 하자면 반드시 먼저 조정에서 진상품(進上品)을 덜어내고 없애야만 거기 빙자해 수탈하는 길을 끊어버릴 수 있을 것이다. 그리고 명백한 법령을 세워 한 가지라도 침해하지 못하도록 한 다음에야 백성들에 권하여 생업을 일으키고 이익을 도모하도록 할 수 있을 것이다. 그렇게 되면 무릇 사방의 산과 숲, 언덕과 습지를 모두 목장, 양재장[材木之儲], 저수지로 만들어 적절하게 이용하지 않는 곳이 없게 될 것이요, 민생이 혜택을 입고 각 가정과 국가 또한 자연히 넉넉해지게 될 것이다.[65]

64 『반계수록』 3-23~24, 田制後錄 上 經費.

65 『반계수록』 2-19, 田制 下 田制雜議附.

사료는 곧 이서층을 생산 현장의 감리인으로 독점 사역하는 국가체제가 만백성을 상대로 무한정의 주구적 수탈을 자행한다는 사실을 극명하게 드러낸다. "명목만 있으면 반드시 가렴주구가 일어나기 마련"이라는 것은 물론 법제적 징렴과는 거리가 멀다. 더구나 그 같은 수탈이 국가체제라고 하는 절대적 권위에 의해 인습적으로 자행되고 있으며, 그래서 그 촉수가 먼 산골까지 뻗어가는 구조적 영속성을 띠기에 이르렀다는 사실을 반계는 주시한다. 그 모든 수탈과 작폐의 근본은 곧 지배층의 원수(元首)인 왕권에 대한 진상물을 마련한다는 사실 혹은 거기에 빙자하는 행태로 자행되는 것임을 주의할 일이다.

그와 같은 주구적 수탈이 자행되는 경우, 국가의 어떠한 산업 분야에서든 무릇 새로운 개발이라고 하는 길은 근본적으로 봉쇄되기 마련이다. 각 지역은 그 고장의 우수 특산물을 개발하기는커녕 오히려 목숨을 걸고 사장(死藏)시켜 버리기 마련이다. 함경도 은산(銀産)의 예를 들어본다.

> 함경도에서 내려오는 사람들은 모두 말합니다. "본 군(郡)은 은(銀) 채굴하는 일 때문에 다른 고을에는 없는 부역을 담당하게 된다. 그러므로 은맥이 있더라도 죽음을 무릅쓰고 은휘(隱諱)하고 만다."[66]

앞에서 살펴봤듯이 반계의 국가통치론에 따르면, "군주가 관직을 설치하고 직사를 분담시킨 것은 다만 백성을 위해서이다." 그런데 현실의 국가체제는 만백성에 대한 주구적 침탈을 영속적으로 자행하는 폭력기구로 전락하고 말았으며, 그 체제의 최정상에 용립하고 있는 자는 결국 왕

---

66 『선조실록』 160, 선조 36년 3월 19일 을해, 戶曹啓曰.

권 그 자체인 것으로 드러난다. 드디어 왕권 자체에 대한 회의까지 일어나지 않을 수 없는 형세이다.

그런데 인간은 어차피 국가라든가 왕권이라고 하는 통치기구에 의지하여 집합체를 이루고 살아야만 또 다른 야만적 폭력들에 덜 직면할 수 있다. 그래야만 문명을 이룩하고 생활을 유지할 수 있다. 그 같은 사정 또한 반계 자신이 깊이 체득한 '성인의 도'에 대한 깊은 믿음에서 우러나는 확고한 소신이다.

더구나 국가와 왕권이 모든 수탈의 복합체이며 근원으로 전락한 것은 삼대 이후가 아닌가. 그러므로 "잘못된 법제를 변혁하지 않고서는 치세를 돌이킬 길이 없다"는 변법적 이념이야말로 반계 실학의 입각점이다.

> 예로부터 군주들이 일찍이 그 나라를 잘 다스리고자 하지 않은 적이 없었건만 치세가 적고 난세가 많은 까닭은 무엇인가? 무엇보다도 법제가 아닌 법제를 가지고서 한 나라를 이끌어가기 때문이다. 우리나라로 말하면 옛날부터 벽루(僻陋)하여 무릇 제도라든가 규범이 애초부터 의당함을 잃은 것이 많아서, 중국에 비할 바가 못 되었다. 지금 만약 일거에 옛 법제를 따라 경상(經常)의 제도로 정립한다면, 다만 어용(御用)이 지극히 풍부하고 어선(御膳)이 지극히 정결하게 될 뿐 아니라 전일의 여러 가지 폐단이 모두 스스로 견제(蠲除)되고, 쓸데없는 관서들을 합칠 수 있으며 용관(冗官)들을 없앨 수 있고, 내수사(內需司)의 사재(私財) 또한 혁파해버릴 수가 있다. 진실로 이와 같이 한다면 만민의 병통을 구제할 수 있고 천하의 인심을 수습할 수 있으며 나라는 부유하고 군사는 강력해지며 교화가 이루어지고 태평성대를 이룩할 수 있을 것이다. 성스러운 군주가 천(天)을 이어받는 정사가 이보다 시급한 것이 없고 충신들이 군주를 위

하는 길이 이보다 적실한 것이 없다.[67]

실로 오랜 인습에 젖어 침체되어 있는 국정의 면모를 일거에 지양하여 왕정을 구현하는 방향으로 들어서는 길은 통치법제의 변법론적 개혁이 아니고서는 결코 다른 것이 있을 수 없다는 이론이다.

그런데 그와 같이 '잘못된 법제를 변혁'하는 과업은 결코 '법제'를 제정하는 문제로 끝나는 일이 아니다. 그것이야말로 우선 구체적 왕정의 법제를 정립한 후, 군주가 정치적 결단을 통해서 상신(相臣) 이하 여러 신료의 동의를 얻고 이를 구체적으로 실행함으로써 가능한, 정치적 대변통의 과제인 것이다. 극히 체계적이며 정합적인 국가 개혁론이 필수적인 까닭이 거기에 있었다.

그래서 가령 반계는 우리나라 역사에서 처음으로, 왕권을 비롯한 모든 국가기구의 운용비와 그 종사 인원의 상름(常廩)을 국가 세입(歲入)으로 책정한 경상비(經常費)에서 지출한다는, 이전에 없던 개혁론을 제시한다. 즉 세입의 국가재정으로 책정한 경상비를 가지고서 국왕과 궁중의 수요 경비를 비롯한 중·외 국가기관의 운영에 소요되는 경상비를 모두 책정할 것이며, 중·외의 모든 관원과 이서·복예들에게도 모두 응분의 상록(常祿)을 지급한다는 고안이다. "어수(御需)는 그 상수(常數)를 책정하여 해마다 조세(漕稅)를 가지고 획정하되, '국군(國君)은 경(卿)의 녹(祿)의 10배로 한다'는 옛 제도를 따라 그 수를 준정(準定)한다." "중·외의 크고 작은 지출 경비는 모두 이미 제도로 정해둔 바에 따를 것이며, 경세(經稅) 이외에는 일호라도 백성으로부터 다시 징수할 수 없다. 이를 범한 자는 왕법(枉法)

---

67 『반계수록』 3-21~22, 田制後錄 上 經費.

으로 논한다." "경중의 백관과 이서·복예에 이르기까지 모두 상록을 지급한다." "외방 관원과 이서·복예들에게도 역시 모두 상록을 지급한다."[68]

그러기 위해서는 모든 국가재정의 용도를 객관적으로 명백히 책정하지 않으면 안 된다. 즉 경상의 세입을 가지고서 모든 국가 경비와 용도를 책정할 것이며, 그 이외의 별도 징수는 단연코 없애지 않으면 안 된다. "모든 국가 경비는 일체 경상세(經常稅)를 가지고서 책정할 것이며, 과외(科外)의 부과는 금단한다[경상세의 세입을 가지고서 모든 국가 용도에 충당하는 법식을 제도화한다. 공물·진상 등 무릇 모든 조달과 용도 및 각 군현의 모든 지출 용도는 모두 경상세로 책정한다. 인부를 징발하거나 쇄마(刷馬)하는 것도 모두 그 가운데서 책정할 것이요, 민간으로부터는 일호라도 별도로 징수하지 않는다]."[69]

반계는 유사 이래 처음으로 국가 운용의 모든 경비와 용도를 모두 떳떳한 국가재정으로서의 경상비로 책정하고 경상세의 세입을 통해 일체 통합적으로 운영하는 방안을 정립고자 한다. 즉 정세(正稅) 이외에도 종래 지방 각지에서 생산되는 수다한 토산물을 중앙의 여러 국가기관과 여러 궁방(宮房) 등에 개별적 혹은 음성적으로 납부하던 모든 잡부를 정세·어세(漁稅)·공장세(工匠稅) 등으로 통일해 수납하고, 모든 세입의 용도까지도 모두 양성화시켜 국가재정으로 책정되는 경상비로 통합 운용하기로 하는 것이다. 가령 가장 인습적인 '진상'의 경우는 어떻게 정리되는가?

각 도의 진상은 제정된 양식에 의거하여 감사가 각기 감영(監營)에서 당

68 『반계수록』 3-20~29, 田制後錄 上 經費.

69 『반계수록』 3-16, 전제후록 상 경비.

해 물품들을 구입해서 바칠 것이요, 결코 각 군현에다 분정(分定)해서는 안 된다. 설령 부득이 각 군현에다 분정하는 경우라도 또한 일체 서울의 양식대로(지정된 상인에게 미리 가격을 주어 貿入하도록) 해야 한다.[70]

그런데 국가의 모든 재정 용도를 경상비로 통합 운영코자 한다면 이제 그 재정 수입으로서 경상세의 규모를 대대적으로 증가시키지 않으면 안 된다. 그런데 경상세의 주 담당 산업이 아직도 농업이므로, 혹 농민의 조세(租稅) 부담률을 많이 증가시켜야 하는 것은 아닌가?

물론 조세 수입을 바탕으로 하는 국가 세입의 전체 규모야 대대적으로 증대하겠지만, 개별 농가의 부담은 결코 증가하지 않는다는 것이 반계의 확신이다. 그는 우선 국가의 조세 수취율은 1/10이 가장 적절한 수준임을 전제한다. 그런데 현 실태 전정(田政)으로서는 1만 결이 되는 군현이라도 은결(隱結)이라든가 혹은 누결(漏結)이 과다하게 책정되어 있으므로 수세결(收稅結)은 1천 결에도 미치지 못하는 행태를 주목한다.[71]

실상 농지의 비옥도에 따라 토지의 실제 면적을 달리 파악하는 구래의 결부법(結負法)에서는 군현마다 이서(吏胥)라든가 서원(書員)들의 농간 때문에 객관적 결부의 실수를 파악하기는 불가능한 형편이었다. 그래서 반계는 단연코 결부법을 폐기하고 절대면적을 파악하는 경묘법(頃畝法)을 채택하기로 한다. 즉 100평방 보(步)를 1묘(畝), 100묘를 1경(頃)으로 하는

---

70 『반계수록』 3-18, 田制後錄 上 經費.

71 "今田政蕩然, 萬結之地, 任其書員輩, 恣意偸脫, 而爲守令者, 又例爲私隱. … 常科所收, 則未滿千結之稅, 而凡有事爲, 皆別調於民"(『반계수록』 3-34, 田制後錄 上 經費). 물론 전안(田案)에 파악되어있는 1만 결 가운데서 1천 결밖에 수세하지 못한다는 수치는 은결 등으로 인한 수세결의 축소가 매우 크다는 형세를 예시한 것에 불과하다. 그러나 조선 후기 은결·누결의 문제는 가령 다산 정약용이 『경세유표』라든가 『목민심서』에서 구체적으로 상론(詳論)하고 있듯이, 극단의 심각한 상태로 치닫고 있었다.

양전(量田)제도를 채택함으로써 전국의 농지를 일괄 파악하기로 한다. 그래야만 인습적인 은결·누결의 문제가 해소되고, 모든 농지의 실수(實數)를 국가가 다 파악할 수 있다.

이에 그의 개혁론에서는 1/20 세율을 적용하는데, 피곡(皮穀)을 도정하는 과정을 거치면 세율이 대략 1/15이 되고, 다시 수송비와 모비(耗費)를 합치면 농민의 부담 세율이 대체로 1/10을 넘지는 않을 것이라고 소신 있게 전망한다.[72]

여기서 국가라는 것의 기능을 논하면서 인습의 주구적 수탈 행태를 주로 고찰한 까닭은 그것이야말로 만백성에게 직접 가장 큰 피해를 주고 있는 현 실태이기 때문이요, '이하위본(以下爲本)'의 원리를 관철코자 하는 반계 개혁론의 기본 취지와도 가장 어긋나는 현상이기 때문이다. 곧 구래의 통치 실태는, 결코 만민이 제자리를 차지하여 제 몫을 다할 수가 없도록 복합적으로 작동하는 구조로 되어있다는 사실을 우선 명백히 인식하지 않으면 안 될 것이다.

2) 사민(四民) 직사론(職事論)

반계의 변법론은, 공전(公田)을 바탕으로 하는 올바른 양민(養民)·부세(賦稅)제도를 시행하는 한편 공거(貢擧)제도를 통해서 올바른 양사(養士)·선현(選賢)의 기능을 시행한다면, 10년이 지나지 않아 왕정을 구현할 수 있다고 전망한다.

72 "諸等一頃收稅之數[二十取一, 而以皮穀一斛出米五斗爲式. 今皮穀一斛, 多不能出米五斗, 約爲十五而取一矣. 官取十五之一, 則雖計輸納耗費, 民間所出, 裕爲十一也]"(『반계수록』 1-44, 田制 上 分田定稅節目).

> 공거·공전의 두 가지 사업을 능히 실행할 수 있다면, 스스로 유추하여 그 나머지 연관된 사업도 수행하게 된다. 현재로서 그렇게 할 수 있는 자가 있다면 비록 심히 편벽되고 작은 국가라 할지라도 10년을 지나지 않아 반드시 천하의 왕 노릇을 하게 될 것이다. 비록 사양하고자 하더라도 그럴 수 없을 것이다.[73]

"토지야말로 천하의 대본"이라고 하는 반계로서는 만민이 각자에 맞는 위상을 차지하여 자기 직분을 행사하는 공전제도의 시행이야말로 왕정을 구현하는 가장 확고한 사회경제적 기초가 됨을 확신한다. 그리고 단계별 학교 교육을 통해서 인재를 양성하고, 양성된 인재 가운데 다시 현능한 자를 천거해서 등용하는 공거제도야말로 왕정의 구현을 위한 최선의 인재 육성 방안임을 확신한다.

그런데 반계가 상정하는 사·농·공·상의 4민은 모두가 개별 인간임과 동시에 국가의 직사를 맡아 수행하는 직역인으로서 존재함을 주의해야 한다. 즉 공전제도에 따라 100묘씩을 배분받아 농업생산에 종사하면서 군역을 담당하는 '농부'라든가, 읍학(邑學) 이상의 교육과정을 이수하면서 사(士)로 성장하고 공거를 통해 관직을 담당하는 사류(士類)는 모두 자기 가정이라는 기본적 사회 단위를 개별적으로 꾸려가는 존재들이지만, 동시에 각자가 모두 국가의 직사를 수행하는 직역인이라는 실재이기도 하다. 여기서 농민과 사(士)는 모두 국가가 공전제에 따라 배분한 토지를 경제적 기초로 하여 양성되었으며, 국가가 설립한 기초 학교에서 국가가 부과하는 교과를 따라 기초 교양을 이수하고, 나아가서는 군역과 관직이

73 『반계잡고』 128, 政教.

라는 국가 직사를 수행하고 있기 때문이다.

공·상인의 경우 또한 국가적 배치 아래 각기 공·상의 직사를 수행하는 자들이다. 그러므로 4민의 직사는 결코 중복되는 일이 없이 분업적으로 수행되어야 한다. 즉 반계는 사·농·공·상 4민은 모두 각기의 직사를 전업(專業)으로 맡아 수행해야 한다는 원칙을 세운다. 심지어는 군역이라든가 국가기관의 갖가지 역(役)에 종사하는 자들 또한 모두 자기 직사를 전임(專任)하여 분업적으로 수행해야 한다는 원칙을 추구한다.

> 대저 백성으로 하여금 두 가지 업(業)을 갖지 못하도록 하는 것이 옛 도(道)이다[그러니 두 가지 업에 종사함은 응당 금지해야 한다. 그러나 만약 명령을 내려 사람마다 금지토록 한다면 비록 엄한 법으로 임하더라도 다 금지할 수가 없을 것이다. 진실로 공전제가 실현되고 학교 교육이 잘 이행된다면 4민이 스스로 일정한 직업을 갖게 될 것이다. 이미 일정한 직업을 갖게 될 때 그들을 균평하게 안정시키고 가혹하게 침책하지 않는다면 그들 스스로 자기의 '업'에 즐겨 종사하면서 힘써 추구할 것이요, 대를 이어가면서도 다른 데로 옮겨가지 않을 것이다].[74]
>
> 대체로 세상 사람들은 사·농·공·상으로부터 군졸에 이르기까지 관부로부터 역(役)을 맡는 경우, 모두 각자 그것을 전임(專任)으로 담당하도록 한 연후에야 능히 그 일을 잘 이룩해낼 수 있으며, 서로 간에 침해하거나 폐를 끼치는 사단이 없게 될 것이다.[75]

74 『반계수록』 1-59, 田制 上 雜說.

75 『반계수록』 15-44, 職官之制 上 外官職.

공전제·공거제를 제대로 시행하면 4민이 각기 안정된 일정한 직사를 차지하고 그것을 전일적(專一的)으로 수행한다. 그들을 균평하게 대우해 양성하고 종래처럼 가혹히 침학하는 일이 없어진다면 만백성이 각자 자기의 직사에 '즐겨 종사하면서 힘써 추구'하기 마련이다. 각자는 이미 안정되고 숙달한 직사를 자손 대대로 전승해갈 것이요 결코 다른 것을 넘보지 않게 될 것이다.

그와 같이 4민은 각기 분업을 통해서 자기 분야의 일에 숙련된 능력을 발휘하고 창의력을 드러낼 수 있다. 자기 분야에 깊이 숙련되면 이웃 직종과의 사이에서도 상호 침해하는 폐단이 없이 상부상조하는 관계를 유지할 수 있게 된다. 4민의 '업' 모두가 상호 연계성을 가지고 운용되기 때문이다. 그래서 각 분야의 종합적 총체로서의 국가체제 또한 번영의 길로 들어설 수 있다.

그런데 반계는 특히 이제까지 인재 등용의 방식으로 오랜 인습이 이루어진 과거(科擧)의 해독을 크게 우려한다. 과거는 주로 번쇄한 문사(文詞)를 맞추고 논하는 글짓기 재주를 한두 번 시험하는 결과를 가지고서 합격자를 선발하는 제도이다. 그것은 이미 각 군현에까지 설립된 정규 학교에서 수련하는 교육 내용과는 전혀 연관 없이 운용되는, 사족(士族)만이 참여할 수 있는 출세제도이다. 이는 덕·행·도·예와 같은 참다운 수기·치인의 공부와는 전혀 다를 뿐 아니라 현실의 정치적 현안을 제시하고 처리하는 실행 능력과도 무관하다.

> 국가에서 사(士)를 가르쳐 양성하지 않은 지가 오래되었다. 후세에 와서 주도하는[導率] 형식은 이익을 바라고 요행을 탐내는 것 아님이 없다. 그러므로 다소 재주가 있는 사류(士類)라면 다투어 자질구레하게 꾸며낸 글

을 지어 지름길로 출세할 이익을 탐내는데, 사람들의 정신과 뜻이 온통 여기에 쏠리고 있다. 그러므로 명색으로는 공부를 한다고 하지만 실제로 경서(經書)의 뜻은 반 구절도 모른다. 또한 벼슬길에 올라 요로에 앉아 있는 자들은 모두가 서울의 세력가 자제들이다. 그러므로 시골 사람들은 자포자기하게 되고, 이름은 향교의 교생(校生)이라 할지라도 눈으로는 글자를 알지도 못하는 자들 또한 많다.[76]

현실의 정사(政事)와 관련해서는 실로 "온 천하로 하여금 만고에 걸쳐 긴 밤이 되도록 해놓은 것이 과거(科擧)의 해독이다."[77] 그뿐 아니라 문사(文詞) 위주의 과거를 거쳐 사환길에 오른 자들은 흔히 현실과 동떨어진 청담(淸談)이란 것을 일삼기 마련인데, 그 '청담'의 해독은 단지 '현실적 실용'을 도외시하는 부박한 풍조로 끝나지 않는다는 것이 반계의 판단이다. "청담의 논의가 한번 변하면 붕당(朋黨)의 사곡(私曲)이 일어나고, 붕당이 성하게 되면 마침내 강상과 윤리가 조상(凋喪)하게 된다. 이는 반드시 일어나기 마련인 형세이다."[78]

그러므로 교육을 통해 덕행과 실행 능력을 갖춘 인재를 양성하고, 다시 천거를 통해 이들을 선임하는 공거제도의 회복이야말로 시급한 과제이다. "공거의 법제는 향당(鄕黨)의 공공의 논의를 널리 채용하고 평상시 강학 과정의 선행과 악행의 실제를 샅샅이 밝혀 거론하며 여러 사람을 모아 예(禮)를 다하여 보증을 받으며 장구한 기간에 걸쳐 책임을 지도록

76 『반계수록』 10-25~26, 敎選之制 下 貢擧事目.

77 『반계잡고』 127, 政敎.

78 『반계수록』 16-13, 職官之制 下.

하는 제도이다."[79]

그런데 공거제도는 먼저 공전제도의 실행을 바탕으로 하고서야 실현될 수 있다. 까닭인즉 "지금 토지를 많이 가진 자는 1/10이요, 무전자(無田者)는 항상 10분의 8, 9를 차지하고 있는"[80] 현실에서, 전 가족의 노동력을 다 동원하여 남의 토지를 병작(竝作)하기에도 겨를이 없는 '무전자' 농민은 비록 공거제가 시행되더라도 그 자제들을 학교에 보낼 여유가 없기 때문이다.

그런데 "공전제를 시행하면 백성으로서는 항산(恒産)이 있어 인심이 안정되고 교화가 이루어지며 풍속이 도타워져 만사가 제 분(分)을 얻지 못하는 것이 없다."[81] 곧 공전제라는 항산이 바탕이 되어야만 농민의 자제들도 비로소 기초 교육을 받을 사회경제적 여유를 가질 수 있다.

그런데 여기서 반계가 지금까지 설치해온 각 군현의 향교(鄕校) 교육 같은 국가의 정식 교육 이전의 기초 교육과정을 매우 중시하고 있었다는 사실에 특히 주의할 필요가 있다. 당시에도 이미 각 동네에서는 아이들이 글을 익히고 외우는 서당(書堂)이 간혹 있었고 그곳에서 아이들을 가르치고 있었다는 현실[82]을 그는 중시한다. 각 동네에서 임의적으로 실시하는 이 초보 교육의 차원을 더 확대하여, 반계는 전국적으로 각 향(즉 면) 단위의 공립 초등학교인 향상(鄕庠)을 세우고 만백성의 자제들에게 보편적인 초등교육을 시행할 방안을 적극적으로 추진하고자 한다.

---

79 『반계수록』 10-29, 教選之制 下 貢擧事目.

80 『반계수록』 2-11, 田制 下 田制雜議附.

81 『반계수록』 2-12, 전제 하 전세잡의부.

82 "[今亦鄕里, 間或有童蒙誦業之所, 稱爲書堂] 以教童學(『반계수록』 9-39, 教選之制 上 學校事目).

> (국가의) 학교제도가 이미 정비되면 점차 (그 하급 학교인) 상서(庠序)를 설립한다. 서울의 각 방(坊)에는 방상(坊庠)을 설치하고 지방 군현의 각 향(鄕)에는 향상(鄕庠)을 설립한다. … 무릇 향상을 설립하는 데는 억지로 명령을 내려 세우도록 해서는 안 된다. 만약 공거제도가 이미 회복되고 각 지역 학교에서 인사를 선발하는 방식이 정착한다면 사(士)가 요행을 바라고 분주히 덤비는 생각이 근절되고 사람마다 행실을 돈독히 하기에 분발할 것이요, 부형들로서는 그 자제를 교육시키고자 하는 열망이 마치 목마른 자가 물을 찾는 정도일 뿐만이 아닌데도 오히려 강학(講學)하는 장소가 없음을 걱정할 것이다. 그러한 때에 뭇 사람의 소원을 따라 향상을 설립하게 하고 그것을 거들어 협조하는 것이 일을 추진하는 순서상 적의할 것이다. 향상의 건물을 이미 설립하였다면 그것을 수호할 사람을 두어야 하며 또 면세전(免稅田)을 정하여 소속하도록 함으로써 향상이 영구히 폐지되지 않도록 조처할 것이다. 그렇게 되면 온 세상에는 교육을 받지 못하는 사람이 없어질 것이요, 또 어려서부터 보고 듣는 것이 모두 의(義)로운 일의 실행 아님이 없을 것이다. 그러면 비단 학교를 통해 인재가 울연(蔚然)히 배출될 뿐 아니라 아래로 관리나 이서(里胥)들까지 어찌 간활하고 투박한 자들이 생겨나겠는가? 이를 통해 화목하고 표창할 만한 풍속이 이루어질 것이니, 지치(至治)를 이룩하는 데도 향상이 근본 기지가 될 것이다.[83]

그리고 그는 향상의 교육을 담당하는 사유(師儒)의 추대 방안까지 제시한다. 즉 "무릇 향상의 사유(師儒)는 각기 그 향에서 추대하는 바를 따르

83 『반계수록』 9-39~40, 教選之制 上 學校事目.

기로 하되, 관작이 있고 없고를 막론하고 오직 학식을 기준 삼아 정한다. 수령은 예를 갖추어 그를 우대한다. 그 가르침이 게으르지 않고 성과를 이룩하는 경우에는 감사에게 논보(論報)하여 표창하고 탁용하도록 주선한다."[84]

여기에서 '사유'가 국가의 임명이 아니라 각 향의 추대를 통해 결정된다는 사실로 보아 향상은 국립이 아니라 각 향 단위의 공립 초등학교임을 알 수 있다. 그런데 이 향상은 또한 일상으로 관리하는 수호직(守護直)을 두고 있으며, 특히 당해 군현의 수령으로부터 면세전을 배분받아 영구히 그 운영경비로 사용토록 한다는 규정을 두고 있음이 주목된다. 항구적으로 운영할 인력, 시설과 재원을 두루 구비하고서 탄생하는 공립 초등학교로서의 면모가 분명하다.

그런데 향상에서의 교육은 아직도 가령 '사'와 '농'이라는 4민의 직종으로 분화하기 이전 단계에서 실시하는 초등교육에 해당한다. 그것은 사료에 드러나듯이 "온 세상에는 교육을 받지 못하는 사람이 없어질 것"이라는 말 그대로, 만백성의 자제들에게 공통으로 시행하는 보편적인 기초교육이다. 그 보편적인 기초교육을 반계는 어째서 특히 강조하는 것일까? 역시 사료에 나오는 그대로 "어려서부터 보고 듣는 것이 모두 의로운 일의 실행 아님이 없도록" 하고자 하는 것이다. 즉 "의로운 일의 실행"을 어려서부터 자제들에게 보편적으로 가르치고 시행토록 함으로써 조기 교육과정을 통해 인간의 근본 덕성을 함양하고자 하는 것이다. 향상이야말로 "지치를 이룩하는 근본 기지"가 될 것이라는 기대 또한 그 뜻을 가리킨다.

84 『반계수록』 9-39, 教選之制 上 學校事目.

결국 향상은 이 세상에서 의로운 일과 그 실행의 의미를 어려서부터 가르침으로써 만민이 스스로 이를 깨우쳐 평생토록 실천하도록 하는 보편적인 기초 교양 교육과정을 새로 개설한다는 의미를 지닌다.[85] 그것은 또한 '이하위본'의 원칙을 실현코자 하는 반계의 교화론적 통치론의 한 형태로 이해할 수 있다.

(1) 사(士)의 육성

향상이라는 기초 교육과정을 거치면서 학생들 사이에는 각자가 성취하는 성적에 따라 다시 상급학교인 읍학(邑學)으로 진학할 자와 그렇지 못한 자의 구분이 일어난다. 곧 전국의 군현 단위에서 운영하는 읍학은 향상의 이수 과정을 통해서 판별된 우수한 인재들을 모아 사(士)를 육성하는 국립 중등교육 기관이다. 이제 사(士)·민(民)의 직역적 구분이 시작되는 것이다.

> 군현의 학교는 동네 서당과 향상으로부터 우수한 인재를 뽑아 입학시키는 곳이니 이미 소학(小學)의 경우와는 다른 것이요, 사(士)와 민(民)의 구분이 여기서 시작된다. 그래서 이미 등위(等位)가 다르게 되는 터인즉 거기에 따른 분수(分數) 또한 없을 수가 없다. 대저 옛 성왕의 정사는 그 교화가 무궁무진한 것이었지만 그 등위에는 또한 분수가 있었다. 이는 바

---

85 이 향상(鄕庠)의 교육제도가 정비되면, 서원(書院)과 같은 여타의 강학기관은 그 존치 이유가 없어질 것이라고 반계는 전망한다. "지금의 서원은 옛날에는 없던 것이다. 후세에 교육이 잘못되어 군현의 학교가 다만 과거(科擧)의 명성과 이익을 다투는 곳이 되어버렸으므로 뜻있는 선비들이 하는 수 없이 궁벽하고 고요한 곳에다 별도로 정사(精舍)를 세워 학업을 익히는 장소로 삼으니, 이것이 서원이 일어난 까닭이다. 만약 국가에서 교육하는 방법이 올바른 데로 돌아오고 읍학(邑學)과 향상이 모두 제대로 정비된다면 서원은 하는 일이 없어질 것이다(『반계수록』 9-40, 敎選之制 上 學校事目).

꿀 수 없는 자연스러운 이치이다. 천지의 조화는 무궁무진한 것이지만 또한 그 모든 것에는 절도가 있다. 절도가 있는 까닭에 천지의 조화가 무궁무진하게 전개될 수 있는 것이다.[86]

여기서 '사'와 '민'이라는 '등위'의 차이, 그에 따라 '분수'의 차이도 일어난다는 것은 곧 '사'와 '민'의 직역적 구분이 일어난다는 사실을 뜻한다.

반계의 개혁론에서는, 향상을 이수하고 읍학으로 진학하지 못한 자들, 그리고 읍학의 교육과정에서 탈락하는 자들을 포함하여 무릇 일반 농민들은 나이 20세가 되면 1부(夫)가 1경(頃, 즉 100畝)의 토지를 배분받는다. 이들이야말로 반계의 왕정론의 사회경제적 기초를 이루는 농민층이다. 군역을 담당하는 주된 계층 또한 이들이다.[87]

읍학으로 진학하는 자의 자격은 사·대부의 자제로서 학업에 뜻을 둔 자 및 일반 백성의 자제로서 향상의 교육과정을 통해 우수한 성적을 거둔 자들이다. 입학 연령은 15세 이상이다. 읍학에 처음 입학하는 자들을 증광생(增廣生, 혹은 外舍生)이라 칭하는데 이들은 각기 2경(頃)의 토지를, 다시 일정한 과정을 거쳐 내사생(內舍生)으로 승급하면 4경의 토지를 배분받는다. 이들 내·외사생은 모두 군역이 면제된다.[88] 즉 읍학에 진학한 자들은 모두 '사(士)'로서의 '등위'와 '분수'를 부여받게 된다. 그뿐 아니라 읍학의 사유(師儒) 또한 "학술이 밝고 도가 저명하여 남의 사표가 될 만한 자"를 선발한 후 "당해 도의 감사의 계문을 받은 후 국왕이 이조(吏曹)로

86 『반계수록』 9-34, 敎選之制 上 學校事目.

87 "每一夫占受一頃, 依法收稅 每四頃出兵一人"(『반계수록』 1-3, 田制 上 分田定稅節目) ; "凡民年二十以上受田, 士入學乃受"(『반계수록』 1-19, 전제 상 분전정세절목).

88 『반계수록』 1-3, 전제 상 분전정세절목.

하여금 다시 심사토록 해서 제수한다."[89] 즉 국왕의 이름으로 제수하는 정식 관원이다. 읍학은 곧 국립 중등학교에 해당한다.

물론 읍학의 정원은 당해 군현의 등급에 따라 차이를 둔다. 그런데 읍학으로 진학한 '사'는 모두 4서·6경을 기본 교재로 하는 덕·행·도·예를 학습하고 수기·치인의 행의(行義)를 수련한다. 그중에서 오래도록 학습하여도 향상하고자 하는 뜻이 없거나 강학 규정을 따르지 않는 자는 도태시켜 군민(軍民)의 직역에 종사토록 한다.

그리고 읍학의 과정을 이수한 후에는 각 도 단위의 영학(營學)으로, 영학을 졸업한 후에는 중앙의 태학(太學)으로 진학하며, 태학에서 우수한 성적을 거둔 자들은 관직으로 진출하도록 규정한다. 그런데 읍학에서부터의 모든 교육과정은 이전 단계 학교의 강학 성적을 기준 삼아 천거를 통해 진학하도록 하는 공거(貢擧)제도로 구성된다.

그런데 사(士)를 육성하는 이들 각급 학교에서 반계가 제시하고자 하는 교육이념은 무엇인가? 그는 주자의 「백록동서원(白鹿洞書院) 게시(揭示)」를 그대로 옮겨와 「학규(學規)」라는 이름으로 자신의 교육이념을 제시하였다.

주지하듯이 주자의 「백록동서원 게시」는 윤리 규범을 먼저 제시하고, 그다음에 학문·사변에 관한 규정을 제시하는 구도로 되어있다. 즉 부자유친·군신유의·부부유별·장유유서·붕우유신의 5륜을 맨 먼저 내세우고는, "위의 5가지 가르침의 요목은, 요·순이 설(契)을 사도로 삼아 공경스레 5교(教)를 펴내도록 한 그것이다. 배운다는 것은 이를 배울 따름인 것이다. 그리고 이를 배우는 절차 또한 5가지가 있다"라고 하면서, "널리 배우고[博學之], 상세히 물어보며[審問之], 신중히 생각하고[愼思之], 명백히 분변하며[明

89 『반계수록』 10-1, 教選之制 下 貢擧事目.

辨之], 독실하게 실천한다[篤行之]"는 5가지의 학습 순서를 들어두었다.[90]

또한 주지하듯 「백록동서원 게시」 가운데 5륜은 순임금이 설(契)로 하여금 밝히도록 한 인륜 규범이라고 『맹자』에 나와 있으며, '박학지' 이하 5가지 학습 절차는 『중용』에 실려있는 공자의 말씀이다. 주자는 이 양자를 연계시켜 '게시'함으로써 자신의 교학이념을 밝혀놓았던 것이다.

그런데 반계는 이 「백록동서원 게시」야말로 성현의 교학이념을 가장 잘 드러낸 '대법지요(大法至要)'가 되는 것이라고 숭장하였다. "이는 주자의 백록동 학규이다. 성현이 학문을 가르치는 천, 만 가지 말씀이 모두 경전에 실려있으니 격언(格言) 아닌 것이 없지만, 이 「백록동서원 게시」야말로 그 큰 법도와 지극한 요목이다. 배우는 자들은 모름지기 마음을 다해야 할 것이다."[91]

여기서 반계는 옛 성인의 말씀을 연계시켜 재구성한 주자의 교학이념을 그대로 옮겨와 제시하면서, 이것이야말로 '큰 법도와 지극한 요목'이 되는 것이라고 극단적인 가치를 부여하였다. 반계 자신의 교학이념 또한 주자와 마찬가지로 5륜을 핵심으로 하는 윤리 도덕 위주의 것이었다는 사실을 잘 드러내 주는 사례다.

그런데 반계의 공거제도에서는, 우선 읍학으로 진학하여 '사'가 된 자들은 모두가 연령에 따라 좌석의 차례를 정해야 한다고 규정한다. 즉 읍학에 진학한 자이면 그 출신 가문이라든가 문벌의 높고 낮음에 관계없이 동일한 '사'로서의 '등위'와 '분수'를 지키게 되며, 따라서 그 출신 성분과 전혀 관계없이 연령에 따른 서열을 적용한다는 고안이다. 이는 우

90 『반계수록』 9-23~24, 敎選之制 上 學規.

91 위의 글.

선 옛 경전의 이념을 따라 국립 중등학교 이상의 교육제도를 개혁함으로써 층절과 차등이 많은 인습적 문벌제도를 타파하는 길로 나아가고자 하는 새로운 교학론이다. "소업(所業)이 동일하면 직사가 동일하며 직사가 동일하면 반열(班列)도 동일하게 해서, 연령에 따라 그 차례를 정한다는 것은 천하 공통의 의리이다."[92] 반계는 곧 "천하 공통의 의리"를 따라 이제까지의 구차스러운 인습을 혁파하고자 한다.

> 『예기』에 이르기를 "천하에 나면서부터 귀(貴)한 자는 없다" 하였다. 그러므로 천자의 자제도 입학하면 역시 연령에 따라 차례를 정하였거늘 하물며 사대부의 자제이겠는가? 우리나라는 한갓 문벌만 숭상하고 습속이 구차하여 오직 족세(族勢)가 혁혁한가 아닌가를 따질 뿐이요 그 사람이 행의(行義)를 닦았는지 아닌지는 묻지 않는다. 대대로 문벌 집 자손인 경우는 비록 용렬하고 비루한 자일지라도 경상(卿相)에까지 오를 수 있지만, 집안이 한미하면 석덕(碩德) 무학(茂學)이라도 사류(士類)에 끼지 못한다. 세도가 나아지지 못하고 인재가 일어나지 않으며 정치와 형벌이 문란하게 되는 것이 모두 그 때문이다. 이것이 어찌 도(道)를 구현하여 세상을 바로잡은 선왕(先王)의 뜻이겠는가?[93]

반계에 따르면, 읍학에 진학하여 '사'로서의 '등위'와 '분수'를 갖춘 자들은 국가가 특별히 지도층으로 육성하는 인재들이므로, 우선 국립 중등교육을 실시하는 단계에서부터 본인이 현명한가 불초한가를 분별하고

---

92 『반계수록』 10-6, 教選之制 下 貢擧事目.

93 『반계수록』 10-5, 교선지제 하 공거사목. 『예기』의 인용문은 교특생(郊特牲) 편의 문자이다.

의(義)를 존중하는 가치적 이념의 원칙을 학습하고 실현하는 능력을 배양해야 한다고 주장한다. "진실로 먼저 조정으로부터 덕(德)을 숭상하고 실질을 우대하며 취하고 버리기를 오직 현(賢)·불초(不肖) 위주로 한다면 사람마다 행의(行義)를 닦기에 분발하여 공경하고 사양하는 풍상이 시골 군현에서도 실현될 것이니, 폐습(弊習)이 비록 고질로 되었다 하더라도 자연히 변화할 것이다."[94]

즉 반계는 무려 수천 년 동안이나 귀족제 혹은 문벌제도를 숭상해온 우리나라의 역사적 인습을 개혁하기 위해서는, 비록 착수하기를 중등학교의 교육과정에서부터 시작한다고 할지라도, 그 근원은 바로 조정에서 계획을 세워 의도적으로 실행해나가야 함을 역설한다. 즉 현 실태 과거 위주의 인재 등용 방식은 서울 중심·문벌 중심의 인습을 결코 개선할 수 없으므로, 먼저 학교 교육을 통해 사류를 양성하는 과정에서부터 '공경과 사양', 의를 존중하고 덕을 숭상하며 실질을 우대하는 가치 기준을 새로 확립해나가지 않으면 안 된다는 이론이다. 그래서 문벌 사족이라는 인습의 신분제와는 무관하게, 행의(行義)를 통해 사류가 양성되기를 간구하였다.

> 소위 사류란 것은 선비의 행실을 닦아서 사류가 된 자이다. 사족(士族)이란 것은 양반의 자손에 속하는 족속들이다. 만약 행의(行義)를 가지고 표준을 삼는다면 천하가 다투어 덕행을 권면하게 되고 거기에 따라 예속이 이루어질 것이다. 그러나 문벌의 지위를 가지고 표준을 삼는다면 천하가 오직 문벌만을 분변하기에 몰두할 것이요, 투쟁하는 단서가 그 때

94 『반계수록』 10-6, 敎選之制 下 貢擧事目.

문에 일어나게 될 것이다.[95]

양반 사족의 특권과 그들만이 세상을 지배하는 문벌 중심의 국가체제는 한국사에서는 실로 오랜 인습의 누적에서 야기되는 악습이었다. 도대체 악법 중의 악법이라는 노비법이란 것도 그 같은 특권층을 길이 유지하기 위해 생겨난 것에 불과할 따름이다. 그리고 문벌 위주의 누적적 인습은 필경 국가권력의 독과점 쟁투로 이어지기 마련이다. 더구나 그 같은 권력 독점의 쟁투는 사류의 본분인 수기·치인의 행의라든가 덕스러운 예속을 오히려 파괴하는 악습으로 치닫기 마련이다. 그것은 국가가 사류를 육성하는 의도와도 전혀 상반된다.

그뿐 아니라 문벌 위주의 체제는 그 가치 기준을 개별 인간의 외부에 두므로 인간의 내적 분발심을 흥기시키지 않고 현 체제에 안주하도록 유도하기 마련이다. "문벌에 의지하는 경우에는 몰락할 우려가 없다고 생각하는 까닭에 일상에 안주하여 스스로 분발하지 않으니, 명망과 의리로 자립하는 자가 드물다. 이는 법제가 그렇게 만드는 것이다. 만약 오직 훌륭한 사람만을 등용한다면 재능 없는 사람은 저절로 빠지게 될 것이므로, 전에는 부귀영화를 누렸던 자들도 뒤에는 몰락하게 될 것이다."[96]

반계에 따르면 "옛 성왕이 법제를 세우고 교화를 행한 것은 모두가 천(天)을 본받아 만들고 천을 대신하여 시행한 것 아님이 없었다. 그 도(道)는 6경에 갖추어져 있다."[97] 6경에 갖추어져 있는 '도'야말로 인간의 기본 학습내용이 아닐 수 없다.

---

95 『반계수록』 10-7, 教選之制 下 貢擧事目.

96 『반계수록』 10-8, 교선지제 하 공거사목.

97 『반계잡고』 125, 政教.

더 구체적인 교육과정을 보면, 읍학(서울은 4학)에서 영학(서울은 중학)으로, 영학에서 태학으로 승급하는 자격 심사 기준은 모두가 학생 본인의 덕·행·도·예를 고찰하여 그 가운데 현능한 자를 선발한다. "무릇 교학의 방안은 6덕(六德)·6행(六行)·6예(六藝)를 모두 다 강명(講明)할 것이지만, 수기·치인의 도는 모두가 성현의 경전에 갖추어져 있다"[98]라는 것이 반계의 소신이다. 그뿐 아니라 태학에서 수학한 자를 조정에 천거하는 데서도 마찬가지로 본인의 덕·행·도·예를 심사하여 그 가운데 현능한 자를 선발한다.[99] 본인이 학습하고 수련한 덕행과 능력의 실질을 기준으로 삼을 뿐이요, 그 이외의 문벌과 같은 어떠한 정치·사회적 배경도 절대 참작하지 않는다는 원칙을 관철하고자 하는 것이다.[100]

더 나아가, 그와 같이 철저한 학습과 수련 과정을 거친 후에도 인간으로서 성숙해지는 40세가 되어야 비로소 관직으로 나아갈 수 있다는 규정을 둔다. "40세 미만의 연령인 자에게는 관직을 수여치 않는다[단지 특수한 재주와 뛰어난 능력을 가진 자로서 연령에 구애되지 않는 경우는 의논하여 왕명을 받아 시행한다. 그리고 군사를 거느리는 7품 이하의 관원은 30세 이후 선임할 수 있다]."[101]

반계는 일단 국왕의 명으로 제수하는 관직은 모두 '천직(天職)'이라고

---

98 『반계수록』 10-10, 敎選之制 下 貢擧事目. 여기서 '육덕'은 지(知)·인(仁)·성(聖)·의(義)·충(忠)·화(和)요, '육행'은 孝·友(형제)·睦(친족)·婣(외친)·任(신의)·恤(구휼)이며, '육예'는 예(禮)·악(樂)·사(射)·어(御)·서(書)·수(數)이다.

99 "攷其德行道藝, 而又選賢者能者, 論升于太學. … 攷其德行道藝, 而又選其賢者能者, 論啓而升于朝"(『반계수록』 10-16, 교선지제 하 공거사목). '도(道)'는 곧 '수기·치인의 도'로서 성현의 경전 즉 사서(四書)·육경(六經)에 갖추어져 있는 '도'를 일컫는다.

100 정구복은 이를 '세습형 사회'에서 '성취형 사회로의 변혁'이라 하였다. 鄭求福, 1970, 「磻溪 柳馨遠의 社會改革思想」, 『歷史學報』 45.

101 『반계수록』 13-2, 任官之制 仕滿遷轉.

단언한다. "일명(一命) 이상은 모두가 천직이다. 진실로 그 가운데 한 사람이라도 부적격자가 있다면 그 폐해가 생민에게 미친다. 그러므로 선왕은 두터운 대우로 그들을 양성하고 독실하게 교육하며 정밀하게 선택하고 깊이 살펴본 후에야 직위를 부여하여 전임(專任)토록 하였다. 대저 그렇게 한 후에야 관직이 적격한 인사를 얻어 정치와 교화가 실행되며, 백성들이 제자리를 차지하여 공적을 이룩할 수 있는 것이다."[102]

반계는 실로 오랜 인습의 문벌제도를 해체하고 덕행과 능력 위주의 인재를 등용하는 새로운 국가체제를 구성함으로써 왕정을 이룩할 수 있다고 단언한다. "사람을 등용할 때 문벌로 한정하는 것은 인재를 묻혀버리게 하는 고로 이 세상의 교화에 막대한 폐해를 일으킨다. 이는 국가의 치세와 난세, 세도(世道)의 상승과 하락에 크나큰 단락과 기틀을 짓는 것이다."[103]

물론 오랜 인습의 문벌제도를 하루아침에 갑자기 다 개혁할 수는 없는 일이다. 그러나 그는 공거제도를 통해 학교에서 사류를 양성하면서 이 새로운 가치관을 교육하고 실행하는 과정을 실현해 보임으로써 결국에는 문벌제도를 타파하고, 덕성과 능력 위주로 인재를 등용하는 국가체제를 구현할 수 있을 것으로 전망한다. "옛 습속이 변하지 않는다고 하여 성내거나 두려워하면서 고식책으로 구차스럽게 끌고 가려는 경우는 모두 정치가 무엇인 줄을 모르는 자들이다. 또 시속(時俗)이 놀라 소란스럽게 된다고 두려워하는 것은 필부(匹夫)가 처세하는 도리이지 왕자(王者)가 정치를 행하면서 할 말은 못 된다. 시의(時宜)란 것은 군·상(君 · 相 즉 군주와 相

102 『반계수록』 10-29, 教選之制 下 貢擧事目.

103 『반계수록』 10-8, 교선지제 하 공거사목.

臣)이 어떻게 하느냐에 달린 것이요, 시속(時俗)이란 것은 정치와 교화를 통해서 조성되는 것이다."[104]

한편 국가에서 '사'를 양성하는 데 일반 군민(軍民)보다도 더 많은 토지를 배분하면서 그들의 군역을 면제하는 까닭은 무엇인가? 반계는 그것을 국가체제에서 수행하는 각 직사의 차이로 설명한다.

> 대저 국가에서 사(士)를 양성하는 것은 모두 백성을 위해서이다. 그래서 노심(勞心)하는 자와 노력(勞力)하는 자의 귀·천의 직사(職事)를 나누는 것이다. '사'를 양성하는 것이 군(軍)을 양성하는 경우보다도 못하다면 어찌 도리에 맞을 터인가? 오직 '사'를 가르치고 이끌어 국가가 그들을 양성하고자 하는 의도를 결코 저버리지 않도록 격려할 따름이요, 비용을 아끼기 위해 사대부를 양성하는 제도를 폐지해서는 안 된다[만약 사대부를 양성하는 제도를 폐지한다면 천하가 어두워지고 무너져 큰 난리가 일어날 것이니 백성들은 손발을 움직일 수조차 없을 것이다]. 하물며 이 제도를 실현한다면 군사의 수가 지금보다 반드시 갑절로 될 것이요, 조세 수익이 지금보다 반드시 증가할 것이니, 그 실제를 비교해보면 스스로 알 수 있을 것이다[이는 일의 정당한가 부당한가를 가지고 논해야지 그 이해관계를 가지고 따져서는 안 되는 것이다. 그러나 그 이해관계 역시 당·부와 별도로 있는 것이 아니다. … 지금 백성들은 부세 때문에 곤란을 겪지 않는 자가 없건마는 국고로 들어오는 수입은 지극히 적으며, 군역으로 침학당하지 않는 자가 없건마는 군사의 수는 지극히 적다. 이는 국가의 대본인 토지에 이미 분수가 없는데다 또 가혹한 법으로 독

104 『반계수록』 10-6, 教選之制 下 貢擧事目.

촉하는 고로 사람마다 교묘한 꾀를 부려 면피하기 때문이요, 민정(民丁)과 재물이 모두 권문(權門)으로 돌아가고 간활한 이서(吏胥)들이 그 가운데에서 농간을 부리기 때문이다]. 설사 조세의 수익과 군사의 수에 감축이 일어난다 할지라도 제도가 실시되어 분수가 명백해지면, 사대부 된 자들이 모두 국가가 양성해주는 의도를 알아서 감히 그 일신을 함부로 하지는 않을 것이다. 그래서 지금처럼 아무 의식도 없이 편안히 지내면서 국가의 덕을 알지도 못하거나 국가의 위급함을 생각지도 않는 일은 없어질 것이다. 진실로 사대부들이 모두 공(公)을 받들고 나라를 위해 몸을 바쳐야 하는 의리를 알게 된다면, 국가가 위급할 때에 그들이 수행할 일의 유익함이 어찌 다만 한 병졸 정도일 따름이겠는가?[105]

국가가 존속하는 한 통치체제는 있어야 하고, 통치체제가 존속하는 한 관직을 비롯한 소위 '노심(勞心)'의 직사에 종사하는 '사' 계층의 '지위와 분수'를 설치하지 않을 수 없다. 그것이 곧 국가가 사대부를 양성하지 않을 수 없는 까닭이다.

사(士)는 '노심'하는 직사를 맡아 수행하도록 국가가 의도적으로 경비를 들여 양성하는 계층이다. 그 직사인즉 우선 국가의 정치와 교화를 맡아 책임지고 수행하는 여러 가지 관직을 들 수 있다. "옛날에는 학교를 설립하고 사(士)를 가르치는 내용이 수기·치인의 방안 아닌 것이 없었으며 꾸미고 다듬는 글을 짓는 습속은 없었다. 그러므로 관부를 설치하고 직사를 분담시킨 것도 모두가 백성을 위해서 직사를 처리하는 관원이요, 불필요한 인원이 없었다. 도(道)를 학습한 인사가 직사를 처리하는 직임

105 『반계수록』 1-8, 田制 上 分田定稅節目.

을 맡으므로 능히 도를 가지고 사업을 다스리니, 일마다 각기 적의하게 되고 공용(功用)이 일어나 이 세상은 치평(治平)으로 치닫게 되었다."[106]

'사'의 직사는 또한 정식의 관직만이 아니라 그 이외의 교직(教職)이라든가 향직(鄕職)에 오히려 더 다양하게 분포한다. 전술한바, 각 군현의 전정(典正)·전검(典檢) 같은 향관(鄕官)이라든가 약정(約正)·직월(直月)과 같은 향약의 여러 직임, 그리고 각 면의 면장인 향정(鄕正)의 직사들을 모두 새로운 학교 교육을 통해 덕행과 능력을 갖춘 사 계층으로 충원하도록 한다. 그리고 향상(鄕庠)이라든가 읍학의 사유(師儒)와 같은 교수직 등 실로 '사'가 담당할 수다히 많은 직임이 있다. 그래서 일단 사로서 학업을 이수한 자라면 "천하에 직사를 폐하거나 버려지는 자가 없으며, 또한 제자리를 차지하지 못하는 자도 없을 것이다"[107]라고 반계는 전망한다.

그런데 이들 모든 향임(鄕任)의 유는 지금까지 국가로부터 제대로 된 대우를 받은 일이 없고, 그래서 또한 '못나서 제대로 사람 축에 들지도 못하는 자들'로 인식되었다. 양반 사족은 그 같은 향임을 천시(賤視)하고 철저하게 외면하고 있었다. 반계는 단연코 이를 개혁하고자 한다.

> 지금 사족(士族)들은 각기 토지와 노비를 제 뜻대로 부림으로써 사가(私家)에서 안일하게 살면서도 공후(公侯)의 낙을 향유하는데, 온 나라를 두고 민사(民事)를 맡는 이들 향임은 모두 못나고 용렬하여 제대로 사람 축에 들지도 못하는 자들이다. 이를 변혁하지 않고서는 비록 성왕(聖王)이 정사를 펴더라도 어떻게 할 수가 없다. 가령 향정(鄕正)의 경우를 두고 말하

---

106 『반계수록』 16-12, 職官之制 下 職官因革事宜.

107 『반계수록』 9-40, 教選之制 上 學校事目.

자면, 늠록(廩祿)과 사령(使令)을 지급해야 할 것이다. 전제(田制)가 바로잡히고 노비법이 개혁된다면, 무릇 유사(儒士)로서 집에 있는 자들이 모두 민사(民事)의 책임을 맡아 그 직사를 수행하면서 먹고살 것이요, 무단히 백성들을 부리면서 놀고먹는 폐단은 자연히 없어질 것이다. 공·사가 각기 그 분수를 얻게 될 것이요, 만사가 모두 바른 제 위치로 돌아갈 것이다. 그리고 풍속의 흐름 또한 방만한 습속이 변하여 떨치고 일어나 힘쓰는 모습으로, 부랑(浮浪)하는 습속이 변하여 단속하고 삼가는 모습으로, 문사(文詞)에 힘쓰던 습속이 실학(實學)하는 모습으로 변할 것이다. 그래서 인재들은 모두가 실용(實用)에 힘쓰게 되고 삼대의 융성함을 스스로 회복할 수 있을 것이다.[108]

가령 이 사료에서 "향정에게는 늠록과 사령을 지급한다"고 하였거니와, 그 향정이 반계의 개혁론에서는 모두 공전(公田)의 분급 상태를 점검하고 호구를 파악하는 등 최일선 공직자로서의 중차대한 책임을 맡아 수행하도록 구상되어 있다. 그러므로 반계는 말한다. "비록 정치를 펴는 근원은 군주(君主)에서 비롯한다는 것이지만 정치를 실현하는 요체는 향정(鄕正)에 달려있다. 이는 군주와 향정이 공치(共治)하는 것이다. 진실로 향정이 적임자가 아니라면, 비록 요·순이 군주로 있고 고요(皐陶)·기(夔)가 재상 직위를 맡는다 해도 지치를 이룩할 길은 없을 것이다."[109]

반계의 왕정적 통치론은 군주와 조정으로부터 외방의 향직까지를 관통하는 정령(政令)체계가 제도적으로 정비되고, 제대로 교육받은 사 계층

108 『반계수록보유』 1-20, 郡縣制 鄕正.

109 『반계수록보유』 1-19, 군현제 향정.

이 민사·민생에 직접 관계되는 향정(鄕政)을 맡아 책임 있는 시행을 추진하는 구도로 되어있다.

반계의 왕정론적 개혁 과제에서는 정치와 교화가 결코 두 가지로 분립되어 있지 않다.[110] 앞에서 살펴본 것처럼 국가 관직을 맡는 사대부는 모두 공거제의 과정을 이수하고서 선발된, 구체적으로 '도(道)를 수련한' 계층이다. 그래서 능히 '도'를 가지고 사업을 처리하니, 일마다 각기 적의하게 되고 공적이 일어나 이 세상이 치평으로 치달을 수 있다.

반계의 통치론에서는 '도를 수련한 사 계층'은 '정치와 교화'라는 국가의 두 가지 주요 직사를 맡아 이끌어가는 지도적 계층이다. 그런데 여기서는 국가가 공거제도를 통해서 사 계층을 의도적으로 양성한다. 즉 그는 공전제도를 기초에 두고 공거제라는 새로운 교육·인재 등용의 제도를 시행함으로써 실로 오랜 인습으로 누적된 폐법 말속의 문벌제도를 근본적으로 혁파하는 역사적 과정을 이행하고자 설계하였던 것이다.

그런데 반계의 왕정론에 따르면 "재상·조관(朝官)으로부터 공(工)·상(商)·복예(僕隸)에 이르기까지 무릇 일을 담당한 바가 있으면 직사(職事) 아닌 것이 없다."[111] 여기서 각 '직사'라는 것은 이미 구래의 인습에서와 같이 수직적으로 차등을 설정한 귀·천의 지위라든가 직임과는 뜻을 달리하는 개념이다. 이는 선발된 각자의 '등위와 분수'에 따라 국가의 각기 다른 분야를 맡아 처리한다는 '직사'의 개념이다. 왜냐하면 반계의 국가체제론에서는 드디어, 인습의 문벌제도가 폐지되고 관원의 직사라든가 복예의 직역이 모두 개인의 자질과 노력 여하에 따라 후천적으로 성취하는

---

110 "教化·政令, 本非二事"(『반계수록』 9-18, 教選之制 上 鄉約事目).

111 『반계수록』 3-3, 田制後錄 上 戶籍.

직업으로 맡게 되기 때문이다.[112]

(2) 농민의 양성

반계에 따르면, 수기·치인을 담당하는 사 계층의 육성이 국가의 책무로 추진해야 하는 정치사업이듯이 국가는 직접생산자이자 군역 담당자인 농민층 또한 공전제의 실현을 통해서 자영농으로 양성하는 일을 책무로 삼지 않으면 안 된다. 반계의 국가경제론은 공납제를 지양하고 곡물 위주의 농업생산을 통한 세수(歲收)를 국가재정의 기본으로 설정한다. 그러므로 농업이야말로 국가의 경제와 재정을 뒷받침하는 기본 산업이요, 농민이야말로 이 산업의 주력 담당 계층이다. 그뿐 아니라 국방을 책임지는 군역을 담당하는 것도 농민층이다.[113] 국가를 경제와 재정, 그리고 군사적으로 지탱하는 기본 계층이 곧 농민이다.

앞에서 살펴봤듯이 반계에 따르면 "토지야말로 천하의 대본"이다. 가령 전국 호구(戶口)의 실상도 우리나라는 일찍이 한 번도 제대로 파악할 수 없었다. 반계는 토지를 기준으로 해서 부세를 부담하도록 하는 법제야말로 진실로 만세토록 변경할 수 없는 제도라고 확신한다.[114] 그리고 "토지의 경계를 바로잡고 호와 구의 숫자를 밝히는 방안도 공전제를 시행치 않고서는 성취할 길이 없다"[115]고 보았다. 그는 다시 말한다.

> 인간은 토지를 떠나서는 살지 못하고, 토지는 인간이 아니고는 개간되지

---

112 "盖公田之法, 但令貧富隨貴賤, 貴賤隨賢愚而已"(『반계수록』 26-6, 續篇 下 奴隷).

113 "凡百步爲一畝, 百畝爲一頃, 四頃爲一佃. 每一夫占受一頃, 依法收稅, 每四頃出兵一人"(『반계수록』 1-3, 田制 上 分田定稅節目).

114 "聖人以田出賦之法, 誠萬世不可易也哉!"(『반계수록』 6-9, 田制攷說 下 後魏北齊隋唐田制).

115 『반계수록』 2-14, 田制 下 田制雜議附.

> 못한다. 그런데 토지는 일정해서 옮겨가지 않는데 인간이란 것은 동·정과 존·망이 무상하다. 그러므로 토지를 기본으로 하여 그 분(分)을 명확히 한다면 인간은 그 가운데 있기 마련이요, 스스로 균평치 못한 폐단도 없을 것이다. 토지를 기본으로 삼지 않고 인간을 파악하려 한다면 참치(參差)와 탈루를 살펴낼 도리가 없다. 이는 치·란이 나누어지는 갈림길이 되고 만사의 기본이 되는 것이다. … [이는 다만 일의 형세가 그러할 뿐 아니라 천리(天理) 역시 그러한 것이니, 고요한 것으로 말미암아 움직이는 것을 제어하는[由靜制動] 원리이다].[116]

반계의 토지론은 전국의 토지를 공전으로 개혁하여 국가의 기본 주민층인 농민을 의도적으로 양성한다는 구체적 계획들을 고안해놓았다. 전국적으로 기본 농가에 100묘씩의 토지를 배분하여 각기 자영농으로 자립하도록 하되, 일체의 잡부(雜賦)를 혁파함으로써 각자가 노력을 더한 만큼의 추가적 이득을 얻을 수 있도록 한다는 고안이다. 농민층을 의도적으로 양성함으로써 국가경제는 한층 더 발전하고 재정과 국방은 한층 더 안정된다는 이론이다.

그런데 여기서 농민 1가에 배분한다는 100묘의 토지는 객관적으로 어떠한 근거에서 산출한 것인가? 반계는 고전에 나오는 하(夏)나라 50묘와 은(殷)나라 70묘 정도는 아직도 좀 부족한 편이요, 주(周)나라에서 확정한 100묘 정도가 가장 적절한 규모인 것으로 깨우치게 되었다면서, 그 깨우침에 도달하기에 이른 자신의 관찰을 구체적으로 논한다.

116 『반계수록』 6-8~9, 田制攷說 下 後魏北齊隋唐田制.

지금 100묘인 1경은 벼 40두(斗)를 심을 수 있는 면적이다. 이만한 연후에야 족히 산 사람을 양육하고 죽은 사람을 장사 지내며 공공의 부세에 응하고 가계를 세워 꾸려갈 수 있다. 그러므로 이에 100묘로서 단정하는 것이다. 혹자는 말하기를, "이 40두락을 가지고서는 혹 부족함을 면할 수 없을 것이다. 지금 중국의 100묘인즉 거의 80두락인데, 이같이 한다면 더욱 가호마다 모두 풍족해지고 빈약의 근심이 없을 것이다"라고 한다. 물론 사람마다 다 풍족해지기를 바라지 않는 것은 아니다. 그래서 나 또한 일찍이 깊이 생각해보고 널리 물어보았으며 역시 일찍이 토지를 가지고서 시험해보기도 하였다. 만약 그같이 (80두락으로) 한다면 우리나라에서는 토지를 받지 못하는 농민이 심히 많아질 것이고, 또 그 정도 토지를 받는다면 자기 경작 능력을 초과하기 마련일 것이다.[117]

반계는 다시 자신의 실제 경험을 말한다. "산간 지역 농민의 경우 한 농부 부부가 경작하는 것은 겨우 논 10두락과 밭 하루갈이 남짓이니, 합쳐서 20두락에 불과한데도 또한 능히 요족(饒足)한 편이다. 그런데 들이 넓은 곳에서는 한 농부가 경작하는 것이 거의 30여 두락인데도 역시 굶주리는 자가 있다." 산간 지역 농부는 토지가 귀하므로 적게 경작하면서도 부지런히 힘을 들여 수확을 갑절로 올리는데, 평야지대에서는 땅이 넉넉해서 "넓게 점거하고서도 거칠게 경작하므로 수확이 실하지 못하게 된다"는 것이 그가 경험을 통해서 본 확신이다. "이로써 본다면 백성의 살림살이가 가난하고 넉넉함은 그가 부지런한가 게으른가에 달린 일이

117 『반계수록』 1-3~4, 田制 上 分田定稅節目.

요, 오로지 경작면적이 넓은가 좁은가에 달린 것은 아니다."[118]

> 경작면적이 자기 힘에 적절한 경우라야 사람들은 모두 부지런히 농사일에 힘쓰는 것이니, (토지와 노동력을 적절하게 배분하는) 이 일이야말로 백성으로 하여금 각자 풍족하게 되도록 하는 도리이다. 지금 이 40두락지는 본래 솔정(率丁)까지도 그 가운데 수용할 수 있는 규모이니, 어찌 부족하다고 할 것인가? … 만약 지금 중국과 동일하게 100묘씩 배분한다면, 인구가 많고 땅이 좁은 지역에서는 백성으로서 자기 경작지를 얻지 못하게 되는 경우가 심히 많아서 거개가 부인(富人)의 고용인으로 되고 말 것이다 이는 또한 필연의 시세일 것이며, 크나큰 이해관계가 달려 있는 것이다. 지금 100묘로 확정하는 것은 구태여 옛 법만을 모방하고자 함이 아니다. 농민의 경작 능력과 영농 규모를 헤아리고 토지에서 나는 이익과 그것으로 수용하고 부양할 수 있는 인간관계를 참고하며 또한 고금의 형세를 참작해 보더라도 달리 변경할 수 없이 이렇게 해야만 하는 것이므로, 이에 100묘로 확정한다. 오직 심사숙고해 본 연후에야 옛 성인의 법이 만세토록 바꿀 수 없는 것임을 알 수 있다.[119]

농가 1호당 배분할 토지의 적정 단위를 두고 반계는 실로 다방면, 다각도로 심사숙고하는 과정을 거쳤다. 이른바 '천하의 대본'인 바탕 위에 그의 왕정론의 사회경제적 기초 단위를 획정하는, 더할 수 없이 중대한 과제였기 때문이다. 그 과정에서 그가 우리나라의 농지 및 농가 총수의

118 이상 『반계수록』 1-3~4, 田制 上 分田定稅節目.

119 『반계수록』 1-4~5, 전제 상 분전정세절목.

비율을 독자적으로 조사해서 점검하지 않을 수 없었다는 사실부터 주의할 필요가 있다. 실상 반계가 당시의 전국 전결(田結)의 수를 점검한 기초 자료는 호조(戶曹)와 같은 국가 주무부서의 공식 문서가 아니었다. 호조에서는 그런 기초 자료조차 아예 보관하고 있지 않았다. 반계는 개인적으로 면밀한 조사 끝에 드디어 호조의 어느 아전이 자기 집에 보관하고 있는 전적(田籍)을 발굴하여 참작할 수 있었다. "평상시의 전적은 임진왜란 후 호조에 남아있는 것이 없었다. 여기 서술하는 전결의 수는 곧 (호조의) 서리(書吏) 김사득이 자기 집에 보관하고 있는 문서에서 알아낸 것이다."[120]

그래서 얻은 수치를 바탕으로 그는 농가의 경작 능력과 영농 규모를 대조하고, 토지의 수익과 그것으로 부양할 수 있는 인간관계, 그리고 고·금의 역사적 형세까지를 다 참작하여 1가 100묘라고 하는 표준을 확정하기에 이르렀다. 이 100묘의 토지는 농부 1가에서 다소의 솔정까지 데리고 경작할 수 있는 적정 규모로서, 어버이를 섬기고 처자를 보살피는 일상은 물론이요 국가의 부세에 응하고 보인(保人)의 도움을 받아 군역을 담당하면서도 안정적으로 가계를 꾸려갈 수 있는, 현실적으로 항산의 터전이 됨직한 기준적 영농 단위이다. "부지런히 농사일에 힘쓰는" 경우에는 다소 "풍족하게" 살 수도 있다고 반계는 관찰한다.

반계는 결코 옛 경전(經典)의 영농 규모를 묵수함으로써 현실의 기준으로 삼은 것이 아니었다. 어디까지나 자기의 현실을 기준으로 삼고, 그것을 바탕으로 고경(古經)의 이론을 참작하였던 것이다. 자기 현실을 최선의 왕정론으로 변통하고자 하는 주체적 견지였던 것으로 풀이된다.

그런데 현 실태 토지의 소유·경작 관계는 전술한 바와 같이 "농지를

120 『반계수록』 6-23, 田制攷說 下 本國平時田結及癸卯乙亥量田數.

많이 가진 자는 1/10이요, 무전자는 항상 10분의 8, 9"이다. 그래서 무전자는 남의 농지를 빌려 병작(竝作)하기 마련인데, 병작농은 소출의 절반을 지주에게 바치는 것이 인습적 관례였다.

> 지금 전지를 많이 가진 자는 경작할 땅은 넘쳐나는데 경작 능력은 한정되어 있으므로 두루 다 경작할 수가 없다. 반면에 무전자는 노동력은 남는데도 전지가 없으므로 경작할 수가 없다. 그래서 경작지가 많이들 황폐해지는 것이다. 비록 병작하는 규례가 있다고 하지만 전지를 많이 가진 자는 남에게 병작을 시키고는 자신은 가만히 앉아 병작료를 끌어모아 받아먹기만 하고 부지런히 힘쓰는 일이 없다. 무전자들은 우선 남의 전지를 경작하더라도 해마다 그것을 계속하기란 어렵고, 또한 자기의 소유지가 아닌 까닭에 거름을 주어 토질을 가꾸는 일에는 뜻이 없으니 전지가 많이들 메마르게 된다. 공전법을 시행한다면 전지가 황폐해지는 경우가 없고 전지마다 모두 부지런히 가꾸어지기 마련이다. 그래서 땅에서 나는 곡식의 수를 통계한다면 지금의 경우에 비하여 단지 2갑절이 넘는 정도만이 아닐 것이다. 해마다 이와 같이 해서 항구적으로 갑절씩 생산한다면 곡식이 어찌 물이나 불처럼 흔해지지 않겠는가?[121]

현재와 같이 전국 농지의 대다수가 병작지이며 농민의 대다수가 병작농으로 되어있는 상태에서는 병작농의 삶이 극히 고단할 뿐만 아니라 농업생산력 또한 결코 발전할 수가 없다. 농지가 소수 지주의 소유로 편중되어 있으므로 농지와 그것을 경작할 농업노동력의 적절한 배분 관계

121 『반계수록』 2-12, 田制 下 田制雜議附.

가 결코 이루어질 수 없기 때문이다. 우선 지주의 경우는 이른바 광작(廣作)경영을 하기 마련인데, 여기서는 투입 노동력에 비해 항상 농지가 과다하므로 정밀한 노동력 투하가 있을 수 없고, 따라서 단위 농지의 생산력은 저조하기 마련이다. 전국 농지의 대부분을 차지하는 병작지의 생산력 또한 결코 높은 수준을 유지할 수 없다. 우선 남의 농지를 빌려 병작을 하는 소농민으로서는 그 농지가 결코 항산의 터전일 수가 없다. 지주의 의향에 따라 언제든지 내주어야 하기 때문이다. 그러므로 병작자인 소농민은 당해 농지에 거름을 많이 주는 등의 토질 개량에 결코 진력하지 않는다. 그래서 전국 대부분을 차지하는 병작지 또한 결코 높은 생산력 수준을 유지할 수 없다. 요컨대 전국 농지의 대부분이 소수 지주의 소유로 되어있는 현 실태에서는 지주지나 병작지를 막론하고 경작자는 토지에 대해서 상대적으로 적은 관심밖에 기울이지 않는다. 따라서 전국 모든 농지가 다소간에 적은 소출밖에 낼 수 없다.

그에 비해 공전제를 실시하면 사정은 획기적으로 달라진다. 전국의 모든 농가가 각자 적정 규모의 농지를 항구적 생산의 터전으로 배분받아 자영농으로 정립된다. 소경영에서는 자영(自營)의 경우가 가장 높은 생산력을 발휘할 수 있다. 자기가 주인이 되어 자기 책임 아래 자가 노동력에 적절한 규모의 농지를 경작하므로 이에 부지런히 거름을 주면서 애착을 가지고 가꾸기 마련이다. 전국의 어떠한 농지라도 결코 황폐해지는 경우가 없다. 그래서 생산되는 "곡식의 수를 통계한다면 지금의 경우에 비하여 2갑절" 이상이 된다고 반계는 관찰한다. 그리고 해마다 그렇게 2갑절씩의 생산력을 유지한다면, 곡식이 마치 "물이나 불처럼" 흔해져 이웃과 나누어 써도 괜찮은 물건이 될 것이라고도 전망한다.

공전(公田)인즉 공정하고도 균평하지만 사전(私田)은 사사롭고 편벽된 것이다. 공전제를 시행하면 백성으로서는 항산이 있어 교화가 이루어지고 풍속이 도타워지며 만사가 제 분(分)을 얻지 못하는 경우가 없다. 사전인즉 모든 것이 이에 반한다. 공전제를 시행하면 곡식이 물이나 불과 같이 흔해질 것이니, 또 어찌 지금 세상과 같은 참혹한 광경이 일어나게 되겠는가? 공자가 말하기를 "균평하면 가난한 자가 없어진다[均無貧]" 하였다. 성인의 말씀이란 어찌 굽이굽이 모두 다 의당하지 아니한가?[122]

그런데 여기서 공전제 개혁안은 다시 반계가 추진하는 경묘법 양전(量田)을 경과하면서 더한층 선순환의 상승 효과를 가져온다. 즉 현재의 사전 위주의 제도를 공전제도로 전환하면서 동시에 현재의 결부법을 경묘법으로 전환해서 양전한다면, 국가는 우선 전국의 모든 토지를 유루 없이 다 파악할 수 있다. 원래 경묘법은 실재하는 전지 그대로 절대면적을 파악하는 양전법이므로 토지가 결코 누락되지 않는다. 게다가 모든 토지가 공전으로 전환되므로 어떠한 개인도 일단 전지와의 사적 소유 관계가 단절된다. 따라서 누구도 토지를 특별히 누락시키거나 그 면적을 특별히 축소시켜 전안(田案)에 올리는 것을 시도하는 일은 없어진다. 그러므로 결국 종래까지 토지의 실수 파악 그 자체를 결정적으로 저해해오던 관행인 소위 은결(隱結)이라든가 누결(漏結)의 폐단 자체가 근원적으로 해소된다. 그래서 전국 모든 농지가 알차게 경작되고 수세결(收稅結)로 파악되기 마련이다.

결국 반계의 개혁적 전정론(田政論)에서는 전국의 농지가 실세 그대로

122 『반계수록』 2-12, 田制 下 田制雜議附.

모두 파악되고, 공전법에 따라 모든 농지가 1가 100묘씩 경작 능력의 적정 수준으로 배분되며, 가호별 자영적 영농을 통해서 해마다 그 생산력을 최대 수준으로 발휘할 수 있는, 전국 농업의 일대 혁명적 발전이 일어나도록 고안되어 있다. 그래서 반계는, 실로 번잡하여 협잡과 농간의 소굴로 존속해오던 구래의 인습적 공물·진상제도를 혁파하고, 전국 농지에서 거두는 전세(田稅)의 세입을 가지고서 국가재정의 기본으로 삼아도 가능하다는 획기적 개혁론을 제시할 수 있었다.

나아가 현재의 양인 장정이 담당하는 군역 개혁론은 어떠한가? 조선왕국의 군역이 토지와 같은 항산의 뒷받침이 없는 상태에서 오직 양인 장정이라고 하는 국가의 기준 되는 신분층에게만 부과되는 신분제적 국역이었음은 다 아는 사실이다. 군역 담당자는 보인(保人)의 경제적 보조를 받는다고 되어있었다. 그러나 대체로 16세기의 훈척정권을 겪으면서 군역 자체가 과중한 군포(軍布)의 부담으로 변질되었다. 또한 공물·진상의 폐단이 너무 과도해짐에 따라 양인층이 대거 노비층으로 전락하였다. 이에 군역 담당자의 절대 수가 모자라게 되고, 남아있는 자만이 군역을 중첩적으로 부담하기에 이르렀다. 군역은 가장 가혹한 신역(身役)으로서의 국역(國役)이 되고 말았다.

> 지금 민가에서 아들을 낳으면 채 젖도 떨어지기 전에 모두 군역에 충당하고는 명목을 따져 포(布)를 거둔다. 백성으로서 아들 3~4인을 둔 자는 한 해 동안 바치는 포가 상포(常布) 100여 필이 된다. 그러므로 아이는 아직 자라지도 않았는데 먼저 도망부터 가게 된다. 비록 조정에는 나이가 들기를 기다려 군역에 충당하라는 법령이 있지마는, 모두가 빈말로 될

뿐이요 한 번도 시행하는 것을 볼 수가 없다.[123]

지금 번상(番上)하는 군인에게는 보(保)를 지급한다고 되어있지만, 보인(保人)들의 형세가 일정하지 않을 뿐 아니라 대다수 번상군은 보를 받지도 못하는 형편이다. 그 가운데서도 가난하고 태만한 번상군은 그 보포(保布)를 미리 받아서 다 써버린다. 그래서 그가 번상하고서는 모두가 잔약하고 고단한 형세로 되고, 심지어 굶어 죽고 얼어 죽는 지경에도 이른다. 겨우 죽기는 면한 자들 또한 달변[月利]을 얻어 쓰고는 집으로 돌아와 논·밭과 소를 다 팔아 몇 갑절의 대가를 상환한다. 그런 까닭에 번상군이라면 거지꼴 아닌 자가 없고, 인간의 몰골은 찾아볼 수가 없다.[124]

실로 "중앙 번상군의 경우 병조(兵曹)라든가 도총부(都摠府) 등 각처에서 온갖 방법으로 침학하여 뇌물을 토색하고, 지방의 병영(兵營)에 번상하는 경우는 병사(兵使)가 사용하는 제반 일용품과 그 운반비까지 모두 다 군사에게 마련해 바치도록 할 뿐 아니라 그사이 이서와 복예들이 마디마디 뇌물을 토색질한다. 그래서 1년에 드는 비용이 상포 30~40필을 내려가지 아니한다"라고 그는 관찰한다.[125]

더구나 반계는 현재 정권을 유지한다는 세가들이 서울을 중심 삼아 지방에서 올라오는 부세를 수탈하여 향유하는 동시에 지방의 군민(軍民)을 번상시켜 자기들을 호위토록 강제하면서도, 이들 군민이 그래도 살아갈 수 있도록 하는 정책이라고는 전혀 고려해보지도 않는 현 실태를 고발한다.

123 『반계수록』 21-32, 兵制 諸色軍士.

124 『반계수록』 21-35, 병제 제색군사.

125 『반계수록』 21-31, 병제 제색군사.

지금 서울에서는 해마다 겨울철이면 번상한 군사로서 얼어 죽는 자가 한둘이 아닌데, 그 시체를 끌어다가 길가에다 그냥 버리므로 개나 돼지가 함부로 뜯어먹으니, 참혹해서 차마 볼 수가 없다. 대저 시골의 촌락에서도 구걸하다가 이와 같이 죽는 시체가 있으면 교화를 주관하는 자가 그들의 풍속이 아름답지 못할까 봐 촌락 사람들에게 독책(督責)하여 시체를 묻어주도록 한다. 하물며 서울은 임금의 교화가 일어나는 근본되는 곳인데, 먼 지방의 군민이 나랏일을 하기 위해 서울에 왔다가 얼어 죽기에 이르렀는데도 재상과 백관들이 이런 현상을 눈으로 보고서도 예삿일처럼 여기고 관심을 두지도 않는단 말인가? 아아, 정사(政事)라는 것을 폐지한 지가 오래되었다.[126]

"정사라는 것을 폐지한 지 오래된" 현 실태의 근본적 개혁이야말로 무엇보다 시급한 현실적 과제이다. 반계는 공전제를 통해서 모든 농가에 항산의 터전인 토지를 배분하고, 토지를 기준으로 하여 군사를 내도록 한다. 군역은 20세에 토지 절수와 함께 담당하고 60세에 면역하면서 반환한다. 그리고 노비제도가 온전히 혁파될 때까지의 현실을 고려하여 공·사 노비로 구성하는 속오군(束伍軍)제도를 유지하기로 한다.

무릇 백성은 모두 토지 1경(즉 100묘)씩을 배분받는데, 4경 가운데의 1인은 군사가 되고 3인은 보인이 된다. 보인은 매 1인이 해마다 미(米) 12두(斗) 혹은 면포(綿布) 2필을 내어 번상하는 군사를 돕는다.[127]

---

126 『반계수록』 25-25, 續篇 上 喪葬.

127 『반계수록』 1-22, 田制 上 分田定稅節目.

그 속오군은 공·사천으로 구성하는데 토지 2경마다 1정을 내어 군사로 삼고 나머지 1인은 보인이 된다.[128]

그리고 군역의 핵심이 되는 군사의 번상은, 가능한 한 서울과 경기 지역 군사들로 서울에 번상토록 하고, 먼 지역 군사들은 자기 지역의 군영에 번상토록 함을 원칙으로 한다.

보병은 8교대로 나누어 2개월씩 번갈아 가면서 번상한다. 무릇 서울과 외방에서 번상하는 규정을 정함에는 각기 가까운 거리에 있는 군영에 적절히 나누어 번상하게 하며, 모두 번상할 고을을 획정해둠으로써 뒤바뀌지 않도록 한다. 또한 그 상번의 순서도 한 고을·한 부대 전체가 교대함을 원칙으로 할 것이요, 한 고을에서 한 개 부대만을 빼내거나 한 부대에서 한 개 분대만을 빼내어 파견하는 등으로 그 기본 대오를 흐트러지게 하는 일이 없도록 한다. … 무릇 변방을 지키는 번상군은 각기 당해 고을의 군사가 부족할 경우에만 다른 고을의 군사를 번상토록 할 것이며, 함부로 뒤바뀌지 않도록 함으로써 군사들로 하여금 항상 번상하는 곳이 일정하게 하여 주·객이 서로 친숙해지도록 해야 한다. … 무릇 육군·수군으로서 5월과 6월에 번상하는 경우, 달마다 보인(保人)이 2일씩 각자 당해 군사의 농사일을 도와주도록 한다.[129]

또한 군역을 면제하는 대신 포(布)를 받는 따위의 구차스런 고식책은

---

128 『반계수록』 21-22, 兵制 諸色軍士.

129 『반계수록』 21-34, 병제 제색군사.

일체 금지하고, 다만 보인만이 포를 내어 군사를 돕도록 한다. 무릇 군민의 군역은 어디까지나 외적을 방어하고 국가를 보호하는 본래의 국방 기능을 충실히 수행할 수 있도록 조직하되, 번상군의 경제적 지반이라든가 그 번상하는 군역의 편제 단위와 지역적 원근의 편의를 최대한으로 고려하여 군사를 조직하고 동원한다는 원칙을 관철하고자 하는 것이다.

(3) 공·상인의 육성

반계의 왕정론에서 가장 중요한 국가산업으로 진흥시켜야 하는 것은 농업이지만, 그는 그 이외의 여러 산업 및 유통업에 대해서도 빠뜨리지 않고 진흥책을 고안한다. "각종의 공장(工匠)·좌고(坐賈)·행상(行商)·공랑(公廊, 市廛)·선척(船隻)·철야(鐵冶)·어전(魚箭)·염분(鹽盆) 등의 수를 각각 파악하여 안적(案籍)을 만들고, 그 모두에서 상세(常稅)를 거둔다."[130]

각 분야의 '안적'을 만들고 '상세'를 거두기 위해서는, 이들 각 산업에 기생하는 인습의 중간 농단과 횡침을 척결하고 다시 각 산업의 정상적 진흥책을 강구해둔 서술이 따로 있지만, 여기서는 그 가운데서도 공·상에 한하여 다소간 고찰해보기로 한다.

반계에 따르면, 왕정의 구현에 따라 공·상인이 자립적 자영업으로 각기의 직사를 수행할 수 있을 때까지 사·농의 경우와 마찬가지로 이들을 국가가 의도적으로 육성해야 한다.

> 살피건대 공장(工匠)과 상인이 없어서는 안 되는 것은 사(士)라든가 농민의 경우와 다를 바 없다. 다만 공·상인이 너무 많은 경우에는 농사에 해

130 『반계수록』 1-58, 田制 上 雜說.

> 를 끼친다. 그러므로 많은 경우에는 그들의 세를 무겁게 함으로써 억제하고, 적은 경우에는 세를 가볍게 함으로써 물화가 유통되는 길을 넓히도록 할 것이다[지금 우리나라는 제조 기술이 정밀하지 못하고 물화가 유통하지 않으니, 마땅히 그들의 세를 가볍게 해야 할 것이다].[131]

앞에서 살펴본 것처럼, 반계의 왕정론에서는 "오랜 인습의 문벌제도가 폐지되고 관원이라든가 복예의 직사가 모두 개인의 자질과 노력 여하에 따라 후천적으로 성취하는 직업으로 맡는 것"으로 되어있다. 반계의 국가론에서는 공·상이 맡는 직사 또한 사·농의 경우와 다를 바 없이, 각기 하나씩의 국가 직사를 맡아 수행하는 구도로 되어있다. 그런데 현실은 어떠한가?

> 『경국대전』에는 서울 안의 공장(工匠)들에 대해서도 역시 세를 받는다고 되어있다. 그러나 지금인즉 서울 안의 공장들은 모두 일정한 세가 없고, 다만 관부에서 일 시킬 경우가 생기면 닿는 대로 잡아다 시키는데, 그 대가로 주는 삯은 매우 적다. 더구나 외방의 경우는 세가 있고 없고를 막론하고 소문나는 대로 잡아다 억지 일을 시킬 뿐이다. 관부가 이미 이같이 하니 양반 세가들 또한 그 본을 받아 함부로 일을 시키고는 삯은 제대로 주지 않는다. 그러므로 공장을 업으로 하는 자는 오히려 그 재능이 소문날까 봐 두려워한다. 그 때문에 온갖 공장의 기예에 법도가 없고 거칠어져 모양새를 이루지 못하게 되었다. 그것이 온 나라의 습속으로 되고 말았으므로, 사람들은 거기에 마음과 눈이 익숙해져 그것이 거칠

131 『반계수록』 1-59, 田制 上 雜說.

고 조잡하다는 사실을 알지도 못하게 되었다.[132]

관부나 양반 세가들이 필요에 따라 이들 공장(工匠)을 잡아다 일을 시키고는 삯도 제대로 주지 않는다는 것은 기술 담당자들인 이들 공장의 존재가 결코 독자적인 것으로 인식되지 못하고 있다는 현 실태를 잘 말해준다. 관부뿐 아니라 양반 세가들도 그러하다는 것은 무릇 권세 있는 자들이 모두 공장을 자기 하인 다루듯 할거적으로 침해한다는 사실을 단적으로 말해준다. 공장에 대한 인식이 그러한 상태에서는 무릇 어떠한 기술도 결코 발전할 수 없다. 서툰 기술자일수록 안일 무사하기 마련이다.

무릇 권세를 내세우고 기술·기예를 천시하고 침해하는 이 같은 풍조는 아마도 우리나라에서 이미 오랜 인습으로 전승되어 온 역사적 폐습임에 틀림없다.

일을 시키고 그 값을 갚는 일에까지 어찌 귀·천 사이에 차이를 두어서야 될 것인가? 우리나라는 귀·천 두 글자만을 따져서 억지로 억누르기를 일삼는다. 명색이 양반이라면 도처에서 폐단을 일으키기 때문에, 큰 길가에 사는 사람들은 양반이 (무단 침해하는 것이) 싫고 고통스러워 자기 가옥을 다투어 왜소하고 누추하게 만드느라 애쓴다. 공장들이 기구를 조악하게 만드는 것도 관역(官役)에 동원하여 억지 일을 시키기 때문이요, 읍장(邑場)의 상인들이 관부의 구매에 응하지 않는 것도 (관부가) 억지로 헐값에 사들이기 때문이다. 이와 같은 사례는 반드시 풍속이 바뀐 연후에야 일이 모두 적의하게 돌아갈 것이요, 참으로 귀한 자를 귀하게 대우하

132 『반계수록』 1-59, 田制 上 雜說.

는 뜻이 이에 행하여질 것이다.[133]

시대마다 생산력의 기준을 드러내는 공장(工匠)의 기술 또한 양반 문벌제도를 그대로 두고서는 이전의 그 '왜소하고 누추한' 인습을 결코 벗어날 도리가 없다. 반계는 공거제라는 교육·선거제도의 실현을 통해서 오랜 역사적 폐습인 양반 문벌제도를 근저에서부터 혁파하고자 한다. 그리고 우선 공장에 대한 처우를 고쳐 기술이 정교한 자들을 우대하는 제도부터 만들어 나가지 않으면 안 된다고 한다. "무릇 공장의 직사는 노력을 많이 들여 기술이 정숙해진 연후에야 남보다 더한 이익을 취할 수 있으며, 남보다 노력이나 기술이 뛰어나지도 않는데 홀로 이익만 많이 얻을 수는 없다. 그러므로 공장에게 모두 세를 정하되, 제품을 정교하게 제조하는 자일수록 그 세를 감면해 주어서 장려하는 것이 마땅하다."[134]

살피건대 선왕의 치세에서는 모든 공장들이 자기 직사에 걸맞은 녹봉을 받았다. 무릇 공장으로 된 자는 모두 일정한 업(業)이 있어 그 직사를 수행하면서 밥을 먹고 살았으며, 규정 이외의 방식으로 제조하는 것은 금지되어 있었다. 그래서 기명(器皿)이라든가 사포(絲布) 등속이 거칠고 조잡해서 사용할 수 없는 물건이 없고, 의복이나 기호품도 음란하고 공교하여 마음을 방탕하게 하는 것도 없었다. 그런데 우리나라는 법제가 명확하지 못하여 세력을 가지고 법제를 삼는다. 공장에게는 일정한 세의 부담이 없고 소문나는 대로 억지 일을 시키고는 삯도 주지 않는다[옛

133 『반계수록』 4-3, 田制後錄 下 錢幣.

134 『반계수록』 1-59, 田制 上 雜說.

날에는 공장에 해마다 상세(常稅)가 책정되어 있고, 상세 이외에 달리 횡침하는 일은 없었다. 무릇 공역(公役)을 맡는 때에는 모두 상응하는 보수를 주었던 까닭에, 능한 자는 후한 보수를 받고 각자 그 기량을 개발할 수 있었다. 우리나라 공장은 상세가 있다는 소리를 듣지 못하였다. 다만 이름 있는 공장은 관부에서 잡아다 억지로 일을 시키고 그 보수는 주지 않는다. 풍속이 이와 같으므로 세력 있는 자 또한 관부의 명령을 빌려 '행하(行下)'라는 이름으로 공장을 잡아다 부린다]. 그러므로 능한 자는 매양 고역을 지게 되고 능하지 못한 자는 편히 살면서 피해를 당하지 않는다. 그래서 공장이 만드는 제조품은 조잡하지 않은 것이 하나도 없다. 이는 사람들의 재능과 지혜가 원래 달라서 그런 것이 아니라 법제와 교화가 그렇게 만들어 놓은 것이다.[135]

이처럼 누적된 인습을 극복하지 않고서는 어떠한 기술의 발전도 결코 기대할 수 없다. 무엇보다 각 분야 공장들의 제작 기술은 결코 통치행정이라든가 권력에 종속적인 것이 아니요, 당대의 생산력을 대표하는 하나의 독자적 실재로 정립하지 않으면 안 된다는 인식의 전환이 절실하다. 공장의 제작 기술 또한 하나의 독자적 국가 직사로 정립되어야만 독자적 발전의 길로 들어설 수 있다.

그래서 반계는 말한다. "공전제도 및 학교 교육이 법제대로 실행되면 사·농·공·상이 각기 제자리를 얻게 될 것이요, 공·상인 또한 일정한 상세(常稅)가 있고 횡침을 당하는 일이 없어질 것이다. 관청에 속한 공장에게는 상름(常廩)이 책정되어 있고 그들의 공적에 따라 녹봉을 올리거나

135 『반계수록』 25-50~51, 續篇 上 制造.

내린다면 서로 권면하고 경계하는 법례가 서게 될 것이다." 그는 다시 말한다. "무릇 모든 일에는 금지할 사항이 있음을 사람들에게 미리 알려 미연에 방지하지 않고 그대로 두었다가 풍습이 이루어진 후에는 그것을 변화시키기란 어려우니, 지금의 추포(麤布)가 그 한 사례이다. 그러므로 선왕의 치세에서는 공장들이 제조하여 시장에서 파는 물화들이 모두 일정한 법식과 금령을 따르지 않음이 없었음을 알 수 있으니, 그 의미가 심원한 것이다. 이는 곧 인심을 바로잡고 '사업과 공력[事功]'을 향상시킴으로써 온 천하로 하여금 아름다운 풍속을 확보하게 하는 한 가지 도리인 것이다."[136]

현실적으로 시급한 과제는, 공·상인이 독자적으로 자립할 수 있는 지반을 마련하는 법제를 정립하는 것이다. 법제의 정립이야말로 이들을 우대하는 필수 과제이다. 공·상의 경우도 서울과 같이 사람들이 많이 모여 사는 곳에서는 자립적 영업이 가능하다. 그러나 시골의 한적한 곳에서는 국가의 별다른 보호 조처가 없다면 "공·상의 길이 거의 끊어지게 된다." 그래서 이들 공·상인에 대해서도 1가마다 50묘씩의 토지를 배분해서 길이 공·상인으로 자립해가도록 배려하는 정책을 펴도록 한다.[137]

이는 곧 공·상업을 전업(專業)하는 자들을 보호하여 그들이 자립적 자영업자로 길이 존립할 수 있도록 육성한다는 뜻이다. 하나의 국가체제라는 것은 사·농·공·상의 각 직사에 분업적으로 종사하는 자들이 본·말, 대·소의 관계로 서로 연계되어 작용하면서 상부상조해야 제대로 작동하

---

136 『반계수록』 25-50~51, 續篇 上 制造.

137 "工·商受田五十畝. … 工·商若京都人衆之處, 則可以其業爲生. 外方居者, 全不受田, 無以資生. 不置工·商之田, 則工·商之道, 幾於絶矣. 是以古制亦有工·商之田"(『반계수록』 1-33, 田制 上 分田定稅節目).

기 마련이다. 공·상인들의 번영이 곧 국가의 산업과 경제의 번영을 이룩하는 기초의 하나이기 때문이다.

그리고 반계는 가령 화폐의 유통을 적극적으로 장려하는 방법 등으로 이들 공·상인의 번영을 의도적으로 유도하고자 한다. 반계의 화폐 통용론은 우리나라에서 최초로, 화폐 유통 자체의 국가 경제적 필요성을 원리와 실제 양면에 걸쳐 밝혀놓은 주목할 만한 서술이다. 이는 성현의 경전에 근거를 둔 그의 왕정론적 경제이론 가운데 하나로 서술한 것이지만, 17세기 조선왕국의 현실에서도 필수적인 화폐경제의 이론을 제시한 실학적인 문제 제기였다는 점에서 특히 그 역사적 의미가 크다.

반계는 『주례』에서 시장의 관리를 담당하는 '사시(司市)'가 물화와 화폐의 유통이 원활해지도록 하되, 특히 흉년이 든 해에는 세(稅)를 면제해주면서까지 더욱 유통에 힘쓴다는 사례를 검토한 후, 자신의 견해를 피력한다.

> 살피건대 성인(聖人)이 이미 천하에 정전(井田)제도를 실시하여 백성을 편안히 안정시키고 도시에는 점포와 가게를 설치할 땅을 구획하고 정리하기를 위와 같이 상밀하게 하였다. 그런 까닭에 4민이 각기 제자리를 얻고 천하의 사업과 공적이 날로 번영하여 폐지되지 않았던 것이다. … 화폐는 모든 물화의 가치를 측정하는 것이요, 이를 유통시키는 것은 상인이다. 그러므로 상인들이 상품을 풍족하게 한 뒤에야 화폐가 유통될 수 있는데, 큰 흉년이 든 때에는 식량과 물화가 풍성하게 유통되어야만 이에 백성의 궁핍을 구제할 수가 있다. … (성인은) 또한 물화를 교역하는 기구가 부족하여 백성들이 널리 식량을 구하지 못할까 봐 염려하여 동(銅)을 주조해 화폐를 만들었다. 대체로 미곡(米穀)의 생산은 풍년·흉년이 있어 사람의 힘으로는 어찌할 수가 없지만, 금(金)·동(銅)의 생산은 풍년·

흉년이 없어서 사람의 힘으로 만들 수 있는 것이기 때문이다.[138]

무릇 4민은 모두 자기가 사용할 재화를 스스로 다 생산해 쓸 수는 없으므로, 물화의 유통은 필수적이다. 이에 성왕(聖王)은 상품의 유통이 원활해지도록 점포와 가게를 도시 지역에 설치해놓으니, 이에 4민이 각자의 일에 전업(專業)하면서도 상호 교역함에 따라 천하의 사업과 공적이 번영할 수 있게 되었다. 그런데 모든 물화는 그 상품가치를 객관적으로 측정하는 화폐의 기능을 통해서 원활한 유통이 가능한데, 이 물화와 화폐의 매개와 유통을 담당하는 것이 곧 상인의 직사이다. 그러므로 상업은 왕정을 실현하는 데 결코 없어서는 안 되는 업종이다. 더구나 흉년이 빈번한 이 시기에는 식량과 물화의 유통이 활발해져야만 비로소 만백성의 궁핍을 구제할 수 있다. 그리고 풍년·흉년에 관계없이 식량과 물화의 유통을 매개하는 항구적인 유통기구로서 동전(銅錢)이라는 금속화폐를 제조, 사용하기에 이르렀다는 것이 반계의 인식이다.

반계는 확신한다. "화폐는 국가 재용(財用)을 넉넉하게 하고 민생을 여유롭게 하는 것이다. 국가를 운용하는 자는 반드시 이를 통용시켜야 한다."[139] 그는 관중(管仲)의 말을 인용하여 화폐야말로 평천하(平天下)하는 데 도움 되는 것임을 강조한다. "화폐는 잡고 있어도 따뜻하거나 배부르게 하는 데 도움이 되지는 않으며, 내버려도 배고프거나 추운 데 절실하지는 않다. 그러나 선왕은 이를 가지고서 재물을 보유하고 인간을 다스려, 천하를 치평(治平)하기에 이르렀다."[140]

---

138 『반계수록』 8-2, 田制後錄攷說 下 錢貨.

139 『반계수록』 8-22, 전제후록고설 하 本國錢貨說附.

140 『반계수록』 8-3, 전제후록고설 하 錢貨.

또한 반계는 유통 기구로서의 화폐가 물화의 효용가치를 창출한다는 사례를 제시한다.

> 대체로 천하의 온갖 물화는 모두 화폐의 도움을 받아 유통하는 것이다. 무거워 들 수 없는 것은 화폐가 아니면 멀리 이르게 할 수가 없고, 막혀서 통하지 못하는 경우는 화폐가 아니면 많은 사람을 구제할 수가 없으며, 커서 나눌 수 없는 경우는 화폐가 아니면 나누어 작게 사용할 수가 없다. 물화는 무겁지만 화폐는 가볍고, 물화는 막히지만 화폐는 유통되지 않음이 없기 때문이다.[141]

즉 화폐는 가치 척도 및 유통의 매개 역할을 수행할 뿐만이 아니다. 무겁고 막히고 커서 한 개인이 그것을 구입하기 어려운 물화의 경우라도 화폐가 매개 역할을 함에 따라 그 물화를 필요로 하는 여러 사람이 당해 물화의 정보를 알게 되고 결국은 나누거나 쪼개는 방식으로 그 일부분을 접하고 사용할 수 있도록 한다는 이치를 설파한다. 이는 곧 화폐가 당해 물화를 유통시켜 현실적으로 사용하기에 편리하도록 매개함으로써 새로운 효용가치를 창출한다는 사실을 말한다.[142]

그런데 '화폐는 국가 재용을 넉넉하게 하고 민생을 여유롭게 하는 것'인데도 우리나라에서는 어째서 17세기 당시까지도 아직 화폐가 보편적으로 통용되지 않고 있었는가? 거기에는 별다른 사유라도 있는 것인가?

---

141 『반계수록』 8-3, 田制後錄攷說 下 錢貨.

142 화폐의 이 같은 기능을 두고 '새로운 가치를 창출하는 수단이 된다'고 이해하는 연구가 있다. 白承哲, 1998, 「磻溪 柳馨遠의 商業觀과 商業政策論」(『韓國文化』 22, 서울大學校 韓國文化硏究所) 참조.

> 어떤 이는 우리나라 원래의 풍속이 중국과 달라서 비록 화폐를 통용코자 하더라도 시행하기가 어렵다고 한다. 그러나 이는 결코 그렇지 않다. 화폐가 통용되지 않는 것은 시행할 수 없어서가 아니라 사람들이 시행치 않기 때문이다. 진실로 당로자들이 그 이로움과 해로움을 참으로 알고 뜻을 굳게 하여 시행하되, 재촉하지도 흔들지도 말아서 여러 해를 기약하여 마치 도랑을 파서 물이 흐르게 하듯 한다면 자연히 화폐가 통용되어 나라는 부유해지고 백성은 유족해지며, 거칠고 편벽되며 게을러 빠진 풍습들이 중국과 같이 문(文)·물(物)이 번성한 고장으로 변할 것이요, 만세토록 영구한 이로움이 있을 것이다[혹 통용시키고자 하다가도 시행치 못한 것은 모두가 금방 시도하다가 금방 그만두었기 때문이요, 전세(田稅)를 거둘 적에 화폐를 섞어 거두지 않았기 때문이다. 수세(收稅)할 적에 화폐를 섞어 거두지 않으면서 이를 통용시키고자 하는 것은 마치 둑을 쌓아놓고 물이 흐르기를 바라는 것과 같다].[143]

결국 화폐를 통용시키고자 하는 구체적 통치 노력을 지속적으로 수행해본 적이 없었기 때문이라고 반계는 진단한다. "우리나라의 토지와 농업이 다른 나라와 다를 바 없으며, 사람들의 성품이나 기호 또한 다른 나라와 다를 바 없다. 4민이 각기 생활하면서 자기가 가지고 있는 것으로 없는 것을 교환하는 것도 다를 바 없다. 이들 몇 가지가 다를 바 없는데도 어째서 화폐는 통용되지 않는가? 단지 집권자들이 통행시키지 못하기 때문이다." 가령 고려 숙종 때 화폐를 통용시키고자 시도는 했지만 성공하지 못한 것은 그 까닭이 있다. "화폐는 본래 쓸 수 없는 물건을 가지

143 『반계수록』 4-3~4, 田制後錄 下 錢幣.

고 쓸 수 있는 물건과 바꾸는 것이다. 당로자들이 유도하여 통용하게 하는 것이니, 그 통용을 유도하지 않는데도 어찌 화폐가 스스로 통용될 것인가? 유도해서 통용케 한다는 것은 무엇을 말함인가? 이미 들어온 것을 다시 내어줌을 말한다. 고려 숙종은 그러한 기본을 생각지 않고 한갓 재추(宰樞)와 군사(軍士)들에게 화폐를 나누어주고 좌우로 술집을 차려놓고는, 이것을 믿고 화폐가 통용되기를 기대하였다. 이는 화폐가 통용되는 까닭을 알지 못한 것이었다. 징수해 들이는 부세 가운데 절반씩을 화폐로 거두고, 내어주는 녹봉 가운데 절반씩을 화폐로 지불했다면, 여러 말 할 것도 없이 자연히 통용되었을 것이다."[144]

반계는 17세기 당시에도 화폐의 통용을 시도하고는 있지만 결코 그렇게 되지 않는 까닭을 구체적으로 관찰한다. 즉 "여러 가지 논의가 떠들썩하게 많아서 시도했다 곧 철폐했을 뿐 아니라, 대체로 조세(租稅)로 섞어서 받지 않았기 때문"이라는 것이 그의 진단이다.

그런데 그는 현재로서도 '추포(麤布)'라는 것이 일종의 화폐로 널리 통용되고 있음을 주목한다. "지금 추포를 가지고 물화를 교역하는 현상을 본다면, 다른 말 할 필요도 없이 화폐가 반드시 통용될 것은 의심할 바 없다. 지금 통용되는 추포는 겨우 1~2승(升)이어서 아예 베 모양을 이루지도 못하고 아무짝에도 쓸모없는데, 물화의 교역에는 서로 통한다. 그래서 금지해도 계속 통용된다. 그러니 화폐를 일단 사용하기만 한다면 비록 금지한다 하더라도 역시 그럴 수 없을 것이다. 다만 염려스러운 일은, 당로자들이 참으로 화폐가 통용될 수 있다는 사실을 잘 알지 못하며, 또 훌륭한 정책도 오래 지키지 못하고 아침에 명령을 내렸다가 저녁에

144 『반계수록』 8-22, 田制後錄攷說 下 本國錢貨說附.

고치지는 않을까 하는 것이다."[145]

그런데 현재 통용되는 추포는 그래도 삼베의 일종이므로 이를 화폐로 통용함은 "원래 쓸모 있는 물건을 무용지물로 만드는 것인데, 동전(銅錢)을 화폐로 통용함은 원래 무용지물을 쓸모 있게 하는 일이다. 추포는 사람의 공력을 많이 들여 제조하지만 얼마 안 가 소모되어 못 쓰게 되는데, 동전은 한번 만들면 만세토록 전해 가면서 쓸 수 있다." 즉 동전이야말로 진정한 화폐의 기능을 제대로 수행할 수 있다고 그는 강조한다.

동전의 소재인 동(銅)·석(錫)이 우리나라 산물이 아니므로 과연 동전을 충분히 만들 수 있을 것인가를 두고서도 그는 단언한다. "동·석은 비록 우리나라 산물이 아니지만, 그 값이 그리 비싸지는 않다. 그래서 심산궁곡의 초가에 사는 사람들의 술잔·밥그릇 이외에 동이·대접 따위도 모두 동으로 만들었다. 크고 작은 사찰들이 한 군현에도 수십 구역씩 있는데, 절간 하나의 종과 경쇠만 하더라도 얼마나 되는지 알지 못할 지경이다. 하물며 한 국가의 힘으로 무역을 해오는데도 동전을 주조하기에 부족하다 할 것인가."[146]

반계의 동전 통용책은 매우 구체적이다. 곧 일정 기간의 과도기를 설정한 후, 조세를 수취하거나 국가 경비를 지출하고 어수(御需) 이하 모든 관·리의 녹봉을 지급함에도 반드시 화폐를 섞어 사용한다는 방안이다.

> 무릇 전세(田稅)를 거둘 때에는 모두 화폐를 섞어서 징수한다[2/3는 미

---

145 그는 우리나라 정책 노선의 변화무상한 행태를 두고 엄정히 비판한다. "옛것을 그대로 따르고 고치기를 꺼리는 것이 보통 사람들의 실정인데, 우리나라는 더욱 심한 편이다. 모든 일을 오래 지속하지 못하므로 속담에 '고려공사는 3일[高麗公事三日]'이라 하는데, 어찌 그럴듯한 말이 아닌가"(『반계수록』 8-21, 田制後錄攷說 下 本國錢貨說附).

146 이상 『반계수록』 8-23, 전제후록고설 하 본국전화설부.

(米), 1/3은 전(錢)으로 한다. 미를 포(布)로 거두는 경우 2/3는 포, 1/3은 전으로 한다]. 어수를 위시하여 백관·이예(吏隸)·군사의 녹봉 및 모든 관용 지출 역시 미와 전을 섞어 지불한다[역시 2/3는 미, 1/3은 전으로 한다. 포를 쓰는 경우에도 포와 전을 섞어 지불한다].[147]

여기서 국가의 조세 수취와 재정 지출의 사안마다 반드시 화폐를 1/3씩 섞어서 통용시킨다는 것은 국가가 우선적으로 화폐의 유통을 자담하고 나선다는 사실을 현시하는 효과를 일으킨다. 그 효과의 파급력 또한 매우 클 수밖에 없다. 역사적으로 보면, 상품화폐 경제가 민간 부문에서 제대로 운영되기 이전 단계에서는 국가의 조세 수취와 재정 지출이야말로 경제 유통의 대체를 이루는 것이 보편적 현상이었기 때문이다.

그리고 다시 반계는 민간 부문에서 상품화폐 경제의 유통이 전국적으로 진흥되도록 하는 방안을 강구한다. 즉 서울에서 각 방(坊)의 큰 길거리마다, 지방에서는 각 군현의 읍내·군사 주둔지인 각 진(鎭), 교통 기관인 각 역(驛), 통행 요로에 있는 주막인 각 참(站)에다 모두 국가가 상설 점포 즉 포자(鋪子)를 설립하고, 번성한 촌락에도 설립하고자 하는 자가 있으면 허가해주어, "만백성으로 하여금 화폐 통용의 이로움을 일으키도록 한다"라는 방안이 그것이다.

물론 반계는 당시 민간에서 자연발생적으로 개설되는 '장시(場市)'에 대해서도 익히 관찰하고 있었다. 민생 일용품을 교환하는 장시의 적극적 기능을 인정하면서도 그는 이를 엄격히 제한해야 한다는 주장을 편다.

외방 각지에 5일에 한 번씩 열리는 장시는 촌민들이 모여 서로 일용

147 『반계수록』 4-1, 田制後錄 下 錢幣.

품을 교역하고는 흩어지는 것이니, 도시의 전업(專業) 상설 시전(市廛)과는 본래 다른 것이다. 그런데도 "지금 각 군현에서는 장시에 관리를 내보내어 '장세(場稅)'라 하면서 장시의 온갖 물화를 거두어 관가(官家)로 들여가니, 지극히 무리한 일이다. 관가가 이같이 하니 이서의 무리는 무슨 짓을 하지 않겠는가? 장세라는 것은 모름지기 통금(痛禁)할 일이다. 무릇 종전에 관리들이 작폐해오던 관습 또한 일체 금단할 것이다. 근래 공터에 장시가 더욱 많이 생기는 것도 사람들이 관가의 근처를 싫어해서 기피하는 까닭에서이다."[148]

또 장시가 흉년에 기근을 구제하는 데 도움이 된다고도 하지만, 실상 백성들이 가난해지고 습속이 도둑질하기 좋아하는 것은 모두 장시로 말미암아 그렇게 된다. 관부와 거리가 먼 지역에서는 이리저리 모여드는 직업이 일정하지 않은 사람들의 대개가 무뢰한 자들인데, 이들은 아무 기탄없이 술 취해 떠들고 싸움질을 벌이기도 한다. 그 가운데는 물화 교역에 관심을 두기보다는 오로지 허랑방탕한 짓을 일삼는 자들이 절반은 된다. 이런 습속이 이미 이루어졌으므로, 흉년에 굶주려 유리걸식하는 자들도 술값으로 낭비하는 것이 적지 않으니, 그 때문에 더더욱 곤궁해진다. 그러므로 당로자는 이런 장시를 단연코 철폐할 것이요, 그 대신 상설 시장인 상점과 포자(鋪子)를 개설하여 민간의 물화 교역이 원활해지도록 유도해야 한다는 것이 반계의 주장이다.

그런데 반계는 어째서 포자와 같은 상설 상점의 개설은 의도적으로 장려하면서도 이미 자연발생적으로 성장하고 있는 민간의 장시는 제한하고자 하는가? 무엇보다도 장시는 자연발생적이니만큼 그 출입자들이

---

148 『반계수록』 4-6, 田制後錄 下 空場.

결코 유무를 상통하는 교역기능을 수행하기 위해서만 모여들지는 않고, 임의적으로 드나들기 마련이다. 술 먹고 싸움질하고 허랑방탕한 짓을 일삼는 자들이 절반이 되니, 거기에는 필경 투기꾼도 드나들고 도둑질도 기생하기 마련이라는 것이 반계의 관찰이다.

게다가 그런 장시를 상대로 관가에서 '장세'까지 징수한다는 것은 장시에서 자행되는 민간의 온갖 '허랑방탕한 짓'을 관가가 인정해준다는 뜻이다. 곧 민간에서 임의로 자행되는 타성적 인습의 고질적인 습속을 관가가 조장하는 결과가 된다. 이는 무엇보다도 장차 상품화폐 경제를 원활하게 견인해갈 전업적 공·상인을 육성하려는 반계의 구상과는 정면으로 배치된다.

이제 반계는 지방 장시를 크게 억제하는 대신, 서울과 지방에 상업을 전담하는 상설의 점포, 즉 포자를 국가가 대대적으로 개설함으로써 전문적 공·상인 육성 정책을 추구하기로 한다.

반계의 포자 개설 방안은 서울과 지방을 막론하고 전국적으로 사람들의 왕래가 잦은 요로에 전업의 상업 점포를 상설함으로써 상품화폐 경제의 항구적 유통과 번영을 촉진한다는 계획을 편다. 포자는 서울의 경우 각 방(坊)의 큰길 양쪽에다 적정한 수를 세울 것이요, 지방 군현의 읍내에는 3~4곳 등으로 일정하게 세울 것이며, 각 진(鎭)·역(驛)·참(站) 또한 그 형세에 따라 일정한 포자를 세운다.[149] 신실한 사람을 택하여 운영

149 이 가운데 참(站)은 속칭 주막(酒幕)이라는 것이다. 반계는 이전의 '원(院)'을 혁파하는 대신 큰 길가의 30리 혹은 15리마다 '참점(站店)'이라는 숙박·요식업을 담당하는 마을을 세우고, 각호(各戶)마다 토지 1경(頃)씩을 배분하며 군역을 면제한다 하였다(『반계수록』 1-30, 田制 上 分田定稅節目 站店). 반계는 '공(工)·상(商)의 일정한 성장과 참점 중심의 유통체계를 구상'하였다고 하는 연구가 있다. 金俊錫, 1996, 「柳馨遠의 公田制理念과 流通經濟育成論」(『인문과학』 74, 연세대 인문학연구소) 참조.

토록 하되, 모두 관(官)에서 점포 건물로 기와집을 지어준다. 미곡 따위의 여러 물화는 우대하는 조건으로 빌려주어 자본으로 삼도록 하고, 그 반납은 기한을 넉넉히 하여 돈으로 갚도록 한다. 외방의 경우는 점포 운영자에게 토지 1경을 배분하며 군역을 면제하고, 점포의 세전(稅錢)을 매년 일정하게 징수한다. 지방 각 군현의 외방 촌락에 개인적으로 포자를 설립고자 하는 경우 그 동네에서 도와주도록 할 것이요, 미곡을 자본으로 빌리고자 하는 경우에는 관립 점포와 마찬가지로 우대한다. 사립 점포는 영구히 포세(鋪稅)를 면제한다.[150] 그는 특히 다음과 같이 덧붙인다.

> 포자에서 무릇 관가가 교역하는 경우에는 일체로 시가(市價)를 따를 것이다. 양반이라든가 이서들이 작폐하고 1푼 이상을 토색질하는 경우, 문서로 고발토록 하여 엄중하게 징치한다. 그리고 관련 사목을 명백히 세워 판각(板刻)하여 출입문 위에다 게시할 것이다.[151]

앞에서 살펴본 것처럼 국가는 외방의 일반 공·상인들에게도 1가 50묘씩의 토지를 배분함으로써 전업적 공·상업의 명맥을 이어가고자 배려하고 있었다. 그런데 이들 '포자'는 관에서 적절한 길목을 택하여 건물을 지어주면서 신실한 사람을 선택해 맡기고, 백성의 일용 물자와 화폐를 교역하도록 의도적으로 설치하는 상설 점포이다. 이 포자를 맡아 운영하는 자들은 이제 물화를 교역하면서 '화폐 통용의 이로움을 일으키는', 즉 상품화폐경제의 유통을 촉진하는 국가 직사를 담당한다. 그것도 전업적·항구

150 이상 『반계수록』 4-2, 田制後錄 下 錢幣.

151 위의 글.

적으로 그 직사를 수행한다. 일반 상인의 경우에 비해 국가가 이들을 더 크게 배려하고 의도적으로 육성하는 것은 화폐 통용의 기능을 본 궤도에 올려 상품화폐경제의 유통을 한층 더 원활히 수행토록 하는 동기에서인 것으로 해석된다.

그런데 반계는 무슨 까닭으로 전업적 상인을 육성하고 그들이 상품화폐경제를 견인하게 하여 한 단계 더 발전시키고자 시도하는 것인가? 주지하듯이 반계의 생존 당시는 아직도 대동법이 일부 시행 중이었으며, 전국적 시행이라든가 혹은 그 시행의 결과에 대한 확고한 소신이 보편적으로 확립되지 못한 상태였다. 그런데 대동법은 지방별로 달리 책정되어 있던 토공(土貢) 대신 대동미라는 이름의 미곡(산간지방은 포)으로 일괄 수납하고 이 미곡을 소위 공물주인(貢物主人)들에게 내주어 국가 수용의 필수 물화를 구입해 들이게 하는 제도였다. 대동법의 시행 자체가 구조적으로 상업을 촉진하는 기제를 내포하고 있었던 것이다.

반계는 대동법을 추진하는 어떠한 당로자보다도 이론적으로 공납제의 폐단을 투철하게 인식하고 있었다.

> 공물은 비록 일체 토산물로 받도록 정해두었지만, 서울의 담당 기관에서는 각 군현으로 분정(分定)하고 각 군현은 각 면의 민호로부터 분징(分徵)하니 명색이 한결같지 못하고 품질 또한 균일하지 못하다. 서울의 담당 이서는 읍리(邑吏)에게 덧붙이고 읍리는 면차(面差)에게 덧붙이며 면차는 민호에게 덧붙이니, 마디마다 불어나고 뇌물을 토색하며 폐단이 늘어난다. 그사이 분주히 움직이다가 자기 일을 못 하게 된 자가 얼마이며 각박한 독촉으로 고초를 당한 자는 얼마이며 왕래하는 여비와 인부·말 삯은 또 얼마인가? 그래서 국가에서 받아들이는 물건은 한 가지라 할지

라도 민간에서의 비용은 그 만(萬) 갑절이 되니, 만백성이 그 폐해를 입지 않는 자가 없게 된다.[152]

앞에서 살펴본 것처럼 반계의 관찰로는, "전세(田稅)는 1결에 4두를 넘지 않지만 공물을 비롯한 잡부(雜賦)의 명색은 심히 번거로워 가벼워도 23~24두를 밑돌지 않고 무거운 경우는 70~80두에 이른다." 이 70~80두는 이미 한계에 도달한 수치이지만 이는 아직 억지로라도 바치는 미곡의 수에 불과하다. 거기에 다시 공물을 마련하느라 바삐 설치다가 자기 일을 못 하고, 각박한 독촉으로 고초를 겪고, 공물을 싣고 왕래하느라 소비한 여비와 인부·말삯의 값을 다 더해야 한다. 이는 곧 "왕자(王者)가 백성으로부터 수취하는 것으로는 1/10세 외에 다른 징렴은 없다"라는 대원칙과는 너무나 어긋나는 행태이다.

물론 공·상인이라고 하여 이처럼 겹겹으로 쌓이는 부담에서 온전히 예외일 수는 없을 것이다. 그러나 대체로는 모두가 농민들의 몫으로 귀착되기 마련인 부담이며, 그래서 농민층의 자립적 자영을 결정적으로 저해하는 요인이 되는 것으로 보인다. 그러나 공납제 자체는 곧 상품화폐경제의 발전을 결정적으로 저해하는 거대한 국가적 요인이었다는 사실을 여기서 간과해서는 안 된다. 결국 인습의 공납제도를 지양하는 일이야말로 농·공·상의 모든 직접생산·유통자층의 독자적 발전을 위한 가장 절급한 시대적 과제였던 것이다.

반계는 중앙 국가기관의 수요물은 모두 서울에서 무비주인(貿備主 人)을 선정하고 그들에게 세입의 미곡·화폐를 내어주어 무입(貿入)하도록 규정

---

152 『반계수록』 3-19, 田制後錄 上 經費.

해놓았다. 그리고 각 도의 감영을 비롯한 외방 각 기관의 수요물도 마찬가지로 현지에서 가격을 우대하여 무입하도록 해놓았다.

그런데 아직도 상품경제가 제대로 발달하지 못한 상태에서 과연 그러한 무입 형태가 가능할 것인가를 두고, 반계는 이미 공물 자체가 공물주인에 의해 보편적으로 방납(防納)되고 있는 구체적 사실을 들면서 단언한다. "아직까지 물화가 제대로 유통되지 못하는 것은 바로 관부에서 정당한 가격으로 구입하지 않는 까닭이다. 우리나라는 도로가 막히고 좁은 것이 중국의 경우와 같지는 않다. 그런데 사람들이 이익을 좇아가고 해로움을 피하는 사정은 온 천하가 공통이다. 이미 그 가격을 넉넉히 정해준다면, 이익이 생겨나는 곳으로 사람들은 반드시 달려가기 마련이다. 금지하더라도 금할 수가 없을 것이다."[153]

이미 누누이 살펴본바 이 시기의 관부라든가 양반 세가들은 아직도 농·공·상 각 분야의 독자적 존치 이유를 제대로 이해하지 못하고, 긍정하려 하지도 않는 편이었다. 공장을 끌어다 사역하고는 상응하는 보수를 주지 않거나, 상인의 상품을 헐값으로 강제 매입하는 행태가 그 사정을 잘 말해준다.

각 분야의 생산과 유통의 독자적 발전을 가로막는 그 같은 인습의 행태들을 결단코 지양하지 않는 한, 왕정은 결코 이룩할 수 없다는 철저한 역사의식을 반계는 가지고 있었다. 그래서 상품화폐경제의 원활한 유통을 위한 법제적 조처를 다각도로 강구해두었다. 농·공·상 각기의 철저한 분업을 통해 각자의 독자적 자영의 길을 확립하는 방안이야말로 국가적 생산력을 분야별로 한껏 고양하는 첩경이라고 판단하였다. 여러 산업과

153 『반계수록』 3-17, 田制後錄 上 經費.

유통 분야의 총체적 발전이야말로 국가경제를 구조적으로 부강하게 함으로써 왕정을 이룩하는 기초가 된다고 반계는 구체적으로 확신하였던 것이다.

3) 예속(禮俗) 실현론

반계에 따르면, 중국의 경우는 삼대 성왕들이 왕정의 실현을 통해 높은 문명(文明)을 구현한 까닭에 후세로 와서도 그 자취와 영향이 남아있지만, 우리나라는 그 같은 왕정의 역사적 전통이 없다.

> 중국은 애초에 성왕들이 세운 경상(經常)의 제도가 있었던 까닭에 비록 후대의 오탁(汚濁)한 세태가 되었어도 오히려 가히 말할 만한 것이 남아있다. 그러나 우리나라는 애초부터 단지 이예(夷裔)의 속습뿐이었다. 그러므로 본조(本朝)에 와서 이전의 누습(陋習)을 많이 씻고 새롭게 하였으나, 아직도 다 변화시키지 못한 것이 남아있다.[154]

여기서 조선왕조에 들어와 "이전의 누습을 많이 씻고 새롭게 하였다"는 것은 곧 유교적 예속(禮俗)을 많이 수용하여 문명화하게 되었다는 사실을 가리킴이 분명하다. 반계는 자국 원래의 고루한 인습을 혁신하기 위해서는 특히 유교적 예치(禮治)를 통해서 유교적 예속, 즉 '문명'을 일으키는 일이 시급한 국가적 과제라고 생각하였다. 예(禮)는 한 가정에서나 온 천하에서도 반드시 이행되어야 하므로, "온 천하가 모두 예(禮)를 가지

154 『반계수록』 3-25, 田制後錄 上 經費.

고 일을 수행할 줄 알아서, 그렇게 좇아가지 못할까 봐 부끄러워하는" 예속의 세상이 실현되기를 기대하였다.[155]

반계는 우선 조정의 기본 의례(儀禮)부터 잘못된 인습으로 운용된다는 사실을 직시하였다. "지금 세상에는 원정(元正)과 동지(冬至) 및 국왕의 생신을 3대 명절로 삼아 백관의 조하(朝賀)를 받는다." 그러나 이 같은 행태는 사리에 맞지 않는 속습에 불과하다.

> 옛날의 조빙(朝聘)은 다 자기 직사에 관한 일을 보고하는 것이므로 상하가 공경하며 예를 삼가 지켰으니 경계하는 의미가 있으며, 모두가 천(天)을 받들고 백성을 위하는 일에 직무를 다하기를 생각하였다. 후세의 군주는 무단히 축하를 받으면서 자기 지위로 낙을 삼고, 신하는 축하를 드리고 아첨하는 것으로 자기의 분(分)을 삼는다. 이는 바로 천리(天理)와 인욕(人欲)으로 판연히 나뉜 처사이다. 만약 치세를 이룩하고자 하는 군주가 있다면 어찌 예의 본뜻을 참작하여 일대(一代)의 제도를 다시 정립하지 않아서야 되겠는가?[156]

반계는 다시, 매년 국왕을 위하여 의정부·육조에서 연회(宴會)를 베풀어 올리고, 충훈부와 종친부·의빈부에서도 연회를 베푸는 관행 또한 모두 혁파해야 한다고 말한다. "대저 연회라는 것은 신하들이 역량과 재능을 다하여 국가의 직사를 수행하기 때문에 군주가 음식을 베풀어 위로하는 것이다. 신하들이 군주를 위해 베푸는 것은 옛날의 본뜻이 아니다.

---

155 『반계잡고』 131, 政教.

156 『반계수록』 25-7, 續篇 上 朝禮.

… 신하는 군주를 위해 응당 온 역량과 재능을 다하여 보좌해 도와야 마땅한 일이지 어찌 음식을 바침으로써 군주에게 보답한다고 할 수 있을 것인가?" 이들 연회는 신하들이 공도를 벗어나 군주와 사적으로 영합하고자 하는 의도가 있으므로 의리상 부당한 것이다. "그것이 예를 훼손하고 분수를 속되게 하며 사치와 낭비를 조장하는 폐단 또한 막심하다. 어찌 다 말할 수 있겠는가?"[157]

그 대신 반계는 군주가 신하들에게 베푸는 정당한 예연(禮燕)을 권장한다.

> 옛날의 군주가 그 신하들에게 예연(禮燕)을 베푼 것은 그 뜻이 심원하다. 연회 한 가지 일에 여러 가지 아름다움을 갖추고 있었으니, 진실로 치세를 이룩하고자 한다면 폐지해서는 안 될 것이다. 지금 국가의 법전에도 예연이란 것이 실려있지만 폐지한 지 오래되어 시행치 않는다. 대개 사치가 풍조를 이루어, 한번 연회를 치르고 나면 국가 재용이 바닥날 지경이기 때문이다. 모름지기 국왕 자신이 검소하게 하여 속습을 철저히 혁파하고 옛 예식을 참작하여 그 의식을 정할 것이다. 음식의 비용을 줄이고 그릇 수도 제한하며 매우 간편히 하기에 힘써 규범을 어기지 말 것이요, 오직 등위(等位)를 밝히고 은의를 돈독히 하며 치세의 도리를 강구하고 군·신 사이가 융화하도록 힘써야 할 것이다. … 이렇게 한다면 군주는 뭇 신하들과 일체가 되어 기쁨과 슬픔을 함께할 수 있으며, 신하들에게는 마음을 바쳐 나라에 이바지할 도리를 다하도록 하는 데 반드시

157 『반계수록』 25-14, 續篇 上 燕禮.

큰 도움이 될 것이다.[158]

조정의 의례뿐만이 아니었다. 반계는 중·외를 막론하고 만민의 일상을 통해 예의로운 풍속이 실현되기를 깊이 추구하였다. 그 가운데서도 그가 가장 역점을 둔 것이 향약(鄕約)의 실행이었던 것으로 이해된다. 그는 이른바 「주자증손여씨향약(朱子增損呂氏鄕約)」의 약조들을 이끌어다 상세히 해설하고, 각 군현 단위로 도약정(都約正)을 두고 각 향(즉 면) 단위에는 향약정(鄕約正)을 두어 전국의 향리(鄕里)에서까지 향약을 시행하도록 고안하였다.

원래의 '여씨향약'이나 주자가 증손한 향약은 중세 중국의 사류층의 정치사회적 성장에 따라 고안된 사류끼리의 동호인적 자치규약이었다. 그런데 조선왕국의 향약은 널리 서민 대중에게까지도 보편적으로 적용하고자 하였다는 특징을 갖는다. 성리학이 국가 교학으로 보편화함에 따라, 성리학적 예속규범인 향약 또한 보편적으로 시행해야 할 것으로 인식하기에 이르렀기 때문이다. 반계 역시 마찬가지였다. 그는 말하였다.

> 풍속의 교화는 사람들의 마음을 바로잡는 근본이요, 다른 모든 정령들은 풍속의 교화를 통해서야 이룩되는 것이다. 관장(官長)이 진실로 현명한 사대부들과 더불어 함께 지도해 나아가지 않는다면, 비록 교화를 베풀고 정령(政令)을 시행하고자 하더라도 그렇게 될 수 있을 것인가?[159]

---

158 『반계수록』 25-13~14, 續篇 上 燕禮. 반계는 공신(功臣) 및 그 후예들을 우대하기 위해 설치한 충훈부(忠勳府) 및 충익부(忠翊府) 자체를 아예 폐지한다고 하였다.

159 『반계수록』 9-18, 教選之制 上 鄕約事目.

반계는 군현마다 행정을 관장하는 수령이 있고 교화를 맡는 향약의 도약정이 있듯이, 각 향 단위까지도 정령을 관장하는 향정(鄕正)과 함께 교화를 담당하는 향약정을 두기로 하고, 이들을 반드시 사류로 선임하여 면 단위에 이르기까지 예속의 실행을 추진하는 책임자로 삼도록 하였다.

반계에 따르면, 향당(鄕黨)의 정사는 행정과 교화의 두 가지 면이 접합하면서 직접 백성들의 일상생활과 맞닿는 곳이므로, 향정(鄕政)은 양자를 포괄하는 구도가 되어야 한다.[160] 그래서 그는 단언한다. 실로 "향당의 제도가 이룩되어야만 만백성의 생식(生息)과 양육을 수행할 수 있고 교화와 법령을 실행할 수 있으며 함께 아름다운 풍속을 형성해갈 수가 있다. 그렇지 않으면 비록 성왕(聖王)이라도 그 정령과 교화를 완성해낼 수가 없는 것이다."[161]

반계가 향약을 면 단위까지 시행코자 강구한 것은 곧 그의 실학적 지론인 '이하위본'의 원리를 향정에 적용하고자 하는 취지에서였다. 그는 널리 서민 대중을 바탕으로 하고서야 향약 또한 실질적 의미가 있는 보편적 교화 수단이 될 것임을 믿어 의심치 않았다.

> 향약의 규정을 시행함은 비록 사대부에서 비롯한다는 것이지만, 서민 역시 떳떳한 성품을 동일하게 타고났으니 어찌 잘 가르치고 지도하여 함께 선(善)한 데로 나아가지 않아서야 되겠는가? 길사나 흉사를 함께 돕고 권면하고 규제함을 공동으로 하여 소민(小民)들로 하여금 이를 보고 느끼어 모르는 사이에 날로 선(善)으로 나아가고 죄를 멀리하도록 하는

160 반계의 향정론(鄕政論)에서 '향정(鄕正)·향약정(鄕約正)의 역할'에 다소 주의를 기울인 연구로는 吳永敎, 1994, 「磻溪 柳馨遠의 地方制度 改革論 硏究」(『國史館論叢』 57) 참조.

161 『반계수록』 3-2, 田制後錄 上 鄕里.

> 것이 교화의 좋은 방법이다. 지금 백성들은 한갓 부모를 사랑할 줄은 알지만 존경할 줄은 모르며 더구나 절하고 읍하는 예에는 익숙하지 못하다. 부모를 섬김에는 반드시 사랑과 공경을 함께해야 하며, 젊은이가 늙은이를 만나면 반드시 공경을 다해 인사해야 하며, 어른과 늙은이의 짐은 반드시 젊은이가 대신 져야 한다. 형제간에는 서로 우애하고 동배 간에는 서로 존경하며 이웃과는 서로 화목해야 할 것이다.[162]

그와 같이 향약의 시행을 통한 예속의 실현을 보편적으로 추구하는 일 이외에도 반계는 자국의 인습적 제도와 속습에 대한 실질적인 개혁안들을 많이 강구하고 있었다. 인습의 속습들을 개혁적으로 지양함으로써 만백성의 일상생활에서 실질적 개선이 일어날 도리를 강구하였다.

그 가운데 도량형 제도의 개혁안은 매우 의미 있는 일이었다. 그는 인간 사회의 도량형은 천지의 도수를 따라 제정해야 한다고 확신한다. "대저 천지의 수는 1에서 시작하고 10에서 이루어지는 것이니, 10은 수의 극이다. 그렇기 때문에 작(勺)이 모여 홉[合]이 되고 홉이 모여 되[升]가 되며 되가 모여 말[斗]이 되고 말이 모여 곡(斛)이 되는 것이니, 모두 10으로 단위를 삼는다." "살피건대 순임금이 순수(巡狩)할 때는 전국의 도량형을 일정하게 규율하였다. … 대개 성인은 이미 천하의 장·단, 대·소, 경·중에 대한 규식을 통일시켜 무릇 물건을 제작하고 출납하며 교역하는 자들에게 모두 법식으로 삼도록 하였다. 그래서 농간과 허위가 용납될 수 없고 천하가 균평해지며 모두 그 표준에 따르게 되었다. 그런데 세월이 오래되면 또 혹 틀리게 될지를 염려하여 표준 저울과 표준 말[石]을 만들

162 『반계수록』 9-15, 敎選之制 上 鄕約事目.

어 궁정에다 설치하고 이를 법식으로 남김으로써 후세의 준수할 표준이 되도록 하였다.”

그런 취지를 따라 반계는 새로운 개혁론을 제시한다. “고금을 막론하고 10두를 1곡(斛)으로 하는데 우리나라는 15두를 1곡으로 한다. 이는 잘못된 인습을 그대로 답습하여 구차스럽게 지내다 보니 그렇게 된 것이다. 그런데 이는 산술의 기본을 잃고 도량형의 용도에 어긋난다. 마땅히 바르게 고쳐 10두를 1곡으로 삼아야 할 것이다.”[163]

여기서 ‘도량형의 용도’란 것은 말할 필요도 없이 ‘산술의 기본’에 맞고 실제 사용에 편리해야 함을 가리킨다. 그리고 편리한 산술로는 ‘고금을 막론하고’ 10진법의 원리 이상의 것이 없다는 객관적 사실을 반계는 강조한다. 이 또한 새로운 시대를 지향하고자 하는 의미 있는 논의로 평가된다.

도량형과 더불어 구래의 양전(量田) 법식인 결부법(結負法)을 고쳐 경묘법(頃畝法)으로 전환하고자 하는 개혁론 또한 마찬가지다. 결부법은 토지의 등급을 6등급으로 나누고 등급마다 그 실제 면적을 다르게 파악하는 방식이므로, 양전하는 자의 눈과 마음이라는 주관적 기준에 따라 토지의 등급이 달라질 수 있는, 극히 애매한 결과로 드러날 수밖에 없는 양전 방식이다. 반계는 이를 고쳐 토지의 절대면적이라는 객관적 사실을 기준으로 삼는 경묘법으로 정립시키고자 한다. 사물의 객관적 파악을 기준으로 삼아 추구하는 그의 실학적 방법론의 한 사례였다고 할 수 있다.

또한 반계는 서울·경기 지역에서 서민들을 동원하여 세가의 상여(喪輿)를 메도록 강제하는 인습을 단연코 혁파해야 한다는 개혁론을 제시한

---

163 『반계수록』 25-46, 續篇 上 度量衡.

다. "지금 경기 백성들이 감당하고 견딜 수 없는 일은 상여 메는 폐단만 치 심한 것이 없다. 국가에 일정한 법이 없기 때문에 감사·도사·수령들이 모두 임의로 백성을 동원한다. 비단 귀하고 현달한 자의 경우일 뿐 아니라 사서가(士庶家) 또한 세력가와 인연이 있는 자는 모두 청탁에 청탁을 놓아 백성을 동원하여 상여를 메도록 하고야 만다. 옛날에는 천자의 노거(輅車)도 모두 말[馬]로 끌게 하였는데, 진시황 때부터 사람이 끌게 하였다. 천자도 그렇게 하였거늘 하물며 신하 신분으로서 귀·천을 막론하고 사람을 동원하여 어깨로 상여를 메도록 함으로써 백성들을 못살게 굴어서야 될 것인가?"

그는 이 같은 인습은 국법으로 정해서 "반드시 먼저 왕자(王子)의 경우부터" 사람의 어깨로 상여를 메지 못하도록 한 연후에 말로 끌게 하는 법이 널리 실행될 수 있을 것이라고 전망한다. 그렇지 않다면 비록 임금의 지시가 있다 하더라도 아래에서는 서로 연달아 전래의 인습을 본받아 갈 것이요, 새로운 법령은 마침내 시행할 수 없을 것이다.[164] 인습적 폐속은 왕가, 왕자가에서부터 먼저 개혁 법제를 준수하는 본을 보임으로써 그것을 지양할 수 있다는, '이하위본'의 이론을 제시하는 것이다.

반계는 또 국가에서 오랜 인습으로 공공연히 설치해둔 중·외의 '창기(娼妓)와 여악(女樂)을 혁파'하고자 한다. "『예기』에 '관청에서는 부녀자와 말을 하지 못한다'는 말이 있다. 말하는 것도 금지하는데 하물며 그들과 음란한 짓을 할 수 있겠는가?" "국가에서 제도를 마련하면서 예법을 명백히 함으로써 사람의 마음을 바로잡기에 힘쓰지는 않고 오직 제일 아래 결에 속하는 자들을 위해 그들의 사사로운 욕망을 충족할 도구를 미

164 『반계수록』 25-23~24, 續篇 上 喪葬.

리 설치해두고 있다는 것이 어찌 이치에 맞는 일이겠는가?"

그러므로 국가는 모름지기 기적(妓籍)을 다 혁파하고, 창기들이 결혼해서 살도록 주선한다. 외방 관아에 사신이라든가 손님이 왔다 할지라도 이전과 같이 창기를 시켜 술잔을 올리게 하고 풍악을 잡히며 동침하게 하는 경우, 주(主)·객(客)을 다 파직하고 제명해야 할 것이다.[165]

반계는 또한 생활에 편리한 여러 기구를 제작하여 사용할 것을 제안한다. 이 또한 오랜 인습의 단계를 지양하고 새로운 문명의 시대를 맞고자 하는 체제 개혁론의 일환이라고 할 수 있다. 가령 수레와 배의 사용이 그 한 사례이다.

즉 배[舟]와 수레[車]를 사용하면 큰 이로움이 있는데도 우리나라에서는 오랜 습속에 젖어 이를 사용할 줄 모른다. 지금 시골의 도로가 좁고 기운 곳을 그대로 두고 평탄한 길을 만들지 않는 것도 수레를 사용하지 않기 때문이라고 그는 진단한다. 그래서 국가의 중앙 각 기관, 외방의 각 군현, 각 영진(營鎭)·역(驛)에는 여러 종류의 수레를 비치하여 물화를 운반토록 한다. 아직 민간에서는 수레 사용의 편리함을 널리 이해하고 있지 못하므로, 모름지기 관청에서부터 먼저 사용하기 시작해야 민간에서도 그 효용을 알고 본받아 널리 사용하게 될 것이라는 제안이다.[166]

그뿐 아니라 전쟁에 대비하기 위해서도 병거(兵車)의 사용은 필수적이다. 가령 병자호란 때는 북로(北虜)가 대포와 군사 장비를 병거에 싣고 서울로 거침없이 침략해왔다. 그때 만약 우리도 병거가 있었더라면 길목을 막고 진(陣)을 쳐서 공격과 수비를 모두 주동할 수도 있었을 것이다. "하물

165 『반계수록』 25-29~30, 續篇 上 娼妓.

166 『반계수록』 25-53, 續篇 上 用車.

며 우리나라의 형세와 역량이 온전히 회복되어 장차 군사를 일으켜 국경을 넘어가 북로의 조정을 짓밟고 그 추장을 문죄하려면 이에 병거를 써서 군사를 출동하지 않고는 결코 일을 이루어낼 수가 없을 것이다."[167]

수레의 사용은 구래의 생활양식을 한 단계 더 향상시키고자 하는 구체적 방안이지만, 그에 상응하여 도로·교량을 제대로 건설하는 일 또한 필수 과제이다. 그런데 "지금의 풍속으로는 수레를 사용할 줄 모르기 때문에 도로를 수축할 때도 으레 구차스러운 행태를 벗어나지 못하여 좁고 협착한 지형을 그대로 따르고 만다. 그러나 백성들의 직업이 안정되는 데 따라 다시 평탄하게 개수하여 모두 수레가 다니도록 해야 할 것이다. 진실로 한 번만 온전하게 수축한다면 그다음에는 별다른 경비와 노력을 들이지 않더라도 해마다 다소의 보수만 하면 될 것이다."[168]

또한 우리나라 교량의 건설은 관가에서 전연 관여치 않고 승려들이 스스로 하는 권연(勸緣)사업에 맡겨두는 실정이다. 그러나 이 역시 사·농·공·상 4민의 업이 안정되고 여력이 있을 때 국가에서 경비를 내고 규정에 따라 인부를 동원하여 교량을 놓을 만한 곳부터 점차 수축함이 좋을 것이다.

그리고 "돌다리[石橋]를 만들어 영구히 견고하도록 함이 좋다. 지금 흙과 나무로 만든 다리는 해마다 노력과 비용을 들여야 하는 것이니 반드시 돌다리로 개축해야 한다. 그런데 기둥을 세우고 만드는 다리는 무지개다리[虹橋]와 같이 견고하지 못하므로 무지개다리를 수축하는 것이 더욱 좋다."[169]

---

167 『반계수록』 22-16, 兵制後錄 兵車.

168 『반계수록』 25-52, 續篇 上 道路橋梁.

169 『반계수록』 25-53, 속편 상 도로교량.

또한 반계는 군현마다 와국(瓦局)을 설치하여 민간의 가옥을 기와집[瓦家]으로 널리 개조하고자 한다. "읍치 근처에 흙과 땔감의 이용이 편리한 곳에 집을 짓고 가마[窯]를 설치하여 기와를 많이 굽고, 백성들이 이를 사가서 기와지붕을 잇는 이로움을 일으키도록 한다. 사사로이 기와 가마를 설치하고자 하는 자도 권면하여 금하지 말 것이다."[170]

반계에 따르면, 민간에서도 혹 동네에서 스스로 사사로이 와계(瓦契)를 설치하고는 해마다 기와집으로 개조하는 경우가 있다. 이러한 촌락은 10여 년이면 한 촌락 전체가 거의 다 기와집으로 바뀔 것이다. 인호(人戶)가 풍성해진다면 촌민들에게 권하여 이 같은 사례를 따르도록 권면함이 좋을 것이라 하였다.

뿐만 아니라 그는 군현마다 모두 의국(醫局)을 설치함으로써 만백성이 의료 혜택을 받을 기회가 많아질 도리를 강구한다. 즉 각 향(鄕)의 인사들에게 1경(頃) 정도의 땅을 허여하여 세를 면제해주고 의국을 설치하도록 권유할 것이요, 의국을 설치하고자 하지만 자본이 없는 자에게도 관에서 빌려주어 설치토록 권면한다. 혹 의술에 밝은 사류가 있는 경우, 유사(儒士)의 예에 따라 읍학의 학적(學籍)에 붙여두고 응분의 토지를 배분하며, 의국을 열어 많은 사람에게 실제로 유익한 혜택이 돌아갈 수 있도록 주선할 것이라 하였다.[171]

그리고 반계가 예속을 일으키고 문명을 실현하고자 하는 개혁론 가운데에서 중국인의 언어(言語)를 익히고 그 의상(衣裳)제도를 수용하고자 하는 방안 또한 간과해서는 안 된다. 중국은 삼대 성왕들이 왕정을 구현한

170 『반계수록보유』 1-22, 郡縣制 各邑.

171 위의 글.

역사적 경험이 있으므로, 후세에 와서도 그 유습이 남아있어 아직도 볼 만한 예속과 문명을 면면히 이어가고 있다는 것이 반계의 소신이었다.

그중에서도 언어는 그 같은 예속과 문명을 수용할 수 있는 기본 도구이다. 중국과의 사대(事大) 관계는 필수 과제인데도 현재로는 "국가 간의 주요 사무를 한갓 통역인에게 의존하고 있는" 실정이다. 그러므로 최소한 젊은 관원들이라도 중국어를 학습하도록 하자고 그는 제안한다.

의관(衣冠)제도의 수용은 더욱 절실하다고 하였다. "의관제도는 마땅히 중화의 제도를 따라야 할 것이다. 중화의 제도를 따르고자 하는 것은 대개 중국의 경우 인간 문명의 적의함을 얻어 법식과 형상이 바르게 되었기 때문이다. 지금 중국에서도 잘못되어 있는 것은 역시 다시 옛 제도에서 강구해내야 할 것이다."[172]

물론 반계가 추구하는 것은 성왕들이 왕정에서 구현한 올바른 문명의 '법식과 형상' 그것이요, 현재의 중국 양식을 그대로 모방하고자 함은 아니라는 것이 판명된다. 그러나 거기에는 중국 중심의 역사관·세계관이 아직도 짙게 자리 잡고 있다는 사실을 결코 부인할 수는 없다. 삼대 성왕들의 법제를 기준 삼아 자국의 인습적 통치법제를 근본적으로 개혁함으로써 왕정을 실현하고자 하는 반계로서는 실상 아직도 성리학의 중세적·보편주의적 역사관과 세계관의 틀을 다 벗어나지는 못하고 있었던 것으로 고찰된다.

172 『반계수록』 25-34, 續篇 上 衣冠.

5. 맺음말

반계의 실리론(實理論)에 따르면, 무릇 이 세상 인간은 모두가 '각기의 분(分)을 얻고', '각기의 위상을 차지하는' 상태를 지향하고 있다. 더구나 '이(理)가 하나인 까닭에' 인간은 누구나 요·순과 같은 성인(聖人)도 될 수 있다. 그만큼 인간은 모두 각기 독자적인 존재요, 자질과 노력 여하에 따라 각기의 '분과 위상'을 변화시킬 수 있다.

그래서 반계의 통치론은 이 세상 인간 각자가 모두 각기의 '분과 위상'을 차지하도록 하는 과업을 목표로 삼아 추구한다. 그런데 인간 각자의 '분과 위상'을 두루 갖출 수 있도록 한 통치 형태가 삼대(三代)의 왕정이었다. 왕정의 통치법제는 모두 성왕(聖王)이 천리(天理)를 따라 제정한 것이요, 천리는 이 세상만사 만물의 어떤 미세한 구비에서도 관철되지 않는 경우가 없기 때문이다.

그런데 삼대가 지난 이후의 통치법제는 모두 지배층의 사욕(私欲)을 따라 만든 것이요, 폐습(弊習)을 가지고서 폐습을 인습한 것이다. 그래서 마침내 만백성은 극단적인 곤경에 내몰리고, 오랑캐가 천하의 주인으로 들어앉기에 이르렀다. 그래서 그는 단언한다. "잘못된 통치법제를 변혁하지 않고서는 왕정을 구현할 길이 없다."

그런데 국가라고 하는 거대한 조직의 지반을 구성하고 있는 것은 만민의 일상 속 삶의 현실이다. 근원적으로는 국가라든가 군주도 만민을 위해 설치된 것이다. 그래서 민생이 '본(本)'이라는 이념의 차원을 넘어서서, 민생을 '본'이며 기준으로 하는 통치법제의 정립을 반계는 추구한다. 구래의 수탈적 지배체제와는 판이하게, 만민의 일상을 기본으로 삼는 '이하위본(以下爲本)'의 통치론을 관철시키고자 한다.

만민의 일상생활을 기본으로 하는 '이하위본(以下爲本)'의 통치론에서는 무엇보다도 '천하의 대본'인 토지를 공공의 관리 아래 두는 공전(公田)으로 개혁하지 않으면 안 된다. 곧 수천 년 인습의 사전(私田)제도를 혁파하고 공전제도로 변혁해야만 주민의 절대다수인 직접생산자 농민을 비롯하여 무릇 국가의 직사를 맡는 모든 주민이 항산의 터전인 일정한 '공전'을 배분받아 자활할 수 있다. 그래서 반계의 통치론은 토지소유 관계의 근본적 변혁이라는 미증유의 변법론을 바탕으로 하고서 전개된다.

반계에 따르면 "관원으로부터 공(工)·상(商)·복예(僕隸)에 이르기까지 무릇 일을 담당한 바가 있으면 직사(職事) 아닌 것이 없다." 여기서 '직사'라는 것은 이미 구래의 인습같이 수직적으로 조직된 귀·천의 지위라든가 직임과는 다른 개념이다. 왜냐하면 반계의 왕정론에서는 드디어, 수천 년 인습으로 누적된 문벌제도가 폐지되고 관원의 직사라든가 복예의 직역 모두 개인의 자질과 노력 여하에 따라 성취하는 직업으로 맡게 되기 때문이다.

반계는 국가의 기본 주민인 사·농·공·상 4민의 직사를 구성적으로 조직하고 양성하는 일이야말로 왕정이 추구해야 하는 기본 과제라고 규정한다. 무릇 국가의 주민 각자가 모두 자기 '분수와 위상'을 차지하여 자기 직사에 전념하고 분발할 수 있도록 구체적 제도를 통해 보장하고자 한다. 그러므로 그는 4민의 직사가 결코 중복되는 일이 없이 분업적으로, 또한 전업적(專業的) 자영(自營)으로 수행되어야 한다는 원칙을 관철하고자 한다.

반계는 공거(貢擧)제도를 확립함으로써 교육 및 인재 등용 제도의 획기적 전환을 추구한다. 문사(文詞)의 재능을 위주로 해서 일시적 시험을 통해 관원을 뽑는 과거(科擧)제도는 단연코 폐기한다. 그 대신 단계별 학교 교육을 통해서 덕행과 능력을 갖춘 현능한 인재를 양성하고, 그 가운데서도 다시 현능한 자를 천거해서 등용하는 공거제도야말로 왕정의 구현을 위한 최선의 방안이다.

공거제도는 중등학교인 읍학 단계에서부터 사(士)를 육성하되, 문벌이라는 인습에 전혀 얽매임 없이 오직 본인의 덕행과 능력의 현·불초를 기준 삼아 승급시키는 절차를 규정한다. 문벌에 따라 등용을 제한하는 것은 무엇보다도 도덕과 능력을 향상하고자 하는 인간 각자의 분발심을 꺾어버리기 마련이다. 그것은 탁월한 인재조차 묻혀버리게 하고 마는 까닭에 국가의 치세와 난세에 관계되는 큰 기틀을 짓는다.

"진실로 먼저 조정으로부터 덕(德)을 숭상하고 실질을 우대하며 취하고 버리기를 오직 얼마나 현능한가 위주로 한다면 사람마다 행의(行義)를 닦기에 분발하여 공경하고 사양하는 풍상이 시골 군현에서도 실현될 것이다." 반계는 공거제도의 확립을 통해 무려 수천 년 숭상해온 문벌제도의 인습을 타파하고, 신분제와는 무관한 새로운 사류(士類)를 양성함으로써 이제 공경하고 사양할 줄 알며 의를 존중하고 덕을 숭상하며 실질을 우대하는 인간 사회의 가치 기준을 새로 정립해나가고자 한다.

'사(士)'의 직사는 정식의 관직만이 아니라 그 이외의 교직(教職)이라든가 향직(鄕職)에 오히려 더 다양하게 분포한다. 각 군현의 전정(典正)·전검(典檢) 같은 향관(鄕官)이라든가 약정(約正)·직월(直月)과 같은 향약의 여러 직임, 그리고 각 면의 면장인 향정(鄕正)의 직사들을 모두 새로운 학교 교육을 받은 '사' 계층으로 충원한다. 향상(鄕庠)이라든가 읍학 이상의 사유(師儒)와 같은 교수직도 마찬가지다. 그래서 '사'의 과정을 이수한 자라면 "천하에 직사를 폐하거나 버려지는 자가 없으며, 또한 제 위상을 차지하지 못하는 자도 없을 것이다"라고 전망한다.

반계는 또한 공전제도의 확립을 통해 전국 농업의 일대 혁명적 발전이 일어나도록 조직하고 구상한다. 그는 농가의 경작 능력과 영농 규모를 대조하고, 토지의 수익과 그것으로 부양할 수 있는 인간관계, 그리고 고·금의 역사적 형세까지를 다 참작하여 농부 1가마다 100묘라고 하는 농지 배분의 표준을 확정한다. 이 100묘의 토지는 농부 1가에서 다소의 솔정까지 데리고 경작할 수 있는 적정 규모의 영농 단위이다.

소경영에서는 자영의 경우가 가장 큰 노력을 기울여 가장 높은 생산력을 발휘할 수 있다. 반계는 그 같은 영농 원리를 도입한다. 그래서 이제 전국의 모든 농가가 적정 규모의 자영적 영농을 통해 항구적으로 최고의 생산력을 발휘해나갈 수 있다. 그래서 생산되는 "곡식의 수를 통계한다면 지금의 경우에 비하여 2갑절" 이상이 될 것으로 전망한다. 그래서 반계는 극히 번잡하여 협잡과 농간의 소굴로 존속해오던 구래의 인습적 공물(貢物)·진상(進上)제도를 혁파하고서도, 전국의 전세(田稅)를 가지고 국가재정의 기본 세입으로 삼을 수 있다는 획기적 개혁론을 제시할 수 있었다.

또한 반계는 공·상인이 담당하는 직사에서도 모두 항산(恒産)의 터전과 자영(自營)의 기회를 부여하는 한편 소위 과외(科外)의 횡침을 근원적으로 단절함으로써 제조업과 유통업의 발전과 번영을 진작시키고자 조직한다. 이들 공·상인들이 각기 자기 직사에 분발하도록 하는 유인(誘引)을 두고 반계는 각자에게 이로움이 남도록 해주어야 함을 원칙으로 든다. "이로움을 좇아가고 해로움을 피하고자 함은 온 천하가 공통이요, 이익이 생기는 곳으로 사람들은 반드시 달려가기 마련"이라는 원칙이 그것이다.

공·상업이 아직도 독자적으로 자립할 수 없는 시대에는 다분히 국가기관에 의존하는 종속적인 속성을 띠고서 명맥을 유지해왔다. 그런데 조선왕국에서는 아직도 중·외의 국가기관이 상인의 물화를 헐값에 억지로 구입하므로 일반 상인들은 오히려 관부를 꺼리고 기피한다. 공장(工匠) 또한 기술이 높은 경우일수록 관부가 억지로 일을 시키고는 삯을 제대로 주지 않는다. 심지어 양반 세가 또한 그 같은 인습을 답습한다.

반계는 이제 공·상업 자체의 독자적·자영적 위상을 정립하고자 기획한다. 그래야만 그들의 업종에서도 발전과 번영을 기할 수 있다. 공·상인이 독자적으로 자립할 수 있는 지반을 마련하는 법제의 정립이야말로 이들을 우대하는 필수 과제이다. 현재로서는 서울과 같이 사람들이 많은 곳에서는 이들의 자립적 영업이 가능하다. 그러나 시골에서는 전혀 그렇지 못한 형세이다. 그래서 이들 각 지방 상인에 대해서도 1가 50묘씩의 토지를 배분해서 길이 공·상인으로 자립하도록 배려하는 정책을 펴도록 한다.

무릇 국가체제라는 것은 사·농·공·상의 각 직사에 분업적으로 종사하는 자들이 본·말, 대·소의 관계로 서로 연계되어 작용하면서 상부상조해야 제대로 작동하기 마련이다. 공·상인들의 번영이 곧 국가의 산업과 경제의 번영을 이룩하는 기초가 되기 때문이다.

국가는 가령 화폐의 유통을 적극적으로 장려하는 방법 등으로 이들 공·상인을 의도적으로 육성하지 않으면 안 된다. 그래서 반계는 국가의 조세 수취와 재정 지출에서도 사안마다 반드시 화폐를 1/3씩 섞어서 통용시키도록 고안한다. 또한 서울에서는 각 방(坊)의 큰 길거리마다, 지방에서는 각 군현의 각 읍을 필두로 각 진(鎭)·역(驛)·참(站)에 모두 국가가 상설 점포인 포자(鋪子)를 설립해서 민간인이 널리 이용토록 함으로써 화폐 통용의 이로움을 일으키도록 한다. 여러 산업과 유통 분야의 총체적 발전이야말로 국가경제를 구조적으로 부강하게 함으로써 왕정을 이룩하는 기초가 된다고 그는 확신하고 있었던 것이다.

특히, 구래의 국가 운용에서는 왕실에 대한 공물·진상을 필두로 하는 비법적 과외의 수탈이 국가경제를 침체시키고 만민의 경제활동을 교란하는 가장 큰 요인이라는 사실을 반계는 구체적으로 관찰하고 있었다. 그래서 그는 우리나라 역사에서 처음으로, 왕권을 비롯한 모든 국가기구의 운용비와 그 종사 인원의 상름(常廩)을 국가 세입(歲入)으로 책정한 경상비(經常費)에서 지출한다는 미증유의 변혁론을 제시한다. 즉 세입의 국가재정으로 책정한 경상비를 가지고서 국왕과 궁중의 수요 경비를 비롯한 중·외 국가기관의 운영에 소요되는 경비를 모두 책정할 것이며, 중·외의 모든 관원과 이서·복예들에게도 모두 응분의 상록(常祿)을 지급한다는 개혁론을 둔다. 그래서 "어수(御需)는 그 상수(常數)를 책정하여 해마다 조세를 가지고 획정하되, '국왕은 경(卿)의 녹의 10배로 한다'는 옛 제도를 따라 그 수를 준정(準定)한다." 그리고 "중·외의 크고 작은 지출 경비는 모두 이미 법제로 정해둔 바에 따를 것이며, 경상세(經常稅) 이외에는 일호라도 백성으로부터 다시 징수할 수가 없다."

왕실에 대한 공납과 진상을 폐지하면 왕권 유지에 국력이 총동원되는 구래의 인습을 지양할 수 있다. 중·외의 이서층이 공납과 진상을 핑계로 자행해온 토색질을 원천적으로 해소할 수 있다. 왕실의 식선(食膳)을 비롯한 중·외 국가기관의 수요와 공직자의 생활품을 모두 시장을 통해 구입한다면 생산자와 소비자 사이의 자율적인 유통 부문이 제도적으로 크게 확충된다. 이에 모든 산업의 생산기술·제조기술과 상품화폐경제가 크게 발전하기 마련이다.

국가재정의 기초를 이루는 세입이 주로 미곡(및 화폐)으로 통일되면 지금까지 수십 가지 종류의 토산물을 여러 중앙 기관에 각기 상납하는 과정에서 고비마다 일어나는 과외의 횡침을 원천적으로 해소시킬 수 있다.

이제 농·공·상인들 또한 각기 나름대로 계획을 세우고 전업적(專業的)·자영적으로 생업을 진작해갈 수 있다. 그래서 각자의 기술과 기량 또한 더욱 향상시킬 수 있고, 그 나름의 여유가 생기고 번영을 도모할 수도 있을 것이다.

공전제, 공거제, 그리고 왕실 이하 모든 국가기관과 그 종사자들의 경상비 책정 등 반계의 통치론은 이전에 없는 국가체제의 근본적 개혁론을 추구하고 있었다. 그런데 그처럼 큰 개혁론이 과연 조선왕국의 현실에서 실행될 수 있으리라고 반계 자신은 기대하고 있었는가? 물론 그 개혁론은 모든 '절목'을 한꺼번에 실현하고자 하는 것이 아니요, 점진적 시행을 기대할 수밖에 없는 구조로 되어있다. 그런데 가령 가장 중대한 변혁이 일어날 토지제도의 경우는 어떠한가?

아마도 진실로 '왕정'에 뜻이 있는 군주라면 어찌 공전제도의 시행을 거부할 까닭이 있겠는가? "공전제도는 지극히 순탄하고 지극히 안정적이며 지극히 간편하고 지극히 긴요한 것이다. 무엇을 꺼리어 시행치 못한단 말인가? 제왕이 천하 국가를 통치하는 데는 이것 말고는 다른 법이 없다. 후세에 와서 이를 시행치 못한다면 마침내 지치(至治)의 실현을 기대할 수가 없다. 진실로 영명한 군주가 이를 단행한다면 고(古)·금(今), 화(華)·이(夷)를 막론하고 본래 시행치 못할 것이 없다." "백성도 내 백성이요, 토지도 나의 토지이니, 단지 군상(君相)이 거행하기에 달린 일이요, 본래 하지 못할 것이 없다"[173]라고 반계는 극진한 신념을 토로해 마지않았다. 그러나 조선 후기의 현실에서 그의 개혁론을 시행하고자 시도한 '군상'은 아무도 없었다.

173 『반계수록』 2-16, 田制 下 田制雜議附.

물론 반계의 국가체제 개혁론이 실현되지 못하였다 하여, 결코 그 역사적 의의가 사라지는 것은 아니다. 실로 『반계수록』의 경우와 같이 변법론적 통치이념의 국가체제론을 저술한 것은 우리나라에서 처음 있는 일이었을 뿐만 아니라 실상 동아시아 유교 문화권에서도 처음 있는 일로 평가된다.

그렇게 국가체제 자체의 근본적 개혁론을 제시한 것은 성인의 경전에 드러나 있다는 '천리'·'천도'에 대한 반계 자신의 신념이 그만큼 독실하였다는 사실에서 연유한다. 반계는 옛 성왕들의 저술이라는 경전의 원리와 그 역사적 전개의 내용들을 끝까지 정치하게 간추려내고 자신이 깨쳐낸바, 만백성의 일상생활을 기본으로 삼는다는 '이하위본'의 실학적 이념을 곡진하게 구체화함으로써 이전에 없는 독자적 국가체제론을 저술할 수 있었다.

그것은, 유사 이래 지배층이 집착해온 문벌이라든가 토지·노비의 소유 관계 등과 같은 독점적·폐쇄적 특권을 해소하고, 무릇 인간이라면 누구나 독자적 존재로서 나름대로의 가치를 실현할 수 있도록 하는 새로운 통치론을 체계화하기에 이르렀다. 이는 전국의 주민을 모두 공공적으로 양성하면서 또한 모든 주민이 자기 직사를 자영함으로써 스스로 분발하여 자립도록 하고, 거기에 다시 시장경제체제를 확립도록 함으로써 생산과 유통의 현장에서 당해 주민 각자의 적극적 자발심이 일어나도록 조직하였다.

그래서 『반계수록』은 유교 이념의 국가체제론 가운데에서도 가장 독자적인 내용을 갖춘 창의적 저술로 평가된다. 왜란과 호란을 겪은 조선 후기의 현실에 옛 경전의 주체적 해석을 통해 깨친 원리를 구성적으로 응용함으로써 실학의 변법적 국가체제론이라는 새로운 독자적 고전을 정립하기에 이른 것이다.

그것은 가장 이상적인 왕정론이므로 현실에서 실현되기는 어려웠다. 그러나 또한 가장 주체적 견지에서 체계화한 이상적 국가체제론이므로 새로운 독자적 고전으로서의 영원한 가치와 의미를 지닌다. 읽는 시각에 따라, 앞으로 무한한 해석이 가능해지리라 기대할 수 있을 것이다.

(**재단법인 실시학사 편, 『반계 유형원 연구』, 사람의 무늬,** 2013)

제6장

『우서』에 드러난 농암의 농정론

1. 문제의 제기

농암(聾庵) 유수원(1694~1755)은 18세기 전반기의 현실 개혁적 국가 정책론을 다각도로 서술한 『우서(迂書)』라는 저술을 통해 실학자로 널리 알려진 학자·관인이다. 그는 이 저술을 통해, 조선왕국의 고질적 폐습인 문벌제도를 타파하고, 사족(士族)의 신분이라든가 관직과 같은 지배적 신분·지위를 개별 인간의 자질과 노력 여하에 따라 획득할 수 있는 것으로 개방해야 한다는 개혁안을 제시하였다.

『우서』는 사·농·공·상 4민의 분업(分業)을 철저히 시행하여 각기가 자기 직업에 전업적(專業的)으로 진력도록 함으로써 "나라가 허약하고 백성이 가난한" 현실을 타개할 수 있다고 하였다. 또한, 뒤에 가서 구체적으로 살펴보겠지만, 특히 국가경제의 우선적 중심 과제로 상공업의 발전을 역설하고, 이를 제대로 추구한다면 불과 수년 안으로 전국 "도처에 낙토(樂土)가 이루어지고" "이용후생의 도(道)를 완수"할 수 있을 것으로 전망하였다.

조선 후기 국가체제의 변법적 개혁론을 처음으로 제기함에 따라 실학의 학풍을 확립한 반계 유형원이라든가 뒤이어 실학의 학풍을 체계화한 성호 이익 등이 모두 농업 위주의 국가 경제론을 전개하였음은 지극히 당연한 일이었다. 역사적·현실적 국가경제가 농업 위주로 전개되었기 때문이다. 그에 비하면, 농암이 『우서』를 통해 상공업의 발달을 국가경제의 중심 과제로 추구하고자 하였다는 것은 유사 이래 처음 보는 특이한 개혁론이라 하지 않을 수 없다.

그런데 농암의 상공업에 관한 경제적 인식은 일상의 경험에서 우러난 것이 아니요, 모두가 중국의 경제 현상을 기록한 서책을 통해 획득한 것으로 보인다. 오늘날의 연구자가 『우서』를 찬찬히 읽어본다면, 농암이 서책을 통해 인식한 중국의 경제는 거의 모든 분야가 경이로움으로 가득 찬 현상이었을 것이라고 이해된다. 그 가운데서도 대자본(大資本) 중심으로 운영되는 중국의 상공업 발달이야말로, 조선왕국의 낙후된 현실과 대조적으로, 특히 활발하고 선진적인 현상으로 인식하였을 것이다.

농암은 아마도 거기서 크나큰 감동과 영향을 받아, 조선왕국이 상공업 중심의 국가경제를 추구함으로써 도처에 '낙토'를 이룩하고 '이용후생의 도를 완수'하는 개혁론을 구상한 것으로 보인다.

그런데 농암의 『우서』 역시 국가경제를 움직이는 중심축을 상공업 형태로 육성하고자 한 것은 대자본이 중소 자본과 기술을 이끌고 운영하는 대량생산과 유통의 체제로 이해된다. 대량생산과 유통의 체제야말로 소위 자본의 회전이 빠르고, 거기서 생겨나는 목전의 이익이 인간 심리를 직충하여 사회경제 각 분야를 분발시키기도 쉬울 것으로 기대함 직한 일이기 때문이다.

가령 농암은 조선왕국 수백 년 동안 결코 해결의 실마리를 찾을 수 없었던 '양병(養兵)'의 재정(財政) 문제를, 염(鹽)·철(鐵)의 전매(專賣) 한 가지로도 해결할 수 있다고 자신 있게 논한다.

> 삼대(三代)에는 군사(軍士)를 농(農)에다 붙여 양성하였으나, 후세에는 재정(財政)을 가지고 군사를 양성한다. … 국가에는 군사가 없을 수가 없는데, 재정이 없으면 군사를 양성할 수가 없다. 그래서 역대 국가들은 모두 양

병(養兵)의 군수(軍需) 재정을 따로 두고 있었다. 그러나 유독 우리나라는 (군수 재정을) 조달할 곳이 없으므로 정군(正軍)에게 보(保)를 붙여주었는데, 부득이해서 그렇게 한 것이다. 부득이하게 세운 법인 까닭에 그 말폐(末弊)가 생기는 것은 형세상 어쩔 수가 없다. 보(保)를 붙여주는 제도를 개혁하지 않는다면 그 폐단은 구제할 도리가 없다. … [1만(萬) 군사의 유지 비용은 1년에 120만 관(貫)이면 되는데] … 우리나라 사람들은 한갓 군사를 각박하게 대할 줄은 알아도 '양병'하는 방법은 모르고 있으므로, 지금 100만 관이란 말을 들으면 실로 크게 놀랄 것이다. 그러나 과연 실속 있는 정책을 힘써 실행하여 생재(生財)의 방안에 진력한다면, 단지 소금[鹽]과 철(鐵)의 각세(榷稅) 한 가지만을 가지고 '양병'의 군수로 삼더라도 넉넉히 여유가 있을 것이다.[1]

여기서 일국의 군사 유지비를 조달할 수 있는 '실속 있는 정책'으로 채택하는 '생재(生財)의 방안'을 '염'·'철'의 전매세(專賣稅)로 설정하였다는 사실은 매우 놀라운 발상에 속한다. 가령 『경국대전』에서도 '염'·'철'의 판매에는 일정한 세(稅)를 받는다고 규정한 바 있으나, 그것은 겨우 당해 항목을 설정해둔 것에 불과한 편이었다. 역사적으로도 소금의 전매는 고려 후기에 일시적으로 시도해본 적이 있지만 곧 유명무실해지고 말았으며, 철(鐵)의 생산은 아예 금지되는 편이므로 그 전매 여부를 말할 것도 못 되는 일이었다.

그러나 염·철은 일상에서 결코 없어서는 안 되는 긴요한 생활 소재요, 비록 중국의 경우를 본받아 내놓은 발상이기는 하지만 『우서』가 이 두

1 『우서』 9, 論軍制.

가지 전매제도를 제기한 것은 새로운 국가재정의 정책 과제를 말한 것이어서 중요한 의미가 있다. 두 가지의 전매 수익이 일국의 군사 유지비를 감당하고도 여유 있을 정도라는 계산 또한 더없이 놀라운 정보라고 하지 않을 수 없다.

『우서』는 다시, 상공업이 제대로 발달하면 거기서 거두는 세액(稅額)이 농업에서 거두는 '조부(租賦)'보다 몇 갑절이나 될 것이라고 논한다.

> (봉건제도가 폐지된) 후세에는 천자(天子)가 온 천하를 자기의 집안으로 삼아 군현제를 실시하였다. 그래서 정전제(井田制)는 폐지되고 양성하는 군사(軍士)가 많아졌으며, 천하의 관리가 모두 천자로부터 녹을 받게 되었다. 그래서 그 비용이 옛날의 수 배 정도만이 아니게 커졌으므로, 비록 천하의 곡식을 다하고 천하의 포백(布帛)을 다한다 해도 이를 감당하기에 부족해졌다. 그러므로 후세에는 상세(商稅)와 정각(征権)을 가지고 그 비용에 이바지하였는데, 그 1년 세입(稅入)이 조부(租賦)보다도 몇 갑절이 되었지만, 상인(商人)이 병되이 여기지 않고 농민은 부담을 덜게 되었다. 그것(즉 상세와 정각)이 천하를 이롭게 하는 바 컸던 것이다.[2]

여기서 상세(商稅)는 상품의 거래에서 징수하는 것이요, 정각(征権)은 일반적으로 소금의 전매를 통해 거두는 세를 말한다. 중국의 경우 이 양자의 액수를 합한 크기가 전국의 곡식과 포백을 합한 액수보다 크고, '조부'에 비해 몇 갑절이나 되었다고 인식하는 것이다.

위의 두 가지 사료는 구체적으로 중국 어느 시대의 상황을 제시하는

---

2 『우서』 8, 論魚鹽征稅.

것인지 상고할 수가 없다. 요컨대 『우서』가 이들 사료를 통해 역설코자 하는 바는 말할 것도 없이, 국가를 운영하고 군사를 유지하기 위해서는 무엇보다도 그 경제적 기반인 국가재정을 확보해야 한다는 것이요, 그러기 위해서는 무엇보다도 큰 세수(稅收)를 실현할 수 있는 상업을 발달시키고 '소금' 등의 전매제도를 실시하는, '실속 있는' '생재(生財)의 방안'을 강구해야 한다는 내용이다. 상업과 제조업, 즉 상공업의 발달이 국가경제에 미치는 효과야말로 농업 위주의 정태적 경제정책을 펴온 조선왕국에서는 상상할 수 없을 정도로 큰 것이라는 사실을 애써 일깨우고자 한다. 가령 우리나라에서도 "반드시 염분(鹽盆)을 모두 거두어 국가가 자염(煮鹽)하고 판매하게 된 뒤에라야 그 일이 지극히 공정하고 그 이익이 매우 많게 되어, 군수(軍需)를 보충하고 농민을 여유롭게 할 수 있을 것"[3]이라고 말한다. 상대적으로 생산과 유통의 인공적 조작이 가능한 제조업과 상업, 곧 상공업의 경제적 효과는 그만큼 클 수 있다는 사실을 예시한다.

상업이 발달할수록 상인들로부터 더 큰 세수(稅收)가 가능하지만 "상인들이 병되이 여기지 않고, 농민들은 부담을 덜게 된다"는 논지는, 오로지 농업 하나에 의존하는 조선왕국의 빈궁한 경제현실을 타개하기 위한 변통의 방안, 변혁의 길을 제시하고자 하는 것이었다. 『우서』가 상공업 중심의 경제 개혁론을 제시하는 근본 의도를 여기서 충분히 짐작할 수 있을 것이다.

그런데 이 연구는 왜 하필 농암의 『우서』가 제일의적(第一義的)으로는 우선시하지 않는, 그의 농정론(農政論)에 관심을 두고자 하는가. 『우서』는 국가경제의 중심축을 상공업에서 추구하면서도 국가경제에서 차지하는

---

3 『우서』 8, 論魚鹽征稅.

농업의 중요성 또한 결코 간과할 수 없다고 확인한다.

> 우리나라는 해양(海洋) 제국(諸國)처럼 상업 이익을 통해 먹고사는 나라가 아니요, 경작(耕作)과 방직(紡織)이야말로 곧 본업(本業)이다. 진실로 공력(功力)을 적게 들이고 이익을 크게 늘리는 방법이 있다면, 사(士)·민(民)을 이끌어 그들로 하여금 각기 '본업'에 힘쓰도록 하는 것이 어찌 왕정(王政)을 구현하는 절실하고도 긴요한 일이 아니겠는가.[4]

여기서 '경작과 방직'이란 곧 농업을 뜻한다. 현실적으로 '상업'이 아니라 '농업'이야말로 우리나라의 '본업' 즉 기본 생업(生業)이라고 하는 농암 자신의 인식이 드러난다. 그리고 국가가 지배층인 '사'와 생산 대중인 '민'을 이끌어 각자 "본업에 힘쓰도록 하는 것"이야말로 "왕정을 구현하는 절요(切要)한 일"이라고 강조한 대목도 주목할 필요가 있다. 조선 전기의 성리학이라든가 그 후기의 실학이 국가적 개혁정책을 통해서 성취하고자 한 궁극의 목표가 곧 요순·삼대의 '왕정'에 있었다는 것은 널리 알려진 사실 그대로다. 농암은 『우서』에서 '왕정'이란 말을 별로 동원하지는 않지만, 그의 개혁론이 표방하는 궁극의 목표로 역시 '왕정'을 설정하고 있었던 것이다. 그러므로 위의 사료는, '왕정'을 실현하기 위해서는 '사'·'민'을 이끌어 '공력을 적게 들이고 이익을 크게 늘리'는 농업 진흥책을 강구해야 한다는 뜻을 역설하는 내용으로 풀이된다.

"농사는 천하의 대본(大本)"[5]이라고 확인하는 바와 같이 농암 역시 농업

4 『우서』 10, 論變通規制利害.

5 『우서』 1, 總論四民.

을 위주로 해온 전통적 생업 관념을 결코 벗어나지 않았다. 그가 새삼 상공업의 발전을 국가경제의 중심 과제로 추구하게 된 것은 아마도 중국에 비해 크게 낙후되었다고 생각하는 자국의 경제 수준을 격단으로 발전시키기 위한 동력(動力)을, 중국의 경우를 선례로 삼아, 상공업 분야에서 찾았기 때문으로 살펴진다.

또한 『우서』는 "국가의 큰 정사(政事)로는 농업보다 더한 것이 없다"[6]고 단언한다. 주민의 절대다수가 종사하는 농업이야말로 현실상 가장 큰 비중을 점하는 국가 기본 산업이자 절대다수 주민의 생업이었기 때문이다.

그런데 『우서』는 우리나라에서 농사를 국가정책으로 삼아 추진해온 적이 없다고 인식한다.[7] 또한 우리나라는 "모든 일들이 다 실속이 없지만, 농업과 양잠에서는 더욱 심하다"[8]고도 개탄한다.

가령 삼남(三南)과 같이 농토가 넓은 지역에서도 금년에 새로 수확한 햇곡식으로 작년의 묵은 곡식을 잇댈 수 있는 부유한 농가가 거의 없다고 관찰한다.

> 농가를 보면, 비록 삼남(三南)의 비옥한 지역이라 할지라도, 햇곡식으로 묵은 곡식을 잇댈 수 있는 집이 거의 없다. 지난날의 역사를 두루 살펴보아도 우리나라처럼 민산(民産)이 심히 메말랐던 나라는 없었다. 그 까닭은 무엇인가. 그 근원은 실로 4민이 분화되지 못했으므로 각자가 제 직업에 힘을 다할 수가 없기 때문이다.[9]

---

6 『우서』 1, 總論四民.

7 위의 글.

8 『우서』 9, 論閑民.

9 『우서』 1, 總論四民.

그래서 『우서』는 무엇보다도 "4민의 직업을 분화시켜 각기 실사(實事)를 추구하도록 해야 한다"[10]고 역설한다.

농암이 『우서』에서 역설하고자 하는 것은, 상공업의 진흥을 통해 국가 경제에 활력을 불어넣고 그 수준을 극단적으로 발전시키기 위한 개혁정책을 우선적으로 추구하되, '국가의 가장 큰 정사'인 농정(農政) 또한 결코 소홀히 해서는 안 된다는 문제의식이었다. 농업 또한 상공업의 발달과 병행하면서 상호 이바지하는 관계에 설 수 있도록 새로운 진흥책을 강구해야 한다는 것이었다. 즉 농암 유수원의 실학은, 농업 또한 국가의 독자적 산업분야로 새로이 탄생시켜 '실사를 추구하도록' 발전시켜야 한다는 객관적 인식을 갖추고 있었던 것이다.

그래서 『우서』는 상공업의 경우처럼, 농업분야에서도 중국의 선진적 발전 현상을 본보기로 삼고 이를 수용하고자 한다. 가령 농업 기술 면을 두고서는 "불가불 중국의 제도를 본받아 백성들을 깨우쳐 이끌어야"[11] 한다고 역설한다. 『우서』는 농업분야에서도 이른바 '북학(北學)'의 선구를 이루고 있었다고 할 것이다.

『우서』에는 농업의 새로운 진흥을 통해 세수(稅收)의 증대를 추구하고자 하는 농정(農政) 관련 서술이 도처에서 산견된다. 그러나 별도로 일정한 체계를 세워 집약적으로 '농정'을 서술해두지는 않았다. 그래서 이 연구의 진행 또한 필자의 임의적 장(章)·절(節) 설정을 통한 서술로 이루어질 것이다. 그래서 우선 중국의 선진적 농작법을 본받아 수용하기를 역설하는 농업 개량론을 먼저 검토하기로 한다. 그리고 호적(戶籍)을 기준

10 『우서』 1, 論備局.

11 『우서』 10, 論變通規制利害.

삼아 인정(人丁)과 전토(田土)를 관리하고 응분의 세(稅)를 징수하되, 균요미(均徭米)·균요전(均徭錢)이라는 일종의 가호별 종합소득세를 신설함으로써 주로 빈농(貧農)층을 보호하고자 하는 독특한 고안을 살펴보기로 한다. 나아가 군현별로 일정한 경지(耕地)와 세수를 항구적으로 확보하기 위해 '액전(額田)'제도를 시행한다는 새로운 방안을 검토한다. 마지막으로 분업을 통한 농업 생산성의 진작(振作) 및 영농 주체층의 확보 문제를 고찰하기로 한다.

2. 농업 개량론

1) 농업 정책론

『우서』에 따르면 우리나라는 토질(土質)이 비옥하고 자연재해가 들기 어려운 지세(地勢)를 이루고 있으므로, 농업국가로서 손색이 없는 곳이다.

> 우리나라의 토질이 중국의 소송(蘇淞) 지방만큼은 기름지지 못하겠지만, 삼남 지역의 기름진 땅이야 힘써 농사짓는다면 어찌 치부(致富)하기에 부족하다 하겠는가. 「화식지(貨殖志)」에는 쌀밥과 생선국을 먹을 수 있는 곳은 천하의 풍요한 땅이라고 되어있다.[12] 우리나라 사람 가운데 쌀밥을 먹지 않는 사람이 거의 없으니, 어찌 땅이 메마르다 하겠는가. 우리나라

12 『사기』 129, 貨殖列傳 69의 말이다.

의 지세를 보면, 산이 둘러싸고 물이 감돌아 곳곳이 병풍을 두른 듯 형세가 매우 좋고, 산수(山水)가 뒤섞여 있어 진액(津液)이 스며들고 있으므로 수(水)·한(旱)·풍(風)·상(霜)도 재해가 되기 어렵게 되어있다. 그리고 서관(西關)의 명주·무명, 북도(北道)의 삼베, 해서(海西)의 무쇠, 남중(南中)의 대나무와 닥나무, 바다 근방의 물고기·소금·김·미역, 산골의 콩·조·재목 등 무릇 우리 생활에 필요한 물자를 갖추고 있지 않은 곳이 없다.[13]

그런데 『우서』에 따르면 조선왕국은 고려를 이어받아 "나라를 세운 지가 300년이 되었지만, 사·농·공·상 4민의 직업이 아직도 분화되지 못하였다. 국가가 허약하고 백성이 가난한 것[國虛民貧]은 오로지 4민의 분업이 일어나지 못한 까닭에서 연유하는 것이다." 국내의 이른바 부잣집을 말하더라도, "대개 사대부와 훈척(勳戚)과 역관(譯官)들을 여유 있다고 하는 데 불과할 뿐이요, 농가를 보면 비록 삼남의 비옥한 지역이라 할지라도 햇곡식과 묵은 곡식이 잇댈 수 있는 집이 거의 없다." 우리나라는 농업국가이지만, "지난날의 역사를 두루 살펴보아도 우리나라처럼 민산(民産)이 심히 빈한한 나라는 없었다. 그 까닭은 무엇인가. 그것은 실로 4민이 분화되지 못했으므로, 각자가 제 직업에 힘을 다할 수가 없었기 때문이다."[14]

4민의 분업은 농업 진흥책만을 가지고서는 해결할 수 없는, 매우 복합적으로 얽혀있는 국가적 정책 과제에 속한다. 그보다도 여기서는 이 글의 주제인 국가의 현실적 농업정책에 관한 『우서』의 내용을 우선적으로

13 『우서』 1, 總論四民.

14 위의 글.

고찰하고자 한다.

> 농사는 천하의 대본(大本)이다. 그 요체는 위로 천시(天時)를 받들고 아래로 지리(地利)를 버리지 않는 데 있다. 농사를 장려한 옛사람들의 정사가 『주례(周禮)』 지관(地官)에 자세히 드러나 있는데, 이른바 '초인(草人)'이 토지를 비옥하게 만들고 곡식을 심게 하는 법이나 구물(九物)을 심고 거름 주는 방법들이 매우 곡진하고 자상하며, … 백성에게 지역에 맞게 농사짓는 법을 가르치는 데 조금도 부족함이 없다. 그리고 당(唐)·송(宋) 이래로 우안(圩岸)과 갑(閘)·패(壩)의 제도[15]가 함께 강구, 시행되어 정교하고도 튼튼한 것으로써 가뭄에 대비하였으니, 이와 같이 한 뒤에야 비로소 농사에 힘쓴다고 할 수 있을 것이다.[16]

여기서 천하의 '대본'이라는 농업을 두고 말하면서 어디까지나 중국의 경우를 기준으로 하고 우리나라의 것을 비교 서술하는 현상을 볼 수 있는데, 이는 『우서』 전체를 관통하는 기본 논조이다. 그 같은 논조를 펼 수밖에 없는 배경은, 중국의 경우는 성인(聖人)이 이룩한 문명을 전승한 곳이므로 장구한 역사 속에서 혹 패술적(覇述的) 공리(功利)를 숭상하거나 도교라든가 불교를 숭상하며 혹은 이적(夷狄)의 침략을 받아 풍속이 오염된 적이 있다 할지라도 그 통치의 '대강령(大綱領)·대근본(大根本)·대제도(大制度)·대습속(大習俗)'은 결코 없어지지 않았다는 것이요, 그에 비해 우리나라의 경우는 아예 통치의 근본부터 서 있지 않아서 중국의 '대근본' 되는

15 우안(圩岸)은 제방(堤坊)을 뜻한다. 갑(閘)·패(壩)는 수문(水門)과 방죽을 말한다.

16 『우서』 1, 總論四民.

사례를 본받지 않을 수 없다는 인식이 확고하기 때문이다.[17]

물론 중국의 선진 문명을 배우며 본받고자 하는 것은 한국사의 보편적 전개 방향의 하나이기도 하였다. '천하의 대본'인 농업을 진흥하고자 할 때 그 같은 중국의 선진적 농업문명을 배워 활용해야 한다는 것은 극히 당연한 과제로 인식되었다.

그런데 조선 초기의 경우를 두고 보더라도, 농법(農法)을 개선하고 선진 농업을 전국적으로 장려하기 위한 정책을 독자적으로 추진하고 있었다. 가령 중국 원(元)나라의 관찬 농서인 『농상집요』는 이미 고려 공민왕 대에 국내에서 간행되어 이에 대한 활용을 널리 권장하고 있었다.[18] 조선 초기 태종 대에는 "특히 어리석은 백성들이 (농작물을) 심고 가꾸는 방법에 어두운 것을 염려하여 유신(儒臣)에게 명하여 우리나라 말로 『농서』를 번역하게 하여 중·외에 널리 반포하여 후세에 전하였다."[19] 그리고 세종 대에는, 아직도 휴한(休閑)농업 위주인 중국 농서의 농법이 우리의 현 실정에 맞지 않는다는 사실에 대한 반성이 일어났으며, 이에 중국에 못지않은 우리나라 삼남지역의 선진적 농법, 즉 14세기 이래 발전해온 연작(連作)농업을 위주로 하는 새로운 농법을 새로 수복한 북방지역에까지 널리

---

17 "是以中國則聖賢之澤, 久而未斬, 積累之治, 遠而未艾. 雖嘗雜之以霸術功利, 亂之以黃老·佛氏, 戎羯胡夷, 迭入而更主, 暴政汚俗, 沈染而糅雜, 然其爲治之大綱領·大根本·大制度·大習俗, 終有所汨亂不得, 磨滅不盡者. 今玆麗氏則不然, 旣無聖賢開繼之治, 又乏儒者經術之助, 治旣無本, 政無所師. 而徒以詞華藻麗, 吟咏啁啾之習, 認之爲文物, 劫制勒束, 怵迫苟從之風, 認之爲禮義, 首取士·農·工·商四箇字而紛亂之, 人皆失其職, 而事皆無其實"(『우서』 1, 論麗制 門閥).

18 『목은문고(牧隱文藁)』 9, 農桑輯要後序 참조. 이의 구체적 사실에 관해서는 金泰永, 2006, 『朝鮮性理學의 歷史像』(경희대학교 출판국)의 제1장 「고려 말기 성리학적 국가중흥론의 전개」 참조. 그리고 조선 초기 『농상집요』의 활용에 관한 사실은 李泰鎭, 1986, 『韓國社會史研究: 農業技術 發達과 社會變動』(知識產業社)의 제4장 「14·5세기 農業技術의 발달과 新興士族」 참조.

19 『세종실록』 105, 세종 26년 윤7월 25일 임인. 이때 번역한 『농서』는 『농상집요』의 양잠에 관한 부분이었다고 한다. 金容燮, 1971, 『朝鮮後期 農業史研究』(一潮閣) 참조.

보급하기 위해 『농사직설』이라는 독자적 조선 농서(農書)를 편찬·간행하였다는 객관적 사실을 간과해서도 안 될 것이다.[20]

이후 뜻있는 관인(官人)들에 의해 여러 가지 농서가 편찬되었는데, 17세기 중반에는 어느 지방관이 『농사직설』을 대폭 증보한 위에 그동안 간행되어 온 『금양잡록』, 『사시찬요초』 등의 농서와 세종임금의 권농교문(勸農教文), 그리고 주자의 권농문 등을 묶어 『농가집성』을 편찬하였다. 이 농서가 『농사직설』을 증보한 중요 내용은 17세기 당시 이앙법(移秧法)이 이미 널리 보급되고 있는 선진적 영농 현실을 그대로 반영한 것이었다. 그래서 『농가집성』은 정부 정책으로 널리 보급되면서 당분간 '국정(國定)의 농업 지침서'로서의 기능을 다하게 되었다.[21] 즉 시기마다 농업을 장려하는 정책은 지속적으로 추진하고 있었던 셈이다.

물론 그러한 국가정책이 반드시 현실의 농업 실정에 구현되어 효과를 제대로 거둔 것은 아니었다. 우리나라는 농업정책이란 것이 아예 없다고 『우서』가 주장하는 것은 국가의 권농정책이란 것이 결코 현실로 구현되지 못하였다는 것을 직설적으로 표현한 말이었다. 더구나 『우서』는 무엇보다도 문벌이 전횡하는 현실의 정치 풍토에서는 사·농·공·상 4민의 어떠한 직사도 결코 독자적으로는 발전할 수 없다고 논단하고 있었다.

---

20 이에 대해서는 金泰永, 1983, 『朝鮮前期 土地制度史硏究』(知識產業社)의 제4장 「科田法체제에서의 土地生產力과 量田」; 李泰鎭, 1989, 『朝鮮儒教社會史論』(知識產業社)의 제2장 「世宗代의 農業 技術政策」 참조.

21 金容燮, 1988, 『朝鮮後期 農學史硏究』, 一潮閣 ; 염정섭, 2002, 『조선시대 농법 발달 연구』, 태학사.

2) 농작법 개선론

『우서』는 우선 농업생산력을 제고(提高)할 수 있는 농작법의 개선에 관한 내용을 역설해두었다. "백성의 생활을 튼튼하게 하는 데는 경작(耕作)과 방직(紡織)의 법도를 세우는 것보다 더 나은 것이 없다. 그런데 우리나라의 경(耕)·직(織)은 너무나 거칠고 서투르다. 그러니 불가불 중국의 제도를 본받아[倣效], 백성들을 일깨우고 이끌어 그 이익을 알게 함으로써 경·직하는 일에 힘쓸 수 있도록 하는 바탕으로 삼아야 할 것이다."[22]

그 같은 전제 아래 『우서』는 '본받아야 할 중국의 제도'로서, '전제(田制)'라는 항목을 세워 서술해둔 농작법, 다음으로는 수리(水利)시설, 그리고 농기구 등을 소개해놓았다. 우선 농작법의 개선론부터 검토해본다.

> 전제(田制)로 말하자면, 중국에는 이른바 구전(區田)이라는 것이 있다. 1묘(畝)의 땅에 수백 개의 구(區)를 파고 '구'를 격하여 파종하되, '구'의 깊이를 1척(尺)으로 하고 거름 1승(升)을 사용하면 '구'마다 곡식 1두(斗)씩을 수확하는데, 그 소출을 합치면 일반 전토[常田]에 비하여 몇 배 정도만 되는 것이 아니다. 전묘(田畝)의 면적이 크지 않기 때문에 노력이 많이 들지도 않는다. 그러므로 지금 채소(菜蔬)를 우선적으로 심어서 백성들로 하여금 그에 대한 이익을 차츰 알도록 할 것이다.
>
> 포전(圃田)이라는 것이 있으니 채소를 심는 땅이다. 주위를 울타리로 두르고 밖에는 뽕나무나 산뽕나무를 심는다. 법식대로 김매고 가꾸면, 일반 전토[常田]에 비해 1년의 이익이 몇 배가 될 것이다.

22 『우서』 10, 論變通規制利害.

위전(圍田)이라는 것이 있으니, 물가의 땅에 흙을 쌓아서 제방을 만들어 침몰되는 것을 방지한 것이다. 이는 한발(旱魃)이나 홍수를 막론하고 다 풍성하게 수확할 수 있다. 그리고 궤전(櫃田)이라는 것이 있는데, 이는 모양과 제도가 위전(圍田)과 대략 같으나 노력이 덜 들어 경작하는 데 더욱 편리하다.

또 도전(塗田)이라는 것이 있다. 조수(潮水)가 넘쳐흐르는 땅에는 함초(鹹草)가 많이 자라므로, 진흙 위에 수패(水稗)를 먼저 심어 척로(斥鹵)가 다 발산되면 바로 좋은 전답이 된다. 벽(壁)을 쌓거나 토막나무를 세워서 조수가 침범하는 것을 방지하고, 또 전답 가에 도랑을 파서 빗물을 저수하였다가 가뭄에는 관개수(灌漑水)로 이용하니 이를 첨수(甛水)라고 한다. 일반 전토[常田]에 비해서 이익이 10배나 된다. 그리고 물에 잠긴 땅은 물이 빠지고 진흙이 쌓이기를 기다려 가을에 진흙이 말라 땅이 갈라지면 그 안에다 보리 씨앗을 뿌리는데 수확이 또한 도전(塗田)에 못지않다.[23]

위에서 알 수 있듯이, '구전'은 일정한 전토에다 좁은 간격으로 구덩이를 많이 파는, 즉 전토의 고밀도 활용을 통해 더 많은 수익을 낸다는 내용을 말한 것이다. '포전'의 경우는 '법식대로 김매고 가꾸면' '이익을 몇 배' 올릴 수 있다고 하면서도 그렇게 되는 사유를 밝혀두지는 않았다. 그러나 여기서 '전제'라는 이름으로 서술한 모든 농작법을 두고 유수원 자신은, "모두 옛사람의 글에 자세히 있으니, 그 방법을 따르고 도형(圖形)을 본떠서" 시행하면 되는 것이라고 말했다.[24] '위전'은 늪지를 이용하는 농

23 『우서』 10, 論變通規制利害.

24 "혹왈(或曰), 우리나라 사람들이 어떻게 그 제도들을 자세히 알고 본받아 익힐 수 있겠는가? 답왈(答曰), 그 규구(規矩)와 제작에 관한 상세한 설명이 모두 옛사람의 글에 나와 있으니,

작법을, '궤전'은 바닷가의 습지를 활용하는 농작법을 말하는 내용이다. 그런데 여기서 무엇보다 주의할 것은, '구전' 이하의 이들 농작법은 모두 일반 전토[常田]에 비해 '몇 갑절'씩의 수확을 올릴 수 있다고 강조하였다는 사실이다.

여기서 "본받아야 할 중국의 제도"라고 서술한 중국의 농작법들을 유수원이 굳이 '전제'라는 명칭을 붙인 사유는 무엇인가. 실상 그가 '구전' 이하 몇 가지로 소개한 농작법들은 원나라 후기 왕정(王禎)의 저술인 『농서(農書)』에서 따온 것임이 명확한데, 이 『농서』 자체가 '전제문(田制門)'이라는 항목을 따로 설정하여 '구전' 이하를 서술해놓았기 때문이다. 왕정의 생몰 연대는 명확지 않으나, 『농서』의 원서(原序)가 "황경(皇慶) 계축 3월 망일(望日)"이라는 연대를 밝히고 있으니, 이는 1313년에 저술된 것이다.

그런데 왕정의 『농서』는 '구전'에 대해서조차 "옛날의 설[舊說]"임을 전제하고서, "옛 사람들"이 시행하던 경작법을 소개해두고 있었다는 사실을 주의해야 한다. 이제 그 서두 부분만을 인용해본다.

> 살피건대 구설(舊說)에 구전(區田)은 다음과 같다 하였다. 토지 1묘(畝)의 너비[闊]는 15보이니 매 보가 5척이면 합이 75척이다. (파종하는) 1행마다 토지 1척 5촌씩 점한다면 1묘는 50행이 해당된다. (토지 1묘의) 길이[長]는 16보이니 합이 80척이요, 1행마다 토지 1척 5촌씩 점한다면 1묘에는 50행이 해당된다. 길이와 너비를 곱하면 전체가 2,700구(區)로 된다. 1행씩 격하여 파종하되 파종하는 행 안에서도 1구씩을 격하여 1구마다 파종한다면 비워둔 구 이외에도 675구에 파종할 수 있다. 구(區)마다 깊이를 1

그 방법을 따르고 도형(圖形)을 본떠서 제작한다면 무엇이 어렵겠는가?"(『우서』 10, 論變通規制利害).

척씩 파서 숙분(熟糞) 1승(升)을 써 파종하는 구의 흙과 섞이도록 하고 씨앗을 뿌려 골고루 덮어주고 손으로 다독거려 흙과 씨앗이 잘 섞이도록 하며, 싹이 나면 성기거나 빽빽한 정도를 살펴 고르게 해준다. 호미질은 자주 하는 편이 좋고, 가물면 물을 대준다. 열매를 맺을 때는 호미질로 그 뿌리를 깊이 북돋아 줌으로써 큰 바람에 넘어지는 피해가 없도록 한다. 옛사람들은 이와 같이 농사를 지으면 매 구(區)에 곡식 1두(斗)를 거둔다 했으니, 1묘에 66석을 수확할 수가 있는 것이다.[25]

그런데 위의 '구전' 등의 농작법은, 왕정이 당시 중국 현실 영농법의 대표적인 현상을 서술해둔 것이 결코 아니었다는 사실 또한 주의하지 않으면 안 된다. 현실의 대표적 농작법을 두고서 '구설(舊說)'이라고 서술할 까닭이 없다. 실상 왕정은 '구설'로 전해오는 이들 '구전' 등과는 전혀 편차를 달리하여, 일반 주곡(主穀)작물의 경작에 관한 서술은 그의 『농서』에서 '곡속(穀屬)'이라는 별도의 항목을 설정하여 달리 서술해두었다. 즉 『농서』 권7의 백곡보(百穀譜) 1 곡속이란 항목에는 속(粟)·수도(水稻)·한도(旱稻)·대소맥(大小麥)의 농작법을, 그리고 권7의 백곡보 2 곡속에서는 서(黍)·제(穄)·양출(粱秫)·대두(大豆)·소두(小豆)·완두(豌豆)·교맥(蕎麥)·촉서(蜀黍)·호마(胡麻)·마자(麻子) 등의 농작법에 관한 사실들을 설명해놓았다. 그는 주곡(主穀)과 부곡(副穀) 각종의 경작에 관한 방대한 설명들을 모두 『농서』 권7의 '곡속'이란 항목에서 서술해두었던 것이다.

그런데 이들 주·부곡 작물들에 관한 한 『농서』는 그야말로 수천 년의 장구한 역사를 통해서 경험적으로 축적되어 온 경작법들을 객관적으로

25 『농서』 11, 農器圖譜 1 田制門 區田.

차례차례 서술해놓았다. 가령 『제민요술(齊民要術)』이라든가 『범승지서(氾勝之書)』 등 이전의 농서들에 나오는 내용도 참고할 만한 것이 있으면 널리 채용하여 소개하고 있음을 볼 수 있다. 그런데 특이한 점은, 어떠한 작물의 경작법을 두고서도 특히 어떻게 하면 더 많은 수익을 낼 수 있는가와 같은 공리적(功利的) 내용을 서술해놓은 대목은 전혀 찾아볼 수 없다는 사실이다. 오히려 작물마다 절기(節氣)의 조(早)·만(晩)을 어떻게 조절하는가, 김매기[鋤治]를 어느 정도로 해야 하는가, 혹은 수확의 적절한 시기를 어떻게 맞출 것인가 등에 관한 경험적 사실들을 객관적으로 서술해두고 있을 따름이다. 그리고 당시의 대표적 주곡 작물인 속(粟)과 수도(水稻)를 두고서는 각기의 중요성을 일깨우는 당부의 말까지 덧붙여 두었다.

> 대저 속(粟)은 5곡 가운데의 으뜸이다. 중원(中原) 땅은 토지가 평광(平曠)하므로 '속'을 심기에 알맞으니, 고금을 통해 모두 '속'을 가지고 곡록(穀祿)의 차등을 두었고, 재물을 출납하는 기관에서도 모두 '속'을 가지고서 준칙을 삼았다. 『주례』 지관에 "창인(倉人)은 '속'을 받아들여 갈무리하는 일을 맡는다" 하였는데, 정현(鄭玄)은 이를 주석하기를, "9곡을 모두 갈무리하되, '속'을 위주로 한다는 것이다" 하였다. … 이로 보건대 이 세상에서 '속'은 어찌 나라를 다스리고 집안을 꾸려 가는 데 보배로운 것이 아니겠는가.[26]
>
> 생민(生民)은 이 벼[稻]를 저축해두고서 배고픔을 이기고 국가는 이 벼를 실어다 사람들을 먹임으로써 궁핍함을 구제하니, 참으로 곡물 가운데

26 『농서』 7, 百穀譜 1 穀屬 粟.

의 상품(上品)이며 이 세상의 진장(珍藏)이다.[27]

그런데 농암의 『우서』가 '전제' 항목에서 제시하는 '구전' 이하의 몇 가지 내용은 왕정의 『농서』에서는 어디에 서술되어 있는가. 그의 『농서』는 권11 농기도보 1 전제문에서 먼저 '적전(籍田)·태사(太社)·국사(國社)·민사(民社)' 등 의례(儀禮)에 관한 것들과 '정전(井田)'이라는 역사적인 제도들을 차례로 들어 서술하였다. 그다음에 구전(區田)·포전(圃田) 이하 도전(塗田)·사전(沙田) 등을 서술하였는데, 이들 또한 주곡(主穀) 작물을 보편적으로 경작하는 일반 전토[常田]와는 다른, 특수한 농작법들만을 설명해둔 내용임을 알 수 있다. 그런데 왕정의 『농서』는 '전제문'에서 '구전' 이하의 이들 특수 경작법의 내용을 자못 장황하게 서술하였지만, 『우서』는 그 내용을 그대로 수용하지 않고, 그 가운데서 특히 '몇 갑절'의 수확을 올린다는 내용이 담긴 항목들만을 비교적 간략하게 소개하는 데 그치고 있음이 특징이다. 또한 『우서』는 전체를 통해서도, 그 같은 '구전' 이하 몇 가지 농작법 이외에 일반 전토의 농작 내용은 전혀 소개하거나 언급한 것이 없다는 사실도 주의해야 할 것이다.

그런데 『우서』에서 '불가불 중국의 제도를 본받아야' 한다면서 소개한 '구전' 이하 몇 가지 특수한 농작법이 실상 중국 자체에서는 어떻게 논의되고 있었는가. 16세기 말에 편찬된 『속문헌통고(續文獻通考)』[28]에 따르면, '구전'의 경작을 처음으로 권장한 것은 금(金)나라의 승안(承安) 원년(1196)

---

27 『농서』 7, 百穀譜 1 穀屬 水稻.

28 『속문헌통고』는 명(明)나라 말기의 1586년에 왕기(王圻) 등이 마단림(馬端臨)의 『문헌통고』 체제를 따라, 남송(南宋)·요(遼)·금(金)·원(元) 및 명나라 만력(萬曆) 초년까지의 기사(記事)를 찬집(撰集)한 저술이다.

이었다. 그런데 그 효과를 두고 정신(廷臣)들 사이에서 반론이 많이 일어나자 드디어 각 지방 현지 관장들의 권장에 맡기기로 결정하였으나 "역시 마침내 시행되지는 못하고 말았다."[29] 명(明)나라 말기의 저명한 학자 관인으로서 중국 농서를 집성한 서광계(徐光啓) 역시 그의 『농정전서(農政全書)』에서 이 '구전' 등에 관해 소개해두었다. 『농정전서』는 우선 왕정의 『농서』가 이미 '구설'이라고 전하면서 서술한 '구전'의 농작법을 꼭 그대로 전재(轉載)하고서는, 그에 대한 서광계 자신의 해설을 다소 덧붙여 두었다. 즉 '구전'은 한발에 대비할 수 있다고 하는 경작법이지만 역시 그 급수관개(汲水灌漑)에 큰 노력이 들므로, 일반적 주곡(主穀) 작물로 널리 권장하기보다는, 한발을 만나 '기군(飢窘)'해지는 위급함을 대비하기 위해 1호에 2~3묘 정도의 경작을 권할 것이라 하였다.[30]

그런데 이윽고, 『속문헌통고』는 편찬자 자신들의 안설(按說)을 붙여 '구전'의 농작 실상을 폭로하였다.

> 신(臣) 등이 삼가 살피건대, 구전(區田)이 비록 예로부터 전해오는 것이라고는 하지만, 이는 떳떳한 제도[常制]로 삼을 만한 것이 아니다. 과연 떳떳한 제도로 시행할 만한 것이라면 어찌 10배의 수익을 낸다는데도 농가들이 다투어 달려들어 이를 실행치 않는단 말인가. 옛것을 생각하는 자들이 농사에는 익숙지 않고 오직 신기한 것을 좋아해서, 드디어는 이를 가지고 신술(神術)인 것처럼 여긴다. 마치 도인법(導引法)이 몸을 가볍게 하고 단약(丹藥)으로 병을 물리침으로써 신선(神仙)이 된다고 말하는 경우

29 『속문헌통고』 1, 田賦考 歷代田賦之制.

30 『농정전서』 5, 田制 農桑訣 田制篇 區田.

와 무엇이 다르겠는가.[31]

『우서』가 '불가불 본받아야' 할 농작법이라는 항목으로 소개한 '구전' 등 '중국의 제도'는 물론 농암 자신이 실험을 통해 얻은 결과를 가지고서 제시하는 경우가 결코 아니었다. 그는 단지 중국『농서』의 서술 내용 가운데에서 '전제문'에 들어있는 '구전' 등 몇 가지 농작법이 일반 전토[常田]의 경우보다도 '몇 갑절'의 수익을 더 낼 수 있다는 문자들을 보고서는, 이를 '본받아' 널리 보급한다면 우리나라의 농업 또한 크게 진흥할 수도 있을 것이라는 판단하에 이를 소개하기에 이른 것이었다. 아마도 실제의 영농 경험이 미숙한 데다 '신기한 것을 좋아'하는 마음에서 그것을 적극적으로 소개하고자 했던 것으로 이해된다.

18세기 말 연암 박지원의 농작법에 대한 이해 또한, 왕정의『농서』에 서술된 '구전'법에 현혹되는 듯한 정도의 수준을 결코 넘어서지 못하고 있었다. 즉 18세기의 국왕 정조는 전국의 사민(士民)들을 상대로 현실에 활용할 만한 농서를 지어 올리라는 윤음을 내린 적이 있는데, 그에 부응하여 연암은『과농소초』라는 농서를 제진하였다. 그런데『과농소초』의 전제(田制) 편은 곧 왕정『농서』의 '전제문'에 실려있는 '구전' 이하의 몇 가지 농작법들을 그대로 소개하는 내용으로 일관하였으며, 그 이외에는 어떠한 다른 내용도 없다. 즉 국왕의 윤음에 부응하는 농서를 제진하면서도 연암은, 왕정의『농서』가 이미 '구설'이라고 못 박아 서술해둔 '구전' 등의 농작법들을 아직도 유효한 것이라고 여기면서 그대로 소개하

31 『속문헌통고』1, 田賦考 歷代田賦之制.

는 수준에 머물렀다는 사실[32]을 여기서 간과해서는 안 될 것이다.

가학(家學)을 이어받아 19세기 우리나라 농서를 집성한 서유구[33] 또한 '구전'의 역사적 유래를 소개하면서, 한발이 우심한 어느 해에 자신이 직접 이를 농작해본 경험을 서술한 대목이 있다.

> 신(臣)은 일찍이 갑술년(1814) 봄에 몇 묘의 자갈밭 땅에다 '구전'을 만들어 봄보리 1두를 파종해 보았습니다. 이해에는 혹독한 가뭄이 100여 일이나 들어 무릇 기장·피·콩·삼 따위 만종(漫種)한 곡식들은 일체 싹을 틔우지 못하고 들판에 푸른 풀잎이 거의 다 없었습니다. 그런데 홀로 구종(區種)한 보리는 평상 연도에 비해 3배의 수확을 얻을 수 있었습니다. … 지금 전토가 적은 고장은 남의 땅을 전작(佃作)할 수도 없고, 빈궁한 농가는 때맞추어 우경(牛耕)을 할 수도 없으므로 그대로 게을러빠져, 한 사람이 경작하고 백 사람이 먹어치우는 경우가 한없이 많습니다. 진실로 이런 무리들이 집집마다 4~5묘씩 '구전' 농사를 짓는다면 역시 가난을 벗어날 수 있는 상책일 것이며 재황(災荒)을 구제할 수 있는 요긴한 길이 될 것입니다.[34]

19세기 중·외의 관직을 역임하고 더구나 가학을 이어받아 농정(農政)에 정통하였을 뿐 아니라 『임원십륙지』로 대표되는 우리나라 농서를 집성한 서유구로서도 '구전' 농작법의 특이성은 인정하면서도 그 보편적

32 『연암집』 16, 別集 課農小抄.

33 서유구는 조부 서명응, 부 서호수가 모두 당대의 일류(一流) 학자(學者) 관인(官人)으로서 소론(少論) 명가(名家)였다.

34 『풍석전집(楓石全集)·금화지비집(金華知非集)』 12, 擬上經界策 下.

실행은 결코 말하지 않았다. 다만 가난하고 경지가 협소한 농민들의 호구지책으로 다소 활용해볼 수 있으리라고 생각하는 정도에 그쳤다.

이상 국내·외의 여러 경우를 두루 고찰한 결과에 비추어 볼 때, 『우서』가 "불가불 본받아 시행해야 할 중국의 제도"라고 강조하는 구전(區田) 등의 농작법은 아무래도 당시 우리나라의 농업 실정과는 다소 괴리가 있는 경우였다 하지 않을 수 없다.

3) 수리(水利) 개선론

『우서』에 따르면, 우리나라와 같은 농업국가에서는 농사의 진흥이 국가의 가장 큰 정사(政事)요, 또한 "농사에는 수리(水利)보다도 더한 요체가 없다." 그럼에도 불구하고 우리나라는 농사를 정책으로 추진하지도 않고 따라서 '수리정책'이라고 할 만한 것이 아예 없다고 단언한다.

> 우리나라에서는 수리(水利)를 강구하지도 않고 농사를 권장하는 데도 법식이 없어, 농사의 무실(無實)함이 매우 심하다. 우리나라의 벼농사를 짓는 사람들은 반드시 도랑을 파서 물을 댄다. 하지만 수차(水車)를 이용할 줄을 몰라서 논 아래 도랑의 물이 한 길만 내려가도 이를 굽어보기만 할 뿐, 감히 끌어 올리지를 못한다. 그래서 황무(荒蕪)한 논이 10에 8~9를 헤아린다. 옛날 우리 문종께서 이미 수차의 제도를 강구한 바 있고, 또 효종께서도 친히 요심(遼瀋)지역에서 수차의 편리함을 보시고는 이를 널리 권장한 바 있다. 그런데도 아직껏 백성들이 수차를 이용하지 못하고 있는 것은 그 제도가 쓰일 수 없어서가 아니라, 남달리 우리의 습속이

> 게을러 농사에 힘쓰지 않기 때문인 것이다.[35]
>
> 한 나라의 큰 정사(政事)는 농사보다 더한 것이 없고, 농사의 큰 요체는 수리보다 더한 것이 없다. … 그러므로 역대의 국가들은 모두 수리를 담당하는 관청을 두어왔다. 그러나 우리나라는 농사를 국가 정책으로 추진해야 할 과제로 여기지 않았다. 수재나 한재는 하늘에 맡기고, 농사일에 힘쓰고 힘쓰지 않는 것을 백성들에 맡겨놓았다.[36]

농업국가이면서도 농사를 적극적·구체적으로 추진할 국가정책이 없고, 따라서 수해라든가 한재 등의 자연재해가 닥치더라도 전혀 대비할 방도가 없다. 농사에 힘쓰거나 말거나를 농민들 자신에게만 맡겨 방치해 놓았다는 말이다.

실상 조선 초기에는 독자적 농서를 간행하여 삼남지역의 선진 농법을 새로 수복한 북방으로까지 보급하고자 노력을 기울였을 뿐만 아니라, 수차(水車)의 활용 또한 여러 차례 시도한 적이 있었다. 태종 대에 이미 사헌부의 건의로 지역마다 수차의 제작과 활용 정도를 가지고 수령의 치적을 고찰하는 기준을 삼는다는 규정을 세운 적도 있었다.[37] 그리고 세종은 신병 치료차 몇 차례 청안현(현재의 槐山郡 淸安面)으로 거동한 적이 있는데, 그 15년(1433)에는 행궁(行宮) 근처에서 수차를 제작해 구체적으로 시험해보도록 하였다. 그런데 그 결과 마침내, 우리나라 '토성(土性)이 추소(麤疎)'하여 수차로 자아올린 물이 금방 '삼루(滲漏)'해 버린다는 사실을 확인하기에 이르렀다. 그래서 세종은 이후 수차의 보급을 전면 중단하기로

---

35 『우서』 1, 總論四民.

36 위의 글.

37 『태종실록』 12, 태종 6년 12월 20일 을사.

결정하고 말았다.[38]

그리고 문종의 경우는 부왕(父王) 때의 수차 실험과 그 중단 사실을 자세히 알고 있었기 때문에, 다시 수차 자체의 활용을 권장하는 정책을 편 일은 없었다. 실상 문종은 황해·평안 양도에 '천방관개(川防灌漑)' 위주의 수전(水田)농업을 적극적으로 권장하고 있었다.[39]

또한 『경국대전』에는 당시 수리(水利)시설의 대표 격인 제언(堤堰)을 보호하고 더 수축하는 일에 관한 권장 조항도 규정하였다. "제언은 수령이 매년 봄·가을로 관찰사에게 보고하고 수축한다. 새로이 쌓을 곳은 왕(王)에게 보고한다. 여러 고을의 제언은 안팎으로 잡목(雜木)을 많이 심어 터지거나 헐리지 않도록 한다. 제언 및 비보소(裨補所)의 숲[林藪] 안에서 나무를 베고 경작하는 자는 장(丈) 80에 처하고, 거기서 얻은 이득은 소급해서 관(官)에 몰수한다."[40]

그리고 효종의 경우, 병자호란 후 요심(遼瀋)지역에서 농업의 실정을 직접 목도하고 돌아온 터이므로, 그 즉위한 원년부터 수차의 활용에 노력을 기울였다. 즉 '농업은 국가의 대본'인데도 그 '기구가 불리'해서는 결코 안 된다는 판단 아래 묘당(廟堂)과 논의하여 수차 10개를 제작해서 전국 8도와 개성·강화에 나누어 보내 이를 널리 활용토록 시도한 바 있었다.[41]

그러나 이때의 시도는 전혀 실효를 거두지 못한 채 중간에서 그치고 말았다. 그 까닭을 사료상으로는 확인할 수 없으나, 뒷날 정조 때의 이조판서 서호수가 용미거(龍尾車)라는 더욱 정교한 수차의 활용을 추진하면

---

38 『세종실록』 60, 세종 15년 4월 8일 신묘.

39 『문종실록』 10, 문종 원년 11월 18일 임자. 이에 관한 연구로는 이태진, 1986, 앞의 책, 제7장 「16세기 川防(洑) 灌漑의 발달」 참조.

40 『경국대전』 2, 戶典 田宅.

41 『효종실록』 4, 효종 원년 5월 15일 정묘.

서 효종 대의 이 시도를 언급한 것이 있다. 이때 "관장(官長)인 사람들은 번거로움을 견디면서 이해하려는 성의가 없었고, 공장(工匠)인 자들은 생각을 짜내어 운전이 정교해지게 할 재주가 없어서, 드디어 … 폐기해버리고 시행하지 않게 되었다"고 전한다.[42]

그런데 또 한편 『우서』는 다시 수리시설에서도 본받아야 할 '중국의 제도'들을 여러 가지로 논한다.

> 수리(水利)로 말한다면 수갑(水閘)이라는 것이 있다. 지형이 높고 낮아서 수로(水路)가 고르지 못한 곳에는 요진(要津)에다 가로 제방(堤防)을 쌓고 그 앞에 수문(水門)을 설치해서 나무를 겹겹이 포개어 막이를 만들고 열었다 닫았다 하는 것이 바로 수갑이다.
>
> 피당(陂塘)이라는 것이 있는데 지금 우리나라에도 곳곳에 있으니, 해당 관할 향리(鄕里)로 하여금 흙을 쳐내고 나무를 심어 물의 근원을 (보존하는데) 도와야 할 것이다.
>
> 음구(陰溝)라는 것도 있으니, 수륙(水陸)의 땅에 높은 언덕이 있거나 혹은 성시(城市)나 마을이 막히게 되면, 물굽이에 적당하게 수로(水路) 구멍을 판 다음, 단단한 벽돌을 놓아 물이 통하게 만들고 그 위는 박석[磚石]을 덮어 그 사이로 물을 보내 관개(灌漑)에 이용하는 것이다. 중국에는 북경(北京) 같은 곳일지라도 가로(街路) 위에 더러운 도랑이나 오물(汚物)이 보이지 않는 것은 전적으로 이런 제도를 사용하기 때문이니, 이것이 이른바 행수암거(行水暗渠)인 것이다.
>
> 수책(水柵)·가조(架槽)·길고(桔槔)·녹로(轆轤)·수배(水排)·번거(翻車)·통차(筒車)·우

42 『정조실록』 16, 정조 7년 7월 4일 계사.

예수차(牛曳水車)·나전통차(騾轉筒車)·수전고거(水轉高車)·괄수윤거(刮水輪車)라는 것들도 있는데 이들은 모두 원근 간의 물길을 끌어대는 것이다. 지형이 평탄하거나 험한 것을 막론하고, 온갖 방법으로 물을 끌어들여 기계(機械)의 교묘함을 다하였으니, 양수(揚水)하거나 도수(導水)하는 데 있어 사람이나 가축이 기축(機軸)에 올라 밟아서 전답에 물을 끌어다 대고야 만다. 가뭄에 대비하는 노력과 전답을 다스리는 근면이 이 같은 연후에야 비로소 사람이 할 수 있는 일을 다하였다고 말할 수 있는 것이다. 사람이 할 수 있는 일을 다한다면, 아무리 한재(旱災)를 입는다 해도 어찌 손을 묶고 농사를 폐기하는 지경에야 이르겠는가.[43]

여기서 『우서』가 본받아야 할 것으로 소개한 중국의 수리시설·기구는 왕정의 『농서』 권18 관개문(灌漑門)에 서술된 내용이다. 그런데 왕정의 『농서』는 당시까지 활용되어 온 거의 모든 관개시설을 이 관개문에서 망라적으로 소개하고 있음을 주의해야 한다.[44] 그러므로 이 '관개문'에 서술된 관개의 시설·기구들은, 『농서』의 '구전' 등의 농작법과 마찬가지로, 결코 당시의 선진적인 중국 관개기술들을 설명해둔 것이 아니었다는 사실을 여기서 간과해서는 안 될 것이다.

가령 이 '관개문'의 내용 가운데는 "물을 떠올리는 기구"로서의 '호두(戽斗)'라는 것이 있는데,[45] 이는 곧 '두레박'을 가리키는 것이므로 '관개' 기구라고 일컫기조차 어려운 편에 속한다. 또한 '수당(水塘)'이란 것도 있

43 『우서』 10, 論變通規制利害.

44 『농서』에는 차례로 다음과 같은 여러 수리시설이 서술되어 있다. '水柵·水閘·陂塘·水塘·翻車·筒車·牛轉翻車·水轉翻車·衛轉筒車·高轉筒車·水轉高車·連筒·架槽·戽斗·刮車·桔槔·轆轤·陰溝'(『농서』 18, 農器圖譜 13 灌漑門).

45 『농서』 18, 농기도보 13 관개문 戽斗.

으니, 이는 "지형의 높고 낮음에 따라 활용하는데, 흘러가는 물을 웅덩이에 모아두거나 혹은 밭도랑에 방죽을 쌓아서 관개에 대비하는 것이다"라 하였다.[46] 곧 전답 가에다 물웅덩이를 만들어 활용하는 형태를 말함이니, 우리나라에서도 흔히 활용하는 것이었다.

그러나 또 한편으로는 '번거(翻車)'의 경우, 왕정의 『농서』가 "지금 사람들은 이를 용골차(龍骨車)라 한다"[47]고 설명해둔 바와 같이, 여러 겹의 수차를 복합적으로 조직하여 편리하게 물을 끌어 올리는 매우 선진적인 시설도 포함하고 있었던 것으로 이해된다.

이를 통해 『우서』는 『농서』의 '관개문'에 실려있는 모든 수리 기술을 소개한 것이 아니라, 그 가운데서도 우리가 '본받을 만하다고 생각되는 중국의 제도'들만을 선택적으로 설명해두고 있음을 알 수 있다. 그리고 '피당(陂塘)'의 경우와 같이 '우리나라에도 곳곳에 있는 것'이지만 그 수원(水源)을 더욱 보호해가면서 활용해야 하리라고 설명을 덧붙여 둔 것도 있다. 말하자면 선진적이라고 생각되는 중국의 제도를 도입하는 한편, 우리가 현재 활용하는 기술 가운데서도 더욱 개선할 부분을 보충해감으로써 최선을 다해 수리의 이로움과 혜택을 확보하고자 하는 시도를 펼치고 있었던 것이다. 실상 농업의 진흥을 위한 수리의 개발이란 것은 인간의 노력을 통해 자연현상을 활용하는 기술적 과업이므로, 어떠한 경우라도 결코 온전하다고는 생각할 수 없는, 영구한 과제로 삼고서 추구해야 하는 일이었다.[48]

---

46 『농서』 18, 農器圖譜 13 灌漑門 水塘.

47 『농서』 18, 농기도보 13 관개문 翻車.

48 가령 『농서』를 저술한 왕정 본인도 그 사실에서는 물론 마찬가지 생각이었다. "方今農政未盡興, 土地有遺利. 夫海內江·淮·河·漢之外, 復有名水萬數, 枝分派別, 大難悉數, 內而京師, 外而列郡, 至於邊境, 脈絡貫通, 俱可利澤. 或通爲溝渠, 或蓄爲陂塘, 以資灌漑, 安有旱暵之憂

또한 『우서』는 수리의 이택(利澤)을 근원적으로 훼손하는 것으로서 특히 화전(火田)의 경작이 자행되는 현상을 주목하고 있음이 이채롭다. 아마도 『우서』만큼 화경(火耕)의 금지를 크게 강조하는 경우는 별달리 찾아보기가 어려울 것으로 이해된다.[49]

> 이른바 수리라는 것은 관개(灌漑)·축설(蓄洩)·제언(堤堰)·피당(陂塘)과 같은 것들만을 뜻하는 것이 아니다. 산장(山場)을 경작하지 못하게 하고 물길이 변하지 않도록 하는 것이 바로 수리의 근본인 것이다. 산 밑이 무너지지 않으면 물길이 변하지 않고 물길이 변하지 않으면 도랑이 일정한 제도가 있게 되니, 도랑이 일정한 제도가 있게 된 뒤에야 수리를 일으킬 수 있고 따라서 사람도 노력을 다할 수가 있다. 그리고 사람이 노력을 다해야만 비록 천재(天災)가 있다 하더라도 백성이 속수무책으로 죽기만을 기다리지는 않게 될 것이다.[50]
>
> 우리나라는 화전(火田)이 없는 곳이 없기 때문에 수재(水災)가 일어나지 않는 곳이 없다. 따라서 화전을 통절히 금한다면 그것이 곧 재난의 근원을 발본색원하는 정사(政事)가 된다.[51]
>
> 우리나라는 본래 산(山)을 의지하여 나라를 세운 땅인데, 돌아보면 지금 온 나라의 골짜기가 모두 화경(火耕)을 입어 앙상하고 민둥민둥해서 전혀 산 같은 모양이 없다. … 이제 만약 화전(火田)을 엄금한다면, 몇 년이 못

哉?"(『농서』 3, 農桑通訣 3 灌漑篇 제9).

49 가령 다산의 경우, 화경(火耕)은 무전(無田) 궁민(窮民)들의 생계가 달린 문제이므로 "비록 일체 금지할 수는 없으나 (법전의 규정대로) 산허리[山腰] 이상은 모름지기 화경(火耕)치 못하도록 해야 한다" 하였다(『목민심서』 11, 工典六條 山林).

50 『우서』 1, 總論四民.

51 『우서』 6, 論田政.

되어 산이 모두 울창하게 되고 물이 사방에서 솟구칠 것이니, 물을 끌어 관개하기에 부족할 염려가 없고 집을 짓기에 모자랄 걱정이 없을 것이며, 산천의 기상(氣像)이나 인민의 생리(生理)가 저절로 달라져서 금방 풍후(豊厚)하게 되고, 다시는 쓸쓸하고 초라하다는 한탄이 나오지 않을 것이다. 나랏일[國事]을 이룩해보고자 한다면, 이것이 제일가는 안건으로서 가장 절실하고도 시급한 일인 것이다.[52]

위와 같이 『우서』가 화경(火耕)의 금단을 국사(國事) 가운데서도 "가장 절실하고도 시급한 안건"이라고 특별히 강조하는 까닭은 어디에 있었는가. 그것은 아마도 왜·호란 이후 여러 궁가(宮家)가 재정적 지반을 독자적으로 확보하기 위해, 특히 산림(山林)·천택(川澤)을 포함하는 무주(無主) 공지(空地)의 입안(立案)과 절수(折受)에 경쟁적으로 몰두하기에 이르렀다는 사실에서 그 해답을 찾을 수 있을 것으로 이해된다.

가령 현종 6년(1665)에는 조정에서, 궁가(宮家)가 절수하고자 하는 해서 지역 시장(柴場)에서의 화전(火田)을 금지할 것과 천택(川澤)의 절수를 금단해야 한다는 논란을 벌이고 있었다.[53] 숙종 4년(1678)에는 용동궁(龍洞宮)이 함양·엄천·마천의 산지(山地)를 절수하여 벌목을 자행하고 대대적으로 화전을 일으킴에 따라 명산(名山)인 지리산을 크게 훼손하고 있으니, 그 절수를 혁파해야 한다는 논란이 일어났는데, "아홉 번이나 거듭 아뢰어서야 비로소 왕이 윤허하기에 이르렀다."[54] 그리고 숙종 17년(1691)에는 나주 암태도(巖太島)에서 궁가의 둔전(屯田) 절수를 둘러싼 논란이 길게

---

52 『우서』 8, 論商販事理額稅規制.

53 『현종실록』 6, 현종 3년 9월 21일 신묘.

54 『숙종실록』 7, 숙종 4년 4월 28일 정유.

일어나고, 동 26년(1700)에는 통영 욕지도(欲智島)를 대상으로 한 궁가의 둔전 절수를 금단해야 한다는 논란이 크게 일어났다.[55]

그런데 이들은 모두가 산림·천택을 궁가들이 절수하고는 산허리 위로까지[山腰 以上] 화전을 일으켜 마구잡이로 개간함에 따라 그 일대의 지세(地勢)가 변경되고 수리(水利)가 막히는 등의 자연재해를 가중시킨다는 문제를 둘러싼 논란이었다. 그러고 보면, 『우서』를 저술한 농암 유수원은 당시 궁가들의 산림·천택의 입안과 절수라는 조정의 정치적 논란에 자못 정통하였던 것으로 이해된다. 아마도 그가 직접 수학(受學)하고 오래 가까이서 모시고 살아온 종백조(從伯祖) 유상운이라든가 혹은 종숙부(從叔父)인 유봉휘가 모두 조정에 오래 사환하면서 상신(相臣)을 역임하기에 이를 정도로 현달하였다는 사실과 연관되는 일이었던 것으로 보인다.

궁방전(宮房田)의 확대 사실은, 조선왕조의 기본 토지법인 과전법의 후신으로서의 직전법(職田法)조차 16세기에 무너지고, 특히 양란 후 국가재정이 궁핍해지자 각 궁방의 생계 재원으로서 유토(有土)·무토(無土)의 궁방전들을 절급하면서 생긴 현상이었다. 그러나 물론 시대가 지나면서 그 확대를 무한정 방치해둘 수는 없는 일이었다. 그래서 농암은 『우서』를 통해 드디어, 궁가(宮家)에 대해 전토를 절급해온 구래의 제도를 전면 혁파하는 대신 '세록(歲祿)'을 지급하는 방식으로, 궁방전 문제의 근본적 해결책을 제시하기에 이르렀다.

> 전세(田稅)가 잡탈(雜頉)되는 것은 대체로 궁가(宮家)의 면세지(免稅地)가 점차 증가하기 때문이다. … 전결(田結)은 모두 호조(戶曹)로 귀속시키고 궁가에

55 『숙종실록』 23, 숙종 17년 5월 5일 경인 ; 동 34, 숙종 26년 7월 22일 계축.

는 봉름(俸廩)을 획급(劃給)하면 될 것이다. … 이제 만약 (궁가에 대한) 절수·사패의 법을 아주 없애고 세록(歲祿)을 정해주기로 하되, 한 궁방(宮房)에 해마다 천 석(石)의 쌀과 1~2천 관(貫)의 돈을 지급한다면 그들이 살아가기에 어려울 걱정이 없을 것이다. … 왕손(王孫)의 세대에 이르면 그 세록을 정지하고, 자신의 품계에 해당하는 종록(宗祿)만을 지급하면 될 것이다.[56]

여기서 『우서』가 제기하는 궁방전 폐지론은 전토(田土)와 같은 국가 재정원(財政源)은 일률적으로 호조(戶曹)에 귀속시킨다는 개혁론을 전제로 하는 것이었다. 중세 후기를 맞은 이 시기에는 국가 재정원의 난립이 극심하게 진행되고 있었지만, 궁방전은 그 가운데 가장 큰 유형에 속하는 경우였다. 그러므로 『우서』의 궁방전 혁파론은 그와 같은 재정원의 난립에서 야기되는 갖가지 중간 농단과 비리를 극복하고자 하는 고차원의 실학적 개혁론의 발상이었다고 할 수 있다.

4) 농기구 개선론

『우서』는 다시 본받아야 할 사안으로 중국의 농기구 제도에 대해서도 소개한다.

농기구의 종류로 말한다면, 뇌사(耒耜)라든가 이(犁)·화(鏵)의 제도 역시 우리나라 농기구와는 매우 달라서 그 제작 기술이 곡진한 의의를 지니고 있으며, 깊이 갈아 흙을 부수는 효과 또한 극히 교묘하다. 그 밖에도 앙

56 『우서』 7, 論免稅保率之類.

> 마(秧馬)·돈거(砘車)·전(錢)·박(鎛)·파(鈀)·참(鑱)·운조(耘爪)·비구(臂篝)·하택거(下澤車)·타거(拖車) 등 곡식을 운반하는 기구와 디딜방아를 찧는 방안, 연자방아를 찧는 방법 등이 가지가지 정묘하고 이것저것 주밀하여 힘들이는 것은 적어도 거두는 이득은 지극히 많다. 이런 것들은 불가불 본받고 제조해서 농사일에 진력하는 데 도움이 되도록 해야 할 것이다.[57]
>
> 중국의 뇌사(耒耜) 등의 기구들은 모두 성인(聖人)이 창안해서 만들어낸 것이다. 우리나라 농기구들을 중국 것에다 비교해보면 결국 둔(鈍)하고 열등(劣等)하다는 것을 알게 될 것이다. 공장(工匠)이 제 일을 잘하려면 먼저 그 도구를 예리하게 해야 한다. 더구나 그 형식과 제도가 간편하고 효능이 매우 신속한데, 그것을 본받아 익혀 농사짓는다면 안 될 게 뭣이 있겠는가.[58]

왕정의 『농서』는 권12 뇌사문(耒耜門)에서 권17 주거문(舟車門)까지 걸쳐 무려 수백 가지의 농기구들을 부문별로 서술해두었다. 여기서 『우서』의 내용은 그 가운데서 선진적이라고 생각하는 것들만을 임의로 몇 가지 뽑아 간략히 소개한 것이다.[59]

---

57 『우서』 10, 論變通規制利害.

58 위의 글.

59 뇌사(耒耜)는 논·밭을 가는 쟁기이다. 이(犁) 역시 간전(墾田)의 농기구로서 『산해경』에 "후직(后稷)의 손(孫)인 숙균(叔均)이 처음으로 우경(牛耕)을 가르쳤는데 이때 소[牛]를 써서 이(犁)를 끌게 했다"고 한다(『농서』 12, 農器圖譜 2 耒耜門). 화(鏵)는 삽류(鍤類)로서 보습이라는 기구이니 노농(老農)의 말로는 "생지(生地)를 개간하는 데는 참(鑱)을 사용하고 숙지(熟地)를 뒤집는 데는 화(鏵)를 사용함이 좋다"고 한다(『농서』 13, 農器圖譜 3 钁鍤門). 그리고 앙마(秧馬)는 말처럼 타고서 모를 심는 기구, 돈거(砘車)는 씨앗을 뿌리는 수레, 전(錢)은 가래, 박(鎛)은 호미, 파(鈀)는 쇠스랑, 운조(耘爪)는 김맬 때 손가락에 끼는 깍지, 비구(臂篝)는 무논에 김맬 때 팔뚝에 끼는 대나무 토시, 하택거(下澤車)는 밭고랑 사이로 짐을 실어 나르는 수레, 타거(拖車) 역시 밭고랑 사이에 발로 끌고 다니는 수레이다.

우선 『우서』는 뇌사(耒耜)를 신농씨(神農氏)가 창안해낸 것으로[60] 믿고 있으며, 그 밖의 '이(犁)'·'화(鏵)' 이하 여러 농기구 역시 그와 같은 성인(聖人)이 제작한 것으로 여기고 있었다. 성인이 창안해서 제작한 것이므로, 그 제도를 수용하여 '둔하고 열등한' 우리나라의 토속적 농기구들을 개조함으로써 인습적 농사기술을 혁신해야 한다고 역설하는 것이다.

중국의 경우, 지역의 광대함에 따른 문화와 기술의 차이 또한 있기 마련이며, 따라서 그 내부의 교류에 따른 농경기술의 발달 수준 또한 우리나라보다는 선진적일 수 있는 편이었다. 그러므로 '신농씨'의 창안 여부와는 별도로, 장구한 중국 농업의 역사를 통해서 뇌사 등의 농경기술 또한 그 나름으로 진보해오고 있었던 것으로 이해된다.

그래서 우리나라 쟁기와는 용도가 같으면서도 형태는 별다른 중국식 뇌사 제도의 우수한 면을 수용하고자 하는 동향이 조선 후기의 다른 북학론자들 사이에서 일어났다. 그것은 그들의 연행(燕行)을 통해서 중국식 뇌사의 기경(起耕) 현실을 직접 목도한 경험을 바탕으로 했다. 가령 연암 박지원의 경우가 그러하였다.[61] 그리고 초정 박제가는 구체적으로 경지 활용의 밀도를 높이려는 방안으로써 중국식 뇌사의 보급과 활용을 더욱 면밀히 논의하였다.[62] 그런 면에서 중국식 농기구의 우수한 면을 인식하고 이를 수용하고자 하는 『우서』의 견지 역시 선진적 안목에 속한다고 할 수 있다.

그리고 『우서』는 '잠직류(蠶織類)'라는 별도의 항목을 두었다. 잠직에 관

---

60 "神農氏作, 斲木爲耜, 揉木爲耒, 耒耨之利, 以教天下"(『易』, 繫辭下傳).

61 박지원의 『과농소초』 참조. 이에 대한 언급으로는 염정섭, 2002, 앞의 책 참조.

62 김용섭, 1988, 앞의 책의 제4장 「18世紀 末 政府의 農書編纂計劃과 두 農學思想의 對立」 참조.

한 한 중국이 고대로부터 세계적으로 가장 선진적 기술수준을 보유하고 있었다는 사실은 널리 공인된 그대로다. 『우서』는 여러 가지 중국 잠직기(蠶織器)들을 소개하면서 우리나라도 모름지기 그 방직술의 '정교하고도 민첩함[精巧敏捷]'을 배워 활용할 것을 역설하였다.[63]

중국 청(淸)나라의 극성기와 때를 함께한 조선 후기 18세기에는 소위 '북벌'을 대신하는 '북학'의 풍조가 크게 일어나고, 중국의 선진문물을 수용하고자 하는 동향이 활발해진 것은 주지하는 사실이다. 그 가운데는 당연히 수리(水利)기구에 관한 관심도 포함되었다. 가령 정교하게 제작한 용미거(龍尾車)라는 수차의 수용과 활용을 강구한 사실이 그 가운데의 한 가지 사례였다. 즉 정조 7년(1783)에는 이조판서 서호수가 상소하여, "황명(皇明)의 각신 서광계의 저술인 『농정전서』에 실려있는 용미거"라는 수차의 공용이, "여러 개를 접속해서 올려 가면 산(山)에서도 사용할 수가 있으니, 이는 한발이 든 해라든가 높은 곳에 있는 전답도 근심할 것이 없는[不憂旱歲與高田]" 기술이라 하고, 이의 활용을 적극적으로 추천하였다. 이에 국왕은 비변사에서 이를 논의토록 한 후, 드디어 "서호수에게 명하여 용미거 제작하는 일을 감독하도록 하였다. 그런데 용미거를 제작하기는 했지만, 반포하는 일은 실현하지 못하였다"고 한다.[64]

그렇게 반포하지도 못한 까닭은 아마도 기술의 문제에서 기인했던 것으로 보인다. 가령 같은 시기의 다산 정약용이, 제작기술의 미비로 용미

63 "以蠶織之類言之 … 今若學習此制, 則婦功之精巧敏捷, 又豈今日之比乎?"(『우서』 10, 論變通規制利害).

64 『정조실록』 16, 정조 7년 7월 4일 계사. 서광계의 『농정전서』는 1639년에 간행되었는데, 이 책이 우리나라에 소개되기는 정조 7년(1783)의 이 기사가 처음인 것으로 나타난다. 그러나 『고금도서집성(古今圖書集成)』이 완성된 것은 청(淸)나라 옹정제(雍正帝) 때인 1725년이요, 이를 우리나라에 들여온 것은 정조 원년(1777)이니(『정조실록』 3, 정조 원년 2월 24일 경신 참조), 『농정전서』는 실상 이때 들어온 듯하다.

거를 활용하는 단계에는 결국 도달하지 못하였다는 사실을 확인한 바 있다.[65] 그리고 다산은 우리나라 농경·방직의 기술이 아직도 수준 이하의 상태를 지양하지 못하고 있는 현실을 크게 개탄하고 있었다.

> 농기구라든가 직기(織機), 배와 수레 등이 아직도 원시시대의 옛 제도를 지키고 있으니, 전야(田野)는 날로 황폐해지고 재용(財用)은 날로 줄어든다. 한 번 수해나 한재를 만나면 하늘을 원망할 뿐이요, 백성은 근심으로 가득하고 나라는 가난해져도 도무지 어찌할 도리가 없다(『중용강의보』 1-40).

실상 어떠한 산업 분야를 막론하고 그 생산기술 수준의 발전 정도는 당해 시대의 생산력을 좌우하는 중대한 기준 과제였다. 그런 면에서도, 선진적인 중국의 농경·방직 기술을 수용하고자 하는 『우서』의 견해는 일종의 기술 개혁을 성취하고자 하는 의미 있는 것으로 평가된다.

3. 호적제와 균부론

농암 유수원에 따르면, "국가를 다스리는 큰 정사로는 호적(戶籍)보다 더한 것이 없다. 그런데 우리나라의 호적은 허술함이 극단적인 지경이다."[66]

---

65 "龍尾·玉衡, 凡水車之制, 最是良法. 然鍊鐵未精, 製法未熟. 昔淳昌申承旨景濬, 屢作水車, 終不能食效. 非講究之不詳, 國無良工也. 近世博聞之士, 亦屢試不驗, 必使百工技藝, 精鍊入妙而後, 此事可議, 今姑略之"(『목민심서』 11, 工典六條 川澤).

66 『우서』 6, 論戶口格式.

실상 조선왕국에서는 일찍이 전국의 전토와 호구를 한 번도 온전히 파악해본 적이 없었다. 농암과 동시대의 성호 이익은 전국 호구의 거의 절반가량이 은루(隱漏)되어 있는 상태일 것으로 추정하였다.[67] 전토와 호구야말로 기본 국세(國勢)인데도 그 온전한 파악은 결코 실현해본 적이 없는, 구원의 과제로 남겨져 있었던 것이다.

조선 후기의 실학은 대체로, 국가의 통치제도를 개혁함으로써 치세(治世)를 실현하고자 하는 편이었다. 그런데 전국의 전토와 호구를 제대로 파악하지도 못하고서야 어떻게 '치세'라는 것을 기대할 수 있겠는가. 그래서 가령 조선 후기 실학풍을 처음으로 확립한 반계 유형원은, 이동하지 않는 전토의 파악을 통해서 이동할 수 있는 호구를 파악한다는 소위 '유정제동(由靜制動)'의 원리를 응용함이 가장 타당한 것으로 제시하였다.[68]

그런데 농암 유수원은 역시 중국의 호적제도 규정을 수용하여, 먼저 '호적'을 정비하고 이를 통해 각 가호의 '호구'는 물론이고 전토까지도 파악한다는 방식을 추구하였다.

우선 『우서』는 각 가호의 정(丁)·전(田)·사(事)·산(産)을 모두 호적에 등재하도록 규정한다. 여기서 "정(丁)이라는 것은 노복(奴僕)·고공(雇工) 등 그 가호가 거느리고 있는 정구(丁口)를 말하고, 전(田)이라는 것은 각 가호가 소유하고 있는 전답(田畓)을 말하며, 사(事)라는 것은 상업을 행하는 표인(票引)이나 공장(工匠)이 수업(手業)하는 험첩(驗帖), 즉 인허장(認許狀)을 말한다. 그리고 산(産)이라는 것은 점포(店鋪)·저사(邸肆)·제택(第宅)의 액호(額號)와 매매의 등급을 말한다." 실상 '정·전·사·산'의 4가지는 각 가호가 소

67 "以今觀之 隱漏殆半"(『성호사설』 7, 黨長里長).

68 "土者一定而不遷者也, 人者動靜存亡之不可常者也. 是本乎田而明其分, 則人在其中, 而自無不均. … 此非唯事勢, 亦是天理如此, 由靜制動之理也"(『반계수록』 6, 田制攷說 下).

유하는 부문별 재산 전체를 포괄하는 개념으로서, 각각이 세(稅)의 부과 대상이 되었다. 그리고 "이들 4가지 세(稅)에는 모두 정해진 액수와 등급이 있어, 더할 수도 없고 감할 수도 없으며 면(免)할 수도 없다."[69]

실상 『우서』는 종래 국가 각 기구가 분할해서 관장해온 여러 가지 재원(財源)을 일괄해서 호조(戶曹)로 귀속시킴으로써 국가재정 전체를 호조라는 단일 기구를 통해 일원적으로 파악도록 하는 원칙을 설정하였다.[70] 마찬가지로, '정·전·사·산'의 4가지 부문으로 유별되는 각 민호의 재산도 일괄해서 호적에다 등재토록 하고, 호적을 통해 수세(收稅)행정을 일원적으로 관리한다는 규정을 관철코자 하는 것이다.

또한 『우서』는 3년마다 다시 호적을 작성하는 현행의 제도는 너무 번거로우므로 10년마다 1차씩 작성하도록 할 것이요, 그 대신 매년 연말에는 호적의 편성을 심사하는 '편심(編審)'제도를 시행하여 개혁하고자 한다. 즉 이미 『주례』에서도 매년 연말에 '백성의 숫자를 보고하는' 제도가 있음을 상기하면서, "해마다 이를 시행치 않으면 백성의 수(數)를 상고할 수가 없으며 부역(賦役)을 균평히 할 수도 없다"[71]고 그 배경을 설명한다.

그런데 호적을 통해 각 가호의 '정·전·사·산'을 유루 없이 일괄 파악하기 위해서는 호적의 편제 자체를 새로운 형태로 정비하지 않으면 안 된다. 『우서』는 중국의 호적 편제 방식을 그대로 수용하기로 한다.

---

69 『우서』 6, 論戶口雜令.

70 "호적이 불분명하여 국민의 수가 늘고 주는 것을 알지 못하고 있으며, 강과 바다와 들과 숲과 늪들이 모두 각 궁방(宮房)에 빼앗기게 되어 그 폐해가 봉건(封建)보다도 더욱 심하다. 또 염분(鹽盆)·어전(漁箭)·철야(鐵冶) 등과 모든 공장(工匠) 등속도 이를 각사(各司)에 나누어 주고 각사가 스스로 이를 팔아서 용도(用度)에 충당하게 하고 있다"(『우서』 1, 論本朝政弊) ; "전국의 재화(財貨)를 거두어 호조로 귀속시키고, 중앙과 지방의 용도를 헤아려 지급하게 한다면 중앙에서는 각 관청이 장사하는 누추한 습속이 없을 것이요, 지방에서는 군현의 관아(官衙)들이 사사로이 재물을 점거하는 일이 없을 것이다"(『우서』 1, 論備局).

71 『우서』 6, 論戶口格式.

> (중국의) 소위 이(里)라는 것은 곧 편호(編戶) 단위로서, 110가(家)를 1리(里)로 하고, 6리를 1향(鄕)으로 한 것이다. 그리고 1'리' 속에서 정(丁)과 전(田)이 많은 사람 10인을 이장(里長)으로 삼고 나머지 100호(戶)를 10갑(甲)으로 나누며, 매년 이장 1인을 시켜 1리의 사무를 관장하게 하되, 번갈아 가며 맡게 하니, 10년이면 끝나서 다시 새로 시작하게 된다. 그런 까닭에 매년 이(里)·갑(甲)을 안배하되 차례대로 충당한다고 말하는 것이다[이(里)를 편성하는 제도는 당(唐)나라 정관(貞觀) 때부터 시작하여 지금까지 준용(遵用)하고 있다. 우리나라는 이를 전혀 알지 못한 채 하나의 큰 촌락을 무턱대고 이(里)로 하고 있으니, 어떻게 민수(民數)를 상고할 수 있겠는가]. 가령 한 촌락 중에서 우선 정(丁)·전(田)이 많은 110호를 1리(里)로 편성하고, 그 나머지 정·전이 적고 빈궁한 몇 호를 기령호(畸零戶)로 편성하여 그 이(里)의 책적(冊籍)에 붙여 편성할 것이다.[72]

이처럼 편호(編戶)·편리(編里)·편향(編鄕)의 과정을 거친 후, 각 군현에서는 관하 각 가호의 호적을 작성하는 일정한 양식인 '일호정식(一戶定式)'을 인출(印出)해서 이장(里長)들에게 나누어주고, 이장은 갑수(甲首)에게 나누어주며, 갑수는 각 호에 나누어준다. 그러면 "각 호는 스스로 자기 집의 정(丁)·전(田)·사(事)·산(産)을 양식대로 책에다 기록하여 갑수에게 교부하고, 갑수는 10호(戶)의 책을 이장에게 교부하며, 이장은 한 이(里)의 책을

---

72 『우서』 6, 論戶口格式. 『우서』의 이 같은 호적 편제는 명(明)나라의 경우를 거의 그대로 따른 것이었다. "(明)太祖籍天下戶口, 置戶帖·戶籍. 具書名歲·居地, 籍上戶部, 帖給之民. 有司歲計其登耗以聞. … 洪武十四年詔天下, 編賦役黃冊. 以一百十戶爲一里, 推丁·糧多者十戶爲長, 餘百戶爲十甲. 甲凡十人, 歲役里長一人·甲首一人, 董一里·一甲之事. 先後以丁糧多寡爲序, 凡十年一周, 曰排年. 在城曰坊, 近城曰廂, 鄕都曰里. 里編爲冊, 冊首總爲一圖, 鰥寡孤獨, 不任役者, 附十甲後爲畸零, 僧道給度牒. 有田者編冊如民科, 無田者亦爲畸零. 每十年, 有司更定其冊, 以丁·糧增減而升降之"(『명사』 77, 志 53 食貨 1 戶口·田制).

관(官)에다 바치도록 할 것이다."[73]

여기서 호적 편성의 기초 단위는 물론 각 가호(家戶)이지만, 최소 책임 단위는 10호로 구성되는 1갑(甲)이요, 각 갑의 갑수(甲首)가 동일 갑 내 호적 편성의 책임자이다.

그런데 『우서』가 설정한 호적에는 각 가호가 각기 '정·전·사·산'의 다과에 따라 부담해야 하는 세액(稅額)을 기재하도록 규정하고 있다는 사실이 특히 주목된다. 말하자면 각 가호의 호적은 곧 그 가호가 부담하는 항목별 세액을 기재한 대장으로서의 기능을 다하도록 규정한 것이다. 이제 『우서』가 설정한 '입호정식(立戶格式)'의 기재 내용 가운데 주요 사항들을 살펴보면 다음과 같다.

1) 각 가호의 호적에는 호주(戶主)의 가족은 물론이요, 동거하는 노·비도 '솔정(率丁)'·'솔비(率婢)'로 기재하고, 외거(外居)하는 노·비도 '외거정(外居丁)'·'외거노(外居婢)'로 기재한다.

2) 인정(人丁)은 성정(成丁)·미성정(未成丁)·노(老)로 구분해서 기재한다. 부녀자는 대구(大口)·소구(小口)로 구분해서 기재한다.

3) '성정(成丁)'은 매년 5~6문(文)의 정전(丁錢)을 국가에 납부한다. 동거하는 솔정(率丁 즉 率居奴)은 독자적 자기 경리(經理) 없이 주가(主家)를 위해 일하므로, '주가'에서 그 정전을 납부한다.

4) 각 군현의 읍학(邑學)에서 육성하는 늠선생원(廩膳生員)·증광생원(增廣生員) 이상 각급 국립학교의 학생인 '사(士)'와 현역으로 복무하는 정군(正軍) 및 관속으로 복무하는 인리(人吏)는 '정전'을 면제한다.

73 『우서』 6, 論戶口格式.

5) 외거노(外居奴)는 독자적인 자기 경리를 가지므로 본인이 '정전'을 국가에 납부한다. 그런데 그 주가는 외거노로부터 신공(身貢)을 받는 주호(主戶)이므로, 이에 '호요(戶徭)'로서의 균요전(均徭錢)을 국가에 납부한다. 균요전은 '정전'보다 다소 적은 5문(文) 정도로 책정한다. '정전'과 '균요전'은 각각의 액수를 호적에 기재해둔다.

6) 각 가호의 호적에는 또 전토(田土) 소유의 다과에 따라 응당 전세(田稅)와 대동미(大同米)를 납부한다.[74] 그리고 자기 소유 전토를 자경(自耕)하는 경우, 동일 군현에 있는 자기 전토를 남에게 병작(竝作)시키는 경우, 다른 군현에 있는 자기 전토를 남에게 병작시키는 경우에는 이에 응당 각기 '호요(戶徭)'로서의 균요미(均徭米)를 납부한다. '균요미'는 1부(負)에 5합(合) 정도로 책정한다. 전세·대동미·균요미 각각의 액수를 호적에 기재해둔다.

7) 공장(工匠)은 그 소업(所業)의 종류에 따른 세액(稅額)을 호적에 기재한다.

8) 상인(商人)은 상업의 종류와 그 인허장[商引]의 등급에 따른 세액을 호적에 기재해둔다.

9) 그 밖에도 각종 매매, 가옥의 간수(間數), 가축, 선척(船隻), 거량(車輛)과 같이 소유·거래·사육(飼育) 등으로 경제적 이득이 일어나는 항목이 있으면 응분의 세(稅)를 납부하되, 그 세액을 호적에 기재해둔다.

『우서』가 개혁하고자 하는 호적 양식은 각 가호의 정(丁)·전(田)·사(事)·산(產)을 망라적으로 기재하고 그것을 기초 삼아 국가가 수취하는 각종

---

74 『우서』의 저술 당시는 균역법(均役法)의 시행 이전이므로 아직도 '결세(結稅)' 명목은 없다. 그러나 왜란(倭亂) 이후 훈련도감(訓練都監)의 삼수군(三手軍)을 양성하기 위해 전국의 전결(田結)에 부과하는 '삼수미(三手米)' 항목은 『우서』 6 論均徭田賦事宜에서만 1차 언급하였을 뿐이요, 이 호적(戶籍)에는 '전세(田稅)·대동미(大同米)' 이외에 별도 세목(稅目)으로 '삼수미'를 기재하고 있지는 않다. 다소 착각이 일어난 듯하다.

의 세목(稅目)과 그 액수까지 기재해두고 그것을 따라 행정적 집행을 수행하도록 하는 공공 대장(臺帳)이다. 그 작성과 관리는 극히 엄정하지 않으면 안 된다. "각 이(里)에서는 스스로 서수(書手)를 정하여 호적을 책으로 만들되, 한결같이 관(官)의 양식대로 한다. 각 호의 호책(戶冊)은 10장이 되기도 하고 1~2장이 되기도 하겠지만, 각 가호의 정·전·사·산에 따라 실수(實數) 그대로를 기록한다. … 바른 해자(楷字)로 세밀하게 기재하되 행관(行款)의 높고 낮음과 넓고 좁은 것, 책 모양의 길이와 너비, 책 묶음의 두껍고 얇음을 한결같이 관(官)의 양식대로 준행할 것이요, 세개(洗改)하거나 긁고 고쳐서도 안 된다. 1갑(甲)에서 갑책(甲冊)을 이룩하고, 10갑(甲)에서 이책(里冊)을 이룩하며, 1현(縣)에서 총책(總冊)을 이룩하도록 할 것이다."[75]

그리고 『경국대전』에서의 3년 규정과는 달리, 『우서』는 10년마다 다시 호적을 작성하도록 규정한다. 그런데 가호별 '정·전·사·산'의 증·감은 수시로 일어나기 마련이요, 이는 곧바로 수세액(收稅額)의 변동을 야기하는 사안이다. 그러므로 『우서』는 해마다 호적의 '편심(編審)'을 실시함으로써 수세액의 변동을 호적에 곧바로 반영하도록 한다. 즉 삼대 이후로는 봉건제가 변하여 국가가 전국의 호적을 직할(直轄)하게 되었고, 정전법이 변하여 전국 토지를 직접 파악하게 되었으므로, 국가의 사무가 "옛날보다 백 배나 많아졌으니, 3년에 한 번씩 호적을 작성한다면 그 번거로움"이 너무나 크다. 그러므로 "10년에 한 번씩 호적을 작성하는 것은 기간이 너무 뜬 것 같기도 하지만, 매년 편심하는 제도가 있으니, 이것이

75 『우서』 6, 論戶口格式.

간이(簡易)하면서도 명백하게 파악할 수 있는 방법이다."[76]

그런데 해마다 작성하는 편심책(編審冊)의 기재사항 가운데 특히 주의해야 하는 것은 부세의 부과 대상인 '정·전·사·산'의 변동에 관한 사항이다. 가령 외거노가 죽거나 혹은 도망간 경우라든가 특히 조선 후기 빈번히 일어나고 있던 병작지(竝作地) 전호(佃戶)의 변동 사항과 같은 문제였다. 외거노의 경우는 균요전(均徭錢)의 수취와 관계되고, 병작자인 전호는 전세·대동미·삼수미(三手米)의 납부 담당자였기 때문이다. 『우서』는 이를 다음과 같이 규정한다.

> 외거노가 죽거나 도망한 경우, 모두 그 소재관(所在官)이 인급(印給)한 문빙(文憑)을 함께 받아와 납부해야 한다. 그렇지 않으면 그 균요전의 견면(蠲免)을 허락하지 않는다. 다른 군현에 소재한 전장(田莊)을 팔 때도 역시 마찬가지다.[77]
>
> 무릇 방전전(放佃田)은 농사 때를 당해서 전호(佃戶)를 바꿀 수가 없다. 다음 해에 새로운 전호 아무에게 이급(移給)하려면, 반드시 금년 편심 때에 옛 전호를 데리고 관(官)에 들어가서 새로 등록해야 한다.[78]
>
> 승전전(承佃田) 얼마의 전주(田主)는 갑(甲)이요, 무슨 등급 무슨 자호(字號)로서 수전(水田) 얼마, 한전(旱田) 얼마인데, 그 세액(대동미 얼마, 전세 얼마, 大豆 얼마) 얼마를 새로운 전호인 을(乙)이 이어받아 담당한다.[79]
>
> (編審한 後) 전주(田主)의 이름이 전책(田冊)에 확연하고, 방전전(放佃田)의 경우

76 『우서』 6, 論戶口格式.

77 위의 글.

78 위의 글. 여기서 방전전(放佃田)은 곧 남에게 병작(竝作) 주는 전지를 이른다.

79 위의 글. 여기서 승전전(承佃田)은 곧 병작지(竝作地)를 이른다.

도 이듬해에 경작할 1읍(邑) 전부(佃夫)들의 성명이 이미 금년 편심책에 기록되어 있다. 전부가 다른 군현으로 이동함에 따라 생기는 이래(移來)·이거(移去)의 혼란이 어떻게 일어날 수 있겠는가.[80]

『우서』의 새로운 호적제도는 그만큼 국가의 부세 수취 문제, 즉 국가재정수입의 확보 문제를 다른 무엇보다도 우선시하고 있음이 판명된다.

그러므로 해마다 호적상의 변동 사항을 다시 고쳐 작성하는 '편심책'은 엄격한 호율(戶律)의 적용을 받아야 하고, 사실에 위배되는 경우는 엄중한 처벌을 받도록 규정한다. 가령 인정(人丁)이라든가 세미(稅米)의 누락 혹은 허위 기재는 결코 일어나지 못하도록 엄격한 규정이 적용된다.

이사(移徙) 가는 경우에도 반드시 그 집안의 산업(産業)이 핍절(乏絶)하여 어쩔 수 없는 사고(事故)가 있다고 인정되어야만 공문(公文)을 받아 떠날 수 있게 하고, 이거(移居)한 관(官)에 도착, 신고하여 회답하는 이문(移文)을 받아온 다음에야 비로소 원적(原籍)에서 할면(割免)하게 한다. 이사 온 사람도 먼저 관에 신고하여 증빙 서류를 받아와야만 그 지역의 통(統)·이(里)에서 비로소 받아들일 수 있게 한다. 몰래 이사한 사람에 대해서는 그 이(里)의 이웃과 친족들로 하여금 찾아서 잡아 오도록 하여, 함부로 본래의 거주지를 떠나지 못하도록 할 것이다.[81]

호적에 누락된 사람은 무적죄인(無籍罪人)에 속하게 된다. 따라서 혹시 다른 사람과 쟁송(爭訟)하여 관(官)에 들어갔다가 발각되면, 먼저 무적(無籍)의

80 『우서』 6, 論均徭事理.

81 『우서』 6, 論戶口雜令.

죄로 엄형(嚴刑)을 받고 변방으로 유배될 것이며, 사면이 있어도 죄를 용서받지 못한다. 또한 사리상으로 보더라도, 1갑(甲) 내의 같은 리(里)에 거주하는 사람들은 모두 차례에 따라 갑수(甲首)로 차임되는 자들인데, 조책(造冊)할 때 동일한 갑(甲) 안에서 그 누락을 허여하겠는가. 외거노(外居奴)의 경우라도 기재하지 않는다면 영영 잃어버릴지도 모를 터인데, 숨기거나 속일 수가 있겠는가.[82]

대동미(大同米) 얼마, 전세(田稅) 얼마, 균요미(均徭米) 얼마라는 원액(元額)이 각기 있어서 지난 호적에 기재하여 놓았는데 어떻게 (이번 편심책에서) 감제(減除)될 수 있겠는가.[83]

10호로 구성되는 1갑(甲)의 갑수(甲首)가 동일 갑(甲) 내의 호적 편성의 책임자이듯이, 갑수는 자기 갑 내 '정·전·사·산'의 이동과 그 세액 변동의 편심에 관한 연대책임을 지고 있다. 1갑 10호의 호주(戶主)들이 번갈아 가면서 갑수가 되고 그 연대책임을 담당하도록 규정하였다.

그래서 『우서』의 규정에 따르면, "전토 1결을 가진 호(戶)는 1결의 부세를 납부하고, 인정 10정이 있는 호는 10정의 정전(丁錢)을 납부한다. 1부(負)·1정(丁)도 모두 그러하지 않음이 없다. 그리고 사(事)가 있는 호는 그로써 납부하고 산(產)이 있는 호도 그로써 납부하며, 전(田)도 정(丁)도 사(事)도 산(產)도 없는 단신(單身)의 외로운 사람은 단지 정전만을 납부하도록 한다."[84]

그런데 『우서』가 국가의 재정수입 확보 문제에만 가장 큰 관심을 두어 추구하였다고는 할 수 없는 측면을 지니고 있다는 사실 또한 간과해서

---

82 『우서』 6, 論戶口格式.

83 위의 글.

84 『우서』 6, 論均徭事理.

는 안 된다. 실상 재정 수입을 확보하는 방안 자체가 그 수입 대상자들의 광범하고도 건실한 존립 사실을 바탕으로 하고서야 실현 가능한 일이기 때문이다. 그런 면에서 『우서』가 별도로 신설하고자 하는 균요전(均徭錢)·균요미(均徭米) 항목은 특히 주목을 요하는 새로운 세목(稅目)이다.

『우서』의 호적 규정에서, 정(丁)에 대해서는 정전을 징수하고 전(田)에서는 대동미와 전세 등을 징수하면서도, 다시 각 가호가 소유하고 있는 정·전의 다과에 따라 "균요전·균요미를 더 징수한다"고 설정하였다. 그 사유는 다음과 같다.

> 정(丁)은 스스로 정(丁)이고 전(田)은 스스로 전(田)이며 호(戶)는 스스로 호(戶)인데, '정'과 '전'에서만 세를 징수하고 호요(戶徭)를 징수하지 않는다면, 부세의 불균(不均)이 매우 심하게 된다. 우리나라의 논객들은 언제나 호포(戶布)와 정전(丁錢)으로 백성의 부담을 균평히 할 수 있을 것이라 하지만, 이는 실로 깊이 생각하지 못한 말이다. … 지금 전토를 수십 결(結)씩 소유하고서 이로부터 거두는 1년의 사조(私租)가 몇백 석(石)인지를 알 수가 없는데도 한 톨의 호요조차 납부하지 않고 있으니, 이것이 곧 부자가 더욱 부유해지는 길이다. … (전세와 대동미 등은) 당해 토지에 대한 부세(賦稅)를 내는 것일 뿐이다. 자기 집에 (私租를) 실어 온 다음에는 어째서 한 톨의 호요도 내지 않는가. 정전의 경우, 큰 부잣집에서도 10정(丁)만이 있다면 1년에 5~6관(貫)을 납부하는 데 지나지 않는다. 그런데 매우 빈한한 집에 남정(男丁)이 10명 이상 있다면 그 납부하는 정전이 도리어 부자보다 많게 되니, 이것이 곧 천하에서 가장 균평치 못한 현상이다.[85]

85 『우서』 6, 論戶口格式.

> 삼대(三代)의 백성으로 매우 부유하거나 매우 가난한 자가 없었던 것은 정전(井田)의 제도가 있었기 때문이다. (정전제도가 무너진) 후세에는 가난하고 부유한 것이 오로지 백성에게 맡겨지고 국가는 이를 어쩌지 못하게 되었다. 그렇지만 백성에게 부세를 부담시키는 도리는 그 빈·부에 따라 해야 한다. 어찌 막연히 분별이 없어서야 될 것인가. 그리고 이 법은 균평하고 제일(齊一)하며 지공(至公) 무사(無私)하니, 외거노(外居奴) 100정을 소유한 사람은 전(錢) 5관(貫)을 납부하고 1정을 소유한 사람은 5문(文)을 납부하며, 전토 10결을 소유한 자는 쌀 50두를 납부하고 1부(負)를 소유하는 사람은 5홉을 납부한다. 부자라고 언제 더 내도록 하였으며, 빈자라고 언제 덜 내도록 하였기에 부자만을 미워한다고 할 것인가.[86]

여기서 균요미·균요전을 두고 『우서』가 '호요(戶徭)'라고 지칭하는 바와 같이, 이는 '각 가호의 소득'에 따라 부과하는 '종합소득세'에 해당하는 새로운 세목이라 하겠다. 무릇 노비라는 것이 살아있는 노동력이며 재산임에도 불구하고 종래의 국가 제도가 사노비에 대해서는 온전한 사물(私物)로 간주하였다. 그래서 그 소유주가 거두는 막대한 신공(身貢) 수입에 대해서는 과세대상에서 완전히 제외시켜 오고 있었다. 또한 주된 과세 대상으로 여겨온 전토에 대해서도 그 경작자에게 전세·대동미·삼수미 등을 부담시키면서도 개별 지주가 병작농으로부터 거두어들이는 막대한 사조(私租) 수입에 대해서는 '한 톨'의 곡식조차 징세하지 않고 있었다. 그래서 전토와 노비를 다수 소유한 자일수록 더욱 부자가 되기 마련인 사회경제 관계가 조성되도록 방치해왔던 것이다.

---

86 『우서』 6, 論戶口格式.

그러므로 균요미·균요전은 '가호별 종합소득세'를 신설함으로써 종래 부익부·빈익빈으로 치달아 온 불합리한 사회경제 체제를 개선하고자 하는 새로운 개혁적 시도의 의미를 갖는다. 가령 반계 유형원의 경우 토지는 공전제로, 노비는 고용노동제도로 개혁하고자 하는 변법론으로 일관하므로 새삼스레 세목의 조정을 거론할 필요는 없었다. 그 같은 변법론과는 성격을 달리하는 『우서』의 개혁론은 균요미·균요전이라는 별도의 빈·부 조정책을 설정한 것이었다.

농암의 『우서』는 토지와 노비의 사유(私有)체제를 그대로 유지하고자 한다. 더구나 말썽 많은 결부법(結負法) 양전제(量田制)조차 전혀 개혁하지 않고 그대로 유지하고자 한다. 그래서 이전의 어떠한 개혁론에서도 거론하지 않은 '호요'라는 명목을 설정함으로써, 지나친 빈·부의 격차를 그래도 다소 해소하기 위한 조정책으로 삼고자 하였다. 『우서』는 '균요미'·'균요전'을 거듭 강조해가면서 이를 자찬해 마지않는다.

> 균요미라는 것은 부세를 증가하는 것이 아니다. 빈·부를 물론하고 1부(負)마다 5홉의 쌀을 징수하여 호요(戶徭)에 충당하는 것이다. 이 법을 시행하면 가난한 사람이 납부하는 것은 얼마 안 될 것이고, 전답이 천맥(阡陌)을 이을 정도로 부유한 사람은 그 소봉(素封)의 즐거움을 혼자 누리지 못하고 호요미를 내어 국용(國用)에 보태게 될 것이다. 그리고 균요전이라는 것 역시 부세를 증가하는 것이 아니다. 솔거나 외거를 막론하고 노(奴) 1명마다 5문(文)씩을 징수한다면, 노복이 적은 사람은 납부하는 양이 얼마 안 되고, 노복을 많이 거느린 사람은 (중국 漢나라 때의 부호인) 정정(程鄭)과 같이 부요(富饒)를 혼자 누리지 못하고 그 공선전(貢饍錢)을 내어놓아 국용

에 보태게 될 것이다.[87]

오직 이 두 가지 일이야말로 실로 균역(均役)의 핵심 부분이다. 가난한 사람이나 부유한 사람이 함께 납세하되, 많이 내거나 적게 내는 것은 그 정(丁)·전(田)의 실제 수에 따르게 하는 것이다. 1부(負)를 소유한 사람은 5홉을 납세하고, 1결(結)을 소유한 사람은 5두를 납세하며, 1노(奴)를 소유한 사람은 5문(文)을 납세하고, 100노(奴)를 소유한 사람은 5관(貫)을 납세하는 것이다. 백성이 담당하는 부담이 이렇게 된 다음이라야 비로소 지극히 균평하다고 할 수 있는데, 이것이 어찌 부세(賦稅)를 증가하여 징수하고자 하는 것인가. 그 뜻은 실로 이로써 백성의 부담을 균평히 하려는 데서 나온 것이다.[88]

그런데 '균요미'·'균요전'의 설정은 과연 지나친 빈·부의 격차를 제대로 조정할 수 있을 것인가. 이들이 일종의 '가호별 종합소득세'로서의 기능을 다할 것이 예상되므로 아마도 이전보다 다소의 순기능을 발휘할 수는 있을 것으로 보인다. 그런데 종합소득세라는 것의 관건은 세액(稅額)의 '누진적(累進的)' 조절에 있다. 그러나 『우서』의 '균요미'·'균요전'은 겨우 산술적 증액만을 고려하고 있는 정도에 불과하다. 『우서』가 앞서 말한바 "균평하고 제일하며 지공 무사한" 세법으로서의 기능을 발휘하리라는 예상과는 다소 거리가 멀다.

더 나아가 농암의 『우서』는 현재의 1결당 전세 4두와 대동미 12두 이외에 다시 1결 9두씩을 더하여 합계 25두씩을 징수함으로써 종래 별도

87 『우서』 6, 論戶口雜令.

88 위의 글.

로 부과되어온 여러 가지 명목의 말썽 많은 잡부(雜賦)들을 일괄 타결하기로 설정한다. 그러면 균요미와 합쳐 1결당 30두를 거두게 된다.

> 1결의 땅에서는 적어도 쌀 200여 두가 생산된다. 따라서 이제 25두를 징수하여 중앙과 지방의 경비에 충당하고 또한 잡역(雜役)에 응하는 비용을 모두 쓸어 없앤다면, 이는 바로 십일제(什一制)에 꼭 들어맞는다. 어째서 백성이 견디지 못한다 할 것인가. 잡역가(雜役價)로 징수하는 규정이 각 읍(邑)마다 같지 않아서, 혹 쌀로 받기도 하고 돈으로 받기도 하며 혹 잡물로 받기도 하니, 이에서 빚어지는 관리의 간폐(奸弊)는 이루 다 말할 수가 없다. 이제 만약 통틀어 30두씩을 징수하여 각 주현(州縣)이 1년 동안 쓸 비용을 작정(酌定)하여 주고, 더 이상 민호(民戶)나 전결(田結)에서 징수하지 못하게 한다면, 백성들이 과연 불편하다 할 것인가.[89]

여기서 여러 명목의 '잡역가'는 원래 대동법을 실시하면서 일괄 없애기로 약속한 것이었으나,[90] 대동법을 실시한 이후로도 결코 제파(除破)하지 못하고, 인용문에 보이듯 갖가지 명색들을 길이 인습하였다. 그 부담 또한 도(道)마다 다르고, 읍(邑)마다 다른 것으로 정착되었다.

사료에서 드러난 대로 구래의 세정(稅政)에서는 '잡부(雜賦)' 혹은 '잡역(雜役)'으로 통칭되는 잡다란 부담들의 명색이 아주 많고, 그 징수 또한 음성적인 여러 방법이 다 동원되어 오고 있었다. 명색과 과정이 복잡하고 음성적일수록 그 피해를 크게 보는 자는 소농민을 비롯한 빈궁한 백성

89 『우서』 6, 論均徭田賦事宜.

90 "大同之初, 國與民約曰, 諸司求索, 一幷停止, 一納此米, 終歲安臥"(『경세유표』 11, 賦貢制 7 邦賦考).

이기 마련이었다. 그런 면에서 『우서』가 '잡역가'를 공적인 부세(賦稅)로 양성화함으로써 잡다한 부담과 그 수취과정에서 일어나는 온갖 중간 농단을 일괄 해소하기로 설정한 것은 매우 선진적인 안목의 개혁 시도라 할 수 있을 것이다.

4. 액전법론

1) 면세전(免稅田) · 급복전(給復田)의 정리

『우서』에 따르면, 우리나라 토지대장에 등재된 것은 100만 결을 넘지만, 세(稅)를 내는 실결(實結)은 겨우 그 절반 정도에 불과하다.[91] 전정(田政)이 그처럼 실질 없는 상태이므로, 세입(稅入)이 항상 용도에 모자라는 상태에 놓여있을 수밖에 없다. 그래서 그 같은 폐단을 극복하기 위해서는, 첫째 면세전(免稅田)·급복전(給復田)을 정리해야 하고, 특히 액전법(額田法)을 실시해야 한다고 주장한다.

> 우리나라는 면세·급복의 제도가 실로 폐정(弊政)을 이루고 있으니, 먼저 이것을 바로잡아야 한다. 그리고 전(田)에는 액(額)이 없어서는 안 되는 것인데 우리나라에서는 매년 시기전(時起田)에서만 수세(收稅)하고 있으니, 이는 실로 한심한 제도이다. 전결을 모두 정액(正額)으로 만든 다음에야

91 『우서』 1, 論麗制 田制.

비로소 이(吏)·민(民)이 간교하게 속이는 병폐가 없어질 것이다.[92]

여기서 면세전이란 명목 가운데서 가장 문제 되는 것은 곧 '궁가(宮家) 면세전(즉 宮房田)'인데, 『우서』에서는 이를 아예 폐지하고 그 대신 '세록(歲祿)'이란 명목의 봉름(俸廩)을 지급하기로 한다는 방안을 제시하였다. 이는 앞에서 살펴본 그대로다.

그리고 각종의 국역을 담당하는 자들에게 복호(復戶)의 특전을 주는 소위 급복전(給復田) 또한 정군(正軍) 이외의 경우는 전면 혁파한다는 방안을 제시한다.

정군 이외에는 급복해서는 안 된다. 각처의 소모(召募) 군(軍)·민(民)이라든가 서원(書院)·사우(祠宇)의 고직(庫直) 등 긴요치 않은 무리들은 모두 혁파할 것이요, 그 밖의 인리(人吏)·조예(皁隷)와 같은 잡색들에 대해서는 모두 공식(工食)과 역가(役價)를 지급할 것이다. 그 비용이 많이 들 것이라 여기겠지만, 이전에도 그들에게 아무것도 지급지 않고 그저 사역(使役)한 것은 아니었다. 그리고 인리·조예들에게 보수를 지급한다 하더라도 그들의 정액(定額)을 많이 줄일 터이니, 무어 그리 어려운 일이겠는가.[93]

이처럼 『우서』는 "여러 궁가와 각 아문(衙門)·관원(官員)·인리(人吏)들에게 준 복호·면세 등의 잡다한 특전의 항목들을 모두 개혁하여 무릇 전토(田土)의 명목을 가진 것은 모두를 호조(戶曹)에 소속시킨다" 하였다.[94] 이

92 『우서』 6, 論田政.

93 『우서』 7, 論免稅保率之類.

94 『우서』 6, 論田政.

는 종래 전토의 명목을 다양하게 분립시켜 두고 그 귀속 또한 다원적으로 난립시켜 둠에 따라 그 다양하고 다원적인 관리와 수세(收稅)에 따른 중간 농단이 중첩해서 여러 갈래로 자행되어 왔음을 일거에 개혁하고자 하는 방안이었다. 이제 무릇 전국의 전토 명목은 모두를 호조로 귀속도록 하는 전정(田政) 일원화를 단행함으로써 일체의 중간 농단을 배제하고자 하는, 매우 의미 있는 개혁안인 것으로 보인다.[95]

2) 액전법(額田法)의 시행

『우서』는 무릇 전안(田案)에 올라 있는 전국의 전토에 대해서는 군현별로 액전법이라는 제도를 시행하고자 한다. 즉 해마다 실제 기경(起耕)하는 농토에 대해서만 세(稅)를 거두는 현행의 소위 수기수세(隨起隨稅)의 방식을 지양하여, 군현마다 현재 전안에 올라 있는 전토의 액수, 즉 전액(田額)을 그대로 일정하게 정해두고 그 '전액'을 기준 삼아 해마다 세를 거두는 '액전법'을 시행한다는 새로운 농정론(農政論)의 제기였다. 그렇게 해야 하는 까닭은 다음과 같다.

> 전(田)이 있으면 세(稅)가 있고 세가 있으면 액(額)이 있는 것이니, '세'를 거둘 때 '액'을 가지고 기준을 삼아야 할 것이다. 무엇 때문에 해마다 반드시 현재 경작하는지의 여부를 따져야만 할 것인가. 중국 오대(五代)의 병란(兵亂) 때에는 부득이 현재의 기경전(起耕田)에 대해서만 수세할 수밖

---

95 『우서』는 국가재정 또한 호조(戶曹)로 일원화하여 운용함으로써 중·외의 횡침(橫侵)과 사점(私占)의 폐단을 막는다고 하였다. "收一國之財貨, 歸之地部, 計中外之所用, 量酌派給, 則內而各司 無料販之鄙習, 外而州縣, 無私占之財物矣"(『우서』 1, 論備局).

에 없었는데, 그러자 농간하는 폐단이 무한해졌다. 그 이외에는 전대의 역사를 두루 살펴도 이와 같은 (수기수세의) 경우를 볼 수 없는 것이다. 한 나라의 전토(田土)를 두고 해마다 그것이 진전(陳田)인지 기전(起田)인지 살핀다는 것은 분란스럽기 짝이 없다. 문서가 번잡하므로 이서들이 농간을 부려, 경작되고 있는 땅을 '진전'이라 하기도 하고, 호강(豪强)한 무리와 관리의 일족들과 간활한 백성들이 서로 부동(符同)하여 국가를 속여도, 전액(田額)에 기준이 없으니 세입(稅入)이 항상 줄어들기 마련이다.[96]

그래서 『우서』는, "온 나라의 전결(田結)을 통틀어 군현마다 전액(田額)을 편성하고, 각 전결의 전등(田等)에 따라 세액을 정하여 해마다 징세한다"[97]는 액전법 개혁안을 제시하였다.

그런데 군현 단위로 액전법을 시행한다면, 척박하기 때문에 경식(耕食)하고자 하지 않는 전토에 대해서도 해마다 백지(白地) 징세를 강제하기 마련이다. 더구나 척박한 전토를 가진 자는 빈약한 농민이기 마련인데도 그 같은 백징(白徵)을 강제한다는 것은 매우 부당하지 않은가. 이에 대해 『우서』는 다음과 같이 답한다.

전토의 비옥하고 척박함이 다르다고는 해도 본래 곡식이 하나도 생산되지 않을 이치가 없으니, 균전(均田)의 정사(政事)를 펼치기 위해서는 더욱 정밀하게 구별하여 척박한 전토는 세액을 적게 하는 것이 마땅할 따름이다. 어찌 그 땅을 진폐(陳廢)하도록 방임해두고서 경작하는 경우에

96 『우서』 6, 論田政.

97 위의 글.

만 전세를 거둘 이치가 있겠는가. 선왕(先王)의 법에 "전토를 경작하지 않는 자는 옥속(屋粟)을 내도록 한다" 하였고, 또 육지(陸贄)는 "전토가 있으면 조(租)가 있다"[98] 하였다. 법제가 균일하면 아무도 농간을 부릴 수 없는 것이니, 오늘날의 율령에도 전토를 황무하게 한 죄에 대해 세량(稅糧)을 추징(追徵)하는 법이 있다. 옛사람들은 징세하였을 뿐 아니라 그 죄에 벌까지 가하였던 것이다. 가난해서 종자(種子)가 없기 때문에 처음부터 경작하지 못한 사람들에 대해서도 그 정상이 불쌍하기는 하지만, 어찌 자질구레하게 구석구석을 살펴 면세의 관용을 베푸느라 부세의 대체를 어지럽힐 수 있겠는가. (그렇게 한다면 해마다) 전정(田政)의 사목(事目: 시행세칙)이 달라져서 구차하고 번거로우며 일의 체통도 제대로 서지 못한다. 그러나 실로 일정한 법(法)을 세운다면, 급재(給災)를 마감할 때 관리가 조금도 농간할 수 없을 것이요, 게다가 내가 제시한 균요(均徭)의 제도[99]를 시행한다면 항상 납부하는 부세 이외에는 백성들이 관문(官門)에 불려 다닐 걱정이 절로 없어질 것이다. 그 같은 법제를 제정한다면 어찌 명약(明約)하고도 간편하지 않겠는가(『우서』 6, 論田政).

그리고 『우서』는 진전(陳田)의 기경(起耕)을 장려하기 위해서 타인의 경작을 적극적으로 장려한다는 방안을 제시한다. 즉 15세기에 제정한 『경국대전』에서는 진전의 경우 타인이 관(官)에 보고하고 기경하도록 허용하였는데, 16세기의 『수교집록』에서는 이는 "영구히 준다는 것을 말함

98 『주례』, 地官 載師에 "凡田不耕者 出屋粟"라 하였다. 또 당나라 조용조법(租庸調法)이 원래 "有田則有租"라 하였는데, 당나라 재상인 육지(陸贄)의 『육선공주의(陸宣公奏議)』에도 이 말이 인용되어 있다.

99 균요전·균요미에 대해서는 앞서 살펴본 바 있다.

이 아니라 그 본주(本主)가 환추(還推)할 때까지만 경식(耕食)하게 하는 것"이라고 규정해두었다.[100] 그런데 『우서』는 이 같은 '진전'의 기경을 위해 중국의 법제를 수용하도록 제시한다.

> 무릇 오래된 진전을 개간하는 경우 타인이 관(官)에 고하고 경종(耕種)하도록 허용하되, 3년 후부터 부세를 납부하게 한다. 만약 그 본주(本主)가 나타나 쟁송하면, 3분의 1을 양전(量田)하여 본주에게 주고 3분의 2는 그대로 진고(陳告)한 자가 경식(耕食)하게 하되, 각기 부수(負數)에 비추어 부세를 납부하도록 한다. 그러다가 10년 후에 비로소 균분(均分)하도록 한다. 감히 강탈(强奪)하는 자가 있으면 그 죄상을 조사한 뒤에 조금도 나누어 주지 않는다. 또 원래 진전이 아니라고 속인 사실이 밝혀지면 즉시 중한 형벌로 다스리고 그 땅을 모두 진고자(陳告者)에게 주도록 한다.[101]

중국의 법제처럼 시행한다면, 무릇 진전이라 속이고 세(稅)를 납부하지 않는 무리들이 농간을 부릴 곳이 없을 것이요, 전야(田野)가 날로 개간될 것이라고 『우서』는 강조한다.[102]

'본주가 환추(還推)할 때까지만' 타인의 경식(耕食)을 허용하는 조선왕국

---

100 조선 초기 과전법(科田法)체제는 균전론적(均田論的) 토지지배 원칙에 따라 『경국대전』에 "무주전(無主田)은 타인(他人)에게 이급(移給)한다" ; "3년 이상 된 진전(陳田)은 누구든지 관(官)에 고(告)하고 경작하는 것을 허용한다"는 규정을 두었다(『경국대전』 2, 戶典 田宅). 그러나 과전법 자체가 이미 소유 관계를 바탕으로 하고서 전개되는 토지법제였으므로 그 원칙론은 곧 퇴색하지 않을 수 없었고, 16세기 명종 때의 『수교집록』에서는 지주(地主)의 소유권 보호 규정으로 변하여 본문의 내용처럼 규정되기에 이르렀다. 그 같은 변천 사실에 대해서는 金泰永, 1989, 「朝鮮前期의 均田 · 限田論」(『國史館論叢』 5) 참조. 『수교집록』의 이 규정은 17세기 『속대전』에서 정식 법제로 등재되기에 이르렀다.

101 『우서』 6, 論田政.

102 위의 글.

의 법제는 실상 본주의 토지 소유권을 무한정 보장해주고자 하는 의도가 잠재되어 있지만, 위와 같은 중국의 법제는 상대적으로 진전의 기간(起墾)을 장려하고자 하는 의도를 지닌 것으로 해석된다. 농업을 진흥하기 위해서는 중국의 경우가 더 전진적이었음을 알 수 있다.[103]

그 밖에도 『우서』는 오래된 진전이라 하여 경작하지도 않고 세를 납부하지도 않는 전토는 모두 '관액진전(官額陳田)'으로 편입시켜서 농민을 모집하여 기경(起耕)하도록 한다는 방안을 제시하였다. 이처럼 오래된 진전은 다시 두 가지 종류로 나뉘는데, 그 한 가지는 본주가 있는 진전이요, 다른 한 가지는 본주를 알 수 없이 오래된 진전이다.[104] 물론 두 가지 경우 모두 일단 기경하는 자는 국가에 부세를 바쳐야 한다.

먼저 『우서』는 매우 척박한 땅이라서 버려진 무주(無主)의 진전에 대해서는 차라리 이를 '관전(官田)'으로 파악해서 "노장(蘆場)·초지(草地)라는 이름"으로 농민을 모아 기경토록 하되, 세를 극히 가벼이 해서 "1부(負)마다 몇 문(文)의 돈을 정하여 징수한다면, 공연히 묵혀서 버려두는 것보다는 나을 것"이라고 제시한다.

그리고 본주가 있으면서도 기간을 하지 않는 진전의 경우는, 그 본주가 경식(耕食)하지 않는다 하더라도 국토를 버려둘 수는 없는 것이니, "다른 사람에게 거저 주지 않는다면 그 본주가 세(稅)를 납부해야 할 것"[105] 이라고 단언한다.

---

103 조선왕국에서도 이윽고 정조 때 편찬된 『대전통편』에는 중국의 경우와 같은 내용의 조항을 규정하기에 이르렀다. "陳田起耕者, 許民告官耕種, 三年後, 始令納稅. 或田主來爭, 則以所耕三分一給田主, 三分二給起墾者耕食, 十年方許均分"(『대전통편(大典通編)』 2, 戶典 收稅).

104 국가 법전에는 이 두 가지를 구분해서 양안에 올리도록 규정해두었다. "陳田竝皆懸錄主名, 無主處亦以無主懸錄"(『신보수교집록(新補受教輯錄)』, 戶典 量田).

105 『우서』 6, 論田政.

『우서』는 이처럼 아무리 오래된 '진전'이라도 명색이 '전토(田土)'의 범주에 들어있는 땅이라면 모든 방법을 동원하여 그 모두를 기경함으로써 국가 수익을 늘릴 방안을 탐색한다. 그리고 다시 말한다.

> 현재 경작되고 있는 땅은 모두 정액전(正額田)으로 편성해서, 종자를 뿌리지 않았다 하더라도 현탈(懸頉)하지 못하게 하고 일일이 세를 징수한다면, 전액(田額)과 세입(歲入)이 어찌 오늘날보다 배(倍)로 증가하지 않겠는가.[106]

그러는 한편 『우서』는, 전국 전토를 비옥하고 척박한 정도에 따라 6등급으로 정해두고 20년마다 양전(量田)을 통해 결(結)·부(負)의 수를 다시 책정하도록 규정한 『경국대전』의 조항은 이제 더 이상 유효하지 않은 것이라고 단언한다.

> 사람들은 모두 자신의 전토를 사사로운 것으로 알아 세액(稅額)을 가볍게 하고자 하는 것이 필지(必至)의 사세이다. 양전을 다시 할 때마다 높은 전등(田等)을 낮은 등급으로 만드는 폐해가 어찌 없을 수 있겠는가. 우리나라는 전등을 6등급으로 규정하였지만, 대부분은 5~6등급으로 되어있다. 이는 실로 양전을 다시 할 때 농간을 부려 그렇게 된 것이다. 전정(田政)을 논의할 때마다 사람들은 반드시 양전을 다시 해야 한다고 말하는데, 지금 만약 양전을 다시 한다면 잃는 바가 더욱 많을 터이므로 양전하지 않느니만 못하게 될 것이다. 지금 전등(田等)이 균평하지 못하다고는 해도 이를 가지고 액(額)을 삼는 것만 같지 못할 것이다. 그리고 매년

106 『우서』 6, 論田政.

> 편심(編審)하는 제도를 시행한다면, 세입이 반드시 2배로 증가할 것이다. 이는 양전을 다시 한다는 명목은 없어도 실제로 해마다 양전하는 것과 다름없게 되는 것이다.[107]

무릇 토질의 비(肥)·척(瘠)에 따라 전토의 등급을 6등으로 나누고 등급에 따라 결·부의 실제 면적을 달리 파악하는 현행의 양전법으로는 전국의 전토를 정확하게 파악할 수 없는 일이었다.[108] 그래서 다시 양전을 시도하더라도 더 개선될 여지는 없다는 판단 아래, 『우서』는 현재의 양안에 등재된 결부의 수(數) 그대로를 정액으로 삼고자 한다. 그 대신 "매년 편심(編審)하는 제도를 시행"함으로써 "해마다 양전하는 것과 다름없는" 효과를 거둘 수 있다고 전망한다.

그런데 무릇 '편심'이란 것은, 앞서 호적제도에서 살폈듯이 원안(原案)을 확인하면서 그 원안의 변동사항을 점검·심사하는 행정 절차에 불과하다. 그러니 이미 전국적으로 잘못되어 있는 기존의 양안(量案)에 기초하는 '액전제'를 운용하면서도 매년 그것을 '편심'한다고 해서 원래의 잘못을 바로잡는 일이 과연 가능할 것인가. 『우서』는 그에 대해서는 어떠한 대책도 강구하지 않고 있다.

또한 『우서』의 액전법은 현재의 양안에 근거하여 책정한 '액전'의 원액(元額)을 보전하기 위해, 가령 홍수로 하천이 범람하여 떨어져 나가는

107 『우서』 6, 論田政.

108 가령 사계 김장생과 같은 도학자(道學者)조차 각 지방 이서(吏胥)와 토호(土豪) 품관(品官)들의 농간에 따라 양전의 실상이 사실과 어긋나기 마련임을 강력히 지적한다. 즉 "전토가 비록 비옥하다 하더라도 혹 5, 6등으로 현록(懸錄)하고 전토가 비록 척박하더라도 혹 2, 3등으로 준거 삼는" 까닭에, 빈약한 소농민일수록 부담이 커진다 하였다(『사계유고(沙溪遺稿)』 1, 辭執義仍陳十三事疏).

포락지(浦落地)라든가 혹은 흙이 밀려들어 생기는 복사지(覆沙地) 등의 자연 재해를 좀처럼 인정하지 않는다는 방침을 시행한다. 즉 사람의 힘으로 어쩔 수 없는 큰 재해는 별도로 하더라도, 사람의 힘으로 다스릴 수 있는 경우는 결코 함부로 재해를 인정하지 않으려는 것이다.

> 포락(浦落)과 복사(覆沙)가 일어난다 하더라도 큰 구멍을 흙으로 메우기만 하면 경식(耕食)할 수 있는 땅으로 복구될 것이 많은데, 어찌 한번 포락으로 기록되었다 해서 길이 진전(陳田)의 명목으로 방치해둘 수 있겠는가. 이러한 곳들은 관원이 모두 몸소 조사해서, 넓은 곳이면 온 고을의 백성을 동원하고, 적은 곳이면 한 면(面)이나 한 이(里)의 인력을 동원해서 책임지고 수축하게 해야 한다. 그리고 징수할 세량(稅粮: 전세, 대동 등)은 전주(田主)가 도망가고 없더라도 그 관할 갑(甲) 내에 독촉하여 가옥과 재산을 변매(變賣)해서라도 완납하도록 하고, 그마저 다 없어진 다음에야 면제해줄 것이다.[109]

더구나 포락·복사에 관한 현재의 관행은, "1결의 땅 중에서 10부 정도만 수해를 입으면, 한 자리[席] 정도 덮인 모래를 가리켜 복사라 하고, 또 한 길 정도 파손된 것을 가리켜 포락이라 하면서 서원(書員)과 부동(符同)하여 1결 전체를 모두 성천(成川)·포락으로 기재해두도록 한다. 그리고 뒷날 연분(年分)을 책정할 때는 다시 술 한 잔을 서원에게 대접하고는 그대로 진안(陳案)에 달아두게 한다. 그래서 뒷날 새로 양전할 때에 이르면 영구히 구진(舊陳)으로 되어버린다. 전액(田額)이 점점 감축되는 것을 도저

109 『우서』 6, 論田政.

히 금할 수가 없는 것이다."[110]

그러므로 천재·지변에 해당하는 결정적 재해를 입지 않은 경우라면 결코 '포락'·'복사'를 함부로 인정해서는 안 될 것이다.

> 그것은 조세를 더 거두려고만 하는 것이 아니요, 또 백성의 고통을 돌보지 않으려는 것도 아니다. 전답이 개천으로 변하거나 포락한 곳 같은 것은 한 집이나 한 땅의 재해일 뿐만 아니라, 한 고을, 한 마을의 재해인 것이다. 진실로 협력하여 수치(修治)하지 않는다면 그 폐해가 어디까지 갈 것인가. 온 고을, 온 마을이 그 재해를 모두 자기의 재해인 양 여긴 연후에야 자기의 전토 또한 근심 없이 경식할 수 있을 것이다. 진실로 그 같은 재해를 수치하는 데 힘쓰지 않고 다만 재해로만 인정하여 진전(陳田)으로 귀속시키는 것을 혜택으로 여긴다면, 장차 묵은 토지는 더욱 묵을 것이요 새로운 '진전'이 더욱 많아져 토지를 구획하고 관리하는 제도에 미치는 폐해가 이루 말할 수 없게 될 것이다.
>
> 진정 큰 홍수가 일어나 산과 언덕이 물에 잠긴 해에 물 많은 고장의 낮고 습한 곳이 수해를 혹독하게 입었다면 특별히 관휼(寬恤)하는 사례를 적용하여 관계 기관으로 하여금 수치하기 아주 어려운 곳을 답사해서 조사하도록 하고, 이를 '진전'의 액(額)으로 돌려 덕의(德意)를 보일 것이다. 그러나 어찌 평상(平常)의 해에 고을마다 마을마다 '진전'이라고 현탈(懸頉)함을 허용할 것인가.[111]

110 『우서』 6, 論田政.

111 위의 글.

그리고 『우서』는 액전의 수세(收稅)제도를 구체적으로 명시한다. "무릇 액전의 제도에는 민전(民田)이 있고 관전(官田)이 있으며 원액전(元額田: 새로 편성된 액전)이 있고 신증전(新增田: 진전으로 있다가 새로 개간된 것)이 있어, 해마다 편심하는 것이 매우 간편하고 요긴하다. … 민전에서는 으레 책정된 부세를 징수하고, 관전은 그 등급에 따라 민전보다 얼마를 더 징수한다. '원액전'은 전재(全災)인 경우를 제외하고는 당초의 액수대로 징세하고, '신증전'은 백성을 모집해서 개간하고 가벼운 세(稅)를 납부하게 한다. 수령(守令) 된 자는 정밀하게 살펴 재해를 조사하되 원망이 없게 하고, 때맞추어 액전의 세(稅)를 징수하되 모자라지 않게 할 것이다. 백성을 모집하여 개간하되 요령 있게 함으로써 '신증전'이 점차 증가한다면, 전야가 개척되고 부담이 균평해질 것을 곧 이에서 알 수 있으니, 고만(考滿)할 때에 스스로 우등한 처우를 받게 될 것이다."[112]

그런데 액전제도를 시행하면서도 '재해(災害)'를 허용한다면, 현행의 수기수세(隨起隨稅)의 법보다 더 개선된 점은 무엇이 있을 것인가. 『우서』는 이에 답한다.

> 액전법에서는 재해를 입는 경우 세액을 견감(蠲減)하기는 하지만, 평상의 해를 맞으면 다시 구액(舊額)을 복구하니, 관(官)에는 항제(恒制)가 있고 백성에게는 항심(恒心)이 있게 된다. 그러나 수기수세의 경우는 그렇지 않으니, 씨를 뿌리지 않으면 면세될 수 있고, 복사·포락하면 진전으로 될 수 있으며, 다시 양전할 때에는 또 등급을 이리저리 바꾸어 구진(舊陳)으로 등재되기도 한다. 풍년·흉년을 막론하고 신증(新增)하는 전토는 전혀

112 『우서』 6, 論田政.

없고 구액은 날로 줄어든다. 그러므로 전토에는 정액(正額)이 없어서는 안 되며 액(額)에는 정법(正法)이 없어서는 안 되는 것이다.[113]

즉 현행하는 '수기수세'의 법은 단지 경작되는 전토에서만 수세하는 규정인 까닭에, 일시적 재해를 만나 경작하지 못한 전토가 한번 '진전'이라고 면세받으면 다음 해부터 정상으로 경작하더라도 다시는 기경전(起耕田)으로 등재되기가 어렵게 되어있다. 경작자는 계속 면세받고자 하는 욕심으로, 실무를 맡은 이서(吏胥)는 중간 농단으로 사사로운 이득을 노리기 때문이다. 그래서 '신증하는 전토는 전혀 없고 구액은 날로 줄어드는' 행태가 벌어지기 마련이다.

그러므로 액전법은 군현별로 일정한 전액(田額)을 보존해갈 수 있는 가장 튼튼한 방안이요, 경작자로 하여금 응당 '항심'을 갖고 국세(國稅)를 납부하도록 하는 국가의 '항구적 제도'로 설정한 것이다.

그런데 또 한편으로, 각 군현의 전정(田政) 실무를 맡은 이서의 중간 농단으로 점차 증가 일로에 있는 소위 '은결(隱結)'에 대해서는 어떻게 대처할 것인가.

조선 후기에는 '은결'이란 것이 군현마다 전정의 가장 큰 고질로 되어가고 있었다. 17세기 실학자 반계 유형원에 따르면, 은결은 각 군현 이서층의 농간으로 자행되는 경우와 수령 자신이 군현 전정의 편의를 위해 설정하는 경우가 있었다.[114] 그 같은 은결을 막는 방안을 『우서』는 다

113 『우서』 6, 論田政.

114 "지금 전정(田政)이 크게 무너져 1만 결이 되는 전토라도 이서 무리의 자의로 훔치고 탈루하는 농간질에 맡겨져 있다. 그리고 수령(守令) 된 자도 으레 사사로이 은결(隱結)을 두고 있다. 당초에 전제(田制)가 명확지 못하고 국가는 그 실제를 밝혀 운용하기 어려우므로, 오탁한 관원은 속칭 은결이란 것을 두게 되었다. 이미 국가가 백성에게 부세를 징수함에 일정

음과 같이 제시한다.

> 자수(自首)하게 하되, 뒤에 발각되는 자에게서는 감춘 면적과 햇수를 대조해서 은세(隱稅)를 모두 책징(責徵)한다. 그리고 관(官)이 쓰고 있는 사결(私結)에 대해서도 제일 먼저 이를 범(犯)한 수령으로부터 현재 재직하고 있는 수령에 이르기까지, 자수하지 않는 경우에는 그동안 교체되어 부임한 관원들에게 힘을 합쳐 그동안의 세(稅)를 배상하도록 한 후, 제일 먼저 범행한 수령은 적수(敵戍)의 율(律)로 처벌하고, 뒤이어 부임해온 수령들은 관직에 다시 임명될 수 없도록 하며, 백성들 또한 엄히 형벌하고 멀리 유배할 것이다.[115]

그런데 은결을 범행한 관(官)·민(民)을 이와 같이 '자수'하도록 하고 엄형(嚴刑)·원배(遠配)로 처벌하는 방안이 실제 효력을 발생할 수 있을까.

'은결'이라는 전정(田政)의 큰 고질도 시대와 지역을 따라 변화하였겠지만, 실학자 가운데서도 '전정'에 가장 정통하였다 할 수 있는 다산 정약용에 따르면 은결의 문제는 그 본질이 흔히 생각하기보다는 매우 심각한 것이었다. 흔히들 은결이라면 심산궁곡의 숨겨져 있는 땅뙈기를 일컫는 것으로 오인하지만, 실제로는 각 군현 이서들이 어떠한 흉년도 타지 않는 가장 좋은 전토를 잡아 자기들의 수익으로 농간질하는 행태 자체를 가리키는 말이었다. 그래서 다산은 은결이 아니라 곧 '철결(鐵結)'이라

한 상제(常制)가 없으므로 수령들이 은결이란 것을 두어 이를 이용해야만 백성들이 다소 도움을 입을 수 있게 되었다. 그러므로 비록 양리(良吏)라고 일컬어지는 자도 은결 두는 것을 면할 수가 없다"(『반계수록』 3, 田制後錄 上).

115 『우서』 6, 論田政.

고 해야 마땅하다고 증언한다. 그 같은 은결이 증가하는 경로는 다양하지만, 모두가 '전정'의 실무를 맡은 이서들의 수법을 통해 자행된다. 그리고 다산 자신이 유배 가 있는 강진 땅 수백 리 안에서 귀로 듣고 눈으로 본 것을 말하더라도, "많은 고을은 수천 결이요 적은 곳도 8~9백 결인데, 나주 같은 곳은 모두들 만(萬) 결이 넘는다고 말한다"[116] 하였다.

아마도 『우서』에서처럼 엄형과 책징(責徵)으로 은결의 문제를 해소할 수 있을는지는 극히 의문이라 하지 않을 수 없다. 결과적으로 '은결'이란 것은 나라가 망할 때까지 결코 해결의 실마리를 찾지 못한, 영구 미제(未濟)의 지난한 과제로 남겨지기에 이르렀다.

실상 개인 소유의 자산(資産)인 전토를 공공(公共)에 이바지하도록 국가의 관리에 맡겨두기보다는 이를 은닉시켜 사적으로 관리하면서 그 과실을 독점하고자 하는 것은 세상 인간들의 보편적 욕구이다. 농암의 『우서』가 그토록 본받아 좇아가고자 애쓰던 중국 명나라의 경우라 하여 결코 다를 수가 없는 일이었다. 명나라의 '액전'이란 것도 국초로부터 140년 사이에 이미 그 절반 이상이 은루(隱漏)되고 말았다는 사실이 그것을 잘 말해주는 사례라 할 것이다.

> 홍치(弘治) 15년(1502) 천하의 토전은 4,228,058경(頃)에 이르렀다. … 가정(嘉靖) 8년(1529) 곽도(霍韜)가 명을 받들어 『회전(會典)』을 수찬할 때 말하기를, "홍무(洪武) 때로부터 홍치 때에 이르기까지의 140년 사이에 천하의 액전(額田)은 이미 절반 이상 감소하였는데, 호광(湖廣)·하남(河南)·광동(廣東)의 경우 감소한 액수가 더욱 많습니다. 왕부(王府)들에 발급(撥給)한 것이

116 『경세유표』 7, 田制 8.

아니면, 활민(猾民)들이 속이고 숨긴 것들입니다" 하였다.[117]

즉 액전법의 시행 본고장인 명나라의 경우 국초로부터 140년 사이에 원래 책정한 액전은 절반으로 감소하였으며, 넓은 전토를 가진 평야지역일수록 더 큰 감소가 일어났다. 곧 봉건적 권력을 가진 왕부(王府)[118]가 빼돌린 것이 아니면 간활한 호민(豪民)들의 탈루로 인해 그렇게 큰 감소를 보기에 이른 것이다.

더구나 전토의 실제 면적 자체를 파악하는 중국의 경묘법(頃畝法)과는 판이하게, 조선왕국의 결부법(結負法)은 개별 전토마다 그 전품(田品)의 비옥도를 6등급으로 나누고 그 등급에 따라 결·부의 실적(實積)을 달리 파악하는 제도이다. 그래서 결부법으로는 전토의 실적과 그 실상을 파악하는 것이 사실상 불가능한 일이었다고 후일의 다산은 전한다.

> 수령(守令)의 직책이 54조나 되는데 그 가운데서도 전정(田政)이 가장 어렵다. 우리나라 전법(田法)이 본래 좋지 않기 때문이다. … 지금 (전토의 등급에 따라) 실적(實積)을 더해가는 이 법으로는 (중국 고대의 數理에 뛰어나고 視力이 밝았다는) 예수(隸首)가 계산을 맡고 이주(離朱)가 척도를 살피더라도 (결·부의) 수를 밝힐 수가 없다. 지금의 수령들이 어떻게 거기서 벌어지는 농간을 적발할 수 있겠는가.[119]

그러니 구래의 결부법을 그대로 준용한다는 『우서』의 농정론에서는

117 『명사』 77, 食貨志 1 戶口·田制.

118 명나라는 봉건제(封建制)와 군현제(郡縣制)를 아우른 군국제도(郡國制度)를 시행하였다.

119 『목민심서』 4, 戶典六條 田政.

설사 군현별 전액제(田額制)를 실행한다고 하더라도 그 전액의 은루가 어디서 어떠한 경로로 일어나는지를 살피기는 극히 어려울 수밖에 없다. 자세히 살피더라도 밝혀내기는 너무 어렵다고 함이 객관적 사실에 가까울 것이다. 그러므로 『우서』가 강조하는 액전법이 원래의 취지대로 실현될 수 있을지는 극히 의문이라 하지 않을 수 없다.

5. 영농론

『우서』에는 4민의 직사 가운데에서 '사(士)'의 육성에 중점을 두어 그 교육과정을 논한 학교제도에서부터 관원으로 충원하는 선거제도까지를 가장 구체적으로 서술해두었다. 그리고 '공(工)'·'상(商)'에 관해서도 각기 별도의 항목을 두어 그 육성과 인허(認許) 및 수세(收稅)에 관한 내용을 다소 구체적으로 서술하였다. 그런데 '농(農)'에 대해서만은 별도의 독자적 항목을 두어 그 육성책을 말한 구체적 서술이 없다.

또한 '사'·'상'·'공'의 경우는 반드시 그 정액(定額)을 설정하였다. 그러나 '농'에 대해서만은 아무런 정액을 설정하지 않았다. 농업은 그만큼 보편적인 생업이어서 '정액'제도를 실시할 수 없기 때문이기도 하려니와, 특별한 기술이라든가 능력을 갖추지 못한 자라도 누구든지 종사할 수 있는, 가장 기초 직업이라는 인식에서 그러한 것으로 풀이된다.

가령 그의 개혁론에서는 앞으로 군현별로 작성할 '호적'에서도 유호(儒戶)·민호(民戶)·이호(吏戶)·군호(軍戶)·염호(鹽戶)·상호(商戶)·어호(漁戶)·공호(工戶)·역호(驛戶)·승호(僧戶)와 기령호(畸零戶)까지 구체적 호명(戶名)과 그 액수를 밝혀 기재하도록 하였다. 『우서』는 4민의 분업을 크게 강조하거니와, 더 나아가서는 전국 만민의 '9직(職)' 분업론까지 가능한 한 추구하고자 한다. 따라서 국가 호적에는 마땅히 '농호(農戶)'라는 호명(戶名)을 별도로 설정함 직도 하건만, 그러한 설정은 아예 없다. '유호' 다음에 그냥 '민호'로 기재하고 있는 것이 아마도 '농호'를 가리킴인 듯하다.

> 10년마다 호적을 새로 만들 때 관리는 각 이(里)에서 조책(造冊)하여 온 것을 총괄적으로 계산하고 마감하여 격식대로 등사한 다음, 이들을 모아 총책(總冊)을 만든다. 그리고 분야별로 분류할 것은 갖추어 분류해서 그 읍(邑)의 인호(人戶)가 몇만 몇천 몇백 몇십 몇 호(戶)이고 인구는 몇십 몇만 몇천 몇백 몇십 몇 구(口)이며, 남자 몇십 몇만 몇천 몇백 몇십 몇 구(口) 가운데 성정(成丁)은 몇이고 미성정(未成丁)은 몇이며, 부녀 몇십 몇만 몇천 몇백 몇십 몇 구 가운데 대구(大口)는 몇이고 소구(小口)는 몇이며, 유호(儒戶)는 몇 호이고 민호(民戶)는 몇 호이며 이호(吏戶)는 몇 호이고 군호(軍戶)가 몇 호이며 염호(鹽戶)가 몇 호이고 상호(商戶)가 몇 호이며 어호(漁戶)는 몇 호이고 공호(工戶)가 몇 호이며 역호(驛戶)가 몇 호이고 승호(僧戶)가 몇 호인지를 모두 갖추어 기록한다. 기령호(畸零戶)도 인정(人丁)·사산(事產)을 조책하여 이책(里冊)에 첨부한다.[120]

호적상 '사·공·상호' 등은 각기 별도로 설정하면서도 '농호'는 따로 설정하지 않았다는 것은 무엇을 뜻하는가. 그것은 곧 '사·공·상인'은 일정한 '액수'를 설정하였지만 '농민'의 경우는 아예 '액수'를 설정치 않았다

120 『우서』 6, 論官司造冊則例.

는 사실의 이면을 가리키는 것으로 이해된다. 농암은 곧 '사·공·상인'은 각기 일정한 '액수'를 설정하여 그 육성책을 서술해두었다. 그러나 '농업'에 대해서는 별도로 그것을 전업적으로 추구하는 일정한 '액수'의 '농호'를 설정하지도 않았고, 따라서 '농업 육성책'이란 것을 별도로 추구하지는 않았다는 사실을 여기서 읽어낼 수 있다. 가령 '염호' 정책의 경우와 대비해보면 그 같은 사실은 더욱 명백하다.

실상 『경국대전』에도 '어염(魚鹽)'에 관한 규정은 설정되어 있다.[121] 그러나 『우서』는 그와 같은 추상적인 규정을 가지고서는 결코 염정(鹽政)을 실현할 수 없다고 단정한다. "『경국대전』의 법이 모두 다 시행되지 못하고 있는데, 어찌 어염의 경우만 그러한 것이겠는가."[122] 그는 더 구체적으로 말한다.

> 소금[鹽]에 관한 일은 반드시 법(法)이 있어야 한다. '법'이 있은 다음에야 비로소 세(稅)를 징수할 수가 있다. 염법(鹽法)을 실행하기 위해서는 염사(鹽司)를 설치하고 염인(鹽引)·염표(鹽票)·염과(鹽課)·염액(鹽額)을 설정할 것이며, 조지(竈地: 소금 굽는 곳)에 등급을 두고 초장(草場)에 금령을 펼 것이며, 염정(鹽丁)에게는 휼전(恤典)을 베풀고 염상(鹽商)에게서는 징세하는 일 등에 관한 칙례(則例)를 편정(編定)하고 조항을 바로잡은 다음이라야 비로소 호세(豪勢) 있는 사문(私門)과 간상(奸商)·탐관(貪官)들이 털끝 하나라도 침해하

121 『경국대전』의 '어염(魚鹽)' 규정은 다음과 같다. "각 도(道)의 어전(漁箭)·염분(鹽盆)은 등급을 나누어 장적(帳籍)을 만들어 본조(本曹)·본도(本道)·본읍(本邑)에 비치한다. 장적에서 누락시킨 자는 장(杖) 80에 처하고 그 이득은 관(官)에 몰수한다. 염분이 멀리 떨어져 있는 읍(邑)들은 염창(鹽倉)을 두어 세염(稅鹽)을 실어와 곡포(穀布)로 바꾸어서 군자(軍資)에 보탠다. 경기·충청·황해도 세염은 사재감(司宰監)에 상납하는 것 이외에는 군자감(軍資監) 및 염창에 나누어 보낸다"(『경국대전』 2, 戶典 魚鹽).

122 『우서』 8, 論魚鹽征稅.

지 못하게 될 것이요, 염정(鹽政)에서 나는 이익이 비로소 국가로 들어오게 될 것이다. 그런데 지금은 서로 어긋나는 조항 몇 줄만이 『경국대전』에 실려있으니, '사점(私占)하는 자는 결장(決杖)하고 그 염분(鹽盆)을 관(官)에 몰수한다'는 것이 그 전부이다. 한 명의 관리자도, 한 글자의 금례도 따로 규정한 바가 없는데 결장할 사람은 누구이며 몰수할 사람은 누구인가. 이러고서도 그 법을 시행할 수 있겠는가.

이제 마땅히 여러 곳에 염사(鹽司)를 설립해서 소금이 생산되는 곳을 모두 나누어 관장하도록 하되, 염정(鹽丁)의 액수를 편정하고, 국가에서 자본을 내어 자염(煮鹽)하도록 할 것이다. 그리고 소금 3, 4백 근(斤) 정도를 인(引)으로 정하고, 인(引)에 원가를 책정하고는 상인을 불러 출매(出賣)하는데, 그 인가(引價) 및 수표가(手票價)를 바친 후 인(引)과 표(票)를 가진 자라야만 비로소 장사할 수 있게 한다. 감히 사염(私鹽)을 판매하는 자는 중률(重律)로 논할 것이다.[123]

여기서 소금은 '국가에서 자본을 내어 굽도록' 하는, 국가 독점의 특수 산업으로 규정된다. 새로 설립하는 염법(鹽法)이 '호세 있는 사문과 간상·탐관들'이나 '사염을 판매하는 자'를 엄격히 단속하는 것은 그들이 염정(鹽政)이라는 국가 독점 산업의 '공공의 영역'을 사적(私的)으로 침해하기 때문이다. 국가는 소금을 생산하는 '염정의 액수'를 일정하게 편성하고 그 이외에는 일체 소금 생산에 관여치 못하도록 규정한다. 그 판매에 대해서도 일정한 원가로서의 '인(引)'을 납부하고 판매 인허장인 '표(票)'를 취득한 자에게만 염상(鹽商)으로서의 자격을 인정한다. 그리고 그와 같

123 『우서』 8, 論魚鹽征稅.

이 소금을 제작하는 과정과 방법은 물론이요, 특히 거기 종사하는 인원들 모두가 새로 제정하는 구체적 법률 즉 '염법'의 바탕 위에서, 그 법률의 엄격한 적용을 받으면서 이에 염정(鹽政)이란 것이 작동할 수 있는 것이라고 『우서』는 확인한다.

이제 농업의 경우는 어떠한가. 앞에서 살펴봤듯이 염정의 경우와는 달리 농업에는 농호(農戶)라든가 농민의 액수에 관한 규정이 아예 없다. 그리고 농업이란 것은 무릇 전·답으로 이용할 만한 땅이 있는 곳이라면 전국 어디서고 경작할 수 있는 가장 보편적 기초 생업이므로, 결코 농민 혹은 농호의 액수를 한정할 수조차 없는 일이다. 그러나 농암 자신이 농업을 두고 '국가의 큰 정사' 가운데서도 가장 중요한 것이라 하였으니, 그 응분의 진흥책은 제시하지 않으면 안 될 것이다.

『우서』가 농업 진흥의 관건으로 제시하는 것은 우선 4민의 직업적 분화를 촉구함으로써 농업을 전업적으로 담당하는 농민층을 양성해내는 길인 것으로 보인다. 이는 물론 농업에만 해당하는 사항이 아니요, 『우서』는 무릇 모든 산업에서도 업종별 분업이 일어나야 함을 역설한다. 전업적 분업을 통해서 생산기술의 숙련이 성취되는 것이기 때문이다.

그런데 전업적 분업론과 함께 『우서』는 농업에 항심을 가지고 열성을 기울여 진력하는 영농층을 양성하고자 하는 더 적극적인 방안을 혹 모색하고 있었는가. 조선 후기에는 토지소유의 극단적인 편중 현상이 진행되고, 자기 소유지를 전혀 갖지 못한 병작농(竝作農)이 농민의 대다수를 차지하게 되었다. 오히려 병작 농지조차 얻기 어려운 현상이 벌어지고 있었다. 조선 후기 실학은 이 문제를 보편적 과제로 삼아 추구하고 있었다. 『우서』는 여기에 어떠한 문제의식을 드러내고 있었는가.

두 가지 과제를 차례로 고찰하기로 한다.

1) 전업적 분업론

무엇보다 문벌(門閥)이 횡행하는 조선왕국의 정치사회적 풍토에서는 농민들이 농사짓는 일을 '큰 수치'로 여기기 때문에 결코 농사일에 전업적으로 진력하지 않는다고 『우서』는 크게 개탄한다.

> 양반이나 중서(中庶)는 물론이요, 약간 기력 있는 상인(常人)이라면 모두가 스스로 농사짓는 일을 큰 수치로 여긴다. 그래서 농사가 때를 놓치는 것을 눈으로 보면서도, 또 가을에 기근이 들 것을 환히 알면서도 남녀 모두 손을 접고 밭 갈거나 김매는 일을 하지 않는다. 한 나라에 이러한 무리가 무한하게 많으니 어떻게 천시(天時)를 어기지 않고 지력(地力)을 다할 수가 있겠는가.[124]

실로 양반제도·문벌제도가 국가체제 전반에 끼치는 폐단은 무한하게 큰 것임을 농암 자신이 누누이 개탄한다. 농업의 진흥책 또한 그러한 폐단의 파급력을 결코 벗어날 수 없다. '사·농·공·상' 4민의 분업이 진전되지 못하여 각기의 발전이 저해되는 현실이 그 적실한 사례이다.

> 사·농·공·상은 다 같은 4민이다. 만일 4민의 자식들이 한결같이 행세하게 한다면 높고 낮음도 없고 이편저편의 차이가 없어서, 고기는 강호(江湖)에서 서로를 잊고 사람은 도술(道術)에서 서로를 잊듯이 결코 다투는 사단이 없어지게 될 것이다. 그런데 오늘날의 실정은 그렇지 아니하여,

124 『우서』 1, 總論四民.

> 조정(朝廷)에서 사람을 취하고 버리거나 세상에서 사람을 대하는 것이 오직 문지(門地) 두 글자로 차별을 두니, 안으로는 부러운 마음이 생기고 밖으로는 수치와 분노가 일어나게 된다. … 그래서 상인은 장사하는 것을 부끄럽게 여기고, 장인(匠人)은 공업을 부끄럽게 여기며, 농민은 농사짓기를 부끄럽게 여기고, 선비는 선비 된 것을 부끄러이 여긴다. 온 나라에 자기 직분을 지키는 사람이 없고, 세상을 통틀어 자기 직업에 부지런한 사람이 없다.[125]

즉 농민이 농사짓기를 부끄러이 여기고 상인이 장사하는 것을 부끄러이 여기는 현 실태의 근본 원인은 "조정에서 사람을 취하고 버리는" 기준을 "오직 문지(門地: 문벌의 등급) 두 글자"에 두기 때문에 일어나는 것이라고 『우서』는 단언한다. 그리고 그러한 조정의 차대(差待) 기준을 본받아 온 세상이 사람을 '문지'에 따라 차별하게 되었다고 진단한다.

결국 사·농·공·상이 각기의 직분을 부끄러이 여기고 자기 직업에 진력하지 못하는 근본 원인은 조정에서 '문지'를 기준 삼아 사람을 취사(取捨)하는 '정치적' 차대로부터 연원하였다는 논단이다. 그런데 실상 '문지'를 중요시하는 그 같은 인습은 우리나라에서는 이미 신라의 골품제도 이래의 오랜 역사적 연원을 갖는 것이었다. 조선왕국에 와서 오히려 새로 굳어진 노비 종천법(從賤法)과 같은 악법·폐습은 그와 같은 양반 문벌제도를 지탱하기 위한 제도적 장치였다.

이 시기의 문벌제도는 실로 국가적 통념이며 전국적 속상(俗尚)으로 행세하고 있었다. 이제 국가사회 전체가 '문벌'로 발돋움하기만을 바라지

125 『우서』 2, 論門閥之弊.

말고 4민이 각기의 소업에 전념하고 진력하도록 하는 크나큰 변통의 방책은 대체 어디로부터 어떻게 마련할 수 있을 것인가.

> 사·농·공·상에는 각기 그 법도가 있다. 그런데 오늘날에는 그 법도가 없어서 백성들이 직업을 잃게 되었고, 직업을 잃었기 때문에 백성이 가난해지며, 백성이 가난한 까닭에 나라가 허약하게 되었다. 이에 법도를 세우고 제도를 규정하는 것은 곧 4민을 각기 본업(本業)으로 이끌어가려는 것이다.[126]
>
> 4민이 한번 나누어져 사람들이 자기의 본업(本業)을 소중하게 여기게 된다면, 스스로 공비(工費)를 아끼지 않고 황무지를 개간하고 물을 끌어 대는 사람이 있을 것이요, 사람들이 이미 농사에 힘쓰게 되면 한 치의 땅이라도 황금처럼 여겨 반드시 지력(地力)을 다 이용하고야 말게 될 것이다.[127]

사·농·공·상의 분업이 일어나지 않는 까닭은 우리나라 특유의 문벌을 중시하는 인습에서 기인한 것이지만, 지금 당장 그 인습을 타파하기는 어렵다. 그래서 사·농·공·상이 각기 자기의 본업을 찾아 분화하도록 하는 법제를 규정해서 실행하는 방법을 찾을 수밖에 없다. 이제 그 같은 분업을 실현할 법제적 변통책은 어디서 실마리를 찾을 수 있을 것인가.

그 첫째는 온 세상에 범람하는 양반이라는 신분으로서 사(士)의 자격을 법제적으로 엄격히 제한하는 길이요, 둘째로는 사(士) 신분에서 탈락한 다수가 도리없이 선택하게 되는 농·공·상의 직종을 각기 전업적으로

126 『우서』 8, 論魚鹽征稅.

127 『우서』 10, 論變通規制利害.

분업도록 함으로써 생산력을 가일층 발전시키는 길이며, 셋째로는 생산력의 발전으로 일어나는 소득의 증대와 함께 상업을 발전시킴으로써 분화와 변통의 추진력으로 활용한다는 고안인 것으로 이해된다. 이하 차례로 검토해보기로 한다.

『우서』에 따르면 중국의 경우는 왕정(王政)을 구현한 삼대 당시부터 인간 각자의 능력에 따라 사·농·공·상의 분화가 일어나고 있었으며, 지금도 대체로는 그러한 전통을 계승하여 4민의 분업이 실행되고 있다.

> 예로부터 흥작(興作)하는 법도가 삼대(三代)처럼 갖추어진 적이 없는데, 그 법도는 다음과 같을 뿐이다. 즉, 무릇 백성의 아들은 8세가 되면 소학(小學)에 들어가 글쓰기와 셈하기를 배우고, 15세가 되면 대학(大學)에 들어가 예(禮)와 악(樂)을 배우는데 이 중 뛰어난 사람은 상서(庠序)로 진학하며, 상서에서 뛰어난 사람은 국학(國學)으로 진학하고 … 그러한 다음에 작명(爵名)을 주었다. 참으로 뛰어나지 못하고 배워도 성취하는 바가 없는 사람은 소학에 들어갔다가 그만두기도 하고, 혹은 대학에 들어갔다가 그치기도 하며, 상서에 올랐다가 그만두기도 하고, 혹은 국학에 올랐다가 그만두기도 하였다. 그들이 그만둘 때는 과연 어느 곳으로 돌아갔겠는가. 그 재질(才質)과 근력(筋力)이 가까운 데를 따라 농부(農夫)가 되기도 하고, 혹은 공장(工匠)이 되기도 하고, 혹은 상고(商賈)가 되기도 하여 그 부모 처자를 양육하였으니, 종신토록 사(士)로 지내도록 강제한 적이 없었던 것이다. 그래서 지금까지도 중국 사람들은 농·공·상고의 무리일지라도 모두 어려서부터 학교에 들어가 배우다가 재질이 부족하고 배워도 성취하는 바가 없다고 판단된 다음에야 학교를 떠나 다른 일을 영위하므로, 어리석고 무식하며 문자를 전혀 모르는 사람은 없다. 그런데 우리

나라의 이른바 사(士)라는 자들은 그 부조(父祖)가 서로 전하고 족당(族黨)이 서로 이어받아 모두가 유생(儒生)이라고 자칭하지만, 글자를 아는 사람은 극히 얻기 어렵다. 대저 유학(幼學)을 가칭(假稱)하는 사람들이 온 세상에 가득 차서 부모가 굶는 것을 당장 보면서도 감히 다른 직업을 영위하여 구하고자 하지는 않으니, 고금 천하에 어찌 이처럼 무리한 일이 있겠는가. 아, 이 법(위의 중국식 법)을 준수하기만 한다면, 사·농·공·상의 아들들이 각각 그 천부의 재질에 따라 당연히 할 바를 하여 천하에 한 사람도 직업 없는 자가 없게 될 것이다. … 사(士)의 아들이 배워도 성취하는 바가 없으면 학교를 떠나 상인이 되고, 그 아들이 재능이 있어 선비가 된다면, 이것이 능히 그 조업(祖業)을 계승하는 것이 된다. 그리고 만약 재능이 없다면, 10대 동안 장사를 하더라도 그 조업을 계승하는 것이 되니, 이것이 어찌 의리에 해롭겠는가.[128]

그래서 『우서』는 국가 교육제도를 엄격히 통제하여 각 군현 소재의 읍학(邑學)에서 육성하는 늠선생원(廩膳生員) 이상의 각급 학교 학생 이외에는 결코 사(士)라고 칭할 수 없도록 규정한다. 그래서 사(士)의 신분을 유지할 수 없어 물러난 대다수 사람은 도리 없이 농·공·상의 어느 일정한 직업을 선택하여 '당연히' 그것에 진력할 수밖에 없다.

그리고 어느 직업에 진력하든 그 자제가 다시 학업에 전념하여 자질과 능력을 발휘한다면 사(士)로 진출하고 관직을 받을 수도 있다. 그래서 문벌제도를 타파하고 신분제를 개방할 수 있는 변혁이 일어난다. 자기 자질과 노력에 따라 직업을 선취(選取)할 수 있는 길이 열려있으므로 사

128 『우서』 8, 論商販事理額稅規制.

(士)가 못 된다 해서 수치스럽게 여길 필요가 없다.

즉 국가가 공적으로 인정하여 육성하는 읍학생(邑學生) 이상의 학생만으로 사(士)의 신분을 엄격히 제한하고, 그 과정에서 탈락한 자들은 모두 농·공·상 가운데 어느 한 가지 직업을 선택하여 영구히 거기 종사하도록 규정한 것이다. 이는 곧 사(士)의 신분을 법제적으로 엄격히 제한함으로써 '유학(幼學)'을 가칭(假稱)하는 자들이 온 세상에 가득 찬,' 즉 무위도식하는 '양반'이 온 세상에 가득 찬 특이한 현실을 근본적으로 개혁하고, 농·공·상의 어느 직업에 종사하든 결코 부끄러워할 필요가 없는 세상을 만들고자 하는 크나큰 개혁론이다.

다음으로 전업적 분업론을 검토하기로 한다. 『우서』는 중국 고대의 『주례』에 나오는 9직(職) 분업론을 제시하면서,[129] 이는 현재 중국에서도 대체로 잘 시행하고 있는 제도라 이해하고, 이를 적극적으로 수용할 것을 제시한다. 분업론의 사회경제적 배경인즉, 무릇 인간은 이 세상에서 서로 의지하고서야 생활이 가능한 존재요, 특히 "생활의 방도는 전일(專一)하지 않으면 이룰 수가 없는 것인데, 우리나라 사람들의 생활 방도는 전일하지 못함이 심하기 때문이다."[130] 그는 다음과 같이 예시한다.

> 『주례』의 9직(職)은 모든 백성들이 각기 자기 직업에 전일(專一)하도록 한 것이다. 이제 9직의 조목을 두고 말한다면 원포(園圃)가 삼농(三農) 아래 놓여있는데, 범연하게 본다면 농(農)과 포(圃)는 그 일이 서로 비슷하여 농

129 주지하는 것처럼 『주례』(天官 太宰)의 9직(職)은 삼농(三農: 九穀)·원포(園圃: 蔬果)·우형(虞衡: 山澤)·수목(藪牧: 鳥獸)·백공(百工)·상고(商賈)·빈부(嬪婦: 織造)·신첩(臣妾: 疏材)·한민(閑民: 雜役)으로 나뉘어 있다.

130 『우서』 9, 論閑民.

가에서 원포까지 함께 가꾸어도 될 것으로 여긴다. 이를 두 가지로 나눈 것은 무슨 까닭인가. 농은 곡식을 심는 데만 전념해야 하고, 포는 소(蔬)·과(果)를 가꾸는 데에만 전념해야지, 두 가지를 아울러 가꾸어서는 안 되기 때문이다. 그런 까닭에 (공자의 제자) 번지(樊遲)가 곡식 심는 것을 묻고 또한 채소 가꾸기를 물은 것이니, 이에서 옛사람이 각기 한 직업에 전념했음을 알 수 있다. 오늘의 중국을 보더라도 시골에는 반드시 원포를 전념해 가꾸기를 왕십리의 채소 농부처럼 하는 자들이 있는데, 이들은 시골에서 채소를 팔 뿐만 아니라 읍시(邑市)에도 나가 채소를 판다. 시골 사람이라도 (채소를) 사 먹는 자가 많은 것은 그들이 채소 가꾸기에 게을러서가 아니라 대개 각자의 본업에 전념하여 다른 일에 힘쓸 여가가 없기 때문이다.[131]

우리나라 사람들의 생활 방도는 처음에서 끝까지 알차지 못하다. 겉으로만 보면, 농사짓고 누에치고 길쌈을 하고 채소를 심고 장을 담그고 술을 빚고 초(醋)를 만들고 누룩을 디디고 닭을 치고 돼지를 키우고 오곡을 거둬 저장하고 해진 옷을 꿰매고 낡은 집을 수리하고 채소를 저장하고 소나 말을 사육하고 망가진 온갖 기물을 보수하고 땔나무를 채취하느라 남녀가 힘을 합하여 밤낮으로 부지런히 노동한다. 한 가지 일이라도 스스로 감당치 않는 것이 없고 한 가지 물건도 사서 허비하는 일이 없으니, 어찌 부지런하고 성실치 않으며 어찌 검소하고 아끼는 것이 아닌가. 그러니 응당 집집마다 먹을 것이 넉넉하고 재물이 풍부해야 할 터인데, 빈곤이 더욱 심해지고 생활이 날로 곤궁해지는 것은 무엇 때문인가. 어떤 이는 흉년이 들고 부역이 무거우며 토지는 좁은데 사람이 많은 탓

131 『우서』 9, 論閑民.

> 으로 돌리지만, 정말 그런 것일까. 사람이 일을 경영하는 바탕은 정신과 생각과 힘과 역량에 지나지 않는다. 이제 명목(名目)을 잔뜩 벌여놓고 많은 것을 탐하고 욕심을 부리면, 정신이 살피지 못하고 생각이나 힘이 두루 미치지 못하며 자기의 역량이 한계를 넘지 못한다. 그런데도 억지로 하게 되면 유명무실(有名無實)해지는 데 불과할 뿐이다.[132]

여기서 농민들이 농사와 양잠으로부터 해진 옷의 수선, 땔감의 채취 등 온갖 가사노동을 '남녀가 힘을 합하여 밤낮으로 부지런히' 해대는 것이 과연 '많은 것을 탐하고 욕심을 부려'서 그런 것인가. 그보다는 아마도 '빈곤하고 곤궁하기' 때문에 별수 없이 '밤낮으로 부지런히' 노동하지 않을 수 없는 처지로 내몰린 것으로 이해된다. 아마도 모두가 영세한 농지밖에 얻을 수 없는 극단적인 빈농(貧農)들이어서 한계노동에 이르기까지 생존투쟁의 현장으로 내몰리고 있는 현상으로 이해해야 할 것이다.

그러나 물론 위와 같이 생산·생활노동의 모든 것을 겸해서 한 몸으로 골몰하기보다는 가능하다면 사회적 분업에 맡길 것이요, 필수적인 한 가지 생업에만 전업적으로 진력하는 것이 바람직함은 더 말할 필요가 없다. 그런 면에서 『우서』가 먼저 강조하는 4민 분업론은 물론이려니와 여기서 보이는 것처럼 중국의 경우를 따라, 가령 농업이라는 동일 업종이라도 이를 다시 더 분화시켜 곡물·채소·과일 따위의 한 가지씩만 재배하는 전업적 분업 방식을 수용하고자 하는 것은 이전에 없던 새로운 농업 개혁론이라 하지 않을 수 없다.

그런데 『우서』는 각 업종을 전문적으로 분업할 뿐만 아니라 동일 업종

132 『우서』 9, 論閑民.

을 두고서도 그 작업 과정에서의 분업까지 추구하고자 한다. 가령 우리나라 농가에서는 부녀자들이 곡물 농사에 힘쓰면서도 목화를 심어 면화를 따고 이를 다시 손수 방적하고 직조하여 면포를 만들고 이를 다시 바느질하여 식구들의 옷을 지어 입힌다. 그러나 중국에서는 그 모든 공정(工程)을 분업적으로 처리한다.

> 중국의 경우는 그렇지 않아서 (목화를) 심는 사람은 (면포를) 짤 필요가 없고 짜는 사람은 심을 필요가 없다. 목화를 심어 면화를 수확한 사람이 이를 면화 가게에 보내면, 가게 주인은 그 씨를 빼고 솜 가게로 보낸다. 솜 가게에서는 그 솜을 타서 솜덩이로 뭉쳐 실 뽑는 집으로 보내고, 실 뽑는 집에서는 실을 뽑아 삶고 씻어서 베 짜는 집으로 보낸다. 그러면 베 짜는 집에서는 면포를 짜서 면포 파는 가게로 보낸다. 그래서 물건의 유통이 더디지 않고 공정(工程)이 지체되지 않으니 시장의 목면 값이 우리나라보다 갑절이나 싸다. 베 짜는 집의 면포 품질에 몇 등급이 있기는 해도 짜낸 품질이 대체로 균일하여 질기고 고운 것도 우리나라의 목면보다 나으니 이는 부녀들의 공정(工程)이 전일한 효과이다.[133]

이 사료는 목면을 재배하는 농업의 사례라기보다는 실상 재배의 결과 생산된 면화를 가지고 면포를 직조해서 상품화하는 과정, 즉 직조 공정(工程)의 공정별 분업을 설명한 사례이다. 즉 직조하는 공정 자체마저 각기 분업적으로 추구해야만 당해 물화를 신속·정확하게 생산할 수 있으며, 그 물화의 생산 가격 또한 크게 낮출 수 있다. 더구나 공정별 분업을

133 『우서』 9, 論閑民.

통해야만 공정별로 정밀한 전문기술을 개발할 수 있다. 그래서 결국 당해 업종의 생산기술을 극대화하는 경지에까지 도달할 수 있다.

『우서』의 이 사료는 소위 상업적 농업의 사례를 든 경우여서 특히 이채롭다는 생각을 준다. 그러나 동시에 면화재배 농업[棉農] 자체의 업종별 분업에 관한 구체적 설명을 결여하고 있다. 농암은 면화농업 자체에 관한 관심보다도 그것을 직조하여 상품화함으로써 경제적 수익을 올리고자 하는 데 주된 관심을 기울였던 것이다.

그와 같은 공정별 분업화는 사료가 예시한 직조업이라든가 집을 짓는 건축업과 같이 공정별 분리 작업이 가능한 분야에서만 적용할 수 있다.[134] 그러나 가령 벼·보리·목화·채소의 재배라든가 우·마의 사육과 같이 무릇 생명체를 양육하고 그 결실을 보는 데 일정한 시간이 소요되는 농·목업의 경우에는 결코 공정별 분업을 도입할 수 없다. 업종별 분업만이 가능한 것이다.

그런데 『우서』가 중국의 업종별 분업적 생산체계의 선진적 사례들을 소개하면서 이를 수용하고자 하는 의도는 매우 큰 의미를 가진다. 그것은 전업적 분업화를 통해 생산기술을 발전시킨다는 새로운 경제원리를 설파하고 있기 때문이다. 생산기술의 발전은 곧 생산성의 향상으로 직결되고 그것은 또 농민의 일상생활 자체를 안정시킨다. 농민은 상대적으로 물·심 양면에서 자기 직업에 더 안착할 수 있고, 그에 따라 업종별 분업

134 『우서』가 공정별(工程別) 분업론을 가장 잘 설명한 것은 가옥의 건축을 두고서, 중국인들은 "수십 칸 기와집을 짓고자 할 때라도 … 재력(財力)만 있으면 한두 달도 안 되어 이룩할 수 있다"고 한 사례이다. 즉 주인이 설계도[工本]를 만들어 이를 공시(公示)하면, 목점(木店)은 재목(材木)을, 요호(窯戶)는 기와·벽돌을, 석공(石工)은 주춧돌과 섬돌을, 철점(鐵店)은 철재(鐵材)를, 공사(工師)·오자(圬者)는 각기의 작업 도구를 가지고 각자가 자기 기술과 분야를 담당해서 단기간에 완공할 수 있다. 그리고 "사민(四民)이 일단 분화하기만 한다면 불과 몇 년 사이에 어디에서고 모두 이와 같이 될 것이다"라고 확신한다(『우서』 1, 總論四民).

또한 더 확고히 안착시킬 수 있다. 그리고 생산성의 향상에 따라 더 증대한 농민소득은 급기야 이전에 없던 상품 구매력의 향상을 가져올 것이며, 이는 필연 상업의 발전에도 기여할 것이다.

이제 상업의 발전이 4민의 분업을 추동한다는 과제를 검토하기로 한다. 농암의 『우서』는 국가정책을 통해서 우선적으로 상업을 발전시키고자 한다. 그런데 『우서』가 말하는 상업 발달의 요체는 "대자본을 운영하는 대상인(大商人)이 큰 점포를 열어야만 이에 물화가 몰려들어 비로소 번성할 수 있다"[135]는 취지에 선다.

『우서』는 실로 상업을 제대로 발달시킨다면 수년 안으로 전국 도처에 낙토(樂土)가 이루어지고 '이용후생의 도(道)'를 다 갖출 수 있을 것으로 전망한다.

> 아, 왕토(王土) 아닌 땅이 없고 왕민(王民) 아닌 백성이 없는데도 우리나라는 서울과 시골의 풍속이 너무나 달라서 한강을 건너기만 하면 곧 무식하고 예의범절이 없다. 사대부가 시골에 살기를 꺼리는 것은 무엇 때문인가. 공장(工匠)이 없고 상고(商賈)가 없고 시사(市肆)가 없고 물화(物貨)가 없고 의약(醫藥)이 없고 문적(文籍)이 없으며, 양생송사(養生送死)에 유감이 남고, 자손이 견문(見聞)하는 바 없어 점점 우둔한 시골사람으로 되며, 벼슬을 얻지 못하여 가문이 기울지 않을까 걱정되기 때문이다. 이제 내가 논의한 이 법(즉 상업 발달의 방법)을 시행한다면, 고을마다 모두 액점(額店)·액사(額肆)가 있게 될 것이다. 상인이 있게 되면 저절로 공장(工匠)과 수륙(水陸)의 물화와 의약과 문적이 있게 될 것이다. 그리고 학제(學制)가 이미 이루

135 『우서』 1, 總論四民.

어지고 관제(官制)가 이미 정립되어 가문이 기울까 걱정할 필요도 없어지므로, 동·서·남·북의 궁향(窮鄕) 벽읍(僻邑)을 막론하고 사람들이 모두 제 고장에 안주하게 될 것이다. 그래서 어리석고 의지할 곳 없으며 재주 없고 생각이 모자라는 사람들을 막론하고 모두가 그 생업에 안착하게 될 것이다. 들에 사는 사람은 농상(農桑)과 축목(畜牧), 나물과 채소 재배에 힘쓰며 땔감을 채취하고 그릇을 만들며 쇠붙이를 다루는 등의 일에 힘을 기울인다. 읍내에 사는 사람은 저자에 점포를 설치하고 각기 자호(字號)와 세액(稅額)을 이루어 서로 이어받고 전해 가며 모든 양생송사의 기구들을 팔게 될 것이다. 길(吉)·흉(凶)·혼(婚)·상(喪)의 모임과 쓰임새에 필요한 것들도 모두 방국(坊局)이 있어 대를 이어가며 팔게 될 것이다. 그래서 불과 몇 년 사이에 도처에서 낙토(樂土)를 이루고 문헌(文獻)을 지니게 되어, 이용후생(利用厚生)의 도를 완수하게 될 것이다.[136]

즉 군현마다 읍시(邑市)를 중심으로 대점포(大店鋪)인 '액점(額店)·액사(額肆)'의 상업이 일어나면 관련된 수공업자들과 수·륙의 물화와 의약과 문적이 따라서 흥성하기 마련이라는 논조이다. 새로운 교육제도·관직제도가 정립되면 자질과 노력에 따라 언제든지 가문을 일으킬 수 있으므로, "어리석고 못난 사람들도 모두 농·공·상의 생업에 안착"하게 된다. 그에 따라 읍내와 같은 도회지를 중심으로 온갖 상업이 가일층 번성한다. 그래서 "불과 몇 년 사이에 도처에서 낙토를 이루고" 문헌을 구비하게 된다. 이제야 "이용후생의 도를 완수"하기에 이를 것이라고 전망하였다.

『우서』는 이처럼 상업의 발달이 4민의 분화를 촉진하고 "도처에 낙토

136 『우서』 8, 論商販事理額稅規制.

를 조성한다"는 기본 논조에 서 있지만, 또한 4민의 분화가 다시 상업의 발달을 촉진하고 문물의 번영을 추동한다는 논지를 편다.

> 4민이 일단 분화되면 모든 일이 용이하여, 물이 흐르면 도랑이 이루어지듯, 저절로 확 트여서 어려움이 없게 된다. 곳곳의 읍내에는 전사(廛肆)와 저제(邸第)가 고기 비늘같이 조밀해질 것이요, 촌야에는 반드시 향관(鄕官)의 집이나 부민(富民)의 제택(第宅), 읍내 상고(商賈)의 전장(田莊)·별업(別業) 등속이 차례로 이룩될 것이다. 이런 것들이 다소 조성되어 두서가 잡히게 되면 궁벽한 향읍(鄕邑)이라도 반드시 시원하게 그 외모를 바꾸게 될 것이요, 초라하고 쓸쓸한 모습이 전혀 없어지고 반드시 은성하고 번화해지는 효험을 보게 될 것이다.[137]

그런데 위에서 "도처에 낙토가 조성된다"는 것은 구체적으로 어떠한 내용을 가리키는가. 『우서』는 중국의 부유한 상인들이 역사적으로 자기 고장의 성(城)·지(池), 교량, 도로, 의학(義學) 등을 담당하여 건설하는 사례가 있었다는 사실을 예로 들면서, 우리나라도 상업의 법도가 확립된다면 그렇게 되리라 전망한다. 즉 "전(傳)에 이르기를 '의식이 족해야 예절을 안다'고 하는데, 이는 헛된 말이 아니다. 만약 이 법(곧 상업의 법도)이 일단 이루어진다면," 중국의 경우처럼 으레 "상고(商賈)·부민(富民)들이 자기 가족의 안위를 위해서라도 소속 군현의 성(城)·지(池)를 수축할 것이요, 자기 상업의 편익을 위해서라도 우·마차가 왕래하기 편리한 도로와 교량을 개설할 것이며, 의학(義學)을 설치하고 훌륭한 스승을 모셔와 자녀들에

---

137 『우서』 8, 論商販事理額稅規制.

게 좋은 교육을 베풀도록 할 것이요, 또한 그 재원을 담당하는 의장(義莊)을 설치하게 될 것"[138]이라고 전망한다.

상업 발달의 힘은 실로 매우 큰 파급력을 발휘할 것임에는 틀림없다. 그런데 상업은 무엇보다도 이익을 바라고 이윤을 추구하는 것이 그 본령이다. 과연 그와 같이 "도처에 낙토를 이룩하는" 선순환의 방향으로만 사회경제 구조를 변동시켜 갈 것인가.

『우서』는 다른 곳에서 이미, "대개 의식(衣食)이 제법 유족한 자는 반드시 장토(莊土)를 매입한다"[139]고 단언해둔 바 있다. 자기 고장의 성지·교량을 설치하는 데 힘쓰기보다는 우선 자기 전장(田莊)을 마련하기에 더 관심을 두기 마련인 것이 부유한 자들의 근성일 터이다. 또한 '낙토'와 더불어 언급한 "이용후생의 도를 완수한다"는 것은 무슨 뜻을 전하고자 함인가. 상업이 아무리 발달한다 한들 과연 '이용후생의 도'라는 것을 완수[畢]하는 경지에까지 도달할 수 있을 것인가.

『우서』가 저술된 18세기 초반의 조선사회는 아직도 상업의 발전이 그리 활발하지 못한 상태에 있었다. 저자 농암 유수원은 상업발달의 역사가 더 오래된 중국의 경우와 대비하면서, 정체되어 있다고 생각하는 조선사회에 충격적 변동을 일으킴으로써 중국의 수준을 따라가고자 하는 욕구가 넘치다 보니, "도처에서 낙토를 이루고" "이용후생의 도를 완수한다"는 등의 집념 어린 언설을 구사하였던 것으로 이해된다.

"4민이 일단 분화되면 모든 일이 용이해진다"는 언설 또한 마찬가지 집념의 소산으로 보인다. 그는 4민의 분업과 상업 발달이 초래할 긍정적

---

138 『우서』 8, 論商販事理額稅規制.

139 『우서』 6, 論編審舊管新增事例.

효과를 두고서도 마치 자동적으로 전개될 '용이한' 현상인 것처럼 말하였다. 물론 4민이 분업하면 각 분야 생산성이 향상되고 특히 상업의 발전이 제반 물산의 생산성을 추동하고 인간관계를 더 합리적으로 이끌어가리라는 것은 긍정할 만한 대목이다. 그런데 그 전제가 되는 제반 물산의 생산력 발전에 관한 구체적인 측면들을 거의 고려하지 않은 채로 그 같이 넘치는 언설을 늘어놓고 있었다는 사실 또한 간과해서는 안 된다.

가령 농업 분야를 두고 말하자면, 제조업의 경우처럼 다수의 노동력을 투입하여 단기간에 대량 생산을 수행하기는 어렵지 않겠는가. 또한 상업의 경우처럼 요로에다 대점포를 열고 다량의 물화를 진열하여 판매함으로써 큰 이윤을 남길 수 있는 사업과도 전혀 다른 분야이다. 무릇 농업생산이란 것은 곧 농작물의 장기간 생육과 결실을 보살피고 기다린 끝에 가서야 비로소, 그것도 일정한 정도를 성취할 수 있는 일이기 때문이다.

『우서』의 4민 분업론 및 상업의 발달이 사회경제 구조의 변화를 추동한다는 이론은 결코 사·농·공·상의 4민이라든가 혹은 상업의 문제 그 자체에만 국한하여 고찰해서는 전체 윤곽조차 파악하기가 어려운 과제임을 주의해야 한다. 이는 교육제도와 관직제도로부터 신분제도·경제제도 등 국가제도의 전반적 개혁과 연관시켜 추구함으로써 비로소 구현될 수 있는 광범한 변법론에 속하는 구조적 변동임이 명백하기 때문이다.

2) 영농 주체층론

농업을 진흥하려면 이를 천직(天職)으로 여기고 기꺼이 진력하는 광범한 농민층을 확보해야 할 것이다. 그런데 농민이 전업적으로 영농에 진력할 수 있도록 하기 위해서는 우선 농사의 터전인 전토를 항구적으로 보유할 수 있어야 한다. 항산이 뒷받침되어야 항심이 생기기 마련이다.

농업의 경우 지나친 영세(零細) 경작은 생산성이 떨어지기 마련이다. 앞에서 살펴본 바와 같이, 농사짓고 누에 치는 일로부터 우·마를 사육하고 땔감을 채취하는 등 온갖 노동을 부지런히 하는데도 끝내 '빈곤하고 곤궁한' 상태를 벗어나지 못하는 것은 그들의 투입 노동력에 비해 너무나 영세한 전토밖에 보유하지 못한 현실상의 여건 때문이다. 거기서는 생존을 위한 극단적인 한계노동이 일상화해 있지만, 정성 어린 진력(盡力)을 기대할 수는 없다. 적정 규모의 영농이 필수 조건이다.

조선 후기에는 이미 토지소유의 분화가 크게 진행되어, 대다수 농민이 병작농(竝作農)의 처지로 전락하였다는 것은 주지하는 사실이다. 그런데 이들 '병작농'을 보편적 생산층으로 하고서도 가령 '낙토'를 이룩하거나 더 나아가서는 '왕정(王政)'을 추구하는 농정(農政)을 펼칠 수 있을 것인가.

조선 후기의 실학은 실상 바로 그와 같은 과제를 두고 심사숙고를 거듭하고, 갖가지로 해법을 찾고 있었다. 가령 반계의 '공전제론', 성호의 '영업전론', 다산의 '정전제론'이 곧 그 해법들이다.

우선 조선 후기의 병작농은 구체적으로 어느 정도의 비중을 차지하고 있었는가. 『우서』보다도 다소 앞서 저술된 『반계수록』의 경우, "지금 토지를 많이 가진 자는 1/10이요, 무전자는 항상 10분의 8, 9를 차지한다"[140]고 말하였다. 『우서』 또한 거의 동일한 논조이다. "오늘날 전토는 모두 사대부의 소유로 귀속되었으니, 백성이 어찌 전토를 가진 것이 있겠는가. 겸병(兼竝)이 이미 극도에 달하였으니, 이를 바로잡지 않는다면

140 『반계수록』 2, 田制 下 田制雜議附. 여기서 1/10이란 수치는 물론 그 기본 추세를 논한 것이다.

백성이 지탱할 수가 없을 것이다."[141]

그런데 자기 전토를 갖지 못한 농민은 남의 전토를 경작하여 그 소출의 절반을 지주(地主)에게 사조(私租)로 바치는 '병작반수(竝作半收)'의 상태에서 연명할 수밖에 없다. 그와 같은 병작농이 대다수를 차지하는 상태에서는 왜 농업 진흥책을 펼치기가 어려운 것인가. 『우서』는 실상 그에 대한 해답을 적시(摘示)하지는 않았다. 그러나 전후의 실학자들이 그 해답을 제시해둔 것이 있다. 그것은 곧 병작의 경우 결코 농민이 농사에 진력하지 않으며, 따라서 생산성이 떨어지기 때문이라는 것이다. 가령 반계 유형원은 자신의 실제 경험을 통해 다음과 같이 말한다.

> 지금 전토를 많이 가진 자는 경작할 땅은 넘쳐나는데 경작 능력은 한정되어 있으므로 두루 다 경작할 수가 없다. 반면에 무전자(無田者)는 노동력은 남는데도 전토가 없으므로 경작할 수가 없다. 그래서 경작지가 많이들 황폐해지는 것이다. 비록 병작(竝作)하는 규례가 있다고 하지만 전토를 많이 가진 자는 남에게 병작을 시키고는 자신은 가만히 앉아 병작료를 끌어모아 받아먹기만 하고 부지런히 힘쓰는 일이 없다. 무전자들은 우선 남의 전토를 경작하더라도 해마다 그것을 계속 경작하기란 어렵고, 또한 자기의 소유지가 아닌 까닭에 거름을 주어 토질(土質)을 가꾸는 일에는 뜻이 없다. 그런 까닭에 전토가 많이들 메마르게 된다.[142]

우선 지주(地主)의 경우는 전토가 많으므로 노동력의 정밀한 투입이 있

141 『우서』 1, 論麗制 田制.

142 『반계수록』 2-12, 田制 下 田制雜議附.

을 수 없고, 따라서 단위 생산력은 저조하기 마련이다. 그리고 남의 전토를 병작하는 소농민으로서는 그 전토가 결코 항산의 터전일 수가 없다. 병작지마저 지주의 의향에 따라 언제나 남에게로 옮겨질 수 있기 때문이다. 그러므로 병작자인 소농민은 당해 농지에 거름을 많이 주는 등의 토질 개량에 결코 진력하지 않는다. 항심을 둘 수 없기 때문이다. 그래서 전국 농토의 대부분을 차지하는 병작지는 결코 높은 생산력을 유지할 수가 없다. 요컨대 전국 전토의 대다수가 소수 지주의 소유로 되어있는 현 실태에서 지주나 병작자를 막론하고 경작자는 토지에 대해 상대적으로 적은 관심밖에 기울이지 않는다. 따라서 전국 모든 전토의 생산성이 저조해지는 상태를 결코 면할 수 없다는 뜻이다.

『우서』의 저자 유수원과 거의 같은 시기의 실학자인 성호 이익의 견해 또한 마찬가지다. "자기 일에 부지런하고 남의 일에 게으른 것은 인정(人情)이 다 마찬가지다. 노비는 젊어서부터 늙도록 날마다 하는 일이 남의 일 아닌 것이 없다. 어찌 일마다 마음을 기울여 하겠는가."[143] 그는 다시 말한다.

> 일상으로 징험해보건대, 부자(富者)의 전토는 곡식이 많이 나고 빈민(貧民)의 전토는 곡식이 적게 나며, 동네에서 가까운 땅은 곡식이 많이 나고 동네에서 멀리 떨어진 땅은 곡식이 적게 난다. 농사에 게으르고 손을 놀리는 것은 꼭 그 사람이 현명한가 아닌가에 달린 것이 아니요, 항심(恒心)이 없기 때문에 그러한 것이다.[144]

143 『성호사설』 12, 奴婢. 이는 원래 타인의 말을 인용한 대목이지만, 오히려 성호 자신의 견해를 잘 표명해둔 것으로 해석된다.

144 『성호사설』 16, 無貨無穀.

여기서 '부자'의 경우 광작(廣作)하는 전토에서도 생산성이 높다는 말이 아님은 더 말할 필요가 없다. 그것은 빈민의 경우와 대비해서 오히려 항심을 기울이는 부자의 전토가 더 높은 생산을 낸다는 뜻이다. 가까운 땅의 경우 또한 항심을 기울이기 쉬운 위치상의 이점 때문에 생산성이 높다는 뜻이다. 관건은 항심을 어느 정도로 기울이는가 하는 것이다.

그러니 무릇 농업에 종사하는 농민이라면 모두가 항심을 기울이도록 하는 농정(農政)은 어떠한 형태로 구현되어야 할 것인가. 그 해법은 이미 반계의 '공전론', 성호의 '영업전론', 그리고 다산의 '정전제론' 등에 제시되어 있다. 그것은 전국의 농민들이 자가의 가족 노동력을 기본으로 하는 자영농(自營農)으로 새로이 탄생하도록 한다는 방안이었다. 이 '자영농'이야말로 왕정(王政) 구현의 사회경제적 기초를 이루는 기준적 소경영(小經營) 농민층으로 설정하였던 것이다.[145]

근년의 연구 결과에 따르면 조선 후기의 농업 경영은 점차 영세(零細) 균작(均作)이라는 '소경영' 형태로 전개되었다고 한다. 병작지조차도 뇌물을 써 가면서 획득할 수 있는 치열한 경쟁의 시대를 살다 보니, 가족 노동력을 기초로 하는 '영세 균작'의 소경영 농민층이 다수를 점하기에 이르렀다. 그 같은 대세가 일어나게 된 생산력적 근거는 어디에 있었는가. 곧 가족 노동력을 기초로 하는 소경영 형태야말로 가장 높은 생산성을 발휘할 수 있다는 사실에 있었다. 소농민 가족 전체의 생계가 달린 생명의 터전이므로 전력을 기울임에 따라 결국 가장 높은 생산성을 발휘할 수 있는 일이었다.

---

145 반계의 자영농론에 관해서는 김태영, 2013, 「반계의 변법적 통치론」, 『반계 유형원 연구』(사람의 무늬 ; 본서 수록) 참조. 다산의 자영농론에 관해서는 김태영, 2012, 「茶山의 井田制論」, 『다산 정약용 연구』(사람의 무늬) 참조. 성호의 '영업전(永業田)'론이 자영농 육성론이라는 것 또한 보편적으로 인정된다.

이제 소농민 경영이 대세를 이루어 성장해가는 현상의 역사적 의미는 무엇이라고 할 수 있을 것인가. 아마도 중앙 벌열(閥閱)층의 정권이라든가 지방 토호들의 향권(鄕權)과 같은 비리의 압제를 벗어나 공공(公共)인 국가(國家)를 직접 상대하는 사회정치적 자립체로 성장하고자 하는 농민층의 의지를 반영하는 현상으로 해석할 수 있을 것이다.

그런데 이들 소농민이 모두 항구적으로 항심을 갖도록 하는 결정적 관건은 곧 그들이 생산 터전으로서의 전토를 항구적으로 이용할 수 있도록 토지제도를 개혁하는 데 있었다. 극심한 토지소유의 편중과 같은 사회경제적 속박 속에서는 결코 주체적이고 적극적인 생산성의 향상을 기대할 수 없다. 다산의 정전제론은 그것을 다음과 같이 말했다. "농민은 그 전토가 영업전(永業田)이 된 줄을 안 뒤라야 돌자갈을 추려내고 잡초를 제거하며, 밭도랑을 단속하고 거름을 많이 주게 되는 것이다."[146]

농암의 『우서』 역시 중앙 벌열 정권의 갖가지 비리와 각 지방 향소(鄕所)를 점거하고 자행하는 토호들의 무단(武斷)은 단연코 척결해야 하는 것이라고, 근본적 개혁론을 제시한다. 벌열 따위의 전횡에 맡겨진 정치권력을 철저하게 공공(公共)으로 귀속시켜야 한다는 것은 실학의 공통 이념이다. 정치권력뿐 아니라 생산수단으로서의 토지 또한 공공의 관리에 맡겨야 한다는 것 또한 실학의 주요한 공통 이념이었다. 그것이 곧 정치와 경제의 상호 관계가 상응하도록 하는 구조적 개혁론의 제시였다.

그런데 『우서』는 그 같은 상부의 정치적 개혁에 상응할 만한 하부 농민층의 육성 과제에 관한 한 어떠한 구체적 개혁론도 제시한 것이 없다. 그는 농업 또한 전업적 영농을 해야 한다고 주장할 뿐 아니라 농업 가운

146 『경세유표』 5, 田制 3.

데서도 다시 곡물, 채소, 과일 등의 분업적 영농을 주장한다. 그러면서도 분업적 영농의 생산수단인 전토의 보유에 관해서는 어떠한 새로운 고안도 내놓지 않았다.

『우서』의 실학적 개혁론은 대체로 이념적인 것을 추구하기보다는 현실의 공리적(功利的) 실효성을 중시하는 특징을 띠고 있다. "국가의 큰 정사로는 농업보다 더한 것이 없다"고 하는 견지에 서면서도, 정작 농업을 진흥할 핵심 과제인 농지(農地) 보유 관계의 개혁론을 전혀 도외시한 사실 또한 아마도 현실적 실효성을 추구한 현상에 다름 아닌 것으로 이해된다.

6. 맺음말

한국사에서는 왕권과 문벌귀족의 공고한 유착에 따라 극단적인 중앙집권적 지배체제를 마치 영구 불가피한 인습인 듯 오래 유지해오고 있었다. 농암 유수원의 『우서』가 문벌 지배체제를 타파함으로써 4민의 분업(分業)을 촉구한다는 개혁안을 제시한 것은 조선왕국의 정치사회적 구조와 생태에 관한 비교적 정확한 인식을 바탕으로 하는 실학적 발상으로 이해된다. 4민의 분업이 실현되어야만 각 분야 종사자들이 자기 업종을 '수치'로 여기지 않고, 실속 있는 독자적 분야로 발전시킬 수 있다는 구상 또한 선구적 안목이라 할 수 있겠다.

『우서』는 '국허민빈(國虛民貧)'의 타개책으로 제기하는 4민 분업론을 어떤 과정을 통해 추구하고자 하는가. 우선 온 세상에 전횡하는 양반·문벌 신분으로서 사(士)의 자격을 각급 학교의 교육과정에서부터 법제적으로 엄격히 제한할 것이요, 그래서 사 신분에서 탈락한 대다수가 선택하게 되는 농·공·상의 직종을 각기 전업적으로 분업도록 한다는 것이었다.

그런데 4민의 분업 가운데서도 『우서』는 특히 상공업을 국책 과제로 집중 발전시킴으로써 구래의 정체적(停滯的) 사회체제에 충격을 가하고 분화와 변통의 추진력으로 활용한다는 구상을 편다. 상공업의 경우는 소위 공정별(工程別) 분업이 가능하여 비교적 단기간에 대량생산과 유통이 가능하고, 자본의 회전이 빠른 분야이므로 그 사회경제적 성과 또한 매우 가시적일 수 있기 때문이다.

상공업에 비하면 벼·보리·목화의 재배라든가 우·마의 사육과 같이 무릇 생명체를 양육하여 성장과 결실을 보는 데 일정한 시간을 소요하는 농·목업의 경우에는 결코 공정별 분업을 적용할 수 없다. 업종별 분업만이 가능할 뿐이다.

『우서』가 중국의 분업적 생산체계의 선진적 사례들을 소개하면서 이를 수용하고자 하는 의도는 매우 큰 의미를 가진다. 그것은 전업적 분업화를 통해 생산기술을 발전시킨다는 새로운 경제원리를 설파하고 있기 때문이다. 생산기술의 발전으로 인한 생산성의 향상은 농민의 일상생활을 안정시키고 항심을 갖게 한다. 그리고 더 증대한 농민소득은 급기야 이전에 없던 상품 구매력의 향상을 초래하기 마련이며, 이는 필연적으로 상공업의 발전에도 기여할 것이다.

농암 유수원의 『우서』는 농업진흥의 방안으로 우선 '구전(區田)' 등의 몇 가지 농작법(農作法)을 "불가불 본받아야 할 중국의 제도"라고 역설하였다. 이는 상대적으로 작은 농지에 다수의 구덩이를 파고 고밀도로 파종한 후 집약적 시비(施肥)와 관개(灌漑)를 통해 재배함으로써 일반 농작의 경우보다 여러 갑절의 수확을 거둘 수 있는 방법이다. 그런데 이는 실상 14세기 원나라 왕정의 저술인 『농서』에서 이미 "구설(舊說)"이라고 소개해둔 것이었다. 『우서』는 "여러 갑절"의 높은 수확을 올린다는 이 농작법이 통시대적일 것으로 이해하고, 우리나라도 "불가불 본받아야 할 제도"라고 역설하였던 것으로 이해된다.

그런데 이는 중국 본토에서도 농민들이 현실적으로 널리 선호하지 않으며 따라서 결코 "떳떳한 제도[常制]로 삼을 만한 것이 아닌" 농작법으로 판명된 것이라고, 16세기의 『속문헌통고』가 명기해놓았다. 상대적으로 노동력의 집약적 투입을 요하는 이 고밀도 농작법은 18세기 당시 우리나라의 영농 현실에서도 결코 널리 활용할 수 없었던 것으로 이해함이 온당할 듯하다.

『우서』는 다시 수차(水車)의 활용을 비롯한 여러 가지 수리(水利)시설, 경지 활용의 밀도를 높일 수 있다는 중국식 뇌사(耒耜)의 수용과 보급, 중국 잠직(蠶織)기술의 '정교하고도 민첩함'을 배워 활용한다는 과제에 대해서도 구체적으로 논하였다. 중국의 농업 기술과 기구들의 선진적인 면들을 인식하고 이를 수용하고자 하는 『우서』의 견지는 역시 북학론의 선구를 이루는 선진적 안목에 속한다. 다만 그런 중국식 기술이 조선왕국의 전통적 농업 정책 및 농업 현실과의 구체적 관련 속에서 추구되고 있지는 않았다는 사실이 다소 아쉬움을 남긴다.

또한 『우서』는 중국식 제도를 따라, 각 가호의 전토(田土)와 인정(人丁), 생업과 재산의 내용을 모두 호적(戶籍)에 기재토록 하고, 이를 기준 삼아 세(稅)를 징수한다는 개혁안을 제시하였다. 수시로 일어나기 마련인 인구와 자산의 변동은 해마다 호적의 편심(編審)을 통해서 사실 그대로 파악하도록 하는데, 10호로 구성되는 1갑(甲) 전체의 호적 기재 내용을 작성하고 편심하는 일은 갑수(甲首)가 연대책임을 지고 수행하도록 규정한다.

그런데 호적 기재 내용에 따라 징세하는 항목 가운데 균요전(均徭錢)과 균요미(均徭米), 그리고 여러 명색의 잡부(雜賦)를 일괄 타결한다는 고안의 3가지가 일종의 균산적(均産的) 정책론에 속하는 것이어서 특히 이채롭다. 실학의 균산론으로서는 토지소유 관계의 개혁론이 대세를 이루는 편이지만, 『우서』는 그 같은 근본적 개혁론을 일절 선호하지 않는다. 그래서 좀 더 시행하기 쉬운 세(稅)의 징수를 통한 균산책을 고안한 것으로 이해된다.

우선 균요미·균요전은 『우서』가 '호요(戶徭)'라고 지칭하는 바와 같이, 각 가호(家戶)의 소득에 따라 부과하는 일종의 '종합소득세'에 해당하는 세목(稅目)을 신설하는 것이었다. 구래의 국가제도상 사노비(私奴婢)의 소유에는 한도가 없고 따라서 다수의 노비를 소유할수록 그 주가(主家)는 막대한 신공(身貢) 수익을 독점할 수 있었다. 또한 주된 과세 대상인 전토의 경우를 보더라도, 그 경작자에게 전세(田稅)·대동미(大同米)·삼수미(三手米) 등을 부담시키면서도 개별 지주(地主)가 병작농(竝作農)으로부터 거두는 막대한 사조(私租) 수익에 대해서는 '한 톨'의 곡식조차 국가는 징세하지 않았다. 따라서 전토와 노비를 많이 소유한 자일수록 더욱 부유해지기 마련이었다.

이에 『우서』는 그와 같은 사조(私租)라든가 신공(身貢) 수익이 많은 자에게 일정한 '가호별 종합소득세'로서의 균요미·균요전을 신설함으로써 종래 부익부·빈익빈으로 치달아 온 사회경제체제를 다소라도 개선하고자 하는 새로운 개혁책을 설정한 것이었다. 다만 '종합소득세'의 관건은 세액(稅額)의 '누진적' 조절에 있는데, 『우서』의 '균요미·균요전'은 겨우 산술적 증액만을 고려하는 정도에 그쳤다.

그리고 『우서』는 현재의 1결당 전세 4두(斗)·대동미 12두의 세(稅) 이외에 다시 1결 9두씩을 더한 합계 25두씩을 징수함으로써 종래 별도로 부과되어 온 여러 가지 명색의 말썽 많은 잡부(雜賦)들을 일괄 타결하기로 설정하였다. 그러면 '균요미'와 합쳐 1결 30두가 된다. 구래의 세정(稅政)에서는 '잡부' 혹은 '잡역(雜役)'으로 통칭되는 잡다란 부담들의 명색이 매우 많고, 그 징수에는 또 별별 음성적 방법들까지 다 동원되고 있었다. 명색과 과정이 복잡할수록 큰 피해를 보는 자는 소농민을 비롯한 빈궁한 자들이기 마련이었다. 그런 면에서 『우서』가 '잡역가'를 공적인 부세(賦稅)로 양성화함으로써 잡다한 부과와 그 징수 과정에서 일어나는 온갖 중간 농단을 일괄 해소하기로 설정한 것은 매우 합리적인 개혁 시도라 할 수 있다.

또한 『우서』는 여러 궁가(宮家)와 국가기관, 관원과 인리(人吏)들에게 허여해온 복호(復戶)·면세(免稅) 등의 잡다한 특전들을 모두 혁파하고, 무릇 전토(田土)이면 모두를 호조(戶曹)의 직할로 귀속시킨다는 개혁안을 제시하였다. 그것은 곧 전정(田政)의 일원화를 단행함으로써 국가재정의 일원화를 실현하고, 재정의 수취와 지출 과정에서 만연해온 온갖 중간 농단을 일절 배제하고자 하는, 매우 의미 있는 개혁론으로 보인다.

뿐만 아니라 『우서』는 군현별로 현재의 양안(量案)을 기준 삼은 전액(田額)을 편성해두고, 항구적으로 이를 기준 삼아 전정(田政)을 운영하는 액전법(額田法)을 실행하고자 한다.

무릇 토질의 비(肥)·척(瘠)에 따라 전토를 6등급으로 나누고 등급에 따라 결(結)·부(負)의 실제 면적을 달리 파악하는 종래의 양전법(量田法)으로는 전국의 전토를 결코 정확히 파악할 수 없었다. 다시 양전을 시도하더라도 더 개선될 여지는 별로 없는 것이 종래의 관행이었다. 그래서 『우서』는 현재의 양안(量案)에 등재된 결부의 수(數) 그대로를 정액으로 삼을 것이며, 매년 편심(編審)하는 제도를 시행함으로써 해마다 양전하는 것과 같은 효과를 거둘 수 있다고 전망한다.

그런데 종래의 '수기수세(隨起隨稅)'의 법은 현재 경작하는 전토에 대해서만 수세하는 까닭에, 일시적 재해를 만나 경작하지 못한 전토가 한번 '진전(陳田)'으로 면세되면 다음 해부터 정상으로 경작하더라도 다시는 기경전(起耕田)으로 등재되기는 어렵게 되어있다. 경작자는 계속 면세받고자 하는 욕심으로, 실무를 맡은 이서(吏胥)는 중간 농단의 사익(私益)을 노려 상호 부동(符同)하기 때문이다. 그래서 "신증(新增)하는 경지는 전혀 없고 구액(舊額)은 날로 줄어드는" 행태가 벌어지기 마련이었다.

액전법은 군현별로 규정된 일정한 전액(田額)을 기준 삼아 징세하는 까닭에, 경작자의 사정(私情)으로 인한 면탈(免頉)은 극단적인 경우가 아닌 한 허용치 않는다. 그러므로 규정된 기경전(起耕田)의 액수를 확보할 수 있는 튼튼한 방안이요, 경작자가 응당 '항심'을 갖고 국세(國稅)를 납부하도록 하는 국가의 '항구적 제도'로 설정한 것이라고 『우서』는 역설한다.

한편, 각 군현의 전정(田政) 실무를 맡은 이서(吏胥)들의 중간 농단으로 점차 증가 일로에 있는 소위 '은결(隱結)'에 대해서는 어떻게 대처할 것인가. 『우서』는 전결(田結)의 은(隱)·루(漏) 관련 범법이 일어나는 경우, 관·민을 막론하고 엄형(嚴刑)과 책징(責徵)으로 대처한다고 하였다. 그런데 조선 후기의 '은결'이란 것은 심산궁곡에 숨겨진 땅뙈기가 아니요, 이서들이 농단하여 가장 좋은 전토만을 골라 조직적으로 은루시켜 사사로이 착복하는 행태가 곧 그 실체였다. '은결'이야말로 '철결(鐵結)'이라고 하는 까닭이 거기 있었다. 은결은 '엄형과 책징'으로 대처한다 해서 결코 해결할 수 있는 것이 아니었다.

그런데 정작 액전법을 시행한 중국 명나라의 경우는 전토의 은·루 현상이 어떠하였는가. 명나라 초기로부터 액전법을 시행한 지 140년이 지난 때의 상황으로는, "천하의 액전(額田)은 이미 절반 이상 감소"하였는데, 광대한 평야를 가진 지역일수록 그 "감소한 액수가 더욱 많고", 그 모두는 권력 있는 "왕부(王府)가 빼돌린 것"이 아니면 "간활한 호민(豪民)들이 속이고 숨긴 것"이라고, 『명사』의 기록이 전한다.

경묘법(頃畝法)을 통해 전토의 절대면적을 파악하는 명나라의 현실이 그러할진대, 전등(田等)에 따라 실적을 달리하는 결부법 전안(田案)을 기초 삼아 군현별 액전제를 시행한다는 『우서』의 농정론에서는 과연 처음 규정한 전액(田額)을 길이 그대로 확보할 수 있을 것인가. 아마도 전액의 탈루를 살피기는 중국 경묘법의 경우보다도 더 어려울 수밖에 없을 것이 명백하다. 앞서 본문에서 구체적 수치를 밝혔듯이, 국내 군현별 결부수의 파악이 항상 2/3 정도를 밑돌았다는 사실 또한 여기서 참고해야 할 것이다.

그런데 『우서』는 농업의 전업적 분업을 강조하면서도 그 분업의 실행 주체인 농민층이 농사 터전을 항구적으로 확보토록 하는 과제에는 관심을 두지 않았다는 사실 또한 여기서 간과해서는 안 될 것이다. 『우서』 또한 그러한 문제의식을 갖고는 있었다. 즉 "오늘날 전토가 모두 사대부의 소유로 귀속"되었으므로 "겸병(兼竝)이 이미 극도에 달한" 상태여서, 병작농은 결국 지탱할 수 없게 되었다고 확인한다.

현실의 토지소유 관계에서는 결코 지탱할 수 없게 되어있는 대다수 병작 농민을 그대로 두고, '국가의 정사 가운데 가장 큰 것'이라는 '농정(農政)'은 제대로 펼칠 수 있는 것이며, '전업적 분업'은 과연 실현할 수 있을 것인가.

전체적으로 보아 농암 유수원의 『우서』는 중국의 선진 문명을 조선왕국의 후진성과 극히 대조적으로 나열하면서, 중국의 경우를 본받아 수용하고자 하는 이론 구도를 이루고 있다. 중국은 옛 성인(聖人)들이 창안한 문명을 전승하는 나라이므로 아직도 그 유습을 지키고 있음에 비하면, 우리나라의 경우는 아예 통치의 근본부터 서 있지 않기 때문에 중국의 선진 사례를 본받지 않을 수 없다는 확고한 인식으로 일관한다.

중국의 선진 사례 가운데서도 가장 중점적으로 수용하고자 하는 것이 상공업 분야였다. 중국의 선진적 수준을 따라가고자 하는 의욕이 넘치다 보니, 우리나라도 상공업을 발달시킨다면 "수년 안으로 전국 도처에 낙토(樂土)를 이룩하고" "이용후생의 도(道)를 완수할 수 있으리라"는 집념어린 전망조차 펼치기에 이르렀다. 혹 선진 중국에서는 '도처에 낙토'를 이룩하고 '이용후생의 도를 완수'한 사실이 있다고 생각한 것일까. 또 상공업이 발달하면 그러한 치세(治世)가 실현될 수도 있을 것인가.

『우서』의 실학적 개혁론은 대체로 이념적인 것을 추구하기보다는 실질적·공리적(功利的) 실효성을 중시하는 특징을 띠고 있다. 조선 후기의 실학이 대체로 이념적 측면을 강하게 지닌 사실에 비한다면 『우서』는 매우 현실적이라는 특이성을 띠고 있다. 그래서 자못 실효성이 높은 개혁론들을 다수 제시하기에 이르렀다. 다만 객관적 사실과 관련해 다소의 착오를 일으키고 있어 전체가 조화로운 개혁론으로서의 일관성을 갖추고 있지는 못하다는 아쉬움을 남기고 있다.

(**재단법인 실시학사 편, 『농암 유수원 연구』, 사람의 무늬,** 2014)

제7장

순암 안정복의 향정론

1. 머리말

순암 안정복(1712~1791 : 숙종 38 임진~정조 15 신해)은 그가 사는 광주(廣州) 경안(慶安) 2리에서 스스로 동약(洞約)이라고 하는 자치규약을 만들어 시행한 일이 있었다. 조선왕조에서는 대체로 각 군현을 단위로 사류(士類)층이 주도하는 자치규약으로서 향약(鄕約)이란 것을 운용해오고 있었다. 여기서 동약이란 것은 문자 그대로 동리(洞里)를 단위로 하는 것이므로 우선 향약의 축소판이라고 이해하면 된다. 향약과 동약은 그 시행 범위의 차이는 있지만 대체로 모두가 향정(鄕政)의 기구였다. 그런데 좀 더 자세히 검토해보면, 동약과 향약은 그 내용과 역사적 의미가 질적으로 다른 점이 있었던 것으로 이해된다.

주지하다시피 순암은 조선 후기 남인(南人) 계열의 유명한 학자였다. 그는 특히 성호 이익의 학통을 전승하였으며, 이른바 실사구시의 개혁적인 학풍을 창도하는 실학자였다. 성호의 문하에서는 실로 많은 실학자가 양성되고 있었다. 그 가운데 가령 녹암 권철신 등은 성호의 진보적 사상 측면을 계승·발전시킨 이른바 성호 좌파(左派)였음에 비해, 순암은 그 보수적 측면을 계승한 이른바 성호 우파(右派)에 속하는 학자로 이해된다.[1]

그런데 성호의 학통 가운데 상대적으로 순암이 보수적 입장을 지닌 학자였던 것은 사실이지만, 역시 실학자로서 그의 면모는 약여하였다.

---

1 李佑成, 1982, 「鹿菴 權哲身의 思想과 그 經典批判」, 『退溪學報』 28 ; 1982, 『韓國의 歷史像』(창작과비평사) 재수록.

실학의 본질은 무엇보다도 비리(非理)와 인습(因襲)으로 적체된 현재의 지배체제를 근본적으로 개혁함으로써 이상적인 왕정(王政)을 실현하고자 하는 학풍으로 이해된다.[2] 그런데 순암의 경우 그 학술사상의 모든 면모가 그와 같이 현 지배체제를 근본적으로 개혁해야 한다는 견지를 취하고 있었던 것 같지는 않다. 그러나 그의 학풍에서는 역시 그와 같은 근본적 개혁론의 성격을 띤 것이 많이 간취된다. 가령 그의 저술 도처에 피력된 '왕정'에 관한 논조라든가 그가 젊어서 저술해둔 「정전설(井田說)」과 같은 것이 그 대표적 사례에 속한다.[3]

그런데 현재의 지배체제 가운데 순암이 특히 큰 관심을 기울였던 분야 중 하나는 '향정'에 관한 개혁론이었던 것으로 이해된다. 그는 비록 6대조가 선조의 매부요 특히 임진왜란 때의 호성공신(扈聖功臣)이었으므로 이른바 훈신(勳臣)의 후예로서 그 자신 습봉(襲封)되는 처지이기도 하였지만, 남인 계열에 속했던 그의 가계는 오랜 당쟁의 끝에 이미 영락한 지 오래된 편이었다. 벌열(閥閱)이 대를 이어 전횡하는 18세기의 현실에서 그는 결코 중앙의 통치체제에 간여할 수 있는 길로 들어설 수는 없었으며, 그래서 중앙의 통치조직 자체를 개혁한다는 대과업에는 결코 학문적 관심을 기울이지는 않았던 것으로 보인다.

그러나 그 자신 한 시대의 저명한 유자(儒者)로서, 그리고 실학자로서 그의 현실관은 비리로 가득 찬 현실의 지배체제로부터 결코 무관심할 수는 없었던 것으로 이해된다. 「연보」에 따르면, 그는 일찍이 20대 후반에 『치현보(治縣譜)』라고 하는 지방행정의 지침서에 기초하여 향정론(鄕政

2 金泰永, 1998, 『실학의 국가개혁론』, 서울대학교 출판부.

3 『순암집』 19, 井田說 庚申 및 연보 참조.

論)을 펼친 바 있는데, 그로부터 20년 후에는 그것을 다시 '증산(增刪)'하여 『임관정요(臨官政要)』라고 하는 목민(牧民)의 요결서(要訣書)로 완성하였다. 중앙 통치는 그만두고라도 일상으로 목도하는 지방민의 삶을 어떻게 해서라도 좀 더 개선하고자 하는 관심을 끊임없이 기울였던 것으로 해석된다.

『임관정요』는 뒷날 다산 정약용이 『목민심서』를 편찬하면서 널리 인용한 책이다. 지방행정 개혁론의 선구를 이루는 중요한 전거로 활용되었다. 그 『임관정요』의 서문에서 순암은 다음과 같이 말하였다.

> 천덕(天德)과 왕도(王道)는 본래가 일체요, 수기(修己)와 치인(治人)은 두 가지가 아니다. 학문이 넉넉하면 벼슬살이를 하고 벼슬이 넉넉하게 되면 학문한다. 비록 출처(出處)는 같지 않다 하더라도 그 도(道)는 하나인 것이다. … 후세에는 학문과 정사(政事)가 두 가지로 되고 유리(儒吏)와 속리(俗吏)의 구별이 있게 되었으며 더구나 법률이 항상 중요시되기에 이르렀다. 슬프도다. … 옛날에 부염(傅琰)이 『치현보(治縣譜)』를 지어 자손에게 상전(相傳)하면서 다른 사람에게는 보여주지 않았는데, 관리로서의 치적이 훌륭하였다고 『남사(南史)』에 드러나 있다.[4] 나는 마음속으로 비루하게 여기면서, '이는 혼자서 명성을 독차지하고자 하는 짓이다. 참으로 다른 사람이 나의 소위(所爲)를 배워서 잘한다면, 남의 정적(政績)이 곧 나의 정적인 것이다'라고 생각하였다(『순암집』 18, 臨官政要序 丁丑).

4 부염(傅琰)은 중국 남북조(南北朝) 시대의 관인(官人). "부염 부자(父子)가 모두 특이한 치적으로 유명하였으므로 그때 사람들이 이르기를, '그들에게는 『이현보(理縣譜)』가 있어 자손에게 상전(相傳)하면서 다른 사람에게는 보여주지 않는다'라고 하였다"(『南史』 70, 傅琰列傳).

즉 유자(儒者)로서의 순암은 학문과 정사가 결코 두 가지가 아니라 '도(道)'를 현실에 실현하는 한 가지 일인 것으로 확신하고 있었다. 그러므로 나와 남의 구분이 없이 누구에 의해서거나 그 '도'를 실현함으로써 선정(善政)이 베풀어져 백성이 살 수 있게 되기를 간구하였다. 그가 관인으로 나서기 전인 20대의 젊은 나이에 『치현보』라는 지방행정 지침서를 초하게 된 까닭이 거기 있었다. 벌열이 전횡하는 18세기에 살면서 중앙 정계와는 인연이 멀었던 그로서는 자신의 학문을 통해서 함양한 정치적 이상을 현실에서 실현할 길은 없었다. 그래서 향촌사회의 어지러운 실정을 일상으로 목도하게 된 그로서는 아마도 향정론(鄕政論)에 더 깊은 관심을 기울이게 되었던 것으로 이해된다.

순암의 경우 "인심이 불순하게 됨은 항상 윗사람이 촉발시킴으로 말미암아 그렇게 되는 것이다"[5]라고 하는 것이 그의 평소의 소신이기도 하였다. 그와 같은 소신을 만년의 그는 목천현감 재직 시절에 직접 현실의 향정에서 시험적으로 운용해보기도 하였다. 그리고 그 시험 이전인 중년 시절에 그는 이미 그가 살던 한 동리와 같이 상대적으로 더 작은 지역 주민을 단위로 하여 동약을 시행해본 일도 있었다. 순암과 같은 유자이며 실학자인 경우, 아마도 현감으로서의 관정(官政)과 동약을 시행한 향정(鄕政)과는 동일한 운용의 원리가 동원되고 있었을 것이라는 이해를 하게 된다. "천덕과 왕도는 본래가 일체"라는 것이 그의 평소의 소신이었기 때문이다. 비록 작은 동리 단위의 동약이라고 하더라도 그것은 반드시 그 자신의 학문적 소양과 신념에서 우러나온 것일 터이며 또한 그가 살던 18세기라고 하는 조선왕조 후기 당시의 시대적 현실과도 밀접히 관련된

---

5 『임관정요』, 時措 臨民章.

처사였을 것으로 이해된다.

그래서 이 글에서는 순암이 시행한 동약의 내용을 중심으로 그의 향정론은 어떠한 것이며, 그 역사적 의미는 무엇인지 고찰하기로 한다.

2. 향정 기구로서의 향약과 동약

조선왕조에서 향약의 시행을 주도한 것은 지배 신분으로서의 양반 사족층이었다. 조선왕조의 사족층은 주로 고려 후기 내우외환의 와중에서 새로이 성장한 계층이었다. 즉 각 지역에 거주하는 하급 지배층이 과거나 군공(軍功) 등을 통하여 중앙으로 진출함으로써 새로이 관품(官品)을 취득함에 따라 대거 사족으로 성장할 기회를 갖게 되었다. 국왕의 명의로 관품을 부여받은 자들은 비록 관직을 띠지 않고 향리에서 살더라도 '품관(品官)'이라고 하는 사족층을 이루게 되었던 것이다. 그래서 신흥 사족은 낙향한 후에도 향리의 개발에 적극적으로 착수하여 자신의 사회경제적 처지를 견실하게 다질 수 있었는데, 사족층으로 일찍 세력을 형성한 지역부터 먼저 그들 스스로 유향소(留鄕所 즉 鄕所)를 설치하여 향(鄕) 중의 지배층으로 행세하기에 이르렀다.

일단 품관 사족이 된 자들은 낙향해 살면서도 군현 단위로 스스로 유향소를 통하여 중앙의 경재소(京在所)와 연결되어 점차 향리에 대한 인사권까지 장악하는 한편, 수령과의 협력 아래 수취 행정에도 간여함으로써 농민의 실제 생활에 큰 영향을 미치게 되었다. 사족층은 각 군현 단위로 스스로의 모임인 향회(鄕會)를 결성하고 그 모임의 규약인 향규(鄕規)를 제정하며 자신들만의 명단과 준수 사항을 기록한 향안(鄕案)을 마련하여 향풍(鄕風)·향론(鄕論)을 주도하였다. 향안에 오른 자들을 향원(鄕員)이라 하였다. 그리고 국가 교학으로서의 주자 성리학이 전국적으로 보편화하면서 사족층은 점차 각 군현 단위로 주자 증손(增損)의 향약을 결성하여 일반 서민에 대한 교화와 지배의 기구로 활용하였다.

향약은 워낙 중국 송(宋)나라 사류(士類)층에서 개발된 사류들의 자치규약이었으나, 조선왕조 사족층은 그것을 조정에서 논의하여 각 군현 단위로의 시행을 추진하였다. 현실적으로는 물론 향약이 일시에 전국적으로 시행되지는 못하였다. 그러나 16세기 이후 사족층이 주도하는 지역일수록, 그리고 소위 사림(士林)정치의 확산과 함께 수령들의 권장에 따라 점차 전국적인 시행을 보이게 되었다. 그런데 조선 향약의 특징은 곧 향약을 향소(鄕所)가 주도하면서 모든 주민을 대상으로 시행하게 되었다는 사실이다. 각 군현 단위로 주민 모두에게 향약을 적용하기에 이른 것이다.

동시에 배타적 국가 교학인 성리학 윤리 규범에도 독특한 해석을 가하면서 전국 향촌사회에 적용시켜 나갔다. 그 해석의 하나는, 주노(主奴)관계를 군신(君臣)의 분(分)과 같은 충(忠)으로 극단화하여 강조한 것인데, 이는 조선왕조 특유의 노비제도와 더불어 사족층의 노비 지배를 삼강오륜(三綱五倫)의 강상(綱常) 규범으로까지 보편화하여 정당화한다는 의미를 지닌다. 또 다른 하나는, 사족과 일반 농민의 관계를 역시 오륜 가운데 하나인 장유(長幼)의 분(分)으로까지 확대 해석하여 적용한 것이었다. 나아가 사족 신분 상호 간의 관계를 역시 오륜의 붕우(朋友) 관계로 해석함에 따라 종래까지의 혈연·학연 등의 좁은 유대 관계를 상대적으로 지양하여 국가체제를 주도해 나가는 보편적 주체로서의 사류(士類)로서 자신들을 인식하게 되었다.

그래서 비록 관직 없는 사족일지라도 수령과는 상호 예우해야 하는 등질의 사류인 사이로, 비록 나이가 많은 농민일지라도 어린 사족에 대해서는 공경해야 하는 처지로, 그리고 노비는 상전에게 충성을 다해야 하는 존재로 사회윤리상 순치되어 갔다. 더구나 이 시기 소농민층의 영농생활은 국가의 환곡(還穀)이나 지주(地主) 사족의 장리(長利)에 많이 의존하기 마련이었으므로, 농민 일반은 국가와 지주사족의 중층적 지배와 교화 아래 순응하도록 길들어졌다. 그래서 소농민은 국가의 수취와 사족지주의 수탈을 마침내 등질시하게 되는 생산 관계이자 지배질서가 구현되기에 이른 것이다.

그런데 조선왕조 후기 대략 18세기를 거치면서 그 같은 지배질서에는 큰 변동이 일어났다. 가령 조선 후기 약 200년간의 호적이 남아있는 대구·울산·산음 등지의 호적을 분석한 연구에 따르면, 17세기까지는 대체로 10% 미만이던 양반 사족호(戶)가 1850년대까지는 대략 50~70%로 파격적 증가세를 보였다. 그리고 같은 시기의 양민호 즉 상민호는 격감하며, 노비호는 사실상 소멸하고 있었다. 물론 자연적 증감이 아니라 호적과 족보의 위조, 모칭(冒稱), 공명첩(空名帖)의 취득 등 여러 가지 방법을 통한 사회적 증감 현상이었다.

국가에서도 18세기 이후로는 노비를 될수록 양민으로 전환해가는 방향으로 정책을 유도하지 않을 수 없었다. 물론 노비 종량(從良)의 정책은 여러 차례 번복되기도 하였지만, 사회구조의 변동으로 무엇보다도 양민의 군역자(軍役者)를 많이 확보하는 것이 가장 절실한 문제가 되었다. 그래서 영조 7년(1731)부터 노비 신분은 어미 쪽만을 따르도록 하는 노비종모법(奴婢從母法)을 확정하였다. 그 같은 시대적 조류에서 드디어 순조 원년(1801)에는 내수사(內需司)와 각 궁방(宮房) 및 각급 관청 소속 약 66,000

명의 노비문서를 소각함으로써 그들을 양민화하였다.

이 시기 노비호가 사실상 소멸하고 있었다는 사실은 매우 큰 사회적 변화를 동반하였다. 생산력의 발전, 상품화폐 경제의 전개에 편승하면서 노비층도 이제는 주가(主家)의 속박을 벗어나 점차 사회경제적 자립체로 성장하여 갔다. 주가의 비호 아래 부유해진 사노비(私奴婢)층일수록 이제 멀리 떠나거나 공명첩을 사고 속신(贖身)하여 양인이 되거나 혹 지주 사족으로 등장하기도 하였지만, 요컨대 이제는 자영(自營)의 생산 주체로 범주적인 성장을 보이게 되었다. 생산력의 발전과 사회 신분의 변동은 상호 인과관계를 이루어 이 시기 사노비층을 범주적으로 해체시키고 말았다. 사노비로서 아직도 당분간 남아있는 것은 허드렛일을 맡아 하는 사실상의 하인(下人)이며, 사족가의 경제적 지반으로서의 농장 경영에 동원되던 노비제도는 사실상 거의 전면적·범주적으로 해체되고 말았다. 마치 서양의 농노(農奴)제도가 사회경제적 비효율성 때문에 해체되어 간 현상과 마찬가지였던 것이다.

따라서 조선 후기에는 양반 사족가의 농장 경영도 범주적으로 해체되지 않을 수 없었다. 이 시기에는 농업생산력의 발전에 따라 노비보다도 전지(田地)의 경제적 비중이 더 커졌다. 이제 양반 지주는 그들의 소유지를 농장으로 경영하는 대신, 빈농(貧農)에게 대여하고 1/2전조(田租)를 수취하는 병작반수(並作半收)라고 하는 생산 관계를 그 경제적 지반으로 하고서 그나마 버티어 갈 수가 있었다. 이 시기에 와서 기본적 생산 관계가 농장제로부터 병작제로 변동하였던 것이다. 다산 정약용의 관찰에 따르면 19세기 초기 호남지역의 경우 자기 소유지를 병작지로 대여하고 1/2 전조를 수취하는 지주가 대략 5%, 자작농은 대략 25%, 남의 전지를 병

작하여 1/2전조를 바치는 병작농이 대략 70%라고 하였다.[6]

이와 같은 조선 후기 사회의 사회경제적 변화로 인하여 양반 사족층의 사회적 지배력은 크게 약화하였다. 더구나 조선 후기에는 당쟁이 격렬해지면서 노론(老論) 1당의 집권이 영구적으로 지속되고 있었다. 그래서 점차 양반 가운데서도 경화(京華) 벌열 수십 가(家)만이 정권의 핵심을 차지하게 되었다. 여타 소론(少論)당에서도 다소의 사환(仕宦)을 하고는 있었으나 역시 정권의 핵심을 차지할 수는 없는 형편이었다. 더구나 남인 계열은 비록 사족이라는 반명(班名)을 유지하고는 있다 하더라도 사환의 길과는 멀어질 수밖에 없었다. 그 같은 정치 정세에 반기를 들고나온 것이 영조 4년(1728) 이인좌·정희량 등이 일으킨 소위 무신란(戊申亂)이었다. 그러나 이 무신란을 두고서는 18세기 후기의 담헌 홍대용 같은 실학자도 다음과 같은 편당적인 인식을 하게 되었다.

> (南人으로서) 무신(戊申)의 역변(逆變)을 당하자 정희량·이인좌의 파당에 들어가 군사를 일으켜 궁궐을 범하는 데에 찬동하지 않은 자는 매우 드물 것이다. 그 자신이 몸소 그 패거리에 들어갔지만 요행스럽게 형벌을 모면한 자는 있지만, 몸소 들어가지는 않았다 하더라도 마음으로 동참하지 않은 자는 없는 것이다. 마음으로 동참하지 않은 자는 서인(西人)이지 남인은 아니다. 그러므로 나는 일찍이 생각하기를, '조가(朝家)에서 무신의 역적을 궁치(窮治)한다면 경외(京外)를 막론하고 남인이라는 명색을 가진 자를 반드시 모두 다 죽일 것까지야 없지만, 그 지정불고죄(知情不告罪)에서 빠져나갈 자는 천에 1, 2도 안 될 것이다'라고 하였다. 진실로 충군

6 『여유당전서』 제1집 9, 擬嚴禁湖南諸邑佃夫輸租之俗箚子.

애국의 마음을 가진 자라면 저들을 원수로 삼고 배척하더라도 장차 그 분(憤)을 다 풀 수가 없을 것이다. 어찌 다시 저들의 안색(顔色)을 접할 것이며 정의(情意)를 서로 말할 수 있을 것인가(『담헌서』, 內集 3 與鄭光鉉書).

집권 노론당의 학인 가운데서는 가장 통명(通明)한 학자의 인식이 이와 같은 것이고 보니, 남인 계열의 정치적 진출은 기대하기가 매우 어려운 편이었다. 이미 언급한바 순암은 그 6대조가 선조 왕의 매부로서 임진왜란의 호성공신으로 책록된 처지였다. 소위 훈신의 후예였던 것이다. 그러나 색목(色目)이 남인인 그로서는 결코 18세기의 현실에서 정권의 운용에 참여하는 길, 그래서 현실적으로 왕정의 실현을 기도할 수 있는 길과는 거리가 먼 처지에 있었다. 그는 실로 가난한 학자였다.

선영(先塋) 아래 수경(數頃)의 전지는 평년 작황이라도 40곡(斛)에 차지 않는데 이 같은 흉년에는 다시 그 절반밖에 되지 않는다. 그런데 식구는 22명이나 되며 부세(賦稅)와 환자(還上)를 바쳐야 하고, 의복의 마련과 봉제사(奉祭祀), 접빈객(接賓客)의 비용이 모두 여기서 나온다. … 아이들에게 가무(家務)를 모두 맡기고 분부하되 고인(古人)의 양입위출(量入爲出)하는 규정을 써서 일 년을 12개월로, 한 달을 30일로 배치하여 달마다 배정한 몫을 남길지언정 다음 달 몫을 침범치 못하도록 한다. 온 집안이 죽(粥)을 먹을 수밖에 없으며 장차 반드시 강비(糠粃)까지 먹어야 할 형세이다. 가인(家人)이 심히 괴로워하며 나 또한 매우 민망스럽지만, 대체 이같이 하지 않고서는 보존해갈 수가 없는 것이다(『순암집』 4, 與鄭永年書 乙亥).

한편 조선 후기 사회의 변동으로서 또 한 가지 크게 주목되는 것으로 상품화폐 경제의 발전 현상을 들 수 있다. 1770년에 편찬된 『동국문헌비고』에는 전국에 1,074개 처, 1808년의 『만기요람』에는 1,061개 처, 1830년에 편찬된 『임원십육지』에는 1,052개 처의 장시(場市)가 개설되었다는 기록이 있다. 순암이 살았던 18세기 후기쯤이면 대체로 큰 군현의 읍내장(邑內場)을 중심으로 하는 지역 단위별 상설 시장권화 현상이 일어나는데, 이는 지역 내 사회적 분업 관계가 확충되어 나타난 현상이었다. "시골 고을에는 빈터에 장시가 점점 많이 열리고 있는데, 사방 수십 리 사이에 하루도 장시가 열리지 않는 날이 없다"[7]고 하는 것이 순암의 사문(師門)인 성호의 관찰이었다.

서민들은 장시의 출입을 통하여 상대적으로 종래의 폐쇄적 국지성을 극복하고, 사람 사는 이야기를 교환하게 되었으며, 양반 사족이 주도해 온 수직적 사회 편제와 지배 복속의 사회관계를 점차 벗어나고 있었다. 앞에서 말한 노비제도의 해체는 그 같은 사회 변동 현실의 단적인 모습이었다. 하층의 신분제로부터 먼저 변화가 일어났으며, 전통적인 공동체적 사회질서는 급격히 무너지게 되었다. 성호는 상품화폐 경제로 인하여 야기되는 사회분화 현상을 다음과 같이 지적하였다.

> 여염집 아이들은 머리털이 아직 채 마르기도 전에 손발을 움직일 만하면 문득 영리(營利)를 꾀하며, 귀한 집 총각(總角)은 몸이 높은 당(堂)에 있으면서도 저자 시세(市勢)의 높고 낮음을 가늠하는데 이를 모르는 자는 기롱(譏弄)을 받는다. 그래서 지척의 가까운 곳과 한 줌 되는 작은 물건 사이에도 이욕(利欲)을 다투는 장소가 아닌 곳이 없으니, 백성의 풍속이 드

7 『성호사설』 8, 人事門 生財.

> 디어 크게 변해버렸다. 더구나 사람들이 본업(本業)을 편안하게 여기지 않아서 일정한 살림이 여러 차례 결단이 나고, 도둑이 나날이 번성해지며, 나라 부세(賦稅)가 해마다 줄어든다. 누군들 "돈 때문에 이런 극도에 이르렀다"고 하지 않을 것인가(『곽우록』 하, 錢論).

이 새로운 사회 변동을 맞으면서 향촌의 농민조직도 많이 달라졌다. 향촌의 농민조직으로는 고려 시기 이래 불교적 의례라든가 장례 풍습과 밀접한 관련을 맺고 각 지역에서 운용되던 향도(香徒)가 있었다. 그런데 조선왕조로 들어와서는 사족층이 주도하는 향약이 점차 실시됨에 따라 농민들의 향도 조직은 향약의 하부로 흡수되어 사실상 독자성을 잃고 말았다.[8]

조선 후기에는 각 지역 양반 사족층이 쇠락하는 한편 서민층의 사회경제적 진출이 활발해지고 그 자립성이 높아졌다. 임진왜란 이후에는 각 지역 사족층의 향권을 중앙 차원에서 옹호해주던 경재소가 국가정책으로 전면 혁파되었다. 서민층에 대한 침해 기능이 크다는 것이 혁파의 주된 배경이었다. 경재소의 혁파에 따라 각 군현 사족층의 중심 기구인 향소의 지위가 격하되어 수령권에 점차 예속되었다. 그에 따라 전통적인 사족들은 향소의 임원을 기피하게 되었고, 오히려 새로 사족으로 성장하는 소

---

8 韓相權, 1984, 「16·17세기 鄕約의 機構와 性格」(『震檀學報』 58) 및 金仁杰, 1984, 「조선후기 鄕村社會統制策의 위기」(같은 책) 참조. 또 다음의 기사를 참조. "(左相 朴淳의 의논에 대략) '…우리나라의 풍속에 안으로는 서울로부터 밖으로 촌에 이르기까지 다 동린지계(洞隣之契)와 향도지회(香徒之會)가 있어 사사로이 약조를 세워서 서로 단속하려 하지만, 각각 자기 뜻에 따랐기 때문에 엉성하여 질서가 없어서 기강을 세우는 데 의지할 만하지 못하고 또 그 약속이 조정(朝廷)에서 나오지 않고 사사로이 만든 것이므로 강한 자가 깔보고 약한 자가 무너뜨려도 끝내 바로잡지 못합니다.…'라고 하였다"(『선조실록』 7, 선조 6년 8월 17일 갑자).

위 신향(新鄕)들에 의하여 향소가 운용되었다. 향소가 운용하던 향약의 자치력도 17세기 이후 크게 쇠퇴하여 수령권 아래로 점차 예속되었다.

한편 임진왜란 후에는 이전의 사회적 결속이 크게 이완되기에 이르렀는데, 이를 복구하기 위하여 사족층은 수 개의 인동(隣洞)을 단위로 하는 동안(洞案)이라는 소규모 조직을 결성하였다. 가령 임진왜란 직후인 만력(萬曆) 갑진년(선조 37, 1604)에 수인(數人)의 '강개(慷慨)'한 사인(士人)이 '수복(修復)'하였다는 밀양의 「귀령동안(龜齡洞案)」은 가정(嘉靖, 1522~1566) 이래의 '동원(洞員)' 즉 동안에 참여한 사족들의 성명만을 기록하고 그 뒤에 '동헌(洞憲)'을 서술해두고 있는데, 그 서문의 일단을 보면 다음과 같다.

> 흉악한 칼날이 한 번 번뜩이자 모든 촌락이 연소(烟掃)되고 선대의 이름난 기록들이 불탄 잿더미로 변해버렸다. … 난리를 경과한 뒤로 이름난 자취는 매몰되어 버렸으며 세대(世代)는 점차 멀어져 간다. 만약 일일이 들어 추서(追敍)해두지 않는다면 헌면(軒冕)이 대를 이어 세상을 빛내던 이 동(洞)을 천재(千載) 후에 누가 믿을 것이며 그 후에 된 자들 또한 추감(追感)의 여지조차 갖지 못하게 될 것이다. 어찌 후세에 전해주기에 크나큰 흠전(欠典)이 아니겠는가. 이에 감히 휘자(諱字)를 일일이 서술하여 불후의 실록을 지어두는 바이니, 자손으로서 이 기록에 참여하는 자들은 감히 삼가 갈무리하여 공경함으로써 갱장(羹墻)의 사념을 품지 않아서야 될 것인가. 그 길흉 간에 상부(相扶)하는 의리와 음사(飮射) 독법(讀法)의 예는 한결같이 전대의 동헌(洞憲)을 따를 뿐이다.

즉 왜란을 경과한 후 선대의 자취가 사라지고 따라서 사족들의 권위를 증거해줄 사회적 결속이 해이해졌을 때, 몇 개의 동을 단위로 하여 사족들의 참여만으로 결성한 소규모 향약의 성격을 띤 동안(洞案)이 등장하였다. 따라서 '동헌' 또한 '춘추강신(春秋講信)', '춘추사례(春秋射禮)', '위례(慰禮)', '전례(餞禮)', 그리고 길흉사에 '동원(洞員)' 상호 간의 상조(相助)하는 일 등 사족들끼리의 자치규약으로 끝나는 것이었다.[9]

향약은 군현 단위 사족들의 자치규약으로 등장했지만, 동시에 그 주민들 모두를 참여시켜 사족들의 지배질서를 관철시켜 가는 규약이었다. 그러나 동안(洞案)은 사족들만의 규약이었다는 점에 그 특색이 있었다. 그러므로 동안은 향안(鄕案)의 축소판으로 운용된 것이었음을 알 수 있다.

또 한편으로는 16세기 중기쯤에서부터 "주로 동 단위 사족의 족적 기반을 토대로 하여" 동계(洞契)·동약(洞約)이라는 것이 결성되었다. 이것의 기능은 "동족 간 또는 촌락 내 사족 상호 간의 부조와 상구(相救)를 우선적으로 목적"하는 것이었다.[10]

그런데 임진왜란을 겪은 후 17세기부터는 양반과 서민이 함께하는 동리(洞里) 단위 향약 형태로서의 상하합계(上下合契)라는 동계(洞契)가 도처에서 출현하였다. 양반층의 상계(上契)는 신분의 귀천이 다른 서민층의 하계(下契)를 같은 동계 속으로 유도해 들이고자 적극적으로 시도하였다. 순암이 스스로 운용을 시도한 동약은 그 같은 상하합계의 형태에 해당했다. 그것은 이미 구성과 규약의 양면에서 사족이 주도하던 이전의 향약이라든가 혹은 사족만이 참여하던 이전의 동안·동계·동약 등과는 질을 달리

---

9 「龜齡洞案」은 그 서문(序文) 제술자(成均生員 金守訒)의 후손 소장본을 참조하였다. 이 동안(洞案)은 숭정(崇禎) 9년(1636)의 '수정(修正)'으로 끝나고 계속되지 않는다. 그리고 이 동안에는 만력(萬曆) 37년(1608)에 결성한 그 인동(隣洞)의 「적항동안좌목(赤項洞案座目)」이 첨부되어 있는데, 그 참여 '동원(洞員)' 또한 모두 사족들만으로 되어있다.

10 鄭震英, 1985, 「16世紀 安東地方의 洞契」(『嶠南史學』 1, 영남대 국사학과 ; 1998, 『朝鮮時代鄕村社會史』, 한길사) 참조.

하는 것으로 등장하였다. 이제 순암이 운용한 동약의 형태를 이해하기 쉬운 사례의 하나로 순암 자신이 찬한바 백불암 최흥원의 묘지명에 나타난 대구 부인동(扶仁洞)의 동계 모습을 예로 들어보면 다음과 같다.

> 팔공산(八公山) 아래에 동(洞)이 있으니 이름하여 부인(扶仁)이라 한다. 기미년(영조 15;1739) 봄에 동인(洞人)과 더불어 계를 결성하고 선공전(先公田)을 설치하여 백성들의 부세 납부에 응하도록 하며 또 휼민고(恤民庫)를 설치하여 궁민(窮民)들을 돕도록 하였다. 집 한 칸을 세워 봄·가을로 다 모여 향약을 강마하고 효우(孝友) 목인(睦婣)의 뜻과 농사짓고 집안 가꾸는 도리를 거듭 밝히었다. 그래서 이 동에 사는 사람들은 한 해가 다 지나도록 (독촉차 나오는) 관리를 대하지 않게 되었고 흉년에도 기근을 모르게 되었으며 안락하게 생업에 종사할 수 있게 되었으니, 완연히 삼대(三代)의 유풍(遺風)을 보는 듯하였다. … (崔公이) 비록 궁(窮)하여 초야에 산다 하더라도 애군우국(愛君憂國)하는 마음은 천성에서 나오는 것이어서, 정령(政令)의 득실을 보고는 근심과 기쁨이 얼굴에 나타났다. 신유년(영조 17;1747)에 임금께서 윤음(綸音)을 내렸는데 그 말씀의 뜻이 간측(懇惻)하자 공은 탄복하여 '참으로 임금님의 말씀은 훌륭하구나'라고 하고는, 동중(洞中)의 계인(契人) 남녀를 다 불러 모아 나누어 앉게 하고 윤음의 뜻을 거듭 타일러 깨우치게 하며 또한 거기에 보답하는 도리로 가송(歌頌)을 지어 춤추게 하니 흐느껴 우는 사람도 있었다. 전후의 국상(國喪)이 있을 때마다 인산(因山) 전에는 소식(素食)을 행하였고, 문효세자(文孝世子: 영조의 첫 세자, 정조의 백부)의 상사(喪事)에도 역시 소식하였다. 법령을 삼가 두려워하고 부세와 환곡은 반드시 하호(下戶)들보다 먼저 내었으며 주금(酒禁)이 내려지면 가묘(家廟)에 고하고 단술을 썼으며 비록 약용(藥用)일지라도 술을 쓰지는 않았다(『순암집』 24, 百弗菴崔公墓誌銘幷序 辛亥).

3. 순암이 기초한 동약

순암은 사헌부 감찰직을 맡게 된 43세에 부우(父憂)를 만나 삼년상을 끝낸 후 거가(居家)하고 있었다. 그는 45세 되는 해(영조 32;1756)에 동리(同里)의 사인(士人)과 상의하여 '광주부 경안면 2리 동약'이란 것을 결성하고 그 서문을 지었다. 사족층의 동계인 상계(上契)와 중·하 신분층의 중하계(中下契)를 합쳐서 하나의 동약을 구성한 것이었다.

동약의 구성 임원은 다음과 같다.

① 집강(執綱) 1인: 속칭 존위(尊位)이니, 동(洞) 중에서 연령과 덕망이 가장 높은 자를 추대하며, 큰 변고가 일어나지 않는 한 교체하지 않는다. 그 임무는 풍속을 돈독히 하며 기강을 진작시키고 환난을 구휼하며 좋고 나쁘고 간에 일체의 동사(洞事)를 공변되게 처리하는 것이다.

② 부임(副任) 1인: 속칭 부존위(副尊位)이니, 중계(中契) 가운데에서 처심(處心)이 공정(公正)한 자를 택하여 맡긴다. 1년마다 교체한다.

③ 기로(耆老) 3인: 중계와 하계(下契) 가운데에서 연령이 가장 높은 자 3인으로 구성하며 삼로(三老)라고 호칭한다. 사망하는 경우 다음 노인이 대신 그 지위에 오른다. 무릇 동회를 열 때에 범약자(犯約者)가 있으면 모두 삼로가 각 촌(村)의 두목(頭目)과 더불어 죄벌을 결정한다. 이는 뭇사람과 함께한다는 뜻에서이다.

④ 유사(有司) 1인: 속칭 공원(公員)이니, 하계 가운데에서 강직하며 능히 시비를 변별하여 말할 수 있는 자를 택하여 세운다. 1년마다 교체한다.

⑤ 장무(掌務) 1인: 하계 가운데에서 공렴(公廉)하고 글에 능한 자를 택하여 세운다. 1년마다 교체한다.

⑥ 사령(使令) 2명: 공(公)·사천(私賤) 가운데에서 젊고 근간(勤幹)하며 능히 호령(號令)을 준수하는 자를 택하여 맡긴다. 1년마다 교체한다.

⑦ 고직(庫直) 1명: 하계 가운데에서 염근(廉謹)한 자를 골라 세운다. 보미(保米)의 출납을 관장하는데, 변고가 일어나지 않으면 교체하지 않는다.

⑧ 색장(色掌) 1명: 하계 가운데에서 영리한 자를 택하여 맡긴다. 상여 등의 장례 관련 일을 맡는데 동(洞) 중에 상(喪)이 있으면 상여 등을 꾸며 응한다. 변고가 없으면 교체하지 않는다.

동약에는 기명적(記名籍, 속칭 坐目)을 2개 비치하는데, 상계의 것이 하나이며 중하계의 것을 하나로 하였다. 모두 연령 차례대로 녹명(錄名)하도록 하였다(중하계의 경우 다시 상편과 하편으로 나누어 구별하였다). 또한 선행자(善行者)를 기록하는 기선적(記善籍)과 과실을 범한 자를 기록하는 기과적(記過籍)을 비치하였다.

동약에서 규정하는 '선(善)'은 다음의 16가지 행위이다.

① 부모를 잘 섬기는 일

② 형제 사이에 우애하는 일

③ 제사를 잘 봉행하는 일

④ 상제(喪制)를 잘 다하는 일

⑤ 자제들을 잘 교육하는 일

⑥ 어른을 잘 공경하는 일

⑦ 처첩과 잘 화합하는 일

⑧ 이웃과 화목하게 지내는 일

⑨ 빈객을 잘 접대하는 일

⑩ 족척(族戚)과 친하게 지내는 일

⑪ 시혜(施惠)를 널리 펴는 일

⑫ 동약(洞約)과 같은 약속을 잘 준수하는 일

⑬ 쟁투(爭鬪)를 잘 화해시키는 일

⑭ 환난을 잘 구휼하는 일

⑮ 남의 원통하고 억울함을 잘 풀어주는 일

⑯ 시비곡직을 잘 분별하는 일

또한 동약에서 규정하는 '과실'은 다음의 16가지 행위이다.

① 부모에게 불효함

② 형제 사이에 우애하지 않음

③ 남녀 사이에 무례함

④ 정처(正妻)를 소박함

⑤ 상(喪)을 당해서도 애훼(哀毁)하지 않음

⑥ 제사에 불경함

⑦ 이단을 지키고 받듦

⑧ 음사(淫祀)를 숭상함

⑨ 친척과 화목하게 지내지 않음

⑩ 거짓을 꾸며 남을 모함함

⑪ 이웃과 불화함

⑫ 남의 경조사에 불문(不問)함

⑬ 윗사람으로서 아랫사람을 능멸함

⑭ 아랫사람으로서 윗사람을 능멸함

⑮ 강자라고 하여 약자를 능멸함

⑯ 수령의 정사(政事)를 시비함

그리고 봄·가을로 동회의(洞會議)를 열어 선행을 표창하고 과실을 규제하는 의례(儀禮)를 다음과 같이 행하였다.

① 봄·가을로 동회를 여는데 봄에는 3월 3일, 가을에는 9월 9일에 회집하여 계약(契約)을 수정한다.

② 회집하는 날 약원(約員)이 다 모이면 하유사(下有司)가 집강(執綱)과 여러 상원(上員)에게 방을 나오기를 청하고 예에 의거하여 배읍(拜揖)을 행한다. 이때 중·하원도 모두 공수(拱手)하고 서서 기다리다 유사(有司)가 북을 3번 울리면 모든 사람이 계단 아래에 나아가 북쪽을 향하여 꿇어앉아 듣는다[이때 상계(上契)도 일어서서 듣는다]. 부존위(副尊位)가 큰 소리로 동약과 여씨향약(呂氏鄕約) 4조, 즉 덕업상권(德業相勸)·과실상규(過失相規)·예속상교(禮俗相交)·환난상휼(患難相恤)을 읽는다. 그리고 명(明)나라 태조의 가르침인 6조 즉 효순부모(孝順父母)·존경장상(尊敬長上)·화목인리(和睦隣里)·교훈자제(教訓子孫)·각안생리(各安生理)·무작비위(毋作非爲)를 읽는다[하계인(下契人)으로서 알아듣지 못하는 경우 우리말로 풀어서 일러준다]. 읽기를 마치면 집강이 무리를 모아놓고 타이른다. "지금부터 우리 동계지인(同契之人)은 동약(洞約)의 규약을 공순하게 지켜서 함께 착한 데로 돌아가기로 한다. 만약 그 마음을 여러 갈래로 가져서 겉으로는 선을 행하는 척하지만 속으로는 악을 행한다면 밝게는 왕법(王法)이 있고 어둡게는 귀신의 책망이 있을 것이다." 그러면 모두 "옳습니다"라고 대답하고는 절하고 일어나 제자리로 돌아가서 동서(東西)로 나뉘어 위쪽을 향하고 서서 서로 읍하는

예를 행하고 나이순으로 앉는다.

유사가 미리 나뭇조각에다 '정숙(靜肅)' 두 자를 크게 써서 뜰에 세우고 '정숙'이라고 부르면 모두 정숙하여 떠들지 않는다. 다시 연소하고 강직한 자 2인을 사정(司正)으로 택하여 뜰의 좌우에다 세우고 좌중의 과실을 살피도록 한다. 각기 음례(飮禮)로 술 두 잔씩 마신다[지금은 주금(酒禁) 중이므로 다른 찬(饌)으로 대신한다].

유사가 선행을 표창할 사람의 자리를 계단 위에 설치하고 북을 3번 치면 모두가 일어난다[상계는 일어나지 않는다]. 유사가 각 촌의 보정(保正)을 불러 나오도록 한다. 각 보정이 나와 계단 아래 부복하여 지시를 듣는다. 집강이 이에 선행 조항을 들고 묻는다[민(民)의 일을 논하는 말은 간략해야 하므로 그 말을 줄이고 묻는다]. "너희 동네에 부모를 잘 모신 자가 있느냐"[그런 이가 있으면 답하기를 "아무개가 남보다 뛰어나게 부모를 효도로 봉양했습니다"라 하고, 없으면 별로 특별히 말할 것이 없다고 한다. 나머지 조항도 마찬가지다]. "형제 사이에 우애한 자가 있느냐, 남보다 뛰어나게 의로운 일을 행한 자가 있느냐, 이웃을 주휼(周恤)한 자가 있느냐." 그 밖에도 다른 선행을 베푼 자가 있으면 모두 고하게 한다. 그런 경우가 있으면 부존위로 하여금 선적(善籍)에 기록도록 하되, "모년 모 동회의에서 아무개가 어떤 선행을 행한 것을 기록해둔다"고 하여 이를 권장하고 여러 사람에게 보인다. 또 부존위로 하여금 선행자에게 읍하고 표창할 자리에 오르도록 하여 북향토록 하고는 집강이 친히 술을 따라 타이르기를, "아무개는 능히 어떠한 선행을 행하였으니, 사람마다 모두 이 같은 풍속을 따른다면 어찌 좋지 않겠는가. 무릇 우리 동약인(同約人)은 마땅히 모범으로 삼아야 할 것이다"라고 한다. 드디어 선행자가 부복하여 황괴(惶愧)하다고 칭하면서 사례하면서 술잔을 마시고 재배(再拜)하면 집강이 손을 들어 답한다. 그리고 선행자가 제자리로 돌아가면 다른 사람들도 앉고 유사는 창선석(彰善席)을 철폐한다.

그다음에는 범과자(犯過者)를 위와 같은 방식으로 다스리는데, 그 문의(問議) 항목에는 다음과 같은 것이 있다. 부모에게 불순한 자, 형제간에 불화한 자, 사부(士夫)를 능욕한 자, 장로(長老)를 매욕(罵辱)한 자, 이웃에게 불목(不睦)한 자, 행지(行止)가 의심스러운 자, 이익을 독차지하여 원성을 산 자, 음간예행(陰奸穢行)한 자, 공임(公任)을 맡아 그것을 빙자하여 침릉(侵凌)한 자.

무릇 선행을 표창하거나 악행을 규제하는 일은 모름지기 삼로와 함께 의논하며 동약에 따라 5등의 벌을 집행하되 삼로와 여러 촌의 촌장이 벌여 앉아 그들이 치죄(治罪)토록 한다. 이는 뭇사람과 함께한다는 뜻에서이다[상벌(上罰)은 태(笞) 30, 차상벌은 태 25, 중벌은 태 20, 하벌은 태 10이다. 최악의 경우에는 출벌(黜罰) 즉 속칭 손도(損徒)를 적용한다].

선행을 표창하고 과실을 규제하는 일이 끝나면 점심을 먹는다. 그러고는 부존위가 선약(善約) 16조와 과약(過約) 16조를 큰 소리로 읽는다. 다시 집강이 나와 동약(洞約)을 준행할 일로 타이른다. 모두 부복하여 경청한다.

하계원(下契員)에게 타이르는 말은 다음과 같다.

“우리 동(洞) 중의 상 · 하계는 거의 100가(家)나 되니 또한 적은 숫자라고는 할 수 없다. 그런데도 사람들은 모두 곤궁하고 예의가 생겨나지 않아서 상·하가 서로 능멸하며 풍속이 날로 퇴폐하니, 남들이 보고는 모두 더럽다고 침을 뱉고 조롱하며 웃는다. 어찌 속습(俗習)이 워낙 그런 것이겠는가. 이는 실로 동약의 법도가 밝지 못함에 따라 사람들이 모두 자포자기하여 아무 기탄이 없는 지경에 이르게 된 탓이다. 대대로 이 동리에 살면서 하루아침에 떠나갈 수는 없는 일이니 어찌 구습(舊習)에 얽매여 좇아 새로 부지(扶持)해갈 도리를 생각하지 않아서야 되겠는가. 동(洞)중의 민폐가 되던 일들은 모두 제거하게 되었으니, 지금 우리가 해야 할 바는 다만 악습을 떠나서 선을 행하는 일뿐이다. 지금 동약의 약조(約條)와 벌목(罰目)을 아래에 갖추어 두는 바이니 오직 우리 동계인(同契人)들은 진실로 약조를 지키고 벌을 두려워한다면 풍속의 아름다움이 얼마 안 가서 이루어질 것이다".

그 약조는 다음의 14가지이다.

① 부모를 대하면 나를 낳아 길러주신 은혜를 생각하여 효도를 다한다.
② 형제를 대하면 동기(同氣)의 분(分)을 생각하여 우애를 다한다.
③ 장자(長者)를 만나면 자기가 연소하다는 것을 생각하여 공경을 다한다.
④ 존귀한 이를 만나면 자기의 지위가 낮다는 것을 생각하여 공손을 다한다.
⑤ 족척(族戚)을 만나면 조상이 같음을 생각하여 돈목(敦睦)을 다한다.
⑥ 이웃을 만나면 같은 동리에 산다는 것을 생각하여 화호(和好)를 다한다.
⑦ 부부 사이는 은의(恩義)가 중한 것이니 화순(和順)할 도리를 다한다.
⑧ 노주(奴主) 사이의 분(分)은 엄한 것이니 충성의 절의를 다한다.
⑨ 남녀가 서로 만날 때는 예의를 지킬 것이며 혐의 되는 일은 피한다.
⑩ 붕우가 서로 사귈 때는 의리와 믿음으로 한다.
⑪ 분수에 맞지 않은 마음이 생길 때는 '지위에는 존·비가 있는 법이니 망령되이 넘볼 수가 없다'고 생각한다.
⑫ 남을 속이려는 마음이 생길 때는 '일은 마땅히 성실과 믿음으로 해

야 하는 것이며 비의(非義)를 조작해서는 안 된다'고 생각한다.

⑬ 싸우려는 마음이 생길 때는 '이는 나를 상하게 하는 일인데 어찌 부모가 낳아주신 몸에다 용맹만 믿고 화(禍)를 부를 것인가' 한다.

⑭ 훔치려는 마음이 생길 때는 '이는 나를 죽이는 일인데 어찌 하늘이 주신 착한 본성을 가지고 있으면서 욕심 때문에 삶을 잊을 것인가' 한다.

그리고 벌목(罰目)으로서는 불효부모(不孝父母)·형제불화(兄弟不和)·가도패란(家道悖亂)·친족불목(親族不睦)·인리불화(隣里不和)·상전불충(上典不忠)·능욕존장(凌辱尊長)·존전무례(尊前無禮)·남녀유별(男女有別)·불준예법(不遵禮法)·호횡여리(豪橫閭里)·다작비위(多作非爲)·부준약헌(不遵約憲)의 13조를 각기 자세한 내용으로 나누어 상·중·하 벌(罰)로 분별해두었다. 상벌은 태(笞) 30, 차상벌은 태 25, 중벌은 태 20, 하벌은 태 10이었다. 최악의 경우에는 출벌(黜罰, 속칭 損徒)을 적용한다고 하였다.

다음에는 국가의 부세 납부에 충실해야 함을 당부하는 절차를 거행한다.

위와 같은 절차로 동회(洞會) 의례(儀禮)를 끝내고 해 질 녘에 예를 갖추어 인사하고서 헤어진다고 하였다.

순암은 동약 의례의 서술을 끝낸 뒤에 다시 사족(士族)들이 솔선하여 모범을 보이면서 시행할 「주자증손여씨향약(朱子增損呂氏鄕約)」 조항에 당시의 현실적인 시의(時宜)를 참작하여 부대 조목들을 자세하게 실어두었다. 그 취지는 다음과 같다.

무릇 교화(敎化)의 법도를 일으켜 실행함은 반드시 윗사람으로부터 시작해야 하는 것이다. 명색이 사부(士夫)라고 하면서 지신(持身) 거가(居家)의 도리와 대인(待人) 처사(處事)의 절차에 서민(庶民)들이 속으로 비난하고 마음으로 웃는 일이 있어서야 어찌 중히 여김을 받고 모범이 되겠는가. 이 동리에는 사부로서 동약에 들어온 자가 적고 서민이 많다. 그러므로 위에 말한 절목들은 아랫사람들을 위해 설치한 것이요, 상계(上契)가 마땅히 시행해야 하는 것은 여씨향약이 별도로 있는 것이다. 지금 거기에다 시의를 따라 변통한 내용들을 아래에 나열한다.

순암의 향약 변통 '부조(附條)' 가운데 특히 주목되는 것은 다음의 몇 가지이다.

1-1) '덕업상권'의 '부조'로 당쟁은 반드시 '망국패가(亡國敗家)'할 화근임을 역설해두었다.

1-2) '하인(下人)으로서 젊은이는 노자(老者)나 장자(長者)를 만나면 반드시 예를 행하고 공경할 것이요, 노자·장자가 길거리에서 짐을 지고 있거든 젊은이가 대신 받아 짐으로써 그 힘을 덜게 해야 한다'는 경로 규정을 두었다.

2-1) '과실상규'의 '부조'로 "양반은 상인(常人)의 표준(標準)인데 (양반의 과실이 있을 때) 벌을 내리지 않는다면 어떻게 서민을 다스릴 수 있겠는가"라고 하여, 향약의 시행에서 양반에 대한 행벌(行罰)을 규정해두었다.

2-2) 마찬가지 '과실상규'의 '부조'로 양반의 처신을 엄히 규정해두었다. "(양반이) 어떠한 인연을 빙자하여 마음대로 위복(威福)을 짓는다든지 민호(民戶)를 역사(役使)하여 사리(私利)를 도모하거나 혹은 언의(言議)만을 숭상하여 오히려 경박한 풍조를 조장하거나 혹은 관부(官府)의 장점과 단점을 알아내어 일을 비뚤어지게 꾸민다든지 하는 등속은 군자가 수치로 여기는 바이다. 이 같은 경우는 일일이 규벌(規罰)한다."

2-3) 상·천민이 양반을 공경하지 않는 일이 점차 많아지는 세태를 개탄하면서, "상하의 명분은 절연(截然)한 것인데, 근래에는 풍속이 퇴폐하여 양반을 능욕하는 자들이 많이 있고 심지어 구타하는 일까지 있다. 각기 그 경중에 따라 벌할 것이며, 심한 경우는 고관(告官)하여 죄를 주고 동네에서 내친다"는 규정을 두었다.

이를 가령 16세기 율곡 이이의 「사창계약속(社倉契約束)」에 나타난 다음과 같은 규정과 대비해보면, 순암이 시대의 변화에 어떻게 적응하고 있었는가를 짐작할 수 있다.

> 하인(下人 곧 상민)은 장자(長者)를 위와 같이 공경할 것이요, 또한 사족(士族)에 대해서도 공경해야 한다. 사족을 보면 아는 사이이건 모르는 사이이건 반드시 배례(拜禮)를 행하며 언어를 공손하게 해야 한다. 우마(牛馬)를 타고 있는 경우에는 반드시 내려 길가에 꿇어앉을 것이요, 범사(凡事)에 만홀(慢忽)함이 없어야 한다. 동계(同契)에 속해 있지 않더라도 사족 대하기는 마땅히 이와 같이 한다(『율곡전서』 16, 雜著 社倉契約束 德業相勸).

3-1) '예속상교'의 '부조'에, "중계 및 하계인으로서 설이 지난 뒤에 양반을 내알(來謁)하는 습속이 없으면 심히 불경하다. 새해 3일 이내에 양반을 알현하도록 할 것이며 또한 존장(尊長)에게도 문안한다. 그렇게 하지 않는 자에게는 논벌(論罰)한다"고 규정하였다.

3-2) 마찬가지 '예속상교'의 '부조'로 양반이 아랫사람에게도 조상(弔喪)하는 절차를 규정해두었다. "이전에는 양반이 아랫사람에게 조상하는 예가 없었다. 그러나 사상(死喪)은 인간의 큰 변고인즉 의절(儀節)이 전혀

없어서야 어떻게 상하의 정을 도타이 할 것인가. 사람을 시키거나 혹은 서로 만나서 조위(弔慰)의 뜻을 전하도록 한다."

4) '환난상휼'의 '부조'로는, 수재나 화재를 당하거나 도적을 만났을 경우 혹은 매우 곤궁한 자에게는 인력·물력으로 구조(救助)해줄 것과 과년한 남녀의 혼인을 주선해줄 일을 규정해두었다. 그리고 "상하를 막론하고 원왕(冤枉)한 일로 수계(囚繫)되어 풀려나지 못하는 경우 첨의(僉議)로 관사(官司)나 감영(監營)에 주선하여 반드시 설원(雪冤)이 되도록 노력한다"는 공동 대응의 규정도 두었다.

순암이 고안한바 위와 같이 동약(洞約)을 중심으로 향약을 시행하고자 하는 조항들에 나타난 특징은 한마디로 양반이 향리에서 어디까지나 일상의 모범을 보여가면서 상민층을 이끌어가는 향정론을 펴고 있었다는 사실이다. 앞에서 살펴본 바와 같이 16세기 율곡의 시대에는 상민층에 대한 거의 일방적인 '공손(恭遜)'을 강요하는 규정을 둘 수 있었으나, 이미 18세기 말 순암의 시대에는 그러한 강요가 결코 통하지 않는 세태임을 시사한다. 오히려 양반들의 자기 검속(檢束)이 더 많이 규정되었던 것이다. 그렇게 함으로써만 상민·천민에 대한 그들 양반의 명분이나마 겨우 유지할 수 있었던 것으로 이해된다.

그리고 순암은 동약을 시행하는 단위에서 사창(社倉)이라는 물가 조절 기구를 운용함으로써 주민들이 경제적으로 다소 안정된 삶을 영위할 수 있도록 하는 장치를 고안하였다.

18세기 순암이 고안한 동약은 이미 16세기 율곡 등이 고안한 향약에서의 지배질서와는 매우 성질이 달랐다. 그중 가장 중요한 현상은 하층민의 위상이 단순한 지배와 복속의 관계가 아니라 동참의 관계로 변동하였다는 사실에 있다. 이 시기, 향촌사회 내부에서도 하층민을 중심으로 다양한 사회현상이 독자적으로 전개되었으며, 그 같은 현상들을 무시하고서는 결코 동약이 실행될 수 없다는 사실을 반영한다고 풀이된다.

그러한 다양한 현상들 가운데에는 물론 순암과 같은 사족의 입장으로서는 수긍하기 어려운 일들이 많이 빈발했을 것으로 짐작된다. 그러나 하층민의 그러한 잡다한 독자성을 떠나서는 양반 사족의 존재 양식도 구체적으로 존속할 수 없다는 현실을 그는 잘 인식하고 있었던 것으로 살펴진다. 그가 굳이 동약이라고 하는 자치규약에 기초해 실행하고자 시도한 까닭이 거기 있었다고 할 수 있다. 그리고 상하의 동계(洞契)를 묶어서 하나의 상하합계(上下合契)를 유지·운영하고자 하는 바에야, 거기 참여하는 하층민의 동태를 긍정적으로 수용하지 않을 수 없으며, 따라서 그들의 '민심' 또한 동계를 유지해가는 하나의 주체요 실체로 긍정하지 않을 수 없었던 것으로 이해된다. 나중에 다시 살펴보겠지만, "무릇 정사를 잘하는 것은 왕패(王覇)를 막론하고 오직 민심에 순응하는 데에 있을 따름"[11]이라고 하는 것이야말로 그의 평소의 소신이었던 것이다.

4. 순암의 향정 즉 왕정론

순암은 자신이 거처하는 경안 2리의 촌락 몇 개의 주민을 규합하여 동약을 마련하면서 그 취지를 다음과 같이 밝혀두었다.

---

11 『순암집』 5, 與韓咸之書 甲申.

『주례』를 읽어보면 성왕(聖王)이 천하 다스리던 대법(大法)을 알게 된다. 성인(聖人)이 정사를 베푸는 데에는 큰 강령을 마련하기에 힘쓸 일이지 어찌 비(比)·여(閭)·족(族)·당(黨)의 낮고 작은 단위에까지 번거롭다 여기지 않고 힘썼던 것인가. 대저 떨쳐 일으키지 않으면 일어서지 않고 이끌지 않으면 따라나서지 않는 것이 민(民)의 실정이다. 그런데 진작(振作)시키고 이끌어가는 방법은 모름지기 민이 목격하는 곳에서부터 시작해야만 반드시 느낌이 크고 쉽게 행해질 수 있는 것이다. 그러므로 가깝고 작은 일에서부터 시작해야만 온 천하에 동일한 정교(政教)를 일으킬 수가 있다. 그렇게 하지 않으면 생양(生養)할 수가 없고 풍속을 같이할 수도 없으며 정령(政令)을 시행할 수도 없으니, 비록 성왕이라도 그 교화를 베풀 수가 없을 것이다. … 아아, 우리 동리(洞里)는 수십 년 내에 풍속의 퇴폐가 심해져서 마치 호향(互鄕) 사람들처럼 말도 꺼내기 어려운 곳이 되어버렸다. 게다가 간활하고 완악한 향임(鄕任)과 이교(吏校)가 나랏일을 핑계 대고 제 뜻대로 횡행하니 어찌 민은 가난해지지 않으며 습속은 박해지지 않겠는가. 그 같은 밖으로부터의 침해는 당장 어쩔 수가 없다. 그런데 예의는 인심에 뿌리를 둔 고유한 것이니 그 고유한 것을 따라 닦고 밝히면 되는 것이다. 이는 정공남이 항상 마음에 간직하고서 나에게 동약의 약조(約條) 세우기를 부탁해온 뜻이었다. 대저 법을 만들어 사람을 이끌기 위해서는 먼저 민심에 순응해야 하는 것인데 민심이 불순해지는 것은 항상 유해한 정령으로부터 말미암는다. 지금 동(洞) 중의 일로 민에게 해 되는 것들은 모두 빗질하듯 제거하였다. 민심이 귀의할 데가 있은 연후에야 교화 또한 행해질 수 있는 것이다. 맹자가 왕정을 논하면서, 민의 산업을 제도화하는 일이 학교 교육보다도 선행되어야 한다고 한 것이 그 때문이다(『순암집』 18, 慶安二里洞約序 丙子).

이때 순암이 정공남이라는 사인(士人)과 함께 상의하여 경안 2리의 동약을 주도하면서 먼저 해결했다고 하는바 "빗질하듯 제거"한 "민에게 해되는" "유해한 정령" 사항이 무엇이었는가는 지금으로서 알 수가 없다. 그 일을 두고 『맹자』에 나오는 '민의 산업을 제도화하는 일'에 비유한 것으로 짐작건대 아마도 하층민에게 가중되는 부당한 부세 등의 물질적 부담이었을 것으로 해석된다. 그것은 아마도 그들 사족의 힘으로 변통할 수 있는 범위 내에서의 '유해한' 부담이었을 것으로 이해된다.[12] 그러나 그것은 적어도 사족들이 나서서 서민들에게 부당하고도 유해한 고통 사항들을 혁거해나가고 있었다는 적극적인 의미가 있었다. 그래서 '민심이 귀의'하게 되리라고 기대할 수 있는 일이었던 것이다.

나아가 왕정의 실현을 반드시 한 동리와 같은 작은 단위에서부터 시작해야 한다는 순암의 이론도 매우 특이한 생각이었다. 그러나 그것은 순암의 오랜 학문적 함양에서 우러난 진정한 신념이었다.

일찍이 정(程)·주(朱)는 『맹자』에 나오는 중국 전국시대의 사정을 말하면서, 주(周)나라 왕실이 결정적으로 쇠퇴한 당시로서는 제(齊)나라 등 제후국으로서도 왕정을 실행하면 천자가 될 수 있다고 하였는데, 순암은 그보다는 차원을 전연 달리하는 왕정론을 피력하였다. 즉 왕정은 한 국가 단위뿐 아니라, 작은 동리 단위에서도 시행할 수 있는 것이라는 신념이 그것이었다. 왕자(王者)만이 왕정을 실현하는 것이 아니라 누구나 자신의 일을 왕정답게 실현함으로써 왕정 실현의 주체가 될 수 있다는 소신이었다.

---

12 앞서 살핀바 대구 부인동계(扶仁洞契)의 경우 사족(士族)인 최흥원이 "동인(洞人)과 더불어 계(契)를 결성하고 선공전(先公田)을 설치하여 백성들의 부세(賦稅) 납부에 응하도록" 함에 따라 "이 동에 사는 사람들은 한 해가 다 지나도록 (독촉차 나오는) 관리를 대하지 않게" 되었다고 하는 사실도 참고가 된다.

정자(程子)는 말하였다. "공자의 시대에는 천하가 아직도 존주(尊周)의 대의를 알고 있었다. 그러므로 『춘추』는 존주를 근본으로 삼게 되었다. 그런데 맹자 시대에 이르면 천하에 다시 주나라가 있음을 알지 못하게 되었다. 이때를 당해서는 제후로서 능히 왕도(王道)를 행하는 자가 있으면 가히 왕(王)이 될 수 있었다. 그래서 맹자는 제나라와 양(梁)나라의 임금들에게 그렇게 하도록 권유한 것이다." 그 소주(小註)에 주자(朱子)가 다시 말해두었다. "공자는 주나라를 높였으나 맹자는 높이지 않았는데, 시대를 달리한다면 양자가 마찬가지인 것이다." 정·주 두 선생이 확연히 그렇게 입론하여 의심치 않았다. 그러나 나는 항상 이들 말씀에 의혹을 품고서 그 바른 뜻을 구하고자 하였다. 어째서인가. 임금을 천리(天理)에 비유한다면 신하는 인욕(人欲)이다. 인욕이 비록 방종하게 일어나더라도 1분(分)의 천리가 없어지지 않았다면 마땅히 그 없어지지 않은 것에다 접속해야 한다. 제후가 비록 횡행한다 하더라도 미미한 천자나마 아직 존재한다면 마땅히 그 남아있는 존재를 좇아 광부(匡扶)해야 하는 것이다. 어째서 온 천하가 함닉(陷溺)되어버린 견지를 좇아 거기에 편승하여 함께한다는 말인가. 또 고인(古人)은 군신 사이를 부자 사이로 비유하였다. 그 아비가 비록 어리석다 하더라도 자식이 재빨리 아비를 내쫓고 집안을 차지할 수는 없는 것이다. 맹자의 시대에는 주나라 왕실이 비록 낮아졌다 하지만 그래도 아직 공동으로 섬기는 종주(宗主)로서의 이름이 있었다. 그러므로 제나라 위왕(威王)은 혼자서도 조현(朝見)함으로써 현명하다는 이름을 얻었으며 사마착(司馬錯)은 주나라를 쳤다 하여 악명을 얻었던 것이다. 비록 세력이 궁박해져 스스로 떨치지 못하고 있다 하더라도 천하 사람들이 아직도 천자로 여기고 있었다. 천자로 여기고 있으면 이는 천하의 임금인 것이다. 천하의 임금을 두고서도 제후가 다시 천자의 일을 행하고자 한다면 이는 찬역(簒逆)인 것이다. 어찌 찬역의 일을 가지고서 맹자가 실행하라고 권했을 것인가. 하물며 주나라 왕실이 쇠약해진 것은 제후들이 특히 강해졌기 때문이지 걸·주와 같은 폭정 때문이 아니었다. 한 사람도 죽일 만한 죄를 지음이 없는데 괜스레 등을 돌리고서 드디어 천자의 일을 행한다면 이는 제 환공(桓公)·진(晉) 문공(文公) 등의 (霸者로부터도 책벌을 받을) 죄인이다. 공자의 무리는 제환·진문의 소행조차 말하지 않았거든 오히려 제환·진문이 행하지 않았던 일을 행하려 한다는 말인가. 소위 왕도라는 것은 오직 천자 혼자만이 행하는 것이 아니다. 그것은 곧 선왕이 천하를 다스리던 도(道)이다. 그 도는 불과 농상(農桑)·교양(教養) 등의 일인 것이다. 문왕이 기(岐) 땅을 다스리던 것이 곧 왕도이다. 문왕 또한 어찌 일찍이 그 정사를 베풀어서 천하를 차지하고자 하는 이심(利心)을 품었을 것인가. 왕자의 정사는 진실로 워낙 그러한 것이었다. … 스스로를 아끼는 향촌의 선비라도 집에 들어서는 효도하고 나아가서는 공경하며 농사에 힘쓰고 검약하게 살아서 그 행실이 집안에서 성취되고 이름이 주리(州里)에 드러난다면 이는 일가(一家)의 왕정이 시행된 것이다. 이 한 사람의 행실을 본받아 천하 사람들이 행한다면 이는 천하의 왕정이 시행되는 것이다(『순암집』 11, 經書疑義 孟子寡人之於國章).

즉 왕자(王者)와 패자(霸者)의 일에 대한 경전의 해석에 관한 한 순암의 견해는 정·주와는 전혀 이질적이었음이 여기서 확연히 드러난다. 이것은 왕정은 왕자의 지위와 형식을 갖춘 자에 의해서만 실현되는 것이 아니라, 어떠한 처지에 있는 자라도 자기 자신의 소관(所管)하는 일을 옛 성왕(聖王)의 '도(道)'에 따라 충실히 실행하는 것이 하나의 왕정 실현의 길로 통한다고 하는 새로운 인식이었다. 그 같은 인식은 형식상의 사회정치적 지위보다도 왕정이라는 이상의 가치적인 것을 실현하는 주체가 여럿으로 다양할 수 있다는 이론의 표현으로 이해된다. 구체적으로 "천덕(天德)과 왕도는 본래 일체"라고 하는 것이 순암의 소신이므로, 왕자의 지위에 있지 않더라도 스스로 천덕을 함양하고 실현해간다면 왕도를 실현하는 길로 통하는 것이라는 신념을 그는 확고히 견지하고 있었다.

순암은 유자(儒者)였으므로 그 또한 최고의 사회정치적 가치를 왕정의 실현에 두고 있었음은 다시 말할 필요가 없다. 그런데 그 가치적인 것은 하필 '천덕과 왕도'라는 두 가지 조목만으로 끝나는 것이 아니었음을 주목할 것이다. 그것은 곧 가치 실현의 주체가 왕자에게만 있는 것이 아니라 다양할 수 있으며, 따라서 가치적인 것도 다양할 수 있다는 이론을 제시한 것이었다. 그것은 사회적 가치의 다양성을 긍정함으로써 장차 전개될 사회질서의 다양성을 긍정할 길을 열어놓은 이론으로 풀이된다.

왕정·왕도는 왕자의 지위에 있는 자만이 시행하는 것이 아니라고 하는 대목에서 순암은 특히 강조하고자 하는 것이 별도로 있었다. 지극히 작은 한 개인 단위에서도 그가 당연히 행할 도리를 실행하면 그것이 곧 왕도라고 하는 해석이다. 그것은 왕도의 성취가 지극히 작은 삶의 단위인 한 동네에서부터 추구되어야 한다는 그의 인식과 직통하는 것이기도 하였다. 그 같은 인식을 반드시 그 자신이 국가 정치의 요로에 앉을 수 없는 현실에 제약되어 토로하는 것쯤으로 간주하는 것은 결코 올바른 이해가 아닐 것이다.

오히려 왕정은 한 개인이라든가 한 동네에서도 시작할 수 있으며, 또한 그렇게 하는 것이 진정한 왕도를 실현하는 바른 길이라는 그의 신념이야말로 우리가 여기서 특히 주목하고자 하는 것이다. 민심에 순응하기를 새삼 당부하는 말과 함께 그것은 적어도 민생의 말단 현장이야말로 중앙의 정치판 못지않게 중요한 비중을 가질 수 있다는 새로운 실학적 인식의 일단으로 이해되기 때문이다. 그에게는 하나의 작은 향정이 중앙의 거대한 왕정과도 본질적으로 동일하다고 하는 신념이 있었다. 한 동리의 동정은 중앙 국가의 왕정과 직통한다는 소산이었다. 왕도·왕정의 중심이나 그 실현 주체의 다원성을 그는 확신하였던 것이다. 18세기 후기의 현실은 그만큼 다기 다양했으며, 중앙의 벌열 정치를 통하여 왕정을 실현하기는 이미 불가능함을 그는 인식하고 있었던 것으로 이해된다.

그는 자신이 사는 경안 2리뿐 아니라 어디서든지 향정을 잘 이끌어갈 기본 요건은 동약의 시행으로부터 비롯한다는 사실을 널리 깨우치고 강구하도록 촉구하였다.

> 일체의 정령(政令)과 교화는 반드시 동약이 시행된 연후에라야 가히 쉽게 실현할 수가 있는 것이다. (수령으로) 부임하거든 동네마다 동약이 있는가의 여부를 널리 물어서, 있거든 그 동헌(洞憲) 약조(約條)를 거두어다 그 미비한 것을 손질해 바로잡을 것이다. 폐정(弊政)으로 남아있는 것은 덜어내고 혁파할 것이요, 본동(本洞)에 거주하는 사족과 의논하여 민심에 순응하도록 힘쓸 것이다. (동약이) 없는 경우에는 약조를 설립하여 시행하도록 권면할 것이다(『임관정요』, 時措 敎化章).
>
> 가만히 듣건대 이곳에는 모두 동계(洞契)가 있다고 하니, 무릇 한 동리 안에서 선행을 표창하고 악행을 부끄러이 여기게 된다면 곧 한 동리의 정사가 닦여져 교화가 밝아짐이며 명분의 바로잡힘이 이로 말미암아 거의 성취될 것이다. 이는 실로 고인이 시행한 향약의 뜻이요, (『주례』에 나오는) 비·여·족·당의 제도 또한 이와 같은 것이었다(『순암집』 16, 雜著 木州政事 到任初諭各面文).

왕정은 동정(洞政)을 기반으로 하고서야 제대로 성취될 수 있다는 것이 그의 향정의 기본 이론이었다. 왕경(王京)으로부터 하달되는 정교(政教)와는 다른, 향촌의 한 동계·동약이 가지는 독자적 위상을 그는 새삼스레 발견하였다. 그래서 순암은 정치라든가 형벌보다도 교화야말로 실체이며 가장 우선해야 한다는 소신을 간직하고 있었다.

> 교화와 정형(政刑)은 본래 두 가지 일이 아니다. 교화는 그 체(體)요 정형은 그 용(用)이다. 용을 시행할 수 있으면서 체는 시행할 수 없다고들 하는 수가 있는데, 천하에 그런 이치는 없다. 한갓 그 용만 시행하고 체는 시행하지 않는다면 백성으로서 따르는 것은 외모뿐이요 마음이 아니다. 위엄 때문에 복종하는 것이지 그 덕(德)에 복종하는 것이 아니다. 그러므로 정치에는 반드시 교화가 우선되어야 한다(『임관정요』, 時措 教化章).

그러므로 교화를 위한 기초 기구인 동약·향약은 모름지기 관치(官治)와는 다른 차원에서 독자적으로 시행하지 않으면 안 되는 것이라고 그는 토로하였다.

> 동네에 민간의 사계(私契)를 설립하는 일도 역시 향약을 미루어 시행해 가는 단계가 된다. 그런데 근래에는 관가에서 반드시 전정(田政)과 군정(軍政)이라든가 환곡을 독촉하는 일 등을 (洞契에다) 책임 지우고 있다. 그래서 사부(士夫)들이 이를 염피(厭避)하여 동헌(洞憲)이 해이해지고 만다. 이는 실로 염려해야 하는 것이다. 수령은 스스로 허다한 면임(面任)들을 거느리고 있으니, 명령을 시행하고 금령을 지키는 일이야 그 방법이 없다고 근심할 필요가 없다. 그런데도 하필 (동계의) 집강에게 책임을 지워서 한

갓 소란스러움만 일으킨단 말인가(『순암집』 4, 答李留守箕鎭書 癸酉).

왕정은 왕자의 출현을 기다려서가 아니라 오히려 향정과 동정에서부터 착수되어야 한다는 것이 순암의 향정론의 기본 이론이었음은 이미 누누이 살핀 바와 같다. 그런데 그는 여기서 동정은 오히려 수령·면임이 주관하는 관정(官政)과는 차원을 달리하는 그 주민들의 자치로 시행되어야 한다는 사실을 역설하고 있음을 보게 된다. 물론 순암이 여기서 말하고자 한 것은, 관정에 반대하는 동정을 시행코자 하는 것이 아니었음은 더 말할 필요가 없다. 그는 관정과는 차원을 달리하는, 주민들 스스로의 자발에서 우러나는 자치적 동정이야말로 모든 동계·동약·동정을 기초로 함으로써 중앙 정치도 개선되고, 왕정의 실현도 기대할 수 있다는 확신을 가지고 있었다. 그런데 그는 동약·동정을 시행하려면 무엇보다도 민심에 순응하는 일이야말로 기본이라고 거듭해서 강조하였다. 앞에서 살펴본 것처럼 경안 2리의 동약에 기초하면서부터 그는 '법을 만들어 사람을 이끌기 위해서는 먼저 민심에 순응해야 함'을 전제하였던 것이다.

대저 정사를 잘하는 길은 왕(王)·패(霸)를 막론하고 오직 민심에 순응하는 데에 있을 따름이다. 근래에 한 가지 논의가 있으니, 스스로 수신(修身)하는 선비는 민심에 순응하는 일을 혹 명예를 구하는 길이라고 염려하여 반드시 이를 피하려 든다는 것이다. 이는 이른바 군자가 명성을 피하면 선을 행할 길이 없다고 하는 일이다. 어찌 그사이에 별다른 마음을 둘 것인가. 혹자는 말세의 풍속이 완한(頑悍)하므로 오직 위령(威令)으로 겁을 주어야 한다 하여, 인심과 힘써 싸우고자 하는 터이지만, 인심을 거스르면서도 정사를 잘할 수 있는 이치가 있을 것인가. 요·순이 성인인 까닭은 이 민심에 순응했기 때문이요, 걸·주가 악인이 된 까닭도 이 민심에 순응하지 않았기 때문이다. … 민심과 싸워서는 안 된다는 것은 명백한 일이다. 시험 삼아 형(兄)이 다스리고 있는 지방을 두고 말한다면, 대가 세족들이 대대로 향권(鄕權)을 잡고 있다. 만약 능히 이들 세족들을 인도하여 모범이 되도록 한다면 하민(下民)들이 귀의하고 교화되기는 실로 파죽지세와 같을 것이다. 그런데도 전후로 수령 노릇 한 자들은 매양 (당쟁의) 색목(色目)의 이동(異同)에 따라 도와주거나 억누르는 술책을 부림으로써 세족들로 하여금 원망하는 마음을 품게 하였으니, 그로 인하여 하민 또한 다스리기가 어려워지게 되었다(『순암집』 5, 與韓咸之書 甲申).

인심이 불순하게 됨은 항상 윗사람이 촉발시킴으로 말미암아 그렇게 되는 것이다. 선을 좋아하고 악을 싫어함이 인간의 본성이요, 안일을 좋아하고 번거로움과 가혹함을 싫어함이 백성의 정(情)이다. 치수(治水)를 잘하는 자는 수세(水勢)를 따라 이끌어가며 치민(治民)을 잘하는 자는 민정(民情)을 따라 순응한다. 수세를 거스르면 반드시 넘쳐흐르고 말며 민정을 거스르면 백성이 반드시 원망하고 돌아서게 된다. 『대학』에, "백성의 좋아하는 것을 좋아하고 백성의 싫어하는 것을 싫어하는 것, 이를 일러서 백성의 부모라고 한다" 하였다. 정사를 하는 자는 마땅히 먼저 민심이 싫어하는 바를 살펴야 할 것이다(『임관정요』 時措 臨民章).

(백성의) 선과 악은 윗사람이 교도(敎導)하는 데에서 말미암는다. 지금의 위정자는 항상 말하기를, "인심이 좋지 못하다"고 하여 반드시 형벌로써 겁주려 하고 있으며, 인심이 복종하지 않는 데가 있으면 반드시 죽이고 말 것이라 한다. 이는 (자기의) 정교(政敎)가 아래에까지 미치지 못했음은 알지 못하고 인심을 상대하여 힘써 싸우고자 하는 짓이다. 인심이 어찌 더불어 힘써 싸워야 하는 것일 터인가. 오직 나의 정성을 다할 뿐인 것

이다(앞의 글).

순암이 살던 18세기 후기는 이른바 '말세'라는 말로 흔히 지칭되는 중세적 사회구성의 해체기였다. 급격한 변화가 도처에서 진행되고 있었다. 그러한 급격한 사회적 변화의 한가운데에서 향정을 펴면서도 순암은 항상 '민심에 순응'하는 정사를 펴기를 시도하였다. 그것이 그의 소신이었다.

그런데 순암의 민심 순응론은 여기서 일반 서민의 민심을 위주로 하고 있지는 않았다는 사실 또한 주의를 요한다. 즉 각 지역에서 광범한 영향력을 행사하고 있는 '대가 세족'들의 민심이야말로 위정자가 일차적으로 고려해야 하는 대상임을 그는 확실히 인식하고 있었다. 그 '대가 세족'들에 의한 교화를 통해서 일반 서민들의 민심은 순응하게 되는 것으로, 계층적 구조를 이루는 것으로 순암은 이해하고 있었다. 실상 그가 자신이 거주하는 향리에 동약을 시행하게 된 배경도 그와 같이 사족층에 의한 하층민의 교화라고 하는, 지배질서의 안정을 도모하는 일에 보다 일차적 관심이 쏠리고 있었던 것으로 이해된다.

그러나 앞에서 살펴본 것처럼 순암의 민심론은 이미 16세기 사족층만의 지배질서라고 하는 체제와는 이질적인 구성을 바탕으로 하고 있었다. 순암의 경우는 이미 동일한 동약을 구성하는 실체로서의 하층민을 인정하고 그들이 적극적으로 참여하도록 권장하지 않으면 안 되는 현실의 향촌사회 구조를 바탕으로 하는 민심론이었다. 그러므로 순암의 민심론이 비록 사족과 하층민의 동질성을 전제로 형성된 것이라고는 말할 수 없다 하더라도, 특별히 이질성을 우선하여 내세움으로써 사족층의 향촌지배권을 배타적으로, 혹은 일방적으로 유지하려는 것이 아니었다는 사실은 명백하다.

대체 민심에 순응하는 것이 위정의 요체가 된다고 하는 것은 누구나 내세울 수 있는 상투어에 불과하다고도 할 수 있다. '민유방본(民惟邦本)'이라고 하는 위민론은 이미 선진(先秦) 고경(古經)에서부터 등장하여 언제나 현안으로 중시되어 온 항구적인 명제였다. 가령 『관자(管子)』와 같은 패자(覇者)의 글에서도, "정사가 흥기하는 것은 민심에 순응함에 있으며, 정사가 피폐하게 되는 것은 민심을 거역함에 있다"[13]고 하지 않았는가. 그러므로 여기서 민심 순응론은 결코 순암의 창안에 속하는 말이라고는 할 수 없다.

그런데 순암은 여기서 이른바 고경(古經)의 경우라든가 혹은 『관자』의 의도와는 결코 동일하지 않은, 그 나름의 독자적인 민심 순응론을 제기하고 있었던 것으로 이해된다. 그것은 곧 위정자의 의도와 민심이라고 하는 구래의 주객(主客) 관계의 위상으로부터, 이제 가능한 한 전자가 후자의 말에 성심으로 귀를 기울이는 위상으로 변화해야 함을 주장하는 이론이었다. 더 나아가서는 위정자의 통치행위가 민심을 통치의 대상으로서의 실체이자 주체로 생각해야 한다는, 지배질서의 위상의 새로운 조정을 주장하는 데 있었던 것이라고 이해된다. 막연한 '위민' 정치가 아니라, 백성이야말로 통치의 대상으로서의 실체인 존재라는 인식을 여기서 그는 확고히 하고 있었던 것이다.

왕·패를 막론하고 민심에 순응하는 것이야말로 위정의 요체가 된다고 하는 그의 소신은 통치의 대상인 민심이야말로 통치자가 상대해야 하는 실체이자 주체라는 신념에서 나온 것이었다. 오히려 위정자의 촉발로 말미암아 나쁜 인심이 조성되는 것이라는 견지에 서 있는 그로서는 흔히

---

13 『관자』 1, 牧民 1 經言 1.

'말세'의 인심이 나쁘다고 탓하는 위정자의 오랜 인습이야말로 역사적으로 본말을 전도시킨 잘못된 생각에 불과한 것이었음을 역설한다. 위정자 위주의 오랜 통치 관행은 개혁되지 않으면 안 되는 것이었다. 그것은 동약·동정을 바탕으로 하고서야 왕정이 시행되는 것이라는 그의 지론과 그대로 직통하는 이론이었다. 동약·동정은 중앙의 왕정에 못지않게 중요한 위상을 지닐 수도 있는 일이었다. 그것이 순암의 소신에서 우러난 실학적 향정론이었던 것으로 해석된다.

5. 맺음말

순암의 동약론(洞約論)이 지향하는 주민 생활상은 어떠한 것이었는가.

> 지금부터는 모름지기 같은 첩지(帖紙)에 이름을 적어놓은 의의를 생각하여 서로 간에 선을 권면하고 악을 경계하며 옹목(雍睦)·화락(和樂)하기를 마치 한집안 사람같이 해야 할 것이다. 만약 숙원(宿怨)이 있거든 모름지기 그 원망을 풀 것이요, 혹 옛날부터 잘 지내오는 사이라면 더욱 돈독히 지내도록 할 것이다. 그래서 모두 선으로 돌아가 영세토록 저버리지 않는다면 어찌 모두가 즐겁지 않으리오(『순암집』 19, 題慶安二里下契名帖 丁丑: 동약을 설립한 다음 해).

그는 가까이 사는 주민들 사이에서 일어나는 모든 사회문제를 공동체적 규제와 권면을 통하여 해결하면서 조화롭게 살아가는 길을 모색하고 있었던 것으로 이해된다. 즉 부모, 친족과 이웃 사람을 사랑하며 공경하고 서로 고마워하면서 살아가는 질서를 모색하고 있었다. 그것은 사람이 생각해낼 수 있는 공동체적 선속(善俗)의 원형 같은 것이 아닐 수 없다. 그것이야말로 곧 왕정(王政)에서의 향정(鄕政)이며 동정(洞政)의 원형으로, 순암은 동약에서 고안하여 실현하고자 노력하였던 것이다.

그런데 순암이 동약을 시행하고자 시도한 18세기 후기라는 이 시기는 중세적 사회구성이 바야흐로 해체되어 가고 있었다. 그러므로 한편으로 동약은 이 당시 상품화폐경제의 발전과 더불어 활발한 전개와 진출을 보이는 서민 생활의 자유로운 분출을 혹 가로막는 장치로 운용될 수도 있는 속성을 지녔다고도 이해된다. 동약의 도덕적 규제에 따라 서민 생활에서 제일의적 의미를 지니는 사익(私益)의 추구가 방해받기 마련이었음이 명백하기 때문이다. 실제로 이 방면에 관련한 지금의 연구에 따르면, 서민들의 하계(下契)가 18세기 중엽 이후 차츰 양반들의 상계(上契)로부터 범주적으로 독립해가는 길을 걷고 있었던 것으로 논증된다.[14] 이 시기 서민들의 삶은 양반들의 향촌 지배질서로부터 더는 구속당하지 않고 나름대로 현실과 실속을 추구하는 방향으로 나아갔던 것이다.

그런 의미에서 순암이 시도한 동약은 결코 당해 시기의 역사적 현실과 그대로 부합하는 것이었다고는 해석할 수 없다. 비록 이 시기 중세적 사회구성의 해체가 벌열정권의 전횡과 농단에 따라 오도되었다 하더라도, 순암의 향정론이 반드시 그것을 대체할 만한 개혁론일 수 있었는가에도 적잖은 의문이 제기된다.

그런데 인간은 어차피 이웃과 더불어 살아갈 수밖에 없는 사회적 존

---

14 김인걸, 1994, 「조선후기 재지사족의 거향관(居鄕觀) 변화」, 『역사와 현실』 11호 ; 정진영, 1998, 「18, 9세기 동계·동약 실시와 그 한계」, 앞의 책.

재이다. 그러므로 중세적 결속이 해체되어 가는 현실을 목도하면서, 순암은 아마도 동약이라는 향촌 공동체의 운영을 통하여 인간 사회가 이웃하여 살아가면서 추구할 수밖에 없는 구원(久遠)의 이상상(理想像)을 제시하고자 시도하였던 것으로 해석된다.

순암의 향정론은 물론 아직도 신분제적 제약을 벗어나지 못하였다는 비판을 받을 수도 있다. 그의 동약론은 이전의 향약을 상하의 동민 모두에게 확대 시행하려는 속성이 컸다. 그 본질로 따지자면 양반이 주도하는 향촌질서를 보수해가고자 하는 데 핵심이 있었던 것으로 이해된다. 그것이 시대적 제약이었다. 그러나 가령 하계원(下契員)인 삼로에게 동약에서의 징벌권을 부여하고 있다든가, 동리의 하민(下民)에 가중되는 해정(害政)을 양반들이 솔선하여 혁거한다거나, 혹은 중하층의 사상(死喪)에 양반이 조위(弔慰)해야 한다는 등의 전에 없는 약조를 새로 세우는 등, 새로운 이상적 가치질서를 추구하는 동약인(同約人)으로서의 동질성을 구현하기 위한 노력을 다해야 한다는 사실을 그의 동약(洞約)은 규정하고 있었다. 그것은 동약의 하층민들에 대해서도 같은 인간으로서의 실체, 동약인으로서의 주체성을 긍정하는 규정이었다. 그것은 양반만이 중심이 되어 일방적으로 운용하던 구래의 향약보다도 역사적으로 진전된 동약 공동체의 의미였다.

성리학의 궁극적 목표는 이 세상에 왕도를 실현하는 일이었다. 조선후기의 실학도 그 궁극의 목표는 마찬가지였던 것으로 고찰된다. 앞에서 살펴본 것처럼 "천덕과 왕도는 본래 일체이며 수기와 치인은 두 가지가 아니다"라고 하는 것이 순암의 확고한 소신이었다.

그러므로 순암의 경우 왕도는 왕자에게서만 시행되는 것이 아니라 한 개인 단위에서나 혹은 한 동네 단위에서도 실현될 수 있으며, 그것은 중앙 정치를 통하여 실현되는 왕정과 동질적이라고 인식하고 있었다. 그보다도 중앙 정치의 왕정은 그 최하 지역 단위 동정의 왕정화를 통하여 실현되는 것이 가장 바른 길이라고 하는 체계적 인식을 그는 지니고 있었다. 그는 자신이 사는 곳의 동약을 곧 그 같은 동정의 왕정화를 실현하는 교화기구로 설립하면서 추진하였다.

왕정이라고 하는 최고의 가치 있는 사회질서를 그 같은 자신의 거주지에서부터 실현하고자 추구하였다는 사실은 가치 실현 주체의 다양한 성장이라고 하는 18세기의 역사적 현실을 반영한 것이었다고 이해된다. 그것은 중앙 정치권력이 자행해온 일방적 억압구조로부터 그 저변의 지역 단위가 새로운 가치 질서를 추구하면서 주체적으로 성장하는, 새로운 역사적 의미를 띠는 것이라고 이해할 수 있을 것이다.

그는 현실의 억압적 통치체제가 내세우고 있는 '위민'이라는 구호의 허구성을 믿지 않고, 백성이야말로 통치의 대상으로서의 실체가 되는 존재임을 소신으로 피력하고 있었다. 다양한 가치 질서를 추구하면서 성장하는 백성이라고 하는 실체들의 마음을 거슬리고서는 결코 좋은 정치를 기대할 수 없다는 사실을 그는 경험적으로 깊이 인식하고 있었다. 즉 민심이란 것을 그는 이제 새롭게 인식하게 되었다. 그의 향정론은 그 같은 신념에 바탕을 둔 것이었다.

왕자거나 패자거나를 막론하고 민심에 순응하는 정치야말로 정치의 본질이라고 하는 순암의 신념은 민심이야말로 통치자가 상대해야 하는 실체이자 주체라고 하는 소신과 동일한 이론의 양면을 이루었다. 오히려 나쁜 인심이야말로 위정자의 촉발에 따라 역사적으로 조성되는 것이라고 그는 확신하고 있었다. 그러므로 위정자만을 위주로 하는 인습적인 오랜 통치 관행은 이제 개혁되지 않으면 안 되는 것이었다. 그것은 곧 동약·동정을 바탕으로 하고서야 왕정이 제대로 시행될 수 있다는 그의 향정론과 상응하는 것이었다. 그러므로 그의 동약의 시행은, 중앙에서의 왕정 추구에 못지않게 나름 중요하고도 독자적인 의미를 지닌다. 즉 자신이 함양한 '천덕'의 이론을 동정(洞政 곧 鄕政)이라는 작고도 구체적인 단위에 적용함으로써 거기서부터 왕정을 실현하리라는 하나의 길을 추구하였던 것이다.

그것은 물론 현실에서 충실히 실현될 수 있는 향정의 이론은 아니었다. 그러나 이 시기 현실의 동태를 직시함에 따라 왕정이라는 전통 가치가 다양하게 추구될 수 있음을 발견하고, 하층민의 동참이라고 하는 다양한 주체들의 동원을 통하여 그것을 확대 실현할 수 있는 길을 그는 애써 고안하며 예비하였다. 그것이 그의 소신에서 우러난 향정론의 역사적 의미였던 것으로 해석된다. 그리고 거기에서야말로 그의 향정론의 실학적 의미를 찾을 수 있지 않을까 생각해본다.

(『韓國實學硏究』 1, 韓國實學硏究會, 1999 ; 순암선생 탄신 300주년 기념사업회 편, 『순암 안정복의 경학과 사회사상』, 성균관대학교 출판부, 2012)

제8장

한치윤의 『해동역사』 연구

1. 머리말

한치윤(1765~1814)의 『해동역사(海東繹史)』는 흔히 안정복(1712~1791)의 『동사강목』, 이긍익(1736~1806)의 『연려실기술』과 더불어 조선 후기의 실학(實學)이 성취한 3대 역사서로서 일정한 수준을 구현한 것이라고 일컬어진다. 이들 사서는 모두 국내외의 사료를 광범하게 수습한 바탕 위에서 관련 사료를 분석하고 유별(類別)하고 종합하는 고증학적 방법론을 구사함으로써 이전보다 한 단계 높은 객관적 사실(史實) 자체를 추구하고자 노력한 실학적 특색을 갖춘 것으로 확인된다.

그 가운데서도 『해동역사』는 더욱 철저한 고증학적 견지에 입각한 저술이라 할 수 있다. 우선 『해동역사』는, '해동' 지역의 역사에 관한 고대 '동이족(東夷族)' 자신의 기록이 상대적으로 미비하고 무실(無實)한 상태였다는 객관적 실상의 반성에서 출발하였다는 것 자체부터가 그러하다. 그래서 『해동역사』는, 관련 기록을 상대적으로 일찍부터 갖추게 된 중국측 자료 540여 종을 동원하고 일본 측 자료 20여 종까지도 참조하여 편찬하였다. 또한 어디까지나 관련 사료들을 직접 배열해 제시함으로써 사료 자체가 사실(史實)을 말하게 하는 한편, 찬자 자신의 해석이라든가 견해는 최소한의 안설(按說)로 한정하고 있다는 특색을 가지기도 한다.

『해동역사』는 찬자의 안설을 최소한으로 한정하고 있을 뿐 아니라 그 편찬 의도라든가 과정에 관한 찬자 자신의 '서문'이나 '범례'조차 일절 남기지 않았다. 중국 측 자료를 비롯한 외국의 서적 수백 종을 참고하고 관련 자료들을 일일이 수괄하여 무려 원집(原輯) 70권이라는 거질의 사서를 편찬하면서도 그 '서문'이나 '범례'조차 남기지 않았다는 것은 상식적으로는 이해하기 어려운 사례에 속한다. 그것은 찬자의 기본 편사(編史) 원칙이라고 하는 고증학적 방법론에 직결된 것이었다고도 할 수 없다. 나중에 살펴보겠지만, 그의 「행장」이 전하는바 '서술은 하되 저작은 하지 않는다[述而不作]'는 원칙과 반드시 직결되는 것도 아니다.

그 대신 『해동역사』의 책머리에는, 이미 「이십일도회고시(二十一都懷古詩)」라든가 『발해고』 등 우리 고대사 연구에 독자적 일가견을 제시한 바 있는 유득공(1748~?)의 「해동역사서」라고 하는 '서문'을 받아 실어두었다. 그가 이 책을 편찬하기에 이른 배경을 알려주고 있는 것이다.

그는 왜 하필 유득공의 '서문'을 받아 싣게 되었던 것일까. 그 까닭은 아마도 양자가 발해국을 우리의 옛 왕조로 인식하는 데 공감하고 있었다는 사실과 연관된 것으로 이해된다. 이는 18세기 말 실학적 사서를 편찬한 안정복의 경우와는 크게 대조되는 일이었다. 즉 선진 실학자이자 스승인 성호 이익의 권유를 받아가면서 새로운 사서로 편찬한 안정복의 『동사강목』이 발해국을 정식의 우리 고대 국가로 긍정하지 않았다는 사실과는 정히 대조되는 사안이다.

이제 유득공이 『해동역사』에 부친 '서문'의 줄거리를 살펴보기로 한다.

> 이른바 고기(古記)라 하는 것들은 모두가 승려들의 허황된 말이므로 사대부가 입에 담을 것이 못 된다. 김부식의 『삼국사기』는 '소략하여 볼 만한 것이 없다'고 사람들은 허물한다. 그런데 명산(名山) 석실(石室)에도 보관된 자료가 없었으니, 김부식인들 어떻게 할 수 있었겠는가. 그런즉 오직 정인지의 『고려사』가 있을 뿐이니, 고려 이전의 사실에 대해서는 어

떻게 상고할 수 있겠는가. 나는 일찍이 중국의 21사(史)에서 동국전(東國傳)만을 뽑아 모아, 중복된 부분을 제외하고 주석을 내며 변증을 가하고자 하였다. 그런 다음 『삼국사기』와 『고려사』 두 사서와 함께 참조해본다면 징신(徵信)하기에 도움이 될 듯하였다. 끝내 그러지는 못하였지만 그 생각은 항상 가슴속에 맴돌고 있었다.

나의 친구인 상사(上舍) 한대연(韓大淵)은 성품이 고요하고 서책 간직하기를 좋아하였다. 문을 닫고 들어앉아 고사(古事)를 연구하였는데, 개연히 우리나라의 역사에 관심을 가져, 서로 상의하지 않아도 나와는 의기가 통하였다. 그런데 또 이를 미루어 넓혀 정사(正史) 이외의 것까지도 섭렵해서 경전(經典)에서 총패(叢稗)에 이르기까지 여기저기 흩어져 있는 우리 동방 수천 년의 사실들을 거의 다 찾아내고 베꼈으며, 또 손수 자르고 붙여 분류하기도 하고 합치기도 하였다. … 거의 밥 먹는 것조차 잊은 채 5, 6년이나 공력을 쏟은 끝에 비로소 종류별로 나누고 조목을 세워 한 부(部)의 서책을 편성하니, 모두 몇 권이 된다. 그 가운데는 세기(世紀)도 있고 열전(列傳)도 있으며, 천문·지리·예악·병형·여복(輿服)·예문에 대해서도 각기 지(志)를 두어 엄연히 사서를 이룩하게 되었으니, 이름하여 『해동역사』라 한다. …

우리나라 사람들이 혹 말하기를, "우리나라 사적(史籍)으로서 평양에 남아있던 것은 (고구려가 망할 때) 이적(李勣)에게서 모두 불탔으며, 전주에 있던 것은 견훤이 패하면서 모두 불에 탔다"고 하는데, 이 역시 근거 없는 낭설이다. 우리나라에 어찌 사적이 있었겠는가. 기자시대는 당(唐)·우(虞)로부터 위만 이전에 해당하는 시기였던 까닭에 따로 사서를 만들지 않았다. 한나라 400년 동안에는 내복(內服)의 시기였으니 낙랑태수가 어떻게 사관(史官)을 따로 둘 수 있었겠는가. 그런 까닭에 (우리나라 고대의) 일사(佚事)

와 이문(異聞)은 반드시 중국 쪽에서 구한 다음에야 얻을 수 있는 것이다. 영동(嶺東)의 예(濊)와 한수(漢水) 이남의 한(韓), 개마산(蓋馬山) 동쪽 옥저(沃沮)의 경우는 실로 (중국 『三國志』를 편찬한) 진수(陳壽, 233~297)가 아니었다면 어떻게 그런 나라가 있었음을 알 수 있겠는가. 진수란 자가 붓을 잡고 해외의 우리나라 일에 대해서 그와 같이 상세하게 쓸 수 있었던 것은 또 어째서인가. 공손씨(公孫氏)가 대대로 요동태수가 되어 대방군을 세워 한·예의 여러 나라를 통괄하다가 (西晉의) 사마의(司馬懿)에게 멸망되었으니, 그 산천·도리(道里)·물산·풍요(風謠)에 대해서도 반드시 태사씨(太史氏)가 전해 들었을 것이다. 그 이후로는 삼국이라든가 또 가라(加羅)니 탐모라(耽牟羅)니 하는 족속들이 있어 모두 사신을 보내고 폐백을 바치면서 상국(上國)에 알현하였다. 그래서 남북조(南北朝)의 여러 사서가 이를 기록하였는데, 이 모두가 우리나라의 사적(史蹟)인 것이다.[1]

즉 '고기'라는 이름으로 전해오는 우리나라 고대의 기록은 모두 승려들의 견해를 전하는 허황한 것이므로 사료적 가치를 지니지 못한다. 김부식의 『삼국사기』는 정사(正史)로 편찬한 것이지만 "소략하여 볼 만한 것이 없다." 그런데 『삼국사기』가 그렇게 소략할 수밖에 없게 된 까닭은 국내에 구체적 사료가 남아있지 않았기 때문이다. 그러니 그 '소략함'을 보충할 수 있는 기록은 중국 측 자료에서 찾을 수밖에 없다. 다행히 『삼국지(三國志)』를 비롯한 중국의 사서들은 고대 '해동'의 사적(史蹟)들을 다수 수습한 기록으로서, "징신하기에 도움이 될 만한" 사료들을 많이 갖추고

1 『해동역사』 卷首, 海東繹史序. 진수(陳壽)의 『삼국지(三國志)』는 위(魏)·촉(蜀)·오(吳)의 삼국사(三國史, 220~265)를 편찬한 중국 정사(正史)인데, 그 가운데 위(魏)의 역사를 다룬 위지(魏志)의 끝에 동이전(東夷傳)이 들어있다.

있다. 그런데 진사 한치윤이 그와 같이 중국 정사의 사료들을 온전히 수습하는 한편, 더 나아가 "경전(經典)에서 총패(叢稗)에 이르기까지 여러 곳에 흩어져 있는 우리 동방 수천 년의 사실들을 거의 다 찾아내고 베낀" 위에, 어디까지나 찬자 자신의 견해는 배제하고 사료들만을 유별해 드러내어 보이는 철저한 고증학적 방법을 동원하여 새로운 역사서를 편찬하였다. 그래서 『해동역사』는 세기(世紀)라든가 열전(列傳), 천문·지리로부터 여복·예문에 이르는 각 분야의 지(志)들을 두루 갖춘 기전체(紀傳體) 사서로 결집되기에 이르렀다고 증언하였다.

주지하듯이 진수(陳壽)가 편찬한 『삼국지』는 그 위지 동이전에 '해동' 지역에서 국가체제를 갖추었던 부여·고구려·동옥저·읍루·예·한(韓)에 관한 '전(傳)'들을 싣고 있다. 그런데 이들 '전'의 내용은 중국인들이 직접·간접의 견문이라든가 혹은 '동이' 각국과의 외교 관계를 통해 접하고 알게 된, 극히 한정된 단편적 자료들을 엮어놓은 '사적(史籍)'에 불과한 것들이다. 그래서 위의 서문에 나온 그대로 '일사(佚事)와 이문(異聞)'을 수록해둔 내용에 불과한 것이요, '동이'족 각국의 '본사(本史)'의 위상에 상응할 만한 범주적(範疇的) 내용을 갖춘 사료가 결코 아니라는 사실을 주의해야 한다.

그런데 『해동역사』는 가령 '해동' 각국의 '본기(本紀)'에 해당하는 왕대별 정치사에 관한 줄거리를 세울 수 있게 되었는가. 실상 그 많은 중국 측 자료를 동원했음에도 『해동역사』는 결코 그것을 제대로 구성해낼 수 없었다. 그렇게 된 결정적 요인은 곧 관계 사료가 부족하였기 때문이다. 즉 『해동역사』는 중국 측 정사로부터 경전이라든가 총담(叢談)·패설(稗說)까지를 총동원하고 그것을 "손수 자르고 붙여 분류하기도 하고 합치기도" 해보았지만, 삼국 각 왕대의 정치사조차도 뒷받침할 수 있는 사료를 제대로 확보하지 못하였고, 그래서 그 '본기'조차 결코 제대로 구성해낼 수 없었던 것으로 보인다. 무엇보다 현재 구성되어 있는 '세기(世紀)'의 내용을 유심히 살피기만 하더라도 이는 객관적으로 드러나는 명백한 사실이다.

『해동역사』는 사료상의 제약 때문에, '해동' 각국의 각 왕대 정치사를 서술하는 '세기'의 부분은 부득이하게 관련 사료들을 시대순으로 배열해 제시하는 형태로 편찬해둘 수밖에 없었던 것으로 이해된다. 그러나 그 대신 중국 측 자료상으로는 여러 분야, 여러 종류로 흩어져 전존해오는 '해동' 여러 종족의 현실적 삶에 관한 자료들을 가능한 한 자세히 수습해서, 이를 생활사·문화사 분야의 역사 형태로 다수 제시하기에 이른 것으로 판단된다. 즉 '해동'인의 눈에는 일상생활과 관련된 범상한 현상으로 보일지라도 외국인의 눈에는 특이한 사안(事案)으로 보일 수 있는데, 그들이 굳이 채록해놓은 사실들이 그에 해당한다. 『해동역사』가 결과적으로, '세기'보다도 각 분야의 분류사로서의 '지(志)'와 '고(考)'에 훨씬 더 큰 지면을 할애하여 서술할 수 있었던 배경 또한 그와 같은 사료상의 뒷받침을 얻을 수 있었기에 가능한 일이었다.

그런데 생활사·문화사 관련 서술 비중이 더 커지기는 했지만, 그 기본 사료에 해당하는 외국 측 자료까지 분야별로 충분히 갖추어져 있었던 것은 결코 아니었던 것으로 고찰된다. 외국 측의 문자로 확보된 자료 자체도 객관적으로 보자면 그들 외국인이 관심을 가진 테두리 안의 사안으로 한정되어 있었을 뿐이요, '해동' 지역의 역사적 사안들을 결코 범주적으로 채록하지 않았을 것이 명확하기 때문이다. 그래서 『해동역사』는 '해동' 지역의 시대별 각 나라의 생활사·문화사에 관한 어떤 분야의 분류사조차 결코 찬자의 뜻에 따라 수미(首尾) 일관하는 체계를 세워 제대로 구성해낼 수가 없었다. 그러므로 『해동역사』는 어떠한 분류사 분야의 어떠한 사안을 두고서도 그 나름의 인과관계를 설정하고 분석하여 종합적으로 서술함으로써 그 독자적 완결성을 갖추도록 구성해놓은 경우가 아예 없다는 사실을 주의하지 않으면 안 된다.

그것은 곧 찬자 자신의 편사(編史) 원칙과도 관련된 일이라고 할 수 있겠지만, 한편으로는 오히려 사료상의 제약으로 인해서 근원적으로 그와 같은 편사의 원칙 자체를 수립하지 않을 수 없었다고도 해야 할 것이다. 그러니 무릇 『해동역사』를 공부하는 독자라면, 이 사서는 어떠한 분야, 어떠한 항목의 역사를 서술하면서도 언제나 관계 자료들만 제시해놓은 것일 뿐, 그 자료들을 종합하여 어떤 의미를 도출하고자 하는 작업은 결코 시도조차 하지 않았다는 사실을 먼저 염두에 두고 살펴야 할 것이다.

『해동역사』는 중국 측 자료를 중심으로 하면서도 일본 측 자료에 이르기까지, 경전으로부터 총패(叢稗)에 이르기까지 실로 무수한 외국 측 자료를 동원하여, 국내의 사료만으로는 결코 찾아볼 수 없는 수다한 분야의 수많은 사안에 관한 역사 정보를 확보하고 그것을 나름대로 유별하여 소위 '기전체'라고 할 수 있는 '해동의 역사'를 편찬하기에 이르렀다. 더구나 찬자의 주관적 서술보다는 관련 사료의 제시를 통해 사실을 말하게 하는 고증학적 편사 원칙으로 일관함으로써 이전의 도덕적·가치론적 역사서술 형태를 지양하고 사실 자체를 추구하는 새로운 실학적 역사서술의 지평을 여는 데도 크게 기여하였다.

그러면서도 또한 『해동역사』에는 사실(史實)을 인과론적으로 종합 고찰하고자 하는 시야(視野)가 사상(捨象)되어 있음을 간과해서는 안 된다. 어떠한 사실에 관해서든 관련 사료를 차례로 배열하는 선에서 그치고 있음이 큰 특징이다. 그래서 『해동역사』는 그 자체로 독자적인 체제를 갖추고는 있지만, 독립적·완결적인 위상을 차지하는 사서(史書)로 구현되었다고는 결코 말할 수 없는 것으로 살펴진다.

2. 한치윤의 생애와 학술

한치윤의 생애와 학술을 전해주는 자료로서는 그 증손 일동(日東)이 작성한 「옥유당한공행장(玉蕤堂韓公行狀)」[2]이 가장 구체적인 내용을 싣고 있다. 자손이 작성한 그 선조의 행장이 구체적일 수는 있어도 과연 객관적일 수 있는 것인가 하는 의문이 생길 수도 있겠다. 그런데 한치윤의 생애를 살펴보면, 특이한 경력을 쌓거나 큰 굴곡도 없이 거의 독서와 저술로 일관하는 서생(書生) 같은 학자로서의 일생을 살았고, 이에 그 행장 또한 별다른 수식을 가함이 없이 사실관계만을 기술해두고 있는 편이다.

한치윤의 자는 대연(大淵), 호는 옥유당(玉蕤堂)으로서, 조선 중기까지 혁혁한 문벌을 유지해온 청주 한씨 가계 출신이었다. 그의 14대조는 조선조 개국공신 한상경(韓尙敬), 12대조는 세조의 정난(靖難)·좌리공신(佐理功臣)에 책봉된 한계희(韓繼禧), 7대조는 인조의 국구가 된 서평부원군(西平府院君) 한준겸(韓浚謙, 1557~1627)인 명문 가계였다.

그런데 그의 가계는 16세기부터 격렬해진 당쟁의 와중에서 17세기 이후로는 점차 정치적으로 실세하기에 이른 남인(南人) 계열에 속하게 되었고, 그래서 현달한 벼슬길과도 다소 거리를 두지 않을 수 없게 되었다. 더구나 그의 조(祖) 덕량(德良)은 진사·문과를 거쳐 사간원 정언(正言)의 청요직을 역임하였으나, 고(考)인 원도(原道)는 전혀 벼슬자리에 나아가지도 못한 처지가 되었다. 그의 조부는 나중에 한치윤의 셋째 아들인 진상(鎭

2 이것은 조선사편수회(朝鮮史編修會) 편, 『조선사(朝鮮史)』 고본(稿本)(通卷 2613) 제5편 제811책에 실려 있는 것인데, 일찍부터 『해동역사』의 연구에 착수한 황원구 교수가 발굴하여 학계에 소개하였다. 黃元九, 1962, 「韓致奫의 史學思想-海東繹史를 중심으로-」(『人文科學』 7, 연세대학교 문과대학) 참조.

象)이 고종 때 돈녕부(敦寧府) 동지사(同知事)[가선대부(嘉善大夫)]로 오르게 되자 3대 추증의 원칙에 따라 각기 명목상의 증직(贈職)을 받게는 되었지만, 한치윤의 가계는 정작 그 부친 즉 한원도 대에서 일단 실직(實職) 벼슬길이 끊기고 말았다.

그렇게 벼슬길이 끊어진 배경은 그 부친이 서류(庶流)였다는 사실과 연관된 것으로 확인된다. 무엇보다도 한치윤의 백씨인 치규(致奎)가 규장각의 검서직(檢書職)으로 천망(薦望)되었다는 사실로 미루어 보아, 그들의 출생이 서류였다는 사실을 확인할 수 있다. 즉 이덕무(1741~1793)의 문집인 『청장관전서』에 부록으로 실려있는 그 연보의 '병오(丙午, 정조 10년, 1786, 46세) 8월 16일'조를 보면 다음과 같이 되어있다.

> 검서(檢書)로 합당한 인원을 천망하는 단자(單子)를 입계(入啓)하다. … 검서관 유득공을 감하(減下)하는 대신, 서평부원군 5대손인 진사 한치규, 전 찰방 이홍상의 자(子)인 유학(幼學) 이영후를 천거하였는데, 천주(薦主)는 겸 검서관 이덕무이다.[3]

여기서 '규장각 검서직'은 정조 임금이 추진한 소위 '서류 소통정책'에 따라 정조 3년(1779) 박제가·유득공·이덕무·서이수(徐理修) 등의 서류 출신 4명의 검서관을 설치한 일로부터 비롯하였다는 것은 주지하는 바와 같다. 곧 한치윤의 백씨인 치규가 서류 신분으로 밝혀지게 된 배경은 곧 그들의 조부가 사간원 정언이라는 청환(淸宦)을 역임하였음에도 그들의 부친인

3 『청장관전서』 71, 附錄 下 先考積城縣監府君年譜 下.

원도가 서류로 태어났으며,[4] 그래서 벼슬길로부터 탈락한 것으로 보인다.

한치윤의 부친인 원도는 그 출생이 서류였을 뿐 아니라 그의 처 고령 신씨와의 사이에서 치규·치윤의 형제를 두고는 조졸(早卒)하고 말았다. 한치윤은 영조 41년(1765) 11월에 한성(漢城) 남부(南部)의 나동(羅洞)에서 태어났는데, 겨우 3세 때 부친을 사별하게 되었다. 그래서 어릴 적에는 모친의 정성을 다한 '국양(鞠養)과 제유(提誘)'를 받으면서 성장하였다. 나중에 치규·치윤 형제가 모두 사마시(司馬試)에서 진사로 합격하는 사실을 보면, 그들이 어릴 적 받은 교육이 자못 성과를 거두었음을 짐작게 한다.

한치윤은 9세 때 이미 글을 읽고는 대의(大義)에 통했으며, 약관에 이미 명성이 드러나 상급 학교로 진학하였고, 그가 지은 글이 사람들의 입에 널리 회자되기도 하였다. 그리고 정조 13년(己酉, 1789)에는 사마시에 나아가 진사로 합격하기에 이르렀다.[5]

그런데 그는 벼슬길에 나아갈 수 있는 관문인 문과(文科)의 응시는 아예 포기하지 않을 수 없었다. 서류 신분으로서는 사실상 넘볼 수 없는 일이었기 때문이다. 그에게는 학문에 매진하는 길이 열려있을 뿐이었다. 이후 그는 "학문을 전치(專治)하여 어떠한 분야의 서적이라도 철저하게 관통하지 않음이 없었다."

---

4 이보다 앞서 한영우는 청주 한씨 세보(世譜)의 기사 분석을 통해 한치윤의 부(父)의 출생이 서류와 관련 있을 듯하다는 내용을 제시한 바 있다. 즉 "(한치윤의 부인) 원도(元道)의 부(父) 덕량(德良)은 본래 본부인이 있었으나 자식이 없었고, 원도는 둘째 부인이 낳은 자식이며, 그의 출생시 덕량의 나이 54세였다. 원도의 생모(生母)가 후취(後娶)인지 첩(妾)인지는 확실치 않으나, 그녀의 무덤이 남편과 합장(合葬)되지 않고 타 지방에 있는 것을 보면 첩일 가능성이 크다"고 하였다(韓永愚, 1985, 「海東繹史의 연구」, 『韓國學報』 38, 一志社). 다만 여기서 '원도의 생모'가 '첩'이 아닌 정식의 후취라 하더라도 그 신분이 서류였다면 그 소생인 원도의 신분 또한 서류로 귀착하는 것임을 주의해야 할 것이다.

5 이보다 앞서 한치윤의 백씨 한치규(1756~1789, 字 大圭)는 정조 7년(1783) 계묘(癸卯) 식년시(式年試)에서 진사로 합격하였다. 『崇禎三癸卯式司馬榜目』 참조.

그런데 그에게는 사행(使行)을 따라 중국의 수도인 북경(北京)[즉 연경(燕京)]으로 유람할 기회가 열리게 되었다. 한치윤의 삼종(三從) 형인 한치응(韓致應, 1760~1824)이 정조 23년(1799) 10월 진하겸사은사(進賀兼謝恩使)의 서장관(書狀官)으로 청나라에 사행하게 되었는데,[6] 이때 한치윤이 그 자제군관(子弟軍官)의 명목을 띠고 동행하는 기회를 얻기에 이른 것이다.

사실상 이번 사행의 서장관 한치응은 자가 혜보(傒父), 호는 병산(甹山)으로서 이미 약관 시절부터 다산 정약용(1762~1836) 등의 남인 명류들과 죽란시사(竹欄詩社)의 동인(同人)을 이루어 오랫동안 교유해온 사이였다. 한치응은 다산보다도 먼저 정조 8년(1784)의 정시(庭試) 문과에서 장원급제한 수재이며, 이후 홍문관 수찬·교리와 사헌부 집의(執義)를 거쳐 이번 사행의 서장관으로 임명된 처지였다. 그는 뒷날 형조판서와 병조판서 등의 정경(正卿)직에도 오르는 등 관인으로서 크게 현달한 인물이다.

그런데 서장관 한치응의 사행을 전별하는 자리에는 다산 정약용 등이 참석하였으며, 한치윤 또한 자연히 다산 등과도 동석하게 되었다. 그리고 이 자리에서 전별의 시(詩)를 짓는 가운데, 다산이 한치윤을 직접 언급하면서 '박아(博雅)'하다고 칭하기에 이르렀다.

어사는 전대가 아닌데	御史非專對
서생이 비로소 먼 곳 유람 떠나네.	書生始遠遊
저녁 구름 갈석에 나직하고	晩雲低碣石
가을 눈은 유주에 내리리.	秋雪下幽州
나라 약하니 제후 도리 지켜야지	弱國虔侯度

6 『정조실록』 52, 정조 23년 10월 12일 정유. 이 사행의 정사(正使)는 판중추부사 조상진(趙尙鎭)이며 부사(副使)는 예조판서 서형수(徐瀅修)였다.

성이 유명하여 보기에도 웅장하리라. 名城壯客眸
군관이 꽤나 박식하고 전아하여 軍官頗博雅
재사들과 어울리게 마련일 처지라네. 才士定相求[7]

무릇 조선왕국의 사류(士流)로서 중국의 수도인 연경(燕京)으로 나가 유람한다는 것은 당시로서는 지상 '최대'·'최선진'의 문명(文明)세계를 접할 수 있는 거의 유일한 길이었다. 그런 만큼 결코 아무나 기대할 수가 없는, 꿈속에서나 그릴 수 있는 대망(待望)의 기회였다.[8] 더구나 중국 가는 사행이 그 대동하는 '군관'을 선발할 때는 반드시 학술과 시문으로 이름난 젊은 자제라든가 친지를 엄선하게 마련이었다. 그래서 이들 젊고 유능한 자제들이 중국의 '선진' 문명과 그 지식인들을 만나 더욱더 새로운 안목을 넓히도록 함으로써 더 유능한 인재로 성장하도록 권면하는 관행을 지켜오고 있었다.

그뿐 아니라 18세기 이래 조선 사류가 이전의 북벌(北伐) 대신 북학(北學)이라는 실학의 학풍을 열면서 중국의 '선진' 문명을 수용하고자 하는 의욕이 더욱 절실하였다는 사실 또한 참조해야 할 것이다. 가령 자제군

---

7 『여유당전서』 제1집 3, 送別韓傒父書狀·大淵進士赴燕. 여기서 한치응을 '어사(御史)'라고 칭한 것은 그의 직책인 서장관이 곧 사행(使行)의 감찰(監察) 기능을 맡기 때문이요, 한치윤을 '군관(軍官)'으로 칭한 것은 그가 자제군관(子弟軍官)의 자격으로 수행하기 때문이다. '전대(專對)'란 국가를 대표하여 책임 있는 대답을 하는 자인 정사(正使)를 지칭한다. '갈석(碣石)'과 '유주(幽州)'는 모두 사행의 여정 속에 위치한 하북(河北)·요서(遼西)지역의 지명이다.

8 가령 고려 말기 우왕 때 신흥 명(明)나라의 강압적 요구를 무마시켜야 하는 어려운 사명을 띠고 당시 명의 수도인 남경(南京)에 도착한 정몽주는 마치 "천상(天上)을 거니는 듯하다"고 술회한 바 있음을 참조할 것이다. "강남 땅 형승(形勝)이 좋은데, 천고(千古)의 석두성(石頭城)이로다. 녹수(綠水)는 금빛 궁궐을 둘렀고, 청산(青山)은 옥경(玉京)을 에워쌌구나. 한 사람이 건극(建極)의 지위에 바로 앉으니, 만국(萬國)이 그날로 바로잡히는도다. 나 역시 배를 타고 사신으로 이르러 보니, 완연히 천상(天上)을 거니는 듯하도다"(『포은집』 1, 入京).

관으로서 중국에 다녀온 박제가(1750~1805)는 『북학의』라는 책을 짓고 그 '자서(自序)'에서 다음과 같이 말하였다.

> 금년(정조 2, 1778) 여름 진주사(進奏使)를 따라 내가 청장관 이군(즉 이덕무)과 함께 중국에 가서 연(燕)·계(薊) 지방을 널리 둘러보고 오(吳)·촉(蜀)의 먼 지역에서 온 사류(士流)들과도 교유하고 응수하면서 수개월 동안 머물렀는데, 이전에 듣지 못한 것을 더욱 많이 들어보고 아직도 남아있는 저들의 고속(古俗)을 흠탄하면서 옛사람들이 나를 속이지 않았음을 알게 되었다. 그래서 저들의 풍속으로써 우리나라에 시행하면 일용에 편의할 만한 것들을 글로 쓰고 그것을 시행함의 이로움과 시행치 않음의 폐단을 논하는 글을 덧붙이고는 진량(陳良)의 뜻을 전하는 『맹자』의 말을 취하여 『북학의』라고 이름 짓는다.[9]

실상 이때 한치윤이 중국 연경에 다녀오면서도 『연행일기』라는 글을 남겼다고 행장에는 나와 있지만, 현재 그 내용이 전해지지는 않는다. 그런데 18세기 말 당시로는 청나라 수도인 연경을 중심으로 청대(淸代) 학술의 특징인 고증학풍이 극성기를 누리고 있었다. 그런데 34세의 좋은 나이로 당시 '최선진 문명국'으로 인식되는 만리타국에 가서 이 새로운 문물을 직접 목도하게 된 한치윤으로서는 크나큰 문화적 충격을 받았을 것이며, 따라서 그의 안목 또한 한 차원 더 높아지는 계기가 되었으리라고 짐작된다. 어쩌면 『해동역사』라는 새로운 역사서를 편찬하고자 하는 그의 의도가 혹 이때의 사행길에서 싹트게 되었는지도 모를 일이다.

---

9 『정유각문집(貞蕤閣文集)』 1, 北學議自序.

그는 일찍부터 우리나라 역사서들이 사실을 객관적으로 증거하는 데 충실치 못함[無徵]을 항상 병통으로 여겨오고 있었다고, 그의 행장은 전한다. 이윽고 그는 이미 편찬되어 있는 중국과 일본의 서적들을 널리 수집하되 위로는 경전으로부터 아래로는 총담·패설에 이르기까지 무릇 540여 종을 참고해 대조하면서 10여 년의 세월을 들여 비로소 『해동역사』를 새로 편찬하기에 이르렀다. 그런데 이 책을 편찬하면서는, "조술(祖述)하기만 하고 저작(著作)하지는 않는다[述而不作]"는 찬자의 의도를 가만히 관철시키고 있다고도 행장은 전한다. 실제로 『해동역사』에는 찬자의 안설(按說)이 다수 첨부되어 있지만, 그 내용은 모두 원 사료들에 내재하거나 혹은 상호 견련(牽連)하는 사이에 일어난 사실 착오를 우리나라 자료를 증거로 내세워 정리해주는 최소한의 문자에 그쳤다. 어디까지나 사료 자체를 동원해서 말하게 하는 고증학적 학풍으로 일관하면서, 가치 판단을 덧칠하는 경우는 일체 피하고 있음을 알 수 있다.

그런데 실상 『해동역사』라는 책을 한 번이라도 펼쳐본 사람은 금방 느낄 수 있는 일이지만, 500종이 넘는 외국의 서적들을 일일이 고찰하고서 관련 자료들을 꼼꼼히 발췌해내 엮은 찬자의 그 고심 어린 노력을 두고서는 누구라도 실로 감복하지 않을 수 없을 것이다. 앞에서 살펴본 것처럼 유득공의 서문에서는 "5, 6년의 공력을 쏟아" 이룩해낸 것이라고 하였지만, 더 가까운 가질(家侄)로서 나중에 『해동역사』의 속편(續編)인 「지리고(地理考)」를 저술한 한진서에 따르면 "십수 년의 공력"을 들여서야 『해동역사』의 원편을 성서(成書)할 수 있었던 것이라 하였다.[10] 그런데 아마도 본문을 집필하는 데만도 '십수 년'의 공력을 기울이지 않으면 안 되었

10 『해동역사』(속) 卷首, 海東繹史地理考識.

을 터이요, 자료의 고람(考覽)까지를 헤아린다면 그보다 훨씬 더 큰 시간과 정력을 집중하지 않고서는 결코 성취할 수 없는 고증학적 고투의 작업을 그는 혼자서 올올(兀兀)히 관철해낸 것으로 보인다.

그런데 한치윤은 『해동역사』 70권, 「인물고(人物考)」까지를 끝낸 채 50세를 일기로 순조 14년(1814)에 작고하고 말았다. 이 책의 속편인 「지리고」 15권은 그의 형 치규의 아들인 한진서의 손으로 편찬된 것이었다. 한진서는 겨우 4세에 그 부친이 작고했으므로, 숙부인 한치윤에 의지하고 성장하였으며 나중에 사마시에서 진사로도 합격하였다. 그는 "숙부의 유지(遺志)가 온전히 실현되지 못할까 두려워하여 삼가 구초(舊草)를 편집하고 또한 다른 서적들을 널리 참고 채택해서 원편에서 궐(闕)한 지지(地志)를 보충"하였다. 그래서 「지리고」 15권은 원편보다 9년 뒤인 순조 23년(1823)에야 '집성(輯成)'하기에 이르렀고,[11] 이로써 『해동역사』는 완질(完帙)의 형태를 갖추게 되었다.

그렇다면 한치윤의 학술을 포함한 인간적 면모에 대한 다른 사람들의 평가는 어떠하였는가. 그의 사후에는 당파를 초월하여 여러 명사들이 만장(挽章)을 짓고 그를 기린 바 있었다. "맑고 깨끗하기로는 옥(玉)과 같으며 부드럽고 온화하기로는 난초 같은 기질인데, 문장은 물결에 씻어 일듯 결코 물들지 않고, 앎은 한없이 드넓어 그 끝 간 데를 모르겠다"[12]라고 한 것은 승지 김유헌(金裕憲)의 만장이었다. 그리고 가장 구체적인 내용의 만장을 지어 가장 절실한 찬탄의 공감을 토로한 이는 추사 김정희(1786~1856)였다.

---

11 『해동역사』(속) 卷首, 海東繹史地理考識.

12 앞의 「옥유당한공행장」.

굉아(宏雅)하기로는 왕백후(王伯厚)요 정박(精博)하기로는 고정림(顧亭林)이라고, 그렇게 평하는 자들은 오히려 군(君)을 깊이 안다고 할 수 없나니, 청약(淸弱)하기로는 겨우 옷을 이길 정도이지만 홀로 천고(千古)의 심(心)을 갖추었다네. 세인(世人)은 대접과 동이처럼 얕지만 군은 뇌(罍)·심(鬵)처럼 깊고, 세인은 음란한 소리를 내지만[濮與桑] 군은 대아(大雅)의 순정(淳正)한 음을 울린다네. 희고 누른 잡초 속에 섞여있어도 천화(天花)는 옷깃도 물들지 않는 법, 50년 한세상 저술(著述)에 파묻혀, 올올(兀兀)히 쇠잔해지는 것도 감수했다네. 살아서는 범운(范雲)처럼 여유를 누리지는 못했어도, 죽어서는 검루(黔婁)와 회포를 풀리라. 생전의 서재도 들르는 이 없었거니 사후의 황천인들 누가 찾아줄 거나. 남긴 저서를 홀로 어루만져 보매 두 줄기 눈물이 절로 흘러내린다.[13]

대체 정치적 당색부터가 다를 뿐 아니라 정치·사회적으로도 크게 현달하여 완전히 이색적인 삶을 살았던 명문 출신의 추사 김정희 같은 큰 학인(學人)이 이처럼 "두 줄기 눈물이 절로 흘러내리는" 정도의 깊은 찬탄과 공감을 토로하기에 이른 까닭은 어디에 있었던 것일까. 아마도 50 평생 저술 속에 파묻혀 쇠잔해 늙어가는 줄도 모르고 역사 사실의 고증에 전심전력을 기울여 올올히 몰두한 그 고투야말로 결코 누구나 감당할 수 있는 일이 아님을 깊이 공감하였기 때문으로 보인다. 그와 같이 철저

13 앞의 「옥유당한공행장」. 여기서 왕백후(王伯厚)는 『옥해(玉海)』를 저작한 13세기 중국 송나라 학자 왕응린(王應麟). 고정림(顧亭林)은 17세기 청나라 초의 대표적 고증학자 고염무(顧炎武). '복여상(濮與桑)'은 '상간(桑間)'·'복상(濮上)'으로 뽕나무 사이와 복수(濮水) 가에서 유행하였다는 음란한 음악(音樂). 범운(范雲)은 5세기 중국 남조(梁)의 고관(高官)을 역임한 유명 시문가(詩文家). 검루(黔婁)는 빈천(貧賤)한 가운데서도 기절(氣節)을 지켰기로, 도연명(陶淵明)이 "安貧守賤者 自古有黔婁"라고 상탄함.

한 고증학적 고투의 경험을 켜켜이 쌓아본 깊은 심정에서야 비로소 우러나올 수 있는 깊은 공감이며 찬탄이었던 것으로 이해된다.

더 나아가 집안의 삼종형으로서 어릴 적부터 그를 가장 가까이서 잘 알고 지냈으며, 그래서 연경 사행 때 그를 선발하여 자제군관으로 데리고 간 병조판서 한치응은 이윽고 그의 묘지(墓誌)를 지으면서 말하였다.

> 그는 성품이 청개(淸介)하고 아고(雅古)하여, 법도가 있는 사람이나 학문하는 사류(士流)가 아니고는 일찍이 사귄 적이 없으며, 부박하고 화려한 세속에는 조금도 마음을 두지 않았다. 그러므로 일가친척이라든가 그 벗들의 모두가 공경하고 모범으로 삼지 않는 이가 없었다. 그는 책 모으기를 매우 좋아해서, 중국과 우리나라의 기이한 책들 수천 종을 집에 갈무리하고 있었다. 만년에는 나동(羅洞) 집에서 『해동역사』 70권을 저술하였다. 그런데 오직 「지리고」만은 완결하지 못하고 작고하였기로, 그의 질자(侄子)인 진서가 「지리고」 15권을 속집(續輯)하였다. 그 외에도 『연행일기』 등 유고(遺稿)가 매우 많이 남아있다.[14]

그러나 현재로서는 『해동역사』의 원편 70권과 한진서가 편찬한 속편 「지리고」 15권을 포함한 전체 85권만이 전해지고 있을 뿐이요, 그 나머지는 일실(逸失)된 지가 오래인 것으로 알려져 있다.

그리고 한치윤이 완성한 원편 『해동역사』 70권은 그의 사후 6년 만인 순조 20년(1820)에 그의 장자인 진국(鎭國)의 손으로, 연경의 학인들에게 소개되기에 이르렀다. 역시 진향정사(進香正使)로 입연(入燕)하는 한치응의

14 앞의 「옥유당한공행장」.

주선에 따라 성취된 일이었다.[15]

3. 마숙의 『역사』와 『해동역사』

한치윤의 『해동역사』에 앞서, 이미 17세기 청나라에서는 마숙(馬驌, 1620~1673)이라는 학인이 중국의 상고시대 이래 진(秦)나라까지 다룬 『역사(繹史)』라는 이름의 사서를 편찬한 바 있었다. 『역사』는 선진(先秦) 고서(古書)들의 사료를 수습해서 160권에 달하는 거질로 편찬한 것인데, 『사고전서』에서는 '기사본말류(紀事本末類)'로 분류·소개되어 있다.[16]

마숙은 1659년 진사 출신의 관인·학자로 지방 수령직으로 있으면서도 『좌전사위(左傳事緯)』라는 역사 관련 저술을 낸 적이 있지만, 이윽고 『역사』를 편찬함에 따라 학인으로서의 확고한 위상을 차지하게 되었다. 마숙의 『역사』는 "가장 정밀하고 박통(博通)하므로 당시 사람들이 '마삼대(馬三代)'라고 칭하였으며, 선배 격인 고염무(顧炎武, 1613~1682)조차도 경복(敬服)하였다"고 전해진다.[17] 청나라의 대표적 학풍인 고증학을 개척한 고염무까지 '경복'하기에 이른 마숙의 『역사』 역시 고증학의 선구적 저술로 평가된다. 청나라 초기의 대표적 문인 주이존(朱彝尊, 1629~1709) 또한, 무

---

15 황원구, 1962, 앞의 논문에 그 전말이 소개되어 있다. 그리고 『순조실록』 23, 순조 20년 11월 8일 신유 조에 '進香正使 韓致應' 등의 사폐(辭陛)기사가 있다.

16 『사고전서(四庫全書)』 史部 3.

17 『지북우담(池北偶談)』 9. 이 책의 저자 왕사정(王士禎, 1634~1711)은 진사 출신의 학자·관인으로서 관직은 형부상서(刑部尙書)에 이르렀고, 청나라 초기 주이존(朱彝尊)과 함께 주(朱)·왕(王)이라 하여 시문(詩文)의 쌍벽(雙璧)으로 호칭된다.

릇 중국의 고대사를 서술한 사서 가운데서 믿을 만한 것으로는, 오직 송(宋)나라 오봉(五峰) 호굉(胡宏, 1106~1161)의 『황왕대기(皇王大紀)』와 마숙의 『역사』 두 가지만은 "아울러 존치(存置)하지 않아서는 안 된다"고 말하였다.[18]

평소 우리나라 고대사의 '징신(徵信)할 수 없음'을 개탄하던 한치윤으로서는, 혹시 마숙의 『역사』를 보고서 그 영향을 받아 『해동역사』의 편찬에 착수하게 된 것은 아니었을까.

마숙의 『역사』는 『해동역사』보다 대략 150년 전에 편찬한 것인데, 이미 정조 2년(1778) 사행을 따라 연경으로 들어간 이덕무의 손을 통해 국내로 수입되었으며, 이후 다른 사람들도 많이 이 책을 '수장(收藏)'하게 되었다고 전해진다.[19] 더구나 한치윤의 경우, 주로 중국 측 사료를 기초로 삼아 새로운 '해동'의 역사서를 편찬하면서 그 제명을 굳이 『해동역사』라고 택정한 배경은 아마도 마숙의 『역사』를 전제하고서 이에 '해동의 『역사』'를 저술한다는 의도를 드러내고자 함이 아닌가 한다.

그런데 『해동역사』가 책머리에 제시한 수백 종 '인용서목'에는 마숙의 『역사』가 들어있지 않다. 아마도 『역사』를 직접 '인용'하지는 않은 모양이다. 그러나 유득공이 『해동역사』의 서문을 쓰면서, "일사(佚事) 이문(異聞)은 반드시 '중국'에서 구한 연후에야 이에 얻을 수 있다"고 밝혔듯이, 조

---

18 『폭서정집(曝書亭集)』 45, 胡氏皇王大紀跋.

19 "(北京) 유리창(琉璃廠)에 있는 오류거(五柳居)란 책방(册房)에 들러 강남(江南)에서 배편으로 온 기서(奇書)들을 열람하였다. 서장관(書狀官)이 나에게 부탁하여 수십여 종의 책을 구입하였는데, 그 속에는 주이존(朱彝尊)의 『경해(經解)』와 마숙(馬驌)의 『역사(繹史)』 등 희귀본 이외에도 모두 선본(善本)들이 있었다"(『청장관전서』 67, 入燕記 下 正祖 2년 5월 28일조) ; "정조 무술년(정조 2, 1778)에 직학사(直學士) 함재(涵齋) 심염조(沈念祖)가 서장관으로 연경(燕京)에 들어갈 때 나의 왕고(王考) 청장관선생(靑莊館先生)도 따라 들어가 이 책(즉 『繹史』)을 표장하여 구입해 함재의 집에 갈무리하게 되었는데, 이후 다른 사람들도 많이 이 책을 수장(收藏)하게 되었다"(『오주연문장전산고』 50, 經史篇 4 史籍類 1 史籍總說).

선 시대의 학술 풍상(風尙)으로 미루어 보아 한치윤이 이 책을 긴절(緊切)히 참고하고자 했음은 극히 자연스러운 일이요, 또한 참고할 기회를 충분히 가졌을 것으로 유추된다.

그런데 역사 사실의 고증에 일생을 바쳐온 이규경(1788~1863)은, 『해동역사』가 "마숙의 『역사』를 본떠[倣] 지었다"고 단정하였다.[20] 여기서 '본뜨다'는 무슨 내용을 가리켜 말한 것일까.

마숙의 『역사』는 서술의 시초 문제를 두고, "오직 주관(周官) '외사(外史)'가 장악한 바에 의거하고[21] 공자가 『역』 계사(繫辭)에서 서술한 바를 근본으로 삼아"[22] "단연코 포희씨(包犧氏)로부터 시작한다"[23] 하였다. 즉 『주례』라든가 『역』에 드러난 바와 같이 명백한 전거가 있는 '포희씨' 즉 '복희씨(伏犧氏)'로부터 중국 고대사를 서술하기 시작하였다. 그런데 『해동역사』는 『산해경』과 같은 중국의 고문헌에 나타나는 단군 이전 '동이'의 기사들을 「동이총기(東夷總紀)」로 묶어 '해동' 역사의 시초를 서술하였다.

『역사』와 『해동역사』 양서가 서술의 시초로 잡은 시점(始點)을 살펴보면, 전자가 중국의 상고시대 가운데서도 비교적 전거가 명백한 '복희씨'로부터, 『해동역사』는 중국 측 사료를 통해서 명백한 전거를 찾아볼 수 있는 한국 상고시대의 '동이총기'로부터 시작하였음을 알 수 있다.

그런데 마숙의 『역사』는 제1부가 삼황·오제의 태고시대 10권, 제2부는 하·상·서주의 삼대(三代) 20권, 제3부는 춘추시대 70권, 제4부는 전국

---

20 『오주연문장전산고』 50, 經史篇 4 史籍類 1 史籍總說 東國諸家史類.

21 "外史, 掌書外令, 掌四方之志, 掌三皇五帝之書, 掌達書名于四方, 若以書使于四方 則書其令"(『주례』, 春官 外史).

22 "古者包犧氏之王天下也, 仰則觀象於天, 俯則觀法於地, 觀鳥獸之文與天地之宜, 近取諸身, 遠取諸物, 於是始作八卦, 以通神明之德, 以類萬物之情"(『역』, 繫辭 下).

23 『역사』, 年表.

시대로부터 진의 멸망까지 50권, 그리고 제5부는 별록(別錄)으로서 천관(天官)·율려통고(律呂通攷)·월령(月令)·홍범오행전(洪範五行傳)·지리지(地理志)·시보(詩譜)·식화지(食貨志)·고공기(攷工記)·명물훈고(名物訓詁)·고금인표(古今人表) 등을 서술한 10권으로서, 도합 160권으로 이루어져 있다.[24]

특히 책의 서두에 찬자 자신의 편찬 취지를 말해두었다. "기사(紀事)인즉 그 전말(顚末)을 상세히 서술하고 인물(人物)인즉 그 시종(始終)을 갖추어 기록하며 12대(代) 사이의 군·신의 사적(事蹟)과 이(理)·난(亂)의 사유(事由)와 명(名)·법(法)·유(儒)·묵(墨)의 길이 다름과 종(縱)·횡(橫), 분(分)·합(合)의 형세가 같지 않음을 환하게 두루 갖추어 놓았다."[25]

즉 마숙이 편찬한 『역사』의 구성체제와 찬자 자신의 취지를 종합해보면, 제왕 중심의 정치적 '기사'에다 16분의 15라는 절대적 부분을 할애하고, '제도' 등의 분류사에 관한 서술은 16분의 1 정도로 극히 소략하게 다루고 있을 뿐이다. 즉 마숙의 『역사』는 고대 중국의 정치사 중심의 사서로 편찬한 것임이 명백하다.

그런데 앞서 언급한 바와 같이, 『해동역사』의 경우는 상고시대 '해동'의 제왕들의 정치사를 결코 그렇게 두루 갖추어 서술할 수가 없었다. 그래서 우선, 단군 이전을 「동이총기」라 하여 단권(單卷)으로 정리해두었는데(권1), 그나마 단군 이전 동이족 역사의 독자성을 긍정하고 이를 별도로 서술해둔 사실 자체가 이제까지 볼 수 없었던 독자적 인식의 소산이었다. 그다음에 단군·기자·위만조선을 또 단권으로 정리하는(권2) 형태를 취하였다. 이후 고려 말까지에 걸쳐 제왕 중심의 정치적 기사(紀事)를 16

24 『사고전서』 史部 3, 繹史 提要.

25 『역사』 卷首, 原書徵言.

권으로 나누어 배열하였다.

제왕 중심의 정치사가 그와 같이 소략한 대신, 『해동역사』는 각 분야 분류사의 서술 내용을 훨씬 다양하고도 풍부하게 수습해두었다. 즉 성력지(星曆志) 이하 예·악·병·형·물산·풍속·궁실·관씨(官氏)·석(釋)·교빙(交聘)·예문·비어(備禦)·인물에 이르기까지의 각 분야를 '지' 혹은 '고'라는 명칭으로 분류·서술해두었다. 마지막으로는 속편인 「지리고」 15권이 따로 편찬되어 있다. 분류사의 내용이 무려 69권에 이르는 압도적 비중을 차지하는 체제를 구성하기에 이르렀다.

일반적으로 기전체 역사서라면 '본기(本紀)'와 '열전(列傳)'이 중심을 이루지만, 『해동역사』는 '본기'에 해당하는 '세기'가 상대적으로 소략하고 '열전'에 해당하는 「인물고」의 내용 또한 매우 빈약한 편이다.

그래서 전체적으로 볼 때, '역사(繹史)'라는 제명의 유사성을 제외하고는 『해동역사』가 딱히 마숙의 『역사』를 '본떴다'고 논단할 근거는 없는 것으로 보인다. 제왕 중심의 정치사를 굳이 배제하고자 한 것이 아니라 '징신'할 만한 중국 측 사료를 취택하여 이를 바탕으로 삼아 서술하다 보니, 『해동역사』는 마숙의 『역사』와는 전혀 다르게 제왕 중심의 정치사는 매우 간략히 하지 않을 수 없었고, 그 대신 각 분야의 생활사·문화사를 서술하는 '지'라든가 '고'에 훨씬 더 큰 지면을 할애하지 않을 수 없었던 것으로 해석된다.

실로 한치윤의 『해동역사』는 국가·정치를 중심으로 편찬한 것이 아니라 '해동'의 '동이족'의 생활사·문화사를 중심으로 서술한 사서로 귀착되었던 것이다.

4. 연구사 정리

구한말에 시작된 소위 민족주의 사학을 제외한다면, 근대 사학의 관점에서 『해동역사』를 고찰한 학자는 황원구(黃元九) 교수가 처음이 아니었나 한다. 그는 일찍이 1962년에 이미 「한치윤의 사학사상」이라는 논문을 발표하여 『해동역사』를 간략히 소개하였다.[26] 여기서 그는 『해동역사』가 구래의 "관료적인 사관(史觀)"을 지양하고 "자기중심적이고 실증주의적인 새로운 사관에 입각하여 역사 편찬의 질적인 전환"을 이룩하였다는 견해를 피력하였다. 그리고 앞서 말한 한치윤의 행장[즉 「옥유당한공행장」]을 발굴해서 소개함과 동시에, 『해동역사』에 붙은 수다한 안설(按說)에 인용된 고증 서목(書目)들을 일괄 정리해두기도 하였다. 두 가지 작업은 매우 어려운 고색(考索)의 과정을 거친 끝에야 실현 가능한 일로, 이후 『해동역사』 연구의 초석을 이루었다.

그는 다시 「실학파의 사학이론」이라는 글을 발표하여 『동사강목』, 『연려실기술』, 그리고 『해동역사』에 드러난 안정복·이긍익·한치윤 등 '실학파'의 사관을 고찰하였다. 그래서 이들 실학파가 경학(經學)을 소홀히 하지는 않았지만, 경학을 바탕으로 하면서도 좀 더 진전된 역사의식을 바탕으로 하여 독자적으로 "자국의 역사를 재편성"해 보았다고 논하였다.[27] 특히 한치윤의 경우, 외국 측 사료들을 수습하여 귀납적·실증주의적 방법으로 우리나라 역사를 편찬한 결과, 우리나라 역사의 상한(上限)을 더 연장하고, "역사의 폭을 왕실 중심에서 문화 전반에까지 확장시켜 주었

---

26 황원구, 1962, 앞의 논문.

27 黃元九, 1970, 「實學派의 史學理論」, 『延世論叢』 7.

다"고 고찰하였다.

또한 1982년에는 진단학회에서 한국고전심포지엄을 개최하여 『해동역사』를 집중 고찰하였다. 여기서 이태진(李泰鎭) 교수는 「해동역사의 학술사적 검토」를, 황원구 교수는 「해동역사의 문화사적 이해」를 발표했으며, 이어서 이우성(李佑成) 교수의 사회로 약정된 학자들이 참여하는 토론회를 개최하였다.[28]

먼저 이태진 교수는, 『해동역사』는 실학의 학풍을 반영하여 중국·일본 측의 기록을 통해 자국사(自國史)를 실증적으로 정리하되 기전체 형식을 취하면서도 단대사(斷代史)를 뛰어넘는 일종의 통사(通史) 편찬을 시도해본 것으로 이해하였다. 특히 사실(史實)의 객관성을 일관해서 추구한 것은 "조선에서 사학(史學)의 경학(經學)과의 분리 추세를 보이는 것이므로, 사학사적으로 주목할 점이 많다"는 견해를 피력하였다. 그리고 황원구 교수는, 한국사의 전개와 한국 문화의 차원을 한반도에 한정하지 않고 만주, 일본, 나아가서는 중국이라는 동아시아에서 새삼 재발견하고, 그 영역에서 역사적으로 의의를 가지고 내려온 한국의 문화적 특질을 찾아보고자 한 노력의 결실이 『해동역사』로 집성되었다고 고찰한다. 그래서 "문화적 총합(總合) 속에서 역사의 실상을 파악할 것을 제시"했다는 결론을 도출하였다.

나아가 '『해동역사』의 내용을 축조적(逐條的)으로 검토'하고 그 편찬자의 '역사의식을 해명'하고자 하는 연구도 나오기에 이르렀다. 한영우(韓永

28 양자(兩者)의 발표문 및 송찬식(宋贊植)·이성규(李成珪)·정구복(鄭求福)·한영우(韓永愚) 제씨(諸氏)가 참여한 토론문은 1982, 『震檀學報』 53·54 합호에 수록되어 있다. 또한 그 내용은 震檀學會 편, 1991, 『韓國古典심포지움』 第3輯(一潮閣)으로도 간행되었다.

愚) 교수의 「해동역사의 연구」가 그것이다.[29] 이 연구는 『해동역사』의 체제 전반을 고찰하고, 그 내용을 구성하는 '세기'·'지'·'고' 등을 구체적으로 분석한 다음, 이 사서가 차지하는 '사학사적 지위'를 밝히고자 시도한 비교적 장편의 논문이다.

그래서 우선 기전체 사서로 편찬한 『해동역사』가 사대적 명분과 연관되는 '본기(本紀)'니 '세가(世家)'니 하는 술어를 버리고 "중립적인 '세기(世紀)'라는 용어를 선택"하였으며, 외교 관계의 서술에서도 '사대조공'이라는 용어 대신 상하 관계를 부정하고 '수평적 국제질서'를 드러내는 「교빙지(交聘志)」라는 항목을 정립하였다는 점에서, 찬자의 의도가 "근대적인 국가주권 의식과 국제 관계를 지향했다"고 강조한다.

우리나라는 이미 상고시대부터 "중국인의 높은 칭송을 얻은 고급문화"로서의 동이문화권을 형성해온 데다 그것을 더욱 "높은 수준으로 이끌어 올리는 데 가장 결정적 공헌을 한 것"은 기자조선이었다고 이 연구는 주장한다. 그리고 "이때부터 우리나라는 중국 역대 왕조와 더욱 활발한 문화교류를 통해 같은 수준의 문화를 유지해왔다." 그와 같이 "중국과 같은 수준의 문화를 상고시대부터 유지해왔다는 사실에 대한 믿음"에서 『해동역사』의 "찬자는 국사에 대하여 크나큰 긍지를 가지고 있었다"고 이 연구는 해석한다.

나아가 조선 후기에 크게 행세한 명분론적 정통론 위주의 역사인식을 『해동역사』는 청산하기에 이르렀다고 이 연구는 강조한다. 가령 3국의 건국을 고구려·백제·신라 순으로 한 것이라든가 발해를 독립된 '세기'로 정립한 사실이 그러하다 하였다. 더불어 『해동역사』의 편찬에 드러나는

---

29 한영우, 1985, 앞의 논문.

"박학(博學)·고거주의(考據主義)는 근대 사학 성립에 필요한 조건의 하나를 발전시킨 것"이라고도 이해하였다.[30]

지금까지의 연구성과를 돌이켜 보면, 주로 『해동역사』의 구성에 관한 형태상의 고찰과 해석을 주된 과제로 삼아 다루어왔음이 특징으로 드러난다. 즉 기전체 사서로 편찬하면서도 『해동역사』가 국왕 중심의 정치사에 해당하는 '본기' 혹은 '세가'와 역대 인물들의 전기가 중심 비중을 차지하도록 배려하지 않고, 각종의 사회·문화적 사료들을 분류·배치한 분류사로서 '지'의 내용이 큰 비중을 차지하도록 서술함으로써 정치사보다도 문화사 중심의 역사를 제시하고자 하였다는 해석, 나아가 '본기' 혹은 '세가' 대신 굳이 '세기'라는 독자적 술어를 사용함으로써 구래의 명분론적 역사의식을 극복하고자 하였다는 해석, 경전에서 총담·패설에 이르기까지의 외국 사료들을 망라적으로 취택한 박학적·고증학적 고거주의 방법론을 구사함으로써 경학 위주의 중세적 가치관을 극복하고 결과적으로 근대적 역사학의 방향을 지향하고자 하였다는 해석을 드러냈다.

그런데 필자는 이 글을 초하면서 종래의 연구성과를 긍정적으로 생각하면서도 다소 시각을 달리하는 연구를 진행하고자 한다. 즉 『해동역사』의 형태상 고찰과 해석보다도 그 현존 형태를 구성하기에 이른 내면적 배경, 그리고 편찬자가 전하고자 의도한 '해동' 지역 역사의 실상을, 현재의 『해동역사』가 싣고 있는 기사의 내용에 좀 더 구조적으로 접근해서, 좀 더 종합적으로 고찰해보고자 한다.

이하 『해동역사』 편목의 순서를 따라 '세기'(권1~16), '지'(권18~59), '고'(권60~70) 가운데 중요한 부분을 고찰하기로 한다.

---

30 그는 나중에 한치윤에 관한 다른 글을 쓰면서도 동일한 논지를 다소 보충하여 제시하였다. 韓永愚, 1990, 「韓致奫」, 『韓國史市民講座』 7, 一潮閣.

5. 『해동역사』의 고찰

1) 『해동역사』의 구성에 관한 검토

먼저 『해동역사』는 어째서 '세기'보다도 상대적으로 '지'에 훨씬 더 큰 지면을 할애하여 편찬하게 되었던 것인가. 종래의 소위 기전체 사서와 매우 다른 편제를 보이는 『해동역사』의 구성 문제는 여기서 더욱 면밀하게 검토해보아야 할 것이다. 그러기 위해서는 유득공이 『해동역사』의 서문을 쓰면서, "소략하여 볼 만한 것이 없다"고 말하는 김부식의 『삼국사기』와 대비하여 고찰할 필요가 있다.

주지하듯이 『삼국사기』는 12세기 고려의 왕명에 따라 다수의 사신(史臣)이 참여하여 편찬한 삼국시대의 '정사'이다. 그래서 당시까지 나온 『삼국지』, 『한서(漢書)』, 『당서(唐書)』 등 중국 역대의 정사들을 충분히 참조하였을 뿐 아니라 『고기』라든가 『구삼국사』 등 우리나라의 전승 사료·사서들을 유루 없이 섭렵하여 나름대로 독자적 완결성을 지닌 국책(國策)의 사서로 편찬한 것이었다. 그런데 편찬 책임자인 김부식 자신은 "범엽(范曄)의 『한서』와 송기(宋祁)의 『당서』에는 모두 '열전'이 있는데, 이들은 중국에 관해서는 상세히 기록해놓았지만, 외국에 대해서는 소략하게 다루어 상세한 기록이 보이지 않는다" 하였고, 또한 "(우리나라) 삼국의 『고기』는 문장이 거칠고 바르지 않을 뿐 아니라 사적(事蹟)들이 누락된 경우가 있다"고 토로하였다.[31] 당시까지 전존하는 국내외의 모든 자료를 수습한 후, 거기서도 '상세하지 못하거나 누락된' 사료들을 보충해 넣고 '바르

31 『동문선』 44, 進三國史記表.

지 않은' 표현들을 바로잡는 등 온갖 심력과 물력을 기울여 편찬한 것이 『삼국사기』였다는 사실이 여기서 확연히 드러난다.

이제 『삼국사기』가 서술한 삼국 각국의 '본기'와 『해동역사』에 실려있는 각국의 '세기'와 특징을 비교 고찰한다면 어떠한 결론이 나올 것인가. 전자의 경우, 삼국의 각 본기는 비록 '소략하다'는 비판을 듣고는 있지만, 모두 삼국 각국의 각 왕대의 사적을 연조(年祚)별로 갖추어 기술함으로써 각국 역사의 입체적 구성체제를 서술해 제시하고 있다. 그러나 후자의 경우는, 입체적이기는커녕 단선적 사실(史實)의 연결조차 전혀 제시하지 못한다. 즉 『해동역사』의 '세기'는 삼국 각기의 정치사적 '스토리'조차 전혀 제시하지 못하는 상태에 머무르고 있음이 객관적 사실임을 여기서 주의해야 할 것이다.

결국 19세기 초기 당시의 한치윤이 아무리 '경전으로부터 총패에 이르기까지'의 수다한 중국 측 자료를 수습했다 할지라도 기본적으로 외국 측이 남긴 '동이전'을 비롯한 단편적인 기록들을 가지고서는 우리나라 고대 각국의 정치적 '본사(本史)' 즉 '본기'라든가 '세가'를 편찬해내기란 사실상 불가능한 일이었던 것으로 판명된다. 그래서 그는 '본기' 혹은 '세가'를 대신하여 '세기'라는 이름의 새로운 독자적 역사 술어를 창안하여 사용한 것으로 보인다.

그리고 기전체 사서로 편찬한 『해동역사』가 항용 '기전체'에 고유하면서도 가장 정채로운 특성을 살려 서술할 수 있는 당대 각 인물들의 활동의 전기 즉 '열전'을 극히 빈약한 상태의 「인물고」라는 항목으로 끝내고 말았다는 사실 또한 여기서 주의하지 않으면 안 된다. 중국 측 사료 가운데서는 '해동' 각국의 인물들을 서술한 부분의 내용 자체가 워낙 빈약한 상태를 벗어나지 못했기 때문으로 보인다.

그래서 『해동역사』는 그와 같이 범주적이지도 포괄적이지도 못한 '세기'와 「인물고」의 내용보다도, 특히 중국인의 눈에 관심 가는 현상으로 비치는 이민족의 다양한 생활상을 채록해둔 까닭에, 상대적으로 풍부한 사료로 남겨진 생활사·문화사 분야들을 유별해서 편찬하는 분류사로서의 '지'들을 다수 갖추어 서술한 것으로 판명된다.

『해동역사』는 그 편찬에 활용한 540여 종의 '인용서목'들을 맨 앞에 나열해두었다. 그 서목들은 물론 중국 측 자료들이 대부분을 차지한다. 그런데 일본 측의 자료도 22편이 들어있다. 무릇 우리나라의 고대로부터 고려 시기에 걸치는 통사(通史)를 편찬하면서 중국 측 사료뿐 아니라 일본 측 서적들을 이와 같이 본격적으로 참조하고 인용한 사례는 아마도 이전에는 찾아볼 수 없는 경우가 아니었나 한다. 그야말로 경전으로부터 총패에 이르기까지 외국 자료들의 서목을 책머리에 나열해두었다는 사실 자체가 이 사서 편찬의 고증학적 방법론의 특성을 드러내 보이기도 하는 사례이다.

그것은 『해동역사』의 편찬 자체가 청조(清朝) 고증학의 영향을 받은 결과인 것이라고도 이해된다. 그런데 조선 후기 실학의 기본 학풍 역시 객관적 사실의 추구를 통해 시시비비를 가리고자 하는 이른바 '실사구시(實事求是)'의 '고증학적' 방법론이었기 때문으로 해석된다.

가령 임진왜란과 병자호란은 조선왕국의 지배층이 중화주의적 세계관을 더욱 증폭시키는 효과를 각인하기에 이르렀다. 왜적(倭賊)을 물리치는 데 결정적 도움을 준 중국 측의 소위 '재조지은(再造之恩)'에 감복하고, 호란에서의 굴욕을 복수 설치하고자 하는 북벌론(北伐論)을 가슴 깊이 되새기며, 더 나아가 소위 '조선중화주의(朝鮮中華主義)'와 같은 감성적 차원의 의리론적(義理論的) 명분론에 사로잡힌 것이 그런 현상들이었다.

그런데 조선왕조의 18세기를 전후해서는, 시대와 문명의 변천에 따라 그 같은 감성적·명분론적 차원의 국제 관계를 지양하고, 좀 더 현실적 차원의 세계관을 정립하지 않으면 안 되는 시기로 접어들었다. 중국을 통해 수용된 서양식 과학기술 문명의 새로운 양상 또한 이전과는 다른 새로운 세계관의 전개를 선도하는 데 큰 영향을 끼쳤다.

조선 후기 실학의 여러 유파 가운데서도 학술 방법론상의 두드러진 공통 노선은 곧 객관적 사실의 추구를 우선시하는 이른바 '실사구시'의 고증학적 학풍이었다. 종래의 의리론적·명분론적 기치에 대신하는 새로운 객관적 가치의 세계관을 확립하고 주장하는 길은 어디까지나 객관적 사실에 근거하는 '실사구시'의 방법론에 따르지 않으면 안 되었다.

여기서 『해동역사』는 실학의 성숙기인 19세기 초를 맞아 종래 자국사의 '무실(無實)'함을 개탄하면서 어디까지나 고증학적 방법론을 활용하여 객관적 사실을 편찬한 사서로서의 특징을 갖는다. 또한 객관적 사실 자체가 시사하는 의미를 좀 더 살리기 위해 편찬자 자신의 '안설'은 최소한에 그친 것으로 해석된다. 이는 이전에 없던 철저한 객관적 사서 편찬 방법론으로서의 의미를 갖는다. 그런데 찬자 자신의 '안설'이 워낙 최소한에 그치고 보니, 나중에 속편인 「지리고」를 보충한 찬자의 조카 한진서가 '진서근안(鎭書謹按)'이라 하여 그 나름의 안설을 덧붙였다.

그리고 그와 같이 철저한 객관적 사실 자체를 추구하는 일이야말로, 이전까지의 경학(經學)에 예속되거나 혹은 명분론·도덕론을 기준 삼던 중세적 역사학의 한계를 지양하는 특성을 발휘할 수 있게 한 원동력이었던 것으로 해석된다.

그런데 한치윤의 『해동역사』는 실로 수다한 외국 측 자료를 섭렵하고 수습하는 매우 수고로운 과정을 거쳐 편찬한 19세기 초의 사서이지만,

역시 외국인이 자기들의 관심 범위에서 채록해둔 사료를 기본으로 하는 제약 때문에 그 자체로서는 결코 독자적 완결성을 지닌 사서의 체제를 갖추지는 못했다. 아마도 유득공이 서문을 쓰면서 "『삼국사기』, 『고려사』의 두 가지 사서와 서로 의지해가면서 본다면 대체로 징신(徵信)하기에 도움이 될 것"이라고 말한 배경이 혹 그것을 말함이 아니었는가 한다.

더 나아가 『경세유표』의 과거제론(科擧制論)에서도 정약용은 『해동역사』를 거론한 바 있다. 즉 과거에 '국사(國史)' 과목을 신설하되, 가령 어느 식년(式年)의 경우는 김부식의 『삼국사기』와 함께 『해동역사』를 부과하는데, 다만 『해동역사』는 현존의 내용 그대로가 아니라 이를 다시 손질해 산삭(刪削)하고 증보한 다음에야 사용하도록 한다고 말한 내용이 그것이다.[32] 즉 『해동역사』의 국사서(國史書)로서의 가치는 다소 인정하지만, 다만 어떤 부분은 깎아내고 어떤 부분은 증보하는 등 객관적으로 더욱더 조화로운 내용을 구성하도록 손질한 다음에라야 이에 사용할 수 있을 것임을 명백히 말해두었다.

여기서 『해동역사』의 전체 구성 요목을 일단 제시해보기로 한다.

■ 『해동역사』 전체 구성 요목

권1, 世紀 1, 東夷總紀

권2, 世紀 2, 檀君朝鮮, 箕子朝鮮, 衛滿朝鮮

권3, 世紀 3, 三韓, 濊, 貊

---

32 "식년(式年) 사이에 거인(擧人)은 삼경(三經)과 삼사(三史)와 국사(國史)를 학습해야 할 것이니, 자식년(子式年)의 경우 … 국사는 김부식의 『삼국사기』(『東史輯成』을 붙임)이다. … 『동사집성』이란 것은 중국(中國) 전사(全史) 가운데에서 동국사(東國事)만을 뽑아 편집한 것이다(한치윤의 『해동역사』를 가져다가 간략히 할 곳은 깎아버리고 자세히 할 부분은 증보해야 적의할 것이다)"(『경세유표』 15, 春官修制 科擧之規 1).

권4, 世紀 4, 夫餘, 沃沮

권5, 世紀 5, 四郡事實

권6~8, 世紀 6~8, 高句麗 1~3

권9, 世紀 9, 百濟

권10, 世紀 10, 新羅

권11, 世紀 11, 渤海

권12~15, 世紀 12~15, 高麗 1~4

권16, 世紀 16, 諸小國(加羅, 任那, 耽羅, 泰封, 後百濟, 休忍國, 沸流國, 定安國)

권17, 星曆志, 星野, 測候, 曆, 徵應(附 五行)

권18, 禮志 1, 祭禮(天·日·星·社稷·山川의 제사, 廟祭, 士庶廟祭, 雜祀), 朝禮, 燕禮, 婚禮(國昏, 士庶昏禮), 學禮(國學, 科試, 賓貢)

권19, 禮志 2, 賓禮(待詔使儀)

권20, 禮志 3, 儀物[章服, 印符(附 圭瓚), 輿馬, 鹵簿]

권21, 禮志 4, 喪禮(本國喪, 附 山陵, 上國喪, 服制·恤典, 私喪雜禮)

권22, 樂志, 樂制·樂器, 樂歌·樂舞

권23, 兵志, 兵制, 兵器, 馬政

권24, 刑志, 刑制, 附 上國禁令

권25, 食貨志, 田制, 農桑, 賦稅, 俸祿, 倉庫, 權量, 債貸, 市易, 互市, 錢貨

권26, 物產志 1, 總論, 金玉珠石類, 布帛類, 穀類, 草類, 花類, 菜類, 果類, 竹木類

권27, 物產志 2, 禽類, 獸類, 漁類, 蟲類, 文房類, 玩好類

권28, 風俗志, 雜俗, 方言

권29, 宮室志, 城闕(附 官府·亭·館), 民居, 附 器用

권30, 官氏志, 官制 1

권31, 官氏志, 官制 2, 附 高麗時元所置官制, 氏族

권32, 釋志, 釋教, 寺刹, 名僧, 附 道教

권33, 交聘志 1, 朝貢 1(九夷·箕子·朝鮮·樂浪·濊貊·夫餘·三韓·高句麗·百濟·新羅·加羅)

권34, 交聘志 2, 朝貢 2(高句麗·百濟·新羅·耽羅·渤海·高麗·泰封·後百濟)

권35, 交聘志 3, 朝貢 3(高麗)

권36, 交轉志 4, 朝貢 4(本朝)

권37, 交聘志 5, 上國使 1

권38, 交聘志 6, 上國使 2, 附 頒詔雜識

권39, 交聘志 7, 迎送, 附 象胥, 館待, 班次, 宴饗, 正朔, 附 東國年號

권40, 交聘志 8, 貢道, 海道, 附 師行海路, 附 通倭海路, 漂流

권41, 交聘志 9, 通日本始末

권42, 藝文志 1, 經籍 1(總論, 本國書目 1 經)

권43, 藝文志 2, 經籍 2(本國書目 2 史, 子, 集)

권44, 藝文志 3, 經籍 3(中國書目 1 經, 史, 子, 集)

권45, 藝文志 4, 經籍 4(中國書目 2 東國記事)

권46, 藝文志 5, 書法, 碑刻, 畫

권47, 藝文志 6, 本國詩 1(箕子朝鮮, 高句麗, 新羅, 高麗)

권48, 藝文志 7, 本國詩 2(本朝 上)

권49, 藝文志 8, 本國詩 3(本朝 下)

권50, 藝文志 9, 中國詩 1(贈和本國人 · 送使本國, 附錄)

권51, 藝文志 10, 中國詩 2[紀事·題詠·詠物, 附 句, 附 日本詩(贈和本國人)]

권52, 藝文志 11, 本國文 1(事大表疏, 與隣國書)

권53, 藝文志 12, 本國文 2(牒·狀·呈文·書·記·序·銘)

권54, 藝文志 13, 中國文 1(詔·制·勅)

권55, 藝文志 14, 中國文 2(隋唐征高麗詔)

권56, 藝文志 15, 中國文 3(表·疏·狀·箚·議·奏)

권57, 藝文志 16, 中國文 4(啓·論·頌·序·記·銘)

권58, 藝文志 17, 中國文 5(奉使錄)

권59, 藝文志 18, 雜綴

권60, 肅愼氏考(附 挹婁·勿吉·靺鞨)

권61, 備禦考 1, 本朝備禦考 1(馭倭始末 1)

권62, 備禦考 2, 本朝備禦考 2(馭倭始末 2)

권63, 備禦考 3, 本朝備禦考 3(馭倭始末 3)

권64, 備禦考 4, 本朝備禦考 4(馭倭始末 4)

권65, 備禦考 5, 本朝備禦考 5(馭倭始末 5, 附錄)

권66, 備禦考 6, 本朝備禦考 6(建州事實, 北憂始末)

권67, 人物考 1, 四郡以前, 高句麗, 百濟, 新羅, 渤海

권68, 人物考 2, 高麗

권69, 人物考 3, 本朝

권70, 人物考 4, 后妃, 名媛, 中官

속편 권1~15, 地理考\

2) 세기(世紀)의 고찰

『해동역사』는 각국의 왕권 중심의 정치사를 가리켜 말하는 '본기(本紀)'라든가 '세가(世家)'라는 술어를 쓰지 않고 대신 '세기(世紀)'라고 하는 독자적 술어를 일괄해서 사용하고 있다. 이전에는 유례를 찾기 힘든 독자적인 개념을 정립해서 사용한 것이다.

그런데 중국 고대의 『사기(史記)』를 비롯한 역대의 사서에서 준용해온 본기니 세가니 하는 술어는 모두가 명분론적 등위(等位)를 드러내는 개념이었다.[33] 우리나라 사서에서 구체적 예를 들자면, 아직도 중국 중심의 명분론적 역사관에 상대적으로 덜 침윤(浸潤)된 상태의 고려 중기에 편찬된 『삼국사기』에서는 '본기'를, 거기에 더 크게 침윤된 조선 초기 편찬의 『고려사』에서는 '세가'라는 술어를 사용한 사실에서 드러나는 바와 같다.

그런데 한치윤은 그와 같이 명분론적 등위를 드러내는 역사관을 결코 긍정하지 않는다. 아마도 조선 후기 실학에 와서 정립된 다원론적 역사인식에 입각한 견해로 이해된다. 『해동역사』는 소위 '정통'과 '윤통(閏統)'의 구분이라는 역사적 가치론을 굳이 내세우지 않고, 무릇 왕권을 세우고 일정 기간 통치를 지속한 국가는 그 '왕기(王紀)'를 모두 '세기'라는 술어를 써서 그 역사적 독자성을 밝히고자 하였던 것으로 이해된다.

가령 18세기 안정복은 실학적 안목에서 『동사강목』을 쓰면서도 굳이 '정통'과 '윤통'을 구분할 뿐 아니라 다시 강(綱)과 목(目)까지도 등위를 유별하고 구분해서 서술하였다. 즉 『동사강목』의 '범례'에서는 한국사의 '정통'을 가리켜, "단군, 기자, 마한, 신라 문무왕 9년 이후, 고려 태조 19년 이후를 말한다"고 하였다. 그런데 정작 역사 서술의 본론에 들어가서는, '기묘년 조선 기자 원년'이라는 명목의 '강'을 세워 '기자조선'의 건국을 서술하고는, 그 아래에 '단군'을 하나의 '목'으로 잡아 서술해놓았다.[34] '기자'를 '강'의 위상으로 배치하고 '단군'을 마치 그에 부속하는 듯

33 배인(裵駰)의 『사기집해(史記集解)』(『사기』 1, 五帝本紀 1)에 "天子稱本紀, 諸侯曰世家"라 하였다.

34 "기묘년(朝鮮 箕子 元年, 周 武王 13년, 기원전 1122), 은(殷)의 태사(太師) 기자가 동방으로 오니, 주(周)의 천자가 그대로 그곳에 봉하였다. 기자는 성(姓)이 자(子)이고 이름이 서여(胥餘)이며, 은나라 주(紂)의 친척이다. 기(箕)에 봉(封)해지고 자작(子爵)을 받았으므로 '기

한 '목'의 위상에 배열하였으므로, 양자를 서술하는 문자의 배열 또한 단군을 기자보다도 한 단계 낮추어 배치할 수밖에 없었다.[35]

『동사강목』은 또한, "위만은 찬적(簒賊)인데, 『동국통감』에는 단군·기자와 함께 3조선이라 일컬어 마치 그와 덕(德)도 같고 의리(義理)도 같은 것처럼 해놓았으나, 이제 폄출(貶黜)하여 참국(僭國)의 예에 따른다"고 하였다. 더 나아가, "부여는 북방의 절역(絶域)에 있어서, 비록 단군의 후손이라 하더라도 제국(諸國)의 반열에 올려 쓸 수 없는데, 하물며 징험할 데가 없음에랴! 그러나 고구려와 백제의 종국(宗國)이었으므로 고구려와 백제에 이를 갖춰 써둔다"고 하였다. 즉 '위만조선'이라든가 '부여' 등을 한국역사상에 존재하였던 독자적 국가로 인식하지 않는다는 뜻을 드러냈다.

그에 비해서 『해동역사』는 우리나라 역사의 시초를 단군 이전의 「동이총기」(권1 세기 1)에서부터 잡아 서술하기 시작하였다. 그다음으로는 권2 세기 2에서 '단군조선'이란 명목을 세워 그 사실을 맨 먼저 서술하고, 그 다음 차례로 '기자조선'을 서술해나갔다. 그리고 '기자조선' 다음에 '위만조선'을 서술해두었다.

『해동역사』는 '위만조선'이라든가 '부여'를 모두 한국사상에 존속한 독자적 국가로 인식하였다. '위만'은 중국 연(燕)나라 사람이라고 그 서두에서 밝혀놓았지만, 그가 동이족의 중심을 이루는 '조선 지역' 안에 들어와

자'라고 부른다.…"라고 하는 기자의 '강' 아래에다, "동방(東方)에는 예전에 임금이 없더니, 신인(神人)이 태백산(太白山) 단목(檀木) 아래 내려오매, 백성이 군(君)으로 세우니, 이가 단군이다. 혹 이르기를 '이름은 왕검이고 국호는 조선이라 하였는데, 당요(唐堯) 25년(戊辰)과 같은 때였다' 한다. 단군이 처음에 평양에 도읍(都邑)하였다가 뒤에 백악(白岳)으로 옮겼고, 단군이 죽은 뒤에 기자가 동방에 봉해졌다"라고 단군의 '목'을 배치하였다(『동사강목』 제1 上).

35 『동사강목』의 이 같은 서술 행태를 두고 후일 단재 신채호는 "기자본기(箕子本紀) 밑에 단군(檀君)과 부여(夫餘)를 부용(附庸)으로" 배치해놓았다고 비판하였다(申采浩, 「總論」, 『朝鮮上古史』; 1977, 『丹齋申采浩全集』 上, 螢雪出版社).

국가체제를 유지하면서 조선인들을 통치한 객관적 사실을 인정하였기 때문으로 이해된다.

그리고 『해동역사』는 '부여'에 대해서도 역시 독자적 국가로 서술하면서 따로 안설을 달아 밝혀두었다. "살피건대, 부여국은 지금 봉천부(奉天府)의 개원현(開原縣)에 있었으니 본디 우리나라의 구역 안에 있었던 나라가 아니다. 그러나 부여는 고구려와 백제가 일어난 곳이므로 특별히 동일한 예로 기(紀)를 세운다[特爲一例立紀]."[36]

아마도 한국의 사서 가운데에서 동이총기·단군조선·부여 등에 모두 독자적 '기(紀)'를 세워 서술한 것은 『해동역사』가 처음이 아니었나 한다. 그것은 중국 측 사료들을 수습하여 이들 동이족 국가들의 역사를 편찬하면서도 중국 중심의 역사관을 벗어나, 한국 고대사의 상한선을 높이고 그 지배영역을 드넓게 파악하였다는 새로운 역사인식의 소산으로 해석된다. 즉 중국 측 사료들에 실린 객관적 사실들을 통해, 동이족의 국가와 그 문화의 역사적 상한이 유구하며 지배영역이 광대하였다는 실상을 객관적으로 드러나게 하였던 것이다.

워낙 조선왕조를 지배해온 주자학의 명분론적 역사인식은 중국 중심의 역사관·가치관의 소산이었다. 그런데 『해동역사』가 역대의 여러 국가에 대해 모두 '기를 세워' 각국을 '세기'로 지칭한 것은 소위 '정통론'이라는 개념을 엄격히 따지는 주자학의 명분론적 역사인식을 지양하여, 우리나라 역대의 역사를 독자적·주체적으로 이해하고자 하는 의도적인 인식의 소산으로 이해된다. 그와 같은 자국 고대사의 독자적 인식은 어떠한 맥락에서 일어난 것인가.

---

36 『해동역사』 4, 世紀 4.

조선 후기의 실학에서는 성호·다산 등의 역사인식을 통해 '한국사의 정통론'이 크게 드러나기 시작하였다는 사실을 주목하지 않으면 안 된다.[37] 그런데 실학이 '한국사의 정통론'을 강조하였다는 것은 곧 종래까지 중국 중심의 일원론적·보편주의적 역사관을 지양하고서 새로운 다원론적 역사인식의 개념을 정립하기에 이르렀다는 사실을 뜻한다. 가령 성호는 이 세상에 자기 영토를 가진 각국이 각기 황(皇)·왕(王)을 옹유하고서 독자적 주권을 행사하고 있음을 확신하고 있었다.

> 대저 서양과 중국은 상호 간에 소속되지 않으며 각기 황(皇)·왕(王)이 있어 자기 지역 안에서 군주 노릇을 하고 있다. 저들 서양인은 특히 구세(救世)할 뜻을 가지고 관문(關門)을 넘어 들어온 것이므로 관직을 부여하더라도 배수(拜受)하지 않고 오직 대관(大官)의 봉름(俸廩)만 받고 있으니, 곧 하나의 객경(客卿)의 지위에 있는 것이다. 중국의 군신(君臣)들 또한 바야흐로 저들의 혜택을 입으면서 존봉하기에 겨를이 없어 하면서도 오히려 견문이 비협(卑狹)한 데에 국한되어 마치 정저와(井底蛙) 같은 소리로 감히 저들을 '배신(陪臣) 아무개'라고 부르고 있으니, 어찌 달식(達識)의 비웃음을 살 일이 아니겠는가.[38]

성호 이익의 『성호사설』은 천지(天地)·만물(萬物)·인사(人事)·경사(經史)·시문(詩文)의 5개 문목(門目)으로 나누어 분류하였거니와, 이 저술은 그가 이 세상천지 만사·만물의 본질을 탐구하는 데 주안점을 두고 그의 만년

---

37 李佑成, 1966, 「李朝 後期 近畿學派에 있어서 正統論의 展開」, 『歷史學報』 31.

38 『성호전서』 55, 跋天問略.

에 심혈을 기울여 저술하였던 것이다. 그런데 그것은 실상 지봉 이수광(1563~1628)의 『지봉유설』 이래 실학이 추구한 박학주의(博學主義)의 산물이기도 하였다. 즉 박학주의는 조선 후기 실학 학풍의 하나이기도 하였다.

> 『역』에 "사물을 여럿으로 나눈다" 하였으니, 이는 천하 만물이 만 가지로 다르다는 뜻이다. 나무[木]의 이치는 물[水]의 이치와 다르고 물[水]의 이치는 불[火]의 이치와 다르다. 또 소나무[松]의 이치는 버드나무[柳]의 이치와 다르고 쇠[鐵]의 이치는 납[鉛]의 이치와 다르다. 또한 부자의 이치는 군신의 이치와 다르고 형제의 이치는 부부의 이치와 다르다. 사물에서 각기의 이치를 변별하여 조금이라도 미진한 점이 없게 된 다음에야 바야흐로 나의 심(心)에서 그 이치의 활용을 강구할 수 있다. 비록 그 물리(物理)는 변별할 줄 알게 되었다 하더라도 그것을 처리할 도리를 마음속에서 알지 못한다면 나 자신의 앎이 극진하게 되었다고 말할 수가 없다.[39]

즉 이 세상 만사·만물은 본질적으로 각기의 독자적 원리를 지니는 존재들이므로, 인간은 그 각기의 원리를 구체적으로 분변 탐구함으로써 나의 일심(一心) 속에서 그 원리를 활용할 수 있는 길이 열릴 수 있다는 자각을 피력한 내용이다.

담헌 홍대용(1731~1783) 또한 "화(華)·이(夷)가 다 한가지[華夷一也]"라고 하는 상대주의적 역사관을 피력했음은 주지하는 바와 같다.[40]

---

39 『성호사설』 22, 格致誠正.

40 鄭昌烈, 2006, 「實學의 世界觀과 歷史認識」, 『韓國實學思想研究 1 哲學·歷史學篇』(연세대학교 국학연구원 편), 혜안.

다산의 경우도 만물의 이치는 만물 각자에 내재하여 있는 것이라는 확신을 피력한다. 성리학의 이기론(理氣論)을 부정하는 다산으로서는, 세상천지의 만사·만물이 하나의 이(理)로 통괄되어 있다는 주자학적 본체론(本體論)과 그 세계관을 결코 긍정하지 않는다.

> 형체가 없는 심(心)이 인간의 본체(本體)이니, 이것이 곧 허령불매(虛靈不昧)한 것이다. … 이 본체는 세상의 모든 형상을 포괄하고 모든 이치를 깨달을 수 있으며 능히 사랑하고 미워도 하는 것이니, 인간이 생겨날 때 천(天)이 인간에게 부여한 것이다.[41]

더구나 다산에 따르면, 인간은 천부적으로 심(心)의 자주권(自主權)을 타고나는 주체적 존재이다. 또한 천지만물의 이치는 각기 만물 자체에 있는 것이요, 결코 나의 심(心) 속에 다 갖추고 있는 것이 아니라고 확신한다.

> 천지만물의 이치는 각기 만물의 신상(身上)에 들어있는 것이다. 어찌 모두가 나에게 갖추어져 있다고 할 것인가. 개[狗]에게는 개의 이치가 있고 소[牛]에게는 소의 이치가 있는 것이니, 이는 분명 나에게는 없는 것인데 어찌 억지로 큰소리쳐서 나에게 갖추어져 있다고 할 것인가. … (先儒는) 온 천지를 통틀어 만물의 이치가 모두 나의 방촌(方寸, 즉 心) 가운데 다 갖추고 있지 않음이 없다고 하였다. 너무나 넓고 끝이 없어서, 후학(後學)들로 하여금 망연해서 들어가고 착수할 곳을 알지 못하게 해놓았다. 어찌

41 『대학강의』 2, 傳七章.

한스러운 일이 아닌가.[42]

그런데 그와 같이 천지 만물이 각기 자체의 이치를 갖추고 있다고 하는 견지에 설 때, 그 역사인식 또한 필연적으로 다원론적 역사관으로 정립되게 마련이다. 다산은 말한다.

척발씨(拓跋氏)가 세운 위[拓跋魏]는 선비족(鮮卑族)이다. 이들은 중국에 들어가서 예악을 숭상하고 문학(文學)을 장려하여 제작(制作)이 찬란하였다. 거란(契丹)은 동호(東胡)이다. 아보기(阿保機, 遼의 太祖)는 천륜(天倫)에 돈독하여 자갈(剌葛, 태조의 弟)이 3번 반역을 일으켰으나 3번 다 석방했으니, 이는 우순(虞舜) 이후로는 없었던 일이다. 그 성대한 정치와 장구한 역년은 200여 년이다. 실로 중국(中國)으로 대우받는 나라로서도 드문 일이었다.

여진(女眞)은 두 번이나 중국에 들어가 임금 노릇을 했다. 그들이 금(金)나라로 있을 적에 송(宋)나라 두 황제(徽宗과 欽宗)를 사로잡았으나 끝내 살해하지 않았다. 장수와 정승이 서로 화합하여 규모(規模)가 크고도 원대하였다. … 청(淸)나라는 천하를 통일할 때 군사가 칼날에 피를 묻히지 않았고 시장(市場)은 점포를 옮기지 않았다. 그리고 귀영가(貴盈哥) 이후로 태백(泰伯)·중옹(仲雍)의 기풍을 지닌 사람이 여럿이었으니, 또한 훌륭하지 않은가. 역사에서 동이(東夷)를 인선(仁善)하다고 칭찬함은 진실로 이유가 있는 것이다. 더구나 조선(朝鮮)은 정동(正東)의 땅에 위치한 까닭으로 그 풍속이 예절을 좋아하고 무력(武力)을 천하게 여김은 물론, 차라리 유약할지언정 난폭하지 않으니 군자의 나라[君子之邦]임에 틀림없다. 아, 이미

42 『맹자요의』 2, 萬物皆備於我.

중국에 살 수 없을진대 살 곳은 동이뿐이다.[43]

그런데 성호에서 다산으로 이어지는 실학의 다원론적 역사인식이 과연 한치윤의 『해동역사』가 우리나라 역대 각국의 '왕기(王紀)'를 '세기(世紀)'라는 술어로 표현한 사실과 무슨 연관을 가지기라도 하는 것인가.

'기전체' 역사서로 서술한 『해동역사』가 역대 각국의 '왕기'를 '세기'로 표현한 것은 곧 『사기』식 표현인 '본기(本紀)'와 '세가(世家)'라는 두 가지 다른 층위의 개념을 하나의 역사 술어로 통합해서 사용한 것으로 이해된다. 『해동역사』가 기본으로 의거한 중국 측 사료를 가지고서는 '해동' 각국의 역사를 '본기'라든가 '세가'로 갖추어 구성해낼 수 없었기 때문에 제3의 술어를 창안해 사용하지 않을 수 없었다. 실상 우리나라 역사에서는 객관적으로 『사기』에서처럼 '천자국'의 '본기'와 '제후국'의 '세가' 등으로 층위를 구분해서 사용할 만한 역사적 실체가 별도로 존재하지 않는다는 사실 또한 명백하다. 그래서 '본기'와 '세가' 등 상·하 층위의 구분을 일체 지양하고, 우리나라 역대 각국이 모두 저마다의 독자성을 가진 의미 있는 역사를 이룩해왔다고 하는 다원론적 사관(史觀)을 바탕으로 하고서 '해동' 각국의 정치사에 모두 '세기'라는 역사 술어를 일괄해서 적용한 것으로 해석된다.

더구나 동서 문화의 교류가 활발해진 16세기 이래 세계 최대의 선진 문명국으로 표방해오던 중국조차 이미 국력상으로나 문명적으로 결코 최대·최선진의 위상을 지킬 수 없게 되었다는 사실을 승인하지 않을 수 없었다. 오히려 더 선진적인 서양식 문물을 수용하지 않을 수 없게 되었

43 『여유당전서』 제1집 12, 東胡論.

다. 중국은 이미 17세기부터 서양인이 제작한 시헌력(時憲曆)이라는 역법을 수용해 사용하고 있었다.

> 대개 숭정(崇禎, 1628~1643) 초기부터 비로소 '시헌력(時憲曆)'을 써서 중국에 시행해왔고 지금까지 이를 준용하고 있는데, 그 법이 극히 정밀하다.[44]

중국과 같은 세계 제국이 서양 사람들이 만든 시헌력을 기준 역법으로 수용하지 않을 수 없었던 까닭은 '그 법이 극히 정밀'한 것이어서 그보다 더 나은 것은 아직 자체적으로 개발할 수 없었기 때문이다.

이제 세계는 바야흐로 문화·문명의 다원화 시대로 전환하고 있었다. 『해동역사』는 바야흐로 그와 같은 다원화하는 세계시대를 맞이하면서 편찬한 역사서였다는 사실을 거듭 상기하지 않으면 안 될 것이다.

『해동역사』는 우선 이전의 역사인식과 매우 다르게, 한반도의 한수(漢水) 이남 지역에 위치하였던 삼한이 '위만조선'을 대신한 '사군(四郡)'보다도 더 앞선 국가체제라고 인식한다.[45] 이는 삼한 각국이 여러 부족의 집합체로 되어있어 아직도 국가체제로 성립하지 못한 상태에 머물러 있었다는 종래의 이해를 불식시켜 주는 사실(史實) 인식이다. 한반도 남부의 각 종족 또한 그만큼 일찍부터 정치적으로 성장하였다는 새로운 역사인식을 피력한 것이었다.

---

44 『해동역사』 17, 星歷志 曆.

45 "당초에 (기자)조선의 왕인 준(準)이 위만에게 격파당하고는 남은 무리 수천 명을 이끌고 바닷가로 달아나 마한(馬韓)을 공격하여 격파하고는 자립(自立)하여 한왕(韓王)이 되었다"(『해동역사』 3, 世紀 3 三韓 인용 『後漢書』). 즉 『후한서』에 따르면, 마한은 사군보다 앞서는 위만조선 때 이미 존립한 것으로 되어있다. 『해동역사』는 바로 이 사실을 객관적 사실(史實)로 인식한다.

『해동역사』가 삼국의 건국을 고구려·백제·신라의 순으로 배열하고, 삼국의 역사를 고구려 중심으로 서술했다는 사실도 이채롭다. 그것은 물론 중국과 가장 가까운 위치에 있는 고구려의 역사가 사료상으로 가장 먼저 전면에 드러난 결과였을 것이다. 또한 객관적으로도 중국과 가까이 위치했기에 상호 교류를 일찍부터 시작할 수밖에 없었던 고구려가 더 먼저 정치적 국가 형태를 정립할 수 있었던 것이다. 백제가 신라보다 먼저 발달할 수 있었던 배경 또한 마찬가지였을 것으로 추찰된다.

고구려는 일찍부터 중국의 침략과 맞서 싸우면서 강력한 고대국가로 성장 발전하였다. 『해동역사』는 중국의 강대한 통일국가 또한 고구려에 대한 침략전쟁을 도발한 끝에 치명적으로 국력을 소진하고는 결국 멸망으로 치달았다는 사실을 직시한다.

중국에서는 6세기 말에 수(隋)나라가 일어나 오랜 5호 16국(五胡十六國) 시대의 분란을 평정한 후, 7세기 초 "수 양제(煬帝)가 즉위하고서는 전성기를 맞았다. 고창국(高昌國)의 왕과 돌궐(突厥)의 계인가한(啓人可汗)이 모두 친히 대궐에 나와 공물을 바쳤다." 이에 고구려 왕(영양왕)을 불러들여 조회하도록 하였으나, "두려워하면서 번국(藩國)의 예를 자주 빠뜨렸다."[46]

실상 고구려는 이때 사신을 보내어 먼저 돌궐과 교류하고 있었다. 그래서 수 양제가 돌궐 계민가한(啓民可汗)의 장막(帳幕)을 방문한 현장에서 고구려 사신을 만났다.[47] 이는 수 양제가 추구하는 일원적 패권주의에 정면으로 배치되는 사안이었다. 수 양제는 이윽고 조서를 내려, "고구려 왕 고원(高元)이 번국의 예를 제대로 지키지 않으므로 장차 요동(遼東) 동

---

46 『해동역사』 7, 世紀 7 高句麗 2 인용 『隋書』.

47 위와 같음.

쪽으로 가서 그 죄를 물어 승략(勝略)을 펴려고 한다"[48]고 선언하였다.

그렇게 시작된 수나라의 고구려 침략전쟁은 어떻게 전개되었는가. 수 양제가 고구려 침략을 단행할 때는 "군사가 모두 113만 3800명인데 이름하기를 200만이라 내세웠고, 군량을 운반하는 자는 군사 수의 갑절이나 되었다."[49] 그러나 이윽고 수나라 대군은 살수(薩水)에서 괴멸적 타격을 입고 끝내는 퇴각하지 않을 수 없었다. "처음에 수나라의 구군(九軍)이 요수(遼水)를 건넜을 때는 30만 5천 명이었는데, 돌아와 요동성에 이른 자는 오직 2700명이었다. 물자와 기계는 거만(巨萬)을 헤아렸는데, 송두리째 잃어버려 탕진하고 말았다."[50]

그런데 『해동역사』의 「예문지」에는 수 양제가 고구려를 침략하면서 한껏 자신의 허영심을 읊조린 시(詩)가 수록되어 있다.

'기요동(紀遼東)'

요동 땅 바다 북쪽 큰 고래(長鯨)를 자르니, 만 리 풍운이 깨끗해졌네.

바야흐로 칼 녹이고 마·소 풀어주는데, 개선한 군사들 호경(鎬京)에서 잔치하네.

앞뒤에서 가무(歌舞)하며 군사 위세 떨치고는, 종묘에서 술 마시며 군복을 벗누나.

판이하네! 만 리 먼 길 괜스레 갔다가, 부질없이 오원(五原)으로 돌아온 경우와는.

---

48 『해동역사』 7, 世紀 7 高句麗 2 인용 『隋書』.

49 『해동역사』 7, 세기 7 고구려 2 인용 『資治通鑑』.

50 위와 같음.

깃발 잡고 부절 들고 요동을 평정하니, 목 베인 자 귀 바치는 오랑캐 풍속이라네.

맑은 노래 개선가를 환도(丸都) 강에 울리고서, 돌아와 낙양(雒陽)의 궁궐에서 잔치하네.

책훈하고 상을 내림에 지체하지 않으니, 온 군사들 지혜와 꾀 힘입은 것이로세.

그 어찌 남궁(南宮)의 복도에서, 옹치(雍齒) 먼저 봉작한 것과 같을쏜가.[51]

수 양제가 '기요동'이란 시를 읊조린 시기는 아마도 고구려 침략에서 패퇴하기 이전이었을 것으로 추측된다. 그는 머나먼 동쪽의 적국에 대한 침략 계획을 세우는 단계에서부터 마치 안하무인의 기세로 적국의 수도를 유린하고 마침내는 개선하여 가무음주 속에서 논공행상을 단행한다는 환상적인 만용(蠻勇)에 젖어있었던 셈이다. 게다가 허영으로 가득 찬 시에 화답한 신하의 시 또한 허황된 꿈으로 가득 차 있음을 보게 된다.

'왕주(王胄)의 기요동(紀遼東) 이수(二首)'[52]

요동이라 패수(浿水)에서 천명 받아 정벌하니, 물건 줍듯 쉽사리 이긴 신병(神兵) 미덥네.

---

51 『해동역사』 51, 藝文志 10 中國詩 2 紀遼東. 호경(鎬京)은 삼대(三代) 때 주나라 수도(首都)인데 그 후 수·당의 수도 또한 같은 곳에 두었다. 오원(五原)은 흉노(匈奴)와 대치한 관새(關塞)의 명칭이고 환도(丸都)는 고구려의 수도이며, 남궁(南宮)은 낙양(雒陽)에 있는 진(秦)나라 궁궐 명이다. 옹치(雍齒)는 일찍이 한(漢) 고조(高祖) 유방(劉邦)을 모욕한 적이 있었으나, 고조(高祖)가 황제가 된 후 먼저 그를 봉작(封爵)함으로써 여러 공신(功臣)들의 의구심을 안도시킬 수 있었다.

52 『해동역사』 51, 예문지 10 중국시 2 王胄 紀遼東. "이 시(詩)에서 이른 바는 양제의 시에 화답하여 지은 것이다[詩所云 奉和煬帝作也]"라는 왕주 자신의 원주(原註)가 있다.

군사 위세 떨치고서 돌아옴을 알려거든, 개선가를 부르는 저 소리 들어 보라.
황제의 군사들이 요동 땅에 도착하자, 부여·예맥 이미 다 얼음 녹듯 녹았다네.
그러니 그 어찌 백만 군사 강가에서, 고삐 잡고 괜히 말을 돌린 것과 비슷하리.

천자 위엄 번개 치듯 조선 땅에 갔다가는, 삼사 일간 머물렀다 곧바로 돌아왔네.
도리어 우습구나 위(魏)나라 사마의(司馬懿)가 아득하니 일 년 세월을 허비한 것이.
방울소리 울리면서 천자 행차 효동(淆潼) 뜨니, 작위 내려 그들 공로에 보답함이 합당하네.
풍패(豐沛)처럼 아는 사람 많을 필요 뭐 있으리, 집집마다 요(堯)임금의 봉작이 내려지리.

아마도 수 양제 같은 군주가 허영심에 가득 찬 시를 농하다 보니, 거기 화답한 신하 역시 허황된 욕심으로 가득 찬 꿈을 버리지 못한 것으로 풀이된다. 군신 간의 그와 같은 허영심으로 가득 찬 꿈은 곧 허망한 결말로 끝나고 말았을 뿐만 아니라 수나라 자체를 파멸로 이끌었다. 그것은 중국 정사(正史)의 하나인 『북사(北史)』가 전한 엄연한 사실(史實)이다.

수 양제는 … 자만심에 빠져 남들이 자기만 못하다고 여겼다. 이에 문덕(文德)으로 품어 감싸주지는 못하고 갑자기 군사를 동원하여 안으로는 부강한 것을 믿고 밖으로는 영토를 넓히고자 하였다. 교만함으로써 원망을 취하고 분노로 인해 군사를 일으켰으니, 이렇게 하고서도 망하지 않았다는 것은 예로부터 들어보지 못하였다.[53]

『해동역사』는 더 나아가 중국사상 가장 훌륭한 군주의 하나로 칭송하는 당(唐) 태종(太宗) 또한 고구려의 침략에서 쓰라린 고배를 들지 않을 수 없었던 역사적 사례를 전한다. 고대국가들의 침략전쟁은 그 자체 생존수단의 하나로 흔히 일어나는 일이었지만, 수·당의 동방 침략은 그보다도 천하 유일(唯一)의 패권을 추구하려고 의도적으로 단행한 것이었다.

가령 당 태종은 고구려의 연개소문이 "그 임금을 시해하고 대신들을 해치며 백성을 잔해한 데다 지금은 다시 나의 조명(詔命)까지 어기고 이웃 나라(즉 신라)를 침포하니, 정토(征討)하지 않을 수 없다"고 성토하였다. 그러고는 자기의 침략전쟁이 필승할 것이라는 배경을 선언하였다. "이번 출정에서는 짐(朕)이 반드시 승리할 다섯 가지 까닭이 있다. 첫째는 큰 나라로써 작은 나라를 치는 것이요, 둘째는 순리로써 역리(逆理)를 치는 것이며, 셋째는 다스려진 나라로써 어지러운 나라를 치는 것이요, 넷째는 편안한 군사로 피로한 적을 치는 것이며, 다섯째는 백성들이 반기는 군사로 원망하는 군사를 치는 것이 그것이다. 어찌 이기지 못할까 걱정하겠는가."[54]

당 태종이 주도한 침략전쟁(645년, 보장왕 4, 정관 19)에서 당나라 군사는 봄·여름에 걸쳐 요동성(遼東城) 등을 함락하고 여름부터 가을까지 안시성(安市

53 『해동역사』 7, 世紀 7 高句麗 2 인용 『北史』.

54 이상 『해동역사』 8, 세기 8, 고구려 3 인용 『資治通鑑』; 『新唐書』.

城)에서 치열한 전투를 벌이면서 공격에 공격을 거듭하였으나 끝내 이를 함락시키지 못하였다. 그러고는 가을이 되자 드디어 패퇴하지 않을 수 없었다. 당시의 군세(軍勢)를 보면, "처음에 출정할 때는 군사 10만 명에 전마가 1만 필이었는데, 돌아옴에 미쳐서는 군사가 겨우 수천 명이요, 전마도 십중팔구는 죽었다. 수군은 7만 명 가운데 수백 명이나 죽었다."[55]

당 태종의 침략전쟁을 두고 사신(史臣)은 다음과 같이 논하였다. "태종이 개선하던 날에 좌우의 신하들을 돌아보고 이르기를, '짐에게 위징(魏徵)이 살아 있었다면 반드시 이번 출정을 하지 않았을 것이다'라고 하였다. 이는 군사를 출동한 일을 후회한 것임을 알 수 있다. … 헛된 이름을 구하기에 힘써서 유용한 것을 수고롭게 할 필요가 없는 법이다."[56]

주지하듯이 삼대(三代)의 '왕정(王政)'이 지난 이후 현실적으로 가장 훌륭하다는 '정관(貞觀)의 치세(治世)'를 실현한, 중국사상 가장 현명한 통치자로 숭앙하는 당 태종과 같은 군주를 두고서도 중국 측 사신(史臣) 자신이 "헛된 이름을 구하기에 힘썼다"는 말로 비판하였다는 사실은 흥미롭다. 당 태종과 같은 영웅일지라도 온 천하 패권을 추구한 침략전쟁 자체는 "헛된 이름을 구한" 것이라고 직필(直筆)해 놓았기 때문이다. 『해동역사』가 그러한 사론(史論)까지를 수습하여 제시한 일 또한 흥미롭다.[57]

한편으로는 그 '헛된 이름'을 추구한 당 태종의 대군을 격퇴한 고구려

55 『해동역사』 8, 世紀 8 高句麗 3 인용 『冊府元龜』.

56 『해동역사』 8, 세기 8 고구려 3 인용 『舊唐書』.

57 이미 고려 말의 포은 정몽주는 사행(使行) 길에서 안시성 부근을 지나다가, 당 태종이 함부로 침략전쟁을 도발함은 마치 『맹자』에 나오는 풍부(馮婦)와 같이 만용을 부린 것이라고 비판하는 시(詩)를 남긴 바 있다. "황금(黃金) 궁전에 비단옷 드리우고 앉아서도, 백전백승 영웅의 마음은 자지(自持)할 줄을 모르네. 당(唐) 태종(太宗)이 친히 전장(戰場)에 나온 모습 상상해보니, 완연히 풍부(馮婦)가 팔 걷고 범 잡으러 나서는 모양이로세"(『포은집』 1, 安市城懷古).

의 강성함으로써도, 자체의 내분(內紛)이 치명적으로 치달은 상태에서는 중국의 침략을 결코 견뎌내지 못하고 마침내 멸망하고 말았다는 사실을 『해동역사』는 다시 전한다.

그런데 중국 측 사료에 의존하여 편찬한 『해동역사』에는 객관적 사실과 어긋나는 기사가 적지 않게 산견된다. 그 가운데 상당 부분은 한치윤 자신 및 한진서의 안설(按說)을 통해 바로잡았지만, 그 이외에도 오류가 적지 않다. 가령 660년 백제의 멸망 이후에야 비로소 신라의 서해(西海) 진출이 가능하게 되었다는 『구당서』의 기사를 그대로 인용한 대목이 그 적실한 사례이다.

> (당나라 高宗) 현경(顯慶) 5년(660, 무열왕 7년) 3월에 좌무위대장군 소정방(蘇定方)을 웅진도대총관(熊津道大摠管)으로 삼아 수군과 육군 총 10만 명을 거느리게 하고, 이어 김춘추를 우이도행군총관(嵎夷道行軍摠管)으로 삼아 소정방과 함께 백제를 토평하게 하니, 백제 왕 부여의자(扶餘義慈)를 포로로 잡아 궐하(闕下)에 바쳤다. 이 뒤로 신라가 점차 고구려와 백제의 지역을 소유하여 그 경계가 점차 확대되어 서쪽으로 바다에까지 이르렀다.[58]

그런데 실상 신라의 국세(國勢)가 한강 하구까지 진출한 것은 이미 진흥왕 대(540~575)에 북한산에 순수비를 세웠다는 사실이 명백히 증언하는 객관적 사실이다. 이 순수비를 이후 길이 보존했다는 것은 신라가 한강 하구를 통해 서해로 진출하는 길을 결코 놓치지 않고 계속 확보해갔다는 객관적 사실을 엄연히 말해주는 증거가 된다.

---

58 『해동역사』 10, 世紀 10 新羅 인용 『舊唐書』.

또한 『해동역사』는 『고려사』에서는 자세하게 나오지 않은 고려의 독특한 음양(陰陽) 구기(拘忌)라든가 잡신(雜神) 숭상 풍습의 기사를 수습해 제시하였다.

> 고려의 풍속은 음양(陰陽)과 귀신(鬼神)에 관한 설을 믿어 꺼리는 것이 아주 많아, 매양 중국 사신이 올 때마다 반드시 길(吉)한 달, 좋은 날을 택해 예식을 갖추어 조서(詔書)를 받았다. (고려 성종 9년, 990) 3월 (송나라) 시성무(柴成務)가 사신으로 와서 객관(客館)에 머무른 지 한 달이 넘게 되자, 마침내 왕치(王治, 고려 성종)에게 글을 보내 말하기를, "왕이 대대로 번국(藩國)으로서 왕실(王室)을 존숭하므로 큰 경사가 있을 적마다 가장 먼저 휘장(徽章)을 받았습니다. 지금 중국 조정에서 특별히 사신을 파견하여 특수한 은총을 내리기 위해 머나먼 물길을 지나왔을 뿐 아니라 또한 아득한 바다를 파도를 헤치고 건너왔으니, 황조(皇朝)에서 고려를 대우하는 것이 역시 융숭한 셈입니다. 그런데 금기(禁忌)에 얽매이고 점술(占術)에 구애받아, 점치는 자의 허튼소리에 현혹되어 천자의 조서를 받드는 것을 지체하고 있습니다. 생각건대, 천자의 책명(冊命)에 기록된 내용은 점치는 자 따위가 이해할 수 있는 것이 아닙니다. 그러므로 『서경』에서도 상일(上日)만을 말하였지 육갑(六甲)에 있는 좋은 일진은 가리지 않았으며, 『예기』에서는 중동(仲冬)을 기록하여 일양(一陽)이 처음 생동하는 좋은 시기만을 취하였습니다. 찬란한 옛날의 훈계를 밝게 상고할 수 있는바, 마땅히 생각을 바꾸어 황제가 내리신 조서를 빨리 받들어야만 할 것입니다. 조서로 내린 명령을 즉시 시행해서 황제에 대한 충성심을 드러낼 경우, 황제의 은총이 빛나 칙명을 욕되게 하였다는 책망을 면할 수 있을 것입니다. 삼가 정성스러운 마음으로 알리는 바이니, 왕께서는 제 말대로 하시기

> 바랍니다" 하였다. 이에 왕치(성종)가 글을 보고는 부끄럽고 두렵게 여겨 사람을 보내어 사과하였다. 그때 마침 장맛비가 그치지 않고 내렸는데, 왕치가 날씨가 개이기를 기다려 조서를 받겠다고 하자, 시성무가 또다시 글을 보내어 힐책하였다. 이에 왕치가 다음 날에 나와 조서를 받았다.[59]

일반적으로 고려의 음양 구기와 귀신 숭상의 풍습은 널리 알려진 사실이지만, 왕실과 조정에서조차 이와 같이 과도한 금기(禁忌)에 빠져있었다는 사실은 자못 의아스러운 사안으로 여겨진다. 그런 독특한 풍습은 이국인(異國人)의 눈으로 보아야만 그 기괴성(奇怪性)이 확연히 드러나게 마련이다. 그래서 중국 측의 힐책을 받고서야 그 같은 미신에서 다소 벗어났다는 『고려사』 빈례 조의 소식이 오히려 흥미롭게 보일 지경이다.

『해동역사』는 고려의 왕실 및 귀족의 극단적 족내혼(族內婚) 풍습에 대해서도 전한다. 가령 고려에서 가장 융성기를 이룩한 문종 또한 굳이 족내혼의 인습을 고집하고 있었다는 사실을 『송사(宋史)』를 인용해 지적한다. "(문종은) 나라를 다스리면서 어질고 너그럽게 하기를 숭상하였으니 동이(東夷)의 어진 임금이라 할 만하다. 그러나 그들의 풍속을 그대로 따라 왕녀(王女)는 신하나 서인들에게 시집보내지 않고 반드시 형제나 종족에게 시집보내었으며, 귀족들 역시 그렇게 하였다. 둘째 아들인 왕운(王運)이 '이미 중국과 통호하였으니 예의로써 예전의 풍습을 고치는 것이 마땅하다'고 간하자, 왕휘(王徽, 즉 문종)가 노하여 왕운을 밖으로 내쫓았다."[60]

---

59 『해동역사』 12, 世紀 12 高麗 1 인용 『宋史』. 이 내용을 『고려사』는 다음과 같이 간략히 기록해놓았다. "成宗九年六月, 宋遣光祿卿柴成務·太常少卿趙化成等來, 冊王. 國俗拘忌陰陽, 每朝廷使至, 必擇月日受詔. 成務在館踰月, 詰責之, 翌日王乃出拜命. 自是, 止擇日迎之"(『고려사』 65, 志 19 賓禮).

60 『해동역사』 12, 세기 12 고려 1 인용 『高麗圖經』.

물론 고려 시대에 성행한 족내혼의 관행은 여러 문헌에서 산견된다. 그런데 고려는 이미 초기부터 관인을 선발하는 명경(明經)·제술(製述)의 과거제도를 운용하고 있었기에 유교적 소양과 그 경전(經傳)의 학습이 필수 과목으로 되어있는 편이었다. 『예기』라든가 『논어』 같은 경전은 직접 동성혼(同姓婚)을 금지하는 문자를 싣고도 있지 않은가.

그런데도 고려의 지배층은 고도로 제한된 범위 내의 족내혼을 실행하면서 그것이 극복해야 하는 폐습임을 자각하려고도 하지 않았음이 드러난다. 아마도 자기 종족의 독특한 혈통을 내부적으로 길이 보전하고자 하는 유아독존식 폐쇄적 인습이었다고 할 수 있다. 가령 이미 신라 때부터 골품제도를 시행하고 있었다는 사실 또한 그와 관련된 인습이었던 것으로 해석된다. 그 같은 족내혼이야말로 야만적 인습으로 이해하는 중국 측의 인식을 접하고서야 드디어 자기 풍습의 실상을 깨우치고, 점차 개선할 기회를 가질 수 있게 되었던 것으로 보인다.

한편, 『해동역사』의 '세기'는 중국 측 전적(典籍)에는 자세히 나타나지 않는 특수한 사실을 수습하여 사실(史實)로 제시해둔 대목도 있어 눈길을 끈다. 가령 명(明)나라가 중원 땅을 수복함에 따라 원(元)나라는 북쪽의 사막으로 패퇴하여 이후 '북원(北元)'이라는 호칭으로 한동안 존속했는데, 그 "북원의 사적(事跡)"에 관한 것은 후일의 "명나라 전적들이 모두 숨기고 기록하지 않아[明之載籍 皆隱而不書]" 자세히 알 수 없게 되어있었다. 그러나 이전부터 원나라와 관계가 밀접하였던 고려는 '북원'과도 단속적으로 교류하고 있었으며, 그래서 조선 초기에 편찬된 『고려사』는 '북원' 관련 사적들을 수록해놓기 마련이었다. 그런데 그와 같이 명나라 전적들이 의도적으로 빠트린 '북원의 사적'을 수백 년 후 청(淸)나라 초기의 주이존(朱彝尊)이란 문인이 『고려사』에서 발견하고는, 이를 자기의 문집에 수록해두었다.

> 경신년(1320, 충숙왕 7)에 (원나라) 임금이 사막(沙漠)으로 달아난 뒤로는 원나라 군신들의 사적을 상세히 알 길이 없었다. 그런데 고려에서는 간혹 사신을 보내 통교하면서 북원(北元)이라고 칭하였다. 북원의 임금이 응창(應昌)으로 달아났다가 홍무(洪武) 3년 경술(1370, 공민왕 19) 4월에 죽었다. 그 나라 사람들이 혜종(惠宗)이란 시호를 올렸는데, 이가 곧 순제(順帝)이다. 그의 아들이 왕위를 이어받아 나머지 군사를 이끌고 화림(和林)으로 달아났다. (홍무) 10년 정사(1377, 우왕 3)에 사신을 파견해 고려에 도착해서 선광(宣光)이란 연호를 시행하였으나, 고려 사람들이 인정하지 않았다. 그 2년 뒤에 또다시 첨원(僉院) 보비(甫非)를 파견하여 천원(天元)이라는 기년(紀年)을 알려왔다. 이에 신우(辛禑)가 영녕군(永寧君) 왕빈(王彬)을 파견해 가서 축하하도록 하였다. (선광에서 천원으로) 전해가며 왕위에 선 지 11년 만에 죽으니, 북원에서 시호를 소종(昭宗)이라고 하였다. 무릇 이상의 내용은 명나라 전적들이 모두 숨기고 기록하지 않은 것들인데, 『고려사』에 의지해서 그 사적들이 약간 남아있게 되었다. 뒷날 세대를 논하고 연호를 기록하는 자들은 마땅히 서술해야 할 것이다.[61]

여기서 '북원'의 '선광(宣光)'이라든가 '천원(天元)' 연호와 관련된 사적은 각기 『고려사』의 우왕 3년(1377)과 5년(1379)의 기사로 『고려사』에 수록된 내용이다.[62] '선광이라는 연호를 고려 사람들이 허락하지 않았다'는 것은 고려 말기 신유학(新儒學)을 공부하는 사류층이 성장하면서 이미 공민왕

---

61 이는 『해동역사』 15, 世紀 15 高麗 4에 먼저 나오는 기사이지만, 동일한 내용을 수습한 『해동역사』 43, 藝文志 2 經籍 2 本國書目 2의 기사가 더욱 상명(詳明)하므로 이를 취택하였다. 이는 『曝書亭集』 44 鄭麟趾高麗史 조의 書高麗史後의 인용이다.

62 "北元遣豆亇達來, 祭敬孝大王, 始行北元宣光年號"(『고려사』 133, 列傳 46 辛禑 1) ; "北元遣僉院甫非, 告郊祀改元天元"(『고려사』 134, 列傳 47 辛禑 2).

18년(1369)부터 명나라와 통호하고 원나라 연호의 사용을 정지하는 외교 정책을 취하였기 때문이다.[63]

그런데 위의 인용 가운데서 "북원의 사적"에 관한 내용은 "명나라 전적들이 모두 숨기고 기록하지 않은 것들"이라고 단정해놓은 것은 무엇을 가리킴인가. 그것은 아마도 명나라가 이민족의 원나라를 북쪽 사막으로 패퇴시키고 중원의 통일왕조를 건설하였지만, 남왜(南倭)·북로(北虜)의 침략에 대비하여 극히 폐쇄적인 대외정책을 고수하고 있었다는 사실과 유관한 일로 보인다. 실상 명나라는 한족(漢族)의 역대 통일왕조 가운데서도 특히 원나라 말기 이래 왜구의 빈번한 침략 때문에 항상 경계심을 늦출 수가 없어 해금(海禁)정책을 추진하는 등 가장 쇄국적인 대외정책으로 일관하였다.[64] 가령 상대적으로 국세(國勢)가 허약했던 송나라조차 고려의 유학생을 받아들이는 개방적인 학술정책을 취하였지만, 명나라는 그 같은 포용정책을 일체 거부하고 쇄국으로 일관하기에 이르렀다. "선덕(宣德) 8년(1433, 세종 15)에 조선 국왕이 자제(子弟)들을 보내어 태학(太學)에 유학하게 해주기를 요청했으나 이를 허락하지 않고 오경(五經)과 사서(四書), 성리학 서적, 『통감강목』 등 여러 서책을 하사하여 그 나라 안에서 공부하도록 하였다"는 『명사』의 기사[65]가 그러한 사실을 증언한다.

아마도 명나라의 대외 폐쇄정책에 따라 명나라 전적 등이 의도적으로 수록하지 않은 '북원의 사적'은 유독 『고려사』에서만 기사화하여 전해진

---

63 金泰永, 2006, 『朝鮮性理學의 歷史像』(경희대학교 출판국)의 제1장 「고려말기 性理學的 國家中興論의 전개」 및 제2장 「여말선초 排元親明論과 崇儒抑佛論」 참조.

64 16세기의 嘉靖 연간(1522~1566)에는 특히 왜구(倭寇)의 침략이 크게 창궐하였으므로, 이에 1560년 왜구를 소탕하기 위해 척계광(戚繼光)의 『기효신서(紀效新書)』라는 병법서(兵法書)가 간행되기에 이르렀다.

65 『해동역사』 42, 藝文志 1 經籍 1 總論 인용 『明史』.

것으로 이해된다. 그러므로 이 '북원의 사적'은 한치윤 역시 스스로 『고려사』에서 직접 수습하여 사실(史實)로 기사화할 수도 있음 직한 일이었다. 그는 왜 굳이 수백 년 후의 중국인 글을 채록하는 우회적인 길을 통해서 그것을 기사화하기에 이른 것일까.

그런데 『고려사』를 읽는다고 해서 누구나 그 같은 '사적'을 곧 사실로 기사화할 것이라고 기대하는 일반론은 성립하지 않는다. 『고려사』라든가 중국사만을 따로 읽기보다는 반드시 양쪽의 경우를 관련지어 읽어야만 '북원의 사적'이 빠뜨려진 실상을 관찰해낼 수 있고, 또한 이 사실을 숨기지 않고 사실(史實)로 수습하지 않으면 안 된다는 사가(史家)로서의 시각을 가져야만 비로소 그 사실을 객관적으로 정착시킬 수 있다.

나라가 망한 후 '북원의 사적'은 중국 명나라의 정사(正史)를 비롯한 '전적'에서는 의도적으로 빠지고 말았지만, '해동'의 『고려사』는 그 '사적'이 자체와 관련된 사실이었던 까닭에 굳이 사실로 기사화해 두었다. 수백 년 후 청나라 초기의 어느 문인은 그 '사적'이 누락되었음을 유심히 살피고는, 『고려사』에 실린 관련 내용을 자기 문집에 초록해두었다. 그로부터 오랜 시간이 지난 후 한치윤이 그 문집을 유심히 읽고는 우회적으로 그 '사적'을 다시 수습해 새삼 사실로 편찬하여 자기의 『해동역사』에 실어두었다. 아마도 사가(史家)의 공부가 그만큼 넓고 정밀하고 유심해야 한다는 것을 가리키는 하나의 사례가 될 수 있지 않을까 한다.

3) 지(志)의 고찰

앞에서 언급했듯이 『해동역사』는 '세기(世紀)'에 비해 각종 분류사로서 '지(志)'의 서술에 훨씬 더 큰 지면을 할애하고 있음이 큰 특징이다. 그렇게 된 배경은 역시 사료상의 제약에 따른 것으로 이해된다. 중국인들의 눈에 비치기로는, '해동' 각국의 왕권 중심 정치사는 오히려 감추어져 있는 편임에 비해, '해동' 각국과의 외교 관계라든가 그 이국(異國)들의 문물 풍속과 같은 사항들은 겉으로 드러나 있는 편이어서 이 방면에 관한 기록을 더 많이 채록하게 되었음이 필연의 일이었다.

그래서 '속편'인 「지리고」를 제외하고서도, '원편' 『해동역사』의 '지'는 권17부터 59까지에 이르는 방대한 부분을 차지하고 있으며, 그 가운데서도 「교빙지(交聘志)」(권33~41)와 「예문지」(藝文志)」(권42~59) 두 분야가 단연코 큰 비중을 점하였다. 분류사인 '지' 가운데서도 가장 큰 지면을 할애하여 서술한 것이 외교 및 문예에 관한 사안들로 이루어져 있는 셈이다. 그런데 「예문지」를 구성하고 있는 내용의 큰 부분이 중국 측과의 외교 관계로 인해서 주고받은 외교문서 및 양자 사이에서 응수한 시문(詩文)이라는 사실을 다시 확인할 필요가 있다. 즉 『해동역사』의 '지'의 많은 부분이 중국과의 외교 관계 및 거기서 파급되는 문자들로 이루어져 있다.

그리고 「비어고(備禦考)」(권61~66) 역시 보편적인 대외 방어책을 서술한 독자적인 내용이 아니라 임진왜란의 시말을 서술한 내용에 불과하다. 또한 「인물고(人物考)」(권67~70) 역시 등장하는 사람마다 각기의 개성과 예지로 빛나는 역대 인물들의 전기를 사실적으로 서술해놓은 독자적인 '열전(列傳)'의 위상에는 전혀 미치지 못하는, 왜소한 내용으로 꾸며져 있다. 결코 대표격인 '해동'의 인물들을 선별한 것이 아니라 그저 중국인의 눈에 뜨이고 기록으로도 남은 경우들을 수록해둔 것에 불과하다.

(1) 「교빙지(交聘志)」, 「풍속지(風俗志)」의 고찰

대체로 『해동역사』에서 큰 비중을 차지하는 것이 분류사로서 '지'의 내용이요, 그 '지' 가운데서도 가장 큰 비중을 차지하는 것이 중국과의 외교 관계의 행태와 절차, 그리고 그 과정에서 파생한 문자들이라는 사실은 어떠한 의미를 지니는가. 그러한 사실이 전근대 '해동'의 역사에서 외국과의 교류 관계에 관한 어떤 특색을 드러내주는 현상으로도 보인다.

즉 수천 년 한국 역사의 전개과정에서 상대한 외국이 오로지 중국 하나만을 위주로 하였으며, 따라서 오로지 중국을 통해서만 세계로 연결되고 세계적인 선진 문물을 수용하였다는 사실을 객관적으로 증거하는 단적인 사례임이 명백하다. 가령 『해동역사』는 권33에서 권36까지에 걸쳐, '조공(朝貢)'이라는 제명으로, 우리나라 역대 각국이 중국에 사신을 파견하여 중국 군주를 '조현(朝見)'하고 '예물(禮物)을 공헌(貢獻)'해오고 있었다는 '조공'의 내용으로 충당해놓았다. 그 가운데서 삼국 및 고려가 각기 중국과 통호하게 된 시초의 기사를 예시하면 다음과 같다.

> (後漢) 광무제(光武帝) 건무(建武) 7년(31, 고구려 대무신왕 14) 겨울 12월에 고구려의 왕이 사신을 파견하여 조공을 바쳤다(『後漢書』). 진서(鎭書)가 삼가 살피건대, 고구려가 상국(上國)에 조빙(朝聘)한 것은 이것이 시초이다….
>
> 진(晉) 간문제(簡文帝) 함안(咸安) 2년(372, 백제 근초고왕 27)에 백제의 왕이 사신을 파견하여 방물(方物)을 공헌하였다(『晋書』). 진서가 삼가 살피건대, 백제가 상국에 조빙한 것은 이것이 시초이다.
>
> (東晉) 효무제(孝武帝) 태원(太元) 2년(377, 내물왕 22) 봄에 고구려와 신라가 모두 진(秦)나라에 들어와 조공하였다(『資治通鑑』). 진서가 삼가 살피건대, 신라가 상국에 조빙한 것은 이것이 시초이다.[66]

---

66 『해동역사』 34, 交聘志 2 朝貢 2.

> (遼) 태조(太祖) 신책(神冊) 3년(918) 2월에 발해와 고려가 사신을 파견해 와 조공하였다. 3월에 고려가 또 사신을 파견해 와 조공하였다(『遼使』). 진서가 삼가 살피건대, 고려가 조빙한 것은 이것이 시초이니, 바로 고려 태조 원년이었다.[67]

무릇 '해동'의 고대국가들은 자체로 일정한 국세(國勢)를 구비한 후에는 반드시 중국과의 통호 관계를 추구함이 관례였다. 당시 '중국'은 곧 '세계'였기 때문이다. 아마도 '세계' 정세를 탐색하여 그에 대처할 방도를 강구하고, 겸하여 자기 존재의 위상을 상대방으로부터 인정받고자 하였다. 또한 선진 문물을 수용함으로써 자체의 국력을 더 신장시키고자 하는 복합적 의도에서 적극적으로 '조공' 외교의 실현을 추구했던 것으로 이해된다.

그런데 중국에 대한 외교 관계를 『해동역사』는 형식상 '교빙(交聘)'이란 술어를 써서 표현하고 있음이 큰 특징이다. 그래서 이를 매우 적극적인 것으로 해석하는 연구도 있다.[68] 물론 '교빙'이라는 술어는 기본적으로 '대등 외교'를 가리키는 뜻으로 쓰였다. 더구나 『해동역사』보다 다소 앞서 저술된 『연려실기술』의 경우, 외교 관계를 다룬 '별집' 권5의 표제를 아예 '사대전고(事大典故)'라고 내세운 현상과는 대조를 이룬다.

더 객관적으로 살펴보자면, 영조 때 편찬한 『동국문헌비고』를 정조 6년(1782)부터 동 13년(1789)에 걸쳐 다시 증보 편찬한 『증보동국문헌비고』

---

67 『해동역사』 34, 交聘志 2 朝貢 2.

68 한영우(1985, 앞의 논문)는 대중(對中) 외교 관계를 두고서도 "수평적 국제질서"를 드러내는 「교빙지」라는 항목을 정립했다 하여, 찬자의 의도가 "근대적인 국가주권 의식과 국제 관계를 지향했다"고 강조한다.

에서도 중국과의 외교 분야에는 '조빙(朝聘)'이라는 표제를 붙였다. 그러다가 융희(隆熙) 2년(1908)에 이를 다시 『증보문헌비고』로 개편할 때 가서야 '교빙'이란 술어로 바꾸어 사용하였다.[69] 즉 18세기 말 정조 때까지도 대중외교에는 아직도 상하 관계를 드러내는 '조빙'이란 술어를 사용하였으나, 소위 '대한제국' 시기에 들어와서는 중국 관계만이 아닌 세계만방을 상대로 하는 근대적 외교를 펼치면서 '교빙'이라는 술어를 사용함으로써 대등한 평면 외교를 표방하였음을 알 수 있다.

그런 연관을 두고 살핀다면 19세기 초기에 편찬한 『해동역사』가 이미 '교빙'이란 명칭의 개념을 사용한 것은 큰 의미를 지닌다. 역사적 사실의 실상으로는 사대(事大)의 '조공' 형태를 취해오고 있었다 할지라도 객관적으로는 '교빙'이라는 대등한 외교 관계의 문법으로 정리해서 읽는다는 의지를 표명한 것으로 해석되기 때문이다. 즉 각 시대의 외교적 역사 내용 자체는 찬자 자신이 고쳐 쓸 수 없는 객관적 사실로 서술하면서도, 그 사실을 서술하는 형식과 개념은 찬자 자신의 사관(史觀)에 따른 술어를 선택하여 사용한 것으로 판명된다.

그런데 '해동'과 중국 양자의 외교 관계에서 드러나는 기본자세는, 위의 몇 가지 사례에서 드러나는 것처럼 '상국에 대한 조공'이라는 관념으로 일관하였다는 사실을, 새로운 각도에서 다시금 고찰해볼 필요가 있다.

실상 『해동역사』의 서문을 쓴 유득공부터가, 우리 고대의 삼국은 물론 가라(加羅)·탐모라(耽牟羅)가 "모두 사신을 보내고 폐백을 바치면서 '상국(上國)'에 알현하였다. 그래서 중국 남북조의 여러 사책(史冊)이 이에 따라 기

69 "正廟壬寅(1782), 命李萬運補續之, 增物異·宮室·王系·氏族·朝聘·謚號·藝文七考, 叢二十考, 今(隆熙 2, 1908)以物異附于象緯, … 朝聘改以交聘. …"(『증보문헌비고』 卷首, 增補文獻備考凡例).

록하였는데, 이 모두가 우리나라의 사적인 것이다"라고 해놓았다. 또 가령 고려 성종은 우리 유학생을 공부시키고 과거에도 급제시켜 준 송나라를 두고, "'상국'은 하늘처럼 높은데 (우리 고려는) 멀리 있는 황복(荒服)의 땅"이라고 감격해 마지않은 적도 있었다.[70] 심지어 거란의 침략을 상대한 고려 장수 서희는, "지계(地界)를 두고 따질 것 같으면, '상국'의 (수도인) 동경(東京)도 모두 우리의 영역"이라고 항변하였다.[71]

정작 『해동역사』 교빙지의 편성을 살펴보면 권37, 38 즉 「교빙지」 5, 6은 '상국사(上國使)'로 되어있다. 그 내용은 한(漢)나라 무제(武帝) 이래 역대 '상국의 사신'이 '해동'의 각국으로 파견되어 나와 '꾸짖고 회유[譙諭]' 하거나 '위로(慰勞)'하고 혹은 관작을 '제수(除授)'하는 등의 외교 행위를 수행한 사실의 기록을 모아둔 것이다. 그리고 권39 「교빙지」 7은 중국과의 사신 '영송(迎送)' 관계 기사, 권40 「교빙지」 8은 육로·해로를 통한 조공로(朝貢路) 즉 '공도(貢道)'를 서술하고, 권41 「교빙지」 9는 '통일본시말(通日本始末)'로 되어있다. 『해동역사』 권33부터 40까지가 '상국'인 중국을 중심으로 하는 '조공' 외교 관련 기사요, 권41만이 일본과의 외교 관련 기사로 충당되어 있다.

그런데 「교빙지」의 내용 가운데 중국의 '해동' 침략에 대하여 경계하고 우려하는 개념의 기사가 전혀 보이지 않음은 당해 사료들이 모두 중국인의 손으로 작성된 것들이기 때문이다. 그 대신 왜구(倭寇)의 노략질에 대해서는 아직도 경계하는 글을 싣고 있다.

70 『해동역사』 51, 藝文志 11 本國文 1 事大表疏.

71 『해동역사』 續 10, 地理考 10 高麗 1 彊域總論. 이 부분은 『고려사』 94, 徐熙列傳의 인용이다.

> 왜국(倭國)의 풍속에, 청명절(淸明節) 이후부터 5월까지를 대신(大汛)이라 하고, 중양절(重陽節) 이후부터 10월까지를 소신(小汛)이라 하는데, 조선과 중국을 노략질할 때는 반드시 이 시기를 타서 한다.[72]

아마도 왜구의 침입에 관한 한 좀처럼 얻기 어려운 유용한 정보를 여기 제시해둔 것이 아닌가 하여 흥미롭다. 왜구의 노략질에 대한 경계심은 아직도 유효하다고 판단한 것이었을까.

그런데 한편, 역대의 '해동' 각국이 '상국(上國)'으로 받든 중국은 실로 유구한 역사 속에서 다양한 종족과 문화를 아우르는 세계 대국으로 군림해온 까닭에, 바로 이웃하여 역시 오랜 문명국가를 꾸려 오면서도 종족과 영역이 상대적으로 작은 '해동'의 경우는 또 다른 세계사적 제약을 받지 않을 수 없었다. 즉 이웃 중국의 세계사적 선진 문물을 수용하면서 그에 못지않은 문명국으로 발돋움하게는 되었지만, 또 한편으로는 중국의 기미정책(羈縻政策)에 순치(馴致)되면서 그 자체가 독자적 세계 대국, 제1등의 문명국으로 상승하고자 하는 진취적인 꿈은 원천적으로 펼쳐보기가 어려웠던 것이 아닌가 하는 점이다.

> 기자가 봉해졌던 조선 지역에서는 본래부터 팔조(八條)의 가르침을 잘 알았다. 이에 그 남자들은 예의로 행동하고, 부인들은 정숙함을 지키며, 음식을 먹을 때는 변두(籩豆)를 사용하고, 길을 가는 자들은 서로 길을 양보한다. 그러니 참으로 여러 잡다한 오랑캐 족속들이 이마에 자자(刺字)하고 발에 굳은살을 지우며, 변발(辮髮)을 하고 횡폭(橫幅)을 입으며, 부자

72 『해동역사』 40, 交聘志 8 附通倭海路 인용 『日本紀』.

(父子)간에 서로 잠자리를 같이하고 친족이 관곽(棺槨)을 같이하는 등의 편벽되고 괴이한 경우와는 다른 것이다. 한(漢)나라 무제(武帝)가 사군(四郡)을 설치하면서부터는 신첩(臣妾)의 나라로 내속(內屬)하여 중화(中華)의 정치교화에 점차 물들어졌다. 비록 위(魏)나라를 거치고 진(晉)나라를 지나면서 시대의 기복에 따라 잠시 이탈하고 합쳐지기는 하였으나, 마음속에 뿌리박은 의리는 없어진 적이 없었다. … 중국에서 볼 때 고려 사람들은 바다 한구석에 사는 후(侯)·백(伯)(과 같은 諸侯)의 나라에 사는 사람들이다. 그런데 지금은 그들 문물의 성대함이 이와 같으니, 이는 대개 (중국의) 좋은 감화에 물든 소치이다. 이 또한 위대하지 않은가.[73]

조선은 홍무(洪武) 이래로 중국 조정을 섬기는 것이 공손하여, 세시(歲時)에 조공하는 것 이외에도 경축하고 위로하며 은혜에 사례하는 행사가 수시로 있어서 사신의 행차가 줄을 이었다. 이에 왕이 사위(嗣位)하면 사신이 가서 책봉하고, 큰일이 있을 경우에는 조선에 가서 조서를 반포하였다. 이는 다른 외이(外夷)들로서는 감히 바랄 수조차 없는 일이었다.[74]

(숙종)왕이 말하였다. "내가 이제 홍범(洪範)의 글을 강(講)하는데, 기자는 무왕(武王)에게 도(道)를 전하여 이륜(彝倫)을 펴게 했고, 동방(東方)에 봉해지자 크게 교화를 밝혀 예악과 문물이 찬연해졌으니, 서술할 만한 지경이 되었다. 우리 동국으로 하여금 지금까지 관대(冠帶)를 하고 능히 오상(五常)을 밝혀 소중화의 칭호를 얻도록 한 것은 기자의 힘이었다."[75]

즉 중국과 같은 최선진 문명국으로 상승하기는 어렵다 하더라도, 중국

73 『해동역사』 28, 風俗志 雜俗 인용 『高麗圖經』.

74 『해동역사』 36 交聘志 4 朝貢 4 인용 『武備志』.

75 『숙종실록』 65, 附錄 肅宗大王行狀.

의 문물을 수용하고 중국을 성실하게 섬김으로써 중국에 버금가는 소중화로서의 위상은 지켜갈 수 있다는 것이 『해동역사』 교빙지에 드러나는 '교빙'의 내실적 의미임을 깨닫게 한다. 그 의미란 것이 시대에 따라 다소 달라질 수도 있겠지만, '상국에 대한 조공'이라는 관념이 가장 보편적으로 지속되었던 것은 명백하다. 다만 18세기 말~19세기 초라고 하는 세계사적 변동의 시대를 맞아 『해동역사』는 대중국 외교 관계 분류사의 제명을 '사대'가 아닌 '교빙'이라는 술어로 변용해서 사용한 것으로 보인다.

그런데 그와 같이 '상국에 대한 조공'을 신실하게 이행하고 혹은 중국의 기미정책으로 인해 독자적 발전에 장애를 받기도 한 '해동' 지역은 결국 자포자기적인 '소아적(小兒的)' 세계관을 결코 탈피하지 못하고 말았다는 것이 『해동역사』의 사관(史觀)으로 자리 잡았는가.

가령 신유학이라는 중세적 보편주의를 집대성한 주자의 경우, 고려는 풍속이 좋다고는 하지만 "그래도 만이(蠻夷)의 풍습을 띠고 있다"고 말하였다.[76] 그러나 『해동역사』는 중화(中華)와 이적(夷狄)이 이질적이라고 하는 그 같은 낡은 세계관을 단연코 부정한다. 앞에서 언급했듯이, 『해동역사』의 편찬 당시는 서양문명의 수용과 더불어 실학이 전개된 시기였다. 실학에서는 한 개인이건 혹은 그가 소속한 공동체로서의 국가이건 그 현실적 실체, 즉 현실적 자아의 주체성에 관한 새로운 세계관적 각성이 고도로 전개되고 있었다.

실상 『해동역사』는 세계의 최대·최선진의 문명국으로 군림해오던 중국조차, 이미 동서문화 교류의 시대를 맞아 더 선진인 서양식 문물을 수

---

76 『해동역사』 28, 風俗志 雜俗 인용 『朱子語類』. 뿐만 아니라 주자는, '이적(夷狄)은 인간(人間)과 금수(禽獸)의 중간적 존재이므로 그 혼탁(混濁)한 기질(氣質)을 고쳐 온전한 천명지성(天命之性)을 회복하기는 어렵다'고 말하였다(『주자어류』 4, 性理 1 人物之性·氣質之性).

용하지 않을 수 없게 되었다는 사실을 직시한다. 앞서 제시한 그대로 중국은 이미 17세기부터 서양인이 만든 역법인 시헌력을 수용하지 않을 수 없게 되었는데, 그 까닭인즉 새로운 '역법이 극히 정밀'한 것이었기 때문이다. 이제 중국은 결코 최대·최선진이 아니었다. 세계는 바야흐로 문화·문명의 다원화 시대로 전환하고 있었다.

'해동' 지역의 역사라 하여 그 같은 새로운 시대와는 별개의 세계에서 잠잘 수야 있겠는가. '상국(上國)에 대한 조공'을 성실히 실행하면서도, 동이족은 워낙 천성이 인선(仁善)하고 예의가 바른 데다 실상 중국 못지않은 독자의 문화적 성취를 이룩해왔다는 사실을 『해동역사』는 그 「풍속지」를 통해서 증언한다. 우선 『해동역사』는 굳이 중국 원조(元祖) 정사(正史)의 하나인 『한서』의 기사를 들어 그러한 사실의 객관성을 역설한다.

> 기자가 조선으로 가서 그곳의 백성들에게 예의와 전잠(田蠶)·직작(織作)을 가르쳤다. 낙랑과 조선의 백성들에게는 범금팔조(犯禁八條)가 있었다. 그 때문에 이곳 백성들은 서로 도둑질하는 일이 없어 집의 대문을 걸어 잠그는 일이 없고, 부녀자들은 정숙하여 음란하지 않았다. … 동이족은 천성이 유순해서 다른 세 변방의 오랑캐와는 다르다. 그러므로 중국에서 도(道)가 행해지지 않는 것을 애석하게 여긴 공자가 뗏목을 타고 바다를 건너가 구이(九夷)의 땅에서 살고자 한 것은 그 까닭이 있는 것이다.[77]

인간이 생겨난 이래 가장 큰 성인(聖人)이라고 하는 공자조차 중국보다는 차라리 구이(九夷) 쪽으로 가서 살고 싶다는 뜻을 피력하였다. 또한 도

---

77 『해동역사』 28, 風俗志 雜俗 인용 『漢書』.

(道)가 실현되지 않는 중국에 사느니 차라리 해외(海外)로 떠나야겠다고 말하였다. 이는 모두 『논어』에 공자 자신의 말씀으로 실려있는 내용이 아닌가.[78] 아마도 『해동역사』가 전하고자 하는 것은, 원래 구이의 고장인 조선 땅이야말로 어쩌면 도를 실현할 가능성이 있는, 인간이 인간답게 살아갈 만한 희망을 간직하고 있는 곳이라는 확신이 아니었나 한다.

『해동역사』는 더 나아가 중국 명나라 개국 당시의 으뜸가는 학자로서 명나라 일대의 예악을 제정하기도 한 송렴(宋濂, 1310~1381)의 '해동'에 대한 인식도 마찬가지임을 전한다.

> 고려는 바로 기자의 나라이다. 위에는 존귀한 자가 있고 아래에는 등급에 따른 질서가 이루어져 있어, 참으로 선왕(先王)의 유풍(遺風)을 간직하고 있다. 그러니 바로 그들을 중하(中夏)로 대하여야 마땅할 것이요, 다른 외국(外國)의 예로 말해서는 안 된다.[79]

여기서 말하는 '선왕의 유풍'이란 무엇을 가리키는가. 그것은 인류 역사에서 가장 이상적인 것으로 동경하는 삼대(三代)의 '선왕들이 구현한 왕도(王道)'를 가리킴이요, 공자가 그렇게도 실현하기를 추구한 도(道) 그것을 말한다. '해동' 지역은 그 같은 '왕도의 유풍'을 간직하고 있는 곳이라는 것이, 명나라 초기 대표 학자의 지적이다.

그리고 15~16세기의 명나라는 특히 진사(進士) 출신의 학자·관인들을 조선왕국에 파견하는 사신으로 삼았는데, 그들 또한 조선의 학자·관인

78 "子曰, '道不行, 乘桴浮于海"(『논어』, 公冶長) ; "子欲居九夷"(『논어』, 子罕).

79 『해동역사』 28, 風俗志 雜俗 인용 『宋學士全集』.

들을 상대해보고는 동일한 내용을 말하였다. "조선은 기자가 옛날에 봉해졌던 지역으로서, 해외의 추·로지방(鄒·魯之邦)이다."[80]

'추·로지방'이란 바로 맹자와 공자의 고국이 아닌가. 조선 땅이 비록 '해동'에 위치해 있다 하더라도, 바로 이곳을 기반으로 하여 공자와 맹자의 학술과 도덕이 다시금 정채로운 번영을 누릴 수 있게 되기를, 『해동역사』는 아마도 간절히 대망하고 있었던 것으로 추찰된다.

그리고 『해동역사』의 풍속지는 또 한편으로 중국인의 눈에 비친 한국 특유의 풍속을 싣고 있다. 한국인의 눈에는 범상한 것일지라도 외국인의 눈에는 특이한 현상일 수 있기에 일부러 채록한 사실들이 그에 해당한다. 가령 고대국가들이 귀족적 지배체제를 구성하고 있었다는 것은 일반적이라 할 수 있는데, 그 가운데서도 한국 고대 신라는 소위 골품제도라는 특이한 귀족제를 운용하고 있었다. 그 후 왕조가 바뀐 고려 시대에 와서는 그러한 제도가 어떻게 변하였는가.

> 그곳(즉 고려) 사람들은 문벌(門閥)을 중요하게 여긴다(『송사』).
>
> 고려의 풍속은 양과 돼지가 있기는 하지만 왕공(王公)이나 귀인(貴人)이 아니면 먹지 못하며, 가난한 백성은 해산물을 많이 먹는다(『고려도경』).
>
> 국관(國官)과 귀인(貴人)들 역시 큰 거리를 걸어서 지나가는데, 아전과 백성들이 그들을 보고는 모두들 길을 피한다(위와 같음).
>
> 고려는 … 사민(四民)의 업(業) 가운데에서 선비[즉 유(儒)]를 귀하게 여기므로, 그 나라에서는 글을 알지 못하는 것을 부끄럽게 여긴다(위와 같음).
>
> 고려의 습속은 유학(儒學)을 숭상하여 어질고 유순하며, 죽이는 것을 싫

80 『해동역사』 28, 風俗志 雜俗 인용 『皇華集』.

어하여 형법에는 참혹한 형벌이 없다. 다만 예모(禮貌)는 중국과 차이가 있다. 왕의 친족이나 귀척(貴戚)들을 만나면 땅바닥에 무릎을 꿇은 채 고개를 수그리고 있다. 나이 어린 사람이 나이 많은 사람을 만났을 경우에는 몸을 구부리고 고개를 수그리는 것을 예의로 여겨, 마치 중국 사람이 구적(寇賊)을 만나서 감히 얼굴을 쳐다보지 못하는 것과 같이한다. 이것은 오랑캐의 풍속인데, 습관이 되어서 보통으로 여긴다(『삼재도회속집(三才圖會續集)』).[81]

주지하듯이 고려는 변방의 호족에서 일어나 후삼국을 통합한 새로운 중세 왕조였다. 통합 이전에 골품을 지닌 구 귀족들은 이미 모두 도태된 상태에 있었으므로, 고려왕조로 들어와서는 행정 관료들을 전혀 새로운 방식으로 충원할 수밖에 없었다. 그래서 수용하게 된 것이 중국 측의 것을 모방한 과거(科擧)제도였다.

그런데 사료에 드러나는 바를 보면, 과거제도를 시행한 고려왕조 역시 새로운 문벌제도가 다시 또 정착하여 별다른 귀족층을 이루고 국가의 관인(官人)으로 진출하는 인습이 굳어졌던 것으로 확인된다. 그리고 그들은 하필 관직으로 진출하지 않더라도, 글 읽고 선비 노릇하는 유업(儒業)에 독점적으로 종사하면서, 생산업을 담당하는 만백성으로부터는 부러움을 사고 우러름을 받으며 살아가고 있었던 것으로 밝혀졌다. 그뿐만 아니라 일반 백성들이 '왕의 친족이나 귀척들'을 만나면 '땅바닥에 무릎을 꿇은 채 고개를 수그리는' 관행을 지켜가고 있었다. 심지어 귀족이 아니면 양이나 돼지고기도 먹을 수 없는 지경이었다. 즉 귀족과 서민 양자

81 이상의 자료는 모두 『해동역사』 28, 風俗志 雜俗에 인용된 것들이다.

의 사이는 이질적이라 할 정도로 신분 등급의 격차가 확연하였다.

실로 고려의 문벌 귀족제도는 당시 송인(宋人)들의 눈에는 특이한 이질적 현상으로 비쳤고, 그래서 이를 기사화하기에 이른 것이다.

그런데 고려에는 생산업과는 별개인 학문·관직에 종사하는 귀족층이 별도로 존속하고 있었으므로, 그들의 생업을 지탱시켜 줄 수 있는 예속 신분으로서의 노비층 또한 따로 유지하지 않을 수 없었다. 국가는 호적(戶籍)제도와 노비법을 통해, 귀족이 자기 노비를 자손 대대로 세습해가면서 사역·매매·증여·상속할 수 있다는 등의 규정을 법제화해두고 있었다.

그런데 그 후 중세 후기의 조선왕조로 내려와서도 역시 양반이라는 귀족제도가 존속하였다. 15세기에 조선왕국으로 사행(使行)한 어느 중국의 관인은, "선대(先代) 때부터 일찍이 문무(文武)의 벼슬을 겸한 사람을 양반자제라고 부르는데, 이들에게는 다만 독서(讀書)하는 것만 허락하고 다른 기예(技藝)를 익히지 못하게 한다"[82]고 관찰하였다. 이러한 양반제도를 지탱하기 위해 조선왕국은 어떠한 노비제도를 운용하였을까.

고려 말기인 14세기쯤에 와서는 농경 방식에 발전이 일어나 구래의 휴경(休耕)농법을 지양하고 대체로 해마다 농사를 짓는 연작(連作)농법으로 전환하기에 이르렀다. 그에 따라 농경지의 상대 가치가 상승하고, 경작 노동력의 상대적 값어치 또한 크게 상승하게 되었다. 그래서 고려 말기에는 이전에 비해 전(田)·민(民)의 쟁탈전이 걷잡을 수 없을 정도로 크게 일어났다. 그 결말은 곧 현재 경작하고 있는 '소경전(所耕田)'의 전주(田主) 1인만의 토지지배권을 인정하는 과전법(科田法)으로 구현되었고, 다시 정치적으로는 조선왕국이라는 새로운 왕조의 개창으로 귀결되었다.

---

82 『해동역사』 28, 風俗志 雜俗 인용 『朝鮮賦註』.

그래서 조선왕조에 와서는 고려시대 '천자수모법(賤者隨母法)'보다도 훨씬 더 엄혹한 노비법이 제정되었다. 즉 부모 가운데 어느 한쪽이 노비이면 그 자자손손 모두를 노비로 삼는다는 '종천법(從賤法)'이 정착되었다.

이처럼 한국사에서는, 중국과 같은 '선진국'에서는 이미 소멸되고 없어진 지 오래인 귀족제도 및 그것을 사회경제적으로 뒷받침하기 위한 노비제도를, 새로운 왕조로 바뀔 때마다 새로이 재생산해 가면서 끈질기게 오래도록 유지하고 있었다. 그 같은 폐습을 국가가 새삼 법제로 규정하고 강화하면서까지 유지하고 있었다는 것은 곧 왕권과 귀족적 지배층의 상호 유착 관계를 통해 그들만의 영구 집권적 통치체제를 지속해가고자 하는 시도가 왕조마다 간단없이 획책되고 작동하기에 이르렀다는 사실을 증언한다.[83] '해동' 지역에서는 왕조마다 500년 아니면 1천 년씩 오래 연명할 수 있었던 지반이 거기 있었던 것으로 이해된다.

그와 같은 귀족제도·노비제도의 폐습에 대한 근본적 반성과 개혁론이 일어난 것은 조선 후기 실학에 와서의 일이었다. 국가체제에 대한 근본적 개혁론이 일어난 것도 실학의 역사적 문제의식이 싹트면서였다.

『해동역사』가 중국 측 사료를 인용해가면서 그 오래되고 끈질긴 귀족

83 가령 조선 초기 전제왕권을 추구한 세조의 다음 말을 상기할 것이다. "원훈대신(元勳大臣)은 국가로 더불어 동체(同體)이다. 모든 백성은 모름지기 그들을 국가와 일체(一體)로 대해야 할 것이다"(『세조실록』 13, 세조 4년 8월 24일 기묘). 그리고 함경도 이시애의 반란을 제압한 직후 올라온 다음 상서(上書)의 내용도 참조할 것이다. "(대사헌 양성지가 상서하여 말하기를) … 중국은 요임금으로부터 명나라에 이르기까지 무릇 23대 왕조인데, 우리나라는 단군으로부터 지금까지 겨우 7대 왕조입니다. 이는 단지 화(華)·이(夷)의 풍속(風俗)의 순후함과 박함이 부동(不同)해서 그런 것이 아닙니다. 동방에는 대가세족(大家世族)이 중외(中外)에 포열(布列)해 있으므로 비록 간웅(姦雄)이 나타나더라도 그 사이에서 틈을 엿볼 수 없었기 때문입니다. 대체 대가세족이 대가세족으로 행세할 수 있는 것은 그가 노비를 소유하고 있기 때문입니다. 노비를 소유함으로써 내·외, 상·하의 분(分)을 지킬 수가 있으며, 예의염치를 양성할 수 있고, 기력(氣力)을 왕성하게 유지하며 명망(名望)을 드러낼 수 있습니다.…"(『세조실록』 43, 세조 13년 8월 6일 기해).

제도·노비제도 인습(因襲)의 특이성을 나열해놓은 의도 또한 실학적 문제의식의 발상에 속하는 것으로 추찰할 수 있다. 세계는 바야흐로 동서문명이 조우하면서 새로운 변화의 시대를 맞이한 것이다.

『해동역사』는 또한, 중국인의 눈에는 특이한 현상으로 파악된 고려인들의 경제적 생산 관계가 특히 공가(公家)를 중심으로 운용되었다는 사실을 기사화하고 있음도 주목된다. 이 역시 고려인들에게는 범상한 일이지만, 이국인의 눈에는 특이한 현상이어서 채록된 경우에 속한다.

> 고려는 공장(工匠)의 기술이 지극히 정교한데, 그 가운데 뛰어난 재주를 가진 자는 다 공가(公家)에 귀속된다. 복두소(幞頭所)나 장작감(將作監) 등이 그런 곳이다.[84]
>
> 고려는 … 산림(山林)이 대부분이고 평평한 땅이 적다. 그러므로 경작하는 농민의 소득이 공장(工匠)의 기술을 따라가지 못한다. 주(州)·군(郡)의 토산물은 다 공가로 들어가므로, 상인들은 멀리 나들이하지 않는다. 다만 한낮에 고을에 나아가 각자 자기가 가진 것을 가지고 자기에게 없는 것을 서로 바꾸면서, 이를 족하다고 여긴다.[85]

즉 고려에서는 공장(工匠)들의 산업기술이 지극히 정교한 수준을 지니고 있지만, 그들은 자기 기술을 자신의 의도에 따라 영업적으로 활용하는 독자적 생산주체로 자립하지는 못하고 모두가 공가(公家) 곧 국가기관에 귀속되어 있다.

---

84 『해동역사』 28, 風俗志 雜俗 인용 『高麗圖經』.

85 위와 같음.

또한 광활한 농경지가 없는 고려에서는 농가의 소경영 농업이 공장(工匠)의 산업기술의 이득을 따라갈 수가 없다. 그리고 각 지방 주·현의 우수한 토산물은 모두 국가기관에 바쳐야 하는 까닭에, 상품으로 유통될 여지가 없다. 그러므로 상인들도 멀리 나다니면서 적극적으로 상품을 유통시켜 큰 이득을 취하고자 하는 일은 감행하려 들지 않는다. 겨우 가까운 읍내에 나가 물물교환이라는 소규모 생업에 종사하는 것을 족하게 여기며 살아간다고, 사료는 전한다.

'지극히 정밀한' 수준의 기술을 가진 장인(匠人)이라면 독자의 자립적 영업을 통해 더 큰 이득을 취하고자 할 것이 명백한데도 고려의 기술자들은 의연 관역(官役)에 사역(使役)되는 관행을 지켜갔다. 이는 그들 기술자를 국가가 제도적으로 국가기관에 예속시켜 두고 관역 위주로 사역시켰다는 실상을 말해준다. 무릇 생산기술의 동원을 국가기관 위주의 사역체계로 제도화한다는 것은, 역사적 사리로 보아, 역시 왕권과 지배층의 강고한 유착 관계로 말미암은 특이한 행태로 풀이할 수밖에 없다.

무릇 '해동'의 역사에서 그와 같은 국가기관 및 지배층 위주의 기술 사역체계에 대한 구조적 개혁론을 비로소 제기한 것이 조선 후기의 실학에 와서였다는 사실[86] 또한 여기서 깊이 참고할 필요가 있다.

고려에서는 각 지방의 우수한 토산물이 별도의 상품으로 전환될 여지

86 "『경국대전』에는 서울 안의 공장(工匠)들에게서도 역시 세(稅)를 받는다고 되어있다. 그러나 지금(17세기)은 서울 안의 공장들은 모두 일정한 세가 없고, 다만 관(官)에서 사역(使役)할 경우가 생기면 닥치는 대로 잡아다 일을 시키는데 그 대가로 주는 삯은 매우 적다. 더구나 외방(外方)의 경우는 세(稅)가 있고 없고를 막론하고 소문 나는 대로 잡아다 억지 일을 시킬 뿐이다. 관부(官府)가 이미 이같이 하니 세가 양반들 또한 그것을 본받아, 응당한 삯을 쳐주지 않는다. 그러므로 공장을 업(業)으로 하는 자들은 오히려 자기 재능이 소문날까 봐 두려워한다. 그 때문에 온갖 공장의 기예에 법도가 없어지고 거칠어져 모양새를 이루지 못하게 되었다. 그것이 온 나라의 습속(習俗)으로 되고 말았으므로 사람들은 거기에 마음과 눈이 익숙해져 그것이 거칠고 조잡하다는 것을 알지도 못하게 되었다"(『반계수록』 1, 田制 上).

도 없이 모두 국가기관으로 들어갔다는 현상의 의미 또한 다시 생각해 볼 필요가 있다. 그것은 고려시대뿐 아니라 조선 후기에 이르는 오랜 기간, 각 지방의 우수 토산물을 공물(貢物)로 지정해두고 독점적 강제 징수를 통해 국가재정을 지탱하도록 강제한 공납제도(貢納制度)를 가리킨다.

공납제는 국가의 징세 형태 가운데서 가장 큰 비중을 차지하면서도 그 부과와 징납의 전 과정이 극히 애매한 관행으로 강제되고 있었다. 그래서 민생의 부담을 가장 크게 가중시키게 마련이요, 동시에 상품경제의 발전을 원천적으로 저해하는 강제 조항이었다.

그것은 조선왕조로 들어와 공물의 대납(代納) 권한을 장악함으로써 독점적 폭리를 취하는 소위 방납(防納)이라는 더욱 번폐스런 인습으로 변하였지만, 그 방납행위를 일삼는 세가 등 지배층의 비호를 받으면서 굳이 시행되었다.[87] 또한 토산물 대신 토지 소유에 따른 미납(米納)으로 일괄 전환하고자 하는 변통책이 일어나기도 하였으나, 새삼 큰 부담을 안게 될 양반 지주(地主)층의 반대에 봉착하여 좀처럼 변통을 꾀하기조차 어려웠다. 그래서 마침내 임진왜란과 같은 전대미문의 참화를 겪고 나서야 그나마 점차 변통의 과정을 거친 끝에 드디어 대동법(大同法)으로 전환할 수 있었다.

(2) 「예문지(藝文志)」의 고찰

『해동역사』가 「교빙지(交聘志)」와 함께 가장 많은 지면을 할애하여 서술한 분류사 분야는 「예문지」이다. 그런데 「예문지」는 『해동역사』 권42(「예문지」 1)에서 권59(「예문지」 18)까지의 18권에 이르는 방대한 분량을 차지하

87 朴道植, 2011, 『朝鮮前期 貢納制 研究』, 혜안 참조.

고 있어, 단순 비교로는 오히려 교빙지의 두 배에 이르는 훨씬 큰 비중을 점하는 것으로 되어있다. 그렇게 큰 분량을 차지하게 된 배경은, 전근대 한국의 외교 관계가 오로지 중국만을 중심으로 전개되었고, 바로 그 같은 외교 관계에서 상호 주고받은 문자들을 수습해서 편찬한 분야가 곧 「예문지」로 귀속되었기 때문이다.

먼저 「예문지」 1, 2는 '본국서목(本國書目)'이라 하여, 김부식의 『삼국사기』, 정인지의 『고려사』 등의 정사라든가 『경국대전』, 『대전속록』과 같은 기본 법령집, 혹은 허준의 『동의보감』과 같은 기본 의서라든가 고려 및 조선왕국의 개인 문집들을 다수 수록하고 있다. 또 가령 『고구려비기(高句麗秘記)』라든가 『고려일력(高麗日曆)』과 같은 현전하지 않는 특수한 서목도 들어있다. 그런데 이 '본국서목'에 수록된 서명들은 무엇보다 중국 측 자료에 실려있는 것들이므로, 대표적인 '본국서목'들을 망라하는 것이 결코 아니었다는 사실을 주의해야 할 것이다.

또 한 가지 주목할 만한 것은 '훈민정음'에 관한 항목을 설정하여 새로운 고찰을 시도하였다는 사실이다. 훈민정음은 이미 서민들의 일상생활에서는 보편적으로 사용되는 문자였으며, 그래서 조선 후기의 실학에서도 이에 관한 새로운 연구가 일어나고 있었다. 신경준(1712~1781)의 『훈민정음운해(訓民正音韻解)』라든가 유희(柳僖, 1773~1837)의 『언문지(諺文志)』가 그것이다. 그러나 이는 아직도 훈민정음 자체의 국어학적 연구가 아니라 주로 한자(漢字)의 음성을 나타내는 음성기호의 기능을 우선적으로 연구한 것이었다.

『해동역사』 역시 훈민정음의 표음문자 기능을 크게 평가하고 있었다.

살피건대, 언문(諺文)은 바로 우리나라의 훈민정음이다. 세종 병인년(1446,

세종 28)에 상(上)이, 외국에는 모두 그 나라 국음(國音)의 문자가 있어 그것으로 그 나라의 말을 기록하는데 우리나라만은 유독 없다고 하시면서, 드디어 전주(篆籒)를 모방하여 28자모(字母)를 만들고 이를 부연하여 여러 글자를 만든 다음, 대궐 안에 국(局)을 설치하고 정인지·성삼문·신숙주 등에게 명하여 찬정(撰定)하게 하였다. 그때 황명(皇明)의 학사(學士) 황찬(黃瓚)이 죄를 짓고 요동(遼東)에 유배 와 있었는데, 성삼문 등에게 명하여 그곳으로 가서 물어보게 하였다. 그러나 글자를 만든 묘한 원리는 실로 우리 성상(聖上)의 생각에서 나온 것이다. 무릇 언서(諺書)가 나오면서부터 모든 나라들의 어음(語音)이 통하지 않는 것이 없으며, 또 삼경과 사서를 모두 언문으로 해석하여 금석(金石)과 같이 굳게 지켰다. 그러니 성인(聖人)께서 처음으로 글자를 창제한 공이 크다고 하겠다.[88]

『해동역사』는 가령, 일본인이 한문으로 된 고전을 독해하는 과정에서 일어나기 쉬운 성음(聲音)의 착오를, 우리나라 『언문천자문(諺文千字文)』의 성음 표기법에 따른 방법을 통해 해결할 수 있었다는 사례를 소개한다.

내가 정현(鄭玄)이 주(註)한 『효경』을 판각하다 보니 발성(發聲)에 뜻이 다를 경우에는 으레 점을 찍었다. 그런데 근래에는 어린 선비들이 사성(四聲)을 읽는 법에 어두워 도치(倒置)되는 경우가 있다. 이에 내가 새로운 생각을 내어, 상성(上聲)과 거성(去聲)에는 점을 찍고, 뜻이 다를 경우에는 반점을 찍으려고 하였다. 그런데 근래에 조선에서 판각한 『언문천자문』을 보니, 내가 새로 생각한 것과 같이 상성과 거성에 점찍기를 해놓았다.

---

88 『해동역사』 42, 藝文志 1 經籍 1 本國書目 1 訓民正音.

그래서 그에 따라 찍기로 정하였다.[89]

실로 훈민정음이 나온 이후로는 "모든 나라의 어음이 통하지 않는 것이 없으며, 또 삼경과 사서를 모두 언문으로 해석하여 금석과 같이 굳게 지켜" 갈 수 있게 되었다.

그런데 훈민정음의 이 같은 활용 방법은 아직도 극히 작은 일부의 기능만을 활용하는 단계의 수준에 불과했다. 그 전체적 기능은 앞으로 실생활에서의 활용 여하를 따라 더욱 개발되기를 기대할 수밖에 없었다.

나아가 「예문지」 3은 중국에서 간행된 경(經)·사(史)·자(子)·집(集)의 여러 서목을, 「예문지」 4는 수·당 이래 청나라 초기까지 '해동'에 파견된 중국 사신들의 한국 관련 견문록을 엮은 서목들을 수록하였다. 그리고 「예문지」 5의 '서법(書法)'은 한국과 중국 사이 서법의 수용 관계를, '비각(碑刻)'은 중국인이 주도해 세운 비석으로서 '해동' 지역에 남아있는 것들을, '화(畫)'는 양국 사이에 수용된 그림들에 관한 서술이다.

「예문지」 6, 7, 8은 '본국시(本國詩)'라 하여 위로는 기자가 주(周)나라에 조회하러 들어갈 때 '은허(殷墟)'를 지나면서 곡식 싹들이 돋아나 있음을 보고 읊었다는 '맥수가(麥秀歌)'로부터 이후 삼국·고려의 역대를 거쳐 조선왕조 후기 어느 기녀(妓女)의 영탄(詠嘆)에 이르기까지를 수록해놓았다.

그런데 기자의 출생은 중국인데도 그의 시가를 '본국시'로 분류해놓은 것은 흥미로운 일이다. 기자의 출생은 중국이지만 '조선' 땅에 봉해져 소위 '기자조선'의 군주로서 일생을 마쳤고, 따라서 그의 무덤이 조선 땅에 남아있게 된 것은 지극히 당연한 일이었다. 『해동역사』의 속편 「지리고」

89 『해동역사』 42, 藝文志 1 經籍 1 本國書目 1 訓民正音 인용 日本人孝經凡例.

를 서술한 한진서의 '기자묘(箕子墓)' 고증을 살피면 다음과 같다.

> 진서가 삼가 살피건대, 『평양부지(平壤府志)』에, "기자묘는 부의 성 북쪽 토산(兎山) 위에 있다. 묘 앞에 작은 철비(鐵碑)가 있는데, 전면에 '기자묘(箕子墓)'라고 제(題)하였다" 하였다. 두예(杜預)가 말하기로는 "양국(梁國)의 몽현(蒙縣)에 기자총(箕子冢)이 있다"고 하였는데, 이는 틀린 말이다. 기자는 이미 조선에 봉해졌으니 어찌 몽현으로 귀장(歸葬)하였을 리가 있겠는가. 그러므로 『명일통지(明一統志)』에는 "몽현에는 기자묘가 없다"고 하였는 바, 이것이 맞다. 『청일통지(淸一統志)』에는 이미 "평양에 있다"고 해놓고서 또다시 이르기를, "기자묘는 귀덕부(歸德府) 상구현(商丘縣)의 북쪽에 있다" 고 하였으며, 또 『수경주(水經注)』에 나오는 '몽현(蒙縣) 박성(薄城) 서쪽의 기자총'과 『환우기(寰宇記)』에 나오는 '송성현(宋城縣) 북쪽의 기자총' 및 진복도(晉伏滔)의 『북정기(北征記)』에 나오는 '박(亳)과 몽(蒙) 사이에 있는 기자총'을 인용하여 변증하였다. 이것은 모두 잘못된 두예의 설을 답습하면서 앞뒤가 서로 모순된다는 것을 깨닫지 못한 것이니, 잘못됨이 심하다.[90]

물론 평양성 북쪽에 존재한다는 '기자묘'가 과연 객관적으로 '기자의 무덤'의 실체 그것인가의 문제는 별도로 고찰해야 할 과제이다.

그런데 기사에서 드러나는 그대로, '조선에 봉해진 기자'는 조선에서 군주로 오래 있으면서 이미 조선인이 되어 작고하였으니 조선 땅에 묻혔을 것임은 지극히 타당한 일이다. 무엇보다도 기자의 역사적 현장을 두고 논해본다면, '기자조선'의 수도가 위치한 평양성 부근에 기자묘가

90 『해동역사』 21, 禮志 4 喪禮 附山陵.

있을 것이 이치상 필연적이라고 할 수밖에 없다. 이는 중국 측 자료를 가지고서도 결코 밝힐 수 있는 성격의 것이 아님이 명백하다고 할 것이다.

「예문지」 9는 중국에 있다가 귀국하는 본국인에게, 혹은 본국으로 파견되는 중국 사신에게 중국인들이 부쳐준 시(詩)들을 모아둔 내용이요, 「예문지」 10은 역대의 중국인들이 '해동'의 역사라든가 경물(景物)을 보고 감회를 읊은 내용으로 이루어져 있다. 그리고 「예문지」 11, 12는 모두 역대 '해동' 각국의 국왕이라든가 대신들이 중국에 보낸 외교문서로 이루어져 있다. 「예문지」 13은 역대 중국의 황제들이 '해동' 각국의 국왕들에게 보낸 외교문서요, 「예문지」 14는 수·당의 군주들이 고구려를 정토하겠다는 성토문을 수록하였다. 그리고 「예문지」 17은 송나라의 서긍(徐兢)으로부터 명나라의 동월(董越)에 걸치는 중국 사신들의 기행록(紀行錄) 4편을 수습해놓았다.

『해동역사』 56, 57의 「예문지」 15, 16은 수·당·송·원·명의 중국 정신(廷臣)들의 '해동' 각국을 통제해야 한다는 논의라든가 '해동'의 인(人)·물(物)을 찬양하는 글들을 싣고 있다. 그 가운데 송나라 소식(蘇軾, 즉 蘇東坡)이 건의한 고려에 대한 억압적 외교정책 노선을 살펴볼 필요가 있다. 소동파는 항주(抗州)의 지사(知事)로 있을 때부터 예부상서(禮部尙書)로 현달한 후까지도 줄기차게 고려의 중국 사행(使行)을 억제해야 한다는 주소(奏疏)를 올린 바 있었다. 그는 심지어 고려가 거란의 '심복(心腹)'이 되었다고 하는, 객관적 사실과 다른 근거까지 내세우면서[91] 배척정책을 펼칠 정도로 국제정세에 어두운 편이었다. 그리고 고려는 거란의 '여국(與國)'이므로 그 사신들의 출입을 극도로 제한할 것이며, 서적의 구매(購買)도 결코 허

91 『해동역사』 56, 藝文志 15 인용 蘇軾 論高麗買書利害箚子(『東坡集』).

용하지 말아야 한다는 논란을 끝까지 펼치고 있었다.

> 신이 우려하는 것은 서책이 고려에 들어가 쌓이고 북로(北虜)로 흘러 들어가, 적국 사람들로 하여금 우리 중국 산천의 험요(險要)와 변방(邊防)의 이해(利害)에 대해 두루 알게 하지 않을까 하는 점이 지극히 큰 걱정거리입니다. 비록 이전에 서책을 (고려에) 내려주었다고는 하지만, 그것은 지난날의 잘못된 계책입니다. 그러니 지금부터라도 중단하는 것이 그들에게 계속 사 가도록 허용하여 전혀 금법이 없는 것보다는 오히려 나을 것입니다.[92]

물론 송나라는 국력이 약하여 중원 땅 전체를 통합하지도 못했을뿐더러, 끊임없이 북로(北虜)의 침략을 받고 변고를 당하는 처지여서 그 같은 경계심을 늦출 수 없었을 것으로 짐작된다. 그래서 더욱 국제정세에 어두워졌는지도 모를 일이다. 그러나 고려가 거란의 '여국'이라거나 그 '심복'이라고 하는 논조는 객관적 사실과 완전히 어긋나는 것이었다. 거란의 부당한 침략을 전면적으로 격퇴한 고려의 귀주대첩과 같은 거대한 승전의 소식조차 전혀 알지도 못한 채, 거의 맹목적 곡해를 되풀이하고 있음을 보여주는 일이었다.

더 나아가 『해동역사』의 「예문지」 가운데에는 조선과 명 양국 각기의 정치적 변란 처리 과정에 관한 역사 기록을 대비하여 논한 비교사적 기사를 싣고 있어, 자못 눈길을 끌기도 한다.

즉 고려 말의 변란기를 맞아 신흥세력으로 등장한 이성계의 제5자 이

---

92 『해동역사』 56, 藝文志 15 인용 蘇軾 論高麗買利害箚子 又(『東坡集』).

방원은 정치적 적대 관계에 있는 정몽주를 격살하여 제거한 일이 있었다. 그러나 후일 그가 조선왕국의 3대 왕(즉 태종)으로 등극한 후에는 곧 정몽주의 관작을 회복시키고 '문충(文忠)'이란 시호를 내림으로써, 사절(死節)로 충성을 다한 그를 숭앙하도록 하는 정책을 펼쳤다.

그런데 명나라 태조 주원장(朱元章)의 제4자인 연왕(燕王) 주체(朱棣)는 소위 '정난(靖難)의 변'을 일으켜 당시의 수도인 남경(南京)으로 쳐들어갔는데, 남경성의 함락과정에서 그의 조카인 혜제(惠帝 즉 建文帝)가 자폭해 죽고 '연왕' 자신은 태종(太宗)황제(즉 永樂帝, 나중에 成祖로 개칭)로 등극하였다. 그런데 그는 '정난의 변'을 추진하는 과정에서 자신의 '찬역(簒逆)'을 반대하는 방효유(方孝儒, 1357~1402)라는 거유(巨儒)를 처참히 살해했을 뿐 아니라 그 일족과 문인 등 수백 명을 처형하고 그 가속들을 적몰하였다. 그러고는 자신의 제위(帝位) 기간에는 끝내 조금도 사면하지 않았다.

후일 청나라 초기의 문인 주이존(朱彛尊)이 『고려사』를 읽어보고는 조(朝)·명(明) 양국의 그와 같은 정치적 변란의 처리 과정의 차이를 대비시켜 서술했는데, 그 후 『해동역사』가 그것을 인용하여 사실(史實)로 기사화하였다.

> (명나라의) 정난(靖難) 군(君)·신(臣)들이 『태조실록(太祖實錄)』을 개수(改修)한 것은 방효유로 인해서인데,[93] 그 부친인 방극근(方克勤)은 순리(循吏)로 『명사(明史)』에 입전(立傳)되어 있는데도 방효유의 충의(忠義) 사실을 기록하지 않았다. 또 황관(黃觀)과 경청(景清)이 『서전회선(書傳會選)』을 찬수(撰修)하면서 그

93 명의 『태조실록』의 편찬 총재(總裁)가 곧 방효유였기 때문이다["及惠帝卽位 … 修太祖實錄及類要諸書, 孝儒皆爲總裁"(『明史』 141, 方孝儒列傳)]. 『명사』 성조본기(成祖本紀)를 보면 영락(永樂) 9년(1411) 동(冬) 10월에 "復修太祖實錄"이라 하였고, 다시 영락 16년(1418) 하(夏) 5월에 "重修太祖實錄成"이라 하였다.

> 이름을 삭제해버렸고, 또한 "방선생(方先生)이 머리를 조아리고 애걸하였다"라고 무훼(誣毁)해놓았다. 그런데 (조선왕국의) 정인지가 편찬한 『고려사』를 보면, 정몽주가 이성계를 죽이려고 도모하였으나 이루지 못하고 이방원에게 피살되었다. 그런데 이방원은 오히려 정몽주의 관작을 추증하고 시호를 내려줄 줄 알았으며, 정인지 등도 역시 그 사실을 직서(直書)하였다. 이는 찬절(簒竊)한 이방원(즉 태종)이 장릉(長陵, 즉 成祖 永樂帝)보다도 현명하며, 하국(下國)의 사관(史官)이 양사기(楊士奇)[94]의 무리에 비해 훨씬 더 나았던 것임을 보여준다. 탄식할 만한 일이다.[95]

방효유는 "문예(文藝)를 말단으로 여기며 항상 왕도(王道)를 밝히고 태평성대의 회복을 자신의 소임으로 삼은" 명나라 초기의 독보적인 거유였다. 그가 성조(成祖)의 찬역에 결코 복종하지 않는다고 하여 만약 그를 죽인다면 "온 천하의 독서(讀書) 종자(種子)가 끊어지고 말 것"이라고 우려하는 부탁을 드렸고, 성조 또한 그를 '선생'이라 경칭하면서 자신을 위해 즉위조서 써주기를 부탁하였다. 그러나 그는 단연코 거부하고 죽음을 택했다.

---

94 양사기(1365~1444)는 명나라 초기 문신(文臣)이다. 1399년 『태조실록』을 편찬할 당시 천거를 받아 한림원(翰林院)에 들어가고, 성조(成祖) 영락제(永樂帝)의 즉위(1403) 후 양영(楊榮)과 함께 내각(內閣)에 들어가 기무(機務)에 참획하였다. 이후 영락(永樂)·홍희(洪熙)·선덕(宣德)·정통(正統)의 4조(朝)에 역사(歷仕)하였다. 그 사이 『역대명신주의(歷代名臣奏議)』를 편찬하고 특히 『태조실록』의 개수(改修)라든가 『태종실록(太宗實錄)』, 『인종실록(仁宗實錄)』, 『선종실록(宣宗實錄)』의 편수에서 언제나 총재(總裁)를 맡았다.

95 "靖難君臣, 改修明太祖實錄, 因方孝儒, 而其父克勤, 循吏也, 乃沒其實. 黃觀·景淸, 修書傳會選, 而削其名, 且誣方先生叩頭乞哀. 觀于〈鄭麟趾高麗史, 夢周圖李成桂, 不克, 爲芳遠所殺, 芳遠猶知贈官易名〉, 麟趾等亦直書其事. 是簒竊之芳遠, 賢于長陵, 而下國之史官, 勝于楊士奇輩多矣. 可歎也夫[『해동역사』 43, 藝文志 2 經籍 2 本國書目 鄭麟趾高麗史(『曝書亭集』)]." 인용 가운데의 〈 〉 부분이 『해동역사』에는 "鄭麟趾高麗史, 夢周猶知贈官易名"으로 되어있는데, 『曝書亭集』 44, 書高麗史後 又에 따라 보충하였다. 그리고 '贈官易名'의 구체적 내용은 "大匡輔國崇祿大夫 領議政府事·修文殿大提學兼藝文·春秋館事, 益陽府院君, 諡文忠"(『고려사』 117, 鄭夢周列傳)이다.

'정난의 변'을 일으켜 영락제로 즉위하는 과정에서 성조는 방효유의 일족과 그 문인 수백 명을 처형하고 그들의 가속(家屬)을 모두 적몰(籍沒)하여 변경으로 내몰아 적수(謫戍)하도록 단죄하였다. 그러고는 22년(1403~1424) 동안이나 오래 통치하였지만, 변란에 관련된 누구에게도 일체의 사면을 허용치 않았다.

단지 인종(仁宗, 1425~1426)이 즉위한 후 건문(建文, 즉 惠帝)의 제신(諸臣) 가운데 이미 현륙(顯戮)을 당한 사람들의 가속으로서 관(官)에 적몰되어 있는 자들은 모두 평민이 되도록 풀어주고 그들의 토전(土田)도 돌려줄 것이며, 그 이외의 친척으로서 변경에서 적수(謫戍)하는 자는 1인만 수소(戍所)에 남기고 나머지는 방환(放還)토록 조처하였다. 그 후 150년이 더 지난 명나라 말기의 만력(萬曆) 13년(1580) 3월에 가서야 드디어 방효유에 연좌되어 적수하는 자들의 후예를 석방하였는데, 절강(浙江)·강서(江西)·복건(福建)·사천(四川)·광동(廣東) 등지에까지 흩어져 있는 그들의 숫자가 무려 1,300여 명에 달하였다. 그러나 방효유는 대가 끊어져 무후(無後)하였다.[96]

명나라 성조(成祖)의 경우, 정치적 변란의 역사적 정리가 그렇게 편협하였을 뿐 아니라 다시 자기의 반역을 역사적으로 정당화하기 위해서 방효유가 총재로 되어 편찬한 『태조실록』을 개수하기에 이르렀다. "영락 연간에 『태조실록』을 다시 편수한 것은 대체로 그 의도가 혜종(惠宗)의 군신(君臣)들이 죄가 있는 것으로 무훼(誣毁)하고, '정난의 변'이 부득이한 것임을 밝히고자 한 것이었다"[97]는 기사가 그 사정을 적실히 전한다.

---

96 『명사』 141, 방효유열전. "신종(神宗, 1573~1619) 초에 조서(詔書)를 내려 건문제(建文帝)의 충신(忠臣)들을 부록(裒錄)하여 남경(南京)에다 표충사(表忠祠)를 세웠다"고도 덧붙여 놓았다.

97 『흠정사고전서(欽定四庫全書)』 經部 2, 書傳會選 提要.

그런데 변란을 일으켜 제위(帝位)를 찬탈한 군주가 그렇게 사실(史實)의 왜곡을 감행하자 그 지배하의 식자층은 한 걸음 더 나아가 봉영(逢迎)하는 행태를 벌였다. 즉 양사기(楊士奇)로 대표되는 당시의 문신들은 더 적극적으로 곡필(曲筆)을 휘둘러 사실을 날조해 무훼하기에 이르렀다. 그것은 곧 '하국(下國)의 사관(史官)'이 평상 지키고 있는 직서주의(直書主義)에 까마득히 못 미칠 뿐 아니라 오히려 자기 군주의 악(惡)을 더 깊게 하는 행태에 불과한 것이었다고, 위의 사료가 명백히 증언하는 바와 같다.

그런데 조선 초기에 『고려사』를 편찬하면서 천명한 '직서주의' 필법(筆法)이란 것은 대체 어떤 원칙을 가리키는가. 실상 『고려사』를 보면, 원나라 간섭 이전의 고려 국왕들은 스스로 '짐(朕)'이니 '조(詔)'니 하는 용어를 사용하고, 신하가 왕을 호칭할 때도 '폐하(陛下)'라는 용어를 사용하고 있었음이 드러난다. 이들 술어는 모두가 황제국에서 사용하는 것들이다.

그래서 조선 초기 세종 때 『고려사』 편찬의 원칙을 논의하는 과정에서는, 그와 같은 술어들의 사용에 관한 논란이 일어나지 않을 수 없었다. 더구나 세종임금은 국가통치의 과정에서 중국에 대한 사대적 의례를 정성껏 시행하면서도 동시에 조선 만백성을 위한 독자적 문자인 훈민정음을 창제하고, 조선의 수도를 기준으로 하는 독자적 역서(曆書)를 제정하며, 조선 독자의 농서(農書)를 간행하는 등 주체적 국가제도를 한껏 정비하며 발양하고 있었다.[98] 그 같은 주체의식에서는 『고려사』 편찬과정에서 부딪친 역사 술어의 용례에 관한 새로운 정리가 불가피한 일이었다.

그런 논의 과정에서 세종임금은 자신의 발의로 드디어 '직서주의' 필법의 원칙을 천명하기에 이르렀다. 즉 고려 시대에 실제로 사용한 '짐'·

---

98 金泰永, 1973, 「朝鮮 初期 祀典의 成立에 대하여」(『歷史學報』 58) 참조.

'조'·'폐하'와 같은 술어는 당시의 역사적 사실 그대로를 살려 직서할 것이로되, 또 한편으로는 그 같은 술어를 사용한 당시 왕대(王代)의 '기사(紀事)'는 '본기(本紀)'로 쓸 것이 아니라 『고려사』를 편찬하는 현재(즉 조선 초기의 세종 당시)의 사관(史觀)에 따라 '세가(世家)'라는 개념어로 통일해 씀으로써 역시 '직서주의'의 원칙을 관철하기로 한다는 내용이었다.[99]

세종 때 논의를 거쳐 천명한 그 같은 '직서주의'의 원칙은 주체적 사관(史觀)의 확립을 향해 크게 진일보한 것으로 평가된다. 사료에 드러난 명나라 초기의 경우와 대비해본다면, 객관적 역사 인식을 위해서는 반드시 필요한 그 같은 원칙의 독자적 가치를 명백히 인정할 수 있을 것으로 짐작된다.

(3) 「본조비어고(本朝備禦考)」의 검토

『해동역사』가 또 한편으로 강조해 서술한 분류사 부분은 「본조비어고」라 할 수 있다. 여기서 '본조'란 조선왕조를 가리킨다. 그래서 '본조의 비어'라는 제목으로 서술할 과제는 크게 보아 임진왜란과 병자호란 두 가지가 있다. 그런데 『해동역사』는 병자호란 이후 결국 중국 천하를 제패한 여진족의 청나라에 대한 '비어' 문제는 아예 언급하지 않고, 임진왜란을 일으킨 일본에 대한 '비어' 문제만을 여기서 자못 길게 서술하였다.

「본조비어고」는 『해동역사』의 권61에서 65에 이르는 내용을 각기 '어왜시말(馭倭始末) 1'에서 '어왜시말 5'까지의 부제(副題)를 붙이고 나누어 서술하였다. 각 권의 내용 분량 또한 상대적으로 큰 편에 속한다. 소위 '어

---

99 『세종실록』 22, 세종 5년 12월 29일 병자 참조. 실상 『고려사』 편찬은 김종서가 총재(總裁)를 맡아 원고를 완성하고 인쇄할 단계에 이르렀으나, 세조의 계유정난(癸酉靖難, 1453)에서 그가 희생된 관계로, 대신 정인지가 책임자로 등장하게 되었다.

왜'의 과제는 아직도 역사적 현실성을 띠고 있는 것으로 판단한 때문이었을까. 그 후 과연 세계사적 변동에 편승한 일본의 침략 행태가 거의 동아시아 전역으로 펼쳐지게 되었다는 객관적 사실을 두고 볼 때, 당시로서 이 문제는 아무래도 새로운 관심을 요하고 있었던 것으로 보인다.

그런데 '어왜시말'을 서술한 근거 사료가 중국 측의 것을 위주로 하고 일부는 일본 측의 것에 의존하는 형세이고 보니, 그 내용상 우리나라 사료에서는 자세히 드러나지 않는 사실관계를 객관적으로 더 명백히 제시한 경우를 찾아볼 수 있다. 또한 그와는 반대로 객관적 사실과 어긋나는 경우가 적지 않게 드러나고 있음을 주의하지 않을 수 없다. 『해동역사』의 기사 가운데에는 미세한 사실 착오를 일으킨 곳이 적지 않지만, 어떤 사안은 전체 구성의 개념적 착오를 일으킨 경우가 더러 있다. 가령 임진왜란을 서술한 대목에서 적실한 사례를 발견할 수 있다.

우선 임진왜란에서 명나라는 조선에 침입한 왜군을 격퇴하기 위해 대규모의 병력과 재정을 동원함에 따라 국세 자체를 크게 소모하고 쇠약해졌는데, 그 같은 대규모 동원의 배경을 국내 사료에서는 직접 간파하기가 쉽지 않다. 가령 당시의 관계 사료를 집약해 서술하고 있는 『명사』의 경우, 그 배경을 다음과 같이 간략히 말하였다.

> (명나라) 조정의 의견은, 조선이 중국의 울타리 구실을 하는 번국(藩國)이므로 반드시 (왜적을 상대로) 싸워야 한다는 것이었다. 이에 행인(行人) 설번(薛藩)을 파견해서 조선 국왕에게 대의(大義)로써 다시 군사를 일으킬 것을 유시(諭示)하고, 10만의 (명나라) 대군이 곧 도착한다고 널리 알리게 하였다. 그런데 왜병이 이미 평양에 도착하였으므로 조선의 여러 신하들은 더욱 급박해져 애주(愛州)로 나와 피난하였다. 유격(遊擊) 사유(史儒) 등이 군사

를 거느리고 평양에 나갔으나 전사하였다. 부총병 조승훈(祖承訓)은 군대를 통솔하여 압록강을 건넜다가 겨우 목숨만 건지고 돌아왔다. 그러자 (중국) 조정이 크게 놀랐다.[100]

그런데 그보다도 중국 측이 파악한 1차 사료를 보면 그 배경이 훨씬 더 명료히 드러난다. 가령 명나라 당국의 명을 받고 조선 땅에 직접 나와 왜란의 현장에서 전황을 직접 파악한 왕명학(王鳴鶴)이란 관인이 계사(癸巳, 1693년, 선조 26, 명 만력 21) 2월에 「조선의 형세를 논하여 삼공(三公)과 석사마(石司馬)에게 올린 보고서[論朝鮮形勢報三相公竝石司馬書]」를 보면 다음과 같다.

저 자신이 조선의 경내를 두루 둘러보고 겸하여 도첩(圖帖)을 상세히 고찰하고 역관(譯官)에게 자세히 물어보고 나서야 비로소 조선의 크기가 동서로는 2천 리이고, 남북으로는 4천 리라는 것을 알았습니다. 대개 조선 땅은 정북 쪽에는 장백산(長白山)에서부터 산맥이 내려오므로 북쪽이 가장 깁니다. 부산진(釜山鎭)은 동남 쪽 모퉁이에 치우쳐 있으면서 대마도와 정면으로 마주하고 있으므로, 일본의 병마(兵馬)가 조선으로 쳐들어오기 쉬운 곳입니다. 전라도 한 도의 경우는 정남 쪽으로 곧장 향하면 중국의 소주(蘇州)·상주(常州)와 서로 마주 보고 있습니다.

일본이 중국의 등래(登萊)와 천진(天津)을 침범하고자 하면 반드시 동북풍(東北風)을 타고서 전라도 해안을 끼고 돌아 또다시 동남풍(東南風)이 불기를 기다린 다음에야 능히 큰 바다에 닿을 수가 있습니다. … 만약 조선에 도달하지 않으면 등래와 천진을 침범하기가 실로 쉽지 않습니다. 그

100 『해동역사』 61, 本朝備禦考 1 馭倭始末 1 인용 『明史』. 애주(愛州)는 의주(義州) 가까이에 위치한 요새(要塞).

러므로 하늘이 신경(神京, 즉 중국의 수도 北京)을 호위하느라 이 조선 한 나라를 동서남북 사이에 뻗쳐 놓아 흉악한 오랑캐인 일본으로 하여금 중국을 멋대로 침범하지 못하게 하였으니, 이는 천험(天險)으로 한계를 만들어 둔 것입니다. …

왜적들이 육로로 올 경우에는 요좌(遼左) 한 가지 길이 있어 산해관(山海關)에 닿으며, 수로로 올 경우에는 7개의 길이 있어 천진·산동(山東) 등지에 닿을 수 있는데, 순풍(順風)이 불 경우에는 3일에서 5일 사이면 도달할 수 있어 그리 어렵지 않게 올 수가 있습니다. 그러므로 이 오랑캐들이 한번 조선을 차지하여 소굴로 삼은 다음에는 길을 나누어 침입해오기가 아주 쉽습니다. 우리 측에서 육로를 막을 경우에는 수로가 지탱하기 어렵고, 수로를 막을 경우에는 적군이 육로로 침입해오는 것을 면할 수 없어, 세 곳의 국경지방이 동요하고 경사(京師)가 두려워 떨 것이니, 그 걱정스러움은 이루 다 말할 수조차 없습니다. 그러므로 (왜의) 관백(關白)이 조선을 차지하고자 도모하는 것은 실상 중국을 도모하는 것이며, 우리 군사가 조선을 구원하는 것은 실상 중국을 보호하는 것으로, 이웃 마을의 싸움을 구하는 것에 비길 바가 아닙니다. 항복해온 왜인들이 말하기를, "당초의 뜻은 조선에다 도읍을 세우고 요동(遼東)과 소주(蘇州)를 엿보면서, 30만의 군사로 절강(浙江)과 직예(直隷)를 침범하고, 30만의 군사로 민주(閩州)와 광주(廣州)를 침범하여 중원(中原)을 엿보려고 하였다" 하는데, 이 말이 헛소리가 아닌 듯합니다.[101]

이는 중국이 파견한 관인(官人) 1인의 '보고서'인 1차 자료이므로, 과연

101 『해동역사』 62, 本朝備禦考 2 馭倭始末 2 인용 『登壇必究』.

관련 사안을 전체적으로 종합한 온전한 객관성을 띤 것인가 하는 의문을 갖게 한다. 그러나 또한 당시 중국인의 견지에서 임진왜란에 대비하는 사안의 현장을 이만큼 다각도로 '물어보고 알아보고 관찰해서' 절실하게 파악한 보고서는 좀처럼 얻기 어렵다. 또 가령 정유재란(1597)을 맞게 되자 명나라가 왜적을 격퇴하려고 대군을 즉각 다시 파견한 것도, '보고서'가 가리키는 그대로 '조선을 구원하는 것은 실상 중국을 보호하는 것'이라는 절실한 이해관계의 인식에서였던 것으로 이해된다.

특히 위의 자료는 임진왜란 현장에서의 견문과 관찰, 거기서 유추되는 정치·군사적 견해까지를 집약한 보고서이지만, 실상 그 같은 견해는 이미 남왜(南倭)·북로(北虜)의 침략으로 언제나 경계를 게을리할 수 없었던 명나라 조정의 평소 기본적 관방(關防)정책을 그대로 반영하는 내용이기도 하였던 것으로 해석된다.

그런데 또 한편으로는, 『해동역사』가 의거해 서술한 중국 측 사료 가운데에는 사실관계의 개념적 착오를 보이는 대목 또한 없지 않다. 가령 임진왜란 당시 조선 수군을 지휘한 이순신과 원균의 전공을 잘못 서술해둔 경우가 그러하다.

주지하듯이 왜란 때 왜적은 먼저 육로를 통해 조선 땅으로 침략하고, 뒤이어 수군이 남해와 서해의 해로를 통해 북상하면서 육군과 합세하여 중국까지 침략할 계획을 세우고 있었다. 그런데 왜의 수군이 남해의 한산도 해전에서 결정적으로 패퇴하여 아예 서해로는 진출할 수 없어졌고, 따라서 원래의 전략에 근본적 차질이 일어났다.

그런데 조선 수군을 지휘하여 한산도 해전에서 승리한 주장(主將)은 주지하듯 삼도수군통제사 이순신이었다. 그러나 『해동역사』가 인용한 중국 측 사료에는 그가 원균인 것으로 드러나 있다.

임진년(1592, 선조 25, 명 만력 20) 6월 왜적들이 평양에 모여 있으면서 조선 전체를 쓸어버린 다음 중국으로 쳐들어오려고 생각하였다. 이에 두 왜추(倭酋)가 의논하기를, "우리들이 바다를 건너와 조선을 정벌하면서 다행히도 전승(全勝)을 거두어 삼한(三韓) 땅을 말채찍 한 번 휘두르는 사이에 평정할 수 있게 되었다. 그러나 전라도와 경상도의 각 고을은 대부분 함락시키지 못하였다. 우리 군사가 압록강을 건너간다면 적들이 도리어 우리의 뒤를 추격해올 것이니, 중병(重兵)으로 왕경(王京)에 주둔해 있느니만 못하다. 그러면서 수군으로 하여금 서쪽으로 전라도를 진격해 들어간 다음 서해로 돌아 나와 대병을 일으켜 수로와 육로로 동시에 진격하는 것이 가장 좋은 계책이다" 하였다. …
이 당시 비록 조선 8도의 태반이 약탈당하였다고는 하지만, 다행히 왜적의 수군과 육군이 합세하지는 못하고 있었다. 만약 전라도를 한번 잃는다면 조선 전토가 일본의 차지가 되었을 것이다. 그런데 다행히도 수군의 대장인 원균이 수군을 통솔하면서 한산도 앞바다에서 왜적을 막아 온 힘을 다해 들이치자, 왜적들이 배를 버리고 달아나 퇴각하였다. 이에 비로소 왜적의 수군과 육군이 합세하지 못하여 감히 대대적으로 진격하지 못하였다.[102]

위와 같이 『양조평양록(兩朝平壤錄)』이라는 중국 측 자료는 한산대첩을 지휘한 주장(主將)을 원균으로 지칭했으며, 『해동역사』 역시 별다른 안설(按說) 없이 그대로 인용해놓았다. 심지어는 인물고에서까지 동일한 중국

102 『해동역사』 61, 本朝備禦考 1 馭倭始末 1 인용 『兩朝平壤錄』.

측 자료를 인용하여, 한산대첩을 원균이 주도한 것처럼 기사화하였다.[103]

그러나 『선조실록』을 비롯한 조선 측 사료에는 한산대첩의 주장이 이순신인 것으로 명확히 드러난다.

> 비변사가 아뢰기를, "경상수사 원균의 승첩을 알리는 계본(啓本)은 바로 얼마 전 이순신이 한산도 등에서 승리한 것과 한때[一時]의 일입니다. 싸움에 임해서는 수(首)·종(從)이 있고 공(功)에는 대·소가 있는 것이어서 그 사이에 차등이 있게 마련입니다.…" 하니, (왕이) 답하기를, "그렇게 조처해야 한다. 원균에게는 가자(加資)를 하지 않는가" 하였다. (비변사가) 회계(回啓)하기를, "원균은 이미 높은 가자를 받았고, 또 지금 이 (한산) 전첩(戰捷)의 공은 이순신이 으뜸이므로, 원균에게는 가자할 필요가 없을 듯합니다" 하였다.[104]

주지하듯이 왜란의 소위 3대첩 가운데서도 단연코 가장 큰 전과를 올리면서 왜란 전체를 통해서 최대의 전기를 마련하였던 한산대첩에는, 물론 경상우수사 원균도 참전하였다. 그러나 한산대첩 이전부터 왜란을 맞아 무릇 남해안의 해전에서 왜적의 수군과 싸워 연전연승을 주도해왔으며 특히 한산대첩을 직접 지휘한 주장은 명확히 전라좌수사 이순신이었다. 실로 한산대첩을 비롯한 혁혁한 전공을 수립한 결과 그는 드디어 신설한 삼도수군통제영의 초대 통제사로 제배되었다(1593년 8월).

원균이 경상우수사 겸 경상도통제사로서 3도 수군을 총지휘하게 된

103 『해동역사』 69, 人物考 3 本朝 元均.

104 『선조실록』 29, 선조 25년 8월 24일 신해.

것은, 이순신이 무함(誣陷)을 받아 경옥(京獄)으로 압송된 이후인 정유재란(1597)에서의 일이었다. 정유재란을 맞자, 원균은 그해 7월 그동안 이순신이 갖은 정성과 노력을 기울여 건설해온 3도 수군을 이끌고 왜적을 상대하는 도중 칠천량(漆川梁, 거제도) 해전에서 결정적인 참패를 당했다.

이 해전에서 원균 자신은 육지로 퇴각했으나 실종되고 말았으며, 전라우수사 이억기(李億祺), 충청수사 최호(崔湖) 등은 해전에서 전사하였다. 그래서 조선의 수군력은 사실상 와해되고 말았다. 겨우 경상좌수사 배설(裵楔)만이 12척의 전선을 이끌고 한산도로 퇴각하여 통제영의 군사시설과 양곡을 불태우고 남아있던 백성들을 피난시키는, 이른바 청야(淸野) 작전을 실행하였다.

그런데 『해동역사』가 의거해 서술한 중국 측 자료는 그 같은 객관적 사실과는 또 차이를 보인다.

> 이때(1597년 정유 7월)는 주사(舟師)가 편리하고 (육로의) 보병과 기병이 불편하였으므로, 조선 수영장관(水營將官) 원균이 한산도(통제영)에 있으면서 몰래 거병하기로 모의하여, 중국 군사와 만나 부산에 있는 왜적의 소굴을 치기로 약속하였다. 그런데 뜻하지 않게도 김응서(金應瑞)가 의령(宜寧)에 있으면서 육로에서 허세를 부리다가, 원균이 중국 군사와 함께 (왜적의) 소굴을 유린하기로 약속한 날짜가 소서행장(小西行長)에게 누설되고 말았다. 소서행장은 남원(南原)을 공격하려고 하면서도 원균이 뒤를 습격해 올까 두려워하고 있었다. 그러던 차에 이 소식을 듣고는 그 안에서 계략을 꾸며 풍무(豊茂) 등을 파견해 군사를 거느리고 가서 원균의 수군을 습격도록 해서 드디어 한산도를 빼앗았다.
>
> 한산도가 한번 함락되자 서울 서쪽의 바닷길에 왜적들이 통행하지 않

는 곳이 없게 되었다. 이에 왜적들이 수로와 육로로 아울러 진격하였다. 왜선이 2, 3일도 되지 않아 광양(光陽)의 두치진(豆恥津)에 정박하였는데, 두치진은 남원과의 거리가 아주 가까웠다. 부산과 서산(西山)의 왜적들이 또 경상우로를 경유해 모두 남원으로 몰려들었다.[105]

드러나는 바와 같이 중국 측 자료인 『양조평양록』은, '한산대첩을 주도'하였다는 원균이 계속 '조선 수영장관'으로 재직하다가 정유재란을 맞아 해전에서 패퇴하였으며, 또 한산도의 조선 수군 통제영이 직접 왜적의 손으로 격파되어 와해된 것이라고, 실상과는 다르게 서술했다. 그런데도 『해동역사』는 별다른 안설조차 없이 이를 그대로 인용하였다.

즉 연전연승을 거듭해온 조선 수군이 칠천량 해전에서 대패한 것이 정유재란 당시 새로 통제사를 맡은 원균의 책임 아래서 저질러진 일이며, 그 패전의 연장선상에서 결국 한산도 통제영까지 와해되었다는 사실의 전후 관계를, 중국 측 자료는 제대로 밝혀 서술하지 못하였다.

(4) 「식화지(食貨志)」의 '기자 정전설' 검토

『해동역사』는 권25 식화지 전제(田制)에서 기자가 그 수도에 구획해 시행하였다는 소위 '정전설(井田說)'에 관해 면밀히 고찰하면서, 이것이 완연한 성인(聖人)의 제도였다고 확인하였다. 그는 우선 15세기 성종 때 조선에 사신으로 나온 명나라 학사 동월(董越)의 기행문을 인용하여 자신의 확신을 뒷받침한다. "기자가 구획한 정전이 평양의 옛 성 안에 아직도 그

105 『해동역사』 63, 本朝備禦考 3 馭倭始末 3 인용 『兩朝平壤錄』. 조선 수군이 격파된 이해(1597, 선조 30 정유) 8월에 남원성(南原城)도 함락되었다.

형태와 제도 그대로 남아있는데, 곧은 길과 같은 류가 바로 그것이다."[106]

그러고는 특히 평양의 '기자 정전설'을 학술적으로 가장 면밀히 고증한 구암 한백겸(1552~1615)의 논의를 길게 인용하였다.

> 구암선생의 기전도설(箕田圖說)에 말하였다. "정전의 제도에 대해서는 선유(先儒)들이 논한 것이 상세하다. 그러나 그 설은 모두 맹자를 조종(祖宗)으로 삼은 탓에 주나라 왕실의 제도에 대해서만 상세할 뿐, 하나라·은나라의 제도에 대해서는 따져보지 않았다. 주자가 조법(助法)에 대해서 논한 것도 역시 추측해 헤아린 것일 뿐이요, 이것저것 참작해서 고증한 설은 아니다. 그러니 과연 원래 정전을 제작한 당시의 뜻과 완전히 합치하겠는가. 정전에 대해서는 밝히 알 수 없는 점이 있으므로, 옛것을 좋아하는 선비들이 대개 병통으로 여겼다. 정미년(1607) 가을에 내가 평양에 도착해서 처음으로 기자가 만든 정전의 제도가 남아있는 것을 보았는데, 천맥(阡陌)이 모두 그대로 보존되어 있어 어지럽지 않고 질서 정연하였다. 그래서 옛 성인[箕子]께서 계획하고 경영하여 오랑캐를 변화시켜 중화(中華)로 만들고자 한 뜻을 천년이 지난 지금에도 오히려 볼 수가 있었다. … 아, 관(關)·민(閩)의 여러 현인(賢人)들이 모두 왕자(王者)를 보좌할 만한 인재들로서, 말세의 세상에 태어나 개연히 삼대(三代)를 만회하는 것으로 자신들의 임무를 삼았다. 그래서 잔폐된 경전(經傳)을 수습하고 남겨진 옛 제도를 토론함에 있어 극진히 하지 않음이 없었다. 그런데도 오히려 공중에 말[言]을 매단 것 같은 탄식이 있고 의논을 귀일시키지 못하였다. 가령 당시 그들이 이곳에 와서 이 정전의 제도를 보았더라면, 선왕(先王)

106 『해동역사』 25, 食貨志 田制 인용 『朝鮮賦注』.

의 제작한 뜻을 해석하는 논의가 마치 손바닥에 놓고 가리키듯 분명하였을 것이다. 그런데 애석하게도 그렇게 하지 못하였다. 이에 내가 본 바를 기록해서, 후세에 지자(知者)가 나와 바로잡아 주기를 기다린다."[107]

위와 같은 구암 한백겸의 '기전설'에 이어, 한치윤은 자기 자신의 해설을 다시 덧붙여 두었다. "후세 사람들이 평양에 있는 기자의 정전이 은나라의 제도라는 것을 알게 된 것은 구암 선생에게서 비롯하였다. 옛사람들이 알아내지 못하였던 것을 알아내고, 이어 도설(圖說)을 지어 후학들에게 남겨주었다. 그런데 맹자가 논한, '은나라 사람들은 70묘(畝)'라는 설과 더불어 마치 부절(符節)이 합쳐지듯 부합하고, 그 경계가 지금까지도 완연히 남아있다. 그러나 아득히 먼 변방에 남아있는 탓에 중국의 선유들이 이에 대해 듣지 못하였으니, 탄식을 금할 수가 없다."[108]

여기서 말하는 '관·민의 여러 현인들'이란 주지하듯이, 성리학적 도학(道學)의 창도를 통해 삼대 왕정(王政)의 만회를 추구한 장횡거(張橫渠)·주자 등의 선유(先儒)를 가리킨다. 만약 그들 선유가 평양에 와서, 기자가 구획한 정전의 유제로서 현재까지 남아있는 이 '형태와 제도[形·制]'를 실제로 관찰했다면, 삼대 선왕들이 실현하였다는 정전제도의 실상을 곧바로 깨쳐낼 수 있었을 것이요, 나아가서는 그 제도를 현실에 실현할 수도 있었을 거라는 게, 구암 한백겸의 확신이었다. 구암의 '기전도설'을 『해동역사』에 인용하고 해설한 한치윤 자신의 소신 또한 마찬가지였다.

그런데 '기자 정전의 유제'라고 일컬어지면서 평양에 남아있는 이 토

107 『해동역사』 25, 食貨志 田制.

108 위와 같음. '은나라 사람들은 70묘'라는 것은 『맹자』 滕文公의 "夏后氏五十而貢, 殷人七十而助, 周人百畝而徹, 其實皆什一也"에서 인용한 것이다.

지구획은 과연 객관적으로 기자가 구획한 것이며 또한 정전의 유제라고 할 수 있는 것인가. 가령 성호 이익과 같은 실학자는 굳이 '기자전(箕子田)'이라는 제목의 글을 지어, 우선 이것이 정전은 아니라고 단언하였다. 그러나 이것이 삼대 왕정의 어떤 전칙(典則)을 간직하고 있는 기자의 유적임을 믿고는 있었다.[109]

그런데 다산 정약용에 이르러서는 드디어, 그것은 기자가 구획한 것이 아니요, 물론 정전의 유제도 아니라고 하는 확신을 피력하였다.

> 위의 정전도(井田圖)는 고(故) 호조참의(戶曹參議) 한공백겸(韓公百謙)이 제작한 것이다. … 그런데 기자가 평양에 도읍을 정했다는 것은 본래부터 명확한 근거가 없다. 평양이 만약 기자의 고도(古都)였다면 응당 왕검성(王儉城)으로 이름하지 않았을 것이기 때문이다. 고구려가 망했을 때는 당나라 장수 이세적(李世勣)이 평양을 경리(經理)하였고, 백제가 망했을 때는 유인궤(劉仁軌)가 남원(南原)을 경리하였다. 그래서 두 곳에 모두 둔전(屯田)을 설치하였던 것인데, 그것을 가리켜 '정전'이라고 한 것은 (우리나라 사람들이) 지나치게 옛것을 좋아한[好古] 탓이었다. 만일 그러한 것이 아니었다면 남원에 어찌하여 정전이 있을 수 있겠는가? 또 그 전지(田地)의 형태는 모두가 정(井)자의 모양이 아니고 전(田)자의 형태로 되어있는 것이다.[110]

즉 정전도 둔전도 제대로 시행해본 적이 없는 우리나라에서는 과연 어느 것이 정전이고 어느 것이 둔전의 형태인지를 근원적으로 구분할

---

109 "箕子井田, 其實非井也. … 一朝妄想, 使箕子之遺跡遂泯焉, 後世何從而尋其典則耶? 可慨也已"(『성호사설』 12, 箕子田).

110 『여유당전서』 제1집 14, 跋箕子井田圖.

수 있는 안목을 갖추기가 어려웠다. 그런데 평양 땅에는 은나라 출신의 성인 기자가 와서 도읍을 정하고 오래 통치하였다는 것이요, 그래서 우리 동이족이 비로소 중화 문명의 은혜를 입을 수 있게 되었다 함이 오랜 역사적 사실 형태로 전승되어 왔다. 그런데 또한 평양 땅에는 언제부터인가 우리에게 전혀 익숙지 않은 전자(田字) 형태의 토지구획이 실재(實在)하고 있음을 알게 되었다. 그러니 이는 필시 기자가 옛 고국인 은나라의 경우를 따라 삼대 왕정의 기초가 되는 정전제도를 시행하였던 유제(遺制)라고 믿어 마지않게 되었다.

그와 같은 역사적 전승은 현실에서 벌어지는 갖가지 비리와 대비되면서 더욱 호고(好古)의 관념을 증폭시키게 되었고, 드디어 '기자 정전설'은 확고한 역사적 유산으로까지 굳혀졌다는 것이 다산의 고찰이다.

다산의 역사적 사실 고찰 방법은 좀 더 과학적이다. 명백한 객관적 증거를 갖지 못한 '기자 동래설'과 같은 역사 전승은 결코 믿을 것이 못 된다는 견해이다. 또한 기자가 구획하였다고 전해지는 전제(田制)는 전자(田字) 형태에 불과하므로 결코 정전의 제도일 수가 없다고 확인한다. 그래서 믿을 바가 못 되는 '호고'의 관념을 증폭시켜 굳이 역사 전통으로 간직하고자 하는 것은 하나의 인습에 불과하다. 그보다는 당나라 장수들이 전승지(戰勝地)에 주둔하면서 설치한 전제(田制)를 둔전 형태로 비정하는 것이 훨씬 더 합리적이라고 그는 해석한다.

그런데 한치윤은 『해동역사』의 편찬 당시 '기자 정전설'에 관한 다산의 새로운 해석을 아직도 접하지 못하였던 것일까. 혹 알게는 되었다 하더라도 역시 자신의 7대 종조(從祖)인 '구암선생'의 말씀을 더 신뢰하고 있었던 것인가.

한국사에서 '기자 정전설'은 실로 오래 전승되어 온, 그러나 언제인가는 근본적 고찰을 통해서 온전히 해명해야 할 역사적 과제였다. 그동안 새로운 고찰이 다소 시도되기는 하였으나, 다산의 좀 더 객관적인 고증학적 해석을 통해서 비로소 새로운 해결의 단계로 접어든 것으로 보인다.

여기서 덧붙여 검토해야 할 항목의 하나는 가령 「병지」에서 서술한 조총(鳥銃)의 현실적 유용성에 관한 내용이다. 『해동역사』는 임진왜란 초기에 우리가 크게 낭패한 이유가 '조총'을 몰랐기 때문으로, 그 후 우리도 이를 갖추게 되었다고 말한다. "지금은 훈련도감의 포수들이 조총을 전적으로 익히고 있으며, 열읍(列邑)의 군기(軍器) 가운데에도 역시 조총이 많다. 그렇지만 아직도 왜제(倭製)처럼 정교하고 빠르지는 못하다."[111]

그런데 이 『해동역사』의 논조는 무엇보다도, 전쟁에 대비할 만한 화기(火器)라면 아직도 조총을 유용하게 사용할 수 있다는 사실을 전제하고 있음이 명백하다. 그러나 다산 정약용에 따르면, 19세기 초 당시에 '조총'과 같은 화기는 이미 별로 쓸모없는 구식이 되고 말았다. "지금 병기나 화기는 모두가 새로운 제도이다. 일본의 조총도 지금은 구식(舊式)이다."[112] "이른바 홍이포(紅夷砲)라는 것은 그 속력과 파괴력이 대단히 맹렬하여 전고(前古)에는 비할 것이 없는데, 중국과 일본에서는 이를 사용한 지가 이미 오래다. 만약 불행히도 100년 후에 남·북에 경보(警報)가 있게 된다면, 반드시 이를 가지고 쳐들어올 것이다. 그러면 손을 마주 잡고 땅에 엎드려 성(城)을 받들어 바치지 않을 자가 있겠는가."[113]

그런데 객관적 현실의 추이를 살핀다면, 다산이 말하는 '홍이포'조차 이미 '구식'으로 떨어지는 형세를 면치 못하고 있었다. 산업혁명 이후 점

111 『해동역사』 23, 兵志 兵器.

112 『경세유표』 2, 冬官工曹 利用監.

113 『여유당전서』 제1집 11, 軍器論 2.

차 국제적 각축의 긴장이 높아지는 가운데 거함(巨艦)·거포(巨砲)의 시대가 닥쳐오고 있었기 때문이다. 아무래도 『해동역사』의 기본 화기에 관한 정보 수준은 이미 시의성을 잃은 것이라 하지 않을 수 없다.

(5) 「물산지(物産志)」의 검토

『해동역사』는 다시 「물산지」를 개설하여 '해동'인들의 역사적 생활사·문화사와 직결된 여러 분야 생산품들을 널리 수록하였다. 그 가운데에서도 먼저 눈에 들어오는 것이 '인삼(人蔘)'이다. 무릇 '해동' 지역의 물산 가운데에서 가장 오래전부터 중국과 교류한 것은 아마도 인삼이 아니었나 한다. 인삼은 이미 삼국 시대부터 중국 측 문헌에 등장하는 유명한 약재로, 나라별로 산품의 형태와 특성을 자세하게 채록해놓았다.

> 신라국에서 조공하는 인삼은 손과 발이 있어서 모양이 마치 사람과 같으며, 길이는 1자 남짓 된다. 삼(杉)나무를 양편에 대고 붉은 비단으로 쌌다(『해약본초(海藥本草)』).
>
> 백제의 인삼은 희고 단단하면서도 둥근데, 이를 백조삼(白條蔘)이라고 하며, 속명(俗名)은 간각삼(竿角蔘)이다. … 고구려의 인삼은 자색에 가까운 빛이 나며 몸체가 허하다. 신라의 인삼은 옅은 황색이며 맛이 약하다. 그 가운데에서 사람 모습을 닮은 것이 신기한 효험이 있으며, 닭다리[鷄腿]와 같이 생긴 것이 효력이 크다(『본초몽전(本草蒙筌)』).[114]

그것은 '해동' 삼국의 산물 가운데에서 중국과 교류할 만한 물산으로

114 『해동역사』 26, 物産志 草類 人蔘.

서는 인삼만큼 큰 비중을 지닌 것이 드물었다는 사실을 반영한 것이기도 하다. 동시에 '해동' 지역의 인삼이 그만큼 약재의 효과를 발휘하고 있었음을 입증하는 사례라고도 할 수 있다.

그런데 이들 인삼에 관한 자료는 모두 중국 측의 옛 문헌을 인용한 것이었다. 그렇다 보니, 무릇 '동이' 지역의 산물은 모두 중국의 대표적인 인삼 생산지인 상당(上黨)이라든가 노주(潞州) 지역 산품의 우수한 질(質)에는 결코 미치지 못하는 것으로 서술하였음을 보게 된다.[115] 역시 세계 제국으로서의 긍지를 도처에서 발휘하고자 하는 대목이라 할 수 있다.

그런데 '해동' 지역에서는 이미 고려 시대부터 '숙삼(熟蔘)'이라고 하는 인삼의 특별한 제조기법을 개발하여 널리 활용하였음이 드러난다.

> 고려 인삼은 … 또한 생삼(生蔘)과 숙삼(熟蔘) 두 종류가 있다. 생삼은 빛깔이 희고 허(虛)한데, 약에 넣으면 그 맛이 온전하다. 그러나 여름이 지나면 좀이 슬기 때문에, 오래 둘 수 있도록 쪄서 익힌 숙삼만 못하다. 예로부터 전하기를, 숙삼의 모양새가 납작한 것은 고려 사람들이 돌로 삼을 눌러서 즙을 짜내고 찌기 때문에 그렇다고 하였다. 지금 물어보매 그런 것이 아니요, 삼을 찔 때 뿌리를 포개어 놓기 때문에 그렇게 된 것이라

115 "인삼은 백제의 것을 중(重)하게 치는데, 형체가 가늘고 단단하며 희다. 기운[氣]과 맛[味]은 상당(上黨)에서 나는 것보다 박(薄)하다. 다음으로는 고구려의 것을 치는데, 고구려는 바로 요동(遼東)이다. (인삼의) 형체가 크고 허(虛)하며 연(軟)하여 백제 것만 못하다"(『해동역사』 26, 物産志 草類 人蔘 인용 『名醫別錄注』). "인삼으로서 지금 사용하는 것은 모두 하북(河北)의 각장(榷場)에서 교역(交易)해 온 것인데, 이는 모두가 고려에서 나는 인삼으로, 대부분이 허(虛)하고 연(軟)하며, 맛이 박(薄)하다. 그러므로 노주(潞州)·상당(上黨)에서 생산된 것으로서 미후(味厚)·체비(體肥)하여 사용할 만한 근거가 있는 것만 못 하다"(『本草衍義』). "인삼 가운데 하북(河北)·민절(閩浙)에서 온 것을 신라삼(新羅蔘)이라 하는데, 모두 상당(上黨)에서 나는 좋은 것만 못 하다"(『本草圖經』).

한다. 숙삼을 달이는 데에도 그에 따른 법이 있다.[116]

사료에 나오는 '숙삼'이란 것은 아마도 홍삼(紅蔘)을 가리켜 말하는 것인 듯하다. 주지하듯이 홍삼은 일반 인삼 즉 백삼(白蔘)보다도 그 약효가 극히 높은 효과를 낸다는 것이다. 고려인들이 이미 개발하여 널리 사용하고 있는 홍삼의 제조기법이 중국인의 눈에는 전혀 생소하고 특이한 비법(秘法)으로 여겨졌기에 관련 기록을 남겼던 모양이다. 역시 '고려 인삼'은 역사적으로 유명한 산물이었다는 사실을 여기서도 짐작할 수 있다.

그런데 '고려 인삼'이 그와 같이 역사적인 산물이었던 만큼 그에 대한 심한 곡해가 일어나는 경우도 생겨났다. 가령 일본인의 기록을 보면, 백두산에서 자생하는 인삼이 '최상'이라든가, 함경도에서 나는 것이 '극상'이라고 하는 독자적 정보를 기록해둔 경우가 있다.[117] 또한 믿을 수 없는 곡해의 기사를 실어둔 곳도 있음을 보게 된다.

> 조선의 인삼 가운데 가짜는 모두 더덕[沙蔘]·잔대[薺苨]·도라지[桔梗]의 뿌리로 만든 것들이다. 근래에는 인삼을 물에 담가 즙을 먼저 짜내어 자신이 마시고, 이를 햇볕에 말려 다시 팔기도 한다. 그것을 일러 탕삼(湯蔘)이라 하는데, 약재로는 쓸 수가 없다.[118]

그러나 『해동역사』는 바로 잇대어 안설을 붙여, 이를 전면 반박하였다.

---

116 『해동역사』 26, 物産志 草類 人蔘 인용 『高麗圖經』.

117 『해동역사』 26, 물산지 초류 인삼 인용 『和漢三才圖會』.

118 위와 같음.

살피건대, 탕삼(湯蔘)이라는 것은 바로 강삼(江蔘)이다. 우리나라의 인삼 가운데 오직 강계(江界)의 숙삼(熟蔘)이 좋다. 숙삼을 만드는 법은, 인삼을 채취해서 솥에다 넣고 찐 다음 햇볕에 말려서 약에다 넣는다. 『고려도경』에서 이른바, "고려의 숙삼은 좀이 스는 것을 피할 수 있어서 오래 보관할 수 있으며, 품질 역시 가장 좋다"고 한 것은 이 때문이다. 그런데 일본 사람들이 물에 담갔다가 햇볕에 말린다는 말만 듣고는 만드는 방법에 대해서는 상세히 모르면서, 이에 '즙을 짜서 자신이 마셔서 약재로 쓸 수가 없다'고 해놓았다. 가소롭다.[119]

그런데 그 유명한 '고려 인삼'은 종래 모두가 자연산이었으나, 조선왕조의 어느 때인가부터 드디어 인간이 가삼(家蔘)으로 재배하는 방법을 개발해내는 단계에 이르렀다.

고구려·백제·신라 3국은 지금 모두 조선에 속하게 되었는데, 그곳에서 나는 인삼을 중국으로 가지고 와서 교역한다. 또한 10월에 씨앗을 거두었다가 씨를 뿌려 재배하는데, 채소 씨 뿌리는 법과 같이한다. 추(秋)·동(冬)에 채취하는 것은 단단하고 실(實)하며, 춘(春)·하(夏)에 채취하는 것은 허(虛)하고 연(軟)하다. 생산 지역에 따라 허하고 실한 구별이 있는 것은 아니다(『본초강목(本草綱目)』).

살피건대, 이는 우리나라 사람들이 가삼(家蔘)을 재배하는 법이다. 그 방법은 한식(寒食) 전후로 씨앗을 뿌리는데, 양지를 등지고 음지를 향한 깨끗한 지역의 단수(椴樹) 아래에 있는 오래 묵은 땅을 택해 뿌려서, 인삼

---

119 『해동역사』 26, 物産志 草類 人蔘.

뿌리[蔘根]를 기른다. 또 삼[麻] 줄기로 발을 짜서 그 위에다 덮어 소나기와 따가운 햇볕을 가려준다. 10월이 되면 모두 채취하여 땅을 파서 움집을 만든 다음, 그 안에다 삼을 놓고 그 위를 흙으로 두텁게 덮어 겨울의 추위를 막아준다. 다음 해 청명절(清明節)에 다시 꺼내어 위에서 말한 법대로 심는다. 3, 4년이 지난 뒤에 씨앗을 맺는데, 크기가 뱀딸기[蛇莓]만하다. 가을에 채취하여 햇볕에 말렸다가 약에 넣는다.[120]

주지하듯이 인삼이라면 종래 모두가 자연산을 일컬어 왔는데, 『본초강목(本草綱目)』에 이르러 비로소 그 씨앗을 뿌려 가삼(家蔘)으로 재배하는 방법이 등장함을 보게 된다. 그 재배법을 전하는 믿을 만한 자료로서는 아마도 『본초강목』의 경우가 처음이 아니었나 한다. 그러기에 『해동역사』는 당해 기사를 인용하고서, 그 현실적 재배법을 다시 더 상세하게 풀어 설명해놓은 것이다.

『본초강목』은 16세기 명나라 이시진(李時珍)이라는 학자가 30여 년의 갖은 노력을 기울인 끝에 집대성한 약학서(藥學書)로서, 1596년에 간행된 책이었다. 그러므로 우리나라의 가삼 재배법은 조선왕조 전기의 어느 때에 와서 비로소 개발된 것으로 이해된다. 인삼을 가삼으로 재배하기 시작한 시기를 조선 전기로 비정할 수 있게 하는 것도 『해동역사』가 『본초강목』의 기사를 정확히 소개함에 따라 가능해진 일이라 할 수 있다.

19세기 초의 다산 정약용은 조선 후기 상업적 농업의 번성을 말하면서, "근년 이래로는 인삼 또한 모두 밭에다 심는다"[121] 하였다. 조선 후기

---

120 『해동역사』 26, 物産志 草類 人蔘.

121 『경세유표』 8-17, 田制 11 井田議 3.

에는 가삼의 재배가 이미 보편화한 것이다.

더 나아가 『해동역사』가 자랑스레 소개하는 '해동'의 물산으로는 고려의 청자와 문방구로서의 붓[筆]과 종이[紙]를 들고 있다.

먼저 고려의 청자에 대해서는 중국인들조차 '천하제일'로 이해하였다.

> 도기(陶器)의 빛깔이 푸른 것을 고려 사람들은 비색(翡色)이라고 하는데, 근년 이래로는 만듦새의 솜씨가 좋고 빛깔도 더욱 아름답다. 주준(酒尊)의 형상은 참외 같으며 위에 작은 뚜껑이 있는데, 연꽃이나 엎드려 있는 오리의 형태를 하고 있다. 또 주발·접시·술잔·사발·꽃병·탕잔(湯琖)도 만들 수 있지만, 이들은 모두 일정한 그릇의 모양을 모방해 만든 것들이기에, 만듦새를 생략해서 다 그려 넣지 않았다. 주준만은 다른 그릇들과 다르기 때문에 특히 갖추어 드러나도록 해놓은 것이다.[122]
>
> 국자감(國子監)의 서책(書冊), 내온(內醞)의 술, 단계(端溪)의 벼루, 휘주(徽州)의 먹, 낙양(洛陽)의 꽃, 건주(建州)의 차(茶), 고려의 비색(秘色)은 모두 천하에 제일가는 산품이다[『수중금(袖中錦)』]. 살피건대, '비색'은 (비색의) 자기(瓷器)를 말한다.[123]

무릇 자기(瓷器)라면 역사적으로 중국 대표 물산의 하나였고, 특히 송나라 때부터는 경덕진(景德鎭)을 중심으로 하는 독보적이고 전문적인 도자기 생산의 번영을 구가하게 되었다. 그런데 그와 같은 오랜 역사의 전문성을 가진 송나라 산품이 있음에도 무릇 '천하제일'의 위상에 값하는 '자

122 『해동역사』 29, 宮室志 附 器用 酒具 인용 『高麗圖經』.

123 『해동역사』 29, 궁실지 부 기용 雜器.

기'라면 역시 고려의 청자를 들 수밖에 없다고 하는 것이, 아마도 당시의 객관적 사실에 가까운 평가였던 모양이다.

한편, 문자 생활을 위한 필수품인 종이라든가 붓도 일찍부터 중국인의 주목을 받고 있었다. 가령 『송사』에는, "고려 지역에서는 낭미필(狼尾筆)이 생산된다"고 하는 기사가 실려있다. 이는 중국산과는 다른, '고려 낭미필'의 독자성을 인정하고 있었다는 사실을 의미한다. '낭미필'이 지닌 품질의 독자성은 그 후 조선왕조로 내려오면서도 전승되고 있었던 모양이다. "조선에서는 여우 꼬리털[狼尾]로 붓을 만드는데, 붓끝이 잘 서고 뾰족해서 아주 좋다"고 하는 품평이 계속되었던 것이다.[124]

그런데 15세기 말 조선으로 사행한 명나라 학사 동월의 견문을 통해 '낭미필'은 '여우 꼬리털'로 만드는 것이 아니라 '족제비 털'로 만드는 것임이 중국인들에게 알려졌다. 그리고 『해동역사』는 안설을 달아 그 사실을 다시 확인하였다.

> 『명일통지(明一統志)』에 조선의 토산으로는 낭미필(狼尾筆)이 있다고 실려있다. 그 붓대는 가늘기가 화살대 같고, 붓털의 길이는 1촌 남짓이며, 붓끝은 뾰족하면서도 둥글다고 하였다. 물어보았더니, 족제비의 털[黃鼠毫]로 만든 것이지 여우 꼬리털로 만든 것이 아니라고 한다(『조선부주』). … 살피건대, 우리나라의 황서모필(黃鼠毛筆)은 중국에서 좋은 붓으로 인정되어 왔다. 족제비[黃鼠]는 일명 서랑(鼠狼)이라고도 하는데, 중국 사람들이 그것을 모르고 혹 '여우 꼬리털'이라고도 하고 혹 '성성이 털[猩猩毛]'이라고도 하니, 이는 모두 틀린 것이다. 규봉(圭峯) 동월(董越)이 우리나라에 사신으

124 『해동역사』 27, 物産志 2 文房類 筆 인용의 『宋史』 및 『三才藻異』.

로 와서 비로소 그것을 알게 되었다.[125]

고려의 백추지(白硾紙) 또한 『송사』에 실려있는 우수 품질의 종이었다. 11세기 송나라 왕운(王雲)이 편찬한 『계림지(鷄林志)』에 따르면, "고려의 닥나무 종이[楮紙]는 광택이 나고 희어서 참 좋은데, 이름을 백추지라고 한다"[126] 하였다.

이윽고 고려의 '백추지'는 워낙 질기고 좋은 품질이어서, 닥[楮]으로 만드는 것이 아니라 누에고치[繭]로 만드는 것이라고 전해졌다. 명나라 초기 육계굉(陸啓浤)이 수도권의 제반 정보를 집성하여 편찬한 『객연잡기(客燕雜記)』라든가 특히 도륭(屠隆)이 '서화·문방서(書畫文房書)'로 편찬하여 유명해진 『고반여사(考槃餘事)』 등에서 그와 같은 인식이 드러난다.

> 지금 대궐 안에서 쓰는 종이를 고려의 견지(繭紙)라 한다(『객연잡기』).
>
> 고려지(高麗紙)는 금견(錦繭)을 가지고 만드는데, 종이 색깔의 하얗기가 명주[綾]와 같고, 질기기가 비단[帛]과 같아서, 여기에다 글씨를 쓰면 먹이 진하게 스며드니 아주 좋다. 이는 중국에는 없는 것으로, 역시 기이한 산품이다(『고반여사』).[127]

고려에서 조선왕조로 전승된 이 종이는 곧 '글씨를 쓰면 먹이 진하게 스며들어 아주 좋은', '중국에는 없는 기이한 산품'으로서 '견지(繭紙)'라는 이름의 독보적인 지위를 오래 지켜왔다. 그런데 역시 15세기 말 조선에

---

125 『해동역사』 27, 物産志 2 文房類 筆.

126 『해동역사』 27, 물산지 2 문방류 지 .

127 위와 같음.

온 명나라 사신 동월이 직접 시험해보고서야 실상 '견지'가 아니라 저지(楮紙)인 것으로 밝혀졌다. "예전에는 모두 조선에서 나는 종이는 누에고치로 만들었다고 전하였는데, 지금 이에 닥나무로 만든다는 것을 알았다. … 내가 일찍이 불로 태워서 시험해보고는 그런 줄을 알게 되었다."[128]

이후 청나라의 강희제(康熙帝, 1662~1722) 또한 조선 사신(使臣)에게 물어보고 난 후에야 그것이 닥나무 껍질로 만드는 것임을 확인하게 되었다고 토로하였다.

> 세상에 전하기를 조선국의 종이는 누에고치로 만든다고 하는데, 이는 닥나무 껍질로 만든 것인 줄을 알지 못한 것이다. 육기(陸機)의 『시소(詩疏)』에는 그것을 일컬어 '저상(楮桑)'이라 하였고, 또 말하기를, '강남 사람들이 이것을 다듬이질하여 종이로 만드는데, 광택이 아주 좋다. 대개 형체가 뽕나무와 비슷하다' 하였다. 짐(朕)이 사신에게 물어보고서, 조선 사람들이 닥나무를 베어다가 거친 겉껍질을 벗겨내고 그 속에 있는 흰 껍질을 사용하여 찌고 다듬이질해서 종이로 만든다는 것을 알았다. 그런데 비단결같이 치밀하면서도 매끄러워 누에고치와 비슷하므로, 드디어 세상 사람들이 잘못 전하게 된 것이다.[129]

무릇 '해동' 지역에는 종이를 누에고치로 만든다거나 혹은 '저상(楮桑)'이라는 종이 만드는 별종의 나무가 따로 서식(棲息)하는 것으로 중국의 식자층이 알고 있는 정도였다는 것은, 곧 중국의 산품과는 별도로, 이 지

---

128 『해동역사』 27, 物産志 2 文房類 紙 인용 『朝鮮賦注』.

129 『해동역사』 27, 물산지 2 문방류 지 인용 『康熙幾暇格物論』.

역의 종이가 독자적 품질의 우수성을 오래도록 유지해왔다는 사실을 증거하는 명확한 사례다. 그것은 사료에 나오는 그대로 "광택이 아주 좋으며", "비단결같이 치밀하면서도 매끄러워 누에고치와 비슷하므로", 그렇게 오랫동안 확고한 명성을 누려올 수 있었던 것으로 드러난다.

그런데 붓이라든가 종이의 품질은 그것을 생산하는 지역의 문자 생활과 관련된 문명 수준을 드러내는 하나의 척도가 된다. 18세기의 중국 강희제까지 친히 나서서 굳이 그 품질의 우수성을 조사해보고 확인하기에 이른 조선산 종이의 경우는 특히 그러한 사례에 해당한다.

(6) 「인물고(人物考)」의 검토

『해동역사』는 기전체 사서로 편찬한 것이지만, 소위 '본기'에 해당하는 '세기'의 내용이 상대적으로 빈약한 편이었음은 앞에서 살펴본 그대로다. 그런데 '기전체' 사서의 내용 가운데에서도 통상 가장 정채(精彩)로운 특성을 가진다고 알려진 것이 '열전'인데 『해동역사』의 「인물고」는 더더욱 빈약한 내용으로 꾸며지고 있음이 큰 특징이다. 실상 「인물고」가 수록한 내용 가운데에는 차라리 서술하지 않는 게 더 나았을 것이라는 생각이 들 정도로 부실하거나 왜소한 묘사로 끝난 경우가 많다. 아마도 '해동' 각국의 인물들을 수록한 외국 측 사료의 내용 자체가 원천적으로 왜소하였기 때문으로 보인다.

『해동역사』 「인물고」의 서술은 먼저 극진한 정성을 다해 부모의 상례(喪禮)를 받듦으로써 공자의 칭송을 듣기까지 하였다는 상고시대 소련(少連)·대련(大連)[130]의 경우로부터 시작한다. 이후 고구려의 을지문덕, 고려

130 『해동역사』 67, 人物考 1. 내용은 다음과 같다. "孔子曰, 少連·大連, 善居喪. 三日不怠, 三月不懈, 期悲哀, 三年憂, 東夷之子也"(『예기』).

의 김부식을 거쳐 '본조(本朝)'의 김상헌(金尙憲, 1570~1652)에서 끝나고 있다. 전체가 대략 160명 정도요, '본조'의 인물은 50명가량이 수록되었다.[131]

그런데 가령 중국과는 다른 조선 독자의 성리학풍을 확립함으로써 그 유종(儒宗)이라 일컬어지는 퇴계 이황(1501~1570)은 아예 「인물고」에 수록되어 있지도 않다. 그런가 하면, 기묘사화(1519)를 일으킨 장본인인 남곤(南袞)은 "『삼강행실』을 다시 수집(蒐輯)했다"[132]고 하여, 마치 대표적 도덕군자인 것처럼 수록되어 있다. 기이한 「인물고」를 설정한 셈이다.

또 다른 '인물지'에 해당하는 「석지(釋志)」 명승(名僧)의 내용 또한 기이한 편이다. 그나마 삼국 및 고려 시기는 중국에서도 불교가 번성한 시대였기로 자연히 '해동' 출신 승려들의 행적 또한 정사(正史)를 비롯한 여러 별전(別傳)에도 더러 전해진다. 더구나 관련 기사를 많이 수록한 『전등록(傳燈錄)』이라는 별도의 서책도 전해진다. 그래서 신라와 고려 고승들의 본전(本傳)은, 좀 빈약하지만 그런대로 다소 서술해놓은 내용이 있다.

그런데 한·중 양측에서도 불교가 쇠퇴한 후로는 의거 자료가 너무 빈약해졌던 모양이다. 가령 『해동역사』가 수록한 조선 시대의 승려는 2, 3인에 불과한데, 그 가운데에서 대표적인 위상을 차지하는 송운대사(松雲大師)의 본전(本傳)은 전문(全文)이 다음 몇 글자에 불과하다.

> 일본 경장(慶長) 11년(1606, 선조 39)에 조선의 송운대사가 와서 강화(講和)를 요청하였다.[133]

---

131 어떤 인물에 다른 이를 부기(附記)해둔 경우도 있어, 보기에 따라 수록 인원이 달라질 수도 있다.

132 『해동역사』 69, 人物考 3 本朝 인용 『列朝詩集』.

133 『해동역사』 32, 釋志 名僧 인용 『異稱日本傳』.

송운대사 즉 사명당(1544~1610) 유정(惟政)은 일본으로 건너가 '강화를 요청'하기 이전, 서산대사 휴정(休靜)의 문도로서 불도(佛道)에 극진한 공력을 쌓아 그 법맥의 한 줄기를 잇게 된 고승이요, 왜란을 맞고서는 의승병을 이끌어 남북 각지에서 왜적을 물리치고 민명(民命)을 살려내는 일에 시종일관 진력하였다. 그가 일본에 건너가 '강화를 요청'한 것은 비록 당로자의 요망에 따른 일이기는 하지만, 역시 왜란에서 포로가 되어 사지(死地)에 놓인 수다한 민명(民命)을 살려내기 위해 결단한 보살행이었다고 해석함이 온당할 것이다.

『해동역사』가 의거한 외국 측 자료는 '해동'의 역사를 제대로 서술하기에는 소루(疏漏)함이 심한 상태로 판명되었다. 그 가운데서도 인물에 관한 전기적 자료는 구차스럽기까지 한 것으로 밝혀졌다.

6. 맺음말

『해동역사』를 편찬한 기본 사료는 모두 중국을 비롯한 외국인이 채록해둔 자료였다. 그것은 모두 외국인들이 '해동' 지역과 직·간접적으로 접하면서 관심을 가진 범위 안의 사안에 한정된 자료들일 뿐이요, '해동' 지역의 역사적 사안들을 범주적(範疇的)으로 채록한 것들이 결코 아니었다.

그래서 찬자는 본인이 세운 독자적 원칙에 따라 『해동역사』를 서술하기보다는 수습한 자료를 분류·배열하는 방식으로 『해동역사』를 편찬함으로써 사료로 하여금 사실(史實)을 설명하게 하는 형태를 취하였다. 그것은 독자적 문자를 갖지 못했던 옛 '해동'인의 고대사 인식과 그 서술 내용을 다 징신(徵信)하기는 어렵다는 각성에서 취한 것이었다. 또한 찬자의 학술이 조선 후기 실학의 기본 방법론인 고증학적 실증주의에 깊이 숙련된 결과 취할 수 있는 서술형태이기도 하다.

기전체(紀傳體) 사서로 편찬한 『해동역사』가 역대 각국 국왕 중심의 정치사인 '왕기(王紀)'를 '세기(世紀)'라는 술어로 표현한 것은, 곧 천자(天子)의 경우는 '본기(本紀)'라 하고 제후(諸侯)의 경우는 '세가(世家)'라 한다고 하는 구래의 두 가지 다른 층위의 개념을 하나의 역사 술어로 개념화해서 사용한 것으로 이해된다. 실상 '해동' 각국의 역사에서는 객관적으로 '본기'와 '세가' 등으로 층위를 구분해서 서술할 만한 역사적 실체가 실재하지 않았다는 사실이 명백하다. 그래서 '본기'와 '세가' 등 상·하 층위의 구분을 일체 지양하고, 우리나라 역대 각국이 모두 저마다의 독자성을 가진 의미 있는 역사를 이룩해오고 있었다고 하는 다원론적 사관(史觀)을 바탕으로 하고서 '해동' 각국의 정치사에 모두 '세기'라는 개념의 술어를 일괄해서 적용하기에 이른 것으로 해석된다.

더구나 동서문화의 교류가 활발해진 16세기 이래 세계는 바야흐로 문화·문명의 다원화 시대로 전환하고 있었다. 『해동역사』는 그와 같은 다원화하는 세계시대를 맞아서 편찬한 역사서였던 것이다.

그리고 '본기'니 '세가'니 하는 술어를 떠나 다원론적 사관에 따른 '세기'라고 하는 독자적 개념의 술어를 사용하게 되자, '본기'라든가 '세가' 개념에 본래 내재해 있던 오랜 경학적(經學的)·도덕적 가치 기준에서 벗어나는 결과를 구현하기에 이르렀다. 그것은 곧 역사학이 경학적 규범이라든가 도덕적 가치 기준을 벗어나 사실을 사실 그대로 서술하는 독자적 학문으로 정립되는 단계에 이르렀음을 뜻한다.

『해동역사』는 '해동' 지역 역사의 시초를 단군 이전의 '동이총기(東夷總

紀)'로부터 잡아 서술하기 시작한다. 그다음에 '단군조선'을 먼저 서술하고, 그러고 나서 '기자조선'을 서술하였다. 그리고 '기자조선' 다음에 '위만조선'을 서술해두었다.

『해동역사』는 '위만조선'이라든가 '부여'를 모두 한국사상에 존속한 독자적 국가로 인식하였다. '위만'은 중국 연나라 사람이라고 서두에서 밝혀놓았지만, 그가 동이족의 중심을 이루는 '조선 지역' 안에 들어와 국가체제를 유지하면서 조선인들을 통치한 객관적 사실을 인정하였기 때문으로 이해된다.

그리고 『해동역사』는 '부여' 역시 독자적 국가로 서술하면서 따로 안설을 달아 밝혀두었다. "살피건대, 부여국은 … 본디 우리나라의 구역 안에 있었던 나라가 아니다. 그러나 부여는 고구려와 백제가 일어난 근원이므로, 특별히 동일한 예로 기(紀)를 세운다."

한국의 사서는 통상 '단군조선'을 고대의 시초로 서술하는 편이지만, 『해동역사』는 굳이 그 이전에 '동이총기'라는 편을 설정하고 있음이 특징이다. 그래서 한국의 사서 가운데서 동이총기·단군조선·부여 등에 모두 독자적 '기(紀)'를 세워 서술한 것은 『해동역사』가 처음이 아니었나 한다. 그것은 중국 측 사료들을 수습하여 동이족 국가들의 역사를 편찬하면서도 중국 중심의 사관을 벗어나 한국 고대사의 상한선을 높이고 그 지배영역을 그만큼 드넓게 파악하였다는 의미를 지닌다. 즉 중국 측 사료들에 실린 객관적 사실들을 통해, 동이족의 국가와 그 문화의 역사적 상한이 유구하며 그 강역이 광대하였다는 사실을 객관적으로 드러나게 하였던 것이다.

유교 자체가 워낙 그러하지만 특히 조선왕조의 지배이념인 신유학 즉 주자학은 중국 중심의 명분론적 역사관·가치관을 그 본질로 하고 있었다. 그런데 『해동역사』가 역대의 여러 국가에 대해 모두 '기(紀)를 세워'

서술한 것은 소위 '정통론'을 엄격히 따지는 주자학의 명분론적 역사인식을 지양하고, 우리나라 역대의 역사를 독자적·주체적으로 이해하고자 하는 의도적인 인식의 소산으로 이해된다.

그리고 『해동역사』는 한반도의 한수(漢水) 이남 지역에 위치하였던 삼한(三韓)이 '위만조선'을 대신한 사군(四郡)보다 더 앞선 국가체제인 것으로 이해한다. 이는 삼한 각국이 여러 부족의 집합체로 되어있어 아직도 국가체제로 성립하지 못한 상태에 머물러 있었다는 종래의 견해를 불식시키고, 한반도 남부의 각 종족 또한 그만큼 일찍부터 정치적으로 성장하고 있었다는 새로운 역사인식을 피력한 것이었다.

또한 『해동역사』가 삼국의 건국을 고구려·백제·신라의 순으로 배열하고, 고구려 중심으로 삼국의 역사를 서술하였다는 사실도 이채롭다. 중국과 좀 더 가까운 위치에 있던 고구려가 일찍부터 중국과 상호 교류를 시작하였기에 먼저 국가형태를 정립할 수 있었다고 인식하였던 것으로 이해된다. 백제가 신라보다 먼저 발달할 수 있었던 배경도 마찬가지인 것으로 짐작된다.

『해동역사』는 한·중 양국의 역사적 변란의 대처 방식 사례를 수습해 보여주기도 한다. 가령 고려 말의 변란기에서 신흥세력 이방원은 정치적 적대 관계의 정몽주를 격살하였지만, 그가 조선왕국의 3대 왕으로 등극한 후에는 곧 정몽주의 관작을 회복하고 '문충(文忠)'이라는 시호를 내려 그를 숭앙하도록 하는 정책을 펼쳤다.

그러나 중국 명나라 초기의 연왕(燕王) 주체(朱棣)는 소위 '정난(靖難)의 변'을 일으켜 황제로 등극하면서 자신의 '찬역'을 반대하는 방효유(方孝儒)라는 거유(巨儒)를 참살하고는 그 일족과 문인 수백 명을 처형하고 적몰했지만, 자신의 제위(帝位) 기간에는 끝내 사면하지 않았다. 그뿐만 아니라 찬역을 정당화하기 위해 명나라 『태조실록』을 개수(改修)하여 반대편 군(君)·신(臣)들이 죄가 있는 것으로 무훼(誣毁)하는 행태까지 벌였다.

후일 청나라 초기 어느 학인은 이를 두고, "이는 이방원이 영락제(永樂帝)보다도 현명하며, 『고려사』를 편찬한 '하국(下國)의 사관(史官)'이 명나라 『태조실록』을 개수한 자들에 비해 훨씬 더 나았던 것임을 보여준다"고 탄식하였다는 사실을 『해동역사』는 밝혀놓았다.

나아가 『해동역사』의 「교빙지(交聘志)」라는 제명 또한 이채롭다. 실상 수천 년 '해동' 역사의 전개를 통해 상대한 외국(外國)이란 것은 오로지 중국 위주였으며, 따라서 중국을 통해서만 세계로 연결되고 세계적인 선진 문물을 수용하고 있었다. 그래서 『해동역사』는 '조공(朝貢)'이라는 제명으로, 우리나라 역대 각국이 중국에 사신을 파견하여 중국 군주를 '조현(朝見)'하고 '예물을 공헌(貢獻)'해오고 있었다는 사실을 직서해놓았다. 그러한 외교 관계는 '조공'의 형태를 띠었지만, 『해동역사』가 그 사실을 수록하면서 붙인 '지(志)'의 제명은 '교빙지'라고 하였다.

『해동역사』가 '교빙(交聘)'이란 개념을 사용한 것은, 역사적으로는 사대(事大)의 '조공' 형태를 취해오고 있었다 할지라도 객관적으로는 '교빙'이라는 대등한 외교 관계의 개념으로 정리해서 서술한다는 의지를 표명한 것으로 해석된다. 즉 각 시대의 외교적 내용 자체는 찬자 자신이 고쳐 쓸 수 없는 객관적 사실로 직서(直書)하면서도, 그 사실을 서술하는 개념은 찬자 자신의 사관(史觀)에 따라 대등한 외교 관계를 나타내는 '교빙'이라는 술어를 선택해 사용함으로써 '해동' 각국의 역사적 주체성을 긍정적으로 정립하고자 하는 의식을 드러낸 것으로 풀이된다.

가령 18세기 말 정조 때까지도 대중 외교 관계를 드러내는 국가적 술어는 아직도 상하 관계를 드러내는 '조빙(朝聘)'이라는 말을 사용하였다.

소위 대한제국 시기에 세계만방을 상대로 하는 근대적 외교를 펼치며 '교빙'이라는 술어를 사용함으로써 대등한 외교 관계를 표방하기에 이르렀다. 『해동역사』의 사관은 그만큼 더 주체적이었다고 할 수 있다.

또한 『해동역사』는 '해동'인에게는 일상과 관련된 범상한 것일지라도 외국인의 눈에는 특이한 현상으로 보임에 따라 이들이 채록해놓은 사실들을 다수 수습하였는데, 이는 실상 한국사의 특징을 드러내주는 사실(事實)들이었다. 가령 귀족제라든가 그 귀족적 지배체제를 지탱하기 위한 노비제도, 혹은 각 지역의 우수 토산물을 직납(直納)도록 강제하여 국가재정을 운용하는 공납(貢納)제도와 같은 역사적 현상들이 이에 해당한다.

귀족제도와 같은 것은 고대국가에서는 자못 보편적인 현상이었다. 그런데 중국은 당(唐) 말의 전란기를 거치면서 귀족층이 범주적으로 멸망하고 송대 이후로는 과거 출신인 사대부층의 지배시대로 전환하였다.

하지만 '해동' 지역에는 신라의 골품귀족이 다 멸망하고 변방의 호족이 세운 고려왕조로 내려오게 되었는데도 문벌 귀족제도는 엄연히 지속하였다. 송나라 사신의 사행기(使行記)인 『고려도경』에 따르면, 심지어 귀족이 아니면 양고기·돼지고기조차 먹을 수 없는 지경이었다. 귀족과 서민 사이는 이질적이라 할 정도로 신분의 격차가 큰 상태였다.

생산업과는 다른 학문·관직에 종사하는 귀족층이 별도로 존속하는 한 그것을 사회경제적으로 지탱하는 노비제도 또한 불가결한 장치였다. 귀족은 자기 노비를 대대로 세습하면서 사역·매매·증여·상속할 수 있다는 등의 법제를 규정해두고 있었다.

실로 한국사에서 그 같은 귀족제도·노비제도는 하나의 엄연한 구체적인 국가체제를 이루고서 영구적으로 존속하였으며, 조선 후기의 실학에 와서야 드디어 그 근본적 개혁론이 일어났다.

『고려도경』에 채록된 공납제도 또한 특이한 현상이었다. 즉 고려에서는 각 지방의 우수한 토산물이 별도의 상품으로 전환될 여지도 없이 모두 국가기관으로 징납되고 있었다. 그것은 고려시대뿐 아니라 이후로도 오랜 기간에 걸쳐, 각 지방의 우수 토산물을 공물(貢物)로 지정해두고 국가기관이 징납하여 국가재정을 지탱하도록 강제하는 제도였다.

공납제는 국가의 징세 형태 가운데 가장 큰 비중을 차지하면서도 그 부과와 징납의 전 과정에 객관적 규정조차 애매하였다. 중간 농단이 끝없이 자행되기 마련이었다. 이는 상품화폐 경제의 발전을 근본적으로 저해하고 민생의 부담을 가장 크게 가중시키는 폐정(弊政)이기도 하였다.

『해동역사』는 실로 한국사의 특이한 역사적 현상으로서 거의 영구적이다 싶을 정도로 오랫동안 지속해온 역사적 사실들을 다수 수습하고 서술해놓았다. 중국에 대한 극진한 조공 외교라든가 중국 측의 기미(羈縻) 정책, 귀족제도·노비제도·공납제도 등이 다 그러한 것이었다. 그런데 그와 같이 '상국(上國)에 대한 조공'을 신실하게 이행하고 혹은 중국의 기미 정책으로 인해 독자적 발전에 장애가 되기도 한 '해동' 지역은 결국 '소아적(小兒的)' 세계관을 탈피하지 못하고 말았는가.

『해동역사』의 편찬 당시는 서양문명의 수용과 더불어 실학이 전개된 시기였다. 실학에서는 한 개인이건 혹은 그가 소속한 공동체로서의 국가이건 그 현실적 실체, 즉 현실적 자아(自我)의 주체성에 관한 새로운 세계관적 각성이 활발하게 전개되고 있었다.

가령 신유학이라는 중세적 보편주의를 집대성한 주자(朱子)의 경우, 고려는 풍속이 좋다고는 하지만 "그래도 만이(蠻夷)의 풍습을 띠고 있다"고 규정하였다. 그러나 『해동역사』는 그 같은 중화(中華)와 이적(夷狄)을 이질적으로 구분하는 낡은 세계관을 단연코 부정한다.

실상 『해동역사』는 세계 최대·최선진의 문명국으로 군림해오던 중국조차 이미 동서문화 교류의 시대를 맞고서는 좀 더 선진인 서양식 문물을 수용하지 않을 수 없게 되었다는 사실을 직시한다. 중국은 이미 17세기부터 서양인이 제작한 시헌력(時憲曆)을 사용하였는데, 그 까닭인즉 새로운 '역법이 극히 정밀'한 것이었기 때문이다. 세계는 바야흐로 문화·문명의 다원화 시대로 전환하고 있었다.

'해동' 지역이라고 하여 동시대의 세계사적 전환의 추이와 무관할 수야 있겠는가. 더구나 동이족은 워낙 천성이 인선(仁善)하고 예의가 바른 데다 실상 중국 못지않은 독자의 문화적 성취를 이룩해왔다는 사실을 『해동역사』는 『한서』를 들어 증언한다. "중국에서 도(道)가 행해지지 않는 것을 애석하게 여긴 공자는 뗏목을 타고 바다를 건너가 구이(九夷)의 땅에서 살고자 하였다." 『해동역사』가 전하고자 하는 것은, 원래 구이의 고장인 조선 땅이야말로 도를 실현할 가망성이 있고, 따라서 인간이 인간답게 살아갈 수 있으리라고 기대할 만한 곳이라는 소신이 아니었는가 하고 살펴진다.

그뿐 아니라 『해동역사』는 명나라 개국 당시의 으뜸가는 학자로서 명대의 '예악'도 제정한 송렴(宋濂)의 인식도 전한다. "해동은 참으로 선왕(先王)의 유풍(遺風)을 간직하고 있다. 그러니 바로 그들을 중하(中夏)로 대하여야 마땅할 것이요, 다른 외국(外國)의 예로 말해서는 안 된다." 여기서 말하는 '선왕의 유풍'이란 곧 삼대의 선왕들이 구현한 왕도이며, 공자가 그렇게도 간절히 추구한 도(道) 그것을 말함이다. 그 유풍을 간직하고 있는 '해동' 지역은 진작(振作)하기에 따라 언젠가는 '선왕의 도'를 다시 구현할 수도 있을 것이리라.

『해동역사』는 15~16세기 중국 식자층의 조선에 대한 이해도 전한다. "조선은 기자가 옛날에 봉해졌던 지역으로서, 해외의 추·로지방(鄒·魯之邦)

이다." 즉 조선 땅이란 것이 비록 '해동'에 위치해 있다 하더라도, 바로 이곳을 기반으로 하여 공자와 맹자의 학술과 도덕이 다시금 정채로운 번영을 누릴 수 있게 되기를, 『해동역사』는 간절히 대망하고 있었던 것이다.

외국 측 자료를 기초로 하여 편찬한 『해동역사』는 '세기'로부터 각종의 '지'에 이르기까지 어떠한 분야에서도 찬자의 의도에 따라 사실(史實)을 조화로이 배열하고 서술하는 사서로서의 독자적 완결성을 구현할 수 없었다. 채록된 자료 자체가 외국인의 관심 범위에 한정된 것들이므로 어느 분야이건 결코 범주적 완결성을 기할 만한 상태가 아니었기 때문이다. 그래서 소위 '기전체' 사서라고 하는 『해동역사』가 그 '세기'도 그러하거니와 특히 「인물고」조차 엉성한 서술로 끝낼 수밖에 없는 역설적 현상을 드러내기에 이르렀다.

그 밖에도 『해동역사』는 역사적 사실과 어긋나는 서술 부분도 상당수를 기록한다. 가령 왜란 당시 한산대첩을 이끈 주장(主將)을 이순신이 아닌 원균이라고 채록한 중국 측 사료를 그대로 인용하고 있는 것이 그 하나의 사례이다.

한편으로 『해동역사』는 다른 곳에서는 좀처럼 찾아볼 수 없는 객관적 사실을 수습해두기도 했다. 가령 명나라 때의 저술인 『본초강목』의 기사를 들어 조선 전기에 벌써 가삼(家蔘)의 재배가 이루어지고 있었다는 사실을 서술해둔 사례를 들 수 있다.

(재단법인 실시학사 편, 『실학시대의 역사학 연구』, 사람의 무늬, 2015)

김태영 논문선집 3

실학, 그 역사상의 재인식

초판1쇄 인쇄 2023년 8월 21일
초판1쇄 발행 2023년 8월 30일

지은이 김태영
펴낸이 한균태
책임편집 최정미

펴낸곳 경희대학교 출판문화원
주소 서울시 동대문구 경희대로 26
전화 02-961-0106~8
팩스 02-961-0291
설립 1960년 9월 16일 제5-8호
등록 1977년 11월 8일 제6-5호
홈페이지 www.khupress.com
전자우편 press@khu.ac.kr

ISBN 978-89-8222-749-3 94910
ISBN 978-89-8222-744-8 94910 (세트)